Güterverkehr – Spedition – Logistik

Speditionsbetriebslehre

von

Dipl.-Hdl. Wolfgang Oelfke
(ehem. Kaufmännische Berufsschule für das Speditionsgewerbe, Hamburg)

Dipl.-Hdl. Hans Brandenburg
(Kaufmännische Berufsschule für das Speditionsgewerbe, Hamburg)

Dipl.-Hdl. Siegfried Waschkau
(Kaufmännische Berufsschule für das Speditionsgewerbe, Hamburg)

Dipl.-Hdl. Dorit Oelfke
Speditionskauffrau

34., überarbeitete Auflage

Gehlen

2000

Verlag Gehlen · Bad Homburg vor der Höhe

Gehlenbuch 00306

UMWELTFREUNDLICH

... weil aus Papier mit bis zu 50 % Altpapieranteil,
Rest aus chlorfrei gebleichten (TCF) Primärfasern.

Dieses Werk folgt der reformierten Rechtschreibung und Zeichensetzung.
Ausnahmen bilden Texte, bei denen künstlerische, philologische oder lizenzrechtliche Gründe einer Änderung entgegenstehen.

Verlag Gehlen GmbH & Co. KG
Daimlerstraße 12 · 61352 Bad Homburg vor der Höhe
Internet: http://www.gehlen.de
E-Mail: info@gehlen.de

Abbildungen: Reinhard Felden, Bochum, S. 186;
Globus Infografik GmbH, Hamburg;
Schenker Eurocargo (Deutschland) AG, Bonn, S. 194.

Zeichnungen: Digital Grafik, Bad Homburg vor der Höhe

Umschlaggestaltung: Ulrich Dietzel, Frankfurt am Main

ISBN 3-441-**00306**-3

Herstellung: Media-Print taunusdruck · Bad Homburg vor der Höhe

Vorwort zur 33., überarbeiteten und erweiterten Auflage

Die gravierenden **Neuerungen im Transportrecht** und die **„Verordnung über die Berufsausbildung zum Speditionskaufmann/zur Speditionskauffrau" vom 18. Juni 1996** prägen die 33., überarbeitete und erweiterte Auflage.

Der Güterverkehrsmarkt in Deutschland und in der Europäischen Union ist durch die erheblichen Änderungen der letzten Jahre, die bereits in der 32. Auflage berücksichtigt worden sind, gekennzeichnet. Neue, grundlegende Änderungen ergeben sich ab Juli 1998 durch das **„Gesetz zur Neuregelung des Fracht-, Speditions- und Lagerrechts (Transportrechtsreformgesetz – TRG)"** und durch die **Reform des GüKG.** Das Transportrecht in Spedition, Lagerhaltung und Güterkraft-, Bahn-, Binnenschiffs- sowie Luftverkehr innerhalb Deutschlands wird durch das TRG angeglichen. Gleichzeitig wird der Güterkraftverkehrsmarkt weiter liberalisiert, z. B. durch Aufhebung des Kabotageverbots zwischen den EU-Staaten. Diese gesetzlichen Änderungen führen zur Neufassung von verschiedenen Verordnungen und zur **Neufassung der ADSp** sowie anderer Geschäftsbedingungen. Erhebliche Änderungen in der Durchführung der Speditions-, Logistik- und Frachtführergeschäfte sind die Folge. Neu aufgenommen in diese Auflage ist das Lernfeld **Produktion logistischer Dienstleistungen** und ein Anhang über die **Einführung des Euro.**

Die vorliegende Speditionsbetriebslehre berücksichtigt die Inhalte der speditionsspezifischen schulischen und betrieblichen Ausbildung, so wie sie in der seit Sommer 1996 geltenden „Verordnung über die Berufsausbildung zum Speditionskaufmann/zur Speditionskauffrau" vorgesehen sind.

Der gemäß der Verordnung vorliegende Rahmenlehrplan gliedert die schulische Ausbildung in Lerngebiete bzw. Lernfelder; dieses sind durch Zielformulierungen beschriebene thematische Einheiten. Sie orientieren sich an konkreten beruflichen Aufgabenstellungen und Handlungsabläufen. Dabei sind fachwissenschaftliche Anteile in den Erklärungszusammenhang einzubeziehen. Die in die Lerngebiete bzw. Lernfelder integrierten Zielformulierungen stellen auf den Erwerb einer breiten beruflichen Handlungskompetenz ab. Dieser Intention folgt die vorliegende 33., überarbeitete und erweiterte Auflage.

Dieses Lernbuch berücksichtigt die genannten methodischen Anforderungen insbesondere durch die den Kapiteln vorangestellten Einstiege mit entsprechenden Aufgaben. Somit wird jedes Kapitel mit einer auftrags- und prozessbezogenen Handlung begonnen:

- ✘ Die **Einstiege** sollen mit den Fragestellungen einen Handlungsanstoß geben, um sich die
- ✘ **Sachdarstellungen** selbstständig erschließen zu können.
- ✘ **Merksätze** heben wesentliche Inhalte optisch abgesetzt hervor.
- ✘ In den **Zusammenfassungen** wird bestimmtes Grundwissen kurz und übersichtlich wiederholt.
- ✘ Die **Aufgaben** bieten für selbstständiges Arbeiten die Möglichkeit, die Sachverhalte zu wiederholen oder zu vertiefen.

Des Weiteren sind im Inhaltsverzeichnis den entsprechenden Lernfeldern die Kapitel zugeordnet, um eine Abstimmung mit dem Rahmenlehrplan zu erleichtern. So decken die Kapitel 5 bis 19 das Lernfeld 5 „Produktion speditioneller Dienstleistungen“ ab; damit wird der marktbedingten Spezialisierung der Ausbildungsbetriebe Rechnung getragen.

Das vorliegende Lernbuch soll von Auszubildenden regelmäßig unterrichtsbegleitend benutzt werden. In ihrer Hand soll es zur Nachbereitung des Unterrichts, aber auch zum Nachschlagen und Lernen dienen. Es soll im Unterricht eingesetzt werden, es kann aber weder den Unterricht noch den/die Fachkundelehrer/in ersetzen.

Die Erweiterung der Lehr- und Lerninhalte nach dem Berufsbild und dem Rahmenlehrplan zwingt zu einer Auswahl, die durch die Berufsschulehrer/innen und die Ausbilder/innen nach betrieblicher Schwerpunkttätigkeit verstärkt gelenkt werden muss. Die praktische Ausbildung des einzelnen Auszubildenden erfolgt i. d. R. nicht in allen Speditionszweigen; denn die Speditionstätigkeit ist sehr vielseitig und spezialisiert. Deshalb müssen die einzelnen Bereiche der Spedition umfangreich dargestellt werden.

In den über fünf Jahrzehnten, in denen das Buch dem Speditionsnachwuchs als Lehrbuch diente, haben Verfasser und Verlag ihr Konzept verwirklicht: **In die Hände der Auszubildenden gehören nur Bücher mit aktualisierten Lehrinhalten, die kurzfristig der raschen Entwicklung im Güterverkehr angepasst sind.**

Zur Erweiterung der beruflichen Handlungskompetenz bietet das Themenheft **„Projekt Absatzlogistik“** vielfältige Möglichkeiten. Durch die Bearbeitung dieses Projektes werden zusätzlich zu dem Erwerb der Fachkompetenz die Methoden-, Sozial-, Lern-, Human- und Sprachkompetenz gefördert. Die Lernenden durchlaufen von der Zielsetzung des Projektes über die Planung, das Durchführen bzw. Umsetzen, das Kontrollieren und Bewerten des Ergebnisses einen vollständigen Handlungszyklus. Der achtseitige methodische Teil des Themenheftes bietet viele Anregungen für abwechslungsreiche Lernmöglichkeiten.

Der Unterstützung und Ergänzung der Unterrichtsarbeit dient die Broschüre „Neues Transportrecht“ die unter www.gehlen.de abrufbar ist. In ihr sind die aktuellen Gesetze, Verordnungen und Allgemeinen Geschäftsbedingungen im Wortlaut zusammengefasst.

Die Verfasser hoffen, auch mit dieser Auflage dazu beizutragen, dass die künftigen kaufmännischen Mitarbeiter/innen des Spediteurs den erheblich gestiegenen Anforderungen als Dienstleister im Güterverkehr gerecht werden können. Das Manuskript entspricht dem Stand von Juli 1998.

Vorwort zur 34., überarbeiteten Auflage

Die Überarbeitung der 33. Auflage führte zu wenigen, vorwiegend redaktionellen Korrekturen. Umfangreiche Änderungen waren durch die Neufassung der Speditionsversicherung, die aus wettbewerbsrechtlichen Gründen erfolgte, erforderlich. Die DM ist Gesetzesbestandteil und Grundlage für Rechtsverordnungen. DM-Beträge und Sonderziehungsrechte werden erst zum 1. Januar 2002 auf den Euro umgestellt (1 Euro = 1,95583 DM).

Zur Wiederholung und Festigung des Grundwissens, aber auch zur Vorbereitung auf die Abschlussprüfung vor der Industrie- und Handelskammer hat sich seit vielen Jahren die „Speditionsbetriebslehre und Logistik“ von Wolfgang Oelfke bewährt. Sie ist in der 16., aktualisierten Auflage im Gabler Verlag, Wiesbaden, erschienen.

Die Verfasser

Inhaltsverzeichnis

MIT DER AUSBILDUNG IM BETRIEB UND IN DER SCHULE BEGINNEN

1 Wirtschaft und Verkehr

EINSTIEG

Die Nahrungsmittelwerke GmbH, Rostock, produzieren in großem Umfang Milch- und Fleischprodukte. Die Produkte werden in Partien bis zu 5 t an 238 ständige Abnehmer in Norddeutschland verkauft.

ARBEITSAUFTRÄGE

1. Beschreiben Sie die für den Hersteller anfallenden Transporte!
2. Welche Qualitätsanforderungen sind an Transporte dieser Art zu stellen?
3. Welche Verkehrsmittel sind hier am besten geeignet?
4. Welche Verkehrsmittel werden von Ihrem Betrieb eingesetzt? Begründen Sie den Einsatz!
5. Welche Lademittel werden für diese Produkte eingesetzt?

1.1 Grundbegriffe

▲ *Wirtschaft.* Die Wirtschaft eines Staates, die Volkswirtschaft, hat die Aufgabe, die vielfältigen Bedürfnisse des einzelnen Menschen zu befriedigen.

Diese **Bedürfnisse** sind Lebensbedürfnisse, Luxusbedürfnisse und Kulturbedürfnisse.

Der Teil der Bedürfnisse, der mit dem Einkommen oder mit Sachwerten befriedigt wird, ist der **Bedarf.**

Der Bedarf wird durch **Güter** (Verbrauchs- und Gebrauchsgüter), **Dienstleistungen** und **Rechte** gedeckt.

Es liegt im Wesen des Menschen, dass seine Bedürfnisse weitgehend unbegrenzt sind. Dagegen sind die Güter, die der Bedarfsdeckung dienen, von Natur aus knapp. Ebenso können Dienstleistungen nicht in beliebiger Menge erstellt werden. Durch die Tätigkeit des Menschen in der Wirtschaft wird dieser Gegensatz überwunden. Die knappen Güter und Dienstleistungen werden in der erforderlichen Art und Menge zur rechten Zeit am rechten Ort gegen ein entsprechendes Entgelt zum Verbrauch bereitgestellt. Gleichzeitig sichert sich der Einzelne, der als Verbraucher auftritt, durch seine Arbeit ein Einkommen, das ihm die Deckung seines Bedarfs gestattet.

Das **Wirtschaften** des Menschen unterliegt der kaufmännischen Denkweise. Wirtschaften ist immer eine planmäßige Tätigkeit, eine bestimmte Gütermenge mit dem geringsten Aufwand zu gewinnen, zu erzeugen oder zu verteilen, sie sparsam zu verwenden oder sinnvoll zu verbrauchen.

Die wirtschaftliche Tätigkeit wird in den Betrieben der folgenden Wirtschaftsbereiche ausgeübt:

- **Urerzeugung:** Gewinnung von Rohstoffen im Bergbau, in der Landwirtschaft, in der Forstwirtschaft und in der Fischerei,
- **Weiterverarbeitung:** Herstellung von Ver- und Gebrauchsgütern aus Rohstoffen durch Industrie und Handwerk,

- **Güterverteilung:** Bereitstellung von Rohstoffen und anderen Gütern am Orte des Ver- oder Gebrauchs durch den Handel,
- **Dienstleistungen:** Mithilfe bei Erzeugung und Verteilung durch Banken, Versicherungen und Verkehr,
- **Güterverbrauch:** Verbrauch der bereitgestellten Güter durch private und öffentliche Haushalte und durch Betriebe der Wirtschaftsbereiche.

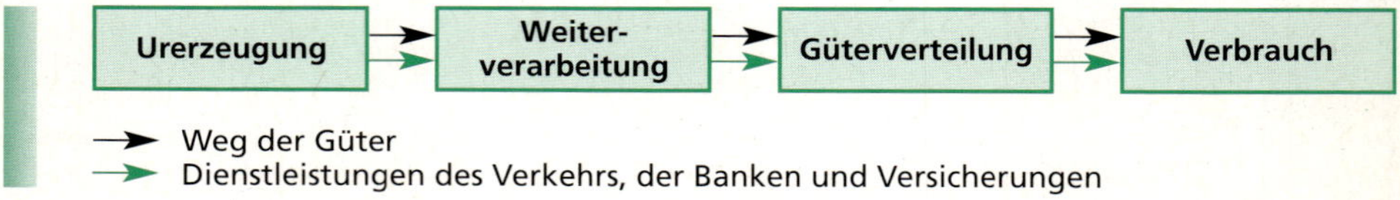

▲ ***Verkehr.*** Der Verkehr hat die Aufgabe, der Wirtschaft und damit auch dem Verbraucher bei der Überwindung des Raumes zu dienen. Das geschieht durch die Beförderung von Gütern, Personen, Nachrichten und Zahlungen **(Verkehrsobjekte).** Zum Verkehr zählen alle Einrichtungen und Leistungen technischer und kaufmännischer Art, die sich mit der Raumüberwindung befassen.

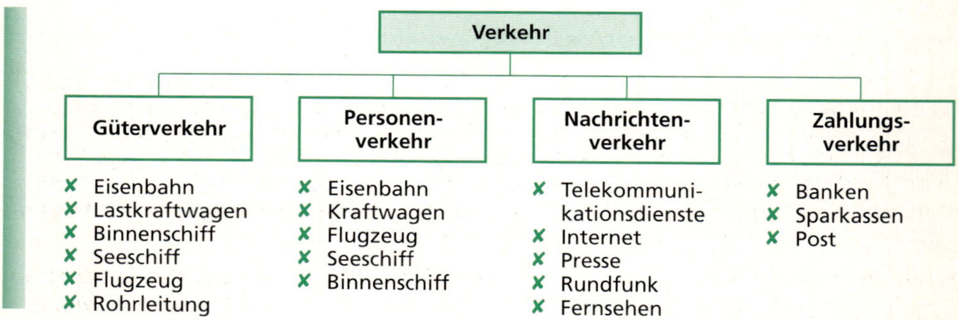

Der Güterverkehr ist Gegenstand der vorliegenden Speditionsbetriebslehre.

▲ ***Beförderungsleistung.*** Der **Güterverkehr** hat die Aufgabe, Güter von den Orten der Produktion (des Überflusses) nach den Orten des Ver- oder Gebrauchs zu befördern.

Diese Beförderungsleistung wird von den Verkehrsbetrieben erbracht, die über **kaufmännische Einrichtungen** und über **Verkehrsmittel** verfügen. Die **Verkehrsmittel** sind die beweglichen technischen Einrichtungen des Verkehrsbetriebes. Sie dienen lediglich dem **Transport**, also dem technischen Vorgang der Beförderung von Gütern. Der reine Transport bedarf aber wirtschaftlicher und organisatorischer Leistungen in den kaufmännischen Einrichtungen des Verkehrsbetriebes. Kaufmännische Leistung und Transportleistung – erstellt durch laufend geschultes Fachpersonal, dem ein modernes Kommunikations- und Informationssystem zur Verfügung steht – ergeben die **Beförderungsleistung**.

Die Verkehrsmittel werden auf den **Verkehrswegen** des Landes (Schiene und Straße), des Wassers (Flüsse, Kanäle, Meere) und der Luft eingesetzt. Als **Verkehrsträger wird die Gesamtheit aller gleichartigen Betriebe bezeichnet, die sich desselben Verkehrsmittels und desselben Verkehrsweges für die Beförderungsleistung bedienen.**

Güterverkehr

Verkehrsträger	Verkehrsmittel	Verkehrswege
✗ Eisenbahnverkehr	✗ Eisenbahnen	✗ Schienen
✗ Güterkraftverkehr	✗ Lastkraftwagen	✗ Straßen
✗ Binnenschifffahrt	✗ Binnenschiffe	✗ Flüsse, Kanäle
✗ Seeschifffahrt	✗ Seeschiffe	✗ Meere, Flüsse, Kanäle
✗ Luftfahrt	✗ Flugzeuge	✗ Luft
✗ Rohrleitungsverkehr	✗ Rohrleitungen	✗ Rohrleitungen

Zur **Verkehrswirtschaft** (Wirtschaftszweig Güterverkehr) zählen alle Betriebe, die sich unmittelbar oder mittelbar mit der Ausführung von Beförderungsleistungen befassen. Auf der einen Seite sind das die **Betriebe der Verkehrsträger** und auf der anderen Seite die **Betriebe der Spediteure/Lagerhalter/Logistikdienstleister, Schiffsmakler (Linienagenten), Umschlagsbetriebe, Frachtenvermittler u. a.**

1.2 Der Güterverkehr in der Wirtschaft

Die Wirtschaft kann ihre Aufgabe der Bedarfsdeckung nur durch eine stark arbeitsteilige Produktion erfüllen, die sich unmittelbar am Bedarf der Verbraucher orientiert. Zur reibungslosen Versorgung des einzelnen Verbrauchers mit Gütern aller Art sind eine leistungsstarke, flexible Verkehrswirtschaft und ein ausreichendes Angebot zusätzlicher Dienstleistungen erforderlich. Bedarfsorientierte Erzeugung von Gütern und ein flexibles Dienstleistungsangebot in allen Bereichen der Wirtschaft sind Kennzeichen eines modernen Industrie- und Dienstleistungsstaates.

Ausgangsprodukte aller weiterverarbeitenden Betriebe der industriellen Produktion sind die Rohstoffe, die in den Betrieben der Urerzeugung – räumlich zum Teil weit getrennt von den weiterverarbeitenden Betrieben – gewonnen werden. Durch eine starke Arbeitsteilung wird der Fertigungsprozess eines beliebigen Gutes auf viele, räumlich ebenfalls getrennte Betriebe aufgegliedert. Auch liegen der Ort der Herstellung des Fertigproduktes und die Orte des Verbrauchs oder des Gebrauchs mehr oder weniger weit auseinander. So ergeben sich in der Wirtschaft an vielen Stellen **Orte des Überflusses an Gütern,** die vom Rohstoff über das Halbfertigprodukt bis zum Fertigprodukt reichen. Diesen Orten stehen in unterschiedlicher Entfernung die **Orte des Bedarfs** gegenüber. Diese Entfernungen zu überwinden ist die Aufgabe des Güterverkehrs. Eine Wirtschaft ohne leistungsfähigen Güterverkehr ist undenkbar.

Der Güterverkehr passt sich unter Mithilfe der Technik den Bedürfnissen der verladenden Wirtschaft an. Die Verkehrsbetriebe stellen moderne Verkehrsmittel bereit, deren technische Einrichtungen die besondere Beschaffenheit der Ware und ihre Transportgefahren berücksichtigen. So gibt es für Güter jeder Beschaffenheit, Menge und Größe geeignete Verkehrsmittel. Dadurch ist die **natürliche Transportfähigkeit,** d. h. die Eignung eines Gutes zum Transport, fast unbegrenzt.

Die Verkehrsbetriebe können die von der Wirtschaft verlangten Beförderungsleistungen nur dann erbringen, wenn sie ihre technischen Einrichtungen laufend ersetzen und modernisieren. So geben sie der Wirtschaft jährlich Aufträge über viele Milliarden DM und beeinflussen dadurch als große Verbrauchergruppe die industrielle Produktion in erheblichem Umfang.

Die Verkehrsbetriebe müssen die Beförderungsleistung auch preisgerecht erbringen. Dabei ist die **wirtschaftliche Transportfähigkeit** eines Gutes zu berücksichtigen. Im Preis eines jeden Gutes sind Beförderungskosten enthalten. Je höher diese Kosten sind, desto höher ist der Verbraucherpreis und desto stärker wird der Abnehmerkreis eingeschränkt. Die Verkehrsbetriebe bemühen sich, ihre Leistungen durch moderne, leistungsfähig ausgestaltete Verkehrseinrichtungen, wie Verkehrsmittel, elektronische Kommunikationstechniken, Umschlagsanlagen, Läger, Kombination von Verkehrsmitteln, Sammelladungen usw., kostengünstig zu erbringen.

Besondere Bedeutung kommt dem Güterverkehr durch die immer stärker werdende **weltwirtschaftliche Verflechtung** der einzelnen Volkswirtschaften (Globalisierung) zu. Der Güterstrom über die nationalen Grenzen wird immer stärker. Der Verkehr hilft mit bei der Überwindung der durch die Grenzen bedingten Schwierigkeiten. Leistungsfähige Verkehrswege, moderne Verkehrsmittel und ein flüssiger Verkehrsablauf, der durch die Verkehrsbetriebe gewährleistet wird, ermöglichen einen reibungslosen Güterabsatz im In- und Ausland.

Die Verkehrsbetriebe sind entscheidend an der Schaffung neuer Verkehrsverbindungen beteiligt. Neue Verkehrswege schaffen neue Handelsverbindungen und ermöglichen die Entstehung neuer Wirtschaftsbetriebe. So werden wirtschaftlich schwache Gebiete, die immer verkehrsarme Gebiete sind, durch den Ausbau des Verkehrs in ihrer wirtschaftlichen Entwicklung gefördert.

ZUSAMMENFASSUNG

Herstellung, Handel und Güterverkehr bilden eine untrennbare Einheit. Sie sind voneinander abhängig und ergänzen und befruchten sich. Sie arbeiten gemeinsam an der Weiterentwicklung der Wirtschaft und damit an der Hebung des Lebensstandards.

Das Verkehrsaufkommen in der Bundesrepublik Deutschland: Beförderte Tonnen in Millionen

Verkehrsträger	Jahr 1970	Jahr 1980	Jahr 1992[2]	Jahr 1996	Jahr 1997	Jahr 1998
Eisenbahnen[1]	378,0	350,1	351,9	309,3	316,8	321,3
Binnenschifffahrt	240,0	241,1	229,9	227,0	233,2	234,5
Straßengüterfernverkehr	164,9	298,2	544,1	813,9	872,3	918,6
✘ gewerblicher Verkehr	104,8	140,9	255,1	362,2	394,6	421,0
✘ Werkverkehr	41,1	99,6	165,4	268,2	262,6	260,6
✘ ausländische Unternehmen	19,0	57,7	123,6	183,4	215,2	237,0
Rohrfernleitungen	89,2	84,0	81,5	89,4	87,4	92,1
Straßengüternahverkehr	1 972,0	2 255,0	3 100,0	2 379,0	2 346,7	2 365,1
Seeschifffahrt	131,9	154,3	178,1	202,5	210,2	218,7
Luftfracht (1 000 t bis 1988)	386,9	710,3	1,2	1,9	2,0	2,1
Verkehrsaufkommen insgesamt	2 976,4	3 383,0	4 486,7	4 023,0	4 068,6	4 152,4

Quellen: Statistisches Bundesamt, Kraftfahrt-Bundesamt, Bundesamt für Güterverkehr, DB AG, Verband deutscher Verkehrsunternehmen und Berechnungen und Schätzungen des ifo-Instituts, ex DVZ vom 24. März 1998.

[1] Ohne Dienstgut- und ohne Güterkraftverkehr
[2] Ab 1992 Zahlen für Gesamtdeutschland

1.3 Die Verkehrsmittel der Güterbeförderung

Von der Wahl des Verkehrsmittels hängt für den einzelnen Versender der wirtschaftliche Erfolg ab. Dieser Erfolg beeinflusst in erheblichem Maße den Absatz eines bestimmten Gutes. Damit wird der wirtschaftliche Erfolg des Verkaufs durch die richtige Auswahl des Verkehrsmittels mitbestimmt. Es gilt also, das Verkehrsmittel zu wählen, das der **wirtschaftlichen und natürlichen Transportfähigkeit** des gegebenen Gutes am besten entspricht.

Die Wahl unter konkurrierenden Verkehrsmitteln wird durch die **Qualität der Beförderungsleistung** entschieden, die sich aus der technischen Eigenart des Verkehrsmittels ergibt.

MERKE

Die Qualität der Beförderungsleistung wird grundsätzlich bestimmt durch

- Transportdauer,
- Pünktlichkeit,
- Kosten,
- Regelmäßigkeit,
- Sicherheit,
- Umweltverträglichkeit.

Diese allgemeinen Maßstäbe gelten jedoch nur im Verhältnis zur jeweiligen Beförderungssituation. So kann für dasselbe Gut in einer Situation die langsame, aber billige Beförderung mit dem Binnenschiff zweckmäßig sein, während in einer anderen Situation die schnellere, aber teurere Beförderung mit der Eisenbahn richtig ist.

Für jedes Verkehrsmittel ergeben sich bestimmte Vorteile, jedes aber hat auch dem anderen gegenüber gewisse Nachteile. Aus dem Abwägen dieser Vor- und Nachteile ergibt sich die Eignung des Verkehrsmittels zur Beförderung eines bestimmtes Gutes. Diese Eigenarten der einzelnen Verkehrsmittel müssen bekannt sein, um die optimale Wahl treffen zu können.

1.3.1 Die Eisenbahn

▲ *Vorteile.* Der geringe Reibungswiderstand zwischen Rad und Schiene ermöglicht eine schnelle, sichere und preiswerte Beförderung. Die Eisenbahn kann praktisch jedem Absender den Wagen aus der großen Anzahl von Wagentypen gestellen, der nach Bauart und Ladeeinrichtungen für sein Gut am besten geeignet ist. Dadurch bieten die Wagen weitgehend Schutz vor den allgemeinen Beförderungsgefahren und gestatten eine bequeme und Kosten sparende Be- und Entladung. So ist die Eisenbahn **das schnelle Massenverkehrsmittel**, das große Gütermengen – vor allem im Nachtsprung – zwischen den Ballungsgebieten der Wirtschaft im kontinentalen Verkehr umweltfreundlich befördern kann.

▲ *Nachteile.* Sie ergeben sich aus der Schienengebundenheit. Die Güter müssen durch den Absender an seinem Anschlussgleis oder am Ladegleis der DB Cargo in den Bahnwagen verladen bzw. durch den Empfänger entladen werden. Fehlt ein Anschlussgleis, sind Rollfuhren am Versand- und Empfangsort erforderlich. Die Güter erfordern eine sorgfältige Verpackung, die Schutz vor den allgemeinen Beförderungsgefahren (Rollen, Verladen, Umladen, Rangieren usw.) bietet. Zusätzliche Kosten ergeben sich. Diesen Nachteilen sucht die Bahn durch Einrichtung von Anschlussgleisen für Ladungen und durch den Container- und Palettenverkehr zu begegnen.

1.3.2 Der Lastkraftwagen

▲ *Vorteile.* Sie liegen in der Straßengebundenheit. Durch das weit verzweigte Straßennetz kann der Lkw auch die entlegenen Ansiedlungen erreichen, die von der Bahn nicht oder nur unrentabel bedient werden können. Die hier gelegenen klein- und mittelständischen Erzeuger- und Verbraucherbetriebe bieten Lkw-Unternehmen rentable Einsatzmöglichkeiten ihrer Lastzüge im Zubringerverkehr für die Bahn oder im eigenständigen Fernverkehr **(Flächigkeit des Lastkraftwagenverkehrs)**.

Die Benutzung des gut ausgebauten örtlichen Straßensystems ermöglicht den **Haus-Haus-Verkehr** von der **Beladerampe** des Versenders bis zur **Entladerampe** des Empfängers, ohne dass eine Umladung erforderlich wird. Dadurch werden oft erhebliche Transport-, Verpackungs- und Umschlagskosten erspart.

Durch den engen Kontakt zwischen Verfügungsberechtigtem und Lkw-Unternehmer wird eine **individuelle Behandlung** der Güter ermöglicht; Sonderwünsche können in größerem Umfang als bei der Bahn erfüllt werden.

Die Wendigkeit und Beweglichkeit der erwerbswirtschaftlich betriebenen Lkw-Unternehmen führt – verbunden mit der technischen Vervollkommnung des Verkehrsmittels – häufig zu **kürzerer Transportdauer** als bei der Bahn. Das gilt vor allem für den Nahbereich.

▲ *Nachteile.* Sie liegen gemessen an der Bahn in der bedingten Verwendbarkeit des Lkw für den Massengutverkehr, in der größeren Witterungsabhängigkeit und in dem höheren Energieverbrauch je beförderter Tonne.

1.3.3 Das Binnenschiff

▲ *Vorteile.* Sie sind – wie bei Bahn und Lkw – in der Eigenart des Verkehrsweges begründet. Der Verkehrsweg besteht aus den natürlichen Wasserstraßen der Flüsse und Seen und den künstlichen Wasserstraßen der Kanäle. Abgesehen von den Schifffahrtsabgaben für die Benutzung der künstlichen Wasserstraßen ist die Schifffahrt frei, sodass ihre Selbstkosten nicht durch hohe Kosten für die zu befahrenden Verkehrswege belastet werden. Auch die **Antriebskosten** sind niedriger als diejenigen für die Landtransporte mit Bahn und Kraftwagen. Auf dem Wasser ist ein geringerer Reibungswiderstand als auf der Schiene oder auf der Straße zu überwinden.

Die Fahrzeuge werden großräumig gebaut und verfügen über eine **hohe Tragfähigkeit**, die verbunden mit niedrigen Selbstkosten zu **niedrigen Frachten** führt.

Hohe Tragfähigkeit und niedrige Frachten machen das Binnenschiff zum **umweltfreundlichen,** geeigneten Verkehrsmittel für die typischen **Massengüter** Kohle, Erze, Erden, Steine, Schlacken, Getreide usw., aber auch für Container, die zwischen den öffentlichen Häfen (See-, Inlandshäfen) und den Werkshäfen der großen Industriebetriebe befördert werden. Es ist auch besonders geeignet für ungewöhnlich **große und schwere Güter**.

▲ *Nachteile.* Sie liegen in der verhältnismäßig **geringen Geschwindigkeit** und in der Abhängigkeit von dem relativ **kleinen Netz an Binnenwasserstraßen**. Nachteile liegen auch in der zeitweilig starken Abhängigkeit vom **Wasserstand** (Hoch- und Niedrigwasser) und von der Vereisung der Wasserstraßen.

1.3.4 Das Seeschiff

Das Seeschiff ist das konkurrenzlose Verkehrsmittel für die großen Gütermengen, die im Außenhandel über See ausgetauscht werden. Mit ihm können Güter jeder Art und Menge befördert werden. Durch den Bau der verschiedenen Schiffstypen vermag das

Seeschiff allen Anforderungen in der Linien-, Tramp- und Küstenschifffahrt gerecht zu werden.

Das Seeschiff bereitet den anderen Verkehrsmitteln nur einen geringen Wettbewerb. In der Küstenschifffahrt und auch im Fährverkehr entzieht es den Verkehrsmitteln zu Lande durch niedrige Frachten Teile des Güteraufkommens. In der Überseefahrt bedienen Seeschiffe mit teilweise begrenzter Größe Wirtschaftsgebiete, die im Landesinnern liegen (Häfen im Gebiet der Großen Seen/Nordamerika).

Im Transport von wertvollen, hochempfindlichen Stückgütern, die eine durchweg teure seemäßige Verpackung verlangen, verursacht das Flugzeug dem Seeschiff erhebliche Konkurrenz.

1.3.5 Das Flugzeug

▲ *Vorteile.* Sie liegen in der außerordentlich **hohen Geschwindigkeit**, im **geringen Transportrisiko** und in einer **sorgfältigen Behandlung**, die zwangsweise durch die relativ geringen Transportmengen je Flugzeug und durch die starke Empfindlichkeit des Flugzeuges gegeben sind.

Diese Vorteile des Transportmittels führen für die Handelspartner, die sich des Flugzeugs bedienen wollen, zu kurzen Dispositionszeiten, zu einer geringen Lagerhaltung, zu schnellem Kapitalumschlag und zur Einsparung erheblicher Verpackungs- und Versicherungskosten.

▲ *Nachteil.* Der Nachteil des Flugzeugs als Transportmittel liegt vor allem in der im Vergleich zur Seefracht hohen Luftfracht; diese ergibt sich aus den sehr hohen Energiekosten (hoher Treibstoffverbrauch) und hohen sonstigen Kosten des Flugzeugs. Gemessen an den vielen Vorteilen des Flugzeugs, kommt diesem Nachteil nur geringe Bedeutung zu.

Besonders geeignet zur Beförderung mit dem Flugzeug sind

- ✘ **hochwertige Güter**, wie Edelmetalle, Kunstwerke,
- ✘ **hoch empfindliche Güter**, wie optische Geräte, Präzisionsinstrumente,
- ✘ **leicht verderbliche Güter**, wie Schnittblumen, Lebensmittel,
- ✘ **eilbedürftige Güter**, wie Ersatzteile, Presseerzeugnisse,
- ✘ **Tiere**, wie Turnierpferde, Fische, Zootiere usw.

1.3.6 Die Rohrleitung

Durch Rohrleitungen (Pipelines) werden flüssige oder gasförmige Güter, vornehmlich Rohöl und Erdgas, unter Zwischenschaltung von stationären Pumpanlagen befördert.

1.4 Die Verkehrsleistungen

Die Leistung eines Verkehrsbetriebes unterscheidet sich von der eines Industrie- oder Handelsbetriebes. Ein Industriebetrieb wird nur so viel Güter produzieren, wie abgesetzt werden können; ebenso kauft ein Handelsbetrieb nur die Güter, die auch verkauft werden können. Stockt der Absatz vorübergehend, werden die Güter eingelagert. Notfalls können diese Betriebe auf andere Güter ausweichen oder die Preise der Nachfrage anpassen, ohne auf unüberwindliche Hindernisse zu stoßen.

Anders ist es in den Dienstleistungsbetrieben des Verkehrs. Ihre Produkte sind nicht Güter, sondern Verkehrsleistungen. Alle Verkehrsleistungen weisen bestimmte Eigentümlichkeiten auf. Im Wesentlichen sind es folgende:

- Die Verkehrsmittel und Umschlagsanlagen sind verhältnismäßig teuer und erfordern einen **hohen Kapitalbedarf**.
- Die Verkehrsbetriebe brauchen – wie alle Dienstleistungsbetriebe – verhältnismäßig **viel Personal**.
- Die Güter erzeugende Wirtschaft kann bei Absatzstockungen auf Lager produzieren. Im Verkehrsbetrieb dagegen **fallen Produktion und Absatz zusammen.** Verkehrsleistungen werden in dem Augenblick ihrer Erzeugung verbraucht. Sie können nicht auf Lager produziert werden.
- Die wenigsten Verkehrsbetriebe können ihre Fahrzeuge auf der Hinfahrt und auf der Rückfahrt auslasten, denn die Güterströme sind ungleich stark **(mangelnde Paarigkeit der Güterströme)**.

Verkehrsleistungen in der Bundesrepublik Deutschland: Geleistete Tonnenkilometer in Mrd.

Verkehrsträger	Jahr 1970	Jahr 1980	Jahr 1992[2]	Jahr 1996	Jahr 1997	Jahr 1998
Eisenbahnen[1]	71,5	64,9	68,4	67,7	72,8	75,5
Binnenschifffahrt	48,8	51,4	57,2	61,3	63,0	63,9
Straßengüterfernverkehr	41,9	80,0	156,1	214,5	232,5	248,0
– gewerblicher Verkehr	28,7	41,1	76,5	107,4	112,9	119,3
– Werkverkehr	7,4	17,5	31,8	42,0	42,8	43,8
– ausländische Unternehmen	5,8	21,4	47,9	65,2	76,7	84,9
Rohrfernleitungen	16,9	14,3	13,9	14,2	13,3	14,2
Straßengüternahverkehr	36,1	44,4	62,9	69,1	67,8	68,6
Seeschifffahrt	909,7	1 067,7	978,8	970,1	977,5	995,1
Luftfracht (in Mio. tkm bis 1988)	137,5	251,1	0,5	0,5	0,5	0,5
Verkehrsleistung insgesamt	1 125,0	1 322,9	1 337,8	1 397,4	1 427,4	1 465,8

Quellen: Statistisches Bundesamt, Kraftfahrt-Bundesamt, Bundesamt für Güterverkehr, DB AG, Verband deutscher Verkehrsunternehmen und Berechnungen und Schätzungen des ifo-Instituts, ex DVZ vom 24. März 1998.

- Das **Angebot der Gütermengen ist ungleichmäßig**. Es hängt von der allgemeinen wirtschaftlichen Entwicklung (Konjunktur) und von der jahreszeitlich bedingten Entwicklung (Saisonschwankung) ab. Dagegen ist das Angebot von Laderaum nahezu unveränderlich.
- Die Verkehrsbetriebe unterliegen bestimmten **staatlichen Vorschriften**. Sie sind in ihrer freien kaufmännischen Entscheidung behindert. Viele dieser Vorschriften (Gesetze und Verordnungen) sind aus gemeinwirtschaftlichen Gründen erlassen. Sie enthalten Einzelheiten über die Arbeitszeit oder über Zulassungsbeschränkungen für den einzelnen Verkehrsbetrieb, ferner hygienische und sicherheitspolitische Vorschriften u. a.
- Die Nachfrage der Wirtschaft nach logistischen Dienstleistungen führt zu unterschiedlichen Transportbedarfen (kleine Sendungsgrößen, wertvolle Sendungen, JIT, flexible Transportbedarfe u. a.).

[1] Ohne Dienstgut- und ohne Güterkraftverkehr
[2] Ab 1992 Zahlen für Gesamtdeutschland

- Die privatwirtschaftlichen Verkehrsbetriebe stehen nicht nur untereinander in scharfem **Wettbewerb**, sondern auch im Wettbewerb **zum Werkverkehr** der großen Industrieunternehmen und zu öffentlichen Verkehrsbetrieben.

Dem einzelnen Verkehrsbetrieb erwachsen aus diesen Eigentümlichkeiten erhebliche Schwierigkeiten. Der große Kapital- und Personalbedarf verursacht hohe feste Kosten (Fixkosten), die auch dann entstehen, wenn die Verkehrsmittel nicht eingesetzt (Eis, Nebel, Niedrig- oder Hochwasser) oder nicht voll ausgelastet werden können (unzureichendes Ladungsangebot).

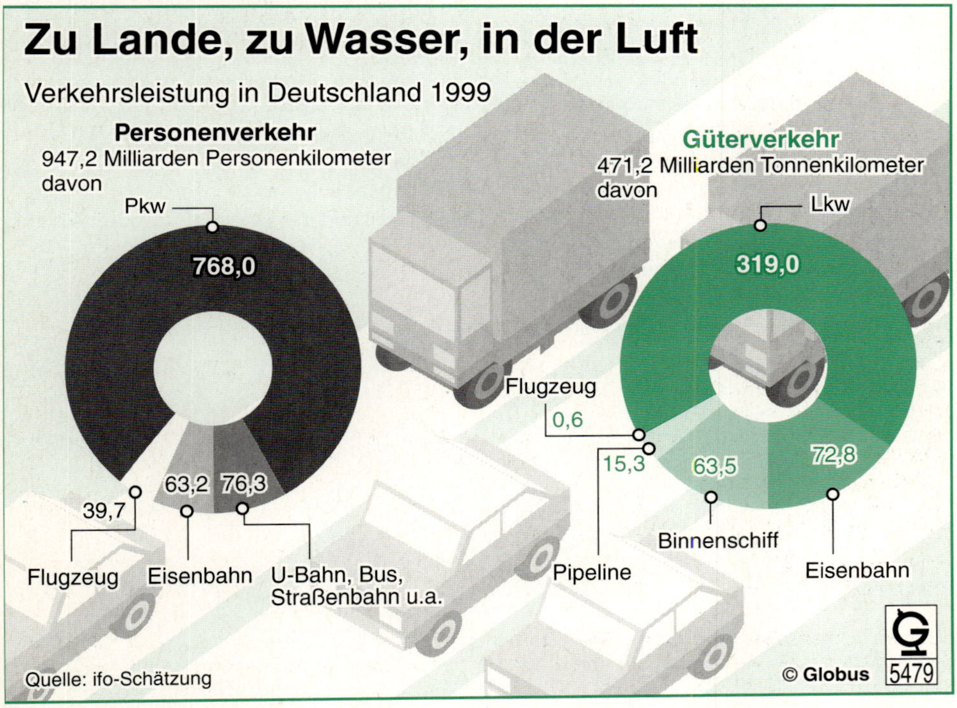

AUFGABEN

1. Unterscheiden Sie die Begriffe „Verkehrsmittel" und „Verkehrsträger"!
2. Welche Betriebe werden unter dem Begriff „Verkehrswirtschaft" zusammengefasst?
3. Erklären Sie den Begriff der Transportfähigkeit von Gütern!
4. Vergleichen Sie die unterschiedliche Eignung der Eisenbahn und des Lastkraftwagens als Transportmittel der Güterbeförderung!
5. Beschreiben Sie die besondere Eignung des Binnen-, des Seeschiffes und des Flugzeugs zur Güterbeförderung!
6. Durch welche Eigentümlichkeiten unterscheiden sich die Leistungen eines Verkehrsbetriebes von denen eines Produktions- oder Handelsbetriebes?
7. Vergleichen Sie die Zahlenübersichten zum Verkehrsaufkommen (Mio. t) und zu den Verkehrsleistungen (Mrd. t/km) der Verkehrsträger!
   a) Erklären Sie die Abweichungen der Prozentwerte!
   b) Vergleichen Sie die Entwicklung der Verkehrsträger Eisenbahn und Lkw-Güterverkehr, und begründen Sie diese Entwicklung!
   c) Aktualisieren Sie die Zahlenübersichten!

8 Namhafte Wirtschaftsinstitute rechnen mit einer überproportionalen Steigerung des Güterkraftverkehrs bis zum Jahre 2010.

a) Durch welche Maßnahmen könnte sich der Güterkraftverkehr darauf einstellen?

b) Welche Probleme können sich daraus für die Verkehrswirtschaft und auch für die Volkswirtschaft ergeben?

9 Beurteilen und vergleichen Sie die Umweltfreundlichkeit von Beförderungen

a) mit dem Lastkraftwagen, mit der Eisenbahn und mit dem Binnenschiff,

b) mit dem Seeschiff und mit dem Flugzeug!

10 Vergleichen Sie in einer Übersicht die Flexibilität, die Schnelligkeit und die Kapazität der Verkehrsmittel im Gütertransport!

11 Die Leistungsfähigkeit des Schienennetzes wird durch die gemeinsame Nutzung von Personen- und Güterverkehr beeinflusst. Welche Probleme ergeben sich durch die gemeinsame Nutzung, und wie könnten für den Güterfluss nachteilige Probleme gelöst werden?

12 Ermitteln Sie den prozentualen Anteil des einzelnen Verkehrsträgers

a) an dem Verkehrsaufkommen insgesamt in Millionen Tonnen,

b) an der Verkehrsleistung insgesamt in Mrd. Tonnenkilometern.

13 Wie hoch ist der Anteil des Straßen-, des Eisenbahn- und des Binnenschiffsgüterverkehrs am inländischen Güterverkehr gemessen

a) am Verkehrsaufkommen,

b) an der Verkehrsleistung?

14 Aus welchen Gründen ist der Anteil des Straßengüterverkehrs besonders hoch?

2 Spedition – Verkehr – Logistik

EINSTIEG

Die Neustädter Motorenwerke Berg & Sohn, Neustadt i. W., produzieren Bohrmaschinen und andere Artikel für den Handwerker- und Bastlerbedarf. Die monatlichen Verladungen in Partien von fünf und mehr t in alle Teile der EU werden dem ortsansässigen Spediteur übertragen.

ARBEITSAUFTRÄGE

1. Wie heißen die an der Beförderung Beteiligten, und welche Aufgaben haben sie?
2. Beschreiben Sie die Aufgaben des Spediteurs!
3. Welche besonderen Probleme sind mit dem Grenzübergang der Güter verbunden?
4. Beschreiben Sie einsetzbare Lademittel!

2.1 Grundbegriffe

▲ *Versender.* Die Unternehmen der Urerzeugung, der Weiterverarbeitung und des Handels senden ihre Güter nach den Orten des Bedarfs. Sie sind die Versender in der Wirtschaft.

▲ *Frachtführer.* Befördern die Versender ihre Güter nicht mit eigenen Verkehrsmitteln, so beauftragen sie andere Unternehmen mit der Beförderung. Diese Unternehmen führen die Beförderung gewerbsmäßig durch. Sie heißen Frachtführer. Frachtführer sind die Unternehmen des **Eisenbahnverkehrs**, des **Güterkraftverkehrs**, der **Binnenschifffahrt** und außerdem der **Luftfahrt**.

▲ *Absender.* Der Absender ist der Frachtvertragspartner des Frachtführers. Er übergibt dem Frachtführer das Gut in geeigneter Beschaffenheit und ist zur Zahlung der Fracht verpflichtet.

▲ *Frachtvertrag (HGB §§ 407–452).* Die Güterbeförderung wird nach Abschluss eines **Frachtvertrages** ausgeführt. Am Frachtvertrag sind der **Absender**, der **Frachtführer** und der **Empfänger** beteiligt. Der Absender schließt mit dem Frachtführer den Frachtvertrag und übergibt ihm die **Sendung** zur Beförderung. Eine Sendung umfasst alle Güter, die mit einem Frachtbrief oder einem ähnlichen Dokument bei einem Beförderungsbetrieb aufgeliefert werden. Der Empfänger hat gegen den Frachtführer das Recht auf Auslieferung[1] der Sendung **(Vertrag zugunsten eines Dritten)**.

Der Frachtführer bekommt als Entgelt für die Beförderung die **vereinbarte Fracht**.

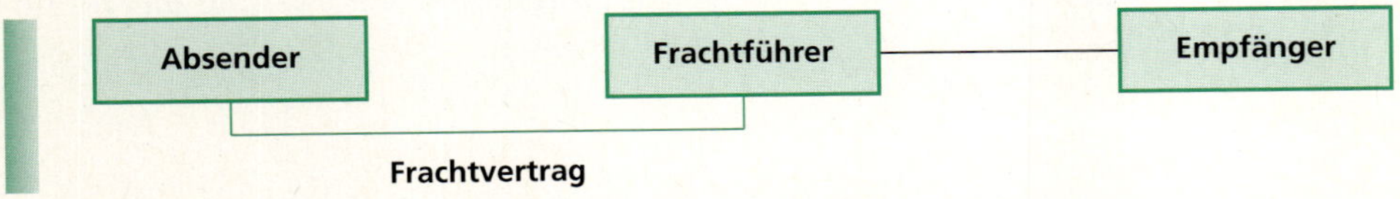

[1] Das Recht auf Auslieferung ist immer ein Besitzrecht. Das Eigentumsrecht ergibt sich aus dem Kaufvertrag.

MERKE

HGB § 407 (1): „[1]Durch den Frachtvertrag wird der Frachtführer verpflichtet, das Gut zum Bestimmungsort zu befördern und dort an den Empfänger abzuliefern.

(2) Der Absender wird verpflichtet, die vereinbarte Fracht zu zahlen."

▲ ***Seefrachtvertrag.*** Es gelten die abweichenden Vorschriften des vierten Buches des HGB §§ 476–905. Beim Seefrachtvertrag wird der Frachtvertrag zwischen dem **Befrachter** und dem **Verfrachter**, dem Reeder, geschlossen. Der Befrachter übergibt das seetransportgerecht verpackte Gut dem Verfrachter zum Seetransport und zur Ablieferung an den Empfänger; der Verfrachter hat Anspruch auf die Seefracht. Liefert der Befrachter das Gut im Verschiffungshafen nicht selbst an, so beauftragt er mit der Anlieferung einen **Ablader**, der als Seehafenspediteur tätig ist.

▲ ***Spediteur.*** Ein Versender muss umfangreiche Kenntnisse und Erfahrungen haben, wenn die Beförderung richtig durchgeführt werden soll. Nur dann kann er die Risiken und Kosten vermeiden, die durch falsche Auswahl von Verkehrsmitteln oder -betrieben, durch Unkenntnis von Beförderungsbedingungen, Außenwirtschafts- oder Zollvorschriften zusätzlich entstehen können. Von den Versendern wird daher gerne ein Fachmann eingeschaltet, der den Güterverkehr organisiert und der mit seinen Kenntnissen und Erfahrungen dazu beiträgt, die Schwierigkeiten im Güterverkehr zu überwinden.

Dieser Fachmann ist der **Spediteur**. Er hilft den Versendern, den nationalen und den internationalen Warenaustausch reibungslos abzuwickeln. Seine Tätigkeit übt er gewerbsmäßig in den Speditionsunternehmen aus. Die Speditionsunternehmen bilden zusammenbetrachtet das **Speditionsgewerbe**.

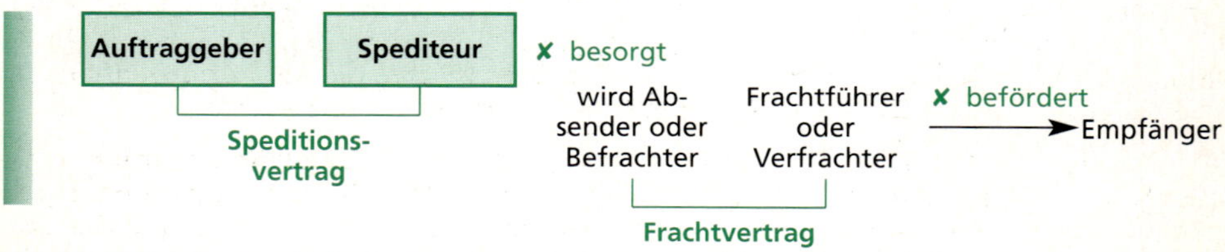

▲ ***Speditionsvertrag (HGB §§ 453–466).*** Der Spediteur wird tätig, wenn zwischen ihm und dem Versender ein Speditionsvertrag abgeschlossen ist. Der Versender ist der **Auftraggeber** oder **Kunde** des Spediteurs. Der Auftraggeber entnimmt die einzelnen Vorschriften über die Güterbeförderung dem **Kaufvertrag** und stellt sie in seinem **schriftlichen Auftrag**, den er dem Spediteur übersendet, zusammen. Nimmt der Spediteur diesen Auftrag an, ist der Speditionsvertrag geschlossen. Jetzt besorgt der Spediteur die Güterbeförderung, indem er einen Frachtvertrag mit einem Frachtführer abschließt und alle weiteren Aufgaben erledigt. Als Vertragspartner des Frachtführers wird der Spediteur zum Absender.

Der Spediteur bekommt als Entgelt für die Besorgung der Beförderung die **vereinbarte Vergütung** (Provision).

MERKE

HGB § 453 (1): „Durch den Speditionsvertrag wird der Spediteur verpflichtet, die Versendung des Gutes zu besorgen.

(2) Der Versender wird verpflichtet, die vereinbarte Vergütung zu zahlen."

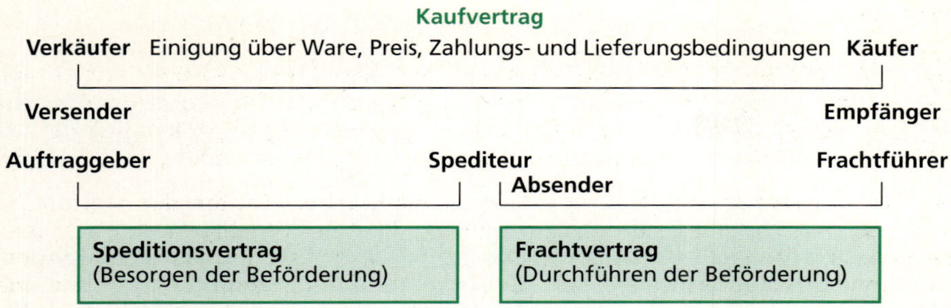

Der Spediteur veranlasst die Güterbeförderung durch ein Beförderungsunternehmen (Versandspedition) oder nimmt die Güter von einem Beförderungsunternehmen in Empfang (Empfangsspedition). Er wird in eigenem Namen tätig. **Spedition ist also nicht gleich Güterbeförderung**.

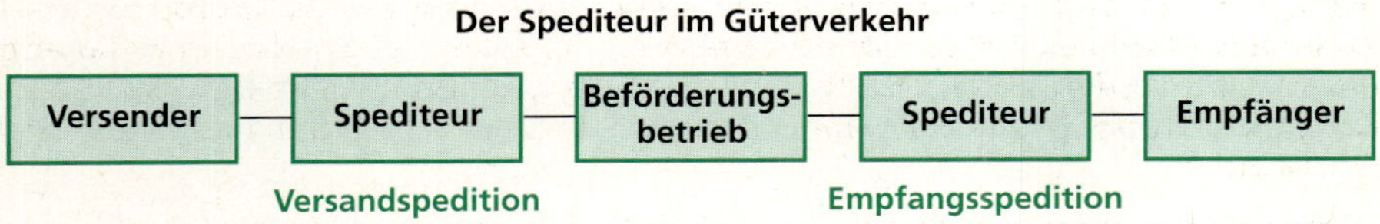

Der Speditionsvertrag gilt als **Dienstvertrag** (BGB §§ 611 bis 630); der Spediteur schuldet die Leistung eines Dienstes, und zwar die **Besorgung** der Güterbeförderung. Der Frachtvertrag gilt als **Werkvertrag** (BGB §§ 631 bis 651); der Frachtführer ist zur Herstellung des versprochenen Werkes verpflichtet, und zwar zur Erstellung der Beförderungsleistung, die in der Durchführung der Beförderung liegt. So kann ein Spediteur nicht für die Ordnungsmäßigkeit der Beförderung verantwortlich gemacht werden, er haftet nur für seine Besorgertätigkeit (vgl. aber HGB § 462).

▲ ***Lagervertrag (HGB §§ 467–475 h).*** Oft müssen Güter eingelagert werden. Das übernehmen Spediteure oder selbstständige Lagerhalter, die über eigene oder gemietete Lagerräume verfügen. Für die Einlagerung gelten die Bedingungen des **Lagervertrages**, der zwischen dem **Einlagerer** und dem **Lagerhalter** geschlossen wird.

Der Lagerhalter bekommt als Entgelt für die Lagerung die **vereinbarte Vergütung** (Lagergeld).

MERKE

HGB § 467 (1): „Durch den Lagervertrag wird der Lagerhalter verpflichtet, das Gut zu lagern und aufzubewahren.

(2) Der Einlagerer wird verpflichtet, die vereinbarte Vergütung zu zahlen."

ZUSAMMENFASSUNG

- Der Spediteur ist gewerbsmäßig für seinen Auftraggeber, der Versender (oder Empfänger) der verladenden Wirtschaft ist, tätig.
- Der Spediteur besorgt die Güterbeförderung, indem er das Gut als Absender/Befrachter einem Frachtführer/Verfrachter übergibt. Auch lagert er Güter für Einlagerer. Der Spediteur hat Anspruch auf die (vereinbarte) Vergütung.

2.2 Das Arbeitsgebiet der Spedition im Güterverkehr

2.2.1. Der Spediteur nach dem HGB §§ 453 bis 466

Der Spediteur besorgt die Güterbeförderung durch Abschluss von Frachtverträgen mit Frachtführern oder Verfrachtern. Diese **„klassische Speditionstätigkeit"** wird in der reinen Form von Seehafen- und Luftfrachtspediteuren angeboten. Aber auch diese Spediteure haben wie alle anderen Spediteure ihr Dienstleistungsangebot durch logistische Dienstleistungen aller Art erweitert.

▲ *Der Spediteur als Frachtführer (HGB §§ 407–452).* Viele Spediteure befördern die Güter mit eigenen Lastkraftwagen und Binnenschiffen. Sie sind gleichzeitig Frachtführer und unterliegen denselben rechtlichen Vorschriften wie jeder andere Frachtführer. Diese Speditionsbetriebe werden als **Gemischtbetriebe** bezeichnet (vgl. Abschnitt 4.4.5).

▲ *Der Spediteur als Lagerhalter (HGB §§ 467–475 h).* Häufig müssen Güter vor, während oder nach der Beförderung eingelagert werden. Jeder Spediteur besorgt diese Lagerungen durch Abschluss eines Lagervertrages mit einem selbstständigen Lagerhalter. Ist das Aufkommen an Lagergütern hinreichend groß, werden diese Güter in gemieteten oder eigenen Lägern eingelagert. Der Spediteur als Lagerhalter nimmt auch Lageraufträge entgegen, die nicht unmittelbar mit der Speditionstätigkeit zusammenhängen (vgl. Kapitel 12).

▲ *Der Spediteur im Güterumschlag.* Mit dem Güterversand ist der Güterumschlag verbunden. Er wird von Umschlagsbetrieben durchgeführt, die der Spediteur beauftragt. Bei ausreichendem Güteraufkommen pachtet der Spediteur Umschlagsanlagen oder errichtet eigene Anlagen, die gleichzeitig der Zwischen- und der Dauerlagerung dienen. Viele Spediteure betreiben Umschlagsanlagen als **Güterverteilungsanlagen** und **Containerpackstationen** für Verladungen mit dem Lkw, der Eisenbahn, dem Seeschiff oder dem Binnenschiff.

▲ *Der Spediteur als Sammelspediteur (HGB § 460).* Seit jeher haben Spediteure Sendungen aller Art zur besseren Raumausnutzung des Transportmittels und zur Erzielung von Frachtvorteilen zusammengefasst, in nationalen oder internationalen Spediteursammelverkehren mit dem Lkw oder anderen Verkehrsmitteln befördert und dem einzelnen Endempfänger/Käufer direkt ausgeliefert. Selbstständige Kurier-, Express- und Paketdienste ergänzen das Leistungsangebot.

Sammelspediteure sind an den **Güterverkehrszentren** (GVZ, siehe Abschnitt 6.5) maßgebend beteiligt. Dort bieten sie als Sammellader im Verbund mit Distributionslagerung **logistische Dienstleistungen** aller Art an.

▲ *Der Spediteur im gebrochenen, multimodalen oder kombinierten Verkehr (HGB §§ 452 ff.).* Oft müssen mehrere Transportmittel eingesetzt werden, um eine Sendung zum Käufer zu bringen. Beförderungen dieser Art werden im **gebrochenen (mehrstufigen)** Verkehr durchgeführt. Der Spediteur organisiert alle Verkehrsleistungen für eine Sendung. Bietet er sie in seinem geschlossenen Verkehrssystem an, ist er im **multimodalen** oder **kombinierten Verkehr** tätig. Er organisiert den gesamten Transport durch Abschluss und Überwachung der verschiedenen Fracht-, Umschlags- und Nebenleistungsverträge. Der Spediteur wickelt die gesamte Abrechnung ab und wird zum **MTO (Multimodal Transport Operator)** oder zum **CTO (Combined Transport Operator)**. Er stellt für die ganze Transportkette ein Spediteurversanddokument (FBL, FCR u.a.) aus. Juristisch wird er als Frachtführer tätig; er garantiert den Beförderungserfolg.

In anderen Fällen übergibt der Spediteur seine Ladung an den Träger eines **Kombinierten Ladungsverkehres (KLV)**, z. B. an die Kombiverkehr KG.

Folgende Verlademöglichkeiten können unterschieden werden:

- ✘ **Der Spediteur organisiert eine Güterversendung als Spediteur** im mehrstufigen (gebrochenen, multimodalen) Verkehr durch Abschluss von mindestens zwei Frachtverträgen mit zwei aufeinander folgenden Frachtführern oder Verfrachtern, als **Absender/Befrachter** sorgt er für die Auflieferung und Dokumentation.
- ✘ **Der Spediteur übernimmt eine Güterversendung als Frachtführer** im Kombinierten Verkehr seiner Transportkette, die er einmalig oder im Dauerverhältnis eingerichtet hat. Mit dem Auftraggeber schließt er einen Frachtvertrag; er stellt ein einheitliches Transportdokument aus (FBL u. a.), haftet als **Frachtführer** und rechnet über die gesamte Transportstrecke ab.
- ✘ **Der Spediteur organisiert die Güterversendung durch Einleitung in einen Kombinierten Verkehr (KLV).**

  Der Spediteur, auch als Frachtführer, übergibt seine Sendungen als Ladungseinheit (= LE) einem Träger eines Kombinierten Ladungsverkehrs (KLV):
  - KLV Lkw – Bahn, z. B. Kombiverkehr KG (vgl. Abschnitt 5.5),
  - KLV Lkw – Bahn – Binnenschiff, z. B. Wasserstraßenkombi,
  - KLV Lkw – Bahn – Seeschiff,
  - KLV Flugzeug – anderes Verkehrsmittel.

2.2.2 Weitere Dienstleistungen (Nebenleistungen) des Spediteurs

Mit der Besorgung der Güterbeförderung – der klassischen Speditionstätigkeit – ist eine Vielzahl von weiteren Dienstleistungen verbunden. Sie fallen als „Nebenleistung" an, stehen aber oft im Mittelpunkt des Auftrages und bilden den eigentlichen Anlass der Auftragserteilung. Diese Dienstleistungen betreffen im Wesentlichen folgende Leistungsbereiche:

- ✘ **Besorgen von Dokumenten:** Aufmachen/Besorgen von Konnossementen, Frachtbriefen, Warenverkehrsbescheinigungen, Ursprungszeugnissen, Gesundheitszeugnissen, Konsulatsfakturen, Ausfuhrbescheinigungen für Umsatzsteuerzwecke usw. und Beglaubigung der Dokumente bei Konsulaten, Handelskammern, Zollämtern.
- ✘ **Ausstellen von Spediteurversanddokumenten:** Ausstellen/Besorgen von Spediteurübernahmebescheinigungen (FCR), Spediteurdurchkonnossementen (FBL) usw. zur Zahlungs- und Lieferungssicherung gemäß Kaufvertrag.
- ✘ **Behandlung des Gutes, Warenmanipulationen:** Bemustern, Empfangs- und Qualitätskontrollen, Verpacken, Auspacken, Umpacken, Entfernen von Herkunftszeichen, Signieren, Reinigen, Begasen, Trocknen, Schadenfeststellung, Beschaffen von Containern.
- ✘ **Zollbehandlung:** Aufmachen der Zollpapiere, Anmeldung, Gestellung, Darlegung des Zollgutes, Mitwirkung bei der weiteren Abfertigung, Entrichtung der Zollabgaben, Stellung von Sicherheiten.
- ✘ **Versicherungen:** Vermittlung oder Abschluss von Transport- und Lagerversicherungen über eigene Generalpolicen, Ausstellung der Policen.
- ✘ **Bankmäßige Leistungen:** Bankmäßige Abwicklung des Dokumentengeschäftes, Mitwirkung bei Akkreditiven, bei Lombardierungen, Inkasso von Warenwerten, Fracht- und Zollvorlagen.
- ✘ **Geltendmachung von Rechten gegen Dritte:** Geltendmachung oder Wahrung der Schadenersatzansprüche aus Fracht-, Lager-, Umschlags- und Versicherungsverträgen, aus der Zollbehandlung, Wahrung von Ansprüchen aus dem Kaufvertrag.
- ✘ **Beratung des Auftraggebers:** Erstellen von Offerten, Auskünfte über Verkehrsverbindungen, Paletten, Zoll- und Einfuhrvorschriften usw.

2.3 Das Arbeitsgebiet des Spediteurs in der Logistik

2.3.1 Logistik als Begriff

MERKE

Logistik[1] bezeichnet **ein ganzheitliches System zur Optimierung des Material- und Warenflusses innerhalb und außerhalb eines Unternehmens.** Erfasst werden alle Bereiche und Leistungen der Güterbewegung von der Beschaffung über die Produktion bis zum Absatz (Empfänger) nach einem Gesamtkonzept.

Die einzelnen logistischen Leistungen und die damit verbundenen Informationssysteme werden von der Unternehmensführung des Kunden erfasst, in ihren Bewegungsabläufen aufeinander abgestimmt und dem Unternehmenskonzept der Güterbewegung als integriertes Fließsystem zugeordnet. In Teilkonzepten wird festgelegt, welche logistischen Leistungen vom eigenen Unternehmen erbracht werden und welche Leistungen ausgegliedert und an Speditionsunternehmen übertragen werden sollen **(Fremdbezug logistischer Leistungen, Outsourcing)**.

Ein integriertes Fließsystem eines Unternehmens wird mithilfe eines **komplexen Kommunikationsnetzes** gesteuert. Die vorauseilenden, parallel laufenden und nachlaufenden Daten werden unter Einsatz der elektronischen Datenverarbeitung zwischen den Beteiligten system- und zeitgerecht ausgetauscht. Umfassende Logistikleistungen sind nur unter Verwendung der EDV wirtschaftlich zu erstellen.

Allgemeine Ziele der Einrichtung und des Unterhalts eines integrierten Fließsystems bestehen in

- niedrigen Distributionskosten (Transport-, Lager- und sonstigen Kosten),
- produktions- und absatzgerechter Leistungserstellung (zuverlässig und zeitgerecht, also „Just-in-Time"),
- kundengerechtem Lieferservice,
- flächendeckender Warenverteilung,
- hoher Qualität der Leistung,
- Kosten senkenden Rationalisierungseffekten.

2.3.2 Logistische Dienstleistungen des Spediteurs

Werden dem Spediteur mit der Güterbeförderung auch Kaufvertragsaufgaben und andere Aufgaben seines Auftraggebers übertragen, dann leistet der Spediteur **logistische Dienste**. Für seinen Auftraggeber, der Verkäufer (Hersteller oder Händler) ist, wirkt er nach dessen ganzheitlichem Logistikkonzept mit bei der Beschaffung und dem Absatz von Gütern. Er übernimmt die Güter am innerbetrieblichen Produktionsort, versieht sie mit der geeigneten Transportverpackung, lagert sie zwischen und führt sie dem Hersteller zur Produktion zeitgerecht (Just-in-Time) zu.

Der Spediteur leitet die Fertigprodukte nach festem Teilkonzept an den Verbraucher weiter; er übernimmt ebenso vereinbarungsgemäß die Verkaufsfunktionen und Kundendienstleistungen. Der Güterfluss wird durch Einsatz von EDV-Anlagen und von anderen Kommunikationsmitteln, die einen schnellen und direkten Datenaustausch zwischen allen Beteiligten ermöglichen, gesteuert.

[1] Der Begriff Logistik wird aus dem militärischen Bereich abgeleitet und kennzeichnet das militärische Nachschubwesen auf allen Ebenen (vgl. Kapitel 20).

Die einzelnen Aufgaben werden dem Spediteur in einem **Dauerauftragsverhältnis**, das alle Pflichten und Rechte festlegt, übertragen. Die logistische Dienstleistung übernimmt der Spediteur als Einzelleistung oder als Service-Paket, in dem mehrere Leistungen gebündelt sind.

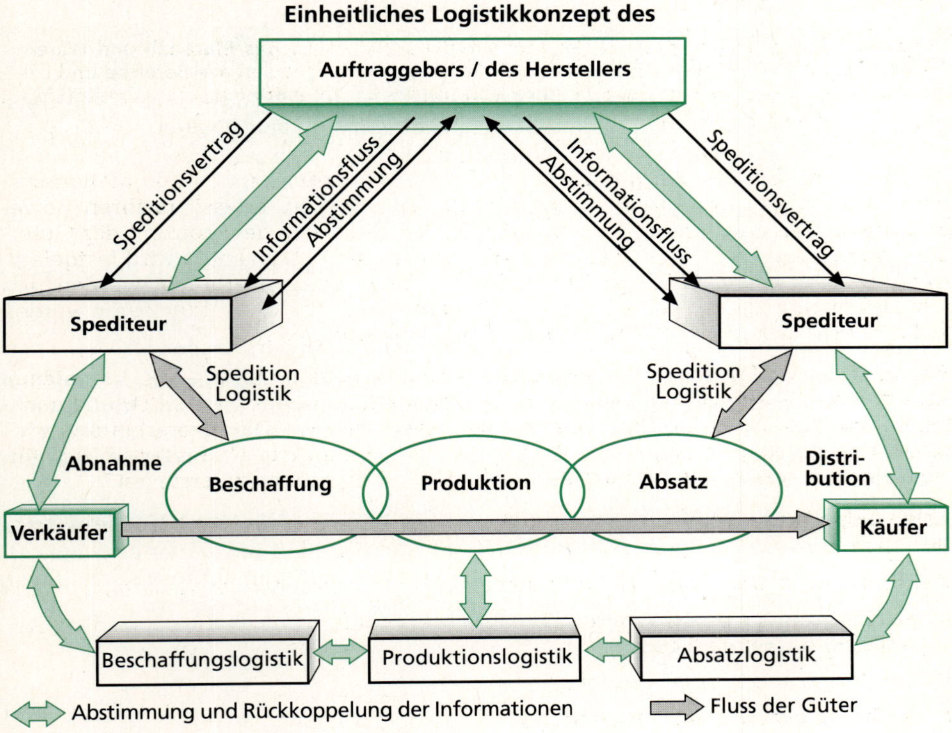

Katalog logistischer Dienstleistungen des Spediteurs

- Lagerhaltungssysteme mit bedarfsgerechten An- und Abtransporten (Just-in-Time), Bestandsmanagement,
- besondere Lagerhaltungssysteme für Gefahrgut, auch mit Qualitätssicherungssystem nach DIN ISO 9000 ff.,
- computergestützte Erteilung von Nachschubaufträgen durch den Abnehmer bzw. den Spediteur, nach Bedarf einschließlich Inkasso,
- Übernahme eines Kundenauslieferungslagers mit bedarfsgerechter individueller Belieferung des Käufers,
- Übernahme von Kommissionierungs-, Verpackungs- und Etikettierungsaufgaben,
- kundengerechte Spezialtransporte von Kühlgut in ununterbrochener (Tief-)Kühlkette, von Gefahrgut und anderen Gütern,
- flächendeckende Spezialdienste für Einzelhandelsketten, für den Arzneimittelhandel und für andere Auftraggeber mit optimaler Schnelligkeit, mit Zuverlässigkeit und Systemtreue,
- Zustelldienste in Kleingut- und Wagenladungsverkehren,
  - innerhalb der Bundesrepublik Deutschland in 24 Stunden,
  - europaweit in 48 Stunden,
  - Samstagszustellung u. Ä.,

- Regalpflege beim Empfänger (Auspacken, Etikettieren, Preisauszeichnung, Regalfüllen),
- Qualitätskontrollen,
- Retourenabwicklung und -transport,
- Leergutverwaltung und -transport, Entsorgungslogistik,
- Inkassoaufgaben, Factoring,
- Montageaufgaben und andere Aufgaben.

▲ ***Auswirkungen auf den Spediteur.*** Durch die Ausführung logistischer Dienstleistungen ergeben sich für den Spediteur **zusätzliche Kosten und Risiken**

- als erhöhte Personalkosten, die durch zusätzliches Personal bzw. durch regelmäßige Fortbildung entstehen,
- durch Übernahme zusätzlicher Leistungen, die über die eigentliche Organisationsaufgabe des Spediteurs hinausgehen,
- durch Einsatz der EDV, der computergestützten Arbeitsplätze und der Ausnutzung der modernen Informations- und Kommunikationsmöglichkeiten,
- durch Übernahme von speditionsfernen Risiken, die bei logistischen Leistungen anfallen (z. B. Regalpflege, Verpackungsgeschäfte, Schwertransporte).

Zur Deckung dieser Kosten und Risiken muss der Spediteur neben seinen Entgelten für seine typischen Speditionsleistungen **zusätzliche Entgelte für seine logistischen Leistungen** berechnen. Werden die vom Spediteur übernommenen zusätzlichen Risiken durch die Speditionsversicherung nicht gedeckt, wird der Abschluss einer zusätzlichen Versicherung erforderlich.

Seine Risiken und Möglichkeiten wird er durch ein gutes **Marketing** bestimmen.

Die Leistungserstellung im integrierten Fließsystem, die auf die Dauer gerichtet ist, führt zwangsläufig zur Verzahnung der beteiligten Unternehmen. Die wirtschaftliche Abhängigkeit der beteiligten Verkäufer, Käufer und Spediteure wächst.

ZUSAMMENFASSUNG

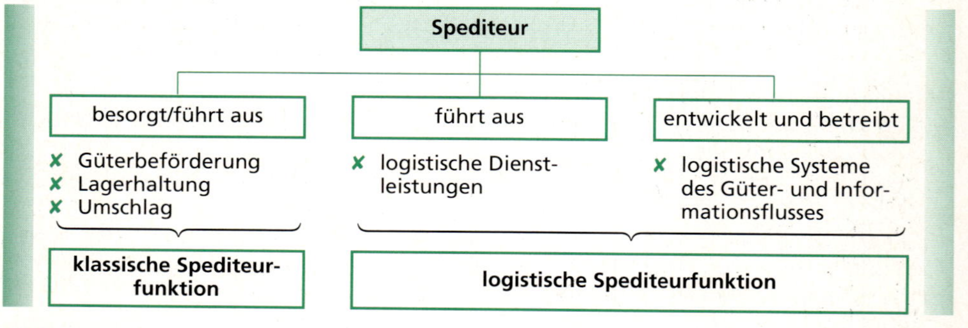

MERKE

Der Spediteur besorgt alle Arbeiten oder führt sie selbst aus, die mit der Güterbeförderung, mit der Lagerhaltung und mit dem Umschlag zusammenhängen (klassische Spediteurfunktion).

Der Spediteur führt logistische Dienstleistungen[1] aus. Er entwickelt und betreibt logistische Systeme des Güter- und Informationsflusses (logistische Spediteurfunktion).

Er ist der logistische Dienstleister der Wirtschaft.

[1] Vgl. Kapitel 20.

2.4 Qualitätsmanagement-System (QM-System)

Der finanzielle Erfolg eines Speditionsunternehmens und damit die Wahrung seiner Stellung im nationalen und internationalen Verkehrsmarkt hängt weitgehend von der Qualität der angebotenen Dienstleistungen ab. Hohe und gleich bleibende Qualität der Leistungen müssen im Kundeninteresse und in gleicher Weise im firmeneigenen Interesse durch geeignete Maßnahmen **(Qualitätsmanagement)** gesichert werden.

Diese Qualitätssicherung (QS) ist auf den besonderen Bedarf des Unternehmens zugeschnitten. Die wesentlichen Merkmale, Betriebsabläufe[1] und Sicherungsmaßnahmen werden in ihrer planmäßigen Ordnung in dem **Qualitätsmanagement-System (QM-System)** erfasst. In dem **Qualitätsmanagement-Handbuch** des Unternehmens werden diese Einzelheiten des Unternehmens beschrieben, so Unternehmensziel, Qualitätspolitik, Organigramm, zu erbringende Dienstleistungen, ihre Erfolgskontrolle durch die verantwortlichen Mitarbeiter, durch den Qualitätsbeauftragten und durch die Unternehmensleitung, ferner Schulung und Motivation der Mitarbeiter.

Ein Auftraggeber kann sich durch Einsicht in das QM-Handbuch und durch Vorlage von internen oder externen **Audits** von der Wirksamkeit der qualitätssichernden Maßnahmen überzeugen. Audits sind Qualitätsprüfberichte, die der Qualitätsbeauftragte des Unternehmens (intern) oder der beauftragte Zertifizierer erstellt. Um unnötige Störungen im Betriebsablauf und um Kosten zu vermeiden, kann sich das Unternehmen als Auftragnehmer seine im QM-System festgelegten qualitätssichernden Maßnahmen in einer Urkunde, dem **Zertifikat**, bescheinigen lassen. Diese Urkunden werden von besonders zugelassenen Sachverständigen, den akkreditierten Zertifizierern, ausgestellt.

Hersteller, Händler und andere Kaufleute verlangen in zunehmendem Maße Qualitätszertifikate von ihren Zulieferern, Spediteuren und anderen, an der Beförderung und am Absatz beteiligten Kaufleuten. Die Auftragsvergabe wird nicht nur von Kosten, Lieferterminen, Firmenruf usw. abhängig gemacht, sondern auch von der zertifizierten Existenz eines QM-Systems.

Die QM-Systeme aller Wirtschaftsbereiche ähneln sich in den Aufbau- und Ablaufelementen; sie können produkt- und branchenunabhängig beschrieben werden. Einheitliche Leitlinien sind in der Normenreihe DIN EN ISO[2] 9000 ff. dargestellt. Dieses Regelwerk gilt in fast allen Staaten, so auch in Deutschland als Leitfaden, z. B. DIN ISO 9002, geeignet für den Bereich Transport und Logistik.

2.5 Die Zweige der Spedition

Die Vielseitigkeit der Speditionstätigkeit hat dazu geführt, dass sich innerhalb des Gewerbes verschiedene Speditionszweige, die auch Speditionsbranchen oder Fachsparten genannt werden, gebildet haben. Die Speditionszweige werden nach dem Standort des Betriebes, nach der Zusammenarbeit mit einem Verkehrsträger und nach der Art der Güter, die befördert werden, voneinander unterschieden.

- ✘ Kraftwagenspedition (mit Frachtführertätigkeit),
- ✘ Sammelgutspedition (mit Kleingut- und Expressverkehren),
- ✘ Bahnspedition,
- ✘ Binnenschiffs- und Binnenumschlagsspedition,
- ✘ Seehafenspedition,
- ✘ Luftfrachtspedition,
- ✘ Lagerei (mit Verteilungs-, Auslieferungs-, Zentrallagerfunktion),
- ✘ Möbelspedition, Umzugsverkehr.

[1] Vgl. Abschnitt 12.2

[2] DIN = Deutsches Institut für Normung e. V., Berlin
EN = Europäische Norm des CEN (Europäisches Komitee für Normung,Brüssel)
ISO = International Organization for Standardization

Manche Betriebe üben nur eine Speditionstätigkeit aus, z. B. Kraftwagenspedition. Andere Betriebe haben sich nach den Anforderungen der Kunden auf eine Warenart spezialisiert, z. B. Baumwoll- oder Mineralölspedition. Bei Ausübung mehrerer Speditionstätigkeiten werden nach Bedarf eigene Abteilungen gebildet.

Der Bundesverband Spedition und Logistik e. V. unterscheidet in seiner Gewerbestatistik von 1995 folgende Leistungsbereiche:

		1990				1995
Leistungsbereich[1]		**Betriebe**[2] **insgesamt i.v.H.**	**Einbetriebunternehmen i.v.H.**	**Hauptniederlassung i.v.H.**	**Zweigniederlassung i.v.H.**	**Betriebe**[3] **insgesamt i.v.H.**
Spediteursammelgutverkehr Straße	Versand	41,6	30,1	52,3	53,2	41,2
	Empfang	34,0	22,0	44,5	47,1	35,0
Spediteursammelgutverkehr Bahn	Versand	6,2	4,6	5,7	10,4	4,4
	Empfang	5,6	4,6	5,1	8,5	4,8
Paket- und Expressdienste		11,9	8,5	12,0	19,4	11,1
DB-Stückgut-Hausverkehr/ Expressgut-Rollfuhr		11,1	17,1	7,8	1,9	7,8
Güterfernverkehr mit eigenen Lkw (Selbsteintritt)		43,3	37,9	61,5	31,4	47,3
Kraftwagenabfertigungsdienst		57,2	49,4	71,2	56,2	63,1
Speditionsnahverkehr/Speditionsrollfuhr		52,2	46,6	61,2	52,9	51,7
Internationale Spedition	Export	59,7	50,8	65,6	71,9	55,1
	Import	53,5	43,6	59,4	68,0	49,1
Luftfrachtspedition	Export	23,4	13,8	23,9	44,5	23,9
	Import	21,1	11,5	22,1	41,6	21,6
Seehafenspedition	Export	18,9	15,3	19,6	26,2	17,1
	Import	17,9	14,3	18,5	25,5	15,7
Binnenschifffahrtsspedition		6,7	4,5	6,1	12,4	6,6
Binnenumschlagsspedition		6,2	4,8	4,5	11,6	5,6
Möbelspedition		9,0	10,5	8,9	5,7	9,5
Getreide- und Futtermittel-Lagerei		4,8	4,4	3,8	6,8	3,7
Verteilungslagerei		36,1	28,6	43,8	43,1	39,5
Massengutlagerei		7,0	6,0	7,1	9,2	8,3
Gefahrgutabfertigung		17,8	10,2	23,0	28,1	31,2
Zollabfertigung						45,1
Sonstige Lagerei						29,7
Absatzlogistik						25,0
Beschaffungslogistik						19,3

[1] Mehrfachnennungen möglich

[2] Bezugsgröße: 4 400 Betriebe

[3] Bezugsgröße: 4 200 Betriebe, BSL Jahresbericht 1995

Das Leistungsspektrum orientiert sich an der Nachfrage der Verlader. Durch Diversifikation und Spezialisierung erweitert sich das Angebot.

▲ ***Nationale Spedition.*** Ein Teil der Spediteure hat sich schwerpunktmäßig auf das Inlandsgeschäft konzentriert. Diese Spediteure betreiben inländische Spedition im Gebiet der Bundesrepublik Deutschland. Sie sind in ihrer Eigenschaft als Spediteur, Frachtführer und/oder Lagerhalter am Spediteursammelgutverkehr, am Güterkraftverkehr, an der Lagerei und an anderen Fachsparten beteiligt.

▲ ***Internationale Spedition.*** Der umfangreiche Außenhandel und die starke weltwirtschaftliche Verflechtung machen das Auslandsgeschäft für die meisten Spediteure interessant. Sie sind als Spediteure und Frachtführer im internationalen Spediteursammelgutverkehr, Bahn-, Güterkraft- und Binnenschiffsverkehr ständig tätig. Sie arbeiten als Seehafenspediteure im Seehafen, als Luftfrachtspediteure im Flughafen. Internationale Spediteure verfügen über Niederlassungen im Ausland oder arbeiten eng mit ausländischen Korrespondenzspediteuren zusammen.

MERKE

Die Beseitigung der Grenzen und die zunehmende Verflechtung der europäischen Staaten in der EU (Europäische Union) führen zur Internationalisierung jeder Speditionstätigkeit und damit auch zu wachsenden Leistungsanforderungen an die Speditionsangestellten.

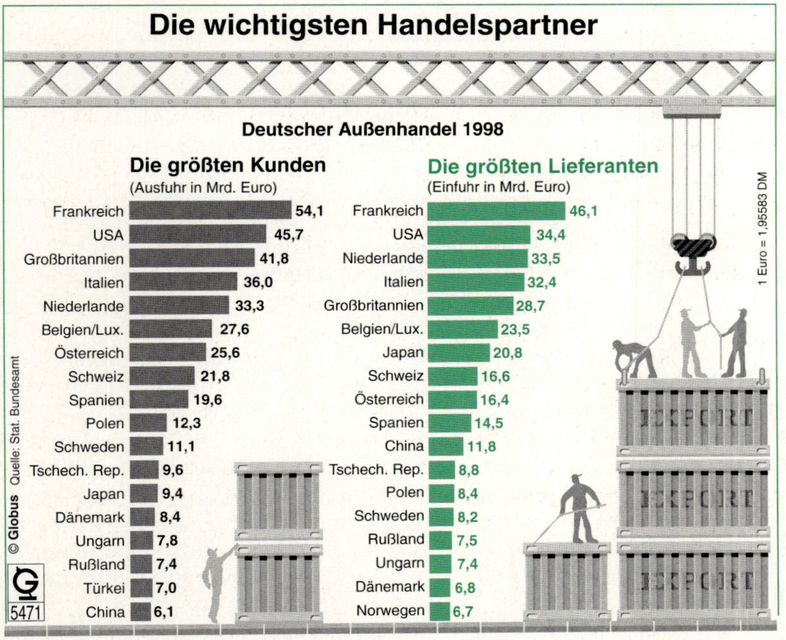

Feste Bande verbinden Deutschland mit seinen Partnern in der Europäischen Union. Über 56 % aller deutschen Exporte gingen 1998 in die EU. Dahinter stehen Waren im Wert von 536 Milliarden Mark. Die wichtigsten Absatzmärkte innerhalb der EU waren Frankreich und Großbritannien mit einem Exportvolumen von 105,8 und 81,8 Milliarden Mark. Auch bei den Einfuhren zeigt sich die enge Bindung an die Gemeinschaft. 54 % der Importwaren kamen aus den EU-Staaten. An der Spitze standen hier Frankreich (90,1 Milliarden Mark) und die Niederlande (65,6 Milliarden Mark). – Wichtigster Handelspartner außerhalb der EU waren die USA. Dorthin gingen deutsche Waren im Wert von 89,3 Milliarden Mark, und von dort kamen US-Waren im Wert von 67,3 Milliarden Mark.

2.6 Die Europäische Union (EU)

In dem Bestreben, die Folgen des Zweiten Weltkrieges zu überwinden, haben die späteren sechs EWG-Staaten im Jahre 1951 die **„Europäische Gemeinschaft für Kohle und Stahl" (EGKSt, Montanunion)** gegründet. Ein gemeinsamer Markt für Kohle und Stahl – weitgehend ohne staatliche Einwirkung – durch freie Produktion und durch freien Handel mit diesen Produkten ist in Europa entstanden und hat in den Folgejahren sehr erfolgreich gearbeitet. Die Erweiterung zur Wirtschaftsgemeinschaft (EG) folgte durch die „Römischen Verträge" von 1957:

- „Europäische Atomgemeinschaft" (EURATOM, EAG) und
- „Europäische Wirtschaftsgemeinschaft" (EWG).

Gründungsmitglieder waren Belgien, Niederlande, Luxemburg (Benelux), Deutschland, Frankreich und Italien.[1] Weitere Staaten haben sich der europäischen Gemeinschaft angeschlossen.[2] Sie umfasst heute 15 europäische Staaten, die unter der Bezeichnung **„Europäische Union" (EU)** ihr gemeinsames Ziel – die Bildung eines einheitlichen, gemeinsamen Wirtschaftsraumes durch Verschmelzung der einzelnen Volkswirtschaften zu einem gemeinsamen Markt – weitgehend erreicht haben.

Der gemeinsame Markt der EU ist gekennzeichnet u. a. durch

- Freizügigkeit des Personen-, Dienstleistungs- und Kapitalverkehrs,
- Harmonisierung (Angleichung) der sozialen Verhältnisse und der Rechtsvorschriften wichtiger Bereiche,
- Einrichtung von EU-Finanzierungsinstituten (z. B. Europäische Investitionsbank),
- die Zollunion (keine Binnenzollgrenzen und keine Binnenzölle, mit einheitlichem Zollrecht und Außenzolltarif).

Die Einigung Europas hat sich auch auf den Güterverkehrsmarkt ausgewirkt. Durch Aufheben der Binnengrenzen und durch Angleichung nationaler Rechtsvorschriften können die Unternehmer der Mitgliedstaaten den Güterverkehr auf der Straße, auf der Schiene und auf Binnengewässern frei ausüben. Das Kabotageverbot für Mitglieder ist aufgehoben (es besteht aber für Unternehmer aus Nicht-EU-Staaten[3]), die Kontingentierung im Güterkraftverkehr ebenfalls. Durch EWG-Verordnungen, die in allen EU-Staaten einheitlich gelten, werden die Rechtsvorschriften des EU-Verkehrsmarktes vereinheitlicht; es bestehen u. a. einheitliche Rechtsvorschriften über den Berufszugang für Beförderungsunternehmer, über Arbeitszeitvorschriften und -kontrollen, über die Beförderung von Gefahrgut.

Die gemeinsame Politik in der EU und die Durchführung der Beschlüsse ist den Organen der EU, die von den EU-Mitgliedern gemeinsam getragen werden, vorbehalten:

- Die **„Kommission der Europäischen Gemeinschaften"** hat als Exekutivorgan die Verträge und die Beschlüsse des Rates der EU auszuführen. Die Kommission entscheidet in Routinefragen und unterbreitet dem Rat Vorschläge, über die er entscheidet.
- Der **„Rat der Europäischen Union"** besteht aus den Vertretern der 15 EU-Regierungen. Er fasst – in Übereinstimmung mit den Regierungen – Beschlüsse über die Ausführung der **„Römischen Verträge"** aufgrund der Vertragstexte und aufgrund der Vorschläge der Kommission, die an diese Entscheidungen dann gebunden ist.

[1] 1959 haben europäische Staaten die **EFTA (European Free Trade Association)** als Gegengewicht zur EWG/EG geschaffen; Ziel war die Bildung einer Freihandelszone durch Beseitigung von Handelsbeschränkungen. Diese Staaten sind bis auf die Rest-EFTA-Staaten Schweiz, Norwegen, Island und Liechtenstein Mitglied der EU geworden. Die Rest-EFTA-Staaten und die Europäische Union haben durch ein Abkommen den **EWR (Europäischer Wirtschaftsraum)** zur Entwicklung eines einheitlichen Wirtschaftsraumes zwischen EU und EFTA geschaffen.

[2] Dänemark, Großbritannien, Irland 1973, Griechenland 1981, Portugal, Spanien 1986, Finnland, Österreich, Schweden 1995.

[3] Lkw-Unternehmen aus den EWR-Staaten Norwegen, Island und Liechtenstein haben in der EU das Kabotagerecht.

- Das **„Europäische Parlament"** in Straßburg setzt sich aus Vertretern der 15 Mitgliedparlamente zusammen. Es hat Beratungs- und Kontrollbefugnisse und kann Kommissionsmitglieder zur Amtsniederlegung zwingen (Misstrauensvotum).
- Der **„Europäische Gerichtshof"** sichert die Wahrung des Rechts bei Auslegung der Verträge.

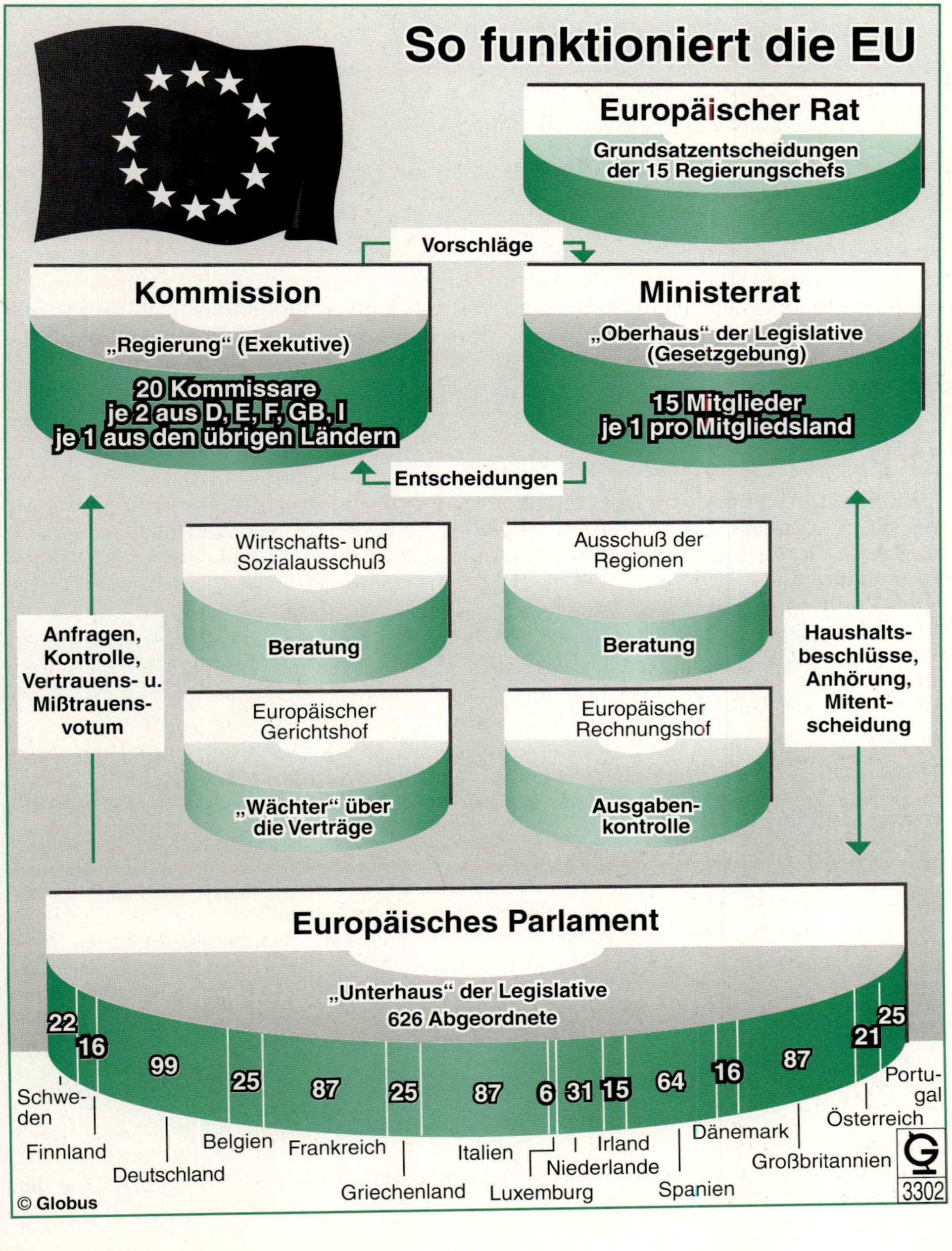

Ein weiterer Schritt zur Vollendung der EU ist im „Maastrichter Vertrag" von 1992 getan; er trat im Jahre 1996 als „Vertrag über die Europäische Union" in Kraft. Festgelegt sind hier die Beitrittsbedingungen der EU-Mitglieder zur **„Europäischen Wirtschafts- und Währungsunion" (EWWU):**

- Stufenweise Errichtung der EWWU durch Entscheidungen der Regierungschefs im Rat der EU,
- Entscheidung über die Teilnahme an der EWWU durch Vergleich der Konvergenzkriterien (Teilnahmebedingungen):
  - Stabilität der Wechselkurse,
  - Preis- und Zinsniveau,
  - Höhe der Staatsschulden,
  - Höhe des staatlichen Haushaltsdefizits,
- Koordinierung und Überwachung der Wirtschaftspolitik der Mitglieder im Rat,
- Einführung des „Euro" als Zahlungsmittel der EU.

▲ ***Europäische Zentralbank (EZB).*** Eine sehr wichtige Aufgabe in der Europäischen Wirtschafts- und Währungsunion hat die „Europäische Zentralbank". Ihre alleinige Aufgabe ist es, die **Währungsstabilität des Euro** zu sichern. Die EZB soll ihre Aufgabe unabhängig von politischen Einflüssen und in Übereinstimmung mit ihrer Satzung erfüllen. In ihrer Aufgabenerfüllung wird sie unterstützt und auch kontrolliert durch den **Zentralbankrat** der EZB; Mitglieder des Zentralbankrats sind die Vertreter der nationalen Zentralbanken, die in ihren Heimatländern ebenfalls unabhängig von politischen Einflüssen für die Geldwertstabilität verantwortlich sind.

2.7 Die Bedeutung der Spedition

Ein Versender wird dann einen Spediteur mit der Güterbeförderung beauftragen, wenn er daraus einen wirtschaftlichen Vorteil ziehen kann, sei es, dass er seine Kosten senken kann, sei es, dass er die erforderlichen Arbeiten nicht selbst durchführen kann oder will.

Gründe für die Einschaltung eines Spediteurs:

- Der Spediteur ist verkehrsträgerneutral und kann die im Einzelfall **vorteilhafte Beförderungsmöglichkeit** wählen, weil er als Verkehrsfachmann die erforderlichen Kenntnisse und Erfahrungen hat. Die richtige Wahl vermindert das Beförderungsrisiko, verkürzt die Beförderungsdauer und spart Verpackungskosten.
- Der Spediteur kann **die Beförderungskosten verringern**. Er vereinigt kleine Sendungen zu Sammelladungen im nationalen und internationalen Verkehr, besorgt Container, verlädt in Sammelcontainer und handelt als Großkunde günstige Frachtraten aus.
- **Im mehrstufigen (gebrochenen) Verkehr**, in dem mindestens zwei Verkehrsträger eingesetzt sind, sorgt er für den Abschluss der Frachtverträge und für den Umschlag zwischen Bahn, Lkw und Schiff. Nur ein ortsansässiger Spediteur kann die damit verbundenen Arbeiten optimal verrichten. Er hat das erforderliche Fachwissen und kennt die überregionalen Handelsbräuche und örtlichen Gepflogenheiten (Usancen).
- **Im kombinierten oder multimodalen Verkehr** nimmt er dem Auftraggeber die Transportdisposition (Sorgepflicht aus dem Kaufvertrag) ab. Er übernimmt die Güter ab Haus des Auftraggebers zur Beförderung durch mindestens zwei Verkehrsträger bis zu jedem gewünschten Ort der Auslieferung, auch unter Einschluss des Seetransportes. Über diese Beförderung in einer **Transportkette** stellt er ein Spediteurversanddokument (FBL, FCT oder Hauskonnossement) aus. Als MTO (Multimodal Transport Operator) garantiert er den Beförderungserfolg und übernimmt die Haftung wie vereinbart.

- ✗ Dem Spediteur werden die Güter zur Beförderung übergeben. Er ist streng an die Weisungen seines Auftraggebers gebunden und hat dessen Interessen zu wahren. Damit wird er zum **Treuhänder** der Wirtschaft, die ihm täglich Millionenwerte anvertraut. In dieser Eigenschaft kann er dem Verkäufer helfen, den Warenwert einzuziehen oder Bezugsquellen geheim zu halten.
- ✗ Der Spediteur erfüllt auch die verschiedenartigen **Dienstleistungen (Nebenleistungen),** ohne die viele Güterversendungen nicht durchgeführt werden können (vgl. Abschnitt 2.2.2).
- ✗ Er bietet zusätzlich **logistische Dienstleistungen** an. Seine Dienstleistung stellt der Spediteur seinen Auftraggebern gegen ein Entgelt zur Verfügung, das meistens nach dem Gewicht und nicht nach dem Wert der Güter berechnet wird. Dafür bietet der Spediteur eine weitgehende Garantie für eine ordnungsgemäße Beförderung, die seinen Auftraggebern Ärger und möglichen Verlust an Kunden ersparen kann **(Logistik-Konzept)**.

ZUSAMMENFASSUNG

Durch seine Leistung stellt sich der Spediteur in den Dienst des nationalen und internationalen Güteraustausches. **Er ist der Organisator der Güterbeförderung** und Logistiker der Wirtschaft in Europa und weltweit.

AUFGABEN

1. Vergleichen und erläutern Sie die Legaldefinition des Speditions- und des Frachtvertrages im Wortlaut des HGB!
2. Ordnen Sie die folgenden Begriffe dem entsprechenden Vertrag zu: Auftraggeber, Absender, Befrachter, Verfrachter, Fracht, Empfänger und Käufer!
3. Unterscheiden Sie die Begriffe Ware, Gut, Fracht und Sendung!
4. Warum muss der Spediteur die verschiedenen Vertragsverhältnisse bei Erfüllung seiner Aufgaben klar trennen?
5. Durch welche Leistungen wird das Arbeitsgebiet des Speditionsgewerbes über die Legaldefinition hinaus erweitert?
6. Welche Gründe bewegen die verladende Wirtschaft zur Einschaltung eines Spediteurs?
7. Wodurch unterscheidet sich die Tätigkeit eines Spediteurs von der eines Frachtführers?
8. Beschreiben Sie das Leistungsangebot Ihres Ausbildungsbetriebes nach Speditionszweigen getrennt!
9. Beschreiben Sie logistische Dienstleistungen, die Ihr Ausbildungsbetrieb anbietet!
10. Informieren Sie sich über die Spediteurrisiken und die Abrechnung logistischer Dienstleistungen!
11. Kennzeichnen Sie die Bedeutung der EDV im Rahmen logistischer Dienstleistungen!
12. Lassen Sie sich in Ihrem Betrieb eine beliebige EWG-VO geben. Beschreiben Sie kurz den Inhalt, und ermitteln Sie, welche Stelle diese VO erlassen hat!
13. Informieren Sie sich über das Qualitätsmanagement Ihres Betriebes, und versuchen Sie, eine Kosten-Nutzen-Betrachtung einer Zertifizierung zu erstellen!

2.8 Speditionsbetrieb und Speditionsunternehmung

Der **Speditionsbetrieb** ist der Ort, an dem die Speditionsleistung erbracht wird. In ihm werden die **Betriebsmittel** (Verkehrsmittel, Umschlagsanlagen, Geschäftsausstattung, EDV-Systeme und flüssige Mittel) und die menschlichen **Arbeitskräfte** (Angestellte und Arbeiter) eingesetzt. Dieser Einsatz wird wie in jedem Betrieb von der **Betriebsführung** oder Geschäftsleitung gelenkt. Die Arbeit im Betrieb wird in einer festgelegten Ordnung durchgeführt, die durch die **Organisation** des Speditionsbetriebes bestimmt ist.

Der Speditionsbetrieb wird – wie jeder andere Betrieb – in der Rechtsform einer **Unternehmung** betrieben. Durch die Unternehmungsformen werden insbesondere die Rechtsverhältnisse der Gesellschafter untereinander und zu Dritten, ferner die Firma, die Gründung und die Auflösung der Unternehmung geregelt.

Speditionsunternehmen nach Rechtsform (in Prozent)

Rechtsform[1]	1980	1985	1990	1995
Einzelfirma	23,4	17,4	15,2	12,0
OHG	7,1	4,7	3,7	1,6
KG	12,9	10,2	7,7	4,5
GmbH & Co. KG	20,4	21,4	21,9	21,5
GmbH	34,0	42,5	47,5	56,2
AG	0,3	2,1	2,2	2,7
BGB-Gesellschaft	0,3	0,2	0,2	0,2
Sonstige	1,6	1,5	1,6	1,3
Insgesamt	100,0	100,0	100,0	100,0

Die meisten Speditionsbetriebe sind **Gemischtbetriebe**. In Erweiterung der Speditionstätigkeit bieten sie Frachtführer- und Lagerhalterleistungen an. Die Finanzierung eigener Transportmittel und Läger verlangt hohen **Kapitalbedarf**.

Neben der richtigen Finanzierung hängt der Erfolg eines Speditionsunternehmens wesentlich von der **Persönlichkeit des Unternehmers** ab, von seinen Eigenschaften, Kenntnissen und Fähigkeiten und seinem Kontakt zur Kundschaft.

2.9 Die Organisation eines Speditionsbetriebes

Ein Speditionsbetrieb braucht – wie jeder Betrieb – eine geplante Ordnung der zu verrichtenden Tätigkeiten, damit ein reibungsloser Arbeitsablauf gesichert ist. Diese **Ordnung der kaufmännischen Tätigkeiten und Kompetenzen** wird durch die **Organisation** des Betriebes erreicht. Ziel ist, die bestmögliche Betriebsleistung zu erbringen.

In kleineren Betrieben werden festgelegte Arbeitsbereiche bestimmten Angestellten übertragen, in den größeren wird eine entsprechende Anzahl von **Abteilungen** gebildet, in denen je nach dem Geschäftsumfang eine weitere Arbeitsteilung vorgenommen werden kann. So wird durch die Organisation die Aufgabe des Betriebes in Teilaufgaben aufgegliedert und deren Durchführung einzelnen Abteilungen zugewiesen. Durch diese Aufgliederung werden die Autorität und die Verantwortung von der Geschäftsleitung auf die Abteilungsleiter übertragen.

In jedem Speditionsbetrieb sind allgemeine kaufmännische **Verwaltungsarbeiten** zu verrichten, die in ähnlicher Weise in allen anderen kaufmännischen Betrieben anfallen. Sie hängen mit dem Rechnungswesen und dem Zahlungsverkehr zusammen und verlangen von den Angestellten nicht unbedingt eine speditionelle Ausbildung. Im Mittelpunkt der Geschäfte jedes Speditionsbetriebes stehen die Arbeitsbereiche der **Spedition**, also der Erstellung speditioneller und logistischer Dienstleistungen. Dieser Betrieb wird bei Unterhalt eines eigenen Fuhrparks und eines eigenen Lagers durch den **technischen Betrieb** erweitert (Siehe Seite 81).

2.10 Der Standort und seine Bedeutung

Die **örtliche Lage eines Speditionsunternehmens** beeinflusst sehr stark die Wahl seines Arbeitsgebietes und damit seinen Betriebsaufbau.

[1] BSL, Spedition Lagerei, Strukturdaten 1996, Bonn

Ein **binnenländisches Unternehmen**, das verkehrsungünstig gelegen ist, kann sich im Wesentlichen nur im ortsgebundenen Verkehr mit Bahn- und Kraftwagengütern befassen; es tritt sehr oft nur als Lkw-Unternehmen mit Lagermöglichkeit in Erscheinung. In einem bedeutenden **Verkehrsknotenpunkt**, in einem Ort, bei dem sich Schiene und Landstraße mit einem Wasserweg schneiden, wird der Betrieb durch den Umschlag von Gütern erweitert (vgl. GVZ). Im Seehafen ist das Feld der internationalen Spedition. **Seehafenspediteure** sind in stärkerem Maße „reine" Spediteure (Verkehrsmittler) als ihre binnenländischen Berufskollegen, die meistens gleichzeitig auch Frachtführer sind. Sie sind zugleich die Grenzspediteure für die nasse Grenze des Landes. Da ein Teil der Ein- oder Ausfuhr auch über die trockenen Grenzen läuft, betätigen sich „international" auch Spediteure in den Großstädten des Binnenlandes oder in den **Grenzstädten** der EU (Europäische Union). Die Orte mit Flughäfen sind die Standorte der **Luftfrachtspedition**.

2.11 Die berufsständische Organisation des Speditionsgewerbes

Die gemeinsamen Interessen der Speditionsunternehmungen haben seit jeher dazu geführt, dass Vereinigungen seitens der Unternehmer gebildet worden sind. Die Speditionsunternehmungen haben sich freiwillig in **Landesverbänden** zusammengeschlossen:

Organisationsplan des Bundesverband Spedition und Logistik e. V. (BSL)
Geschäftsführung in Bonn ➛ Spediteure im Internet: **www.Spediteure.de**

Mitgliedsverbände

- Verband Badischer Spediteure e. V., Mannheim
- Landesverband Bayerischer Spediteure e. V., München, Nürnberg
- Verband der Spediteure Berlin und Brandenburg e. V., Berlin
- Landesverband des Berliner und Brandenburger Verkehrsgewerbes (LBBV) e. V., Fachvereinigung Spedition, Lagerei und Möbeltransport, Potsdam
- Verein Bremer Spediteure e. V., Bremen
- Verein Hamburger Spediteure e. V., Hamburg
- Fachverband Spedition und Logistik der Vereinigung des Verkehrsgewerbes in Hessen e. V., Frankfurt/M.
- Fachvereinigung Spedition und Logistik im Gesamtverband Verkehrsgewerbe Niedersachsen e. V., Hannover
- Verband Spedition und Logistik Nordrhein e. V., Düsseldorf
- Verband Spedition und Logistik Rheinland-Pfalz e. V., Koblenz
- Verein Rostocker Spediteure e. V. (VRSp), Rostock-Seehafen
- Landesverband Verkehrsgewerbe Saarland e. V., Fachvereinigung Spedition und Lagerei, Saarbrücken
- Fachvereinigung Spedition und Logistik im Landesverband des Sächsischen Verkehrsgewerbes (LSV) e. V., Dresden
- Landesverband des Verkehrsgewerbes Sachsen-Anhalt e. V., Fachvereinigung Spedition, Möbelspedition und Lagerei, Magdeburg
- Fachvereinigung Spedition und Logistik Schleswig-Holstein e. V., Neumünster
- Verein Lübecker Spediteure e. V., Lübeck
- Fachvereinigung Güter-, Möbelverkehr und Logistik im Landesverband Thüringen des Verkehrsgewerbes e. V., Erfurt
- Fachvereinigung Spedition und Logistik im Verband für das Verkehrsgewerbe Westfalen-Lippe e. V., Münster
- Verband Spedition und Logistik Baden-Württemberg (Landesteil Württemberg) e. V., Stuttgart

Mitgliedsverbände

Gewerbeeigene Organisation

- Unternehmensberatung Spedition und Lagerei GmbH (USL), Bonn
- Deutsche Speditionsgesellschaft mbH (Deusped), Bonn

Die Landesverbände sind die Mitglieder der Spitzenorganisation des deutschen Speditionsgewerbes, des **BSL = Bundesverband Spedition und Logistik e. V., Bonn**.

In ähnlicher Weise wie im Speditionsgewerbe haben sich berufsständische Organisationen in den anderen Verkehrszweigen gebildet. So bestehen im Straßenverkehrsgewerbe folgende Berufsverbände auf Bundesebene:

BGL = Bundesverband Güterkraftverkehr, Logistik und Entsorgung (BGL) e. V., Frankfurt/M., (Der Bundesverband Wirtschaftsverkehr und Entsorgung hat 1999 mit dem BGL fusioniert.)

BZG = Bundes-Zentralgenossenschaft e. G., Frankfurt/M.,

AMÖ = Arbeitsgemeinschaft Möbeltransport, Bundesverband e. V., Hattersheim,

BDP = Bundesverband des Deutschen Personenverkehrsgewerbes e. V., Frankfurt/M.

MERKE

Alle Berufsverbände haben folgende Hauptaufgaben:

- Vertretung der Gewerbeinteressen gegenüber den Ministerien, sonstigen Behörden, anderen Wirtschaftszweigen und der Öffentlichkeit,
- Beratung und Unterstützung der Mitglieder in beruflichen und betrieblichen Fragen,
- Vertretung der Arbeitgeberinteressen gegenüber den Gewerkschaften.

Zur Willensbildung und zur Durchführung dieser allgemeinen Aufgaben haben die Berufsverbände Arbeitsausschüsse gebildet. So hat der BSL Fachausschüsse für Bahn-, Kraftwagen-, Luftfracht-, Internationale Spedition, für Kombinierten Verkehr, Binnenschifffahrt und Hafenwirtschaft, Lagerei und Distributionslogistik und die Gemeinschaft Getreide-Lagereibetrieb eingerichtet.

Der BSL hat sich mit einer Vielzahl von Spediteurorganisationen aus allen Staaten der Welt zusammengefunden in der

FIATA = Internationale Föderation der Spediteurorganisationen
(Fédération Internationale des Associations de Transitaires et Assimilés), Zürich.

Aufgabe der FIATA ist es, die Interessen des Speditionsgewerbes auf internationaler Ebene zu vertreten. Die Verbindung zur Europäischen Kommission wird durch das

CLECAT = Europäisches Verbindungskomitee des Speditions- und Lagereigewerbes
(Comité de Liaison Européen des Commissionaires et Auxilliaires de Transports du Marché Commun), Brüssel

geschaffen.

Weitere internationale Interessenverbände bestehen für andere Verkehrszweige, z. B. für den internationalen Kraftwagenverkehr die IRU = International Road Transport Union, Genf, für den Lufttransport die IATA = International Air Transport Association, Montreal, die AIST = Arbeitsgemeinschaft zur Förderung und Entwicklung des internationalen Straßenverkehrs e. V., Berlin.

AUFGABEN

1. Erstellen Sie ein Organisationsschema Ihres Ausbildungsbetriebes!
2. Tragen Sie in Ihr Organisationsschema die Namen der Angestellten ein, die die Leitung der Arbeitsbereiche/Abteilungen ausüben!
3. Wer ist in Ihrem Betrieb für „Marketing" und „Controlling" zuständig?
4. Beschreiben Sie kurz die Arbeiten, die in den einzelnen Bereichen Ihres Betriebes durchgeführt werden!
5. Versuchen Sie zu ergründen, warum sich Ihr Ausbildungsbetrieb an dem gegebenen Standort befindet!
6. In welcher Weise könnte durch eine andere Standortwahl die betriebliche Arbeit verbessert und das Leistungsangebot erweitert werden?
7. In welchen berufsständischen Organisationen ist Ihr Ausbildungsbetrieb Mitglied?
8. Aus welchen Gründen ist Ihr Ausbildungsbetrieb Mitglied berufsständischer Organisationen?
9. Ihr Kunde, die Maschinenfabrik Neustadt, hat regelmäßig wöchentliche Verladungen von 4- bis 16-t-Partien. Die Empfänger haben ihren Sitz in Deutschland und in verschiedenen EU-Staaten. Ihr Kunde äußert, dass er künftig auf die Einschaltung des Spediteurs verzichten will. Mit welchen Begründungen können Sie seine Ansicht widerlegen?

3 Das allgemeine Frachtrecht

EINSTIEG

10 500 kg Kühlschränke und andere Haushaltsartikel sollen von Hamburg nach München befördert werden.

ARBEITSAUFTRÄGE

1. Beschreiben Sie die einzelnen Pflichten, die a) der Frachtführer und b) der Absender haben!
2. Welche Rechte hat der Empfänger gegen den Absender und gegen den Frachtführer?
3. Bei der beauftragten „DB Cargo" ist durch Heißlaufen einer Wagenachse ein Güterschaden entstanden. Kann die DB sich auf Nichtverschulden berufen?
4. Während eines anderen Transportes durch einen beauftragten Lkw-Unternehmer wird das Gut auf der Ladefläche durch plötzliches Bremsen beschädigt. Wer haftet für den Schaden?
5. Erläutern Sie kurz die Rechtsvorschriften über den Frachtvertrag!

3.1 Das „Frachtgeschäft" des Handelsgesetzbuches

Die grundlegenden Rechtsvorschriften des Frachtvertrages sind im 4. Abschnitt des HGB §§ 407–452 d geregelt. Sie gelten für die Frachtgeschäfte des Frachtführers im **Güterkraftverkehr**, im **Eisenbahnverkehr**, im **Binnenschiffsverkehr** und im **Luftfrachtverkehr innerhalb Deutschlands**.

Die Frachtgeschäfte zählen nach HGB § 1 zu den Handelsgewerben. So gilt der Frachtführer i. d. R. als Istkaufmann und unterliegt in vollem Umfang den Rechtsvorschriften des HGB. Erfordert sein Geschäftsbetrieb keinen „nach Art oder Umfang eingerichteten Geschäftsbetrieb" wird für ihn das Frachtrecht nach HGB ebenso voll wirksam.

Das Frachtgeschäft ist durch das **„Gesetz zur Neuregelung des Fracht-, Speditions- und Lagerrechts" (Transportrechtsreformgesetz – TRG)** von 1998 grundlegend geändert und weitgehend vereinheitlicht worden.

Das Gesetz dient der Anpassung des Transportrechts sowohl an die bereits am 1. Januar 1994 erfolgte Liberalisierung und Umstrukturierung des Güterkraftverkehrs durch das Tarifaufhebungsgesetz und das Eisenbahnneuordnungsgesetz als auch an die zum 1. Juli 1998 erfolgte Änderung des Ordnungsrahmens im nationalen Güterkraftverkehr aufgrund der Verordnung (EWG) Nr. 3118/93. Im Interesse größerer Rechtssicherheit und zur Schaffung gleicher Wettbewerbsbedingungen der verschiedenen Verkehrsträger sind dabei die zersplitterten sowie zum Teil überregulierten und mehr als einhundert Jahre alten unterschiedlichen Teiltransportrechte vereinheitlicht, bereinigt und in enger Anlehnung an die CMR (Übereinkommen über den Beförderungsvertrag im internationalen Straßengüterverkehr von 1956) vereinheitlicht worden.

3.2 Die handelsrechtlichen Grundzüge des Frachtvertrages

3.2.1 Abschluss des Frachtvertrages und der Frachtbrief

▲ *Abschluss.* Der Frachtvertrag wird zwischen dem Absender und dem Frachtführer nach den gesetzlichen Vorschriften abgeschlossen. Das ist geschehen, wenn beide Parteien übereinstimmende Willenserklärungen – Antrag und Annahme – wechselseitig abgegeben haben. Der Frachtführer nimmt den Antrag des Absenders auf Beförderung mündlich oder schriftlich an (vgl. Abschnitt 2.1).

▲ *Frachtbrief.* Der Frachtführer kann nach HGB § 408 verlangen, dass ihm die Güter mit einem vom Absender ausgestellten und unterzeichneten Frachtbrief übergeben werden. Ein Frachtbriefzwang besteht nicht.

Der Frachtbrief enthält folgende Angaben:

„1. Ort und Tag der Ausstellung;
2. Name und Anschrift des Absenders;
3. Name und Anschrift des Frachtführers;
4. Stelle und Tag der Übernahme des Gutes sowie die für die Ablieferung vorgesehene Stelle;
5. Name und Anschrift des Empfängers und eine etwaige Meldeadresse;
6. die übliche Bezeichnung der Art des Gutes und die Art der Verpackung, bei gefährlichen Gütern ihre nach den Gefahrgutvorschriften vorgesehene, sonst ihre allgemein anerkannte Bezeichnung;
7. Anzahl, Zeichen und Nummern der Frachtstücke;
8. das Rohgewicht oder die anders angegebene Menge des Gutes;
9. die vereinbarte Fracht und die bis zur Ablieferung anfallenden Kosten sowie einen Vermerk über die Frachtzahlung;
10. den Betrag einer bei der Ablieferung des Gutes einzuziehenden Nachnahme;
11. Weisungen für die Zoll- und sonstige amtliche Behandlung des Gutes;
12. eine Vereinbarung über die Beförderung in offenem, nicht mit Planen gedecktem Fahrzeug oder auf Deck."

„Der Frachtbrief wird in **drei Originalausfertigungen** ausgestellt, die **vom Absender unterzeichnet** werden. Der Absender kann verlangen, dass auch der Frachtführer den Frachtbrief unterzeichnet." Die Unterschrift kann durch Druck oder Stempel erfolgen. – „Eine Ausfertigung ist für den Absender bestimmt, eine begleitet das Gut, eine behält der Frachtführer."

Beweiskraft des Frachtbriefes (HGB § 409): Der Frachtbrief ist **kein Wertpapier**, sondern lediglich eine **Beweisurkunde über Abschluss und Inhalt des Frachtvertrages und die Übernahme des Gutes** durch den Frachtführer bis zum Beweis des Gegenteils. Er bescheinigt die Vermutung, dass bei Übernahme durch den Frachtführer

- ✘ das Gut und die Verpackung in äußerlich gutem Zustand waren und
- ✘ dass die Anzahl der Packstücke und die Zeichen und Nummern (Markierung) mit den Frachtbriefangaben übereinstimmen.

Diese Empfangsbescheinigung des Frachtführers über Gut, Verpackung, Zahl der Packstücke und Markierung und Zustand ist nur wirksam, wenn der Frachtführer keinen Vorbehalt im Frachtbrief eingetragen hat.

„Der Frachtführer ist verpflichtet, **Gewicht, Menge oder Inhalt** zu überprüfen, wenn der Absender dies verlangt und dem Frachtführer angemessene Mittel zur Überprüfung zur Verfügung stehen; der Frachtführer hat Anspruch auf Ersatz seiner Aufwendungen zur Überprüfung." Ist das Prüfungsergebnis vom Frachtführer im Frachtbrief bescheinigt, wird vermutet, dass die Frachtbriefangaben mit der Sendung übereinstimmen.

ZUSAMMENFASSUNG

Der Frachtbrief ist **nicht** zwingend vorgeschrieben. Der Frachtführer kann die Ausstellung eines Frachtbriefes (drei Originalausfertigungen) verlangen. Wird er von Absender und Frachtführer unterschrieben, gilt er **bis zum Beweis des Gegenteils als Beweisurkunde** über Abschluss und Inhalt des Frachtvertrages und Übernahme des Gutes. Er gilt als Nachweis

- für den **äußerlich guten Zustand** des Gutes,
- für die Richtigkeit der Angaben über **Anzahl der Frachtstücke, Zeichen und Nummern,**
- für **Gewicht, Menge oder Inhalt**, wenn sie vom Frachtführer überprüft und das Ergebnis von ihm im Frachtbrief bescheinigt worden ist.

3.2.2 Die Pflichten des Absenders und des Frachtführers aus dem Frachtvertrag

▲ *Verpackung/Kennzeichnung (HGB § 411).* Der Absender hat das Gut so zu verpacken, dass es vor **Verlust und Beschädigung** geschützt ist und dass dem **Frachtführer keine Schäden** entstehen. Die Verpackung soll das Gut vor den üblichen Gefahren, die sich aus der vereinbarten Beförderung ergeben schützen und den Frachtführer vor Schäden an seinen Mitarbeitern, Betriebsmitteln und mitverladenen Gütern bewahren.

Der Absender muss das Gut **kennzeichnen** (markieren), soweit es dessen vertragsgemäße Behandlung erfordert. Üblich ist, das Packstück mit Zeichen/Buchstaben und laufender Nummer deutlich sichtbar, haltbar und unterscheidbar zu markieren. Barcodelabel können zusätzlich angebracht werden.

▲ *Verladen und Entladen (HGB § 412).* Der Absender hat das Gut **beförderungssicher zu laden, zu stauen und zu befestigen (verladen)**. Der Frachtführer hat für die **betriebssichere Verladung zu sorgen**.

Der **Absender hat die Entladepflicht**; sie ist ihm zugewiesen, denn der Empfänger kann aus dem Frachtvertrag, der ein Vertrag zugunsten eines Dritten ist, keine Pflichten übernehmen. Der Empfänger wird erst mit Annahme des Gutes nach Zurverfügungstellung durch den Frachtführer zum Entladen verpflichtet; er wird als Erfüllungsgehilfe des Absenders tätig. Für das Verladen und das Entladen hat der Absender bzw. Empfänger eine angemessene **Lade- und Entladezeit**. Muss der Frachtführer über diese Zeit hinaus aus Gründen, die er nicht zu vertreten hat, warten, so hat er Anspruch auf ein angemessenes **Standgeld**.

Verpacken, Kennzeichnen und Verladen sind Pflichten des Absenders, soweit sich nicht aus den Umständen oder aus Verkehrssitte etwas anderes ergibt.

▲ *Gefährliches Gut (HGB § 410).* Der Absender muss dem Frachtführer rechtzeitig schriftlich (vor Verladung) die **Art der Gefahr** und die **erforderlichen Vorsichtsmaßnahmen** mitteilen. Zu beachten sind die Gefahrgutvorschriften, die für alle Beteiligten zwingend vorgeschrieben sind. Der Absender haftet dem Frachtführer für fehlerhafte Informationen verschuldensunabhängig, aber begrenzt auf die Höhe der Frachtführerhaftung. Ist der Absender ein Verbraucher, haftet er nur bei Verschulden.

▲ *Begleitpapiere (HGB § 413).* Der Absender muss dem Frachtführer rechtzeitig alle **Urkunden** übergeben und alle **Auskünfte** erteilen, die für eine amtliche Behandlung, z. B. eine Zollabfertigung, vor Ablieferung des Gutes erforderlich sind. Der Frachtführer haftet für die ordnungsgemäße Verwendung der Papiere.

▲ *Verschuldensunabhängige Haftung des Absenders (HGB § 414).* Der Absender muss dem Frachtführer – auch ohne Verschulden – Schäden und Aufwendungen ersetzen, die verursacht sind durch

- ✘ ungenügende Verpackung oder Kennzeichnung,
- ✘ unrichtige oder unvollständige Frachtbriefangaben,
- ✘ Unterlassen der Mitteilung über die Gefährlichkeit des Gutes oder
- ✘ Fehlen, Unvollständigkeit oder Unrichtigkeit der Urkunden oder Auskünfte.

Der Absender haftet bis zu 8,33 Sonderziehungsrechte je Kilogramm Rohgewicht. Ist der Absender eine natürliche Person, die nicht gewerblich tätig ist, haftet er nur, wenn er seine Pflicht zur Verpackung und zu den Frachtbriefangaben schuldhaft verletzt hat (Verbraucherschutz).

▲ *Kündigung des Frachtvertrages (HGB § 415).* „Der Absender kann den Frachtvertrag jederzeit kündigen." Der Frachtführer kann dann die vereinbarte Fracht, ein etwaiges Standgeld und die zu ersetzenden Aufwendungen verlangen oder u. U. ein Drittel der vereinbarten Fracht als Fautfracht (Näheres im § 415).

▲ *Nichteinhaltung der Ladezeit (HGB § 417).* Verlädt der Absender das Gut nicht innerhalb der Ladezeit, so kann ihm der Frachtführer eine angemessene Nachfrist setzen. Wird diese Frist nicht eingehalten, so kann der Frachtführer den Frachtvertrag kündigen und die entsprechenden Rechte aus HGB § 415 geltend machen.

▲ *Nachträgliche Weisungen des Absenders. Empfängeranweisungen (HGB § 418).* Der Absender kann während der Beförderung **nachträglich verfügen**, dass der Frachtführer das Gut

- ✘ nicht weiterbefördert,
- ✘ an einem anderen Bestimmungsort,
- ✘ an einer anderen Ablieferstelle oder
- ✘ an einen anderen Empfänger abliefert, soweit das ohne Schaden für seinen Betrieb bzw. für andere Sendungen möglich ist. Der Frachtführer kann Ersatz seiner dadurch entstanden Aufwendungen und eine angemessene Entschädigung verlangen. – Das Verfügungsrecht des Absenders erlischt, wenn das Gut an der Ablieferstelle ankommt. Der Empfänger kann dann dem Frachtführer neue Weisungen **(Empfängeranweisung)** erteilen, z. B. Ablieferung an einen Dritten. Der Frachtführer hat mit Ausführung der Empfängeranweisung gegen den Empfänger das Recht auf Ersatz der entstehenden Mehrkosten und auf eine angemessene Vergütung.

▲ *Die Absenderausfertigung des Frachtbriefes als Sperrpapier.* Zur Zahlungs- und Lieferungssicherung kann im Kaufvertrag vereinbart werden, dass der Verkäufer als Absender seine Absenderausfertigung des Frachtbriefes dem Empfänger als Käufer unverzüglich – evtl. gegen Zahlung des Kaufpreises – übergibt. Enthält der vom Absender und Frachtführer unterzeichnete Frachtbrief den Vermerk, dass eine nachträgliche Weisung des Absenders nur gegen Frachtbriefvorlage durchgeführt werden darf, ist der Absender/Verkäufer von jeder nachträglichen Weisung ausgeschlossen; die Zahlung und die Lieferung können während der Beförderungszeit gesichert werden. Führt der Frachtführer eine nachträgliche Weisung des Absenders ohne diesen Frachtbrief durch, macht er sich in vollem Umfang schadenersatzpflichtig (vgl. Abschnitt 13.4).

▲ *Beförderungs- und Ablieferungshindernisse (HGB § 419).* Werden Beförderungshindernisse vor Ankunft des Gutes oder Ablieferungshindernisse an der Ablieferungsstelle erkennbar, so muss der Frachtführer nachträgliche **Weisungen vom Verfügungsberechtigten einholen**. Verweigert der Empfänger die Annahme oder ist er nicht zu ermitteln, ist der Absender weisungsberechtigt. Kann der Frachtführer innerhalb einer angemessenen Zeit keine Weisungen erhalten, muss er Maßnahmen ergreifen, die den Interessen des Verfügungsberechtigten dienlich sein müssen. Er kann das Gut entladen und verwahren, einem Dritten (Lagerhalter) zur Verwahrung anvertrauen oder zurückbefördern. Handelt es sich um verderbliches oder geringwertiges Gut, kann er es gemäß HGB § 373 verkaufen lassen. Unverwertbares Gut darf der Frachtführer vernichten. Für seine Maßnahmen hat der Frachtführer Anspruch auf Ersatz seiner Aufwendungen und eine angemessene Vergütung. – Nach Ausladen gilt die Beförderung als beendet.

▲ *Zahlung der Fracht. Frachtberechnung (HGB § 420).* „Die Fracht ist bei Ablieferung des Gutes zu zahlen." Das gilt auch für den Ersatz der erforderlichen Aufwendungen, die der Frachtführer zusätzlich hatte. Der Frachtberechnung werden die im Frachtbrief angegebenen Größen (Zahl, Gewicht, Menge, Entfernung u. a.) zugrunde gelegt.

▲ *Pfandrecht (HGB §§ 440, 441).* „Der Frachtführer hat wegen aller **durch den Frachtvertrag** begründeten Forderungen sowie wegen unbestrittener Forderungen **aus anderen mit dem Absender abgeschlossenen Fracht-, Speditions- oder Lagerverträgen** ein Pfandrecht an dem Gut. Das Pfandrecht erstreckt sich auf die Begleitpapiere." Der Frachtführer hat das konnexe[1] und das inkonnexe Pfandrecht, das auch wegen anderer Forderungen ausgeübt wird. Das Pfandrecht kann er noch bis zu drei Tagen nach Ablieferung bei dem Empfänger geltend machen.

▲ *Rechte des Empfängers. Zahlungspflicht (HGB § 421).* Der Empfänger hat nach Ankunft des Gutes an der **Ablieferungsstelle den Ablieferungsanspruch**. Er kann vom Frachtführer verlangen, dass ihm das Gut gegen Erfüllung seiner Verpflichtungen (**Zahlung** der Fracht usw.) gemäß Vertrag abgeliefert wird. Ist das Gut beschädigt, verloren gegangen oder verspätetet abgeliefert, kann er seine Ansprüche aus dem Frachtvertrag im eigenen Namen gegen den Frachtführer geltend machen; daneben bleibt der Absender zur Geltendmachung dieser Ansprüche berechtigt.

▲ *Nachnahme (HGB § 422).* Haben die Parteien die Ablieferung des Gutes an den Empfänger nur gegen Nachnahme vereinbart, so ist dieser Betrag **in bar oder in Form eines gleichwertigen Zahlungsmittels** einzuziehen. Der Betrag gilt Gläubigern des Frachtführers gegenüber als dem Absender übertragen. Liefert der Frachtführer das Gut ohne Einziehung der Nachnahme ab, so haftet er – auch ohne Verschulden – für den vollen Betrag.

▲ *Lieferfrist (HGB § 423).* „Der Frachtführer ist verpflichtet, das Gut innerhalb der vereinbarten Frist … abzuliefern." Ist eine Frist nicht vereinbart, muss er das Gut innerhalb einer Zeit abliefern, die einem sorgfältigen Frachtführer unter Berücksichtigung der Umstände vernünftigerweise zuzubilligen ist (Lieferfrist).

[1] Konnex = Zusammenhang zwischen Gut und Forderung. Es wird nur das Gut gepfändet, aus dem die Forderung entstanden ist.

ZUSAMMENFASSUNG

- ▲ **Pflichten des Absenders:**
  - ✗ das Gut verpacken und kennzeichnen, markieren
  - ✗ das Gut **beförderungssicher verladen** (laden, stauen, befestigen)
  - ✗ entladen (Mit Annahme des Gutes geht die Entladepflicht auf den Empfänger über.)
  - ✗ Lade- und Entladezeiten beachten
  - ✗ Gefahrgut vor Verladung schriftlich anmelden
  - ✗ erforderliche Begleitpapiere übergeben und Auskünfte erteilen
  - ✗ Fracht und erforderliche Aufwendungen des Frachtführers zahlen
- ▲ **Pflichten des Frachtführers:**
  - ✗ **betriebssichere** Verladung sicherstellen
  - ✗ das Gut zum Bestimmungsort befördern
  - ✗ abliefern an den Empfänger (innerhalb einer Lieferfrist)
  - ✗ nachträgliche Weisungen des Absenders befolgen
  - ✗ Empfängeranweisungen durchführen
  - ✗ Nachnahmen in bar einziehen
  - ✗ Weisungen bei Beförderungs- und Ablieferungshindernissen einholen
- ▲ **Rechte des Empfängers** (Vertrag zugunsten eines Dritten):
  - ✗ Recht auf Ablieferung des Gutes gegen Zahlung der Fracht („unfrei") und der erforderlichen Aufwendungen des Frachtführers
  - ✗ Ansprüche aus dem Vertrag geltendmachen, z. B. Schadenersatzanspruch
- ▲ **Rechte des Frachtführers:**
  - ✗ Recht auf Zahlung der Fracht und der erforderlichen Aufwendungen
  - ✗ Pfandrecht, auch inkonnex
- ▲ **Frachtbrief:** Der Frachtführer **kann** die Ausstellung vom Absender verlangen, dreifach (je eine Originalausfertigung für den Absender, den Frachtführer und den Empfänger); von Absender und Frachtführer unterschrieben, kann er als Sperrpapier zur Zahlungs- und Lieferungssicherung gemäß Kaufvertrag dienen.

3.2.3 Die Haftung des Frachtführers nach dem HGB

MERKE

Haftung für Güter- und Verspätungsschäden (HGB § 425 (1). „Der Frachtführer haftet für den Schaden, der durch **Verlust** oder **Beschädigung des Gutes** in der Zeit von der Übernahme zur Beförderung bis zur Ablieferung oder durch **Überschreitung der Lieferfrist** entsteht."

Er haftet für den Schaden, den das Gut erleidet, während es sich in seiner Obhut befindet **(Obhutshaftung).** Dem Frachtführer muss ein **Verschulden, also ein fahrlässiges oder vorsätzliches Handeln (Tun oder Unterlassen) nicht** nachgewiesen werden. Die Obhutshaftung entspricht einer Schadens- oder Gefährdungshaftung, die auch ohne Verschulden eintritt.

▲ *Schadensteilung (HGB § 425 [2]).* „Hat bei der Entstehung des Schadens ein Verhalten des Absenders oder des Empfängers oder ein besonderer Mangel des Gutes mitgewirkt, so hängen die Verpflichtung zum Ersatz sowie der Umfang des zu leistenden Ersatzes davon ab, inwieweit diese Umstände zu dem Schaden beigetragen haben."

Beim Mitverschulden des Absenders oder des Empfängers bzw. bei Vorliegen besonderer Mängel des Gutes hängt der Umfang der Ersatzleistung durch den Frachtführer vom Umfang der Mitwirkung am Schadenereignis ab (sog. **Sphärenhaftung**, BGB § 254).

▲ *Haftungsausschluss (HGB § 426).* Der Frachtführer haftet nicht, wenn der Schaden **„auf Umständen beruht, die der Frachtführer auch bei größter Sorgfalt nicht vermeiden und deren Folgen er nicht abwenden konnte."** Haftungsbefreiend können Schadenursachen wie „Höhere Gewalt" wirken (als ein von außen kommendes, nicht vorhersehbares und mit angemessenen Mitteln nicht abwendbares Ereignis), z. B. Erdbeben, Bergrutsch oder Felssturz unmittelbar vor dem Fahrzeug. Der Schaden ist selbst bei größter Sorgfalt unvermeidbar (unabwendbares Ereignis).

▲ *Besondere Haftungsausschlussgründe (HGB § 427).* Der Frachtführer ist von der Haftung befreit, wenn der Schaden auf eine der folgenden Gefahren zurückzuführen ist:

„1. **Verladung an Deck**;[1]
2. **ungenügende Verpackung** durch den Absender;
3. **Behandeln, Verladen oder Entladen** des Gutes durch den Absender oder den Empfänger;
4. **natürliche Beschaffenheit** des Gutes, die besonders leicht zu Schäden, insbesondere durch Bruch, Rost, inneren Verderb, Austrocknen, Auslaufen, normalen Schwund, führt;
5. ungenügende Kennzeichnung der Frachtstücke durch den Absender;
6. Beförderung lebender Tiere."

Eine besondere Sorgfaltspflicht hat der Frachtführer nach dem Frachtvertrag bei der Beförderung empfindlicher Güter. Er muss den Umständen gemäß das Gut gegen Hitze oder Kälte, gegen Temperaturschwankungen, Luftfeuchtigkeit, Erschütterungen oder gegen ähnliche Einflüsse schützen. Bei Tiertransporten muss er alle erforderlichen Maßnahmen treffen und die besonderen Kundenweisungen beachten, damit diese problematischen Beförderungen ohne Beanstandung durchgeführt werden.

▲ *Haftung für andere (HGB § 428).* Der Frachtführer haftet für das Handeln und Unterlassen seiner eigenen Leute oder das anderer Personen, die für ihn bei der Beförderung tätig sind, wie für eigenes Handeln. Er ist für ihre Handlungen verantwortlich und auch schadenersatzpflichtig. Das gilt auch für nachgeschaltete Vertragspartner (Frachtführer).

▲ *Wertersatz HGB § 429.* „Hat der Frachtführer für gänzlichen oder teilweisen Verlust des Gutes Schadenersatz zu leisten, so ist der Wert am Ort und zur Zeit der Übernahme zur Beförderung zu ersetzen."

Der Wert des Gutes ist der **Marktpreis**. Er kann aus einer Lieferrechnung des Verkäufers ermittelt werden. Ist der Marktpreis nicht feststellbar, dann ist es der **gemeine Wert** von Gütern gleicher Art und Beschaffenheit.

Bei Beschädigungen ist der Unterschied des Wertes zu ersetzen, den das Gut im unbeschädigten und im beschädigten Zustand am Ort der Übernahme gehabt hätte. Dieser Schadenbetrag kann sich aus einer Reparaturrechnung ergeben.

▲ *Schadenfeststellungskosten (HGB § 430).* Der Frachtführer hat im Schadenfall die Kosten der Feststellung des Schadens über den Wertersatz hinaus zu tragen.

▲ *Haftungshöchstbetrag (HGB § 431).* Die Entschädigung wegen Verlust oder Beschädigung der gesamten Sendung ist auf **8,33 Sonderziehungsrechte (SZR)** je Kilogramm Rohgewicht begrenzt.[2] Dieser Betrag gilt auch bei Beschädigung, wenn die gesamte Sendung entwertet ist; bei Entwertung nur eines Teiles gilt er für den entwerteten Teil. „Die Haftung des Frachtführers wegen Überschreitung der Lieferfrist ist auf den dreifachen Betrag der Fracht begrenzt."

[1] z. B. bei Autoverladungen
[2] Am 8. April 1999 wurde ein SZR mit DM 2,45118 oder EUR 1,25327 bewertet.

HGB § 431 (4): „Die . . . genannte Rechnungseinheit ist das **Sonderziehungsrecht des Internationalen Währungsfonds (IWF)**. Der Betrag wird in Deutsche Mark entsprechend dem Wert der Deutschen Mark gegenüber dem Sonderziehungsrecht am Tag der Übernahme oder an dem von den Parteien vereinbarten Tag umgerechnet. Der Wert der Deutschen Mark gegenüber dem Sonderziehungsrecht wird nach der Berechnungsmethode ermittelt, die der Internationale Währungsfonds an dem betreffenden Tag für seine Operationen und Transaktionen anwendet." Das SZR wird durch den Euro ersetzt (1 EUR = 1,95583 DM).

Die **Haftungshöchstgrenze** für den Frachtführer ist der Wert des Gutes nach § 429, der durch die Ersatzleistung je kg brutto nicht überschritten werden soll.

▲ *Erweiterung der gesetzlichen Höchsthaftung.* Der Frachtführer haftet unbegrenzt, wenn er den Schaden vorsätzlich oder grob fahrlässig (d. h. in dem Bewusstsein, dass durch sein Handeln ein Schaden mit Wahrscheinlichkeit eintreffen wird) verursacht hat (vgl. HGB § 435).

Durch **Allgemeine Geschäftsbedingungen (AGB)** kann bei beiderseitigen Handelsgeschäften die Höchsthaftung im Rahmen eines Korridors von 2–40 SZR festgelegt werden. **Diese Festlegung muss in den AGB drucktechnisch hervorgehoben werden.**

Durch **individuelle Vereinbarungen** zwischen den Vertragspartnern kann eine Haftung in unbegrenzter Höhe festgelegt werden.

▲ *Ersatz sonstiger Kosten (HGB § 432).* Der Frachtführer hat bei Verlust oder Beschädigung zusätzlich die Fracht, öffentliche Abgaben und sonstige Kosten aus Anlass der Beförderung zu erstatten, bei Beschädigung den nach dem Wertverhältnis ermittelten Anteil.

▲ *Haftungshöchstbetrag bei sonstigen Vermögensschäden (HGB § 433).* Der Frachtführer haftet über die Güter- und Verspätungsschäden hinaus auch für Schäden, die durch fehlerhafte Ausführung der Beförderung entstanden sind, sog. **„sonstige Vermögensschäden"**. Diese Haftung ist auf den dreifachen Betrag der Ersatzleistung bei Verlust begrenzt. (Positive Forderungsverletzung: Ursache liegt nicht in der Beförderung bzw. verspäteten Ablieferung, also keine Güterfolgeschäden.)

▲ *Außervertragliche Ansprüche (HGB § 434).* Die Haftungsbefreiung und die -begrenzungen gelten auch für außervertragliche Ansprüche des Absenders bzw. des Empfängers gegen den Frachtführer.

▲ *Ausführender Frachtführer (HGB § 437).* Wird die Beförderung durch einen Unterfrachtführer ausgeführt, so haftet dieser „ausführende Frachtführer" in gleicher Weise wie der Frachtführer. „Frachtführer und ausführender Frachtführer haften als Gesamtschuldner."

▲ *Schadensanzeige (HGB § 438).* Äußerlich erkennbare Beschädigung oder Verlust des Gutes müssen vom Absender oder Empfänger **spätestens bei Ablieferung** angezeigt werden; andernfalls gilt das Gut als vertragsgemäß abgeliefert. Äußerlich nicht erkennbare Schäden müssen innerhalb von sieben Tagen nach Ablieferung schriftlich oder „mithilfe einer telekommunikativen Einrichtung" angezeigt werden. Ansprüche wegen Überschreitung der Lieferfrist müssen dem Frachtführer innerhalb von 21 Tagen nach Ablieferung angezeigt werden.

▲ *Verlustvermutung (HGB § 424).* Das Gut wird als verloren betrachtet, wenn es nach Ablauf der doppelten Lieferfrist, frühestens nach 20 Kalendertagen nicht an den Empfänger abgeliefert wird, bei grenzüberschreitender Beförderung frühestens nach 30 Tagen.

▲ ***Verjährung (HGB § 439).*** Ansprüche aus der Beförderung verjähren in einem Jahr nach Ablieferungstag, bei Vorsatz oder grober Fahrlässigkeit in drei Jahren.

ZUSAMMENFASSUNG

▲ **Haftung.** Der Frachtführer im Straßen-, Eisenbahn-, Binnenschiffs- und Luftfrachtverkehr innerhalb Deutschlands **haftet**

- **für Güter- und Verspätungsschäden während der Beförderung,**
- **auch ohne Verschulden** (Obhutshaftung, auch Schaden- oder Gefährdungshaftung genannt).

▲ **Haftungsausschlüsse.** Der Frachtführer **haftet nicht,** wenn der Schaden zurückzuführen ist

- auf Schadenereignisse, die er auch bei größter Sorgfalt nicht vermeiden und deren Folgen er nicht abwenden konnte, z. B. auf höhere Gewalt (Beweislast hat der Frachtführer),
- auf Verladung auf Deck,
- auf ungenügende Verpackung durch den Absender,
- auf Behandeln, Verladen oder Entladen des Gutes durch den Absender oder Empfänger,
- auf die natürliche Beschaffenheit des Gutes,
- auf ungenügende Kennzeichnung (Markierung) des Gutes,
- auf die Beförderung lebender Tiere.

▲ **Schadenersatz.** Ersetzt wird höchstens der **Wert des Gutes am Ort** und im **Zeitpunkt der Übernahme;** ersetzt wird der **Marktwert** oder der gemeine Wert. Bei Beschädigungen ist der **Unterschied** zwischen dem Wert des unbeschädigten und des beschädigten Gutes am Versandort zu ersetzen.

Der **Haftungshöchstwert** ist auf 8,33 SZR (Sonderziehungsrechte) je Kilogramm Bruttogewicht begrenzt.

Bei **„sonstigen Vermögensschäden“** ist die Haftung auf den dreifachen Betrag der Ersatzleistung bei Verlust beschränkt,

bei **Verspätungsschäden** auf die dreifache Fracht.

▲ **Haftung für andere.** Der Frachtführer haftet für das Handeln seiner Leute und anderer, für ihn bei der Beförderung tätigen Personen.

▲ **Schadenanzeige.** Die Ansprüche auf Schadenersatz müssen dem Frachtführer

- bei äußerlich erkennbaren Schäden bei Ablieferung,
- bei äußerlich nicht erkennbaren Schäden innerhalb von sieben Tagen,
- bei Lieferfristüberschreitung innerhalb von 21 Tagen vorgelegt werden.

▲ **Verjährung.** Ansprüche aus der Beförderung verjähren nach einem Jahr, bei Vorsatz oder grober Fahrlässigkeit nach drei Jahren.

▲ **Pfandrecht.** Der Frachtführer hat das konnexe und auch das inkonnexe Pfandrecht am Gut und an den Begleitpapieren, auch aus Speditions- und Lagerverträgen.

AUFGABEN

1 In welchen Bereichen des Güterverkehrs werden die handelsgesetzlichen Vorschriften über den Frachtvertrag angewendet?

2 Begründen Sie, warum der Frachtvertrag als ein Vertrag zugunsten eines Dritten bezeichnet wird!

3 Durch welche wesentlichen Merkmale unterscheidet sich der Frachtvertrag von dem Speditionsvertrag?

4 Beschreiben Sie das Zustandekommen eines Frachtvertrages am Beispiel des letzten Auftrages, an dem Sie in Ihrem Betrieb beteiligt waren!

5 Welche wichtigen Pflichten hat der Absender?

6 Woher nimmt der Absender die Weisungen zur Güterbeförderung, die er dem Frachtführer erteilt?

7 Der Frachtführer kann eine Sendung nicht an den Empfänger abliefern, da ein Beförderungs- bzw. Ablieferungshindernis eingetreten ist. Welche Maßnahme kann der Frachtführer ergreifen?

8 Beschreiben Sie die Obhutshaftung des Frachtführers!

9 Die Höhe des Schadenersatzes kann von dem gemeinen Handelswert des Gutes abhängig sein. Was ist unter diesem Wert zu verstehen, und wann wird er der Haftung zugrunde gelegt?

10 Ihr Lkw verliert auf der Autobahn ein Packstück; ein nachfolgender Pkw verunglückt, es entsteht Güter- und Personenschaden. Welche Folgen ergeben sich für den Frachtführer und welche für den Fahrer des Lkw!

11 Stellen Sie einen Frachtbrief aus, und vergleichen Sie ihn mit den nach HGB § 408 vorgesehenen Angaben!

12 Lesen Sie die einzelnen Vorschriften aus dem Frachtgeschäft im Text des HGB!

KUNDEN GEWINNEN UND SPEDITIONSVERTRÄGE ABSCHLIESSEN UND ERFÜLLEN

4 Das Speditionsrecht

EINSTIEG

Ein 20-Fuß-Container – Druckmaschinen und Zubehör – 6 800 kg brutto
Auftraggeber: Druckmaschinenwerke AG, Heidelberg
Empfänger: Modern Press Ltd., Melbourne, Australien
Spediteur: Emil Schnell & Co., Hamburg
Verladung CFR Melbourne mit nächster Verschiffung ab Hamburg;
der Auftraggeber erbittet rechtzeitigen Abruf;
die Konnossemente sind an die Order des Empfängers aufzumachen.

ARBEITSAUFTRÄGE

1. Beschreiben Sie die Aufgaben des Spediteurs in dieser Situation!
2. Begründen Sie die Einschaltung eines Spediteurs im Güterverkehr!
3. Was ist im Güterverkehr unter einer Schnittstelle zu verstehen?
4. Welche Bedeutung hat die Schnittstelle für den Spediteur?

4.1 Das „Speditionsgeschäft" des Handelsgesetzbuches

Die grundlegenden Rechtsvorschriften des Speditionsvertrages sind im fünften Abschnitt des HGB §§ 453 bis 466 geregelt.

Die Speditionsgeschäfte zählen nach HGB § 1 zu den Handelsgewerben. So gilt der Spediteur als Istkaufmann und unterliegt in vollem Umfang den Rechtsvorschriften des HGB. Erfordert sein Geschäftsbetrieb keinen „nach Art oder Umfang eingerichteten Geschäftsbetrieb", so wird für ihn das Speditionsrecht nach dem HGB ebenso voll wirksam.

Das Speditionsrecht ist ebenso wie das Fracht- und Lagerrecht durch das „Gesetz zur Neuregelung des Fracht-, Speditions- und Lagerrechts (TRG)" von 1998 grundlegend geändert worden.

Die gesetzlichen Grundlagen werden durch die „Allgemeinen Deutschen Spediteurbedingungen (ADSp)" von 1998 ergänzt.

▲ *Speditionsvertrag nach HGB § 453 (1).*

MERKE

„(1) Durch den Speditionsvertrag wird der Spediteur verpflichtet, die Versendung des Gutes zu besorgen.

(2) Der Versender wird verpflichtet, die vereinbarte Vergütung zu zahlen."

Der **Spediteur besorgt die Güterversendung** für einen Dritten, für den Versender, der als Auftraggeber tätig wird. Der Versender muss die **vereinbarte Vergütung** (Provision) als Entgelt für die Spediteurleistung zahlen. Der Auftraggeber, der im Regelfall Verkäufer ist, entnimmt seine Weisungen an den Spediteur dem Kaufvertrag (vgl. Abschnitt 2.1 Grundbegriffe).

▲ *Besorgung der Versendung (HGB § 454).* „(1) Die Pflicht, die Versendung zu besorgen, umfasst die Organisation der Beförderung, insbesondere

✘ die **Bestimmung des Beförderungsmittels** und des **Beförderungsweges**,

✘ die **Auswahl ausführender Unternehmer**,
- den **Abschluss** der für die Versendung erforderlichen Fracht-, Lager- und Speditionsverträge sowie
- die **Erteilung** von Informationen und Weisungen an die ausführenden Unternehmer und
- die **Sicherung** von Schadenersatzansprüchen des Versenders.

(2) Zu den Pflichten des Spediteurs zählt ferner die Ausführung sonstiger vereinbarter auf die Beförderung bezogener Leistungen wie die **Versicherung** und **Verpackung** des Gutes, seine **Kennzeichnung** und die **Zollbehandlung**."

Der Spediteur schuldet jedoch nur den Abschluss der zur Erbringung dieser Leistungen erforderlichen Verträge, wenn sich dies aus der Vereinbarung ergibt.

▲ *Behandlung des Gutes. Begleitpapiere. Mitteilungs- und Auskunftspflichten (HGB § 455).* Der Versender als Auftraggeber des Spediteurs ist – entsprechend den Pflichten des Absenders (vgl. Abschnitt 3.2.2; HGB §§ 410, 411, 413) – verpflichtet,

✘ das Gut zu **verpacken** und zu **kennzeichnen** – soweit erforderlich – und

✘ **Urkunden** zur Verfügung zu stellen und alle erforderlichen Auskünfte zu erteilen,

✘ bei **Gefahrgut** dem Spediteur rechtzeitig schriftlich die Art der Gefahr und die zu ergreifenden Vorsichtsmaßnahmen mitzuteilen.

Der Versender muss, auch wenn er keine Schuld hat, dem Spediteur Schäden und Aufwendungen ersetzen, die aus Nichtbeachtung dieser Pflichten entstehen.

▲ *Fälligkeit der Vergütung (HGB § 456).* „Die Vergütung ist zu zahlen, wenn das Gut dem Frachtführer oder Verfrachter übergeben worden ist."

▲ *Aufwendungsersatz. Auskunftspflicht. Herausgabepflicht.* Der Spediteur hat Anspruch auf Ersatz der Aufwendungen, die er den Umständen nach für erforderlich halten durfte (BGB § 670).

Er ist verpflichtet, dem Versender Auskunft über das Geschäft zu geben und nach Auftragsausführung Rechenschaft abzulegen (BGB § 666).

Er hat die Herausgabepflicht für alles, was er aus der Geschäftsbesorgung für den Versender erlangt hat (BGB § 667). Der Spediteur tritt diese Forderungen an seinen Versender ab, der sie jetzt erst geltend machen kann. Die sich aus den Forderungen ergebenden Beträge gelten gegenüber Gläubigern des Spediteurs als auf den Versender übertragen (HGB § 457: Forderungen des Versenders).

ZUSAMMENFASSUNG

Der Spediteur als Organisator des Güterverkehrs: Aufgabe des Spediteurs ist die Organisation der Güterbeförderung. Er besorgt die Güterversendung, er ist der Fachmann für Logistik. Seine Pflichten sind es,

- das **Beförderungsmittel** und den Beförderungsweg zu bestimmen,
- den **geeigneten Unternehmer** auszuwählen und mit ihm den erforderlichen Vertrag (Fracht-, Lager- und/oder Speditionsvertrag) abzuschließen, die **Schadenersatzansprüche** aus diesen Verträgen für den Versender zu sichern und
- **weitere Leistungen** (auch logistische) vereinbarungsgemäß zu erbringen, die mit der Beförderung verbunden sind, wie Versicherung des Gutes, Verpackung, Kennzeichnung, Zollbehandlung; diese Leistungen werden als eigene Leistungen oder durch Abschluss zusätzlicher Verträge erbracht.

Bei Erfüllung seiner Aufgaben ist der Spediteur stets verpflichtet,

- **„das Interesse des Versenders wahrzunehmen** (ADSp, Ziffer 1) und
- **dessen Weisungen zu befolgen"** (HGB § 454 (4),
- **„mit der Sorgfalt eines ordentlichen Kaufmanns"** (HGB § 347) zu arbeiten und
- zur Beseitigung von Unklarheiten beim Versender rückzufragen.

4.2 Die ADSp als Grundlage des Speditionsgeschäftes

▲ *Geschäftsbedingungen.* Der Spediteur wickelt seine Geschäfte nach allgemeinen Geschäftsbedingungen ab, nach den **„Allgemeinen Deutschen Spediteurbedingungen" (ADSp)**. Die ADSp wurden 1998 gründlich überarbeitet und den geänderten rechtlichen Grundvorschriften angepasst, die sich aus dem Tarifaufhebungsgesetz von 1993, dem GüKG von 1998 und dem Transportrechtsreformgesetz von 1998 ergeben. Die ADSp dürfen nur in Verbindung mit der **SpV = Speditionsversicherung (Haftungs- und Schadenversicherung)** angewendet werden; die Haftungsprämie trägt der Spediteur, die Schadensprämie der Auftraggeber.

Die ADSp in Verbindung mit der Speditionsversicherung (SVS/RVS) wurden erstmals im Jahre 1927 von den Interessenverbänden der deutschen Wirtschaft und des Speditionsgewerbes gemeinsam entwickelt. Seither sind sie wiederholt den sich ändernden Gegebenheiten der Wirtschaft angepasst worden. Die Verkehrsrechtsreformen ab 1993 machten eine gründliche Neubearbeitung erforderlich.

▲ *Rechtscharakter der ADSp.* Die ADSp sind kein Gesetz und keine Verordnung. Sie wurden in **freiwilliger Übereinkunft** zwischen den Spitzenverbänden von verladender Wirtschaft und Spedition entwickelt und ausgehandelt. Sie werden in ihrer neuesten Fassung von 1998 **zur Anwendung empfohlen** von: Bundesverband der Deutschen Industrie, Bundesverband des Deutschen Groß- und Außenhandels, Bundesverband Spedition und Logistik, Deutscher Industrie- und Handelstag, Hauptverband des Deutschen Einzelhandels. Ausdrücklich festgeschrieben wird von den Beteiligten im Text der ADSp, dass diese Empfehlung **unverbindlich** ist und dass die Vertragsparteien im Einzelfall abweichende Vereinbarungen treffen können.

Der Bundesgerichtshof hat 1959 die ADSp als **fertig bereitliegende allgemein festgelegte Vertragsgrundlage** bezeichnet; in der Zwischenzeit wurden die ADSp durch den BGH und andere Gerichte in ihrer Gültigkeit bestätigt. Es wurde mehrmals entschieden, dass die ADSp Vertragsinhalt des Speditionsvertrages kraft stillschweigender **Unterwerfung** werden, wenn der Vertragspartner weiß oder hätte wissen müssen, dass Spediteure nach den ADSp arbeiten; unter Kaufleuten wird das im Inland und auch in der EU vorausgesetzt. Die ADSp gelten unter Kaufleuten als **Handelsbrauch.** Im Verkehr mit Nichtkaufleuten[1] müssen die ADSp in den Einzelvertrag

[1] ADSp Ziff. 2.4: „Die ADSp finden keine Anwendung auf Verkehrsverträge mit Verbrauchern."

übernommen werden. Daher bezieht sich der Spediteur bei Abschluss des Speditionsvertrages grundsätzlich auf die ADSp; außerdem tragen seine Geschäftspapiere den Vermerk: „Wir arbeiten nach den ADSp neueste Fassung."

Die ADSp mit der Spreditionsversicherung (SpV) sind beim Bundeskartellamt angemeldet; die SpV enthält die Mindestbedingungen der Speditionsversicherung, sie gilt in der Fassung vom 1. Januar 1999 (Anlage zu den ADSp).

▲ ***Anwendungsbereich (ADSp Ziffer. 2).*** „Die ADSp gelten für Verkehrsverträge über alle Arten von Tätigkeiten, gleichgültig, ob sie Speditions-, Fracht-, Lager- oder sonstige üblicherweise zum Speditionsgewerbe gehörende Geschäfte betreffen."

Verkehrsverträge betreffen

- ✘ Speditions-, Fracht-, Lagergeschäfte und
- ✘ sonstige üblicherweise zum Speditionsgewerbe gehörende Geschäfte einschließlich
- ✘ speditionsübliche logistische Leistungen.

Bei der Organisation der Güterbeförderung schuldet der Spediteur grundsätzlich nur den Abschluss der erforderlichen Verträge mit Dritten (z. B. Frachtführern), die zur Erbringung der Leistung erforderlich sind, nicht aber die Erfüllung dieser Verträge.

▲ ***Ausschluss der ADSp.*** „Die ADSp **gelten nicht** für Geschäfte, die ausschließlich zum Gegenstand haben

- ✘ Verpackungsarbeiten,
- ✘ die Beförderung von Umzugsgut oder dessen Lagerung,
- ✘ Kran- oder Montagearbeiten sowie Schwer- oder Großraumtransporte mit Ausnahme der Umschlagstätigkeit des Spediteurs." (ADSp Ziffer. 2.3).

Die ADSp gelten für alle Speditionsgeschäfte, es sei denn, es bestehen zwingende gesetzliche Vorschriften. Sie gelten auch im Verhältnis zwischen Erst- und Zwischenspediteur.

▲ ***Bedeutung der ADSp.*** Die Anwendung der ADSp bietet sowohl dem Versender der Wirtschaft wie auch dem Spediteur erhebliche Vorteile.

ZUSAMMENFASSUNG

Durch die ADSp werden

- ✘ die Vorschriften über das Speditionsgeschäft übersichtlich zusammengefasst,
- ✘ die gesetzlichen Vorschriften ergänzt,
- ✘ die Speditionsverträge vereinheitlicht,
- ✘ die Haftung der Spediteure durch die Speditionsversicherung (als Haftungs- und Schadensversicherung) im Umfang der Haftung nach dem HGB und den ADSp gedeckt.

4.3 Der Abschluss eines Speditionsvertrages (Verpflichtungsgeschäft)

Mit dem Abschluss eines Vertrages verpflichten sich zwei Parteien zu gegenseitigen Leistungen. Im Speditionsvertrag verpflichtet sich der Spediteur, die Beförderung der Güter zu besorgen; der Auftraggeber verpflichtet sich, die vereinbarte oder die übliche Vergütung (Provision, Auslagen u. a.) zu zahlen. Der Vertrag kommt durch Abgabe von **Willenserklärungen** zustande **(Antrag und Annahme)**. Beide Parteien erklären ihren übereinstimmenden Willen zur vereinbarten Leistung, eine bietet an, die andere nimmt an. Das Angebot kann sowohl vom Spediteur als auch vom Auftraggeber ausgehen (vgl. Abschnitt 2.1).

Zwischen dem Spediteur und dem Empfänger einer Sendung besteht kein Rechtsverhältnis, falls der Empfänger nicht selbst Auftraggeber des Spediteurs ist. Empfänger und Spediteur können also nicht unmittelbar gegeneinander Rechtsansprüche aus dem Speditionsvertrag zwischen Auftraggeber und Spediteur geltend machen.

4.3.1 Die Anbahnung des Speditionsgeschäftes, Marketing

Die Spediteure machen durch Anzeigen in Fachzeitschriften, in Adressbüchern, in Tarifen, auf Ausstellungen, Messen und Börsen und durch andere **öffentliche Werbemittel** auf ihr Unternehmen aufmerksam. Diese Geschäftsanerbieten sind **an die Allgemeinheit** gerichtet und nicht an bestimmte Personen; sie sind unverbindlich. Ebenso wird ein Kaufmann, der an einen Spediteur eine **Anfrage** richtet, ob er und gegen welches Entgelt er bestimmte Speditionsleistungen vornehmen kann, durch die Anfrage in keiner Weise verpflichtet, dem betreffenden Spediteur einen Auftrag zu erteilen.

Etwas anders ist die Rechtslage für einen Spediteur, der sich durch **Drucksachen** (Schiffslisten und andere Verkehrsnachrichten) oder mit allgemein gehaltenen **Werbeschreiben** unmittelbar **an bestimmte Kaufleute** richtet. Erhält er daraufhin einen Auftrag, so ist er nicht verpflichtet, ihn auszuführen; es ist kein Speditionsvertrag zustande gekommen, denn es fehlt den Werbemitteln der Charakter eines bestimmten Angebotes. Der Spediteur muss aber unverzüglich bekunden, dass er den Auftrag nicht ausführen will. **Sein Schweigen würde einer Annahmeerklärung gleichkommen**, den Vertragsabschluss herbeiführen und den Spediteur zur Ausführung verpflichten (HGB § 362).

▲ *Marketing.* Das unternehmerische Handeln des Spediteurs, das auf **Gewinnung und Pflege seines Kundenstammes** gerichtet ist, wird unter dem Begriff Marketing zusammengefasst. Zum Führungskonzept eines Speditionsunternehmens gehört ein planvolles Marketing zur Gewinnung und Erhaltung von Kunden aus der Verladerschaft. Das unternehmerische Handeln wird allgemein auf den Absatzmarkt und speziell auf die vorhandene oder mögliche Kundschaft des Speditionsunternehmens ausgerichtet. Erforderlich ist die Gewinnung von zuverlässigen Planungsdaten durch Marktforschung. Sie sollen dem Spediteur zur optimalen Erfüllung der Kundenwünsche dienen, oder sie sollen es ihm ermöglichen, die Leistungen seines Unternehmens den Kundenwünschen anzupassen bzw. die Kundenwünsche mit den machbaren Speditionsleistungen in Einklang zu bringen. Alle Leistungen müssen zu tragbaren Kosten möglich sein, kalkulierbar sein. Ziel ist die Gewinnung und Erhaltung von Kunden durch wunschgemäße Befriedigung der Verladerwünsche zur dauerhaften Gewinnerzielung.

Zum Marketing gehören folgende Teilgebiete:

- **Marktforschung.** Durch einmalige Marktanalyse und durch laufende Marktbeobachtung werden Verladerwünsche ermittelt. Sie ergeben die Plandaten für die Speditionsleistungen. Die Marktforschung richtet sich auf einzelne Kunden, auf Teilmärkte oder auf den Gesamtmarkt von Verkehrsleistungen.
- **Produkt- oder Leistungsgestaltung.** Die Leistungspalette der angebotenen Spediteurleistungen wird nach den ermittelten Daten überprüft, verändert oder erweitert (z. B. verstärkter Einsatz von Containern, spezielle Containerdienste, Änderung der Sammelverkehre, Lagerung auch von Gefahrgütern u. a., logistische Dienstleistungen usw.).

- **Werbung.** Durch Werbung sollen Verlader zur Aufnahme von Geschäftsbeziehungen gebracht werden. Übliche Werbemittel sind Werbeprospekte, -briefe, -anzeigen und Werbeaufschriften an Fahrzeugen. Träger der Werbung sind Angestellte, die als Akquisiteure vollberuflich tätig sind, aber auch jeder Angestellte, der Kundenkontakt hat. Die Maßnahmen sind an einzelne Kunden zielgerichtet oder aber an die Allgemeinheit gerichtet (siehe oben).

  Der Erfolg von Werbemaßnahmen wird unterstützt durch **Public Relations (PR)**, also durch eine Öffentlichkeitsarbeit, die unternehmensbezogen den Firmenruf stärkt. **PR ist Imagepflege des Unternehmens**. Das Unternehmen beteiligt sich an Messen und Kongressen mit eigenen Informationsständen, fachkundige Mitarbeiter nehmen an Symposien und Verbandsveranstaltungen teil; auch werden Jubiläumsveranstaltungen und Einweihungsfeiern von Anlagen unter Teilnahme von Persönlichkeiten des öffentlichen Lebens unter Mitwirkung der Presse durchgeführt.

- **Preispolitik.** Der Marktpreis von Verkehrsleistungen ist weitgehend unbeeinflussbar. Überangebot und Preisfreiheit verhindern Preisnachlässe oder günstige Zahlungsbedingungen. Die Qualität der Spediteurleistung ist entscheidend. Sorgfältige Kalkulation der einzelnen Leistung auf der Basis eines leistungsfähigen innerbetrieblichen Rechnungswesens ist unerlässlich.

- **Planung.** Das unternehmerische Verhalten aufgrund der Marktforschungsergebnisse wird in einer entsprechenden Ablauforganisation festgelegt. Festgelegt werden sollten die Unternehmergruppen, die angesprochen werden sollen, z. B. die Hersteller nach Branchen und die Verbrauchergruppen sowie andere Gewerbetreibende. Festgelegt werden sollten aber auch die Leistungen des Speditionsunternehmens, so allgemeine, spezielle und logistische Leistungen, aber auch die Art, die Dauer und der Preis der Werbemaßnahmen.

▲ *Akquisiteur.* Jeder Mitarbeiter des Spediteurs, der mit Kunden Kontakt hat, ist automatisch Verkäufer von Dienstleistungen, genannt Akquisiteur. Er muss über die notwendige Fachkompetenz verfügen, d. h., er muss die erforderlichen Marktdaten kennen, ebenso die eigene Dienstleistungspalette einschließlich Abrechnung, das Sortiment und das Umfeld seines Kunden und die Konkurrenzsituation seines Unternehmens. Er muss aber auch über aktuelle Kenntnisse der politischen und wirtschaftlichen Lage verfügen. Jeder Akquisiteur muss zudem kommunikative Kompetenzen haben, so wie Umgangsformen, Kontaktfähigkeit, Teamgeist u. a. Auch muss er sich mit seinem Unternehmen und den Speditionsleistungen identifizieren, um glaubhaft zu wirken.

ZUSAMMENFASSUNG

Marketing ist die marktorientierte Unternehmensführung. Die Güterverkehrsmärkte werden erforscht, Planungsdaten zur wunschgemäßen Befriedigung von Verladerwünschen oder zur Erzeugung von Nachfrage ermittelt.

Ziel ist die Gewinnung und Erhaltung von Kundenbeziehungen.

4.3.2 Der Abschluss des Speditionsvertrages

1. Der Antrag zum Vertragsabschluss kann **vom Spediteur** ausgehen. Er bietet nach einer Anfrage mündlich oder schriftlich einer anderen Person an, **eine bestimmte Beförderung** gegen ein bestimmtes Entgelt zu besorgen und ist nun an dieses Angebot gebunden. Er muss einen Auftrag, der daraufhin ohne Vorbehalte erteilt wird, ausführen, da durch die übereinstimmenden Erklärungen ein Speditionsvertrag geschlossen worden ist. Allerdings muss das mündlich (auch fernmündlich) abgegebene Angebot **sofort** angenommen werden und auf das schriftlich (Brief

oder Fax) abgegebene Angebot muss **innerhalb einer angemessenen Frist** der Auftrag beim Spediteur eingegangen sein. Die Länge dieser Frist richtet sich nach der Entfernung der Wohnsitze der beiden Partner (nach Postlauf unter verkehrsüblichen Verhältnissen) und nach der Überlegungszeit, die billigerweise zugestanden werden muss. Das Angebot kann auch befristet abgegeben werden, sodass der Spediteur dann nur bis zum Ablauf dieser Frist an sein Angebot gebunden ist.

Der Spediteur kann die verbindliche Wirkung seines Angebotes dadurch ausschließen, dass er es mit dem Vermerk **„freibleibend"**, „ohne Verbindlichkeit", „unverbindlich" oder ähnlich versieht. Da er seine Dienste aufgrund der Bedingungen anderer Unternehmungen anbietet, muss er mit der Möglichkeit rechnen, dass die seinem Angebot zugrunde liegenden Frachten usw. sich ändern. Erhält der Spediteur auf ein unverbindliches Angebot einen Auftrag, so kann er entscheiden, ob er ihn ausführen will; er müsste ihn allerdings ausführen, wenn er ihn nicht unverzüglich ablehnt.

▲ ***Angebote/Offerten des Spediteurs.*** Den allgemeinen gesetzlichen Regeln über die Verbindlichkeit eines Angebotes (BGB §§ 145 ff.) fügt ADSp Ziffer 16.2 hinzu: „Alle Angebote des Spediteurs gelten nur bei unverzüglicher Annahme zur sofortigen Ausführung des betreffenden Auftrages, sofern sich nichts Gegenteiliges aus dem Angebot ergibt, und nur, wenn bei Erteilung des Auftrages auf das Angebot Bezug genommen wird."

Somit gelten alle Angebote des Spediteurs nur

- ✗ bei **unverzüglicher Annahme**,
- ✗ bei **sofortiger Auftragsausführung** und
- ✗ bei **Bezug auf das Angebot**.

2. Der Antrag zum Vertragsabschluss geht **vom Auftraggeber** aus, wenn dieser einen Speditionsauftrag erteilt. Durch Ausführung des Geschäftes oder durch eine Bestätigung des Auftrages ist dann der Vertrag zustande gekommen. Erteilt ein Kaufmann, mit dem der Spediteur schon in Geschäftsverbindung steht, den Auftrag, so müsste der Spediteur diesen Auftrag unverzüglich ausdrücklich ablehnen, wenn er ihn nicht ausführen will. Sein Schweigen würde auch hier als Annahme gelten.

   Ein Antrag zum Abschluss eines Speditionsvertrages ist auch darin zu erblicken, dass einem Spediteur lediglich eine Sendung zur Weiterbeförderung an einen bestimmten Empfänger übersandt wird.

3. Der Antrag zum Vertragsschluss kann auch **von einem Spediteur an einen Spediteur** gerichtet werden. Das ist der Fall, wenn ein vom Versender beauftragter Spediteur den Speditionsauftrag nicht selbst ausführen kann oder will. Der antragstellende Spediteur ist dann der **Hauptspediteur**, der beauftragte Spediteur ist **Zwischen-** oder **Unterspediteur** (siehe Abschnitt 4.4.3).

▲ ***Abschluss des Speditionsvertrages***. Üblicherweise stellt der Auftraggeber seinen Antrag schriftlich (Speditions-, Versandauftrag, auch über Datenfernübertragung). Der Spediteur nimmt diesen Antrag

- ✗ ausdrücklich (mündliche oder schriftliche Bestätigung),
- ✗ stillschweigend (Schweigen des Spediteurs zu einem erteilten Auftrag bedeutet Annahme) oder
- ✗ durch schlüssige Handlung (sofortige Durchführung des Auftrags) an.

Damit ist der Speditionsvertrag abgeschlossen.

Muster eines Speditionsauftrages

Speditionsauftrag

1 Versender/Lieferant 2 Lieferanten-Nr. 26132/0
FTM Maschinenwerke KG
Nordstrasse 32

12487 Berlin

5 Beladestelle

8 Sendungs-/Ladungs-Nr. 12345678

11 Empfänger 12 Empfänger-Nr. 1723880

Überall und Söhne
Seestraße 26

80802 München

14 Anliefer-/Abladestelle
FTM 5588/1-25

3 Speditionsauftrag-Nr.
12345678

4 Nr. Versender beim Versand-Spediteur 202877

6 Datum ..-06-03 7 Relations-Nr. 12345

9 Versandspediteur 10 Spediteur-Nr.
Erwin Saubermann
Internationale Spedition
Waldstraße 20

13403 Berlin

Telefon/Fax
(030) 450-1 (030) 450-180

13 Bordero-/Ladeliste-Nr.

15 Versendervermerk für die Versandspedition

16 Eintreff-Datum ..-10-10 17 Eintreff-Zeit 11:00

18 Zeichen und Nr.	19 Anzahl	20 Packstück	21 SF	22 Inhalt	23 Lademittel-Gewicht kg	24 Brutto-Gewicht kg
FTM 5588/1-25	10	70 A 11082		Maschinenteile	520	2220
	8	8 US 11			296	1780
	7	Karton				111
Summe:	25 25	26 Rauminhalt cdm/Lademeter		Summen:	27 816	28 4111

29 Gefahrgut-Klassifikation
UN-Nr. ______ Klasse ______ Ziffer ______ Kleinbuchstabe ______ ☐ GGVS ☐ GGVE ☐ ADR ☐ RID Nettomasse kg/l ______
30 Gefahrgut-Bezeichnung

31 Frankatur	32 Warenwert für SVS/RVS	33 Warenwert f. Transport-Versicherung (à 35 ADSp)	34 Versender-Nachnahme
unfrei	DM	zu Deck. M. DM.	DM

35

Anlagen , Auftr.-Nr. FD 615179/22/88 Kont. 16
, Transp. MI.
Lieferschein-Nr. 4556123 , Lkw-Code
, Vers. Art Abr.Schl.

Übernahmebestätigung des Fahrers: , Empfangsbest. d. Warenempfängers:
Obige Sendung vollständig und in , Obige Sendung vollständig und in
ordnungsgem. Zustand übernommen , ordnungsgem. Zustand erhalten

, Sendung enthält davon getauscht
, Euro-Flachpal. Euro-Flachpal.
(Datum, Uhrzeit, Unterschrift) , Euro-Gitterpal. Euro-Gitterpal.

36 Es gelten die Allgemeinen Deutschen Spediteurbedingungen (ADSp). Gerichtsstand ist der Firmensitz des Versandspediteurs. 37 Für...

4.3.3 Die Form des Speditionsauftrages

▲ *ADSp (Ziffer 3.1 und 3.2).* „Aufträge, Weisungen, Erklärungen und Mitteilungen sind **formlos** gültig." Die Beweislast für deren Inhalt und vollständige Übermittlung trägt, wer sich darauf beruft.

Der Speditionsauftrag wird üblicherweise schriftlich – seltener mündlich – erteilt. Der schriftliche Auftrag dient dem Spediteur als **Arbeitsgrundlage** und als **Beweismittel**. Die Datenfernübertragung steht der Schriftform gleich. Streitigkeiten und Schäden, die sich aus der mündlichen Auftragserteilung ergeben, werden vermieden.

▲ *Auftragsvordrucke.* Der Bundesverband Spedition und Logistik (BSL) hat einheitliche Auftragsvordrucke als Formularsatz entwickelt. Durch ihren Einsatz wird die Gefahr verringert, dass der Auftraggeber erhebliche Angaben nicht macht und dass der Spediteur durch unklare Auftragsbezeichnung (z. B. Lieferschein, Frachtbrief, Arbeitsauftrag) ungewollt seine Spediteureigenschaft verliert.

Der BSL hat ebenso Software für den elektronischen Datenaustausch zwischen Auftraggeber und Spediteur (EDI[1]) entwickelt. So werden Auftragsdaten (Speditionsauftrag, Bordero u. a.) im Softwareprogramm EDIterm erfasst und in das EDIFACT-Format[2] gemäß BSL-Handbuch „Elektronischer Speditionsauftrag" umgesetzt.

Ein Speditionsauftrag – gleichgültig, ob er im Formularsatz oder im elektronischen Datenaustausch erteilt wird – sollte immer folgende Punkte enthalten:

MERKE

- Bezeichnung des Papiers bzw. des Datenträgers als **Speditionsauftrag,**
- Bezeichnung des **Auftraggebers** als solcher oder als **Versender (nicht** als Absender),
- Bezeichnung des Auftragnehmers als **Spediteur,**
- Bezeichnung der Versendungskosten als **Kundensatz oder Frachtübernahme (nicht** als Fracht),
- Hinweis auf die Geltung der ADSp.

4.3.4 Der Inhalt des Speditionsauftrages

MERKE

Der Auftraggeber muss im Auftrag folgende Einzelheiten angeben (ADSp Ziffer 3.4):
„Adressen, Zeichen, Nummern, Anzahl, Art und Inhalt der Packstücke, Eigenschaften des Gutes . . . und alle sonstigen – erkennbar für die ordnungsgemäße Ausführung des Auftrages – erheblichen Umstände . . . ."

Welche Umstände für die Ausführung erheblich sind, hat der Auftraggeber zu entscheiden.

Bei Auftragserteilung muss der Auftraggeber dem Spediteur mitteilen, wenn Gegenstand des Verkehrvertrages

- gefährliche Güter,
- lebende Tiere und Pflanzen,
- leicht verderbliche Güter,
- diebstahlgefährdete, bruchempfindliche oder wertvolle Güter sind, damit er über Annahme oder Ablehnung des Auftrags entscheiden kann (ADSp Ziffer 3.3 und 22.4).

[1] EDI = Electronic Data Interchange
[2] EDIFACT = Electronic Data Interchange for Administration, Commerce and Transport

Werden gefährliche Güter verladen, muss der Versender den Spediteur rechtzeitig schriftlich auf die genaue Art der Gefahr und der zu ergreifenden Vorsichtsmaßnahmen hinweisen. Der Auftraggeber muss dem Spediteur alle relevanten Angaben und die Klassifizierung nach der Gefahrgutverordnung mitteilen (ADSp Ziffer 3.5; HGB §§ 455 und 410).

Mit Abschluss des Speditionsvertrages übernehmen beide Vertragspartner fest umrissene Pflichten:

Pflichten des Auftraggebers (ADSp Ziffer 6).

- ✘ Alle Packstücke sind vom Auftraggeber **deutlich und haltbar zu markieren**; alte Kennzeichen müssen entfernt oder unkenntlich gemacht sein.
- ✘ Alle Packstücke einer Sendung müssen deutlich als **zusammengehörig** gekennzeichnet sein, z. B. durch eine Kontrollnummer.
- ✘ Alle Packstücke müssen **in geeigneter Transportverpackung** aufgeliefert werden, sodass ein Zugriff auf den Inhalt ohne äußerlich sichtbare Spuren nicht möglich ist; z. B. soll ein Packstück nicht in Folie gewickelt, sondern geschweißt sein.
- ✘ Bei einer Sammelsendung, die aus mehreren Packstücken mit einem Gurtmaß von unter 1 m (größter Umfang zuzüglich längste Kante) besteht, müssen die **kleinen Stücke zu größeren Packstücken** zusammengefasst sein.
- ✘ Bei einer Sendung im Hängeversand (z. B. Textilien), die aus mehreren Stücken besteht, müssen die **kleinen Stücke zu Griffeinheiten** in geschlossener Hülle zusammengefasst sein.
- ✘ Auf Packstücken von **1 000 kg Rohgewicht und mehr** ist die gesetzlich vorgeschriebene Gewichtsbezeichnung deutlich anzubringen.

Pflichten des Spediteurs (ADSp Ziffer 7).

- ✘ Die Packstücke (nicht ihr Inhalt) sind an den **Schnittstellen, z. B. bei Ein- und Ausgangskontrollen, auf Vollständigkeit, Identität** und **äußerlich erkennbare Schäden**, außerdem auf die **Unversehrtheit von Plomben und Verschlüssen** zu überprüfen.
- ✘ Unregelmäßigkeiten sind zu dokumentieren, z. B. auf Begleitpapieren.

Schnittstelle ist jeder Übergang (Umschlag) von Packstücken von einer Rechtsperson auf die andere oder die Ablieferung am Ende jeder Beförderungsstrecke.

Packstücke sind Einzelstücke oder vom Auftraggeber zur Abwicklung des Auftrags gebildete Einheiten, z. B. Kisten, Gitterboxen, Paletten, Griffeinheiten, Wagen, Auflieger oder Wechselbrücken, Container, Iglus. So ist eine Palette für den Spediteur grundsätzlich ein Packstück; für die Kollizahl auf der Palette ist er nicht verantwortlich, es sei denn, der Auftraggeber hat sie zum Schutz gegen Manipulationen eingeschweißt.

Verletzt der Auftraggeber seine Pflichten, so trägt er die sich daraus ergebenden Folgen. Gleiches gilt für Pflichtverletzungen durch den Spediteur.

▲ *Verwiegung, Verpackung des Gutes (ADSp Ziffer 4).* Der Spediteur ist nicht

- ✘ zur Verpackung des Gutes,
- ✘ zum Einsatz und Tausch von Paletten oder sonstigen Ladehilfs- und Packmitteln,
- ✘ zur Verwiegung, Untersuchung, Erhaltung oder Besserung des Gutes und seiner Verpackung verpflichtet,

es sei denn, dies ist üblich oder sein Auftrag enthält schriftliche Vereinbarungen.

▲ *Versicherung des Gutes.* Zur Versicherung des Gutes (z. B. Transportversicherung) ist der Spediteur nur verpflichtet, soweit ein ausdrücklicher schriftlicher Auftrag dazu unter Angabe des Versicherungswertes und der zu deckenden Gefahren vorliegt (ADSp Ziffer 21.1).

4.4 Die Erfüllung des Speditionsvertrages (Erfüllungsgeschäft)

Der Spediteur soll die Versendung des Gutes besorgen. Dazu muss er **in den Besitz des Gutes** gelangen, um **verfügungsberechtigt** zu werden. Das geschieht durch Übergabe des Gutes an ihn **(unmittelbarer Besitz)** oder durch Übergabe von Lieferpapieren (Warenwertpapiere, Sperrpapiere, vgl. Abschnitt 13.4.1), an die das Besitzrecht geknüpft ist **(mittelbarer Besitz)**. Erst dann kann er das Gut nach den Weisungen seines Auftraggebers behandeln und dem Frachtführer übergeben. Er unterliegt der Sorgfaltspflicht gemäß seiner Obhutshaftung und hat Anspruch auf Ersatz seiner Auslagen und auf eine Vergütung für seine Dienste.

4.4.1 Die Übernahme des Gutes

▲ *Empfangskontrolle an den Schnittstellen (ADSp Ziffer 7).* Der Spediteur holt die Güter bei seinem Auftraggeber ab, oder sie werden ihm von diesem zugeführt. Auch ein Dritter (ein Verkäufer, Spediteur, Frachtführer) kann zur Übergabe der Güter an den Spediteur beauftragt sein.

Bei der Übernahme an dieser Schnittstelle – wie auch an jeder weiteren – prüft der Spediteur durch eine **Empfangskontrolle**, ob die Sendung mit den Angaben des ihm vorliegenden Auftrags übereinstimmt. Erst dann erteilt er demjenigen, von dem er die Sendung übernommen hat, die geforderte **Empfangsbescheinigung (Quittung)**. „In der Empfangsbescheinigung bestätigt der Spediteur nur die Anzahl und Art der Packstücke, nicht jedoch deren Inhalt, Wert oder Gewicht." (ADSp Ziffer 8.1)

Damit haftet der Spediteur grundsätzlich nur für die Angaben über

- ✗ die **Anzahl und Art**,
- ✗ die **Markierung** (Identität) und
- ✗ die **äußere Beschaffenheit**

der Packstücke so, wie diese Einzelheiten in der Empfangsbescheinigung angegeben sind. Enthält die Quittung weitere Einzelheiten, so darf er sich grundsätzlich auf die Angaben seines Auftraggebers verlassen; er haftet nicht dafür.

„Bei **Massengütern, Wagenladungen** und dgl. enthält die Empfangsbescheinigung im Zweifel keine Bestätigung des Rohgewichts oder der anders angegebenen Menge des Gutes." (ADSp Ziffer 8.1) – Der Spediteur bestätigt lediglich den Empfang einer Sendung.

▲ *Wahrung der Rechte aus dem Frachtvertrag.* Übernimmt der Spediteur das Gut von einem Frachtführer oder Verfrachter, dann wird er Empfänger. Stellt er bei der Empfangskontrolle äußerlich erkennbare Schäden fest, dann muss er den Frachtführer oder Verfrachter innerhalb der vorgesehenen Frist für den entstandenen Schaden verantwortlich halten. Nur wenn er dieses Recht aus dem Frachtvertrag wahrt, kann der Berechtigte später Schadenersatzansprüche geltend machen. Außerdem muss der Spediteur seinem Auftraggeber den Schadenfall unverzüglich anzeigen. Andernfalls muss er Schadenersatz leisten.

▲ *Auslagen.* Die auf den ankommenden Gütern ruhenden Frachten, Wertnachnahmen, Zölle und Spesen darf er auslegen, ohne dazu verpflichtet zu sein (ADSp Ziffer 17.2).

4.4.2 Die Ausführung des Auftrags

MERKE

„Der Spediteur hat das Interesse des Auftraggebers wahrzunehmen und seine Tätigkeiten mit der Sorgfalt eines ordentlichen Kaufmannes auszuführen."

Mit diesen Worten bekräftigen die ADSp in Ziffer 1 die schon im HGB § 454 (4) ausgesprochene Pflicht der **Interessenwahrung** und die **Sorgfaltspflicht** des Spediteurs. Er muss bei der Organisation der Beförderung, bei der Ausführung der Aufträge, bei der Behandlung der Güter, bei der Auswahl der Beförderungsmittel, der Frachtführer, Zwischenspediteure und anderer Helfer sorgfältig arbeiten. Bestandteil der Sorgfaltspflicht ist, dass er und seine Angestellten gut ausgebildet sind, dass sie die erforderlichen Kenntnisse und Erfahrungen besitzen, um den vorliegenden Auftrag ordnungsgemäß ausführen zu können. Dazu gehört die fachmännische Ausführung aller Dienstleistungen.

Der Spediteur hat sorgfältig alle **Weisungen zu befolgen**, es sei denn, der Auftraggeber erteilt einen Widerruf. Hat der Spediteur das Gut einem Dritten zur Verfügung gestellt und dieser hat verfügt, dann ist ein Widerruf nicht mehr möglich.

„Mangels ausreichender oder ausführbarer Weisung darf der Spediteur nach seinem pflichtgemäßen Ermessen handeln." (ADSp Ziffer 9.2) Er muss jedoch vorher versuchen, durch Rückfrage neue Weisungen einzuholen.

Die dem Spediteur übergebenen Güter müssen bis zur Weiterbeförderung an einem geeigneten Ort, der Schutz vor Beschädigung oder Verlust bietet, aufbewahrt werden. Droht ihnen Verderb oder lassen Veränderungen am Gute seine Entwertung befürchten, so muss der Auftraggeber benachrichtigt werden. Ist es dazu schon zu spät oder bleiben Verfügungen aus, so hat der Spediteur das Recht des Notverkaufs, d. h., er kann das Gut für Rechnung des Kunden versteigern lassen (HGB §§ 388 und 373).

MERKE

Allgemeine Rechtsgrundsätze über die Arbeitsleistung des Spediteurs. Der Spediteur muss

- mit der **Sorgfalt** eines ordentlichen Kaufmanns **arbeiten,**
- die **Interessen** seines Auftraggebers **wahren,**
- die **Weisungen** seines Auftraggebers **genau beachten** und
- zur Beseitigung von Unklarheiten bei seinem Auftraggeber **rückfragen.**

4.4.3 Die Übergabe des Gutes

▲ ***Übergabe an den Frachtführer oder Verfrachter.*** Der Spediteur übergibt die Sendung einem Frachtführer oder Verfrachter zur Beförderung an den Empfänger und übernimmt mit Abschluss des Frachtvertrages die Pflichten eines Absenders bzw. eines Befrachters. Er hat Anspruch auf Erstellung der Beförderungsleistung zugunsten des Empfängers. Nach der Übergabe des Gutes an den Transportunternehmer lässt sich der Spediteur eine Empfangsbescheinigung (Quittung) im Frachtbrief, im Konnossement oder in einem anderen Transportdokument geben. Diese Quittung ist für ihn die Beweisurkunde über die Weitergabe des Gutes an der Schnittstelle. Sie dient der Regulierung der Haftungsansprüche, insbesondere des Rückgriffsrechtes des Spediteurs auf den Frachtführer.

Grundsätzlich haftet der Spediteur solange, wie sich das Gut in seiner Obhut befindet. Zusätzlich haftet der Spediteur auch für Handlungen und Unterlassungen anderer Personen, die er zur Besorgung der Versendung einschaltet. **HGB § 462:** „Der Spediteur hat Handlungen und Unterlassungen seiner Leute in gleichem Umfang zu vertreten wie eigene Handlungen und Unterlassungen, wenn die Leute in Ausübung ihrer Verrichtungen handeln. Gleiches gilt für Handlungen und Unterlassungen anderer Personen, deren er sich bei Erfüllung seiner Pflicht, die Versendung zu besorgen, bedient." Damit haftet der Spediteur auch für die von ihm eingeschalteten Frachtführer im Umfang der Frachtführerhaftung.

▲ *Hauptspediteur, Zwischenspediteur.* Muss die Sendung unterwegs umgeschlagen werden oder kann der beauftragte Spediteur die Speditionsleistung aus anderen Gründen nicht erbringen, so wird er als **Hauptspediteur** (Erstspediteur) tätig; er beauftragt einen **Zwischenspediteur.** (Beispiel: Der Hauptspediteur im Inland beauftragt den Seehafenspediteur mit einer Export- oder Importspeditionsleistung.) Beauftragt der Hauptspediteur einen Spediteur ohne zwingende Notwendigkeit, dann wird dieser zum **Unterspediteur**. Auch für die Handlungen und Unterlassungen eines von ihm eingeschalteten, nachfolgenden Spediteurs haftet der Erstspediteur wie für eigene Handlungen und Unterlassungen (vgl. HGB § 462). Der Erstspediteur hat jedoch ein Rückgriffsrecht auf den nachfolgenden Spediteur. Durch die Empfangskontrolle mit entsprechender Dokumentation an jeder Schnittstelle lässt sich der Schadenort feststellen und damit das Rückgriffsrecht beweisen.

Der Spediteur muss Frachtführer, Verfrachter oder Zwischenspediteure mit der Sorgfalt eines ordentlichen Kaufmannes auswählen. Wählt er schuldhaft einen ungeeigneten Helfer aus, haftet er seinem Auftraggeber für alle Schäden, die diesem aus der fehlerhaften Wahl entstehen **(Haftung des Spediteurs für Verschulden in der Auswahl).**

▲ *Ablieferung an den Empfänger (Schnittstelle).* „Als Ablieferungsnachweis hat der Spediteur vom Empfänger eine Empfangsbescheinigung über die im Auftrag oder in sonstigen Begleitpapieren genannten Packstücke zu verlangen." Verweigert der Empfänger die Quittung, so hat sich der Spediteur Weisung einzuholen. Ist das Gut bereits ausgeladen, ist der Spediteur berechtigt, es wieder an sich zu nehmen (ADSp Ziffer 8.2).

„Die Ablieferung erfolgt mit befreiender Wirkung an jede zum Geschäft oder Haushalt des Empfängers gehörige anwesende Person." (ADSp Ziffer 13)

▲ *Auskunfts- und Herausgabepflicht des Spediteurs (ADSp Ziffer 14).* „Der Spediteur ist verpflichtet, dem Auftraggeber die erforderlichen Nachrichten zu geben, auf Verlangen über den Stand des Geschäftes Auskunft zu geben und nach dessen Ausführung Rechenschaft abzulegen." Wird er für Rechnung des Auftraggebers tätig, muss er auch die Kosten offen legen.

„Der Spediteur ist verpflichtet, dem Auftraggeber alles, was er zur Ausführung des Geschäfts erhält und was er aus der Geschäftsführung erlangt, herauszugeben."

4.4.4 Die Entgelte des Spediteurs

Der Spediteur hat Anspruch auf Entgelt für

▲ *eigene Leistungen:*

- ✗ aus Speditionsvertrag: **Vergütung für das Besorgen** der Güterbeförderung, Zollabfertigung, Versicherung, Vorlage, Nachnahme usw.,
- ✗ aus Lagervertrag: **Vergütung** für Einlagerung und damit verbundener Leistungen,
- ✗ aus Frachtvertrag: **Fracht** aus Frachtführertätigkeit (auch Selbsteintritt, Übernahmesatz, Sammelgutverkehr),
- ✗ aus Logistikvertrag: **Vergütung** für Kommissionieren, Regalpflege usw.,
- ✗ aus anderem Dienstvertrag: **Gebühr/Vergütung** für Be-/Entladen, Wiegen, Ausschreiben/Besorgen von Versand- und Zollpapieren usw.

▲ *Leistungen Dritter* (Fremdleistungen, **Auslagen):**

- ✗ **Auslagenersatz und Vergütung** für Auslage von Frachten, Zöllen, Versicherungsprämien, Kosten- oder Wertnachnahmen usw.

Die Vergütung des Spediteurs wird üblicherweise nach dem Gewicht oder nach den verauslagten Beträgen, nicht aber nach dem Wert des Gutes erhoben. Sie ist fällig, wenn das Gut dem Frachtführer oder Verfrachter zur Beförderung übergeben ist (HGB § 456).

Die Entgelte des Spediteurs werden mit dem Auftraggeber vereinbart. Sie sind im Angebot enthalten oder werden ortsüblich bzw. angemessen berechnet.

▲ *Rechnungen des Spediteurs (ADSp Ziffer 18).* „Rechnungen des Spediteurs sind sofort zu begleichen. **Zahlungsverzug tritt, ohne dass es einer Mahnung** oder sonstiger Voraussetzungen bedarf, **spätestens zehn Tage nach Zugang** der Rechnung ein, sofern er nicht nach dem Gesetz schon vorher eingetreten ist."

Ist Zahlungsverzug eingetreten, darf der Spediteur **Verzugszinsen** in Höhe von 3 % über dem Diskontsatz der Deutschen Bundesbank bzw. dem Basiszinssatz der Europäischen Zentralbank und die ortsüblichen Spesen berechnen.

Auf Weisung des Auftraggebers kann der Spediteur seine Forderungen beim Empfänger einziehen. Dieser wird mit der Empfangnahme des Gutes zur sofortigen Zahlung verpflichtet, wenn die Kosten einschließlich Nachnahmen schriftlich aufgegliedert sind. Das gilt für Forderungen aus Frachtvertrag, Selbsteintritt, Spedition zu festen Spesen und Sammelladung auch dann, wenn der Empfänger nicht den ADSp unterworfen ist. Erfolgt die Zahlung nicht, so ist der Spediteur berechtigt, das Gut wieder an sich zu nehmen.

4.4.5 Der Selbsteintritt des Spediteurs

MERKE

HGB § 458: „Der Spediteur ist befugt, die Beförderung des Gutes durch Selbsteintritt auszuführen."

Sein Selbsteintrittsrecht übt der Spediteur mangels gegenteiliger Weisungen aus. Er ist nicht verpflichtet, seinen Auftraggeber vor Selbsteintritt in die Beförderung davon zu benachrichtigen.

Das Selbsteintrittsrecht übt der Spediteur im Güterkraftverkehr und seltener im Binnenschiffsverkehr durch **Einsatz eigener Fahrzeuge** aus oder durch **Abschluss von Frachtverträgen mit Frachtführern**, die nach dem HGB als Erfüllungsgehilfen für ihn tätig sind. In beiden Fällen hat der Spediteur gemäß HGB § 458 zugleich die **Rechte und Pflichten eines Frachtführers oder Verfrachters**. Als Frachtführer haftet er für den Schaden aus Beschädigung, Verlust oder Versäumung der Lieferfrist (siehe Abschnitt 3.2.3), und als Verfrachter hat er die Carrierhaftung bei kommerziellem Verschulden (siehe Abschnitt 16.9); immer haftet er für seine Erfüllungsgehilfen. Er hat das übliche Pfand- und Zurückbehaltungsrecht und Anspruch auf die **„gewöhnliche Fracht"**, die Vergütung und die sonst regelmäßig vorkommenden Entgelte.

Bei Ausübung des Selbsteintrittsrechts werden Ansprüche gegen den Spediteur als Lkw-Unternehmer durch die Güterschaden-Haftpflichtversicherung gemäß GüKG § 7 a im Umfang der gesetzlichen Frachtführerhaftung gedeckt. Einzelheiten ergeben sich aus den „Allgemeinen Vertragsbedingungen für den Güterkraftverkehrs- und Logistikunternehmer **(VBGL)**" des Bundesverbandes Güterkraftverkehr, Logistik und Entsorgung (BGL) e. V., Frankfurt/M.

Bei Ausübung des Selbsteintrittsrechts im grenzüberschreitenden Straßengüterverkehr werden der Frachtvertrag und damit die Haftung nach der CMR (siehe Abschnitt 5.8) geregelt. Wird das Selbsteintrittsrecht im Binnenschiffsverkehr, im Seeverkehr oder in anderen Fällen ausgeübt, bieten sich zusätzlich zu bestehenden Vertragsvorschriften die ADSp als Vertragsgrundlage an.

4.4.6 Spedition zu festen Kosten, Übernahmesatz

MERKE

HGB § 459: „Soweit als Vergütung ein bestimmter Betrag vereinbart ist, der Kosten für die Beförderung einschließt, hat der Spediteur hinsichtlich der Beförderung die Rechte und Pflichten eines Frachtführers oder Verfrachters. In diesem Fall hat er Anspruch auf Ersatz seiner Aufwendungen nur, soweit dies üblich ist."

▲ ***Fixkostenspedition.*** Spedition zu festen Kosten, also zu einem Übernahmesatz wird auch als Fixkostenspedition bezeichnet. Die ADSp Ziffer 16.1 machen die Gültigkeit des Übernahmesatzes von folgenden Voraussetzungen abhängig:

- Das Angebot bezieht sich stets nur auf die namentlich aufgeführten eigenen Leistungen und/oder Leistungen Dritter.
- Es bezieht sich nur auf Güter normalen Umfanges, normalen Gewichtes und normaler Beschaffenheit, soweit nichts anderes schriftlich vereinbart ist.
- Das Angebot setzt normale unveränderte Beförderungsverhältnisse, ungehinderte Verbindungswege, Möglichkeit unmittelbarer sofortiger Weiterversendung sowie Weitergeltung der bisherigen Frachten, Valutaverhältnisse und Tarife, welche dem Angebot zugrunde lagen, voraus.
- Die üblichen Sondergebühren und Sonderauslagen werden neben dem Satz in Rechnung gestellt, sofern der Spediteur darauf hingewiesen hat; es genügt der allgemeine Hinweis „zuzüglich der üblichen Nebenspesen".

Der Übernahmesatz wird in der Regel auf die Gewichtseinheit von 100 kg bezogen, seltener auf den Wert der zu befördernden Güter.

Übernahmesatz

Fracht Rollgeld	Sondergebühren Sonderausgaben	Spediteur- vergütung

Zur Vermeidung von Nachteilen sollte der Spediteur festlegen, welche Kosten durch den Übernahmesatz abgedeckt sind und welche nicht; außerdem sollte das Angebot einen Vorbehalt enthalten, wie „aufgrund heute gültiger Löhne, Gehälter und Frachten ..." oder „freibleibend bis ...".

Ein fester Satz ohne Transportkosten gilt nicht als Übernahmesatz im Sinne des HGB.

4.4.7 Spediteursammelgutverkehr

MERKE

HGB § 460: „(1) Der Spediteur ist befugt, die Versendung des Gutes zusammen mit dem Gut eines anderen Versenders aufgrund eines für seine Rechnung über eine Sammelladung geschlossenen Frachtvertrages zu bewirken.

(2) Macht der Spediteur von dieser Befugnis Gebrauch, so hat er hinsichtlich der Beförderung in Sammelladung die Rechte und Pflichten eines Frachtführers oder Verfrachters. In diesem Fall kann der Spediteur eine den Umständen nach **angemessene Vergütung** verlangen, höchstens aber die für die Beförderung des einzelnen Gutes gewöhnliche Fracht."

Der Sammelspediteur fasst mehrere Sendungen, die für einen Bestimmungsort vorgesehen sind, zu einer Sendung als geschlossene Ladung zusammen. Die Beförderung wird im Selbsteintritt oder durch einen Frachtführer durchgeführt. Sammelsendungen werden mit allen Verkehrsträgern abgefertigt. Ein Empfangsspediteur empfängt die Ladung und verteilt die einzelnen Sendungen an die Endempfänger. Bessere Raumausnutzung und Frachtvorteile sind möglich (vgl. Abschnitt 2.2.1 und Kapitel 9).

4.5 Die Haftung des Spediteurs

4.5.1 Die Haftung des Spediteurs nach dem HGB

▲ *Allgemeiner Haftungsgrundsatz.*

MERKE

HGB § 461 (1): „Der Spediteur haftet für den Schaden, der durch Verlust oder Beschädigung des in seiner Obhut befindlichen Gutes entsteht." Das Frachtrecht ist entsprechend anzuwenden. (Obhutshaftung)

▲ *Obhutshaftung.* Entsteht ein **Güterschaden**, während sich das Gut in der Obhut, also in der Verfügungsgewalt des Spediteurs befindet, dann haftet er auch für diesen Schaden. Ein schuldhaftes Verhalten des Spediteurs muss nicht nachgewiesen werden. Er unterliegt denselben Haftungsregelungen wie der Frachtführer (vgl. Abschnitt 3.2.3). Diese Haftung wird auch **Gefährdungs- bzw. Schadenshaftung** genannt.

Gemäß HGB § 462 haftet der Spediteur auch für den Schaden (Güter- und Verspätungsschaden), den die von ihm eingesetzten bzw. von ihm beauftragten Frachtführer zu vertreten haben.

Das gesetzliche Frachtrecht (einschließlich Haftung) gilt auch dann in vollem Umfang für den Spediteur, wenn er als Frachtführer tätig ist: Ausübung des Selbsteintrittsrechts, Spedition zu festen Kosten (Fixkostenspedition) und Sammelladung. Hier haftet er auch, wenn ihm kein Verschulden nachgewiesen werden kann.

▲ *Haftung aus reiner Speditionstätigkeit.*

MERKE

HGB § 461 (2): „Für Schaden, der nicht durch Verlust oder Beschädigung des in der Obhut des Spediteurs befindlichen Gutes entstanden ist, haftet der Spediteur, wenn er eine ihm nach § 454 obliegende Pflicht verletzt. Von dieser Haftung ist er befreit, wenn der Schaden durch die Sorgfalt eines ordentlichen Kaufmanns nicht abgewendet werden konnte." **(Verschuldenshaftung)**

Außer Güterschäden, für die der Spediteur im Rahmen seiner Obhutshaftung einzutreten hat, können sich aus der Besorgertätigkeit (vgl. Abschnitt 4.1, HGB § 454) **sonstige Vermögensschäden** ergeben. So können sich Schäden ergeben aus dem fehlerhaften Abschluss von Fracht- und anderen Verträgen, aus fehlerhafter Ablieferung des Gutes, aus der Dokumentation, der Zollabfertigung usw. Für diese sonstigen Vermögensschäden haftet der Spediteur, wenn er eine Pflicht verletzt, die sich aus der Organisation der Beförderung ergibt. Beweist er, dass der Schaden auch bei Anwendung der Sorgfalt eines ordentlichen Kaufmanns nicht hätte abgewendet werden können, ist er von der Haftung befreit.

▲ *Haftungshöchstgrenzen.* Der Haftungshöchstbetrag für Güterschäden ergibt sich für den Spediteur aus der Regelung nach dem Frachtrecht gemäß Abschnitt 3.2.3. Er beträgt **grundsätzlich 8,33** SZR je Kilogramm Rohgewicht. Dieser Betrag kann durch Allgemeine Geschäftsbedingungen, durch die ADSp, aber auch durch individuelle Vereinbarungen zwischen den Geschäftspartnern in seiner Höhe unbegrenzt festgelegt werden. – Für sonstige Vermögensschäden gelten keine Haftungshöchstgrenzen (unbegrenzte Haftung).

MERKE

Haftung des Spediteurs nach dem HGB

- ✗ Der Spediteur haftet für jeden Schaden aus Verlust oder Beschädigung des Gutes, solange er das Gut in seiner Obhut hat (Obhuts- oder Gefährdungs- bzw. Schadenhaftung).
- ✗ Er kann sich von der Haftung für Vermögensschäden befreien, wenn der Schaden durch die Sorgfalt eines ordentlichen Kaufmanns nicht abgewendet werden konnte (Verschuldenshaftung).
- ✗ Er haftet bis 8,33 SZR je Kilogramm brutto.

4.5.2 Die Haftung des Spediteurs nach den ADSp

▲ *Haftungsgrundsatz.* Grundsätzlich haftet der Spediteur auch nach den ADSp „bei all seinen Tätigkeiten nach den gesetzlichen Vorschriften." (ADSp Ziffer 22.1) Damit haftet er für jeden Schaden, der durch Verlust oder Beschädigung eintritt, bis zur Höhe des **Marktpreises** bzw. des gemeinen Wertes, solange er das Gut in seiner Obhut (Gefährdungshaftung) hat. Außerdem trägt er die **Kosten der Schadenfeststellung**.

▲ *Haftungsbegrenzung.* Beim Abschluss von Verträgen, die nicht der Besorgung der Versendung dienen, die er aber zur Erbringung seiner sonstigen vertraglichen Speditionsleistungen schuldet, haftet er nur für die **sorgfältige Auswahl** der von ihm beauftragten Dritten (ADSp Ziffer 22.2). Trifft ihn kein Verschulden in der Auswahl des Dritten, so haftet er nicht für den Schaden, den der Dritte bei der Vertragserfüllung verursacht. Den Schadenersatzanspruch verfolgt der Spediteur für den Auftraggeber oder er tritt den Anspruch ab.

Für Schäden aus

- ✗ ungenügender Verpackung oder Kennzeichnung des Gutes durch den Auftraggeber,
- ✗ vereinbarter oder üblicher Aufbewahrung im Freien,
- ✗ schwerem Diebstahl (StGB §§ 243, 244) und Raub (StGB § 249),
- ✗ höherer Gewalt, Witterungseinflüssen, Schadhaftwerden von Geräten oder Leitungen, Einwirkung anderer Güter, Beschädigung durch Tiere, natürlicher Veränderung des Gutes

haftet er nur, wenn ihm nachgewiesen wird, dass er den Schaden **verschuldet** hat (ADSp Ziffer 22.4).

▲ *Haftungshöhe.* Nach ADSp Ziffer 23.1 ist die Haftung des Spediteurs für Güterschäden auf **10,00 DM je Kilogramm Rohgewicht** der Sendung begrenzt. Diese Haftungshöhe ist in den ADSp deutlich sichtbar hervorgehoben.

Ist der Güterschaden während eines Transportes eingetreten, gilt der für diese Beförderung gesetzlich festgelegte Haftungshöchstbetrag (8,33 SZR). Bei einem Verkehrsvertrag über die Beförderung verschiedenartiger Beförderungsmittel mit Seebeförderung gelten die in HGB § 660 festgelegten Beträge (vgl. Abschnitt 16.9).

▲ *Haftungsbegrenzungen.* Nach Ziffer 23 beträgt die Höchsthaftung je Schadenfall:

- **2 Millionen DM oder 2 SZR je Kilogramm;** abgerechnet wird der höhere Betrag.
- Für andere Schäden als Güterschäden ist die Haftung je Schadenfall auf den **dreifachen Betrag des Spediteurentgeltes** begrenzt.
- Unabhängig von der Zahl der Ansprüche werden je Schadenereignis insgesamt höchstens **10 Millionen DM oder 2 SZR je Kilogramm** ersetzt.

▲ *Haftungsbegrenzung bei verfügter Lagerung.* Die Haftung bei Güterschäden ist (ADSp Ziffer 24) begrenzt auf

- 10,00 DM je kg brutto,
- höchstens 10 000,00 DM je Schadenfall; auf 50 000,00 DM bei Inventurdifferenzen,
- auf 10 000,00 DM je Schadenfall für andere Schäden als Güterschäden,
- auf 10 Millionen DM je Schadenereignis unabhängig von der Zahl der Ansprüche.

▲ *Beweislast.* Im Schadenfall muss der Auftraggeber beweisen, dass dem Spediteur die betreffende Sendung (ein Gut bestimmter Menge und Beschaffenheit) ohne äußerlich erkennbare Schäden übergeben worden ist (Ziffer 25). Der Spediteur muss beweisen, dass er das Gut so abgeliefert hat, wie er es erhalten hat.

Der Auftraggeber muss beweisen, dass ein Güterschaden während des Transportes mit dem Transportmittel eingetreten ist. Bei unbekanntem Schadenort kann durch eine Schnittstellendokumentation des Spediteurs die Beförderungsstrecke bestimmt werden, auf der der Schaden eingetreten sein müsste (Quittung fehlt).

▲ *Qualifiziertes Verschulden.* Die Haftungsbefreiungen und -begrenzungen des Spediteurs gelten nicht, wenn der Schaden durch **Vorsatz oder grobe Fahrlässigkeit** des Spediteurs oder seiner leitenden Angestellten verursacht worden ist. – Gleiche Folgen ergeben sich, wenn seine Leute und andere von ihm eingeschaltete Personen einen Schaden „vorsätzlich oder leichtfertig in dem Bewusstsein, dass ein Schaden mit Wahrscheinlichkeit eintreffen werde" verursachen. (ADSp Ziffer 27)

▲ *Erfüllungsort, Gerichtsstand.* Erfüllungsort ist für alle Beteiligten der Niederlassungsort des beauftragten Spediteurs.

Für Rechtsstreitigkeiten aus dem Speditionsvertrag gilt für Kaufleute der Niederlassungsort des beauftragten Spediteurs als Gerichtsstand. Es gilt deutsches Recht.

ZUSAMMENFASSUNG

Haftung des Spediteurs nach den ADSp

- Der Spediteur haftet nach den gesetzlichen Vorschriften über das Frachtrecht; er unterliegt der Obhutshaftung.
- Bei Verträgen zur Erfüllung seiner sonstigen vertraglichen Speditionsleistungen haftet er nur für **sorgfältige Auswahl.** Er haftet nur bei Verschulden in der Auswahl.
- Bei anderen Schäden (höhere Gewalt, Verpackungsmängel u. a. Ursachen) haftet er nur, wenn ihm Verschulden nachgewiesen wird. (Verschuldenshaftung)
- Seine Haftung ist begrenzt auf 10,00 DM je kg brutto bei Güterschäden, auf den dreifachen Betrag des Speditionsentgelts bei anderen Schäden, auf 2 Millionen DM oder 2 SZR je kg je Schadenfall, auf 10 Millionen DM je Schadenereignis.

4.6 Die Speditionsversicherung (SpV)

4.6.1 Grundlagen der Speditionsversicherung (SpV)

MERKE

Der Spediteur darf sich nur auf die ADSp berufen, wenn er eine Speditionsversicherung[1] gedeckt hat (ADSp Ziffer 29). Gegenstände der SpV sind die **Verkehrsverträge** des Spediteurs als Versicherungsnehmer nach SpV Ziffer 1.1. Versichert sind der Spediteur gegen seine Haftung **(Haftungsversicherung)** und der Wareninteressent (Auftraggeber) gegen Güter-, Güterfolgeschäden und reine Vermögensschäden **(Schadenversicherung)**.

Der Spediteur schließt die Speditionsversicherung mit einem Versicherer seiner Wahl. Entscheidend ist, dass der Versicherungsschein mindestens dem Deckungsumfang entspricht, der von der im Anhang zu den ADSp beigefügten Police SpV festgeschrieben ist.

Policen werden von verschiedenen Versicherern angeboten. So bietet die Firma Oskar Schunck KG, München, den SLVS (Speditions-, Logistik- und Lager-Versicherungsschein) an. Weitere Policen werden von der Firma „Hans Rudolf Schmidt & Co.", Hamburg, von der „Allianz Versicherungs-AG", München; vom „Gerling-Konzern Allgemeine Versicherungs AG", Köln; von der „Aktiv Assekuranz Makler GmbH", München; von der „Kravag-Versicherungen"; Hamburg, angeboten. – Der Spediteur muss seinem Auftraggeber anzeigen, bei welchem Versicherer er die Speditionsversicherung gezeichnet hat. Das kann durch Vermerk auf den Geschäftspapieren erfolgen.

Speditionsversicherung (SpV)

in Verkehrsverträgen

Haftungsversicherung

des Spediteurs als **Auftragnehmer** deckt

- Haftung des Spediteurs nach HGB und ADSp
- gilt weltweit, aber
- verfügte Lagerung nur innerhalb des EWR[2]
- Direktanspruch des Geschädigten an den Versicherer
- Prämie des Spediteurs

Schadenversicherung

des Verladers als **Wareninteressent** deckt

- als All-Gefahrenversicherung
- Güter- und Güterfolgeschaden
- reinen Vermögensschaden (soweit vom Spediteur zu vertreten)
- gilt nur im EWR (weltweit nur auf besonderen Antrag des Verladers an den Spediteur)
- Prämie des Verladers

Der Spediteur fasst beide Prämienanteile zusammen und führt sie als Gesamtprämie an den Versicherer monatlich ab.

▲ ***Haftungsversicherung des Spediteurs.*** Versichert ist die Haftung des Spediteurs aus Verkehrsverträgen nach ADSp oder nach dem HGB. Auch Schadenersatzansprüche und ihre Abwehr werden befriedigt, ebenso Aufwendungen zur Abwehr oder Minderung eines ersatzpflichtigen Schadens. Ersetzt werden auch Fehlleitungskosten bis 50 % des Warenwertes, höchstens 10 000,00 DM je Sendung.

Die Haftungsversicherung umfasst Verkehrsverträge weltweit; vom Auftraggeber verfügte Lagerungen sind nur in dem EWR versichert.

[1] Gültig ab 1. Januar 1999

[2] Der EWR (Europäischer Wirtschaftsraum) umfasst die EU-Staaten und Norwegen, die Schweiz sowie Liechtenstein.

Der Geschädigte kann seinen Schadenersatzanspruch direkt gegen den Versicherer geltend machen. Der Versicherer muss auch dann leisten, wenn der Spediteur die Prämie nicht abgeführt oder andere Pflichten verletzt hat.

Von der Versicherung sind bestimmte Leistungen ausgeschlossen, z. B. Schäden durch Krieg, Streik, Kernenergie, Vertragsstrafen, Personenschaden. Der Spediteur hat vor und nach Schadeneintritt bestimmte Obliegenheiten mit der Sorgfalt eines ordentlichen Kaufmanns zu erfüllen. Die Versicherungsleistung ist je Schadenfall auf 2,0 Millionen DM oder 2 SZR je kg begrenzt; je Schadenereignis werden höchstens 15,0 Millionen DM ersetzt. Die Schadenbeteiligung des Spediteurs beträgt 15 % der Versicherungsleistung je Schadenfall, mindestens 250,00 DM und höchstens 5 000,00 DM. Abweichungen durch Vereinbarung sind möglich.

Die **Prämie der Haftungsversicherung** trägt der Spediteur; sie wird generell nach dem Gewicht berechnet und mit dem Versicherer vereinbart.

Der Spediteur meldet dem Versicherer monatlich die sich für Verkehrsverträge ergebende Prämie. Er überweist sie zusätzlich mit Versicherungssteuer bis spätestens zum 20. des Folgemonats.

▲ ***Schadenversicherung des Wareninteressenten als Auftraggeber.*** Versichert ist der Auftraggeber des Spediteurs als Wareninteressent. Die Versicherung umfasst Verkehrsverträge im EWR; weltweite Verträge können nach Vereinbarung versichert werden. Die Güterschadenversicherung beginnt mit Übernahme des Gutes und endet mit Übergabe des Gutes am Bestimmungsort des Empfängers.

Ersetzt werden Güterschäden, Güterfolgeschäden und reine Vermögensschäden. Ersetzt werden auch bestimmte Aufwendungen, z. B. zur Abwendung oder Minderung eines Schadens.

Von der Versicherung sind bestimmte Güter, Gefahren und Schäden ausgeschlossen, z. B. Umzugsgut, wertvolle Güter, lebende Tiere, fehlerhafte Verpackung, Krieg, Streik.

Der Spediteur und der Versicherte haben vor und nach dem Versicherungsfall bestimmte Obliegenheiten mit der Sorgfalt eines ordentlichen Kaufmanns zu erfüllen.

Ersetzt werden je Schadenfall – höchstens –

- ✘ Güterschäden mit dem Verkaufspreis oder dem gemeinen Wert,
- ✘ Güterfolgeschäden mit dem doppelten Versicherungswert, höchstens mit der doppelten Versicherungssumme,
- ✘ reine Vermögensschäden mit dem doppelten Versicherungswert, höchstens mit der doppelten Versicherungssumme,
- ✘ nicht mehr als 2,0 Millionen DM.

Je Schadenereignis werden unabhängig von der Zahl der Versicherten höchstens 10,0 Millionen DM geleistet.

▲ ***Versicherungsverzicht.*** Die Schadenversicherung wird automatisch geschlossen. Der Auftraggeber hat das Recht, auf die Schadenversicherung zu verzichten; das muss schriftlich gegenüber dem Spediteur spätestens bei Abschluss des Verkehrsvertrages geschehen.

▲ ***Prämie.*** Die Prämie der Schadenversicherung wird nach SpV Ziffer 24 zwischen dem Spediteur und dem Versicherer vereinbart. Als marktübliche Prämie kann sie vom Wert des Gutes bestimmt werden, z. B. 0,35 DM je 1 000,00 DM Versicherungssumme, mindestens 1,00 DM für Sendungen bis 2 000,00 DM, im Ladungsverkehr 0,25 DM je 1 000,00 DM Versicherungssumme; bei verfügter Lagerung sind 0,15 DM je 1 000,00 DM und je angefangenen Monat zu zahlen.

Der Auftraggeber teilt dem Spediteur die gewünschte Versicherungssumme mit, andernfalls schätzt der Spediteur den Versicherungswert.

Der Spediteur meldet dem Versicherer die sich für die Versicherungssummen ergebende Prämie monatlich und überweist sie spätestens zum 20. des Folgemonats.

Prämie (SpV)

zwischen Versicherer und Spediteur vereinbart; die marktübliche Prämie für die

Haftungsversicherung	**Schadenversicherung**
✘ trägt der Spediteur ✘ z. B. nach dem Gewicht,	✘ trägt der Auftraggeber (Waren-interessent) ✘ z. B. nach dem Wert.

- ✘ Vom Spediteur monatlich dem Versicherer als Gesamtprämie gemeldet und bis zum 20. des Folgemonats überwiesen.
- ✘ Der Spediteur muss die Schadensprämie kundenbezogen erfassen und die Daten in geeigneter Form aufbewahren.

MERKE

Vorteile der Speditionsversicherung:

- ✘ Die Spediteurvergütung wird niedrig gehalten, da der Spediteur wegen der Leistungen der Haftungsversicherung und der Schadenversicherung nur mit einem geringen Haftungszuschlag kalkuliert; er trägt die Prämie für die Haftungsversicherung.
- ✘ Der Auftraggeber bekommt einen Schaden im Umfang der gesetzlichen Haftung von der Speditionsversicherung ersetzt.
- ✘ Der Schaden wird von zahlungskräftigen Versicherern reguliert, die umgehend zahlen.
- ✘ Der Auftraggeber kann – auch bei risikoreichen Aufträgen – jeden Spediteur einsetzen, ohne vorher dessen Kapitalkraft zu prüfen.
- ✘ Die Ansprüche gegen den Spediteur werden weltweit befriedigt.

4.6.2 Mindestbedingungen für die Speditionsversicherung (SpV) als Anlage zu den ADSp[1]

I. Allgemeines

1 Gegenstand der Versicherung

1.1 Verkehrsverträge

Gegenstand der Versicherung sind Verkehrsverträge des Spediteurs als Auftragnehmer über alle Arten von Verrichtungen des Spediteurs, gleichgültig, ob sie Speditions-, Fracht-, Lager- oder sonstige üblicherweise zum Speditionsgewerbe gehörende Geschäfte betreffen. Hierzu zählen auch speditionsübliche logistische Leistungen, wenn diese mit der Beförderung oder Lagerung von Gütern im Zusammenhang stehen.

1.2 Versicherungsnehmer

Die Versicherung erfasst Verkehrsverträge des Spediteurs als Rechtsperson unter Einschluss aller Haupt- und Nebenbetriebe. **Andere Betriebe können nach Vereinbarung in die Versicherung einbezogen werden.**

[1] Fast wörtlich übernommen als ein Beispiel zur Speditionsversicherung.

2 Doppelfunktion der Versicherung

Versichert sind

2.1 der Spediteur (Versicherungsnehmer) gegen seine Haftung aus Verkehrsverträgen (Haftungsversicherung II) und

2.2 der Wareninteressent (Versicherter) gegen Güter-, Güterfolge- und reine Vermögensschäden (Schadenversicherung III); der Versicherte kann über seinen Versicherungsanspruch verfügen.

II. Haftungsversicherung des Spediteurs

3 Funktion und Inhalt der Versicherung

3.1 Versichert ist die Haftung des Spediteurs als Auftragnehmer aus Verkehrsverträgen nach ADSp, wenn und soweit diese gelten, sonst die für Verkehrsverträge geltende gesetzliche Haftung.

3.2 Die Versicherung umfasst die Befriedigung begründeter und die Abwehr unbegründeter Schadenersatzansprüche, die gegen den Spediteur als Auftragnehmer eines Verkehrsvertrages erhoben werden.

3.3 Der Versicherer ersetzt dem Spediteur die Aufwendungen zur Abwendung oder Minderung eines ersatzpflichtigen Schadens, soweit er sie den Umständen nach für geboten halten durfte.

Der Versicherer ersetzt dem Spediteur den Beitrag, den er zur großen Haverei aufgrund einer nach Gesetz oder den York-Antwerpener-Regeln oder den Rhein-Regeln IVR 1979 aufgemachten Dispache zu leisten hat, ...

3.4 Der Versicherer ersetzt dem Spediteur Fehlleitungskosten bis zu 50 % des Wertes des Gutes, höchstens 10 000,00 DM je Sendung.

4 Räumlicher Geltungsbereich

Die Haftungsversicherung des Spediteurs umfasst Verkehrsverträge weltweit. Vom Auftraggeber gegenüber dem Spediteur verfügte Lagerungen sind jedoch nur in den europäischen Gebieten der Länderliste gemäß Ziffer 12.1 versichert.

5 Pflichtversicherung / Direktanspruch

5.1 Die Vorschriften über die Pflichtversicherung (§§ 158 c ff VVG) finden, soweit die für den Spediteur geltende gesetzliche Versicherungspflicht reicht, unmittelbar und im Übrigen entsprechende Anwendung (Leistungspflicht der Versicherer gegenüber dem Geschädigten, auch wenn sie gegenüber dem Spediteur leistungsfrei sind, z. B. wegen Verletzung der Prämienzahlungspflicht oder einer Obliegenheit).

5.2 Der Geschädigte kann seinen Schadenersatzanspruch auch direkt gegen den Versicherer geltend machen (Direktanspruch).

6 Versicherungsausschlüsse bzw. -einschränkungen

Vom Versicherungsschutz ausgeschlossen sind Haftungsansprüche

6.1 aus Schäden durch Krieg oder kriegsähnliche Ereignisse, Bürgerkrieg, Aufruhr, Streik oder Kernenergie;

6.2 die üblicherweise Gegenstand einer Umwelt-, Produkt-, Kraftfahrzeug- oder allgemeinen Haftpflichtversicherung sind;

6.3 aufgrund vertraglicher, im Speditionsgewerbe allgemein nicht üblicher Vereinbarungen, wie Vertragsstrafen, Lieferfristgarantien usw., sowie aus Vereinbarungen, soweit sie über die Haftung nach ADSp oder die für Verkehrsverträge geltende gesetzliche Haftung hinausgehen, wie z. B. Wert- der Interessenvereinbarungen nach Artikel 24, 26 CMR;

6.4 wegen Schäden, die strafähnlichen Charakter haben, z. B. Geldstrafen, Verwaltungsstrafen, Bußgelder;

6.5 wegen Schäden, die unmittelbar dadurch entstehen, dass Vorschüsse, Erstattungsbeträge o. Ä. nicht zweckentsprechend verwendet, weitergeleitet oder zurückgezahlt werden. Ein Haftungsanspruch wegen dadurch verursachter weitergehender Schäden bleibt unberührt;

6.6 wegen vorsätzlicher Herbeiführung des Versicherungsfalls durch den Spediteur oder einen seiner Repräsentanten; ferner Haftungsansprüche aus Verkehrsverträgen über rechtswidrige Leistungen und Haftungsansprüche im Zusammenhang mit der Durchführung rechtswidriger Leistungen durch den Spediteur oder einen seiner Repräsentanten;

6.7 wegen Personenschäden.

7 Obliegenheiten

Dem Spediteur obliegt es,

7.1 vor Eintritt des Versicherungsfalls

7.1.1 im grenzüberschreitenden Straßengüterverkehr einzusetzende Fahrzeuge des eigenen Betriebes mit je zwei von einander unabhängig funktionierenden Diebstahlsicherungen auszustatten (hierzu zählen nicht Türschlösser);

7.1.2 für die Sicherung beladener Fahrzeuge, Container, Wechselbrücken und sonstiger Behälter gegen Diebstahl oder Raub zu sorgen, insbesondere beim Abstellen zur Nachtzeit, an Wochenenden oder Feiertagen und während Ruhezeiten;

7.1.3 die in den ADSp vereinbarten Schnittstellenkontrollen im eigenen Betrieb durchzuführen und zu dokumentieren;

7.2 nach Eintritt des Versicherungsfalls

7.2.1 jeden Schadenfall oder geltend gemachten Haftungsanspruch dem Versicherer unverzüglich, spätestens innerhalb eines Monats, zu melden und alle zur Beurteilung notwendigen Unterlagen vorzulegen;

7.2.2 für die Abwendung und Minderung des Schadens zu sorgen, dem Versicherer jede notwendige Auskunft zu geben und etwaige Weisungen zu befolgen;

7.2.3 den Versicherer unverzüglich zu benachrichtigen, wenn gerichtlich gegen ihn im Zusammenhang mit einer versicherten Tätigkeit vorgegangen wird, und die erforderlichen Rechtsmittel oder Rechtsbehelfe, insbesondere Widerspruch gegen Mahnbescheide, einzulegen;

7.2.4 ohne Einwilligung des Versicherers keinen Anspruch anzuerkennen oder zu befriedigen, es sei denn, er konnte nach den Umständen die Anerkennung oder Befriedigung nicht ohne offenbare Unbilligkeit verweigern;

7.2.5 sich auf Verlangen und Kosten des Versicherers auf einen Prozess mit dem Anspruchsteller einzulassen und dem Versicherer die Prozessführung zu übertragen;

7.2.6 jeden Diebstahl, Raub sowie jeden Verkehrsunfall mit möglichem Schaden an der Ladung der zuständigen Polizeidienststelle und dem Versicherer unverzüglich anzuzeigen sowie bei allen Unfällen, Schäden über 10 000,00 DM und solchen, deren Umfang oder Höhe zweifelhaft sind, den nächstzuständigen Havariekommissar zu benachrichtigen und dessen Weisungen zu befolgen;

7.2.7 mögliche Regressansprüche gegen den Schadenstifter, insbesondere gegen eingesetzte Subunternehmer oder andere Verkehrsträger zu wahren.

7.3 Leistungsfreiheit bei Obliegenheitsverletzung

Verletzen der Spediteur oder einer seiner Repräsentanten eine Obliegenheit, so ist der Versicherer von der Verpflichtung zur Leistung frei, es sei denn, dass die Verletzung weder auf Vorsatz noch auf grober Fahrlässigkeit beruht. Bei grob fahrlässiger Verletzung bleibt der Versicherer zur Leistung insoweit verpflichtet, als die Verletzung Einfluss weder auf den Eintritt oder die Feststellung des Versicherungsfalls, noch auf den Umfang der dem Versicherer obliegenden Leistung gehabt hat.

Wird eine vor Eintritt des Versicherungsfalls zu erfüllende Obliegenheit verletzt, so tritt die Leistungsfreiheit des Versicherers auch ohne Kündigung des Versicherungsvertrages ein.

7.4 Zusätzliche Inventuren

Der Versicherer ist berechtigt, bei Verteilungslägern vom Spediteur außer der Jahresinventur nach Abstimmung zusätzliche Inventuren zu verlangen.

8 Begrenzung der Versicherungsleistung

8.1 Die Versicherung ist je Schadenfall begrenzt:

8.1.1 bei verfügter Lagerung auf DM 2,0 Mio;

8.1.2 bei sonstigen Verkehrsverträgen auf DM 2,0 Mio oder einen Betrag von 2 Sonderziehungsrechten im Sinne von § 431 HGB pro kg, je nachdem, welcher Betrag höher ist.

8.2 Je Schadenereignis leistet der Versicherer höchstens 15,0 Millionen DM. Die durch ein Ereignis mehreren Geschädigten entstandenen Schäden werden unabhängig von der Anzahl der Geschädigten und der Verkehrsverträge anteilmäßig im Verhältnis ihrer Ansprüche ersetzt, wenn sie zusammen die äußerste Grenze der Versicherungsleistung übersteigen.

9 Schadenbeteiligung

Die Vereinbarung einer Schadenbeteiligung des Spediteurs ist zulässig.

III. Schadenversicherung des Wareninteressenten

10 Abschluss der Schadenversicherung

Die Schadenversicherung wird vom ersten Spediteur abgeschlossen, der nach ADSp arbeitet. Sie tritt mit Abschluss des Verkehrsvertrags in Kraft.

11 Versicherter/Wareninteressent

Versichert sind als Wareninteressent der Auftraggeber des Spediteurs sowie jeder, der die Gefahr für das transportierte oder gelagerte Gut trägt oder sonst ein in Geld schätzbares Interesse daran hat, dass das Gut die Gefahren der Reise oder der verfügten Lagerung übersteht und dass die mit dem Spediteur und den eingeschalteten Verkehrsträgern geschlossenen Verkehrsverträge vertragsgemäß erfüllt werden. Spediteure, Lagerhalter, Umschlagsbetriebe sowie Frachtführer, Verfrachter und sonstige Verkehrsträger sowie Versicherer sind als solche keine Wareninteressenten.

12 Räumlicher Geltungsbereich

12.1 Die Schadenversicherung umfasst Verkehrsverträge, bei denen der Übernahme- und der Ablieferungsort oder der Ort der verfügten Lagerung in den europäischen Gebieten der folgenden Länder liegen: Andorra, Belgien, Dänemark (ohne Grönland), Deutschland, Finnland, Frankreich, Griechenland, Großbritannien (mit Nordirland, Kanalinseln und Gibraltar), Irland, Italien mit San Marino, Liechtenstein, Luxemburg, Malta, Monaco, Niederlande, Norwegen, Österreich, Portugal (ohne Azoren und Madeira), Schweden, Schweiz, Spanien (ohne Kanarische Inseln), Vatikan.

12.2 Nach vorheriger Vereinbarung kann der räumliche Geltungsbereich erweitert werden.

13 Versicherte Schäden

Versichert sind

13.1 Güterschäden, d. h. Verlust und Beschädigung des Gutes, das Gegenstand des Verkehrsvertrags ist;

13.2 Güterfolgeschäden, d. h. aus einem Güterschaden herrührende Vermögensschäden;

13.3 reine Vermögensschäden, d. h. solche, die nicht mit einem Güterschaden oder einem sonstigen Sachschaden zusammenhängen, sofern diese nach den auf den Verkehrsvertrag anwendbaren deutschen gesetzlichen Bestimmungen vom Spediteur dem Grunde nach zu vertreten sind.

13.4 Schäden gemäß Ziffer 13.1 bis 13.3 sind auch dann versichert, wenn sie durch Vorsatz oder grobe Fahrlässigkeit des Spediteurs oder eines seiner Repräsentanten verursacht worden sind.

14 Aufwendungsersatz

14.1 Der Versicherer ersetzt den Beitrag, den der Versicherte zur großen Haverei aufgrund einer nach Gesetz oder den York-Antwerpener-Regeln oder aufgrund der Rhein-Regeln IVR 1979 aufgemachten Dispache zu leisten hat, soweit durch die Haverei-Maßregel ein dem Versicherer zur Last fallender Schaden abgewendet werden sollte. Übersteigt der Beitragswert den Versicherungswert, so leistet der Versicherer vollen Ersatz bis zur Höhe der Versicherungssumme. Die Bestimmungen über die Unterversicherung bleiben unberührt, es sei denn, der Versicherungswert übersteigt eine Versicherungssumme von 2,0 Millionen DM.

14.2 Der Versicherer ersetzt dem Spediteur und dem Versicherten die Aufwendungen zur Abwendung oder Minderung eines ersatzpflichtigen Schadens, soweit er sie den Umständen nach für geboten halten durften. Bei Unterversicherung werden die Aufwendungen im Verhältnis der Versicherungssumme zum Versicherungswert ersetzt, es sei denn, der Versicherungswert übersteigt eine Versicherungssumme von 2,0 Millionen DM.

15 Beginn und Ende der Güterschadenversicherung

15.1 Die Güterschadenversicherung beginnt, sobald das Gut in Ausführung des Verkehrsvertrages von der Stelle, an der es bisher aufbewahrt wurde, entfernt wird. Die Versicherung endet, sobald das Gut in Ausführung des Verkehrsvertrages am Bestimmungsort an die Stelle gebracht worden ist, die der Empfänger bestimmt hat. Die Versicherung schließt jedoch frühere und spätere Leistungen im Zusammenhang mit dem Verkehrsvertrag ein.

Das Be- und Entladen ist nur dann mitversichert, wenn es Gegenstand des Verkehrsvertrages ist.

15.2 Bei vom Auftraggeber gegenüber dem Spediteur verfügter Lagerung beginnt die Güterschadenversicherung, sobald der Lagerhalter das Gut zur Lagerung in Obhut genommen hat, und endet, sobald der Lagerhalter die Obhut am Gut zur vertragsmäßigen Auslagerung aufgegeben hat.

15.3 Verkehrsbedingte Vor-, Zwischen- und Nachlagerungen sind mitversichert.

16 Ausgeschlossene Güter, Gefahren und Schäden

Sofern keine besondere Vereinbarung getroffen ist, sind von der Versicherung ausgeschlossen

16.1 Umzugsgut, Gemälde, Kunstgegenstände, Edelsteine, echte Perlen, Geld, Valoren, Dokumente, Urkunden sowie lebende Tiere und Pflanzen;

16.2 Schäden durch inneren Verderb, natürliche Beschaffenheit des Gutes, normale Luftfeuchtigkeit, gewöhnliche Temperaturschwankungen;

16.3 handelsübliche Mengen-, Maß- und Gewichtsdifferenzen oder -verluste;

16.4 Schäden durch Fehlen oder Mängel handelsüblicher Verpackung, es sei denn, der Spediteur oder ein sonstiger Dritter (z. B. Verpackungsunternehmen) ist verpflichtet, die Verpackung vorzunehmen;

16.5 Schäden durch Krieg, Bürgerkrieg, kriegsähnliche Ereignisse und solche, die sich unabhängig vom Kriegszustand aus der feindlichen Verwendung von Kriegswerkzeugen sowie aus dem Vorhandensein von Kriegswerkzeugen ergeben;

16.6 Schäden durch Streik, Aussperrung, Arbeitsunruhen, terroristische oder politische Gewalthandlungen, unabhängig von der Anzahl der daran beteiligten Personen, Aufruhr und sonstige bürgerliche Unruhen;

16.7 Schäden durch Beschlagnahme, Entziehung oder sonstige Eingriffe von Hoher Hand;

16.8 Schäden durch Kernenergie;

16.9 Schäden, die strafähnlichen Charakter haben, z. B. Geldstrafen, Verwaltungsstrafen, Bußgelder;

16.10 Schäden durch Zahlungsunfähigkeit oder Zahlungsverzug des Reeders, Charterers oder Betreibers eines Seeschiffs oder sonstige finanzielle Auseinandersetzungen mit diesen Parteien;

16.11 Schäden, die unmittelbar dadurch entstehen, dass Vorschüsse, Erstattungsbeträge o. Ä. nicht zweckentsprechend verwendet, weitergeleitet oder zurückgezahlt werden; ein dadurch verursachter weitergehender Schaden bleibt unberührt;

16.12 Schäden aufgrund vertraglicher, im Speditionsgewerbe allgemein nicht üblicher Vereinbarungen, wie Vertragsstrafen, Lieferfristgarantien eines Verkehrsträgers;

16.13 Schäden, die durch eine andere Schadenversicherung dem Grunde nach versichert sind;

16.14 Schäden, verursacht durch Vorsatz oder grobe Fahrlässigkeit des Versicherten oder einer seiner Repräsentanten;

16.15 Personenschäden.

17 Obliegenheiten

17.1 Dem Spediteur und dem Versicherten obligt es, nach Eintritt des Versicherungsfalls

17.1.1 jeden Schaden dem Versicherer unverzüglich, spätestens innerhalb eines Monats nach Kenntnis schriftlich zu melden; der Versicherte erfüllt diese Obliegenheit auch durch Schadenmeldung an den Spediteur; diesem obliegt es, die Schadenmeldung des Versicherten an den Versicherer weiterzuleiten;

17.1.2 für die Abwendung und Minderung eines Schadens zu sorgen, die Möglichkeit des Rückgriffs gegen Dritte zu wahren, dem Versicherer jede notwendige Auskunft zu geben, Belege beizubringen und Weisungen des Versicherers zu befolgen.

17.2 Verletzt der Versicherte oder einer seiner Repräsentanten eine Obliegenheit vorsätzlich oder grob fahrlässig, so ist der Versicherer nach den Vorschriften des § 6 VVG von der Verpflichtung zur Leistung frei.

17.3 Verletzt der Spediteur oder einer seiner Repräsentanten vorsätzlich oder grob fahrlässig eine Obliegenheit, so ist der Versicherer berechtigt, Rückgriff gegen den Spediteur zu nehmen; § 6 Absatz 3 Satz 2 VVG findet entsprechende Anwendung.

17.4 Der Versicherer ist berechtigt, bei Verteilungslägern vom Spediteur und dem Versicherten außer der Jahresinventur nach Abstimmung zusätzliche Inventuren zu verlangen.

18 Umfang und Begrenzung der Versicherungsleistung

18.1 Je Schadenfall ist die Leistung des Versicherers begrenzt

18.1.1 **für Güterschäden** auf den Verkaufspreis, falls das Gut verkauft war, sonst auf den gemeinen Wert, den das Gut am Ort und zur Zeit des Beginns der Versicherung hatte, jeweils zuzüglich im Zusammenhang mit der Reise entstandener und abzüglich ersparter Kosten höchstens auf die Versicherungssumme;

18.1.2 **für Güterfolgeschäden** neben dem Güterschaden auf den doppelten Versicherungswert, höchstens auf die doppelte Versicherungssumme;

18.1.3 **für reine Vermögensschäden** auf den doppelten Versicherungswert, höchstens auf die doppelte Versicherungssumme;

18.1.4 höchstens auf 2,0 Millionen DM.

18.2 Bei Unterversicherung ersetzt der Versicherer den Schaden im Verhältnis der Versicherungssumme zum Versicherungswert. Die Unterversicherung ist ausgeschlossen, wenn der Versicherungswert die Versicherungssumme von 2,0 Millionen DM übersteigt.

18.3 Je Schadenereignis leistet der Versicherer höchstens 10,0 Millionen DM. Die durch ein Ereignis mehreren Versicherten entstandenen Schäden werden, unabhängig von der Anzahl der Geschädigten und der Verkehrsverträge, anteilmäßig im Verhältnis der Versicherungsansprüche ersetzt, wenn sie zusammen die äußerste Grenze der Versicherungsleistung übersteigen.

19 Versicherungsverzicht

Die Schadenversicherung wird ohne besonderen Antrag gewährt. Der Auftraggeber ist jedoch berechtigt, durch schriftliche Erklärung gegenüber dem Spediteur, spätestens bei Abschluss eines Verkehrsvertrags auf die **Schadenversicherung** zu verzichten.

20 Ausschlussfrist

Ansprüche aus dieser Schadenversicherung erlöschen, wenn nicht innerhalb von zwei Jahren nach der Schadenmeldung Klage gegen den Versicherer erhoben wird. Die Frist kann durch Vereinbarung verlängert werden.

21 Allgemeine Bestimmungen

21.1 Soweit ein Schaden über die Schadenversicherung gedeckt ist, leistet der Versicherer, wenn der Versicherte den Spediteur auf Schadenersatz aus Verkehrsvertrag in Anspruch nimmt, auch gegenüber dem Spediteur.

21.2 Soweit die Schadenversicherung leistet, ist die Haftung des Spediteurs abgegolten.

IV. Prämie, Anmeldung, Zahlung und Sanierung

22 Prämienteilung nach Funktion

Der Prämienanteil für die Haftungsversicherung des Spediteurs (II) entfällt auf ihn, der für die Schadenversicherung (III) entfällt im Innenverhältnis auf den Auftraggeber.

Der Spediteur als Versicherungsnehmer schuldet dem Versicherer die Gesamtprämie und kann den auf den Auftraggeber entfallenden Teil gemäß den Bestimmungen der ADSp von ihm als Aufwendung ersetzt verlangen.

23 Prämie der Haftungsversicherung (II)

Die Prämie wird durch besondere Vereinbarung zwischen Versicherer und Spediteur bestimmt. Hinzu kommt die jeweils gültige Versicherungssteuer.

24 Prämie der Schadenversicherung (III)

Die Prämie wird durch besondere Vereinbarung zwischen Versicherer und Spediteur bestimmt. Hinzu kommt die jeweils gültige Versicherungssteuer.

25 Versicherungswert und Versicherungssumme der Schadenversicherung (III)

25.1 Versicherungswert ist der Verkaufspreis, sonst der gemeine Wert, den das Gut am Ort und zur Zeit des Beginns der Versicherung hat, zuzüglich der im Zusammenhang mit der Reise anfallenden Fracht und sonstigen Kosten.

25.2 Die Höchstversicherungssumme dieser Schadenversicherung beträgt 2,0 Millionen DM. Güter mit höheren Werten können nach vorheriger Vereinbarung versichert werden.

25.3 Der Einwand der Unterversicherung ist ausgeschlossen, wenn der Versicherungswert die Versicherungssumme von 2,0 Millionen DM übersteigt.

26 Versicherungsanmeldung und Prämienzahlung in der Schadenversicherung (III)

26.1 Dem Auftraggeber obliegt es, dem Spediteur die gewünschte Versicherungssumme oder auf dessen Verlangen weitere notwendige Angaben rechtzeitig schriftlich mitzuteilen. Ist das unterblieben, so ist der Spediteur berechtigt, den Versicherungswert bis höchstens 2,0 Millionen DM zu schätzen.

26.2 Der Versicherte erleidet keinen Nachteil, wenn dem Spediteur bei der Versicherungsanmeldung ein Versehen unterläuft, die Anmeldung der gewünschten Versicherungssumme unterbleibt, der Spediteur geschuldete Prämien nicht rechtzeitig oder nicht vollständig zahlt oder die Zahlung ganz unterbleibt, sofern nur der Auftraggeber die gewünschte Versicherungssumme rechtzeitig schriftlich mitgeteilt hatte.

Schätzfehler des Spediteurs unterliegen nicht dieser Bestimmung. Im übrigen bleibt der Spediteur verpflichtet, Versehen zu berichtigen und Versäumtes nachzuholen.

27 Zuordnung von Prämien und Schäden

27.1 Die vom Spediteur angemeldeten und die gezahlten Prämien ordnet der Versicherer entsprechend der Anmeldung je Spediteur der Haftungs- oder der Schadenversicherung zu.

27.2 Besteht eine Schadenversicherung, ordnet der Versicherer Schadenzahlungen und Schadenreserven insoweit der Haftungsversicherung zu, als sie ohne die Schadenversicherung unter die versicherte Haftung des Spediteurs fielen; im Übrigen werden sie der Schadenversicherung zugeordnet. Fallen Zahlungen nach Grund oder Höhe nicht unter die Haftung des Spediteurs, werden sie allein der Schadenversicherung zugeordnet.

27.3 Besteht keine Schadenversicherung, ordnet der Versicherer Schadenzahlungen und Schadenreserven der Haftungsversicherung zu.

27.4 Kosten des Versicherers im Zusammenhang mit der Schadenbearbeitung, wie z. B. für Havariekommissare, Sachverständige usw., werden bei Abschluss des Schadens in dem Verhältnis der Haftungs- und der Schadenversicherung zugeordnet, wie die Entschädigung zuzuordnen ist.

27.5 Nach Abschluss der Schadenregulierung teilt der Versicherer dem Spediteur mit, welche Beträge der Haftungs- und welche der Schadenversicherung zugeordnet worden sind. Ist der Spediteur nicht einverstanden, kann er binnen eines Monats nach Erhalt der Mitteilung unter Darlegung seiner Gründe widersprechen.

27.6 Regresserlöse abzüglich Kosten werden entsprechend den vorstehenden Ziffern zugeordnet.

Organisationsplan[1] eines Speditionsbetriebes

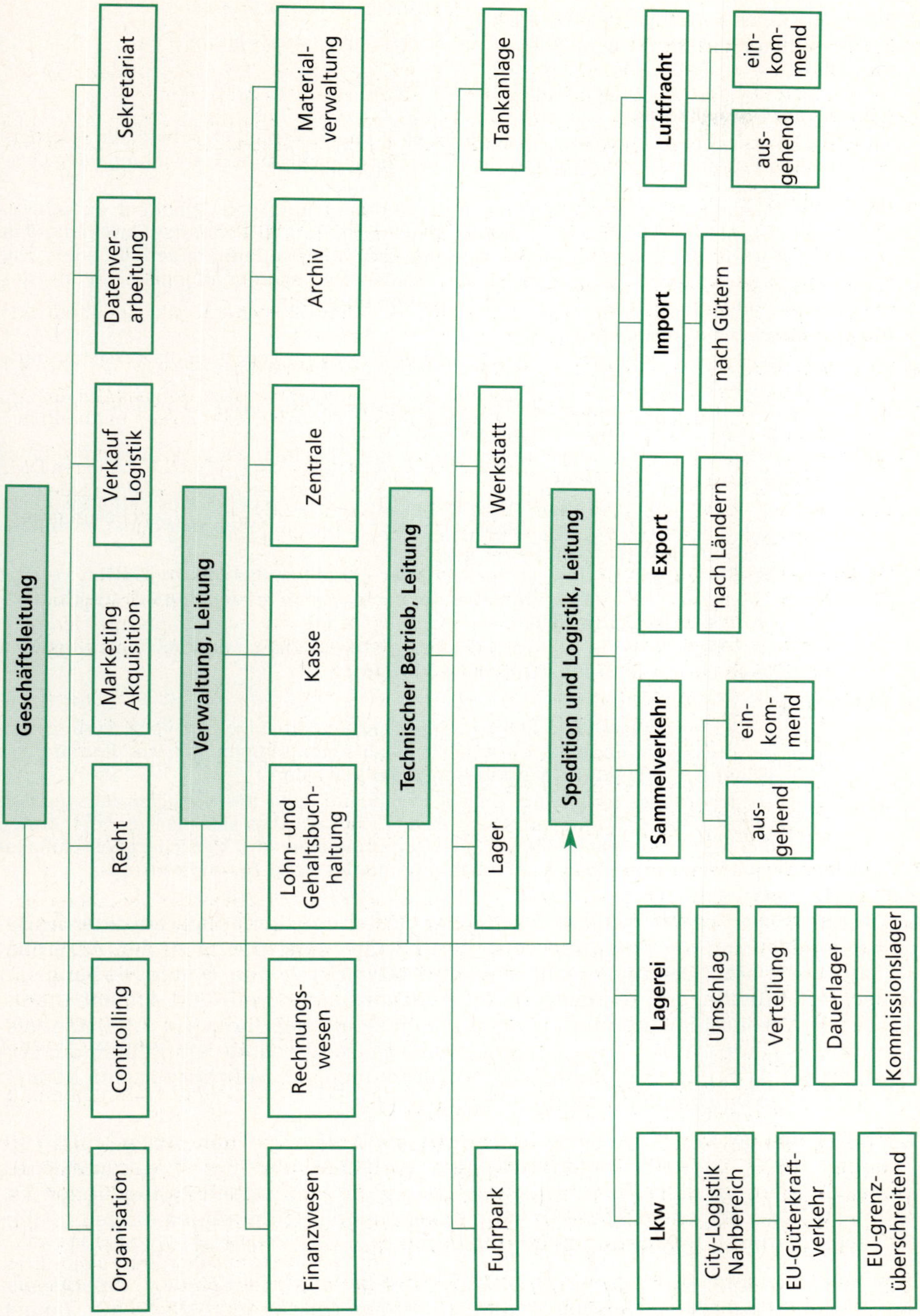

[1] Vgl. Abschnitt 2.9

28 Sanierung eines Versicherungsvertrages

Der Versicherer kann mit dem Spediteur Sanierungsmaßnahmen vereinbaren.

V. Schlussbestimmungen

29 Zahlung der Entschädigung

29.1 Der Versicherer ist zur Zahlung der Entschädigung verpflichtet, sobald alle erforderlichen Prüfungen zur Festellung des Versicherungsfalls und des Umfangs der Leistung abgeschlossen sind.

29.2 Der Versicherer ist berechtigt, die Entschädigung über den Spediteur zu zahlen, wenn nicht der Versicherte in der Schadenversicherung (III) oder der Geschädigte in der Haftungsversicherung (II) die direkte Auszahlung verlangt haben. In jedem Fall bleiben der Versicherungsanspruch des Versicherten und der allgemeine Schutz des Geschädigten durch §§ 156, 157 VVG hiervon unberührt.

30 Rückgriffsrecht des Versicherers

30.1 Der Versicherer verzichtet auf den Rückgriff gegen den Spediteur als Versicherungsnehmer und seine Arbeitnehmer.

30.2 Der Versicherer ist jedoch berechtigt, gegen jeden Rückgriff zu nehmen, der den Schaden vorsätzlich herbeigeführt hat.

30.3 Der Versicherer ist ferner berechtigt, gegen den Spediteur als Versicherungsnehmer Rückgriff zu nehmen, wenn

30.3.1 der Spediteur in der Haftungsversicherung (II) seine Anmelde- oder Zahlungspflicht vorsätzlich verletzt hatte, der Versicherer aber dennoch gegenüber dem Geschädigten zu leisten verpflichtet ist (Ziffer 5.1);

30.3.2 der Spediteur seine übrigen Anmelde- oder Zahlungspflichten vorsätzlich verletzt hatte (Ziffer 26.2), der Versicherer aber dennoch gegenüber dem Versicherten zu leisten verpflichtet ist (Ziffer 26.2);

30.3.3 der Versicherer in der Haftungsversicherung (II) trotz Obliegenheitsverletzung durch den Spediteur zur Leistung verpflichtet ist (Ziffer 5.1).

31 Kündigung

31.1 Der Spediteur und der Versicherer sind berechtigt, den einzelnen Versicherungsvertrag schriftlich zum Ende des Versicherungsjahrs zu kündigen. Die Kündigung muss drei Monate vor Ablauf des Vertrages zugegangen sein.

31.2 Der Versicherungsschutz bleibt für alle vor Beendigung des Versicherungsvertrags abgeschlossenen Verkehrsverträge bis zur Erfüllung aller sich daraus ergebenden Verpflichtungen bestehen. Bei verfügter Lagerung endet der Versicherungsschutz jedoch spätestens drei Monate nach Beendigung des Versicherungsvertrags.

▲ ***Zur Speditionsversicherungspolice.*** Bei der Gestaltung, aber auch bei einer Änderung der ADSp und der Speditionsversicherung (SpV) als Anlage zu den ADSp hat die Wirtschaft ein Mitspracherecht. Sie wird tätig durch den Bundesverband der Deutschen Industrie, den Bundesverband des Deutschen Groß- und Außenhandels, den Bundesverband Spedition und Logistik, den Deutschen Industrie- und Handelstag und den Hauptverband des Einzelhandels. Diese Verbände empfehlen die Anwendung der ADSp. Die Empfehlung ist unverbindlich; die Vertragsparteien können im Einzelfall abweichende Vereinbarungen treffen.

Der Inhalt der Speditionsversicherung (SpV) als Anlage zu den ADSp, gültig ab 1. Januar 1999, ist unter Mitwirkung der Verbände und mit Zustimmung des Bundeskartellamtes einheitlich festgelegt; sie gilt als Mindestbedingung. Jeder Anbieter einer Speditionsversicherung kann abweichende Bedingungen anbieten, aber nur, wenn in diesen Bedingungen der Inhalt der SpV abgedeckt ist (vgl. 4.6.1).

Zum Beispiel bietet der Assekuranz-Makler Oskar Schunck KG den „Speditions-Logistik- und Lagerversicherungs-Schein" (SLVS) an (früher den SVS/RVS). Danach sind alle Gefahren- und Schadenarten, also Güterschäden und Güterfolgeschäden sowie Vermögensschäden, die vom Spediteur zu vertreten sind, bis zum vollen Wert des Gutes versichert. Beladen und Entladen sind immer versichert, wenn sie in unmittelbaren Zusammenhang mit der Beförderung stehen. Ersetzt werden auch über die Haftung des Spediteurs liegende Schäden, ebenso Schäden, für die der Spediteur nach ADSp nicht haftet (Auffahrunfall, Blitzschlag, höhere Gewalt, Überschwemmung u. a.).

Die konkurrierenden Versicherer bieten in ihren firmeneigenen Versicherungspolicen abweichende Bedingungen, die von Verladern gewünscht werden, an. Im Markt der Speditionsverischerer und -versicherungen herrscht reger Wettbewerb.

4.7 Das Pfand- und Zurückbehaltungsrecht des Spediteurs

Verweigert ein Auftraggeber oder ein Empfänger dem Spediteur die Zahlung der entstandenen Kosten, so kann der Spediteur bei Auslieferung von seinem Pfand- oder von seinem Zurückbehaltungsrecht Gebrauch machen.

Gesetzliche Grundlagen und Arten:

- **Zivilrechtliches Zurückbehaltungsrecht:** gegen Privatleute gemäß BGB § 273 anzuwenden,
- **Kaufmännisches Zurückbehaltungsrecht:** gegen Kaufleute gemäß HGB § 369 anzuwenden,
- **Pfandrecht des Spediteurs:**
  HGB § 464: „Der Spediteur hat wegen aller durch den Speditionsvertrag begründeten Forderungen sowie wegen unbestrittener Forderungen aus anderen mit dem Versender abgeschlossenen Speditions-, Fracht- und Lagerverträgen ein Pfandrecht an dem Gut." Das Pfandrecht erstreckt sich auch auf Begleitpapiere, wie Konnossement, Ladeschein u. a. Ist das Gut noch im Besitz des Empfängers, kann es noch drei Tage nach Ablieferung gerichtlich geltend gemacht werden.

▲ *Unterschiedsmerkmale.* Nach dem Zurückbehaltungsrecht darf der Spediteur die **Auslieferung** so lange **verweigern,** bis seine Forderung ausgeglichen ist. Das Pfandrecht, das gegen Kaufleute und gegen Privatleute anwendbar ist, gibt das Recht der **Verwertung des Pfandes.** Der Spediteur darf das Gut, das er pfändet, unter Beachtung der gesetzlichen Regeln (BGB §§ 1204 ff.) öffentlich versteigern oder unter Umständen freihändig verkaufen. Außerdem gilt das Zurückbehaltungsrecht nur gegen den Auftraggeber als Schuldner, das Pfandrecht dagegen als dingliches Recht an dem Gut auch gegen andere (also gegen den Empfänger, zu dem der Spediteur kein Vertragsverhältnis hat). Damit ist das Pfandrecht das stärkere Recht.

▲ *Konnexes[1], inkonnexes Recht.* Das zivilrechtliche Zurückbehaltungsrecht darf nur an dem Gut ausgeübt werden, durch das die Forderung, wegen der das Recht ausgeübt wird, entstanden ist **(konnex).** Das kaufmännische Zurückbehaltungsrecht kann auch an anderen Gütern ausgeübt werden **(inkonnex).**

Nach dem HGB hat der Spediteur ebenso wie der Frachtführer und Lagerhalter auch das inkonnexe Pfandrecht, wenn die Forderung **„unbestritten"** ist. Beim konnexen Pfandrecht geht der Spediteur davon aus, dass der Schuldner Eigentümer und Verfügungsberechtigter ist, denn er hat Überblick über den Zusammenhang von Kauf- und Speditionsvertrag im vorliegenden Fall. Der Spediteur hat den **Gutglaubensschutz.** Beim inkonnexen Pfandrecht bezieht sich der Gutglaubensschutz nur auf das Eigentumsrecht, und auch nur, wenn der Spediteur das Gut vom Hersteller oder Händler bekommt. Im Pfändungsfall muss sich beim inkonnexen Pfandrecht der Spediteur über das Eigentumsrecht des Schuldners informieren; dasselbe gilt, wenn ein Zwischenspediteur das Pfandrecht ausüben will.

[1] Konnex = Zusammenhang, hier von Pfandrecht, Forderung und Gut

▲ ***Pfandverkauf.*** Wenn der Spediteur von dem Pfandrecht Gebrauch machen will, so muss er dem Auftraggeber den Pfandverkauf unter Angabe einer Wartezeit (von einer Woche[1]) androhen (HGB § 368). Dabei sind die Höhe und der Grund der Forderung, deretwegen der Verkauf stattfinden soll, anzugeben. Nach Ablauf der Wartezeit wird das Gut im Wege der öffentlichen Versteigerung, deren Ort und Zeitpunkt öffentlich bekannt zu geben sind, verkauft. Wenn das Pfand einen Markt-oder Börsenpreis hat, kann das Gut ausnahmsweise durch einen Handelsmakler freihändig verkauft werden. Aus dem Erlös wird die Forderung befriedigt. Ein Mehrerlös ist dem Eigentümer des Pfandgutes herauszugeben.

4.8 Pflichten und Rechte des Spediteurs und des Versenders

▲ ***Pflichten des Spediteurs:***

- Besorgen der Versendung des Gutes
- Bestimmung des Beförderungsmittels und des Beförderungsweges
- Auswahl des ausführenden Unternehmers für Fracht-, Lager- und Speditionsverträge
- Erteilen von Informationen und Weisungen an die ausführenden Unternehmen
- Ausführen sonstiger vereinbarter, auf die Beförderung bezogener Leistungen (Versichern, Verpacken, Kennzeichnen, Zollbehandlung)
- Sicherung von Schadenersatzansprüchen des Versenders
- Wahrung der Interessen des Versenders,
  - Befolgen der Weisungen des Versenders,
  - bei Unklarheiten Rückfragen beim Versender,
  - Arbeiten mit der Sorgfalt eines ordentlichen Kaufmanns
- Auskunfts- bzw. Rechenschaftspflicht über das Geschäft
- Herausgabepflicht für alles, was er aus der Geschäftsbesorgung für den Versender erlangt hat
- Haftung gemäß HGB bzw. ADSp

▲ ***Rechte des Spediteurs:***

- Recht auf vereinbarte Vergütung und Auslagenersatz
- Recht auf Schadenersatz bei ungenügender Verpackung, Kennzeichnung usw.
- Recht auf Selbsteintritt
- Pfandrecht

▲ ***Pflichten des Versenders:***

- Zahlen der vereinbarten Vergütung,
- Ersatz der erforderlichen Aufwendungen bzw. Auslagen,
- Der Versender muss – soweit erforderlich – verpacken, kennzeichnen,
  - Die Urkunden zur Verfügung stellen,
  - Die erforderlichen Auskünfte erteilen,
  - Das Gut wie vereinbart oder wie üblich übergeben,
  - Bei Gefahrengut rechtzeitige Mitteilung über Art der Gefahr und die zu ergreifenden Vorsichtsmaßnahmen,
- Schadenersatz an den Spediteur bei Nichtbeachtung der Versenderpflichten

[1] bei Handelsgeschäften; ADSp Ziffer 20.3 bestimmt eine Frist von 14 Tagen

AUFGABEN

1 Begründen Sie, warum die ADSp von der Rechtsprechung im Verkehr mit Kaufleuten als Handelsbrauch anerkannt werden!

2 Ein Auftraggeber lehnt die Anwendung der ADSp ab. Schildern Sie die Vorteile, die dem Auftraggeber durch Anwendung der ADSp in Verbindung mit der Speditionsversicherung erwachsen!

3 Warum gelten nach den ADSp die Angebote des Spediteurs grundsätzlich nur bei unverzüglicher Annahme und zur sofortigen Ausführung des Auftrages?

4 Warum geraten nach den ADSp Kunden des Spediteur bereits zehn Tage nach Zugang der Rechnung in Zahlungsverzug, ohne dass es einer Mahnung bedarf? Wie verhält sich Ihr Betrieb bei Zahlungsverzug eines Kunden?

5 Vergleichen Sie die Haftung des Spediteurs, des Lagerhalters und des Frachtführers!

6 Unterscheiden Sie zwischen der Haftungsversicherung und der Schadenversicherung in der Speditionsversicherung!

7 Wie werden die Prämien in der Speditionversicherung ermittelt, und wer führt sie an den Versicherer ab?

8 Erklären Sie das „Selbsteintrittsrecht des Spediteurs" und die „Spedition zu festen Kosten" (Übernahmesatz)! Wie haftet der Spediteur in diesen Fällen?

9 Suchen Sie Fundstellen der Pflichten und Rechte des Spediteurs in den ADSp auf!

10 Nennen Sie einzelne Leistungen des Spediteurs, für die die ADSp nicht gelten!

11 Beschreiben Sie die Pflichten des Auftraggebers zur Verpackung und Markierung seiner Sendung!

12 Für welche Einzelheiten seiner Empfangsquittung haftet der Spediteur?

13 Beschreiben Sie die Bedeutung von Empfangsquittungen, die der Spediteur erteilt und die ihm gegeben werden?

14 Wo liegen die Schnittstellen im Lkw-Sammelgutverkehr?

15 Beschreiben Sie einen Schadenfall mit Schadenregulierung aus Ihrer betrieblichen Speditionspraxis!

16 Unterscheiden Sie zwischen konnexem und inkonnexem Pfandrecht!

17 Welche Unterschiede bestehen zwischen dem Zurückbehaltungsrecht und dem Pfandrecht?

18 Welche Ansprüche gegen den Spediteur werden durch die Speditionsversicherung gedeckt?

19 Welche Pflichten hat der Spediteur nach dem HGB?

5 Der Güterversand mit dem Kraftwagen

EINSTIEG

14 Europaletten, Sammelgut, 10 323 kg,
von Hamburg, Werner-Siemens-Str. nach Freiburg i. Brsg., Fabrikstr.;
Absender: Emil Schnell & Co., Güterverkehr-Spedition-Logistik, Hamburg
Empfänger: Hans Berg & Sohn, Spedition, Freiburg i. Brsg.

ARBEITSAUFTRÄGE

1. Der Absender setzt einen eigenen Lkw ein. Welche Papiere führt der Fahrer mit?
2. Unter welchen Bedingungen darf der Spediteur oder ein Lkw-Unternehmer Güterkraftverkehr in Deutschland und in der EU betreiben?
3. Kurz vor der Beladung des Lkw in Hamburg ist der Fahrer von einer Fernfahrt aus Mannheim zurückgekommen. Beschreiben Sie die zulässige Arbeitszeit! Welche Bestimmungen werden angewendet?

5.1 Landstraßen und Autobahnen in Deutschland

Ziel der Verkehrspolitik ist ein Verkehrsnetz, in dem die Verkehrsträger von Bahn, Lkw und Binnenschiff ihre gleich wichtigen Transportleistungen zur Versorgung der Volkswirtschaft optimal erbringen können. Uneinheitliche Wettbewerbsbedingungen, die in einer unterschiedlichen Belastung durch Steuer-, Sozial- und Wegebaukosten liegen, sind zu beseitigen, Belange des Umweltschutzes und der Personenbeförderung zu berücksichtigen.

Insgesamt verfügt die Bundesrepublik Deutschland über ein sehr enges und modernes Straßennetz, bei dem es kaum noch Gebiete gibt, die als „verkehrsfern“ bezeichnet werden können. Aufgrund der zentralen Lage Deutschlands in Mitteleuropa gehören die deutschen Straßen, und hier insbesondere die Autobahnen, zu den am stärksten befahrenen Strecken in Europa.

Das Gesamtnetz der Bundesautobahnen (BAB) ist in drei Gruppen unterteilt:

- Die BAB mit einstelligen Nummern von 1 bis 9 bilden das **Autobahngrundnetz**. Sie dienen dem internationalen Fernverkehr. Strecken mit geraden Nummern verlaufen weitgehend in Ost-West-Richtung, z. B. die A 8 von Merzig/Saar über Saarlouis – Karlsruhe – Stuttgart – Ulm und München nach Bad Reichenhall (Grenze D // A). Strecken mit ungeraden Nummern verlaufen weitgehend in Nord-Süd-Richtung, z. B. die A 7 vom Grenzübergang DK // D Ellund // Padborg über Neumünster – Hamburg – Hannover – Kassel – Fulda – Kempten (Allgäu) nach dem Grenzübergang D // A bei Füssen/Pfronten.
- Die BAB mit zweistelligen Nummern von 10 bis 99 sind Autobahnen des überregionalen Durchgangs- und Verbindungsverkehrs.
- Die BAB mit dreistelligen Nummern von 100 bis 999 sind Verbindungs- und Zubringerstrecken von regionaler Bedeutung.

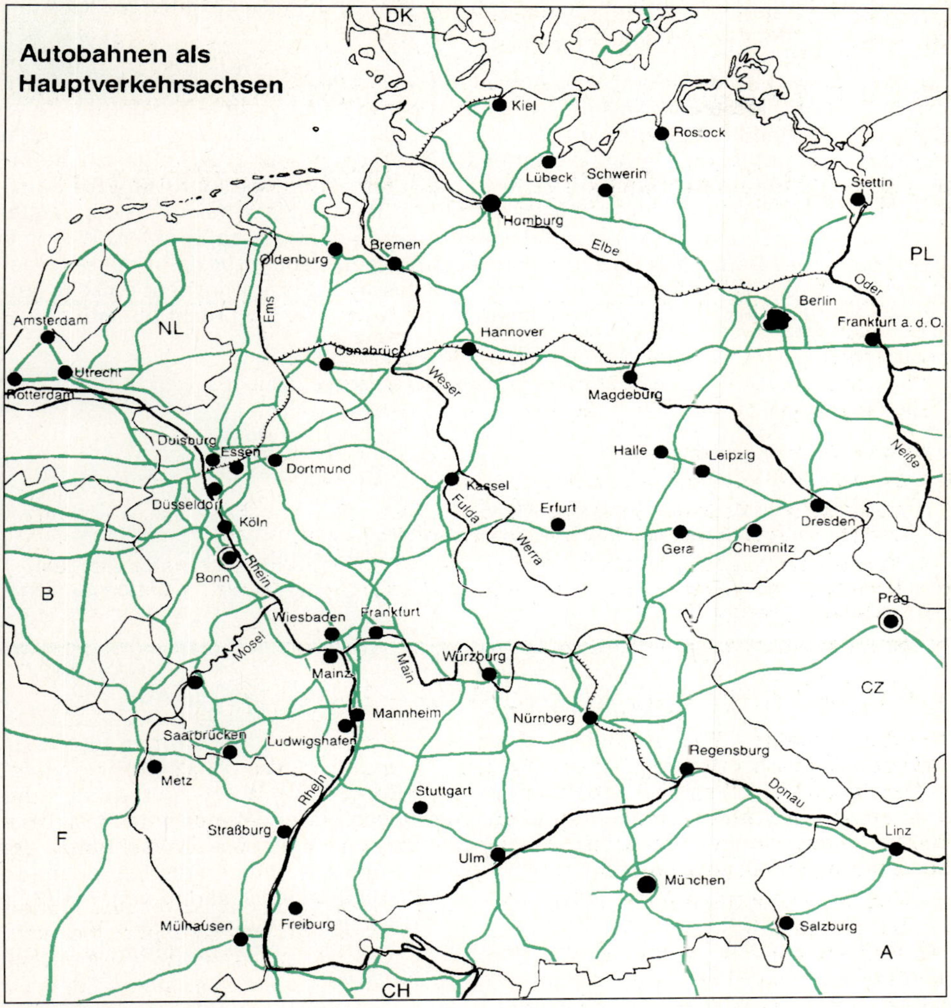

5.2 Die Ordnung des Güterkraftverkehrs

5.2.1 Das Güterkraftverkehrsgesetz

Der Straßengüterverkehr mit Kraftfahrzeugen in Deutschland, kurz: **Güterkraftverkehr,** wird grundlegend durch das **„Güterkraftverkehrsgesetz" (GüKG)** von 1998 geordnet. Außerdem unterliegt der Güterkraftverkehr zusätzlichen innerstaatlichen und gemeinschaftlichen Verordnungen und anderen Rechtsvorschriften.

▲ *Arten des Güterkraftverkehrs.* Das GüKG unterscheidet zwei Arten:

✗ **gewerblicher Güterkraftverkehr:** Die „geschäftsmäßige oder entgeltliche Beförderung mit Kraftfahrzeugen" ist **erlaubnispflichtig.**

✗ **Werkverkehr:** Der „Güterkraftverkehr für eigene Zwecke eines Unternehmens" ist **erlaubnisfrei.**

Das GüKG gilt für alle Kraftfahrzeuge, die einschl. Anhänger ein zulässiges Gesamtgewicht von über 3,5 t haben.

Ausgenommen von den Vorschriften des GüKG sind die Beförderungen von Gütern durch Körperschaften und Anstalten des öffentlichen Rechts, von beschädigten Fahrzeugen, von Medikamenten sowie von Gütern, die zur Hilfeleistung in dringenden Notfällen bestimmt sind, ferner die landwirtschaftlichen Sonderverkehre zur Beförderung von Milch, Milchprodukten sowie zur Beförderung von land- und forstwirtschaftlichen Gütern für eigene Zwecke bzw. im Rahmen der Nachbarschaftshilfe. Auch unterliegen dem GüKG nicht[1] die Beförderung von Gütern in einem Pkw, mit Fahrzeugen der Deutschen Post und im grenzüberschreitenden Verkehr die Beförderung von Gütern mit Kraftfahrzeugen, deren zulässiges Gesamtgewicht einschl. Anhänger 6 t oder deren zulässige Nutzlast einschl. Anhänger 3,5 t nicht übersteigt.

MERKE

Inhalt des GüKG

1. Abschnitt:	Allgemeine Vorschriften Begriffsbestimmungen, Ausnahmen
2. Abschnitt:	Gewerblicher Güterkraftverkehr (Erlaubnispflicht, Berufsgenossenschaft, Gemeinschaftslizenz, grenzüberschreitender Güterkraftverkehr durch Gebietsfremde u. a.)
3. Abschnitt:	Werkverkehr
4. Abschnitt:	Bundesamt für Güterverkehr
5. Abschnitt:	Überwachung, Bußgeldvorschriften
6. Abschnitt:	Gebühren und Auslagen, Ermächtigungen, Übergangsregelungen

5.2.2 Abmessungen und Gewichte der Lastkraftwagen

Kraftwagen, die zum öffentlichen Verkehr zugelassen werden, unterliegen u. a. nach Bauart, Abmessungen, Achslasten und Gesamtgewichten den Vorschriften der Straßenverkehrs-Zulassungs-Ordnung (StVZO). Nach § 30 müssen die Fahrzeuge so beschaffen sein, dass ihr verkehrsüblicher Betrieb niemanden schädigt oder mehr als unvermeidbar gefährdet oder behindert. So sind höchstzulässige Abmessungen und Gewichte für Kraftfahrzeuge und Anhänger sowie für Fahrzeugkombinationen in den §§ 32 ff. festgelegt.

Breite	allgemein bis 2,55 m; für Kühlfahrzeuge bis 2,60 m
Höhe	4,00 m
Länge	allgemein bis 18,75 m; für Sattelfahrzeuge bis 15,50 bzw. 16,50 m
höchstzulässige Achslast	10 t; sie erhöht sich je nach Achszahl, Achsabstand, Bremsen und anderen Größen
höchstzulässiges Gesamtgewicht	40 t. (Bis zu 44 t im Vor- und Nachlauf des Kombiverkehrs und bei Fahr zeugkombinationen, wie Gliederzüge, Sattelkraftfahrzeuge mit mehr als 4 Achsen)

[1] Übergangsweise bis 30. Juni 1999

Abweichende Maße und Gewichte, die sich aus Fahrzeugtyp und Bauart ergeben, sind der StZVO zu entnehmen. Im grenzüberschreitenden Verkehr gelten grundsätzlich Breiten bis 2,50 m und Gesamtgewichte bis 40 t; abweichende Größen ergeben sich aus nationalen Rechtsvorschriten des Auslands.

Die Industrie bietet in den Grenzen der höchstzulässigen Abmessungen und Gewichte verschiedene Fahrzeugtypen an, die sich auch in der Aufbaulänge und damit in der Zahl der Palettenstellplätze unterscheiden (z. B. IVECO-Lkw).

▲ ***Aufbaumaße: Breite***

✗ minimale Aufbaubreite b = 2 300 mm

✗ maximale Aufbaubreite b = 2 600 mm (Kipperversion nur mit b = 2 300 mm)

Mit dieser Auswahl ist auch ein Isolierkoffer mit Palettenbreite darstellbar.

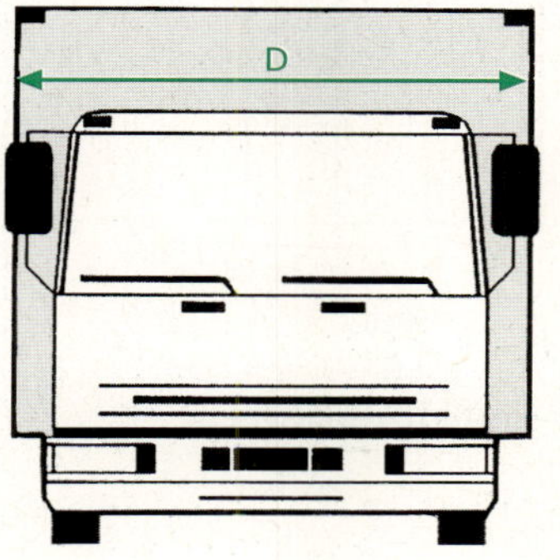

▲ ***Aufbaumaße: Länge.*** Nachfolgend sind typenbezogen die möglichen Aufbaulängen mit den zugehörigen Radständen dargestellt.

BEISPIEL die 6-Tonner und 6,5-Tonner mit 100 PS:

✗ zum Radstand 2 700 mm gehört die Aufbaulänge 3 800 mm

✗ zum Radstand 3 690 mm gehört die Aufbaulänge 4 330 mm

✗ zum Radstand 4 185 mm gehört die Aufbaulänge 6 200 mm usw.

Aufbaulänge (mm)

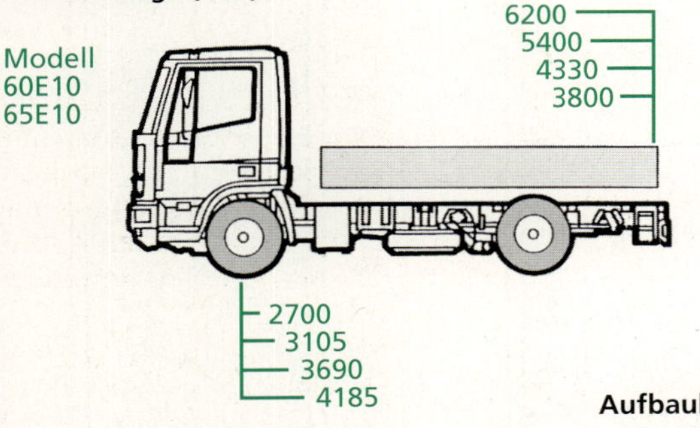

Aufbaulänge (mm)

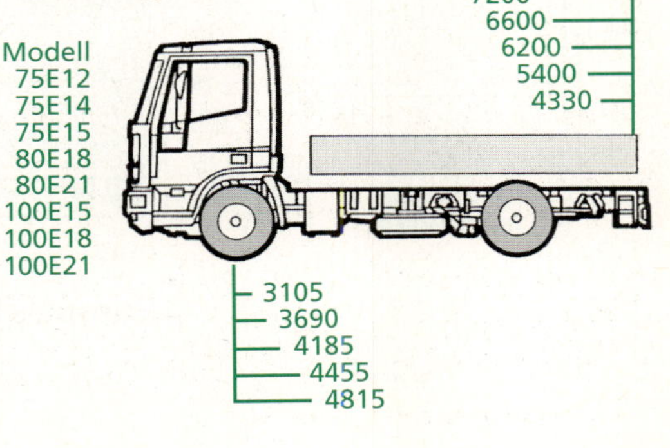

Palettenstellplätze in Abhängigkeit der Aufbaulänge (mm) für Euro-Paletten (1200 x 800 mm)

3800 mm

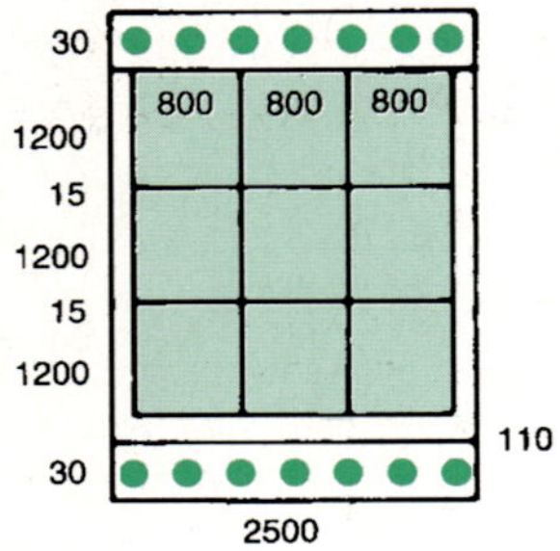

9 Europaletten

4330 mm

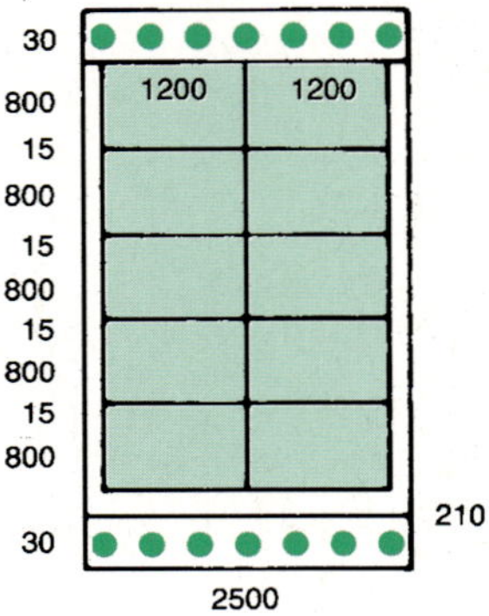

10 Europaletten

5400 mm

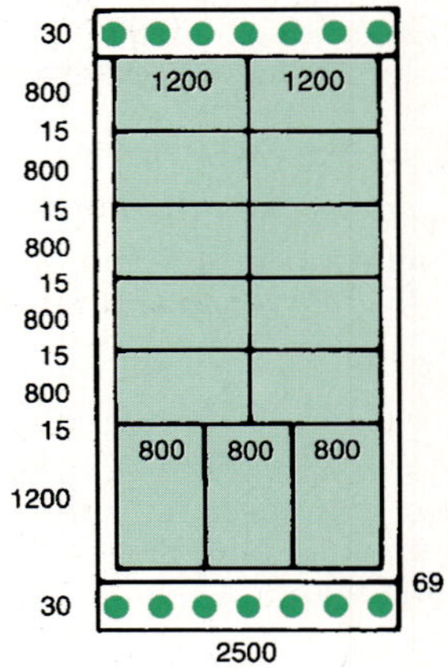

13 Europaletten

6200 mm

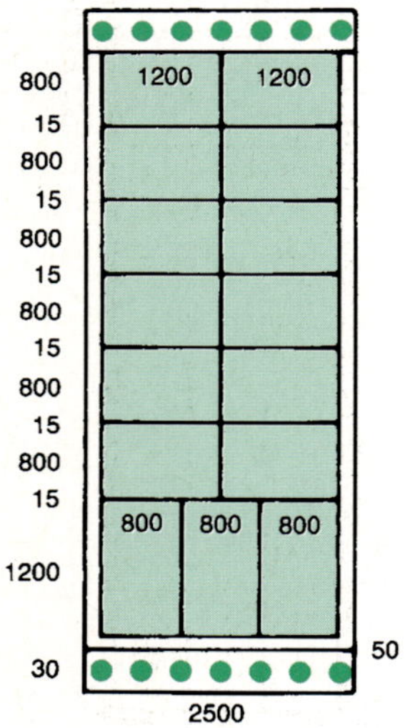

15 Europaletten

6600 mm

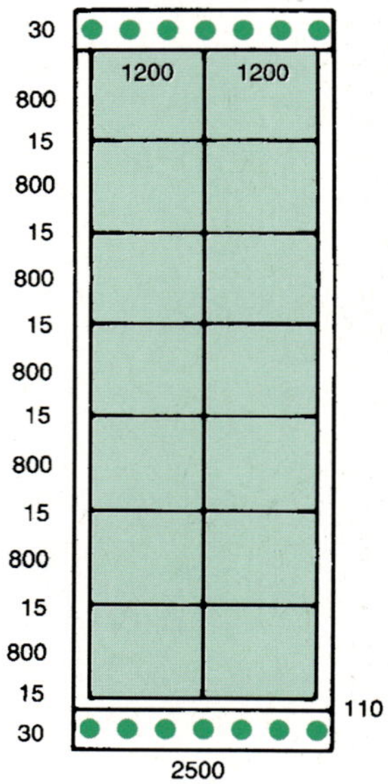

16 Europaletten

7200 mm

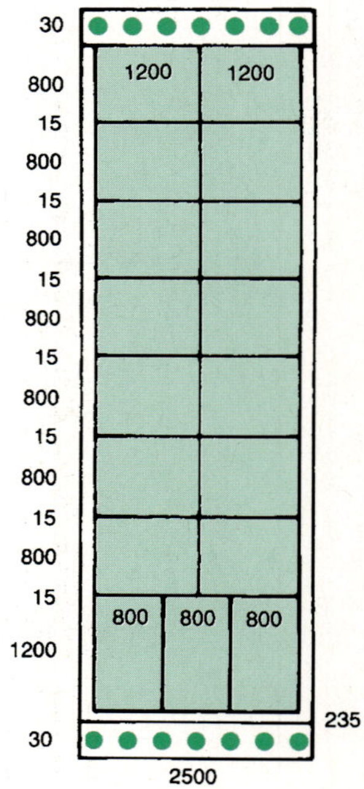

17 Europaletten

Die Ladefläche

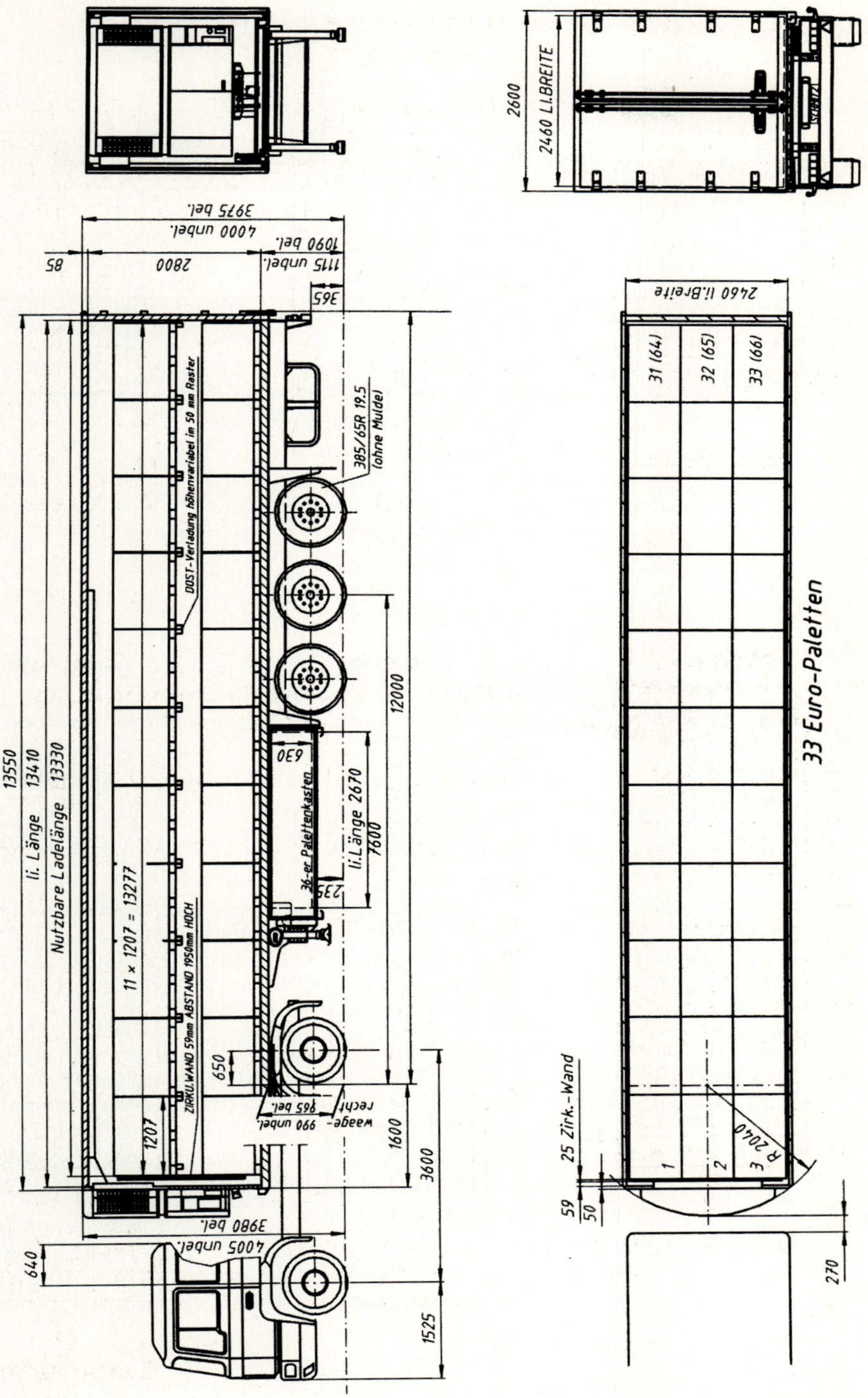

Das Zusammenspiel von Achse und Ladung

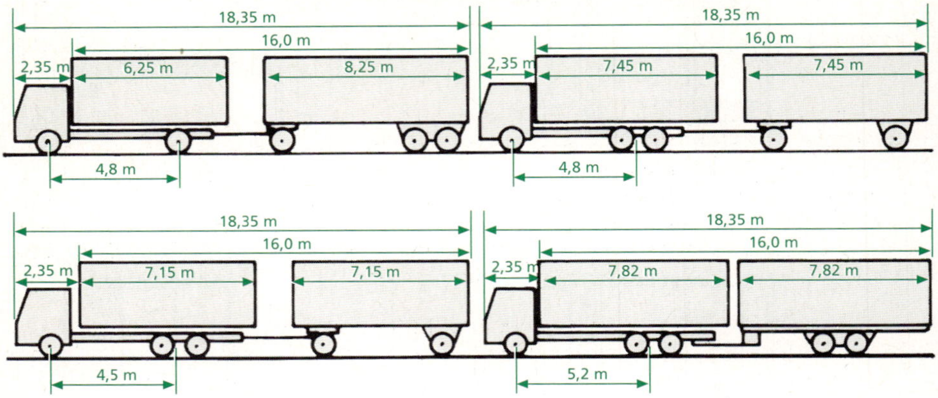

Bei gleicher Gesamtlänge der Nutzfahrzeuge mit Anhänger variiert der Umfang der Beladung. Außerdem beeinflussen verschiedene Achsabstände sowie unterschiedliche Längen der Zugmaschine und des Anhängers die Wendigkeit des gesamten Lastzuges. Die Größe des Fahrerhauses verändert sich dabei kaum.

5.2.3 Arbeitszeiten und Fahrverbote

▲ ***Rechtsgrundlagen*** (in ihrer jeweils gültigen Fassung).

✗ **Arbeitszeitgesetz (ArbZG)** von 1994

✗ **Fahrpersonalgesetz (FPerG)** – Gesetz über das Fahrpersonal von Kraftfahrzeugen und Straßenbahnen) von 1986

✗ **AETR**[1] (Europäisches Übereinkommen über die Arbeit des im internationalen Straßenverkehr beschäftigten Fahrpersonals, als Gesetz gültig)

✗ **VO (EWG)** Nr. 3820/85 und 3821/85 über Harmonisierung der **EU-Sozialvorschriften** u. a.

▲ ***Arbeitszeit.*** Das ArbZG schreibt vor, dass die werktägliche Arbeitszeit für alle Arbeitnehmer in Deutschland **grundsätzliche neun Stunden** beträgt; § 7 legt abweichende Regelungen fest. Durch das Gesetz sollen Sicherheit und Gesundheitsschutz der Arbeitnehmer gewährleistet werden, Rahmenbedingungen für flexible Arbeitszeiten verbessert und die Sonn- und Feiertage geschützt werden.

▲ ***Straßengüterverkehr.*** Nach dem Fahrpersonalgesetz und dem AETR sind die Arbeitszeiten und die Überwachung der Arbeitszeiten national und (mit geringfügigen Abweichungen) international geregelt. Festgelegt sind insbesondere die Arbeitszeiten als tägliche oder wöchentliche Lenkzeiten, Unterbrechungen der Lenkzeiten, tägliche und wöchentliche Ruhezeiten, Schichtzeiten von Fahrern und Beifahrern, Vorschriften über EG-Kontrollgeräte und persönliche Kontrollbücher.

Nach dem AETR beträgt die maximale Lenkzeit täglich 8 Stunden, zweimal wöchentlich 9 Stunden und in einer Doppelwoche bis 92 Stunden. Nach einer Lenkzeit von 4 Stunden ist eine Unterbrechung von 30 Minuten, die in zwei Abschnitte zu mindestens 20 Minuten oder in drei Abschnitte von mindestens 15 Minuten aufteilbar ist,

[1] AETR = Agréement Européen des Temps Routiers, gilt auch für außergemeinschaftliche Staaten

zwingend vorgeschrieben. Diese Regelung gilt für Fahrzeuge von 3,5 bis 20 t Gesamtgewicht mit Anhänger und für Fahrzeuge über 20 t ohne Anhänger; für Lkw über 20 t mit Anhänger bestehen abweichende Vorschriften. Tägliche und wöchentliche Mindestruhezeiten (z. B. 11 Std., Lkw mit Schlafkabine 8 Std. täglich) sind festgelegt.

▲ ***Arbeitszeitnachweis.*** Fahrzeuge zur Güterbeförderung sind mit dem **EG-Kontrollgerät** (Tachograph, Fahrtschreiber[1]) ausgestattet, wenn das zulässige Gesamtgewicht mit Anhänger höher als 3,5 t ist (gem. AETR). Das Gerät zeichnet die Arbeitszeit des Fahrers auf einem Schaublatt, die des Beifahrers auf einem anderen Schaublatt auf. Registriert werden Wegstrecke, Geschwindigkeit, Lenkzeiten, Ruhezeiten, Pausen und sonstige Anwesenheitszeiten am Arbeitsplatz. Der Fahrer und der Beifahrer müssen ihr eigenes Schaublatt bei Fahrzeugwechsel, bei Arbeiten fernab vom Fahrzeug, bei Betriebsstörungen handschriftlich ergänzen. Die Schaublätter des laufenden und der beiden vorangegangenen Kalendertage müssen Fahrer und Beifahrer mitführen. Dadurch kann jederzeit die Einhaltung der Arbeitszeitvorschriften überprüft werden (vgl. BAG).

▲ ***Sonntags- und Ferienfahrverbote.*** Durch Verordnungen, die vom Bundesverkehrsminister unter Zustimmung des Bundesrates erlassen werden, besteht ein generelles Fahrverbot an Sonn- und Feiertagen von 0 bis 22 Uhr für Fahrzeuge mit einem zulässigen Gesamtgewicht von über 7,5 t. Ausgenommen sind der kombinierte Güterverkehr Schiene/Straße bis 200 km und die Beförderung von frischen, verderblichen Nahrungsmitteln. Ausnahmegenehmigungen können zusätzlich erteilt werden.

Während der Urlaubszeit wird das Fahrverbot für bestimmte Strecken auch auf den Samstag ab 7 Uhr erweitert. Ausnahmeregelungen vom Verbot sind in den Verordnungen enthalten. Ähnliche Bestimmungen gelten in den Nachbarstaaten. Diese Vorschriften dienen der Erleichterung des Sonntags- und Ferienreiseverkehrs.

5.2.4 Beförderung gefährlicher Güter auf der Straße

▲ ***Rechtsgrundlagen*** (in ihrer jeweils gültigen Fassung).

- „Gesetz über die Beförderung gefährlicher Güter" von 1975, gilt für alle nationalen Gütertransporte,
- „Gesetz über explosionsgefährliche Güter", Fassung von 1986,
- „Atomgesetz", Fassung von 1985,
- **„Verordnung über die innerstaatliche und grenzüberschreitende Beförderung gefährlicher Güter auf der Straße" (Gefahrgutverordnung Straße – GGVS)**, Fassung vom November 1996,
- „Verordnung über die Bestellung von Gefahrgutbeauftragten und die Schulung der beauftragten Personen in Unternehmen und Betrieben" **(GbV)** von 1998,
- **„Europäisches Übereinkommen über die internationale Beförderung gefährlicher Güter auf der Straße" (ADR)**[2] von 1957, seit 1970 als Gesetz verbindlich und
- **andere Rechtsvorschriften in ihrer jeweils gültigen Fassung.**

[1] Geplant ist die Ausrüstung der Neufahrzeuge mit volldigitalem Fahrtenschreiber ab 2000.
[2] ADR = European Agreement Concerning the International Carriage of Dangerous Goods by Road

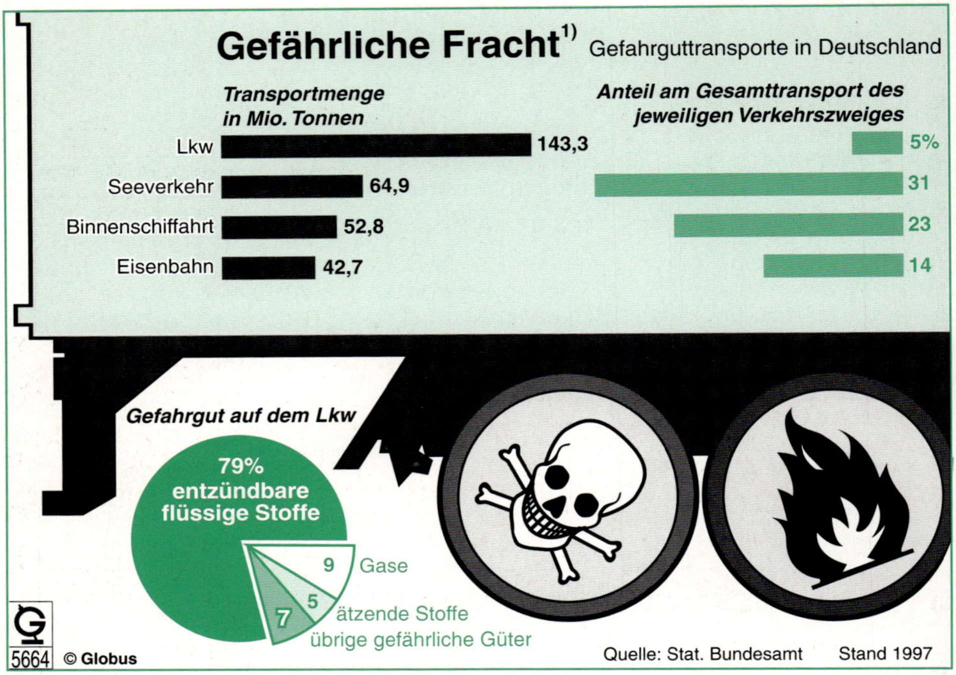

„Havarierter Chemietanker auf dem Rhein, Ölteppich vor der Nordseeküste, brennender Lkw im Autobahntunnel" – erst wenn Unfälle passieren und Katastrophen drohen, wird der Öffentlichkeit bewusst, wie viele gefährliche Güter tagtäglich auf unseren Straßen, Schienen, Flüssen und Meeren transportiert werden. Im Jahr 1997 zählten achteinhalb Prozent aller beförderten Güter in Deutschland zu den so genannten Gefahrgütern; darunter vor allem entzündbare flüssige Stoffe, also Benzin, Diesel, Heizöl und chemische Produkte. Haupttransportmittel war der Lastkraftwagen, gefolgt vom Seefrachter und vom Binnenschiff. Dennoch transportiert der Lastkraftwagen, gemessen an den beförderten Tonnen auf der Straße, relativ am wenigsten Gefahrengüter (vgl. Abschnitt 1.2).

Die **GGVS regelt die Beförderung gefährlicher Güter mit Straßenfahrzeugen (GGVS § 1).** Die grenzüberschreitende Beförderung unterliegt den Regeln des ADR; ADR und GGVS sind in ihren wesentlichen Punkten inhaltsgleich.

Die Gefahrgutvorschriften im nationalen (GGVE) und internationalen (RID) Bahnverkehr sind den Gefahrgutvorschriften der Straße angepasst.

Der Gesetzestext der GGVS ist relativ kurz gefasst. Hinzugefügt sind zwei umfangreiche Anlagen:

- **Anlage A** enthält Vorschriften über die gefährlichen Stoffe und Gegenstände (Bezeichnung der Klasse, Nur-Klasse, Freie Klasse, Rnd.Nr.)
- **Anlage B** beinhaltet die Vorschriften für Beförderungsmittel und über die eigentliche Beförderungsabwicklung.

[1] Hier wird das Wort „Fracht" für den Begriff „Güter" verwendet.

Muster einer FIATA SDT

Shipper (Name & Address) / Chargeur (Nom et adresse)

Chemische Fabrik GmbH
Lindenstr. 17

07747 Jena

FIATA SDT

No. | **DE**

SHIPPERS DECLARATION FOR THE TRANSPORT OF DANGEROUS GOODS

(approved by FIATA)

Forwarder/Transitaire

In accordance with the European Agreement concerning the international carriage of Dangerous Goods by Road (ADR) with Annexes A+B of 30.9. 1957 or
the International Regulations concerning the Carriage of Dangerous Goods by Rail (RID) with Annexe I of the International Convention concerning the Carriage of Goods by Rail (CIM) of 1.7.1977, or
in accordance with Chapter VII – Carriage of Dangerous Goods – of the International Convention for the Safety of Life at Sea, 1960 (or 1974) supplemented by the provision of the IMO International Maritime Dangerous Goods (IMDG) Code, 1965 as amended, or national official regulations when applicable giving the precise listing of relevant ADR/RID Class, and/or IMDG IM O Class, and/or Marginal Reference No.,
the undersigned, as principal of the forwarder remits to him together with the order of shipment of Dangerous Goods the following informations:

Conformément à l'Accord européen relatif au transport international des marchandises dangereuses par route (ADR) et ses Annexes A + B du 30.9. 1957 ou au Réglement international concernant le transport des marchandises dangereuses par chemin de fer (RID) et à l'Annexe 1 de la Convention internationale concernant le transport des marchandises par chemin de fer (CIM) du 1.7.1977, ou conformément au Chapitre VII – Transport de marchandises dangereuses – de la Convention internationale pour la sécurité des vies en mer, 1960 (ou 1974) complété par les dispositions du Code maritime international des marchandises dangereuses (IMDG) 1975, amendé, de l'OM I ou aux réglementations nationales officielles d'application donnant la liste précise des classifications ADR/RID et/ou IMDG/OMI applicables, et/ou le No. de référence marginal, le soussigné, commettant du transitaire, lui remet en même temps que l'ordre d'expédition de marchandises dangereuses les renseignements suivants:

Marks & Numbers, Number & Kind of Packages; Correct Technical Name of Substances.
Indicate ADR/RID Class, IMDG/IMO Class, UN-No. Flashpoint (in °C).
Marques et numéros, Nombre et Nature des colis; dénomination technique appropriée des substances.
Indiquer la Classe ADR/RID, Classe IMDG/OMI, n° d'ordre UN, Point Eclair (en °C).

Gross Weight (kg) Net quantity (when required) — *Poids brut (Kg) Quantité nette (s'il y a lieu)*

Resinsolution
1 - 3
Made in Germany

3 drums resin solution

IMO 3.3 UN 1866
flashpoint + 36°C
EMS 3-05 MFAG 310 PG III
1866 Harzlösung, 3 Ziffer 31c ADR

650 kg

Characteristics:

Special information is required for (a) dangerous goods in limited quantities, and (b) radioactive substances (class 7). In certain circumstances, (c) a wheathering certificate, or (d) a Container/Trailer packing certificate is required

Caractéristiques:

Des renseignements supplémentaires sont nécessaires pour a) des marchandises dangereuses en quantités limitées et b) les substances radioactives (classe 7). Dans certains cas, (c) un certificat d'intempéries, ou (d) un certificat d'emballage pour conteneur/remorque est requis

ADR/RID and/or IMDG IMO DECLARATION

The undersigned declare that goods to be shipped are authorized for Transport by road according to ADR or by rail according to RID and/or Transport by sea
and that their nature conditions, packing and labelling are in accordance with ADR/RID and/or IMDG IMO prescriptions.
If several dangerous substances are packed together in a collective package or in a single container it is furthermore declared that the mixed packing is not prohibited (ADR/RID).
Instructions in case of accidents ☐ *are joined*
The packages ☐ *have been labelled* ☐ *are not labelled*

Déclaration ADR/RID et/ou IMDG/OMI

Le soussigné déclare que les marchandises à expédier sont admises au transport par route suivant l'ADR ou par fer suivant la RID et/ou par mer et que les conditions de leur nature, l'emballage et l'étiquetage, sont en concordance avec les prévisions de l'ADR/RID et/ou IMDG/OMI.
Si plusieurs marchandises dangereuses sont emballées ensemble dans un colis collectif, ou dans un même conteneur, il est déclaré également que cela n'est pas prohibé (ADR/RID).
Des consignes en prévision d'accidents
☐ *sont jointes*
Les colis ☐ *ont été étiquetés* ☐ *n'ont pas été étiquetés*

Remarks / Remarques

Place and date of issue / Lieu et date d'émission

Musterdorf, ..03.29

Shippers stamp and signature / Sceau et signature du Chargeur

Chemische Fabrik GmbH
Lindenstr. 17
07747 Jena

Mustermann

i.V. Mustermann

MERKE

Verantwortlich für das Gefahrgut ist jeder Beteiligte. Im Sinne der GGVS und des ADR ist

- **Beförderer,** wer das Kfz zur Ortsveränderung des Gefahrgutes verwendet,
- **Absender,** wer mit dem Beförderer den Frachtvertrag schließt (wird kein Frachtvertrag geschlossen, gilt der Beförderer als Absender),
- **Verlader,** wer als unmittelbarer Besitzer das Gut dem Beförderer übergibt oder selbst befördert,
- **Befüller,** wer als unmittelbarer Besitzer des gefährlichen Gutes dieses in einen Tankcontainer einbringt oder einbringen lässt,
- **Fahrzeugführer,** wer das Kfz lenkt.

Verantwortlich ist damit auch der Auftraggeber, der Spediteur und jeder eigenverantwortliche Verpacker von Gefahrgut.

Gefährliche Güter dürfen mit dem Kfz nur befördert werden, wenn sie gemäß Anlage A der GGVS zur Beförderung zugelassen sind (GGVS § 3). Der Verlader darf dem Beförderer nur zugelassenes Gefahrgut übergeben. Außerdem muss der Beförderer anhand der ihm vorgelegten Beförderungspapiere nachprüfen, ob dieses Gefahrgut gemäß Anlage A zur Beförderung zugelassen ist.

Alle Beteiligten haben eine besondere Sorgfaltspflicht, um Schadenfälle zu verhindern und bei Eintritt eines Schadens dessen Umfang so gering wie möglich zu halten.

Wird ein Spediteur mit der Beförderung von Gefahrgut beauftragt, lässt er sich von seinem Auftraggeber die **FIATA SDT** (Shippers Declaration for the Transport of Dangerous Goods) ausstellen.

MERKE

Der Absender muss den Beförderer und der Verlader den Fahrzeugführer auf das Gefahrgut hinweisen und dessen Bezeichnung nennen:

- Klasse,
- Ziffer, ggf. Buchstabe der Stoffaufzählung,
- bei bestimmten Gefahrgütern auch Wegvorschriften und andere Bestimmungen.

Der nationale und internationale Transport besonders gefährlicher Güter bedarf der Erlaubnis der Straßenverkehrsbehörde (GGVS § 7). Eine entsprechende **Erlaubnisbescheinigung** ist während der Fahrt mitzuführen (vgl. Abschnitt 5.2.5).

▲ *Fahrerschulung.* Die Fahrer von Tankfahrzeugen und anderen kennzeichnungspflichtigen Gefahrgutfahrzeugen über 3,5 t zulässiges Gesamtgewicht müssen im nationalen und internationalen Verkehr die „ADR-Bescheinigung“ über Schulung und Prüfung mitführen (1. Januar 1995). Die Schulung ist in regelmäßigem Rhythmus zu wiederholen.

MERKE

Verhalten von Lkw-Unternehmer und Fahrer bei Gefahrgutbeförderung:

- **Frachtbrief** muss die Bezeichnung des Gutes und die Gefahrklasse enthalten,
- **Kein Versandstück annehmen oder befördern,** dessen Verpackung beschädigt oder undicht ist, sodass gefährliches Gut austreten kann, ohne dass der Mangel beseitigt ist,
- **Warntafeln,** quadratisch, wie vorgeschrieben, vorn und hinten am Fahrzeug anbringen,
- **Unfallmerkblätter** – wie in der Verordnung vorgeschrieben – für das Gefahrgut mitführen, eines sichtbar im Fahrerhaus an die Fahrzeugpapiere geheftet,
- **Unregelmäßigkeiten** am Gefahrgut während der Beförderung sofort der nächsten Polizeistelle melden,
- Anpassen der **Fahrweise** an das Gefahrgut und **umsichtiges Verhalten.**

Werden Gefahrgüter befördert, so sind die für das einzelne Gut geltenden **Sicherheitsvorschriften** unbedingt zu beachten. Sie sind in Gefahrklassen, deren Bezeichnung und Nummerierung im nationalen und internationalen Land- und Seeverkehr weitgehend vereinheitlich ist, eingeordnet.

Gefahrklassen	
1a	Explosive Stoffe und Gegenstände
1b	Mit explosiven Stoffen geladene Gegenstände
1c	Zündwaren, Feuerwerkskörper und ähnliche Güter
2	Verdichtete, verflüssigte oder unter Druck gelöste Gase
3	Entzündbare flüssige Stoffe
4.1	Entzündbare feste Stoffe
4.2	Selbstentzündliche Stoffe
4.3	Stoffe, die unter Berührung mit Wasser entzündliche Gase entwickeln
5.1	Entzündend (oxydierend) wirkende Stoffe
5.2	Organische Peroxide
6.1	Giftige Stoffe
6.2	Ekelerregende oder ansteckungsgefährliche Stoffe
7	Radioaktive Stoffe
8	Ätzende Stoffe
9	Sonstige gefährliche Stoffe und Gegenstände

▲ ***Orangefarbene Warntafeln*** kennzeichnen Lastkraftwagen mit gefährlichen Gütern. Sie sind vorne und hinten am Fahrzeug anzubringen und enthalten in der oberen Hälfte die Kennzeichnungsnummer der Haupt- und der Zusatzgefahr, in der unteren Hälfte die Nummer zur Kennzeichnung des Stoffes.

30
1202

Die Nummern in der oberen Hälfte haben folgende Bedeutung:

1. Ziffer: Hauptgefahr
2 Gas
3 Entzündbarer flüssiger Stoff
4 Entzündbarer fester Stoff usw.

2. und 3. Ziffer: Zusatzgefahr
0 ohne Bedeutung
1 Explosionsgefahr
2 Entweichen von Gas
3 Entzündbarkeit
5 Entzündende (oxydierende) Eigenschaften
6 Giftigkeit
8 Ätzbarkeit
9 Gefahr einer heftigen chemischen Reaktion

Zwei gleiche Ziffern bedeuten eine Zunahme der Gefahr, ein „X" vor der Nummer, der Stoff darf nicht mit Wasser in Berührung kommen.

▲ *Gefahrgutbeauftragter.* Unternehmer oder Inhaber von Betrieben, die jährlich 50[1] Tonnen netto und mehr gefährliche Güter versenden, befördern, verpacken oder zur Beförderung übergeben, müssen einen oder mehrere **Gefahrgutbeauftragte(n)** schriftlich bestellen und den Namen im Betrieb bekannt geben. (Ist kein Gefahrgutbeauftragter bestellt, gilt der Unternehmer/Inhaber als Gefahrgutbeauftragter.)

Auch die Hersteller von Verpackungen, Großpackmitteln und Tanks sind verpflichtet, einen Gefahrgutbeauftragten zu stellen. Der Gefahrgutbeauftragte muss **zuverlässig** und **sachkundig** sein. Er muss nach drei Jahren an einer Fortbildungsschulung mit Prüfung teilnehmen – die Prüfung ist nicht erforderlich für seit vielen Jahren tätige Gefahrgutbeauftragte. Seine Rechte und Pflichten sollte der Unternehmer in der Bestellungsurkunde aufnehmen.

In seiner Arbeit wird er im Betrieb unterstützt von „Beauftragten Personen" und von „Sonstigen verantwortlichen Personen für Gefahrgut".

MERKE

Aufgaben und Pflichten der für Gefahrgut Verantwortlichen:

- ✗ **Der Unternehmer** bestellt den Gefahrgutbeauftragten, sorgt für die Fortbildung, beseitigt Mängel usw.
- ✗ **Der Gefahrgutbeauftragte** überwacht die Einhaltung der Gefahrgutvorschriften durch die „Beauftragten Personen" und die „Sonstigen verantwortlichen Personen", deren Schulung er übernehmen kann. Er deckt Mängel auf und zeigt sie zur Beseitigung an.
- ✗ Eine **„Beauftragte Person"** ist vom Unternehmer ausdrücklich mit der eigenverantwortlichen Erfüllung von Gefahrgutvorschriften (so wie sie z. B. aus der GGVS zu entnehmen sind) beauftragt; ein Betriebsleiter gilt automatisch als beauftragt.
- ✗ **„Sonstige verantwortliche Personen"** sind auf Anweisung tätig. Sie sollen die konkreten Vorschriften aus der GGVS umsetzen, z. B. Unfallmerkblätter mitgeben, Warntafeln aufklappen/anbringen, Gefahrzettel anbringen, Ladung sichern.

5.2.5 Das Bundesamt für den Güterverkehr (BAG)

Das Bundesamt für Güterverkehr **(BAG)** ist eine selbstständige Bundesoberbehörde im Geschäftsbereich des Bundesministers für Verkehr. Es hat seinen Sitz in Köln und verfügt über mehrere Außenstellen in den Bundesländern. Finanziert wird es aus dem Bundeshaushalt.

MERKE

Das Bundesamt für Güterverkehr erledigt alle Verwaltungsaufgaben des Bundes auf dem Gebiet des Güterkraftverkehrs, die ihm durch das GüKG und andere Bundesgesetze zugewiesen werden. Allgemeine Aufgabe ist die Überwachung des Güterkraftverkehrs.

Zusätzlich ist das BAG Genehmigungsbehörde für die Beförderungsentgelte im Luftverkehr bei Fracht und Passage; das BAG überwacht die Einhaltung dieser genehmigten Tarife.

Das BAG hat zu überwachen, dass alle in- und ausländischen Unternehmen und alle anderen am Frachtvertrag Beteiligten ihre aus dem GüKG sich ergebenden Pflichten erfüllen und dass die Bestimmungen aus dem Werkverkehr eingehalten werden.

[1] Die „50 t (netto pro Kalenderjahr) Grenze" ist nur noch für den „Eigenbedarf in Erfüllung betrieblicher Aufgaben" (z. B. Handwerk, Landwirtschaft) anwendbar. Speditionen und Verlader können darauf nicht mehr zurückgreifen; siehe ADR-Randnr. 10011.

Im Einzelnen wird das BAG in folgenden Bereichen tätig:

- **Sicherheit und Umweltschutz** im Straßengüterverkehr,
- **Ordnungswidrigkeitenverfahren,**
- **Marktbeobachtung** des Güterverkehrs, verkehrsträgerübergreifend,
- **Statistik,**
- **Marktordnung** im Straßengüterverkehr,
- **Steuern, Abgaben.**

▲ *Sicherheit und Umweltschutz.* Das BAG überwacht, dass die **Rechtsvorschriften über Sicherheit und Umweltschutz** im Straßengüterverkehr eingehalten werden, insbesondere über

- **Fahrpersonal,** wie Arbeitszeiten nach Arbeitszeitgesetz, AETR u. a.,
- **Gefahrguttransporte,** wie GGVS u. a.,
- **Abmessungen und Gewichte** der Fahrzeuge nach der StVZO,
- **Containertransporte** nach dem CSC (Übereinkommen über sichere Container) u. a.,
- **Lebensmitteltransporte, Abfalltransporte, Geräusche** und **Emissionen.**

Nach der **Gefahrgutkontrollverordnung** (GGKontrollV) von 1997 sind Kontrollen von Gefahrguttransporten auf der Straße in „angemessenem Umfang" vorgesehen. Das BAG prüft anhand einer Prüfliste gemäß VO. Der Fahrzeugführer erhält eine Bescheinigung bzw. einen Kontrollvermerk in die Beförderungspapiere, falls keine Mängel vorliegen. Werden Mängel festgestellt, kann das BAG geeignete Maßnahmen zum Schutz gegen die sich aus den Mängeln ergebenden Gefahren treffen (bis zur Fahrzeugstilllegung). Wird ein Verstoß festgestellt, kann sich die Kontrolle durch das BAG bis auf den Betrieb des inländischen Unternehmens erstrecken. Vorbeugende Maßnahmen, ohne dass ein Verstoß festgestellt worden ist, sind möglich. Kontrolliert werden auch ausländische Fahrzeuge.

▲ *Überwachung durch das BAG.* Seine Überwachungsaufgabe erfüllt das BAG vor allem durch **außerbetriebliche Kontrollen,** die an Autobahnen, Bundes- und Landesstraßen, an Tankstellen und Autohöfen durchgeführt werden. Die Kontrolleure des BAG können durch die zuständige Polizeibehörde unterstützt werden. Die Kontrolleure sind befugt, Fahrzeuge zur Erfüllung ihrer Überwachungsaufgaben anzuhalten. Auch Kraftomnibusse dürfen durch die Beauftragten des BAG zur Überwachung der Rechtsvorschriften über das Fahrpersonal angehalten werden.

▲ *Überwachung durch die Erlaubnisbehörde des Bundeslandes.* Die zuständige Erlaubnisbehörde hat die Aufsicht über die gewerblichen Güterkraftverkehrsunternehmer und über alle an dem Beförderungsvertrag Beteiligten, also auch über Versender und Empfänger. Ihre Aufgaben erfüllt sie durch **innerbetriebliche Kontrollen** während der üblichen Betriebs- und Arbeitszeit. Die Beauftragten der Erlaubnisbehörde dürfen die Grundstücke, Betriebsanlagen, Geschäftsräume und Beförderungsmittel betreten und besichtigen. Das Personal des kontrollierten Betriebes muss erforderliche Auskünfte erteilen und jede Hilfe leisten. Soweit erforderlich, ist den Kontrolleuren Einsicht in die geschäftlichen Unterlagen zu gewähren (vgl. § 21 a GüKG).

▲ *Ordnungswidrigkeitenverfahren.* Werden bei der Überwachung Verstöße festgestellt, wird das BAG als **Bußgeldbehörde** und als **Ermittlungsbehörde** tätig. Als Bußgeldbehörde führt es das Verfahren durch und erlässt den Bußgeldbescheid gegen den Betroffenen aus dem Inland und auch aus anderen Staaten. Als Ermittlungsbehörde leitet es das Ermittlungsergebnis an die zuständige Behörde zur Ahndung weiter.

Ordnungswidrigkeiten gegen Vorschriften des GüKG: Ordnungswidrig handelt, wer fahrlässig oder vorsätzlich Güterkraftverkehr ohne gültige Zulassungsurkunde betreibt, wer Beförderungspapiere falsch bzw. unvollständig ausfüllt, wer gegen die Buchführungsvorschriften verstößt usw. Diese Verstöße können mit einem Bußgeld geahndet werden.

Ordnungswidrigkeiten gegen Vorschriften der Europäischen Union: Ordnungswidrig handelt, wer als Inhaber einer Gemeinschaftslizenz diese fahrlässig oder vorsätzlich an Dritte überträgt, eine beglaubigte Abschrift während der Fahrt nicht mitführt oder den Kontrolleuren zur Prüfung nicht aushändigt, die Gemeinschaftslizenz für den nicht grenzüberschreitenden Verkehr verwendet, eine abgelaufene bzw. widerrufene Lizenz einsetzt oder die Bescheinigung über die Lkw-Autobahngebühr nicht vorlegt. Das BAG kann diese Ordnungswidrigkeiten mit einer Geldbuße ahnden.

Schwerwiegende Verstöße gegen Rechtsvorschriften meldet das BAG als Ermittlungsbehörde der zuständigen Behörde zur Strafverfolgung. Das BAG darf nach § 16 GüKG personenbezogene Daten über Bußgeldverfahren speichern und an öffentliche Stellen weiterleiten, soweit diese Daten zur Erfüllung der Berufszugangsbedingungen (vgl. Abschn. 5.3.2) wesentlich sind. Diese Daten können unter anderem Grundlage für die Entziehung bzw. den Widerruf der Zulassungsurkunden sein. Diese Speicherung und Weitergabe der Daten ist nach dem Bundesdatenschutzgesetz zulässig. Die Übermittlung der Daten unterbleibt, wenn dadurch schutzwürdige Interessen des Betroffenen beeinträchtigt würden, es sei denn, das öffentliche Interesse übersteigt das Geheimhaltungsinteresse des Betroffenen.

▲ ***Marktbeobachtung.*** Das BAG beobachtet verkehrsträgerübergreifend die Entwicklung des Marktgeschehens im Güterverkehr der EU. Es erfasst, analysiert die Verkehrsdaten und berichtet regelmäßig. Die Erkenntnisse des BAG dienen der Früherkennung und der Vermeidung von Fehlentwicklungen in der EU. Sie sind Grundlage zur Vorbereitung verkehrspolitischer Entscheidungen.

▲ ***Statistik.*** Das BAG führt bundesweit Verkehrsstatistiken als **Verkehrsleistungsstatistik** und als **Unternehmensstatistik** im Stichprobeverfahren durch; der Aussagewert dieser Repräsentativerhebungen wird dadurch gesichert, dass alle Befragten, die nach festgelegten Regeln ausgewählt werden, zur Auskunft verpflichtet sind („Verordnung über Statistiken des Straßengüterverkehrs", gültig ab 8. April 1994).

In der **Unternehmensdatei** sind die inländischen Güterkraftverkehrsunternehmen erfasst; gespeichert werden neben bestimmten Unternehmensdaten auch die erteilten Berechtigungen zum Güterkraftverkehr: Erlaubnis, Gemeinschaftslizenz, CEMT-Genehmigung. Das BAG nutzt diese Daten bei Erteilen von CEMT-Genehmigungen, bei Anfragen zum Erteilen von Beförderungsgenehmigungen von Kriegswaffen u. Ä., zur Sicherstelllung des Verkehrs in Krisenzeiten und bei Durchführung von Ordnungswidrigkeitenverfahren.

▲ ***Marktordnung.*** Neben der Überwachung des Güterkraftverkehrs auf Verstöße gegen die Marktordnung erteilt das BAG Berufszugangsbescheinigungen, Meldebestätigungen für den Werkverkehr und CEMT-Genehmigungen; es wirkt mit bei der Erteilung bilateraler Genehmigungen und bei der Durchführung verwaltungsrechtlicher Maßnahmen; auch berät es das Bundesverkehrsministerium.

▲ ***Steuern, Abgaben.*** Das BAG unterstützt die Finanzverwaltung bei der Überwachung der Vorschriften über die Abgaben und über die USt im Straßengüterverkehr ausländischer Unternehmer.

Kontrolliert wird auch die Einhaltung der Rechtsvorschriften über die Autobahnbenutzungsgebühr.

5.3 Der gewerbliche Güterkraftverkehr

5.3.1 Die Erlaubnisurkunde

▲ *Erlaubnispflicht.* Der Unternehmer, der in Deutschland gewerblichen Güterkraftverkehr betreiben will, braucht eine **Erlaubnis.** Zuständig für die Erteilung der Erlaubnis ist die **Erlaubnisbehörde des Bundeslandes,** in dessem Zuständigkeitsbereich der Antragsteller seinen Sitz hat (z. B. das zuständige Regierungspräsidium).

▲ *Erlaubnisurkunde.* Über die Erlaubnis wird von der zuständigen Erlaubnisbehörde eine Urkunde für den Antragsteller ausgestellt, wenn er bestimmte Voraussetzungen erfüllt:

- ✘ Der Unternehmer muss seinen **Sitz in Deutschland** haben.
- ✘ Der Unternehmer oder/und sein Geschäftsführer muss die **Berufszugangsbedingungen** der Zuverlässigkeit, der finanziellen Leistungsfähigkeit und der fachlichen Eignung (siehe unten) erfüllen.

Er muss eine **Güterschaden-Haftpflichtversicherung** abschließen, die ihn gegen alle Haftungsfälle nach HGB schützt. Den Abschluss dieser Versicherung teilt er dem BAG mit.

Die Erlaubnisurkunde wird dem Antragsteller persönlich erteilt. Bei erstmaliger Erteilung ist sie auf fünf Jahre befristet und wird dann bei erneuter Erteilung unbefristet gewährt. Entfällt eine Berufszugangsbedingung, kann die Erlaubnisbehörde die Erlaubnis zurücknehmen.

Erlaubnisurkunde für den gewerblichen Güterkraftverkehr

Nummer	Land	Bezeichnung der zuständigen Behörde
0001	H H	FREIE UND HANSESTADT HAMBURG Baubehörde - Amt für Verkehr

Dem Unternehmer

Name, Rechtsstand und Anschrift

Gustav Probe Transport
GmbH
Am Bahnhof 100
21029 Hamburg

wird auf Grund § 4 des Güterkraftverkehrsgesetzes (GüKG) die Erlaubnis für den gewerblichen Güterkraftverkehr erteilt.

Besonderheiten:

z. B.: Zugelassen für Lastkraftwagen bis max. 10 Tonnen zulässiges Gesamtgewicht

Diese Urkunde ist bei allen Beförderungen mitzuführen und Kontrollberechtigten auf Verlangen zur Prüfung auszuhändigen.

Ändern sich in der Erlaubnisurkunde genannte unternehmerbezogene Angaben, so sind das Original und die Ausfertigung der Erlaubnisbehörde zur Berichtigung vorzulegen.

Die Erlaubnis gilt vom ☐ **unbefristet**

☒ **befristet vom** 01.07.1998

bis zum 31.12.2003

Erteilt in HAMBURG **am** 01.07.1998

Unterschrift der Erlaubnisbehörde und Dienstsiegel

Die Erlaubnisurkunde ist nicht übertragbar. Ausnahmen bestehen bei Übertragung des Unternehmens im Ganzen auf einen Dritten und im Erbfall; hier darf der Nachfolger die Güterkraftverkehrsgeschäfte vorläufig weiterführen, jedoch muss er die Erlaubnis umgehend beantragen.

Bei Erteilung und Entzug von Erlaubnisurkunden gibt die Erlaubnisbehörde dem BAG, den betreffenden Berufsverbänden, der zuständigen Gewerkschaft und der IHK Gelegenheit zur Stellungnahme.

5.3.2 Berufszugangsbedingungen für den Güterkraftverkehr

Ein Unternehmer, der in Deutschland oder in der Europäischen Union Güterkraftverkehr betreiben will und der Fahrzeuge mit einem höchstzulässigen Gesamtgewicht von über 3,5 t (einschließlich Anhänger) einsetzt, muss bestimmte persönliche, subjektive Bedingungen für den Berufszugang erfüllen; erst dann darf die Zulassungsbehörde ihm die erforderliche Zulassungsurkunde aushändigen. Diese **Berufszugangsbedingungen** sind im GüKG (§ 3), der „Berufszugangs-Verordnung GüKG" von 1998 und in der „Verordnung (EWG) Nr. 881/92 (Gemeinschaftslizenz)" jeweils in neuester Fassung vorgeschrieben. Sie sind auch zu erfüllen beim Einsatz von Pkw-Kombi über 3,5 t Gesamtgewicht im Güterverkehr.

Bescheinigung
über die Erfüllung der Voraussetzungen für den Zugang zum Beruf des Güterkraftverkehrsunternehmers

Bezeichnung der ausstellenden Behörde

Herr/~~Frau/Firma~~ xxxxxxxxx Karl Schnell .... **geboren am** 21.Sept.1948 ....

Anschrift .... Emil Schnell & Co., Holstenwall 14-17,

20355 Hamburg

....

(1)[1]) besitzt die zur Führung eines Güterkraftverkehrsunternehmens notwendige Zuverlässigkeit,

(2) hat nachgewiesen, dass er/sie über die zur ordnungsgemäßen Inbetriebnahme und Führung eines Güterkraftverkehrsunternehmens erforderlichen finanziellen Mittel verfügt,

(3)[2]) besitzt die zur ordnungsgemäßen Führung eines Güterkraftverkehrsunternehmens notwendigen Kenntnisse.

Beschränkungen .... keine ....

....

Diese Feststellungen entsprechen den Voraussetzungen der Verordnung über den Zugang zum Beruf des Güterkraftverkehrsunternehmers vom 3. Mai 1991 und der geänderten Richtlinie 74/561/EWG des Rates vom 12. November 1974 über den Zugang zum Beruf des Güterkraftverkehrsunternehmers im innerstaatlichen und grenzüberschreitenden Verkehr (ABl. EG Nr. L 308 S. 18).

Ausstellungsort	**Datum** 1. Oktober 1998
Hamburg	**(Name, Unterschrift und Amtsbezeichnung des Ausstellers)**

Stempel der ausstellenden Behörde

Baubehörde
Amt für Verkehr

Die Berufszugangsbedingungen sind erfüllt, wenn

1. „der Unternehmer **und** die zur Führung der Güterkraftverkehrsgeschäfte bestellte Person zuverlässig sind **(persönliche Zuverlässigkeit)**,
2. die finanzielle Leistungsfähigkeit des Unternehmens gewährleistet ist **(finanzielle Leistungsfähigkeit)** und
3. der Unternehmer **oder** die zur Führung der Güterkraftverkehrsgeschäfte bestellte Person fachlich geeignet ist **(fachliche Eignung)**."

Die zuständige Zulassungsbehörde prüft, ob der Antragsteller diese Berufszugangsbedingungen erfüllt und stellt über die Erfüllung der Bedingungen eine Bescheinigung aus.

Die **Zuverlässigkeit** ist gegeben, wenn beide Personen Gewähr bieten, dass das Unternehmen nach den gesetzlichen Bestimmungen geführt wird und dass die Allgemeinheit durch den Betrieb vor Schäden und Gefahren verschont bleibt.

Die Zulassungsstelle prüft bei Personengesellschaften alle Gesellschafter (Vollhafter und Teilhafter) und bei Kapitalgesellschaften den oder die gesetzlichen Vertreter. Auskünfte werden aus dem Verkehrszentralregister und dem Gewerbezentralregister eingeholt, außerdem muss ein polizeiliches Führungszeugnis vorgelegt werden. – Die Zuverlässigkeit ist nicht gegeben, wenn schwere oder wiederholte geringe Verstöße gegen strafrechtliche Vorschriften, aber auch Verstöße gegen arbeits- und sozialrechtliche Vorschriften, Verstöße gegen die Verkehrssicherheit, gegen Steuerrecht, gegen Umweltschutzbestimmungen u. a. vorliegen.

Die **finanzielle Leistungsfähigkeit** ist gegeben, wenn „die zur Aufnahme und ordnungsgemäßer Führung ... des Betriebes erforderlichen finanziellen Mittel verfügbar sind."

Der Nachweis kann durch den Prüfungsbericht eines Steuerberaters, Wirtschaftsprüfers usw. erbracht werden. Geprüft werden das Betriebskapital, verfügbare Finanzmittel und Vermögenswerte u. a. Die finanzielle Leistungsfähigkeit ist nicht gegeben, wenn erhebliche Rückstände an Steuern oder Sozialversicherungsbeiträgen bestehen, wenn das Eigenkapital und die Reserven einen bestimmten Betrag unterschreiten.[1]

Die **fachliche Eignung** ist gegeben, wenn die Person (der Unternehmer oder der Geschäftsführer) die zur ordnungsgemäßen Führung eines Güterkraftverkehrsunternehmens erforderlichen Fachkenntnisse nachweist.

Der Nachweis kann durch eine einheitliche schriftliche und mündliche Prüfung vor der IHK erbracht werden. Nachzuweisen sind Kenntnisse des Güterkraftverkehrs aus den Bereichen Recht, kaufmännische und finanzielle Verwaltung eines Betriebes, technische Normen und Betrieb, Straßenverkehrssicherheit und grenzüberschreitender Güterkraftverkehr. Eine Spezialisierung auf bestimmte Verkehrs- oder Beförderungsarten erfolgt nicht. Das BAG muss angehört werden.

Die fachliche Eignung kann auch durch die Abschlussprüfung zum Kaufmann im Eisenbahn- und Straßenverkehr (Fachrichtung: Güterkraftverkehr) oder zum Speditionskaufmann vor der Industrie- und Handelskammer oder zur Fortbildung zum Verkehrsfachwirt nachgewiesen werden.

[1] 10 000,00 DM je Lkw oder 500 DM je Tonne des zulässigen Gesamtgewichts nach dem Stand von 1998, je Fahrzeugkombination wahlweise 20 000,00 DM, je nachdem was günstiger ist; die EU-Berufszugangsbedingungen schreiben 9 000,00 EUR für das 1. Fahrzeug, 5 000,00 EUR für jedes weitere Fahrzeug vor.

5.3.3 Die rechtlichen Grundlagen des Frachtvertrages

Der Frachtvertrag im gewerblichen Güterkraftverkehr wird grundlegend durch die Vorschriften über das Frachtgeschäft im HGB §§ 407 bis 449 geregelt; diese Vorschriften werden durch §§ 452 bis 452 d (multimodaler Verkehr) und durch § 458 über den Selbsteintritt des Spediteurs ergänzt.

Der Güterkraftverkehrsunternehmer, dessen Geschäfte zu den Handelsgewerben nach § 1 HGB zählen, gilt als Istkaufmann, da sein „Gewerbebetrieb nach Art und Umfang einen in kaufmännischer Weise eingerichteten Geschäftsbetrieb ... erfordert". Übt er die Frachtgeschäfte in einem kleineren Betrieb aus, gelten für ihn die Rechtsvorschriften über das Frachtrecht ebenso in vollem Umfang.

▲ *Allgemeine Vertragsbedingungen für den Güterkraftverkehrs- und Logistikunternehmer (VBGL).* Diese Allgemeinen Geschäftsbedingungen sind entwickelt worden vom **Bundesverband Güterkraftverkehr, Logistik und Entsorgung (BGL) e. V., Frankfurt/Main.** Sie können für Frachtverträge gem. §§ 407–449 und §§ 452–452 d HGB (multimodaler Verkehr) für den gewerblichen Straßengüterverkehr gelten, zusätzlich können sie beim Selbsteintritt des Spediteurs gemäß § 458 HGB angewendet werden. Sie können auch für logistische Dienstleistungen, die mit der Beförderung oder Lagerung im Zusammenhang stehen, aber nicht speditionsüblich sind (z. B. Aufbügeln von Konfektion, Montage von Teilen, Veränderung des Gutes) vereinbart werden. Sie gelten nicht für reine Verpackungsarbeiten und die Beförderung oder Lagerung von Umzugsgut.

Inhalt:

§ 1 Geltungsbereich,

§ 2 Informationspflichten des Auftraggebers, Fahrzeuggestellung,

§ 3 Übergabe des Gutes,

§ 4 Frachtbrief / Begleitpapier,

§ 5 Verladen und Entladen,

§ 6 Rechte des Frachtführers bei Nichteinhaltung,

§ 7 Gefährliches Gut,

§ 8 Quittung,

§ 9 Verzug, Aufrechnung,

§ 10 Haftung und Versicherung,

§ 11 Nachnahme,

§ 12 Pfandrecht,

§ 13 Lohnfuhrvertrag,

§ 14 Paletten,

§ 15 Entsorgungstransporte,

§ 16 bis § 19 Erfüllungsort, Gerichtsstand, Anwendbares Recht, Salvatorische Klausel.

(Anstelle der VBGL können im Frachtvertrag die ADSp vereinbart werden.)

▲ *Abschluss des Beförderungsvertrages.* Der Frachtvertrag wird zwischen dem **Absender** und dem **Frachtführer** geschlossen. Absender ist der Versender/Verkäufer (Hersteller oder Händler) oder der Spediteur/Lagerhalter, der von einem Versender zwischengeschaltet wird. Viele Spediteure sind gleichzeitig Güterkraftverkehrsunternehmer und damit auch Frachtführer. Der Absender erteilt einem Lkw-Unternehmer einen Beförderungsauftrag, und dieser nimmt den Auftrag an. **Mit Auf-**

tragsannahme ist der Frachtvertrag abgeschlossen. Der Absender verpflichtet sich, das Gut in geeigneter Beschaffenheit zu übergeben und die Fracht zu zahlen. Der Frachtführer verpflichtet sich, das Gut zu befördern und an den Empfänger abzuliefern. Der Empfänger hat aus dem Vertrag keine Pflichten; er hat das Recht auf Ablieferung des Gutes (Vertrag zugunsten eines Dritten). Mit Annahme des Gutes können ihm Pflichten erwachsen, so das Entladen und die Zahlung der Fracht u. a. (vgl. Kap. 3).

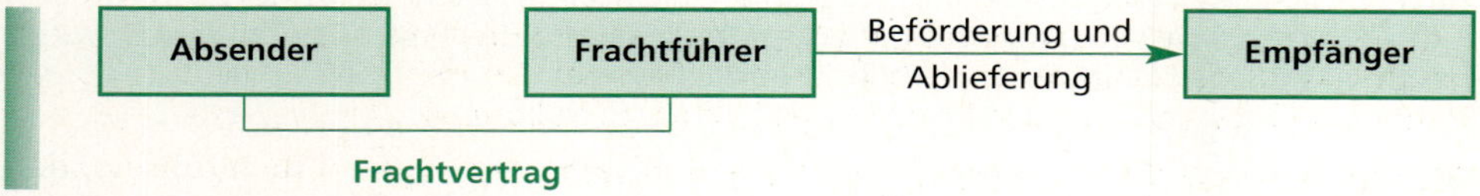

Der Unternehmer wird eine Beförderung ablehnen, wenn die auszuhandelnde Fracht die Selbstkosten und den Gewinnanteil nicht deckt (z. B. fehlende Rückladung oder Beiladung, sperrige Güter, Nichtbeachtung der Gefahrgutverordnung).

5.4 Die Abwicklung des Frachtgeschäftes

5.4.1 Die Auflieferung von Sendungen

▲ *Abfertigungsarten.* Der Absender kann die Sendung

- als **Stückgut** dem Unternehmer zur Verladung übergeben

  oder

- im **Ladungsverkehr** einen Lkw für die Verladung des Gutes bestellen. Der Spediteursammelgutverkehr gehört zum Ladungsverkehr.

Der Güterkraftverkehrsunternehmer kann nach seiner Entscheidung eine im Ladungsverkehr abgefertigte Sendung mit seinem Fahrzeug auf einer Teilstrecke im kombinierten Verkehr (Huckepack) mit der Eisenbahn, mit dem Binnenschiff oder mit dem Seeschiff befördern lassen (Kombiverkehr, intermodaler Verkehr u. Ä.).

▲ *Informationspflicht des Auftraggebers und Fahrzeuggestellung (VBGL § 2).* Der Absender als Auftraggeber unterrichtet den Frachtführer rechtzeitig vor Durchführung der Beförderung über alle wesentlichen Faktoren, die für eine ordnungsgemäße Transportabwicklung erforderlich sind. Bei der Auftragserteilung sind u. a. anzugeben:

- Art und Beschaffenheit der Güter,
- Gewicht und Menge,
- Werthaltigkeit der Güter,
- einzuhaltende Termine u. a.

Durch Annahme des Auftrags verpflichtet sich der Lkw-Unternehmer, ein geeignetes Fahrzeug zu gestellen und den vereinbarten Gestellungstermin einzuhalten.

▲ *Übergabe des Gutes (VBGL § 3).* „Der Absender hat dem Frachtführer das Beförderungsgut in **beförderungsfähigem Zustand** einschließlich der erforderlichen Begleitpapiere (§§ 410, 411 und 413 HGB) zu übergeben." Der Absender hat das Gut so zu verpacken, dass es vor Verlust und Beschädigung geschützt ist und dass dem Frachtführer keine Schäden entstehen. Außerdem hat er das Gut zu kennzeichnen, soweit das erforderlich ist.

„Entspricht das Beförderungsgut nicht diesen Anforderungen oder fehlen Beleitpapiere, so kann der Frachtführer die Beförderung ablehnen, den Vertrag kündigen und Ersatz seiner entstandenen Aufwendungen verlangen."

Bei der Übergabe prüft der Frachtführer **den äußerlichen Zustand der Frachtstücke,** sofern ihm das möglich und zumutbar ist. Zur Überprüfung von Stückzahl, Menge oder Gewicht des Beförderungsgutes ist er nur verpflichtet, wenn dies zumutbar, möglich und vereinbart ist und der Absender dafür die Auslagen und eine angemessene Vergütung bezahlt. Weist das Gut bei Übernahme Spuren von Beschädigungen auf, so verlangt er vom Absender, dass er den Zustand des Gutes im Frachtbrief oder in einem anderen Begleitpapier bescheinigt (Monitur).

Bei Übergabe **gefährlicher Güter** sind besondere Vorschriften der GGVS zu beachten. Sie betreffen die Verpackung, Markierung, Information des Frachtführers, den Frachtbrief u. a.

▲ ***Verladen und Entladen (HGB § 412, VBGL § 5).*** Der Absender hat das Gut **beförderungssicher zu laden, zu stauen und zu befestigen (Verladen)**, soweit sich aus den Umständen oder nach Verkehrssitte nichts anderes ergibt. Der Frachtführer ist verpflichtet, für die **Betriebssicherheit der Verladung** zu sorgen. Die Verladung und die Entladung übernimmt der Frachtführer gegen eine angemessene Vergütung, wenn das bei Abschluss des Frachtvertrages vereinbart worden ist. Das Entladen ist Pflicht des Empfängers, die ihm mit Annahme der Sendung entsteht.

Für das Verladen und das Entladen steht je eine angemessene oder vereinbarte Ladebzw. Entladezeit zur Verfügung. Die Beladefrist beginnt mit dem Zeitpunkt der Bereitstellung des Fahrzeuges, die Entladefrist mit dem Zeitpunkt, an dem der Empfänger die Verfügungsgewalt über das Gut erhält (z. B. Übergabe des Frachtbriefes). Bei Überschreiten dieser Zeiten hat der Frachtführer Anspruch auf eine **angemessene Vergütung,** auf **Standgeld.**

5.4.2 Der Frachtbrief

Die Grundlagen des Frachtbriefeinsatzes im Güterkraftverkehr ergeben sich aus HGB § 408 f. und aus VBGL § 4 (vgl. Abschnitt 3.2.1). Wird der Spediteur als Frachtführer tätig, verwendet er den vom BSL verwendeten Vordruck (S. 107).

Der Frachtführer kann vom Absender die Ausstellung eines Frachtbriefes verlangen. Er wird in drei Originalausfertigungen ausgestellt, die vom Absender unterzeichnet werden (Druck oder Stempel). Eine Ausfertigung ist für den Absender, eine für den Empfänger und eine für den Frachtführer bestimmt.

Inhalt. Der Frachtbrief soll folgende Angaben enthalten:

- Ort, Tag der Ausstellung,
- Name und Anschrift des Absenders,
- Name und Anschrift des Frachtführers,
- Stelle und Tag der Übernahme und die Ablieferungsstelle,
- Name und Anschrift des Empfängers,
- die übliche Bezeichnung der Art des Gutes und der Verpackung, evtl. nach Gefahrgutvorschriften,
- Anzahl, Zeichen und Nummern der Frachtstücke,
- Rohgewicht oder anders angegebene Menge des Gutes,
- vereinbarte Fracht u. a., Frachtzahlungsvermerk,
- Nachnahme,
- Weisungen über Zollbehandlung und andere amtliche Behandlung,
- Vereinbarung über Verladung in offenem Fahrzeug ohne Plane und weitere Angaben.

Muster eines Frachtbriefes

[1] Absender - Name und Postanschrift — [2] Kundennummer
Emil Schnell & Co
Holstenwall 14-17
20355 Hamburg

[3] Versandort(e)
22113 Hamburg

[4] Beladestelle(n)
Werner-Siemens-Str. 100

[5] Empfänger - Name und Postanschrift — [6] Kundennummer
Hans Berg & Sohn
Sped.-Logistic
30880 Laatzen

[7] Empfangsort(e)
30880 Laatzen

[8] Entladestelle(n)
Fabrikstr. 3-5

Frachtbrief — [9] Frachtbrief- / Positions-Nr.
für den nationalen Güterkraftverkehr

[10] Fahrzeugdaten	LKW	Anhänger
Amtl. Kennzeichen	HH-ZG 486	HH-ZG 139
WB-Nr.		
Plomben-Nr.		

[11] Namen	Fahrzeug-Führer	Begleiter
	S. Berg	A. Meier

[12] Beladung	Fhzg.bereitgestellt	Beladung beendet
Tag	7. März ..	7. März ..
Stunde	7:30	15:30

[13] Entladung	Fhzg.bereitgestellt	Entladung beendet
Tag		
Stunde		

Anz.	Art.-Verp.	Auftr.- / LS - Nr.	[14] Bezeichnung der Güter – Inhalt	Brutto-Gew.kg Volumen m³	[15] Gefahrgut ADR – UN-Nr.	Klasse	Ziffer	Buchstabe	Faktor	Punkte	Netto-Gew.kg Volumen m³
152	14		Sammelgut	10 323							
14	Europaletten										
			Summe								

[16] Frankatur unfrei — [17] Nachnahme XXX ☐ DM ☐ Euro

[18] Warenwert für SpV 76 000,00 ☒ DM ☐ Euro
[20] Entfernung (km) 163

[19] Weisungen / besond. Vereinbarungen
Bordero 17/566

[21] Vereinbarte Fracht (ohne MWSt.) ☒ DM ☐ Euro

Vereinbarte Fracht	300,00
Nachnahmegebühr	
Nebengebühren	
MWSt. ____ %	48,00
Summe incl. MWSt.	348,00
Nachnahme	
Gesamtsumme	348,00

[22] Vorbehalt des Frachtführers bei Übernahme des Gutes

[23] Reklamationen des Empfängers

[24] Paletten beim Absender – Art	abgegeben	erhalten	[25] Paletten beim Empfänger – Art	abgegeben	erhalten
Euro-Palette	14	14	Euro-Palette	14	10
Gitterbox-Palette			Gitterbox-Palette		
Einweg-Palette			Einweg-Palette		
Industrie-Palette			Industrie-Palette		
sonst.Lademittel			sonst.Lademittel		

Ort und Tag der Ausstellung	Gut (und Paletten) übernommen	Gut (und Paletten) erhalten
Hamburg, den 7. März ..	Hamburg, den 7. März ..	Laatzen, den 7. März ..
Emil Schnell & Co Spedition-Logistik Holstenwall 14-17 22113 Hamburg	Peter Schmidt Güterkraftverkehr 30880 Laatzen	Hans Berg & Co 30880 Laatzen
Adresse und Unterschrift des Absenders	Adresse und Unterschrift des Unternehmers	Adresse und Unterschrift des Empfängers

Es gelten ausschließlich die Allgemeinen Spediteurbedingungen (ADSp) neueste Fassung

Als Frachtbrief kann auch ein elektronischer Frachtbrief, eine Rollkarte, ein Lieferschein o. a. verwendet werden.

Die für den Absender bestimmte Ausfertigung kann von diesem als Sperrpapier verwendet werden. In den meisten Fällen dürfte die Einschaltung eines Spediteurs und die Ausstellung eines Spediteurversanddokumentes zweckmäßiger sein.

▲ ***Beweiskraft des Frachtbriefes.*** Ist der Frachtbrief von beiden Parteien unterzeichnet, dann wird durch ihn bescheinigt,

- dass das Gut und seine Verpackung bei Übernahme in äußerlich gutem Zustand waren und
- dass die Anzahl der Frachtstücke und ihre Zeichen und Nummern mit den Frachtbriefangaben übereinstimmen.

Hat der Frachtführer das Rohgewicht bzw. die Menge des Gutes oder den Inhalt der Frachtstücke überprüft und das Ergebnis im Frachtbrief eingetragen, dann bescheinigt er mit der Unterzeichnung, dass das Gewicht, die Menge und der Inhalt mit den Frachtbriefangaben übereinstimmen.

MERKE

Der Frachtbrief im Güterkraftverkehr dient als Nachweis für Abschluss und Inhalt des Frachtvertrages und für die Übernahme des Gutes – bis zum Beweis des Gegenteils durch den Absender bzw. den Frachtführer.

5.4.3 Die Beförderung und Ablieferung von Sendungen[1]

▲ ***Lieferfrist (HGB § 423).*** Nach dem Verladen befördert der Lkw-Unternehmer die Sendungen innerhalb der **vereinbarten Lieferfrist.** Ist eine Frist nicht vereinbart, so muss er sie in einer angemessenen Lieferfrist abliefern, die „einem sorgfältigen Frachtführer unter Berücksichtigung der Umstände vernünftigerweise zuzubilligen ist (Lieferfrist)“. – Übliche Lieferfristen innerhalb Deutschlands betragen 24 Stunden und innerhalb Europas 48 Stunden.

▲ ***Nachträgliche Weisungen (HGB § 418).*** Nach dem Verladen ist der Absender berechtigt, über die Sendung nachträglich zu verfügen. Wegen der relativ kurzen Lieferfristen wird im Lkw-Verkehr nur selten über eine Sendung nachträglich verfügt. Das Recht erlischt grundsätzlich mit Ankunft an der Ablieferstelle; gegebenenfalls ist dem Lkw-Unternehmer die für den Absender bestimmte Original-Ausfertigung des Frachtbriefes vorzulegen (vgl. Abschnitt 3.2.2).

▲ ***Beförderungs- und Ablieferungshindernisse (HGB § 419).*** Werden solche Fälle dem Frachtführer erkennbar, muss er Weisungen von dem Verfügungsberechtigten (dem Absender oder dem Empfänger) einholen. Unter Umständen kann er das Gut zurückbefördern, einlagern oder sogar verkaufen (vgl. Abschnitt 3.2.2).

▲ ***Nachnahme (VBGL § 10).*** Die Erteilung einer Nachnahme wird im Frachtbrief oder im Begleitpapier vermerkt. Sie ist grundsätzlich in bar einzuziehen oder in Form eines gleichwertigen Zahlungsmittels.

▲ ***Paletten (VBGL § 13).*** Der Lkw-Unternehmer ist nicht zur Gestellung von Paletten, Ladehilfsmitteln und Packmitteln verpflichtet. Er wird dem Absender auf dessen Wunsch behilflich sein.

Ein **Palettentausch** muss bei Vertragsschluss oder bei Abruf des Fahrzeuges vereinbart werden und muss im Frachtbrief, einem Begleitpapier oder in einem gesonder-

[1] Vgl. Kapitel 3

ten **Palettenbegleitschein** festgehalten werden. Getauscht werden nur Paletten gleicher Art, Güte und Menge (vgl. BGB § 607 Abs. 1); die Paletten müssen gebrauchsfähig sein. Sie werden Zug-um-Zug getauscht und gehen in das Eigentum des jeweiligen Tauschpartners über. Die Rückführung leerer Paletten erfolgt nur, wenn darüber ein gesonderter Beförderungsvertrag abgeschlossen wird.

▲ ***Quittung (VBGL § 7).*** Nach Ankunft des Gutes an der Ablieferstelle verlangt der Empfänger die Ablieferung des Gutes gegen Erfüllung der Pflichten aus dem Frachtvertrag (Zahlung der Fracht, Entladen). Der Frachtführer verlangt die schriftliche **Empfangsbescheinigung (Quittung)** über das Gut, die mit Stempel und Unterschrift versehen ist. Stellt der Empfänger einen Schaden am Gut fest, so bezeichnet er die Art der Beschädigung in der Quittung bzw. im Frachtbrief (Monitur). Damit macht er seinen Anspruch auf Schadenersatz geltend; kann er einen Schaden lediglich vermuten, erteilt er die Quittung unter Vorbehalt.

▲ ***Zahlung, Frachtberechnung (HGB § 420).*** Der Frachtführer hat Anspruch auf die Vergütung seiner Beförderungsleistung. Die **Fracht** und die **erforderlichen Aufwendungen** sind bei Ablieferung des Gutes zu zahlen. Diese Entgelte werden zwischen den Vertragspartnern **vereinbart** und erlangen mit Vertragsabschluss ihre Verbindlichkeit. – Mangels Vereinbarung werden die **üblichen Entgelte** (BGB § 632, HGB § 354) oder die **angemessenen Entgelte** (BGB § 315) abgerechnet. Zur Ermittlung seiner Fracht verwendet der Lkw-Unternehmer verschiedene Kalkulationsschemata.

▲ ***Verzug (VBGL § 8).*** „Zahlungsverzug tritt ein, ohne dass es einer Mahnung oder sonstigen Voraussetzung bedarf, **spätestens zehn Tage nach Ablieferung des Gutes …“.** Der Frachtführer darf Verzugszinsen von mindestens 2 % über dem Diskontsatz der Deutschen Bundesbank berechnen.

▲ ***Pfandrecht (HGB §§ 440 ff.).*** Der Lkw-Unternehmer hat das Pfandrecht am Gut wegen aller durch den Frachtvertrag begründeten Forderungen (konnex), aber auch wegen unbestrittener Forderungen aus anderen Fracht-, Speditions- oder Lagerverträgen, die er mit dem Absender abgeschlossen hat (inkonnex).

ZUSAMMENFASSUNG

Auflieferung und Beförderung von Sendungen im Güterkraftverkehr

▲ **Aufgaben des Absenders:**
- ✘ Informationspflicht
- ✘ Übergabe des Gutes in beförderungsfähigem Zustand
- ✘ Verpackung nach Art des Gutes und Beförderung, evtl. Kennzeichnung
- ✘ **beförderungssichere Verladung** (einschl. Befestigung)
- ✘ Frachtbrief ausstellen
- ✘ Zahlung der vereinbarten Fracht

▲ **Aufgaben des Frachtführers:**
- ✘ Fahrzeuggestellung
- ✘ **betriebssichere Verladung** sichern
- ✘ Empfangskontrolle auf äußeren Zustand; bei Vereinbarung auch Kontrolle des Gewichts u. a.
- ✘ Beförderung innerhalb der Lieferfrist
- ✘ Ablieferung an den Frachtbriefempfänger gegen Quittung

5.4.4 Die Haftung des Güterkraftverkehrsunternehmers

Der Güterkraftverkehrsunternehmer haftet nach HGB §§ 425 ff. und nach VBGL § 9. Er haftet für jeden **„Schaden, der durch Verlust oder Beschädigung** des Gutes in der Zeit von der Übernahme zur Beförderung bis zur Ablieferung entsteht. Die Entschädigung ist auf einen Betrag von **8,33 Sonderziehungsrechten** für jedes Kilogramm des Rohgewichts begrenzt“. Er haftet auch ohne sein Verschulden, solange er das Gut in seiner Objut hat; er unterliegt der **Obhutshaftung, auch Schaden- oder Gefährdungshaftung** genannt.

▲ ***Haftungsausschluss.*** Der Frachtführer haftet nicht, wenn der Schaden auf ein **unabwendbares Ereignis** zurückzuführen ist, das der Frachtführer auch bei größter Sorgfalt nicht vermeiden konnte. So wird er von jeder Haftung befreit, wenn er eine vereinbarte Lieferfrist aus einem unabwendbaren Ereignis heraus nicht einhalten konnte. Weitere Haftungsausschlussgründe sind gegeben, wenn der Schaden zurückzuführen ist auf

- ✘ ungenügende Verpackung oder Kennzeichnung,
- ✘ fehlerhaftes Behandeln, Verladen oder Entladen durch den Absender oder Empfänger,
- ✘ natürliche Beschaffenheit der Ware,
- ✘ höhere Gewalt u. a. (vgl. HGB § 427).

Eine Schadenersatzleistung wegen Überschreitens der Lieferfrist ist auf den dreifachen Betrag der Fracht begrenzt (HGB § 431).

▲ ***Güterschaden-Haftpflichtversicherung (GüKG § 7 a).*** „Der Unternehmer hat sich gegen **alle Schäden zu versichern**, für die er bei Beförderung mit Be- und Entladeort im Inland **nach dem Vierten Abschnitt des Handelsgesetzbuches** in Verbindung mit dem Frachtvertrag haftet." Der Unternehmer muss diese **Haftpflichtversicherung** für Güterschäden im Umfang der gesetzlichen Regelhaftung von 8,33 SZR (ca. 20,00 DM je kg) eindecken. Bei einer Nutzlast von 10 t beträgt die Versicherungssumme damit ca. 200 000,00 DM. Die Versicherungspflicht gilt für alle Fahrzeuge, die der Lkw-Unternehmer im inländischen Straßenverkehr einsetzt, und zwar unabhängig von der zurückgelegten Entfernung; sie gilt nicht für Kleinfahrzeuge unter 3,5 t zulässigem Gesamtgewicht.

Der Versicherer haftet im Umfang der Haftung des Lkw-Unternehmers gemäß HGB. So sind die gesetzlichen Haftungsausschlüsse auch von der Haftpflichtversicherung ausgeschlossen. Der Versicherungsschutz entfällt auch, wenn der Geschädigte durch eine andere Schadenversicherung (z. B. eine Transportversicherung) Ersatz bekommen kann. Der Geschädigte hat keinen direkten Anspruch gegen die Versicherung, er kann sich aber den Anspruch des Lkw-Unternehmers abtreten lassen.

Der Versicherer stellt dem versicherten Lkw-Unternehmer für jedes Fahrzeug eine **Versicherungsbestätigung** aus, die während der Fahrt mitzuführen und dem Kontrollberechtigten (BAG-Personal) auf Verlangen auszuhändigen ist. Der Versicherer teilt dem BAG Abschluss und Erlöschen der Versicherung mit.

▲ ***Transportversicherung.*** Der Auftraggeber kann auf seine Rechnung den Lkw-Unternehmer mit dem Abschluss einer Transportversicherung beauftragen. Durch sie würden die Risiken abgedeckt, für die der Lkw-Unternehmer nach dem HGB und den VBGL nicht haftet. Bei Vertragsabschluss ist eine Vereinbarung über Risiken und Versicherungssumme erforderlich.

▲ ***Schadenfeststellung, Schadenanzeige.*** Wird ein Güterschaden vom Frachtführer festgestellt oder vom Empfänger bzw. Absender behauptet, muss der Lkw-Unternehmer Art, Ursachen und möglichst den Zeitpunkt des Schadeneintritts **schriftlich** im Frachtbrief oder Unternehmerbericht festhalten. Bei größeren Schäden muss der Unternehmer den Havariekommissar seiner Haftpflichtversicherung hinzuziehen; die Versicherung entscheidet dann über die Einschaltung eines Sachverständigen.

Bei **äußerlich nicht erkennbaren Güterschäden** gibt der Empfänger die Empfangsquittung für die Güter nur unter Vorbehalt. Äußerlich **nicht erkennbare** (innere) Güterschäden können noch nach der vorbehaltlosen Annahme geltend gemacht werden, wenn spätestens binnen sieben Tagen nach der Annahme schriftlich die Feststellung des Schadens beantragt wurde und der Empfänger beweist, dass der Schaden in der Zeit entstanden ist, innerhalb der sich das Gut im Gewahrsam des Unternehmers befand.

Der Verlust des Gutes wird spätestens angenommen, wenn die Sendung nicht innerhalb der Lieferfrist und eines weiteren Zeitraumes abgeliefert wurde, der der Lieferfrist entspricht, mindestens jedoch zehn Tage, bei grenzüberschreitender Beförderung mindestens 30 Tage beträgt.

ZUSAMMENFASSUNG

- Der Güterkraftverkehrsunternehmer haftet für den Schaden, der durch Verlust oder Beschädigung des Gutes in seiner Obhut entsteht (Obhuts- oder Schadens- und Gefährdungshaftung).
- Von der Haftung ist er nur befreit, wenn der Schaden durch ein unabwendbares Ereignis verursacht ist.
- Die Höchsthaftung beträgt 8,33 Sonderziehungsrechte.
- Durch die Güterschaden-Haftpflichtversicherung ist der Lkw-Unternehmer gegen alle Schäden, für die er nach dem Frachtrecht des HGB haftet, versichert.

5.4.5 Die Straßenverkehrsgenossenschaften

In den meisten Bundesländern haben die Lkw-Unternehmer auf freiwilliger Ebene **Selbsthilfeorganisationen** gebildet, die Straßenverkehrsgenossenschaften (z. B. SVG-Fernverkehr-Hamburg Straßenverkehrsgenossenschaft eG). Allgemeine **Aufgabe** dieser Genossenschaften ist es, die **Mitgliedsbetriebe zu fördern und sie in ihrer Erwerbstätigkeit zu unterstützen**. Durch den Betrieb der gemeinschaftlich errichteten Genossenschaft soll sich das einzelne Mitglied, das über nur einen oder wenige Lkw verfügt, besser im Konkurrenzkampf behaupten können.

Die Straßenverkehrsgenossenschaften können für ihre Mitglieder folgende **Aufgaben** durchführen:

- **Gefahrgutschulung,** und zwar
  Schulung von Gefahrgutfahrern, von Entsorgungsfachpersonal u. a.,
- **Versicherungsdienst,** und zwar
  - Vermitteln von Fahrzeugversicherungen, z. B. Kfz-Haftpflicht- und Kaskoversicherungen über den „Versicherungsverband des Deutschen Kraftverkehrs VaG (KRAVAG)",
  - Vermitteln anderer Versicherungen, z. B. Transportversicherungen, Lebensversicherungen.
- **Warenhandel,** und zwar verbilligter Einkauf von Kfz-Zubehör, Treib- und Schmierstoffen,
- **Laderaumvermittlung** durch Laderaumverteilungsstellen, durch die das Angebot von Laderaum und Ladung zwischen Lkw-Unternehmen und Spediteuren ausgeglichen werden soll,
- **Agentur der KOMBIVERKEHR** zur Förderung des Kombiverkehrs (siehe Abschnitt 5.5),
- **Unterhalt von Autohöfen** mit Tankstellen, Reparaturwerkstätten, Hotels usw.,
- **Verkehrs- und Betriebsberatung,** und zwar
  - Verkehrsdienst mit Auskünften über Straßenzustand, Grenzübergangsstellen usw., mit Ausgabe von Carnets-TIR und anderen Dokumenten, mit Pannendienst im Straßenverkehr,
  - Informationen durch Mitteilungsblätter,
  - Fernfahrerschulung und Fortbildung durch die Fernfahrerschule Rieneck und andere Einrichtungen,
  - Betriebsberatungen (einschl. Qualitätsmanagementberatung),
  - Beratung bei der Kalkulation des Beförderungsentgeltes, EDV-Programme.

Die einzelnen SVGen haben sich auf Bundesebene zur **„Bundes-Zentralgenossenschaft Straßenverkehr (BZG) eG"** in Frankfurt (Main) zusammengeschlossen. Ihre Aufgaben:

- Vertretung der Gewerbeinteressen (vgl. Abschnitt 2.9),
- Beratungsdienst für Mitglieder (auch Betriebsbegehung, Seminare),
- Übernahme der Buchführung durch die Zentralbuchstelle mit gewerbeeigenem Großrechenzentrum.

5.5 Der Kombiverkehr (Huckepackverkehr)

▲ *Begriff.* Ein Lkw-Unternehmer des gewerblichen Güterkraftverkehrs kann seinen **Lastkraftwagen, Sattelanhänger oder Wechselbehälter und/oder Container** auf einem Abschnitt der Gesamttransportstrecke **mit der Eisenbahn,** einem Binnen- oder Seeschiff befördern lassen (Kombinierter Verkehr, Huckepackverkehr – vgl. Abschnitt 7.5.5). Im kombinierten Verkehr wechseln die Ladeeinheiten den Verkehrsträger in der Transportkette, im „gebrochenen Verkehr" werden die Güter selbst umgeladen.

Der kombinierte Verkehr wird europaweit durchgeführt. Jeder Güterkraftverkehrsunternehmer in Europa darf seine Ladungseinheiten mit seinen Lastkraftwagen befördern, wenn er die Berufs- und Marktzugangsbedingungen, die in der EU weitgehend einheitlich sind, erfüllt. So muss der in Deutschland ansässige Lkw-Unternehmer, der kombinierten Verkehr betreiben will, im Besitz der Erlaubnisurkunde sein.

MERKE

Der kombinierte Verkehr ist über die Schiene, den Binnenwasser- oder Seeweg geleiteter Lkw-Güterverkehr mit Vor- und Nachlauf auf der Straße. Werden die Ladungseinheiten im Lkw-Güterverkehr mit der DB AG befördert, geschieht das durch die zu diesem Zweck gegründete Kombiverkehr KG.

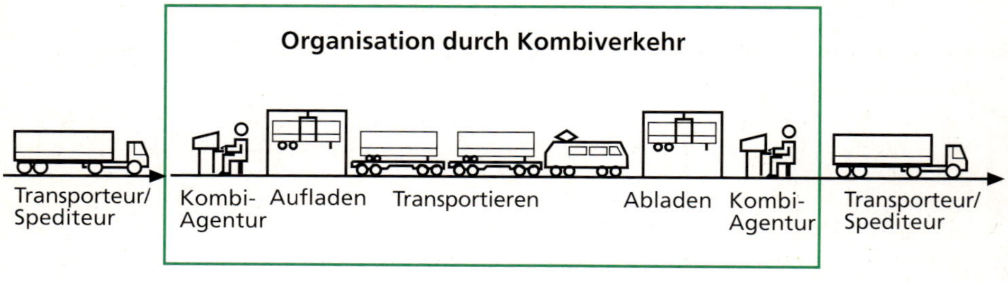

▲ *Organisation.* Der Kombiverkehr wird in Deutschland von der **„KOMBIVERKEHR** Deutsche Gesellschaft für kombinierten Güterverkehr mbH & Co. **KG",** Frankfurt (Main), (Kombiverkehr KG) organisiert. Komplementär ist die „Deutsche Gesellschaft für kombinierten Verkehr mbH". Kommanditisten sind Lkw-Unternehmer und Lkw-Spediteure; ihre Berufsverbände sind im **Beirat** vertreten, der die **Geschäftsleitung der Kombiverkehr KG** durch Empfehlungen beraten soll. Ein mehrköpfiger **Verwaltungsrat** unterstützt die Geschäftsleitung. Die DB Cargo hat sich aus der Kombiverkehr KG zurückgezogen.

Zweck der Kombiverkehr KG ist es,

- für die Kombiteilnehmer (Kommanditisten, aber auch Nichtgesellschafter) den Transport von Lkw, Sattelanhängern, Wechselbehältern oder Containern auf der Schiene zu organisieren und von der DB durchführen zu lassen; dabei bleibt die Frachtführereigenschaft der Kommanditisten erhalten,
- Zuführung und Abholung der Ladeeinheiten zu organisieren,
- die dafür notwendigen Einrichtungen zu beschaffen und für die Kommanditisten zur Verfügung zu halten.

▲ ***Bedeutung des Kombiverkehrs.*** Der Kombiverkehr

- leistet einen Beitrag zur Entlastung des Straßennetzes,
- ist umweltfreundlich durch verringerten Schadstoffausstoß des Lkw,
- ist für den Versender bzw. Empfänger vorteilhaft, weil er die Lieferzeit berechenbarer (Just-in-Time) macht (keine Staus, geringere Witterungsabhängigkeit, feste Fahrplanzeiten, keine Fahrverbote u. a.),
- ermöglicht die Beförderung von Rampe zu Rampe im nationalen und internationalen Verkehr (ohne Umladung),
- ist für den Lkw-Unternehmer vorteilhaft, wenn er den Fahrer einsparen kann und seine sonstigen Kosten (Abschreibung, Treibstoff usw.) unter den zusätzlichen Kosten der Kombifracht u. a. bleiben.

Die **Aufgaben der Kombiverkehr KG** erstrecken sich auf die Schienenbeförderung auf den Umschlag zwischen Schienen- und Straßenfahrzeugen einschließlich Zwischenabstellung und auf die erforderlichen Disponierungs- und Abfertigungsarbeiten, ferner auf Marktforschung und gegebenenfalls auf die Einrichtung neuer Verkehrsverbindungen (Linien), auf Beratung der Gesellschafter usw.

▲ ***Kombiagentur.*** Zur Erfüllung ihrer Aufgaben lässt sich die Kombiverkehr KG an den einzelnen Kombibahnhöfen von Kombiagenturen vertreten. Kombiagenten sind vor allem die Straßenverkehrsgenossenschaften, aber auch andere Gesellschaften.

▲ ***Kombisendungen.*** Je nach Huckepacktechnik werden im gewerblichen Güterverkehr folgende Kombisendungen (Ladeeinheiten = LE) unterschieden:

▲ ***Begleiteter kombinierter Verkehr.***

Technik A: Ein **Lastzug oder Sattelzug** bis 44 t Gesamtgewicht

– Verladung erfolgt durch Auffahren auf einen sehr niedrigen Spezialwaggon (rollende Landstraße, Lkw-Fahrer reisen in einem Liegewagen mit),

▲ ***Unbegleiteter kombinierter Verkehr.***

Technik B: Ein **Sattelanhänger** bis 33 t Gesamtgewicht

– Verladung durch Kran oder durch Auffahren auf einen Wagen,

Technik C: Ein bis zwei **Wechselbehälter oder Container**,[1]

2 Wechselbehälter oder Container je 16 t bis 15,65 m Gesamtlänge,

1 Wechselbehälter oder Container bis 33 t

– Verladung durch Kran auf einen Wagen.

[1] Im Vor- und Nachlauf des kombinierten Verkehrs als Fahrzeugkombination mit mehr als vier Achsen zugelassen.

Alle Kombisendungen sind bestimmten Lademaßen unterworfen. Die Abrechnung erfolgt nicht nach dem Gewicht der Güter, sondern je Kombisendung in DM/km. Rabatte können eingeräumt werden.

Kombi-Technik **A** Lastzüge und Sattelzüge - Verladung durch Auffahren

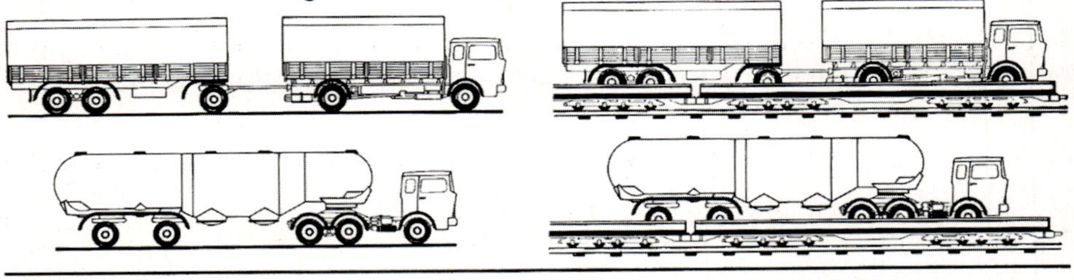

Kombitechnik **B** Sattelanhänger - Verladung durch Kran oder durch Auffahren

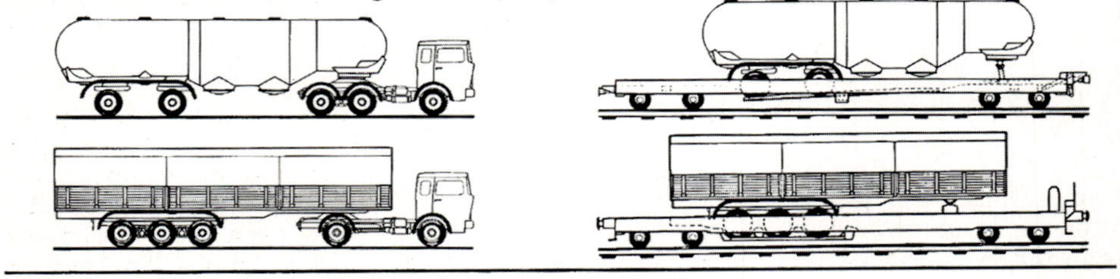

Kombi-Technik **C** Wechselbehälter - Verladung durch Kran

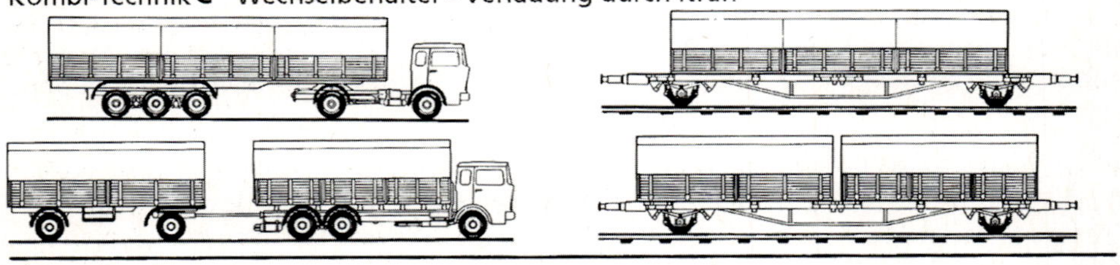

▲ ***Kombibahnhof.*** Die Kombisendungen werden an bestimmten Bahnhöfen, den Kombibahnhöfen, aufgeliefert. Sie verfügen über die erforderlichen

- ✘ Umschlagseinrichtungen, wie Portalkrane und mobile Umschlagsgeräte mit Spreader (eingreifendes Krangeschirr), zum Umschlag zwischen Schiene und Straße,
- ✘ Stellplätze für Ladungseinheiten (Lagerung, Inspektion usw.),
- ✘ Stellplätze mit Stromanschluss für temperaturgeführte Güter in LE,
- ✘ Einrichtungen zum Umschlag von LE von Lkw zu Lkw u. a.

Die Kombibahnhöfe werden von der DB und von privaten Gesellschaften (DUSS – Deutsche Umschlagsgesellschaft Schiene – Straße mbH. u. a.), an denen jeweils der Kombiverkehr beteiligt ist, geplant, gebaut und betrieben. Bevorzugte Standorte für Kombibahnhöfe sind die See- und Binnenhäfen und Güterverkehrszentren (GVZ).

▲ ***Kombifahrplan.*** Die Kombisendungen werden für bestimmte Verkehrsverbindungen aufgeliefert. Einzelheiten enthält der Kombifahrplan für den unbegleiteten und begleiteten kombinierten Verkehr; er wird jeweils zum Fahrplanwechsel im Mai veröffentlicht.

Die Kombiverkehr KG hat in Zusammenarbeit mit europäischen privaten Kombigesellschaften **internationale Verkehrsverbindungen** eingerichtet. Sie werden überwiegend zum Transport von Wechselbehältern/Containern genutzt. Direkt- und Shuttlezüge ergänzen das Liniennetz. Einzelheiten ergeben sich aus dem internationalen Kombifahrplan.

▲ *UIRR.* Die Interessen der Kombiverkehr und anderer europäischer Kombigesellschaften werden durch die UIRR (Union Internationale des sociétés de transport combiné Rail-Route), Brüssel, vertreten.

Durch **Zusammenarbeit der Kombiverkehr mit der Transfracht** im Kombinierten Ladungsverkehr der DB (KLV) wird das Abfahrtsnetz für Kombisendungen verdichtet, und die Beförderungsfristen werden durch GarantieCargo gesenkt. Bei Einsatz von Hochgeschwindigkeitszügen werden Geschwindigkeiten bis 160 km/h erreicht.

Kombiteilnehmer können Kommanditisten der Kombiverkehr KG, aber auch Nichtgesellschafter sein. Das Gesellschaftsverhältnis zwischen Kombiverkehr KG und Kombiteilnehmer ist in der **„Satzung der Kombiverkehr KG“** geregelt.

▲ *Frachtzahlung.* Die Frachten der Kombisendungen sind bei der Auflieferung fällig. Sie werden von der Kombiverkehr KG mit dem Kombiteilnehmer in einer monatlichen Frachtrechnung abgerechnet. Zur Zahlungsabwicklung muss der Kombiteilnehmer bei der „Deutschen Verkehrsbank (DVB)“ ein Kombifrachtkreditkonto mit Zahlungsgarantie der DVB über einen Höchstbetrag je Dekade (10 Tage) eröffnen. Die DVB verlangt eine Sicherheit in Höhe eines Monatsumsatzes, und sie garantiert der Kombiverkehr KG eine Sicherheit in Höhe eines Monatsumsatzes, und sie garantiert der Kombiverkehr KG die pünktliche Zahlung. Die Kombiverkehr KG zieht einen vereinbarten Betrag als Abschlagszahlung je Dekade mit einer Einzugsermächtigung ein. Die Verrechnung erfolgt über die monatliche Frachtrechnung.

▲ *Abwicklung des Kombiverkehrs.* Der Kombiteilnehmer reicht für jede Kombisendung den **„Versandauftrag an Kombiverkehr KG“** auf vorgeschriebenem Vordruck bei der zuständigen Kombiagentur ein. Der Versandauftrag besteht aus zwei Ausfertigungen für die Kombiagentur und einer Kopie, die als Auflieferbestätigung zurückgegeben wird. Die Kombiagentur sorgt durch Computereinsatz für die ordnungsgemäße Abwicklung. Sie steht durch Datenfernübertragung mit ihrer Frankfurter Zentrale in Verbindung.

Vor Übergabe des Versandauftrages bestellt der Kombiteilnehmer einen Kombiwagen bei der Versandagentur, dann liefert er seine Sendung fahrplanmäßig am Versandbahnhof an. Im Versandauftrag muss er erklären, dass die Ladeeinheit ordnungsgemäß und verrutschsicher verladen ist und dass die Planen an allen Seiten fest und sicher verzurrt sind. Nach Ankunft am Bestimmungsbahnhof holt der Kombiteilnehmer seine Sendung ab bzw. lässt sie abholen, um sie dem Empfänger zuzustellen.

Das **Auf- und Abladen** der Kombisendung am Kombibahnhof, insbesondere die Kranung von Wechselbehältern, ist je nach örtlichen Gegebenheiten unterschiedlichen Betriebsgesellschaften übertragen, die auch im Containerumschlag tätig werden.

Bei **Schadeneintritt** muss der Kombiteilnehmer am Bestimmungsbahnhof eine Tatbestandsaufnahme durch die DB veranlassen und den Schadenersatzantrag an die DB mit Kopie an die Kombiverkehr KG schicken.

▲ ***Abrechnung der Kombiverkehr KG.*** Die Kombiverkehr KG berechnet dem Kombiteilnehmer einen Kombifrachtsatz je Kombiwagen, den sie für die einzelne Verkehrsverbindung in DM festgesetzt hat; das Gewicht des Gutes wird nicht berücksichtigt. Diesen Satz ermittelt die Kombiverkehr KG aus dem Pauschalpreis, den sie an die DB für eine bestimmte Zahl täglich verkehrender Zugpaare entrichtet. Die Kombifracht kann durch Stammpreise (für häufige, regelmäßige Auflieferungen) und durch Mengen- und Firmenrabatte ermäßigt werden. Bei Überschreiten der Entladefrist, für Abbestellen von Ladeeinheiten usw. werden Zuschläge erhoben. Alle Frachten werden sofort bei Auflieferung fällig.

▲ ***Kfz-Steuer.*** Fahrzeuge, die ausschließlich der Zustellung und Abholung im Kombiverkehr dienen, können ganz von der Kfz-Steuer befreit werden, andere im Kombiverkehr eingesetzte Fahrzeuge je nach Einsatzumfang zu einem festen Prozentsatz (Kraftfahrzeugsteuergesetz vom 1. April 1994).

▲ ***Abwicklung des Güterkraftverkehrs durch den Lkw-Unternehmer.*** Der Lkw-Unternehmer bleibt gegenüber seinem Kunden für die gesamte Transportstrecke – auch für die Bahnstrecke – Frachtführer, der voll dem GüKG unterworfen ist. So wird der Frachtvertrag mit dem Absender, der von der Beförderung im Kombiverkehr oft nichts erfährt, nach den Bedingungen des Güterkraftverkehrs abgeschlossen. Der Unternehmer unterliegt der Obhutshaftung nach dem HGB.

5.6 Der Werkverkehr

Viele Betriebe der verladenden Wirtschaft befördern ihre Güter mit eigenen Lastkraftwagen. Diese Beförderung von Gütern für eigene Zwecke eines Unternehmens ist Werkverkehr. Grundsätzlich ist er erlaubnisfrei und unter folgenden Voraussetzungen zulässig:

- ✘ Die Güter müssen Eigentum des Unternehmens oder von diesem ver- oder gekauft, ver- oder gemietet, hergestellt oder instand gesetzt sein.
- ✘ Die Beförderung muss der Anlieferung zum Unternehmen, dem Versand oder dem Eigengebrauch dienen.
- ✘ Die Kraftfahrzeuge müssen vom eigenen Personal des Unternehmens geführt werden.
- ✘ Die Beförderung darf für das Unternehmen nur eine Hilfstätigkeit sein.

Der Werkverkehr ist auf die Beförderung für eigene Zwecke des Unternehmens abgestellt. Die Beförderung für andere Unternehmen, auch wenn sie zum selben Konzern gehören oder anderweitig miteinander verbunden sind, ist nicht erlaubt. Diese Beförderungen sind nur im Rahmen des gewerblichen Güterkraftverkehrs möglich. Werkverkehr ist kein Konzernverkehr.

Der **Transportbedarf** des Werkverladers ergibt sich aus dem Produktionsprozess seines Betriebes. Die Produktion (bzw. der Handel bei einem Handelsbetrieb) bestimmt Beginn und Umfang der Transporte bei Bezug und Absatz der Güter und die Anforderungen, die an einen Werktransport gestellt werden. Schnelligkeit der Beförderung vom Verkäufer zum Käufer, sofortige Verfügbarkeit eines geeigneten Lkw, möglicherweise eines Spezialfahrzeuges, flächendeckende Sammel- und Verteilerfahrten und Vorhandensein geschulten Personals werden vorrangig gefordert; Kostenvorteile stehen für den Werkverlader an letzter Stelle, wenn er sich zwischen dem Einsatz firmeneigener Lkw oder gewerblicher Lkw entscheidet.

▲ ***Werkverkehrsdatei.*** Das BAG führt eine Werkverkehrsdatei, in der alle Werkverkehrsunternehmer mit Fahrzeugen über 3,5 t zulässigem Gesamtgewicht eingetragen werden. Jedes Unternehmen, das solche Fahrzeuge einsetzt, ist zur Anmeldung verpflichtet.

5.7 Der Güterverkehr der DB AG mit dem Lkw

Die DB Cargo beauftragt nach Bedarf Lkw-Unternehmer, die auch als Spediteure tätig sein können, mit Gütertransporten auf der Straße. Sie handelt wie jedes andere privatwirtschaftlich betriebene Unternehmen. Sie wird als Absender (oder auch als Frachtführer) Frachtvertragspartei und unterliegt den Rechtsvorschriften des Frachtvertrages im Straßengüterverkehr.

Die Organisation und die Abwicklung des Frachtvertrages überträgt die DB der **„Transa Spedition GmbH"**. Gesellschafter der Transa sind die DB und die Trabag, eine Gründung der GdB und einzelner Mitglieder der GdB. Die **„Güterkraftverkehrsunternehmer der Bundesbahn e. G. (GdB)"**, Offenbach/Main, ist der Zusammenschluss der Lkw-Unternehmer, die für die Bahn Straßengüterverkehr betreiben. Ziele dieser Genossenschaft liegen in der Interessenvertretung der Mitglieder in der Öffentlichkeit. Außerdem berät und unterstützt die GdB ihre Mitglieder in der Zusammenarbeit mit den Bahnen, der Transa und anderen Verkehrsträgern; sie unterstützt ihre Mitglieder in Fragen des betriebswirtschaftlichen Bereichs, wie Qualitätsmanagement, Versicherungsfragen, Vermittlung von Fahrzeugfinanzierungen, Factoring, Einsatz im Internet u. a.

5.8 Der internationale Straßengüterverkehr

EINSTIEG

13 Paletten Meiereimaschinen 15 780 kg (vgl. Abschnitt 5.8.2.1)
von Hamburg nach NL-4343 AH Nijerdaal.
Absender: Emil Schnell & Co., Güterverkehr – Spedition – Logistik, Hamburg
Empfänger: MMB Müller-Meier, NL Nijerdaal (Niederlande)
Frachtführer: Sembach Fuhrbetrieb, Industriestr., 20202 Hamburg

ARBEITSAUFTRÄGE

1. Welche Papiere müssen Emil Schnell & Co. dem Fahrer übergeben?
2. Unter welchen Bedingungen darf die Firma Sembach Güterkraftverkehr nach den Niederlanden betreiben?
3. Nach welchen Bedingungen wird dieser Frachtvertrag geregelt?
4. Beschreiben Sie die Arbeitszeitvorschriften für Fahrer und Beifahrer im EU-Güterverkehr!

5.8.1 Der Güterverkehr über die trockene Grenze

Ein großer Teil des deutschen Außenhandels wird transportmäßig über die trockene Grenze abgewickelt. Ausländische und deutsche Lkw-Unternehmer werden entsprechend den Vereinbarungen im einzelnen Außenhandelskaufvertrag vom Exporteur oder vom Importeur mit der Durchführung dieser internationalen Lkw-Transporte beauftragt. Wie im Inlandsverkehr schließen die Versender als Absender mit den Lkw-Unternehmern als Frachtführer einen Frachtvertrag ab. Dabei gelten für die Lkw-Unternehmer grundsätzlich die Gesetze und Verordnungen des Landes, über dessen Straßen der Transport gerade ausgeführt wird. So unterliegen ausländische Unternehmer auf deutschen Straßen unter anderem dem GüKG und damit auch den Straßenkontrollen des BAG; Gleiches gilt für den Transitverkehr.

Die Schwierigkeiten, die sich dem Versender und dem Lkw-Unternehmer im internationalen Straßengüterverkehr entgegenstellen, liegen in der von Staat zu Staat unterschiedlichen Regelung des Kauf- und Frachtrechtes und der Vorschriften über die Erfassung und Überwachung der Ein- und Ausfuhr nach den jeweiligen Zoll- und Außenhandelsbestimmungen. Die sich aus dem internationalen Kaufvertrag ergebenden Schwierigkeiten können durch eingehende Vertragsvereinbarungen unter Verwendung der **Incoterms oder Trade Terms** (vgl. Abschnitt 13.3) weitgehend beseitigt werden. – Die sich aus dem einzelnen Frachtvertrag ergebenden Schwierigkeiten können zum größten Teil durch die **CMR** beseitigt werden, die als einheitliche Beförderungsbedingungen jedem Frachtvertrag im grenzüberschreitenden Güterkraftverkehr zugrunde gelegt werden müssen. Die Güterbeförderungen innerhalb der Europäischen Union unterliegen einheitlichen Rechtsvorschriften der EU (EWG-VO), die vom einzelnen Verkehrsbetrieb zu beachten sind.

5.8.1.1 Zulassungsurkunden und ihr Einsatz im grenzüberschreitenden Güterkraftverkehr

Ein Unternehmer, der grenzüberschreitenden Güterkraftverkehr gewerbsmäßig betreiben will, braucht für den Transport auf deutschem und auf ausländischem Gebiet die vorgeschriebene Zulassungsurkunde. Grundsätzlich gelten für den grenzüberschreitenden Güterkraftverkehr innerhalb der Europäischen Union auch die Rechtsvorschriften der EU. Einzelheiten ergeben sich aus der „Verordnung über den grenzüberschreitenden Güterkraftverkehr und den Kabotageverkehr" von 1998

MERKE

Arten der Zulassungsurkunden

- **Gemeinschaftslizenz (EG-Lizenz)** gilt für die Beförderung von Gütern mit einem Kraftfahrzeug (auch Fahrzeugkombination) innerhalb der Europäischen Union (EU). Nach Aufhebung des Kabotageverbots[1] in der EU im Jahre 1998 kann ein Lkw-Unternehmer mit Sitz in einem EU-Staat Güterkraftverkehr in allen Staaten der Europäischen Union betreiben.
- **CEMT-Genehmigung** gilt für die Beförderung von Gütern mit einem Kraftfahrzeug zwischen zwei Mitgliedstaaten der CEMT.[2]
- **Drittstaatengenehmigungen** gelten für die Beförderung von Gütern mit einem Kraftfahrzeug im grenzüberschreitenden Verkehr mit einem Nicht-EU-Mitgliedstaat.

▲ ***Mitzuführende Dokumente.*** Im grenzüberschreitenden Güterkraftverkehr innerhalb der EU muss der Fahrer folgende Dokumente an Bord mitführen:

- Genehmigung, und zwar eine Gemeinschaftslizenz oder eine CEMT-Genehmigung,
- CMR-Frachtbrief je Sendung,
- Fahrtenberichtheft für eine CEMT-Genehmigung,
- Bescheinigung über Autobahngebühr in bestimmten Fällen.

Hinzu kommen die üblichen Fahrzeug-, Fahrer- und Zolldokumente.

5.8.1.2 Die Gemeinschaftslizenz

Ein Lkw-Unternehmer, der mit dem Lkw gewerblichen Güterverkehr in der Europäischen Union betreiben will, braucht dazu eine **Gemeinschaftslizenz.** Er stellt bei der Genehmigungsbehörde, die für den Ort seiner Niederlassung in der EU (Niederlassungsland) zuständig ist, seinen Antrag. Er muss nachweisen, dass er die **Berufszugangsbedingungen** (Zuverlässigkeit, fachliche Eignung, finanzielle Leistungsfähigkeit; vgl. Abschnitt 5.3.2) erfüllt oder dass er eine Erlaubnisurkunde für den gewerblichen Güterkraftverkehr hat.

Rechtsgrundlage ist die „Verordnung (EWG) Nr. 881/92 – (Gemeinschaftslizenz)".

Sind die Anforderungen erfüllt, stellt die zuständige Behörde (in Deutschland die obere Landesverkehrsbehörde) die Lizenz auf den Namen des Inhabers **(Inhabergenehmigung)** aus. Sie ist nicht übertragbar und gilt für fünf Jahre. Sie kann verlängert werden, wenn die erforderlichen Voraussetzungen weiterhin erfüllt sind. Sie berechtigt zum Einsatz aller Lkw des Inhabers. Das Original der Urkunde muss der Inhaber aufbewahren. Die Genehmigungsbehörde stellt dem Inhaber auf Antrag die Anzahl beglaubigter Abschriften aus, wie er für die Fahrzeuge, die ihm zur Verfügung stehen (Eigentum, Miete, Leasing) und eingesetzt werden, benötigt. Während der Fahrt muss eine beglaubigte Abschrift mitgeführt und dem Kontrollbeamten auf Verlangen vorgelegt werden. Das Führen eines Fahrtenbuches ist nicht erforderlich. Die Zahl der auszugebenden Gemeinschaftslizenzen ist nicht begrenzt.

[1] Kabotageverkehr ist die innerstaatliche Beförderung durch ausländische, gebietsfremde Lkw-Unternehmer. – Das Kabotageverbot besteht für einen EU-Lkw-Unternehmer bei Beförderungen in einem Drittstaat, einem Nicht-EU-Staat; ebenso besteht es in der EU für Unternehmer aus Nicht-EU-Staaten.

[2] CEMT-Konferenz der europäischen Verkehrsminister; Mitglieder sind die europäischen Staaten, seit November 1992 mehrere osteuropäische Staaten, u. a. die Russische Föderation.

Muster einer Gemeinschaftslizenz

EUROPÄISCHE WIRTSCHAFTSGEMEINSCHAFT

D [1)]

Bundesanstalt
für den Güterfernverkehr

LIZENZ Nr. D/ 9814
für den grenzüberschreitenden gewerblichen
Güterkraftverkehr

Diese Lizenz berechtigt [2)] Emil Schnell & Co.
Güterverkehr-Spedition-Logistik
Holstenwall 14 – 17
2000 Hamburg 36

auf allen Verkehrsverbindungen für die Wegstrecken im Gebiet der Gemeinschaft zum grenzüberschreitenden gewerblichen Güterkraftverkehr im Sinne der Verordnung (EWG) Nr. 881/92 des Rates vom 26. März 1992 und der allgemeinen Bestimmungen dieser Lizenz.

Besondere Bemerkungen: Keine

Diese Lizenz gilt vom 20. Januar .. bis zum 19. Januar ..

Erteilt in Köln, am 20. Januar ..

[3)]

[1] Nationalitätszeichen: B (Belgien), DK (Dänemark), D (Deutschland), GR (Griechenland), E (Spanien), F (Frankreich); IRL (Irland), SF (Finnland), A (Österreich), S (Schweden), I (Italien), L (Luxemburg), NL (Niederlande), P (Portugal), GB (Vereinigtes Königreich).
[2] Name oder Firma und vollständige Anschrift des Transportunternehmers.
[3] Unterschrift und Dienstsiegel der zuständigen Behörde oder Stelle, die die Lizenz erteilt.

5.8.1.3 Die CEMT-Genehmigung

Mit der CEMT-Genehmigung darf der Inhaber alle Beförderungen im gewerblichen internationalen Güterkraftverkehr durchführen, bei denen die Be- und Entladeorte im Hoheitsgebiet verschiedener CEMT-Mitgliedstaaten liegen, und zwar einschließlich Transitverkehre und Leerfahrten. Mitgliedstaaten sind fast 40 europäische Staaten, deren Verkehrsminister diese Genehmigung in einer Resolution (Beschluss) der „Europäischen Konferenz der Verkehrsminister (CEMT)" entwickelt haben.

Die Vorschriften über die CEMT-Genehmigung entsprechen denen über die Gemeinschaftslizenz. Sie werden nur einem Lkw-Unternehmer erteilt, der bereits eine Erlaubnisurkunde hat. Sie ist auf den Namen des Inhabers ausgestellt (Inhabergenehmigung), ist nicht übertragbar und gilt ein Jahr für einen beliebigen Lkw des Inhabers. Die CEMT-Genehmigung mit dem Fahrtenberichtheft ist während der Fahrt mitzuführen und bei Verlangen dem zuständigen Kontrolleur vorzulegen.

Die Zahl der CEMT-Genehmigungen betrug am Jahresanfang 1998 rund 11 000; davon sind in Deutschland rund 1 000 Genehmigungen nach Bedarf ausgegeben. Von der Gesamtzahl an CEMT-Genehmigungen entfallen rund 82 % auf Lastkraftwagen, die die höchsten Umweltauflagen erfüllen („grüne" Genehmigung). Ab 1999 werden CEMT-Genehmigungen nur noch für solche „umweltfreundlichen" Lkw ausgegeben. – Zuständig für die Ausgabe der CEMT-Genehmigungen ist das BAG.

Die Rechtsgrundlagen über Ausgabe und Verwendung der CEMT-Genehmigung sind durch Resolution der CEMT festgelegt, außerdem durch Verordnungen der EU und durch Verordnungen nach dem GüKG. Für grenzüberschreitende Umzüge mit dem Kraftwagen werden CEMT-Genehmigungen „Umzugsgut" eingesetzt.

5.8.1.4 Die Drittstaatengenehmigung

Im gewerblichen Güterkraftverkehr mit einem Nicht-EU-Mitgliedstaat braucht der Unternehmer für die Fahrtstrecke außerhalb der EU eine **Transportgenehmigung** des Bestimmungslandes, bei der Durchfuhr durch einen anderen Staat möglicherweise zusätzlich eine Transittransportgenehmigung. Ausgabe und Einsatz werden durch **zweiseitige (bilaterale) Verwaltungsabkommen** zwischen dem deutschen und dem ausländischen Staat geregelt, soweit dieser Verkehr nicht EU-Regelungen unterworfen ist. Die bilateralen Verwaltungsabkommen enthalten die gegenseitigen Bedingungen für die Erteilung der Genehmigungen, für die Kontingente, für die Genehmigungsstellen, ferner die Verpflichtung, das ausländische Verkehrs-, Kfz- und Tarifrecht zu beachten und keine selbstständigen Güterbeförderungen innerhalb des anderen Staates auszuführen. Das Kabotageverbot gilt für beide Vertragsstaaten.

Üblicherweise werden die Drittstaatengenehmigungen erteilt als

- Einzelgenehmigung für eine Einzelfahrt,
- Dauergenehmigung für eine Frist von einem Monat oder andere Zeiten.

Die Genehmigung lautet immer auf den Inhaber, sie ist nicht übertragbar und muss während der Fahrt mitgeführt werden. Der Unternehmer muss für die deutsche Fahrtstrecke eine Erlaubnisurkunde für den Güterkraftverkehr besitzen.

Der Antrag auf eine Drittstaatengenehmigung ist an die deutsche Landesverkehrsbehörde zu richten, die nach dem jeweiligen Verwaltungsabkommen zuständig ist. Bei einer Fahrt in einen Staat, mit dem keine Verwaltungsvereinbarung getroffen ist, muss der Antrag an das ausländische Verkehrsministerium gerichtet werden.

Genehmigungen für den Straßengüterverkehr mit osteuropäischen Staaten werden von dem BAG, Außenstelle Berlin, ausgegeben.

5.8.2 Der Beförderungsvertrag nach der CMR

5.8.2.1 Die rechtlichen Grundlagen

Der Beförderungsvertrag im grenzüberschreitenden Güterkraftverkehr wird nach der **CMR** geregelt:

- „**C**onvention relative au Contrat de transport international de **m**archandises par **R**oute" = CMR oder
- „Übereinkommen über den Beförderungsvertrag im internationalen Straßengüterverkehr".

Die CMR gilt in Deutschland als Gesetz seit 1961. Damit ist sie unmittelbar anwendbares Recht in Deutschland; deutsche Rechtsvorschriften können ergänzend angewendet werden, soweit die CMR keine Regelung vorschreibt. Das deutsche Recht über den Beförderungsvertrag ist der CMR angeglichen. Diese Rechtssituation besteht in allen Vertragsstaaten, die die CMR gesetzlich anerkannt haben. Sie gilt in gleicher Fassung in allen europäischen Staaten, aber auch in außereuropäischen Staaten.

▲ ***Anwendung der CMR.*** Angewendet wird die CMR im Beförderungsvertrag über die Güterbeförderung auf der Straße gegen Entgelt (Fracht). Die CMR gilt für den gewerblichen Güterkraftverkehr, „wenn der Ort der Übernahme des Gutes und der für die Ablieferung vorgesehene Ort ... in zwei verschiedenen Staaten liegen, von denen mindestens einer Vertragsstaat ist. Dies gilt ohne Rücksicht auf den Wohnsitz oder die Staatsangehörigkeit der Parteien" (CMR Art. 1). – Die CMR gilt für die Beförderung von Gütern aller Art.

Beförderungen im Werkverkehr und unentgeltliche Beförderungen fallen nicht unter die CMR; ebenso gilt sie nicht für die Beförderung von Post, Leichen und Umzugsgut.

Wird durch die CMR ein Tatbestand nicht abschließend geregelt, gilt das nationale Recht ergänzend.

Nach der CMR besteht keine Beförderungspflicht. Der Unternehmer kann Beförderungen, die keine ausreichenden Frachteinnahmen bieten, ablehnen.

▲ ***Inhalt der CMR***

- Kapitel I: Geltungsbereich
- Kapitel II: Haftung des Frachtführers für andere Personen
- Kapitel III: Abschluss und Ausführung des Beförderungsvertrages
- Kapitel IV: Haftung des Frachtführers
- Kapitel V: Reklamationen und Klagen
- Kapitel VI: Bestimmungen über die Beförderung durch aufeinander folgende Frachtführer
- Kapitel VII: Nichtigkeit von dem Übereinkommen widersprechenden Vereinbarungen
- Kapitel VIII: Schlussbestimmungen

▲ ***Gefährliches Gut.*** Übergibt der Absender dem Frachtführer gefährliche Güter zur Beförderung, muss er die genaue Art der Gefahr und die gegebenenfalls erforderlichen Vorsichtsmaßnahmen mitteilen (Art. 22, HGB § 410).

Muster eines CMR-Frachtbriefes

1. Exemplar für Tarifkontrolle	Exemplaire pour controle tarifaire	Exemplaar voor tariefcontrole	Essemplare per controllo tarifario	Copy for tariffcontrol	Exemplar for tarifkontrolen
2. Exemplar für Absender	Exemplaire de l'expéditeur	Exemplaar voor Afzender	Essemplare per mittente	Copy for sender	Exemplar for Afsender
3. Exemplar für Empfänger	Exemplaire du destinataire	Exemplaar voor Geadresseerde	Essemplare per destinatario	Copy for consignee	Exemplar for Modtager
4. Exemplar für Frachtführer	Exemplaire du transporteur	Exemplaar voor vervoerder	Essemplare per transportatore	Copy for carrier	Exemplar for befordrer

1 Absender (Name, Anschrift, Land) / Expéditeur (nom, adresse, pays)
Emil Schnell & Co.
Güterverkehr - Spedition - Logistik
Holstenwall 14 - 17
20355 Hamburg

INTERNATIONALER FRACHTBRIEF
LETTRE DE VOITURE INTERNATIONAL

Diese Beförderung unterliegt trotz einer gegenteiligen Abmachung den Bestimmungen des Übereinkommens über den Beförderungsvertrag im internat. Straßengüterverkehr (CMR)

Ce transport est soumis, nonobstant toute clause contraire, à la Convention relative au contrat de transport international de marchandises par route (CMR).

2 Empfänger (Name, Anschrift, Land) / Destinataire (nom, adresse, pays)
Firma
MMB Müller-Meier
Parkstraat 134
NL-4343 AH Nijerdaal

16 Frachtführer (Name, Anschrift, Land) / Transporteur (nom, adresse, pays)
Firma
Sembach Fuhrbetrieb
Industriestraße 55
20202 Hamburg

3 Auslieferungsort des Gutes / Lieu prévu pour la livraison de la marchandise
Ort/Lieu: Nijerdaal
Land/Pays: Niederlande

17 Nachfolgende Frachtführer (Name, Anschrift, Land) / Transporteurs successifs (nom, adresse, pays)

4 Ort und Tag der Übernahme des Gutes / Lieu et date de la prise en charge de la marchandise
Ort/Lieu: Hamburg
Land/Pays: Deutschland
Datum/Date: ..-12-31

18 Vorbehalte und Bemerkungen der Frachtführer / Reserves et observations des transporteurs
Gerichtsstand Hamburg

5 Beigefügte Dokumente / Documents annexés
1 Rechnung

CMR

6 Kennzeichen und Nummern / Marques et numéros	7 Anzahl der Packstücke / Nombre des colis	8 Art der Verpackung / Mode d'emballage	9 Bezeichnung des Gutes* / Nature de la marchandise*	10 Statistiknummer / No statistique	11 Bruttogewicht in kg / Poids brut, kg	12 Umfang in m³ / Cubage m³
MMB 1 - 13	13	Paletten	Meiereimaschinen		15 780	25 cbm

Klasse / Classe — Ziffer / Chiffre — Buchstabe / Lettre — (ADR) / (ADR)

13 Anweisungen des Absenders (Zoll- und sonstige amtliche Behandlung) / Instructions de l'expéditeur (formalités douanières et autres)
Auslieferung nicht vor 09:00 Uhr!

19 Zu zahlen vom: / A payer par:	Absender / L'expéditeur	Währung / Monnaie	Empfänger / Le Destinataire
Fracht / Prix de transport			
Ermäßigungen / Réductions –			
Zwischensumme / Solde			
Zuschläge / Suppléments			
Nebengebühren / Frais accessoires			
Sonstiges / Divers +			
Zu zahlende Gesamtsumme / Total à payer			

14 Rückerstattung / Remboursement

15 Frachtzahlungsanweisungen / Prescription d'affranchissement
Frei / Franco: frei Haus
Unfrei / Non Franco

20 Besondere Vereinbarungen / Conventions particulières

21 Ausgefertigt in / Etabli à: Hamburg   am / le: 31.12. ..

24 Gut empfangen / Réception des marchandises   Datum / Date   am / le ....

22 Emil Schnell & Co.
Holstenwall 14 - 17
20355 Hamburg
Unterschrift und Stempel des Absenders (Signature et timbre de l'expéditeur)

23 Unterschrift und Stempel des Frachtführers (Signature et timbre du transporteur)

Unterschrift und Stempel des Empfängers (Signature et timbre du destinataire)

25 Angaben zur Ermittlung der Tarifentfernung mit Grenzübergängen

von	bis	km

28 Berechnung des Beförderungsentgelts

frachtpfl. Gewicht in kg	Tarifstelle: Sonderabmachung	Güterarten	Währung	Frachtsatz	Beförderungsentgelt
				Summe	

26 Vertragspartner des Frachtführers ist – kein – Hilfsgewerbetreibender im Sinne des anzuwendenden Tarifs

27	Amtl. Kennzeichen	Nutzlast in kg
Kfz	HH - QQ 32	
Anhänger	HH - QQ 56	

Benutzte Gen.-Nr. D/90/14   ☐ National   ☐ Bilateral   ☒ EG   ☐ CEMT

280.70

*Bei gefährlichen Gütern ist, außer der eventuellen Bescheinigung, auf der letzten Linie der Rubrik anzugeben: die Klasse, die Ziffer sowie gegebenenfalls der Buchstabe.
*En cas de marchandises dangéreuses indiquer, outre la certification éventuelle, à la dernière ligne du cadre: la classe, le chiffre et le cas échéant, la lettre.

Les parties encadrées de lignes grasses doivent être remplies par le transporteur
Die mit fett gedruckten Linien eingerahmten Rubriken müssen vom Frachtführer ausgefüllt werden.
1-15 einschließlich / y compris et 21+22
Auszufüllen unter der Verantwortung des Absenders / A remplir sous la responsabilité de l'expéditeur

Zu haben bei Düssel & Rademacher, Formularverlag, Brandstwiete 42, 2000 Hamburg 11, Tel. 32 32 30-0, Fax 32 32 30 30

Für die **Beförderung gefährlicher Güter** ist das „Europäische Übereinkommen über die internationale Beförderung gefährlicher Güter auf der Straße" **(ADR)** zu beachten. Das ADR-Übereinkommen entspricht den Vorschriften der GGVS. Der Absender muss dem Frachtführer bei Übergabe der Güter erklären, dass es sich um gefährliche Güter nach ADR handelt und dass die Vorschriften des ADR bei der Beförderung zu beachten sind. Der Absender trägt diesen Hinweis in den Frachtbrief ein (CMR Art. 22) – Vgl. Abschnitt 5.2.4.

5.8.2.2 Abschluss des Beförderungsvertrages und Frachtbrief

▲ ***Vertragsabschluss.*** Da die CMR den Abschluss des Beförderungsvertrages nicht besonders regelt, müssen beide Parteien den Vertragsabschluss durch Einigung ausdrücklich herbeiführen (Konsensualvertrag). Das geschieht durch die zwei wechselseitig abgegebenen und sich deckenden Willenserklärungen Antrag und Annahme. Üblicherweise wird der Absender den **Antrag** mündlich/telefonisch oder schriftlich (Brief/Fax o. a.) stellen; ein Vertragsschluss durch Schweigen oder schlüssiges Handeln ist möglich. Der Frachtführer nimmt den Antrag an **(Annahme)**. Dann übergibt der Absender das Gut mit dem von ihm ausgestellten Frachtbrief.

Nach CMR ist das Fehlen eines Frachtbriefes nicht Voraussetzung für die Gültigkeit des Frachtvertrages. Zunehmend werden bei Beförderungen unter EDV-Einsatz andere Beförderungsdokumente eingesetzt.

Der Beförderungsvertrag nach CMR ist – wie im deutschen Recht – ein Werkvertrag, der zugunsten eines Dritten, des Empfängers abgeschlossen wird. Der Empfänger hat das Recht auf Ablieferung des im Frachtbrief beschriebenen Gutes (vgl. Abschnitt 3.2).

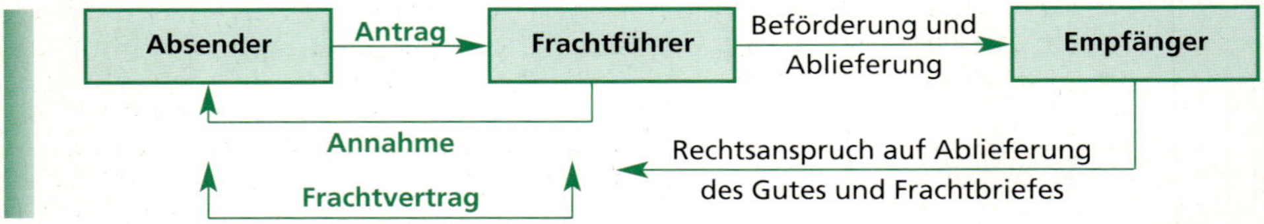

▲ ***Der CMR-Frachtbrief.*** Der Absender übergibt dem Frachtführer zusammen mit der Sendung den ordnungsgemäß ausgefüllten Frachtbrief in drei Originalausfertigungen. Die CMR schreibt die Mindestzahl der Ausfertigungen (Art. 5) und den unbedingt erforderlichen Inhalt (Art. 6) zwingend vor. Der CMR-Frachtbrief, der vom Absender **und** vom Frachtführer mit ihren Unterschriften (auch Stempel oder Eindruck) zu versehen ist, besteht aus folgenden Ausfertigungen:

MERKE

1. **Ausfertigung:** für den Absender,
2. **Ausfertigung:** begleitet das Gut,
3. **Ausfertigung:** für den Frachtführer.

Das einheitliche Frachtbriefmuster ist von der IRU[1] und dem BGL entwickelt worden. Der Frachtbrief muss nach Art. 6 folgende Angaben enthalten:

✘ Ort und Tag der Ausstellung,

✘ Name und Anschrift des Absenders, des Empfängers und des Frachtführers,

[1] IRU = International Road Union, 1948 von verschiedenen nationalen Verbänden des Straßentransportgewerbes unter Förderung der UNO gegründet. Ziel ist die Förderung des grenzüberschreitenden Straßengüterverkehrs.

- Stelle und Tag der Übernahme und der Ablieferung des Gutes,
- die übliche Bezeichnung des Gutes und die Art der Verpackung, bei gefährlichen Gütern ihre allgemein anerkannte Bezeichnung (vgl. ADR),
- Anzahl, Zeichen und Nummern der Kolli,
- Rohgewicht oder die anders angegebene Menge des Gutes,
- die mit der Beförderung verbundene Fracht und sonstige Kosten,
- Weisungen für die Zoll- und sonstige amtliche Behandlung,
- die Angabe, dass die Beförderung trotz einer gegenteiligen Abmachung den Bestimmungen der CMR unterliegt.

Sind weitere Vereinbarungen getroffen worden, müssen sie im Frachtbrief eingetragen werden.

▲ ***Der Frachtbrief als Beweisurkunde.*** Sofern der Frachtbrief keine begründeten Vorbehalte enthält, wird – bis zum Beweis des Gegenteils – vermutet, dass das Gut einschließlich Verpackung bei Übernahme **in äußerlich gutem Zustand** war und dass die **Anzahl, Zeichen und Nummern** der Frachtstücke mit den Frachtbriefangaben übereinstimmten (Art. 9). Der Frachtbrief muss als Beweisurkunde vom Absender und vom Frachtführer unterzeichnet sein.

▲ ***Der Frachtbrief als Sperrpapier.*** Der Absender hat das Recht (Art. 12), während des Beförderungsvorganges eine nachträgliche Verfügung auszusprechen. Er kann verlangen, dass der Frachtführer das Gut nicht weiterbefördert, es an den genannten Empfänger nicht ausliefert u. a. Dieses Recht kann er gegen den Frachtführer nur ausüben, wenn er die **erste Ausfertigung**, die für ihn bestimmt ist, dem Frachtführer vorlegt. Hat der Absender seine Ausfertigung weitergegeben, z. B. an den Empfänger/Käufer, dann ist er von der Sendung **abgesperrt**; sie wird vom Frachtführer zwangsläufig an den Empfänger ausgeliefert. Durch Vereinbarung im Kaufvertrag kann so die Zahlung und Lieferung der Ware durch **„Zahlung gegen Erste Ausfertigung des Frachtbriefes“** gesichert werden. Der Frachtführer macht sich schadenersatzpflichtig, wenn er die gesperrte Sendung an den Empfänger ausliefert, er die nachträgliche Verfügung nicht beachtet.

ZUSAMMENFASSUNG

Bedeutung des CMR-Frachtbriefes:

- Beweisurkunde über Abschluss und Inhalt des Beförderungsvertrages für alle Beteiligten (auch Rechnung),
- Empfangsbescheinigung des Frachtführers,
- Begleitpapier (schriftliche Unterlage der Transportabwicklung),
- Sperrpapier zur Durchführung einer nachträglichen Verfügung.

5.8.2.3 Pflichten des Absenders und des Frachtführers

▲ ***Verpackung und Kennzeichnung des Gutes (vgl. Abschnitt 3.2.2).*** Der Absender hat das Gut gemäß HGB § 411 so zu verpacken, dass es vor Verlust und Beschädigung geschützt ist und dass dem Frachtführer keine Schäden entstehen; nach CMR Art. 10 haftet der Frachtführer nicht für Schäden, die durch mangelhafte Verpackung entstanden sind. Dagegen haftet der Absender dem Frachtführer für Schäden, die ihm durch mangelhafte Verpackung verursacht worden sind. Werden Verpackungsmängel bzw. Mängel am Gut bei Übernahme zur Beförderung festgestellt, werden diese Mängel im Frachtbrief vermerkt; so kann der Absender oder der Frachtführer von Schadenersatzansprüchen befreit werden.

Der Absender hat das Gut zum Schutz gegen die üblichen Transportrisiken zu verpacken, soweit erforderlich.

Die Frachtstücke sind, soweit erforderlich, zu **kennzeichnen** (HGB § 411). Die CMR fordert im Art. 6 (Angaben im Frachtbrief) die übliche Bezeichnung der Art des Gutes und Anzahl, Zeichen und Nummern der Frachtstücke anzugeben.

Die Frachtstücke sind zu markieren, soweit die vertragsgemäße Behandlung das erfordert.

▲ ***Verladen.*** Die Lade- und Entladepflicht ist in der CMR nicht ausdrücklich geregelt; sie sollte im Zweifel vereinbart werden. Üblicherweise hat der Absender im Ladungsverkehr das Gut beförderungssicher zu verladen (laden, stauen und befestigen gemäß HGB § 412).

Nach Art. 8 (1) der CMR ist der Frachtführer „verpflichtet, bei der Übernahme des Gutes zu überprüfen

- die Richtigkeit der Angaben im Frachtbrief über die **Anzahl der Frachtstücke** und über ihre **Zeichen und Nummern**;
- den **äußeren Zustand** des Gutes und seiner Verpackung."

Nach Art. 8 (3) kann der Absender vom „Frachtführer verlangen, dass dieser das Rohgewicht oder die anders angegebene Menge des Gutes überprüft." Auch kann er die Überprüfung des Inhalts verlangen. Der Frachtführer hat Anspruch auf Ersatz der Kosten. – Das Ergebnis der Überprüfung, insbesondere festgestellte Abweichungen, ist im Frachtbrief einzutragen. Vorbehalte sind außerdem zu begründen und vom Absender ausdrücklich anzuerkennen, am besten durch Unterschrift im Frachtbrief. So behält der Frachtbrief seine Aussagekraft als Beweisurkunde.

Mit der Überprüfung durch den Frachtführer ist die Kontrolle der **Betriebssicherheit** der Verladung, für die der Frachtführer verantwortlich ist, verbunden.

▲ ***Nichteinhalten einer Ladezeit (HGB § 417).*** Verlädt der Absender nicht innerhalb einer vereinbarten oder üblichen Ladezeit, so kann der Frachtführer nach HGB Standgeld, Aufwandsersatz oder eine Fautfracht (vgl. Abschnitt 3.2.2) erheben. Das gilt auch beim Entladen des Fahrzeuges durch den Empfänger.

▲ ***Begleitpapiere.*** Der Absender hat dem Frachtführer mit dem Frachtbrief die Urkunden zu übergeben, „die für vor der Ablieferung des Gutes zu erledigende Zoll- oder sonstige amtliche Behandlung notwendig sind"; außerdem hat er die erforderlichen Auskünfte zu erteilen (Art. 11).

▲ ***Verfügungsrecht des Absenders (Art. 12).*** Nach Auflieferung der Sendung kann der Absender vom Frachtführer die Änderung des Frachtvertrages verlangen, so z. B. die Weiterbeförderung an einen anderen Ort, die Auslieferung an einen anderen Empfänger, das Anhalten der Beförderung. Der Absender trägt in seiner Frachtbriefausfertigung (die erste Ausfertigung) die neue Weisung ein und legt sie dem Frachtführer als Nachweis seines Verfügungsrechtes vor. Er muss dem Frachtführer alle Kosten und Schäden ersetzen, die durch die neue Verfügung entstehen. Die Ausführung der Verfügung muss möglich sein, sie darf den gewöhnlichen Betrieb des Frachtführers nicht hemmen und darf andere Absender und Empfänger nicht schädigen. Auch bedürfen bestimmte Verfügungen der Zustimmung des Frachtführers, so die Weisung der Beförderung über den Bestimmungsort hinaus, der ursprünglich vorgesehen war. Auch dürfen die Weisungen nicht zur Teilung der Sendung führen. Kann der Frachtführer die Weisung nicht ausführen, muss er den Absender unverzüglich benachrichtigen (vgl. Abschnitt 3.2.2).

Der Frachtführer darf die Weisungen des Absenders nur dann ausführen, wenn ihm dessen Frachtbriefausfertigung vorgelegt wird. Wenn der Absender nicht im Besitz seiner Frachtbriefausfertigung ist, wird er von der Verfügung über das Gut ausgesperrt. Wegen dieser **Sperrwirkung** ist im grenzüberschreitenden Güterkraftverkehr die Zahlung gegen CMR-Frachtbrief möglich; diese Zahlungsbedingung müsste im Kaufvertrag vereinbart werden (vgl. Abschnitt 7.7.2).

▲ *Lieferfrist (Art. 19).* Der Frachtführer muss das Gut innerhalb der vereinbarten Frist abliefern. Ist keine Frist vereinbart, gilt eine angemessene Frist, die sich aus der gewöhnlichen Beförderungsdauer bestimmt. Für Schäden aus der Überschreitung haftet der Frachtführer.

Bei **Beförderungshindernissen** (Art. 14) und bei **Ablieferungshindernissen** (Art. 15) hat der Frachtführer neue Weisungen des Verfügungsberechtigten (in der Regel des Absenders) einzuholen. Bekommt der Frachtführer keine Weisungen innerhalb einer angemessenen Zeit, hat er das Recht – unter Wahrung der Interessen des Verfügungsberechtigten – dieses Gut sofort auf Kosten des Verfügungsberechtigten auszuladen und in eigenem oder fremdem Lager einzulagern. Geringwertige oder verderbliche Güter darf er auch ohne Weisung des Verfügungsberechtigten sofort verkaufen (Notverkauf), andere Güter nach einer angemessenen Frist.

▲ *Ablieferung des Gutes (Art. 13).* „Nach Ankunft des Gutes an dem für die Ablieferung vorgesehenen Ort ist der Empfänger berechtigt, vom Frachtführer zu verlangen, dass ihm gegen Empfangsbestätigung die zweite Ausfertigung des Frachtbriefes übergeben und das Gut abgeliefert wird." Der Empfänger hat den Auslieferungsanspruch aus dem Frachtvertrag, dem Vertrag zugunsten eines Dritten. Nimmt er Gut und Frachtbrief an, so muss er alle Kosten zahlen, die aus dem Frachtbrief hervorgehen. Gleichzeitig übernimmt er – falls nichts anderes vereinbart oder ortsüblich – die Entladepflicht (vgl. Abschnitt 3.2.2).

▲ *Frachtberechnung.* Für Beförderungen im grenzüberschreitenden Güterverkehr besteht Preisfreiheit; die Entgelte werden zwischen den Beteiligten ausgehandelt.

▲ *Nachnahme (Art. 21).* Zieht der Frachtführer, wie vereinbart, eine Nachnahme nicht ein, wird er dem Absender gegenüber bis zur Höhe des Nachnahmebetrages schadenersatzpflichtig.

ZUSAMMENFASSUNG

Der Beförderungsvertrag nach CMR (ergänzt durch HGB-Vorschriften)

▲ **Pflichten des Absenders:**
- das Gut verpacken und kennzeichnen
- das Gut **beförderungssicher** verladen (nach Vereinbarung)
- Lade- und Entladezeiten beachten
- Begleitpapiere übergeben und Auskünfte erteilen
- Fracht und die erforderlichen Aufwendungen zahlen („frei")
- Haftung für Schäden, die er dem Frachtführer verursacht, z. B. durch mangelhafte Verpackung

▲ **Pflichten des Frachtführers:**
- bei Übernahme die Frachtbriefangaben (Zahl der Kolli, Art, Markierung) und den äußeren Zustand des Gutes überprüfen
- die **betriebssichere** Verladung sichern
- das Gut bis zum Bestimmungsort befördern
- eine Lieferfrist einhalten
- nachträgliche Verfügungen beachten
- Weisungen bei Beförderungs- und Ablieferungshindernissen einholen
- das Gut und die zweite Ausfertigung des Frachtbriefes dem Empfänger abliefern
- Gefährdungshaftung für Güterschaden und Haftung für Verspätungsschaden

▲ **Rechte des Empfängers:**
- Auslieferungsanspruch auf das Gut und die zweite Frachtbriefausfertigung, verbunden mit der Entladepflicht und gegebenenfalls Zahlung der Fracht und anderer Kosten
- Geltendmachen von Schadenersatzansprüchen

▲ **Rechte des Frachtführers:**
- auf Fracht und andere Kosten
- auf Pfandrecht

5.8.3 Die Haftung des Frachtführers nach der CMR

▲ ***Allgemeiner Haftungsgrundsatz.*** Nach Art. 17 der CMR unterliegt der Lkw-Unternehmer im grenzüberschreitenden Güterkraftverkehr der Gefährdungshaftung, die den Haftungsbestimmungen des HGB weitgehend entspricht. So haftet er für **gänzlichen oder teilweisen Verlust** und für die **Beschädigung des Gutes** in der Zeit zwischen Übernahme des Gutes vom Absender und Ablieferung an den Empfänger; er haftet auch für Schäden aus **Überschreiten der Lieferfrist** (Verspätungsschäden).

▲ ***Gehilfenhaftung (Art. 3).*** Der Frachtführer haftet für das Verschulden seiner Bediensteten oder beauftragten Personen wie für eigenes Verschulden.

▲ ***Haftungsausschlüsse.*** Der Lkw-Unternehmer haftet nicht, wenn der Schaden aus einer der folgenden Ursachen entstanden ist:
- Verschulden des Verfügungsberechtigten (bzw. durch eine nicht vom Frachtführer verschuldete Weisung des Verfügungsberechtigten),
- besondere Mängel des Gutes,
- Umstände, die der Frachtführer nicht vermeiden und deren Folgen er nicht abwenden konnte; hierzu zählen die Fälle der höheren Gewalt (von außen einwirkende Ursachen) und die Fälle eines unabwendbaren Ereignisses,
- vereinbarte Verwendung von offenen Lkw, fehlende oder mangelhafte Verpackung und Markierung, Behandlung des Gutes oder Be- und Entladen durch Absender, Empfänger oder Dritte, natürliche Beschaffenheit des Gutes, Beförderung von Tieren u.a.

▲ ***Schadenersatz (Art. 23).*** Der Frachtführer ersetzt den entstandenen Schaden nach dem Wert des Gutes am Versandort; der Wert wird nach dem Börsenpreis, nach dem Marktpreis oder nach dem gemeinen Wert des Gutes ermittelt. Hinzu kommen Fracht, Zölle und sonstige aus Anlass der Beförderung entstandene Kosten. Schäden aus Lieferfristüberschreitung werden bis zur Höhe der Fracht ersetzt.

Die **Höchsthaftung** beträgt 8,33 SZR je kg brutto; je nach Höhe des Tageskurses in DM je SZR entspricht das ca. 20,00 DM je kg brutto (Art. 23). Sie kann durch Angabe des Lieferwertes (Interesse an der Lieferung) gegen einen prozentualen Frachtzuschlag (Prämie) erweitert werden.

Um jeden Schadenersatz leisten zu können – auch ohne die Existenz seines Unternehmens zu gefährden – schließt der Lkw-Unternehmer freiwillig eine **Güterhaftpflichtversicherung**, die Ersatz im Umfang der CMR bietet, auf eigene Rechnung ab.

5.8.4 Das TIR-Verfahren

Rechtliche Grundlage bildet das „Zollübereinkommen über den internationalen Warentransport mit Carnet TIR" von 1959, dem die europäischen Staaten und mehrere außereuropäische Staaten beigetreten sind. Einzelheiten dieses **Versandverfahrens** sind in dem Übereinkommen zwingend geregelt, daneben gelten die allgemeinen Zollvorschriften des Zollkodex u. a.

▲ *Zweck.* Das TIR-Verfahren (Transport International des Marchandises par la Route) erleichtert den grenzüberschreitenden Güterkraftverkehr durch vereinfachte Zollabfertigung der Ware an der Grenze. Nach Nämlichkeitssicherung (vgl. Abschnitt 14.9) wird dem Antragsteller die Ware lediglich zum Zwecke des Transportes über die Grenze der Europäischen Union übergeben; er ist verpflichtet, das Gut unverändert in der vorgeschriebenen Frist dem benannten ausländischen Bestimmungszollamt zur weiteren Zollabfertigung wieder zugestellen.

Die Abfertigung im TIR-Verfahren ist:

- **Abfertigung zum Zollgutversand**, wenn Nichtgemeinschaftsware befördert wird; das Carnet TIR ist Versandschein,
- **Zollamtliche Überwachung der Ausfuhr** für die Auslandsbeförderung; das Carnet TIR ist Zwischenschein,
- **Zollamtliche Überwachung der Ausfuhr**, wenn Gemeinschaftsware endgültig ausgeführt werden soll; das Carnet TIR ist **Urkunde zum Nachweis der Nämlichkeit**,
- **Abfertigung zur vorübergehenden Verwendung für Container**, die zur Beförderung von Waren verwendet werden und die im Warenmanifest des Carnet angegeben worden sind.

▲ *Anwendung.* Das TIR-Verfahren wird bei Gütertransporten in Straßenfahrzeugen und in Containern angewendet, die ohne Umladung über eine oder mehrere Grenzen durchgeführt werden. Die Güter unterliegen zollrechtlichen Bindungen. Abgangs- und Bestimmungszollstelle müssen in einem Teilnehmerland liegen.

Das Verfahren darf nicht für Beförderungen innerhalb der EU angewendet werden.

Das Verfahren kann nur angewendet werden, wenn

- die Fahrzeuge und Container zollsicher hergerichtet und zur Beförderung von Waren unter Zollverschluss zugelassen sind (Zollverschlussanerkenntnis),
- die Fahrzeuge vorne und hinten durch je eine TIR-Tafel während der Beförderung deutlich sichtbar gekennzeichnet sind. Die Tafel ist blau und trägt „TIR" in weißen Buchstaben,
- eine Teilstrecke mindestens auf der Straße zurückgelegt wird.

▲ *Ausgabe des Carnet TIR.* Das Carnet wird von der IRU (International Road Union) ausgestellt und in der Bundesrepublik Deutschland vom BGL (Bundesverband Güterkraftverkehr und Logistik) über die angeschlossenen Landesverbände nach bestimmten Vorschriften ausgegeben.

Für jeden Lastzug, für jeden Container oder für mehrere Container auf einem Lastzug ist ein Carnet erforderlich. Das vorgeschriebene Muster des Carnet TIR besteht aus den beiden Umschlagblättern und mehreren Einlageblättern. Im vorgeschriebenen Warenmanifest (Ladungsverzeichnis) sind u.a. die Art und Beschaffenheit der Ware nach der Benennung des Zolltarifs einzutragen.

Um die Verpflichtungen des Lkw-Unternehmers aus Zoll- und Verbrauchsteuervorschriften sicherzustellen, hat der BGL eine Gesamtbürgschaft übernommen. Wegen des hohen Risikos sind bei der Beförderung „sensibler Güter" strenge Sondervorschriften zu beachten. Im Sinne des TIR zählen zu den sensiblen Gütern lebende Rinder, Fleisch, Milch, Rahm, Butter, Käse, Bananen, Weizen, Roggen, Zucker, Spirituosen, Zigaretten u. a.

▲ *Abfertigung.* Der Antragsteller (z.B. der Lkw-Unternehmer) ist Hauptverpflichteter. Er gestellt der Abgangszollstelle die Ware und übergibt das ausgefüllte Carnet TIR.

5.9 Die Möbelspedition

5.9.1 Der Möbelspediteur

Der Möbelspediteur hat die **Aufgabe, den Umzugsverkehr durchzuführen**. Er befördert Umzugsgut, Erbgut und Heiratsgut mit Kraftfahrzeugen und leistet alle Dienste, die mit einem Umzug verbunden sind. Auch befördert er **Handelsmöbel/Neumöbel**.

Die Durchführung des Möbeltransportes ist ein **Frachtgeschäft** im Sinne des HGB §§ 407 ff. (vgl. Abschnitt 2.1). Der **Möbelspediteur** ist kein Spediteur im rechtlichen Sinne, er **ist Frachtführer**. Als solcher wird er auch als **Möbeltransportunternehmer** und sein Gewerbezweig als **Möbeltransportgewerbe** bezeichnet.

Der Möbelspediteur braucht besondere Kenntnisse und Erfahrungen, um Umzüge ordnungsgemäß durchführen zu können. Er hat einen oder mehrere Lastkraftwagen, die besonders eingerichtet sind und die ausschließlich dem Möbeltransport dienen. Er kann jederzeit sein Stammpersonal, das aus erfahrenen Möbelpackern und Möbelträgern besteht, einsetzten.

Die gemeinsamen Interessen des Möbeltransportgewerbes haben zur Bildung eines eigenen Berufsverbandes geführt; das ist der **Bundesverband Möbelspedition (AMÖ) e. V.", Hattersheim**. Die Aufgaben dieses freiwilligen Zusammenschlusses entsprechen denen der verwandten Organisationen im Verkehrsgewerbe (vgl. Abschnitt 2.11). Mitglieder der AMÖ sind die einzelnen Landesverbände, die **„Gruppe internationaler Möbelspediteure" (GIM)** und die **„Deutsche Möbeltransport-GmbH" (DMG)**.

Die DMG bietet Leistungen an, die für die AMÖ-Spediteure von Interesse sind, z. B.

- ✘ Bedarfsgüter für das Möbeltransportgewerbe,
- ✘ Vermittlung und Entwicklung von Versicherungspolicen, die auf dieses Gewerbe zugeschnitten sind,
- ✘ Beratung der Möbelspeditionsbetriebe,
- ✘ Beratung von Industrie- und Handelsbetrieben (neue Kunden werben),
- ✘ Aus-, Fort- und Weiterbildungsmaßnahmen usw.

Die **„conFern Möbeltransportbetriebe GmbH & Co. KG"**, Landau/Pfalz, dienen dem überregionalen Laderaumausgleich. Die Gesellschafter arbeiten bundesweit auf zahlreichen Gebieten zusammen, eine gleiche Funktion übernimmt die DMG.

Parallel zu den deutschen Laderaumausgleichsorganisationen bestehen auf internationalem Gebiet die CETI und die EUROVAN mit Sitz in Genf bzw. in Zürich. Diese Organisationen haben die Aufgabe, internationale Transporte in Europa und Überseeumzüge zu koordinieren.

Die AMÖ und die anderen Möbeltransportverbände der EU haben die FEDE-MAC, Hattersheim, gegründet. Ihre Aufgabe ist auf internationale Landtransporte innerhalb der EU, auf Sozialpolitik und Vertretung ihrer Mitglieder bei der EU-Kommission, Brüssel, gerichtet.

Einer Förderung des internationalen Möbeltransports und der Überseeumzüge, insbesondere einer Vereinheitlichung und Verbesserung seiner Voraussetzungen und Bedingungen dient auch die Fédération Internationale des Déménageurs Internationaux (FIDI), Brüssel. Mitglieder sind die internationalen Möbeltransportverbände, nur ausnahmsweise Einzelfirmen, die ihren Sitz in Ländern haben, in denen es keine solchen Verbände gibt.

5.9.2 Der Umzugsverkehr

Umzüge werden mit dem Lastkraftwagen ausgeführt. Damit unterliegt der Möbeltransportunternehmer dem **Güterkraftverkehrsgesetz (GüKG)**.

▲ *Erlaubnisurkunde.* Ein Unternehmer des Güterkraftverkehrs, der Umzugsverkehr durchführen will, braucht dazu eine **Erlaubnisurkunde**. Diese Erlaubnis wird von der zuständigen Erlaubnisbehörde erteilt, in deren Bezirk der Unternehmer seinen Sitz oder eine gerichtlich eingetragene Zweigniederlassung hat (vgl. Abschnitt 5.3.1).

Diese Erlaubnis wird ihm nur erteilt, wenn

- der Unternehmer und die für die Führung der Geschäfte bestellte Person zuverlässig sind,
- der Unternehmer oder die für die Führung der Geschäfte bestellte Person fachlich geeignet ist und
- die finanzielle Leistungsfähigkeit des Betriebes gewährleistet ist (vgl. Abschnitt 5.3.2).

Vor Übergabe der Erlaubnisurkunde muss der Transportunternehmer den Abschluss der **Güterhaftpflichtversicherung** nachweisen. Diese Versicherung ersetzt alle Ansprüche des Versicherten, die er gegen den Unternehmer geltend machen kann.

Die Vorschriften des GüKG über den Nachweis der Sachkunde, Aushändigung der Urkunde, Fortführung des Betriebes nach dem Tod des Unternehmers und andere sind entsprechend anzuwenden.

Auf allen Fahrten muss der Fahrer eine Ausfertigung der Erlaubnisurkunde mitführen und auf Verlangen den zuständigen Kontrollbeamten zur Prüfung vorlegen.

▲ *Güter des Umzugsverkehrs.* Ist dem Unternehmer die **Erlaubnisurkunde** erteilt worden, befördert er Umzugsgut, Erbgut, Heiratsgut und andere Güter.

▲ *Umzugsgut* ist alles Gut, das bei einem Umzug von der bisherigen Wohnung in eine neue Wohnung befördert wird. Dazu gehören nicht nur die Möbel, sondern auch Kellervorräte, Speichergut, Inhalt der Schränke, Lebensmittel und ähnliches Gut. Umzugsgut ist ebenfalls gegeben, wenn Behörden, Büros, Verwaltungen, Schulen, Krankenhäuser umziehen; die Gesamtheit der Einrichtungs- und Ausstattungsgegenstände, die von dem bisherigen zum neuen Sitz befördert werden, gehören zum Umzugsgut. Nicht zum Umzugsverkehr, sondern zum gewerblichen Güterkraftverkehr zählen die Beförderung von Neumöbeln, von gebrauchten einzelnen Möbelstücken, von Gütern bei Sitzverlegung von Handels- und Gewerbebetrieben usw.

▲ *Erbgut, Heiratsgut.* Erbgut sind solche Einrichtungsgegenstände, die ein Erbe nach dem Tode des Eigentümers geerbt hat. Heiratsgut sind solche Einrichtungsgegenstände, die zur Erstausstattung eines Hausstandes anlässlich der Eheschließung befördert werden.

5.9.3 Die gesetzlichen Grundlagen für den Umzugsverkehr

Hat der Frachtvertrag die Beförderung von Umzugsgut zum Gegenstand, so gelten die Vorschriften der §§ 407 ff. HGB sinngemäß (vgl. Abschnitt 5.2 bis 5.4) mit folgenden wesentlichen Abweichungen gemäß HGB § 451 a bis h:

- **Ab- und Aufbauen der Möbel:** Dies gehört zu den Pflichten des Unternehmers, ebenso wie das Ver- und Entladen des Umzugsgutes.
- **Verpackung und Kennzeichnung:** Ist der Absender ein Verbraucher, so hat der Unternehmer das Umzugsgut zu verpacken und zu kennzeichnen.
- **Frachtbrief**: Der Absender ist nicht verpflichtet, einen Frachtbrief auszustellen (siehe jedoch Umzugsvertrag).

- **Gefährliches Gut:** Gehört zu dem Umzugsgut gefährliches Gut und ist der Absender ein Verbraucher, so genügt es, wenn der Verbraucher den Unternehmer allgemein und formlos über die vom Gut ausgehende Gefahr unterrichtet.
- **Zollgut:** Ist der Absender ein Verbraucher, so hat der Unternehmer ihn über die zu beachtenden Zoll- und sonstigen Verwaltungsvorschrifen zu unterrichten.
- **Haftung des Absenders:** Hat der Absender dem Unternehmer für einen Schaden zu haften, so ist die Höchsthaftung auf 1 200,00 DM je Kubikmeter Laderaum, der zur Erfüllung des Vertrages benötigt wird, begrenzt.
- **Haftung des Unternehmers:** Der Haftungshöchstbetrag des Unternehmers wegen Verlust oder Beschädigung des Umzugsgutes ist auf einen Betrag von 1 200,00 DM je Kubikmeter Laderaum, der zur Erfüllung des Vertrages benötigt wird, begrenzt.
- **Haftungsausschlussgründe des Unternehmers:** Der Unternehmer ist von seiner Haftung befreit, wenn der Verlust oder die Beschädigung auf eine der folgenden Gefahren zurückzuführen ist:
  - Beförderung von Edelmetallen, Juwelen, Edelsteinen, Geld, Briefmarken, Münzen, Wertpapieren oder Urkunden,
  - ungenügende Verpackung oder Kennzeichnung durch den Absender,
  - Behandeln, Verladen oder Entladen des Umzugsgutes durch den Absender,
  - Beförderung von nicht vom Unternehmer verpacktem Umzugsgut in Behältern,
  - Verladen oder Entladen von Umzugsgut, dessen Größe oder Gewicht den Raumverhältnissen an der Lade- oder Entladestelle nicht entspricht, sofern der Unternehmer den Absender auf die Gefahr einer Beschädigung vorher hingewiesen und der Absender auf der Durchführung der Leistung bestanden hat,
  - Beförderung lebender Tiere oder Pflanzen,
  - natürliche oder mangelhafte Beschaffenheit des Gutes, der zufolge es besonders leicht Schäden, insbesondere durch Bruch, Funktionsstörungen, Rost, inneren Verderb oder Auslaufen, erleidet.

  Der Unternehmer kann sich auf die Haftungsausschlussgründe nur berufen, wenn er alle ihm nach den Umständen obliegenden Maßnahmen getroffen und alle Weisungen beachtet hat.

  Ist der Absender ein Verbraucher, so muss der Unternehmer den Absender auf die Haftungsausschlussgründe und auf den Haftungshöchstbetrag (1 200,00 DM je Kubikmeter Laderaum) bei Abschluss des Vertrages unterrichten und auf die Möglichkeit hinweisen, eine weitergehende Haftung zu vereinbaren oder das Umzugsgut zu versichern. Unterlässt der Unternehmer diesen Hinweis, kann er sich auf die Haftungsbefreiungen und Haftungsbegrenzungen nicht berufen. Dieser Hinweis muss in drucktechnisch deutlicher Gestaltung im Umzugsvertrag besonders hervorgehoben sein.
- **Schadensanzeige**: Ansprüche des Absenders gegen den Unternehmer wegen Verlust oder Beschädigung müssen **spätestens** angemeldet werden,
  - bei äußerlich erkennbaren Schäden am Tage nach der Ablieferung,
  - bei äußerlich nicht erkennbaren Schäden innerhalb von 14 Tagen nach der Ablieferung.

  Unterlässt der Unternehmer es, den Empfänger spätestens bei der Ablieferung des Umzugsgutes über die Form und die Frist der Schadensanzeige sowie die Rechtsfolgen bei Unterlassen der Schadensanzeige zu unterrichten, kann er sich auf diese Fristen nicht berufen.
- **Abweichende Vereinbarungen:** Diese sind grundsätzlich möglich, wenn sie in den Verträgen drucktechnisch deutlich sichtbar hervorgehoben sind.

  Ist der Absender ein Verbraucher, so darf von den anzuwendenden Vorschriften nicht zum Nachteil des Absenders abgewichen werden.

5.9.4 Der Umzugsvertrag

Wer umziehen will, setzt sich üblicherweise mit einem Transportunternehmer seiner Wahl in Verbindung. Dieser unterrichtet sich durch Besuch bei dem möglichen Auftraggeber über Art und Menge des Umzugsgutes, um den benötigten Laderaum zu ermitteln, und über weitere Dienstleistungen. Falls gewünscht, wird ein Angebot auf üblichem Vordruck erstellt. Solche Angebote sind kostenpflichtig, wenn der Möbeltransporteur vor der Abgabe erklärt, dass dieses Angebot nur gegen Kostenerstattung abgegeben wird.

▲ *Ausstellung des Umzugsvertrages.* Der Umzugsvertrag, der zwischen dem **Unternehmer** und dem **Auftraggeber** abgeschlossen wird, ist in Schriftform festzuhalten. Dazu wird das übliche Dokument verwendet, das von Auftraggeber und Unternehmer zu unterschreiben ist.

▲ *Inhalt des Umzugsvertrages.* Der schriftliche Umzugsvertrag sollte folgende Einzelheiten enthalten:

- ✘ Ort und Tag des Vertragsabschlusses,
- ✘ Name und Anschrift des Unternehmers,
- ✘ Tag der Übernahme des Gutes zur Beförderung,
- ✘ Art des Gutes,
- ✘ den voraussichtlich benötigten Laderaum in Möbelwagenmetern (gegebenenfalls Umzugsgutliste),
- ✘ Vereinbarungen über die zu erbringenden Leistungen (Leistungsbeschreibung),
- ✘ die mit der Beförderung verbundenen Kosten (Beförderungsentgelt, Entgelte für Nebenleistungen und andere), die vom Vertragsabschluss bis zur Ablieferung anfallen,
- ✘ gegebenenfalls den Sendungswert,
- ✘ Name und Anschrift der Versicherungsgesellschaft, bei der sich der Unternehmer durch die Güterhaftpflichtversicherung für Umzugsbeförderungen versichert hat,
- ✘ Nachnahme und Kosten, die der Auftraggeber übernimmt,
- ✘ amtliches Kennzeichen für das Kraftfahrzeug,
- ✘ Name und Anschrift von Auftraggeber und Empfänger,
- ✘ Versandort und Bestimmungsort mit Postleitzahl und Be- und Entladestellen.

MERKE

Der schriftliche Vertrag, der einem Frachtbrief entspricht, dient als:

- ✘ Empfangsbestätigung des Unternehmers und des Empfängers,
- ✘ Beweisurkunde für die am Frachtvertrag Beteiligten über Abschluss und Inhalt des Umzugsvertrages,
- ✘ Begleitpapier oder schriftliche Unterlage für die Umzugsabwicklung.

5.9.5 Die Abrechnung in der Möbelspedition

Seit dem 1. Januar 1994 sind die Tarife für den Umzugs- und Neumöbelverkehr aufgehoben. Es besteht die Möglichkeit einer **freien Preisvereinbarung.**

Die Qualität der Leistung und damit der Preis sind in der Möbelspedition besonders stark abhängig von

- ✘ der Ausbildung des Personals,
- ✘ dem Einsatz besonderer technischer Hilfsmittel,

- dem Umfang der Nebenleistungen,
- den örtlichen Gegebenheiten,
- dem Ab- und Aufbauen der Möbel,
- dem Verpacken und Bezeichnen der Packstücke u.a.

Die reine Transportleistung spielt dabei in der Regel nur noch eine untergeordnete Rolle.

Die Rechnung erstellt der Unternehmer im Umzugsvertrag oder in einer Anlage dazu, und zwar aufgegliedert nach den einzelnen Leistungen.

Der Rechnungsbetrag ist bei Inlandstransporten vor Beendigung der Ausladung und bei Auslandstransporten vor Beginn der Beladung fällig.

5.9.6 Lagergeschäfte des Möbelspediteurs

Der Möbelspediteur lagert auch Wohnungseinrichtungen, einzelne Möbelstücke und sonstiges Umzugsgut. Für diese Betätigung können die **Allgemeinen Lagerbedingungen des deutschen Möbeltransportes (ALB)** vereinbart werden. Der Einlagerer erhält über die eingelagerten Güter nach den ALB einen **Lagerschein,** der vor Auslieferung der Güter zurückzugeben ist. Auf seiner Rückseite sind die ALB abgedruckt, sodass dadurch eine klare Rechtsgrundlage für den Lagervertrag geschaffen ist und Streitigkeiten über die Anwendung der ALB ausgeschlossen werden. Sie treten an die Stelle der dispositiven handelsrechtlichen Vorschriften und gelten nur dann nicht, wenn ihnen ausdrücklich widersprochen wird. Dann sind die gesetzlichen Bestimmungen anzuwenden. **Die ADSp finden auf das Lagergeschäft des Möbelspediteurs keine Anwendung.**

§ 1 der ALB beschränkt die **Haftung des Lagerhalters** für vertragswidriges Verhalten oder für Schäden am Lagergut – eigenes oder seiner Beauftragten Verschulden vorausgesetzt – auf höchstens 800,00 DM je cbm, wenn nicht ein höherer Wert angegeben ist. Eine Begrenzung der Entschädigung entfällt, wenn dem Lagerhalter oder seinen leitenden Angestellten Vorsatz oder grobe Fahrlässigkeit nachgewiesen wird. Für den Inhalt von Kisten, Körben, Schränken und sonstigen Behältnissen haftet der Lagerhalter nur, wenn seine Leute den Inhalt ein- oder ausgepackt haben (ALB § 2).

Der Lagerhalter ist verpflichtet, ein Verzeichnis über die eingelagerten Güter und über ihren Zustand zu führen. Lagerhalter und Einlagerer unterliegen der gegenseitigen Informationspflicht – vor allem bei wertvollen und gefährlichen Gütern.

Folgende Schadensursachen befreien den Lagerhalter von der Haftung: Beraubungsschäden an nicht sachgemäß verpackten Gütern, Schäden durch höhere Gewalt, durch Witterungseinflüsse, durch Ratten, Mäuse, Motten oder sonstiges Ungeziefer, Schäden durch inneren Verderb, durch schweren Diebstahl und Raub.

Der vom Lagerhalter erteilte **Lagerschein** gilt immer nur **als Empfangsschein**; er ist also kein Wertpapier, gestattet es aber dem Lagerhalter, bei Verfügungen über das Lagergut zu prüfen, ob der Verfügende dazu berechtigt ist, ohne allerdings zu einer solchen Prüfung verpflichtet zu sein.

AUFGABEN

1 Welche verkehrspolitischen Ziele verfolgt der Gesetzgeber durch das GüKG?

2 Durch welche wesentlichen Merkmale werden der gewerbliche Güterkraftverkehr und der Werkverkehr unterschieden?

3 Beurteilen Sie die Bedeutung des Werkverkehrs!

4 Beschreiben Sie Beförderungs- und Fahrverbote, die für den Güterkraftverkehr in Deutschland und in der EU erlassen sind!

5 Beschreiben Sie die einzelnen Arbeiten eines Absenders beim „Verladen" gemäß HGB!

6 Warum gestattet das GüKG dem Lkw-Unternehmer, Güterverkehr nur nach Erteilung einer Erlaubnis zu betreiben?

7 Welche Einzelheiten müssen der Lkw-Unternehmer und der Fahrer beachten, wenn mit dem Lkw Gefahrgut befördert wird?

8 Zählen Sie einzelne Überwachungsaufgaben des BAG auf, und begründen Sie die einzelnen Überwachungsmaßnahmen!

9 Geben Sie einen Überblick über die Frachtabrechnung im gewerblichen Güterkraftverkehr!

10 Beschreiben Sie die Pflichten des Absenders und des Frachtführers im Lkw-Verkehr!

11 Sie sind Lkw-Unternehmer. Erklären Sie Ihrem Auftraggeber die Haftung und die Schadenersatzleistung!

12 Unter welchen Bedingungen darf ein Lkw-Unternehmer grenzüberschreitenden Güterkraftverkehr betreiben?

13 Unterscheiden Sie Beförderungsbedingungen des nationalen und des internationalen Güterkraftverkehrs!

14 Beschreiben Sie Zahl und Art der Paletten, die die Lkw Ihres Unternehmens bzw. der von Ihnen eingesetzten Lkw-Unternehmer befördern!

15 Unterscheiden Sie zwischen Spediteur und Lkw-Unternehmer!

16 Welche Vor- und Nachteile bietet der Kombiverkehr für den beteiligten Lkw-Unternehmer?

17 Welche Gründe sprechen für den kombinierten Verkehr in der Verkehrswirtschaft?

6 Die Kraftwagenspedition

EINSTIEG

24 Paletten Elektrowerkzeuge, 9 840 kg brutto

von Elmshorn nach Frankfurt/Main;

Auftraggeber: Gebr. Stiller, Elmshorn, Am Weiher

Empfänger: Baumarkt Berger & Co., Frankfurt/Main, Waldstraße

Die Sendung soll durch uns, Emil Schnell & Co., Hamburg, Bredowstraße, abgefertigt werden.

ARBEITSAUFTRÄGE

1. Beschreiben Sie die Fahrtroute unter Beachtung von Verkehrsengpässen!
2. Ein eigenes Fahrzeug steht zurzeit nicht zur Verfügung. Was müssen Sie bei der Auswahl eines Lkw beachten?
3. Formulieren Sie den Frachtvertrag mit dem von Ihnen gewählten Fremdunternehmer!
4. Beschreiben Sie die Abrechnung mit dem Kunden und dem Fremdunternehmen!
5. Wie viel Europaletten kann ein Lkw mit einer Aufbaulänge von 7,20 m fassen?

6.1 Der Lkw-Spediteur

Die Kraftwagenspedition ist ein Erwerbszweig des vielseitigen Speditionsgewerbes. Der Spediteur ist als Spediteur nach § 453 ff. HGB tätig; er schließt als Absender Frachtverträge mit einem Lkw-Unternehmer, der ausschließlich als Frachtführer tätig ist. Der Spediteur kann auch als Frachtführer tätig werden, indem er Frachtverträge mit dem Absender schließt oder von seinem Selbsteintrittsrecht Gebrauch macht; in diesen Fällen verfügt er über eigene Fahrzeuge, die er im nationalen und internationalen Güterkraftverkehr einsetzt. Häufig werden in Verkennung dieser Zusammenhänge alle Lkw-Unternehmer als Spediteure bezeichnet und umgekehrt.

Folgende Betätigungsformen sind möglich:

- ✘ Versender — Spediteur (Speditionsvertrag) — **Spediteur als Spediteur: Besorgen von Güterversendungen** mit dem Lkw durch Abschluss von Frachtverträgen mit selbstständigen Lkw-Unternehmern,
- ✘ Versender — Spediteur (Frachtvertrag) — **Spediteur als Frachtführer: Durchführen von Güterversendungen** mit eigenem Lkw oder Vertragszügen, wenn der eigene Transportraum nicht ausreicht,
- ✘ Versender — Spediteur (Speditionsvertrag) — **Spediteur als Frachtführer: Durchführen von Güterversendungen durch Ausübung des Selbsteintrittsrechtes.**

Speditionsbetriebe, die als Spediteure die Güterversendung besorgen und auch als Frachtführer die Güterversendung mit eigenem Lkw ausführen, werden als **Gemischtbetriebe** bezeichnet. Als Frachtführer befördern sie Güter im **gewerblichen Güterkraftverkehr.** Auch können sich alle Lkw-Spediteure als **Sammelgutspediteure** des Kraftwagens bedienen.

Wie alle Spediteure pflegen auch die Kraftwagenspediteure ihre Geschäfte nach den **ADSp** abzuwickeln. Sie unterliegen den Bestimmungen des GüKG.

Werden sie als Lkw-Frachtführer durch Einsatz eigener Lkw tätig, gelten für sie zusätzlich alle anderen Gesetze und Verordnungen, denen auch jeder Lkw-Unternehmer unterworfen ist. Sie haften in diesem Falle nicht nur als Spediteur, sondern auch als Frachtführer nach dem HGB.

6.2 Aufgaben und Tätigkeiten des Lkw-Spediteurs

Aufgaben des Lkw-Spediteurs sind es, Güter für den Lkw-Transport zu werben und Transporte selbst auszuführen oder bei Einschaltung von fremden Lkw-Unternehmern diesen bei der Abwicklung des Transportes zu helfen.

Durch seine vielseitige Tätigkeit verfügt der Spediteur über einen breiten Kundenkreis. Bei der Erteilung von Speditionsaufträgen jeder Art fallen Güter zur Beförderung im Inland und in das Ausland an. Der Spediteur übt sein Recht gemäß ADSp, das Transportmittel auszuwählen, aus, falls keine gegenteiligen Weisungen vorliegen. Außerdem wirbt er für das Transportmittel Lkw. Das geschieht durch Einsatz geeigneter Werbemittel. Er wendet sich an einen breiten Kreis von Verladern durch Anzeigen in Fachzeitschriften, durch Rundschreiben oder gezielte Werbeschreiben. Seine Akquisiteure suchen die Versender auf, um in Transport- und Logistikfragen mit Rat zu helfen.

Werbeargumente des Lkw-Spediteurs sind:

- ✘ die **Qualität** der Transportleistung,
- ✘ die **Schnelligkeit und Pünktlichkeit**,
- ✘ die **Häufigkeit** und **Regelmäßigkeit** von Liniendiensten,
- ✘ die **Kundensätze** im Lkw-Sammelgutverkehr und
- ✘ die **natürlichen Vorteile des Lkw**.

Die Vorteile liegen für den Versender

- ✘ in dem **persönlichen Kontakt** mit dem Frachtführer, der es gestattet, Sonderwünsche (auch kurzfristig) zu berücksichtigen und eine individuelle Behandlung des Gutes zu garantieren,
- ✘ in der **Schnelligkeit** des Lkw, die in kurzen Lieferfristen deutlich wird,
- ✘ in einer **unbegrenzten Flächigkeit**, die daraus folgt, dass der Lkw über das weit verzweigte Straßennetz schnell und sicher auch die entlegenen Gebiete bedienen kann,
- ✘ im **Haus-Haus-Verkehr**, der dem Versender bzw. Empfänger das Be- oder Entladen des Lkw an jeder beliebigen Stelle seines Werksgeländes gestattet (von Rampe zu Rampe),
- ✘ in der Durchführung **logistischer Dienstleistungen** aller Art.

Der Spediteur holt entsprechend den Weisungen Stückgüter und manchmal Teilladungen vom Versender ab, stellt sie auf seinem Lager zusammen und verlädt in eigene oder fremde Fahrzeuge, die rechtzeitig gestellt werden. Ladungen und Teilladungen werden beim Versender direkt übernommen. Die erforderlichen Beförderungs- und Begleitpapiere werden ausgestellt oder besorgt. Der Transport wird durchgeführt oder die Durchführung überwacht.

Schaltet der Spediteur fremde Unternehmer ein, so profitieren diese von seiner Werbung. Häufig übernimmt der Spediteur für diese auch die Abfertigung des Transportes. Er wird tätig als Abfertigungsspediteur im Güterverkehr.

Häufig werden die Sendungen am Bestimmungsort unter Einschaltung eines Spediteurs dem Empfänger avisiert, unter Erhebung von Nachnahmen ausgeliefert oder zugerollt.

Durch Schnelligkeit, Pünktlichkeit und kurzfristige Disposition ist der Lkw-Verkehr zum tragenden Glied von nationalen und internationalen Logistikketten geworden.

6.3 Der „Abfertigungsspediteur" und Frachtenbörse

Hat der Lkw-Spediteur keine eigenen Lkw oder sind seine Fahrzeuge ausgelastet, kann er als Abfertigungsspediteur tätig werden. Er beauftragt Lkw-Unternehmer, mit denen er laufend zusammenarbeitet, auch Spediteurkollegen mit eigenen Lkw, oder er beschafft sich Laderaum über eine Frachtenbörse[1] oder über die Laderaumverteilungsstelle einer SVG.

Eine Frachtenbörse vermittelt Laderaum und Ladung im deutschen und im europäischen Güterkraftverkehr. Angebot und Nachfrage von Ladungen werden in ein computergestütztes Informationssystem laufend eingegeben. Spediteur, Lkw-Unternehmer und andere Interessenten können jederzeit gegen Entgelt ihre Daten abrufen oder eingeben. Der Erfolg der einzelnen Frachtenbörse hängt ab von der Vielzahl der Anbieter und der Nachfrager, von dem schnellen Zugriff auf die Daten, von Zuverlässigkeit der Beteiligten, insbesondere von der schnellen und zuverlässigen Transportabwicklung der Komplett- und auch der Teilladungen. Der Vorteil für die Beteiligten liegt in der Kostensenkung und in der Vermeidung von Leerläufen, aber auch in der Möglichkeit eines verbesserten Kundenservices.

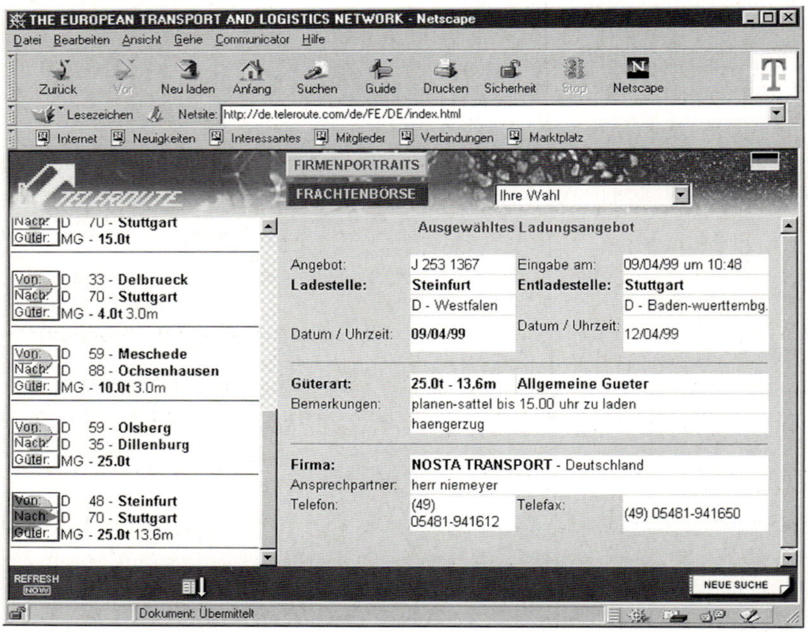

Alle Rechtsvorschriften über den Abfertigungsspediteur sind durch das Tarifaufhebungsgesetz seit 1994 außer Kraft gesetzt. Übernimmt ein Lkw-Spediteur lediglich die Abfertigung von Sendungen, müssten seine Aufgaben und das Entgelt mit dem Lkw-Unternehmer vereinbart werden. Die alten Rechtsvorschriften könnten Orientierungshilfe bieten.

[1] Vergleichen Sie auch Themenheft „Frachtbörse online", Gehlenbuch 03066

▲ ***Aufgaben des Abfertigungsspediteurs.*** Der Abfertigungsspediteur übernimmt für den Unternehmer des Güterverkehrs regelmäßig folgende Aufgaben:

- die allgemeine und individuelle Werbung für den Lkw-Verkehr,
- die vorbereitende Behandlung der Sendungen für die Beförderung,
- die Ausstellung der Beförderungspapiere,
- die Mitwirkung im Nachnahmeverfahren,
- die Bereitstellung von ausreichenden Lager- und Umschlagseinrichtungen für Annahme und Ablieferung des Gutes,
- die Sicherung eines reibungslosen Zu- und Ablaufs von Einzelsendungen,
- die Erledigung von Steuer- und Zollformalitäten.

Als Spediteur arbeitet der Abfertigungsspediteur nach den ADSp.

▲ ***Abrechnung des Abfertigungsspediteurs.*** Der Abfertigungsspediteur rechnet mit dem Frachtzahler die vereinbarte Fracht und die Nebengebühren zuzüglich Umsatzsteuer ab. Diesen Betrag (ohne Umsatzsteuer) kürzt er um seine Vergütung und zahlt diesen gekürzten Betrag zuzüglich Umsatzsteuer an den Lkw-Unternehmer.

6.4 Erteilung und Abwicklung eines Speditionsauftrages

EINSTIEG

10 Kisten	Maschinenteile	2 220 kg	
8 Käfige	und Zubehör	1 780 kg	
7 Kartons		111 kg	
25 Kolli		4 111 kg	brutto

Auftraggeber: FTM Maschinenwerke KG, Neustadt, Nordstraße,

Empfänger: Überall & Söhne, Weinheim, Bergstraße,

Spediteur: Erwin Saubermann, Neustadt, 613 km, „frei".

Weitere Angaben sind nicht gegeben (vgl. Muster eines Speditionsauftrages Abschnitt 4.3.3).

ARBEITSAUFTRÄGE

1. Der Transport kann mit der Bahn, dem Lkw oder im Sammelverkehr durchgeführt werden. Begründen Sie Ihre Wahl für den Lkw!
2. Beschreiben Sie, in welcher Form Ihre Kunden Speditionsaufträge erteilen!
3. Welche Lademittel können hier eingesetzt werden, und welches Entgelt verlangt Ihr Betrieb dafür?
4. Erklären Sie den Unterschied in der Haftung und in der Abrechnung bei Einsatz eines eigenen und eines fremden Lkw!

▲ ***Erteilung eines Speditionsauftrages.*** Der Auftraggeber des Spediteurs – in der Regel der Verkäufer der zu befördernden Ware, hier die FTM Maschinenwerke – erteilt den Speditionsauftrag in schriftlicher Form. Dazu kann er sich eines Auftragsvordruckes bedienen. Der Auftrag kann auch in mündlicher Form oder durch Anliefern der Sendung erteilt werden.

Oft werden die Auftragsdaten durch **Datenfernübertragung (DFÜ)** im Softwareprogramm EDIterm erfasst, in das EDIFACT-Format umgesetzt und übermittelt (vgl. Abschnitt 4.3.3). Die Auftragsdaten fließen in das EDV-System des Spediteurs und dienen dort als Grundlage für die Abwicklung des Speditionsauftrages einschließlich der Dokumentation bzw. für das Speditionsbuch.

▲ ***Abwicklung eines Speditionsauftrages.*** Folgende Arbeiten sind (in änderbarer Reihenfolge) zu erledigen:

Unverzüglich nach Auftragseingang und zum Beginn der Auftragsabwicklung wird der schriftlich vorliegende Auftrag bearbeitet:

- Der Auftrag wird **gelesen** und sorgfältig **durchgearbeitet** (u. U. Bildschirm).
- Der Auftrag wird kontrolliert auf **Vollständigkeit** und **Richtigkeit der Weisungen und Dokumente**, und zwar:
  - Liegt ein Speditions-, Fracht-, Lagervertrag und/oder ein Vertrag über logistische Dienstleistungen vor (z. B. Verpacken, Markieren, Jit, Sendungsverfolgung-Barcode)?
  - Ist der Auftrag durchführbar, fehlen Angaben? Sind Weisungen über Weg, Ziel, Transportmittel, -unternehmen, Zeit (J/T), Dokumentation u. a. fehlerhaft?
  - Sind Besonderheiten des Gutes zu beachten: Schwer-, Sperr, Gefahrgut usw.?
  - Sind der Ort und Zeitpunkt der Übergabe festgelegt, und ist die Sendung für den Spediteur Saubermann zur Übernahme freigestellt (z. B. durch Lieferschein)?
- **Der Preis** wird spätestens jetzt festgelegt: vereinbarter Preis, üblicher Preis, durch Auftragskalkulation ermittelter oder zu ermittelnder Preis; Kontrolle der Kostendeckung und des Auftragsnutzens u. a.
- **Unstimmigkeiten** werden geklärt, u. U. durch Einigung mit dem Auftraggeber, mündlich oder schriftlich.
- **Annahme des Auftrags** durch Auftragsbestätigung mit Verladehinweisen (soweit erforderlich) oder durch Schweigen bzw. schlüssiges Handeln folgt. Damit ist der Speditionsvertrag geschlossen **(Vertragsabschluss)**.
- Die neuen Daten werden ergänzend in das Speditionsbuch manuell oder durch Eingabe in den Computer übertragen.

Vor der Verladung hat der Spediteur – falls nicht bereits nach Auftragseingang geschehen – folgende Arbeiten zu erledigen:

- Die **Entscheidung über die Verladung** ist zu treffen; hier mit eigenem Lkw, fremdem Lkw, im Sammelverkehr (oder mit der DB Cargo).
- Der geeignete **Frachtführer** (Verfrachter), Lagerhalter, Umschlagsbetrieb, Dienstleister beim Outsourcing, Versicherer u. a. (je nach Auftragslage und -umfang) wird oder werden ausgewählt.
- Eigene **Logistikleistungen** werden organisiert und fremde logistische Dienstleistungen werden veranlasst: Kommissionieren, Verpacken, Paletten/Container beschaffen, packen und kontrollieren, Regalpflege u.a.
- Der **Frachtvertrag** und die erforderlichen weiteren Verträge werden abgeschlossen.
- Die **Dokumentation** durch Frachtbrief (Konnossement, Ladeschein u. a.) und die **Zollabfertigung** (bei anderer Auftragslage) wird erledigt.
- Die **Abnahmevereinbarung** mit dem Kunden bzw. dem Frachtführer wird getroffen: Übernahme der Sendung zur Beförderung, Verladeort, -termin, Schnittstellenkontrolle einschließlich Quittungen werden bestimmt.

Nach der Verladung fallen folgende Arbeiten an, die z.T. in das Speditionsbuch einzutragen sind:

- **Die Beförderung** bis Eintreffen der Sendung beim Empfänger ist zu **überwachen:** Die Möglichkeit muss gesichert sein, Rückfragen des Auftraggebers und der am Transport Beteiligten jederzeit zu beantworten und zu entscheiden, Daten aus dem Transportfluss, aus dem Sendungsverfolgungssystem auftragsgemäß als logistische Dienstleistung zu übermitteln u. a. So kann das Tracking z. B. über das Internet erfolgen.

- **Transport-, Zoll- und Versicherungsdokumente** sind weisungsgemäß zu besorgen, zu erstellen, zu bearbeiten, zu kontrollieren und weiterzuleiten.
- Die **ordnungsgemäße Ablieferung** an den Empfänger durch den Frachtführer (bzw. den eigenen Fahrer) ist zu sichern, evtl. Hinweise auf Ablieferungstermin an den Frachtführer, auf Schnittstellenkontrolle, auf Empfangsquittung im Frachtbrief.
- **Verladeanzeige/Avis** (evtl. mit Dokumentenversand) ist zu erledigen, u.U. die Zufriedenheit des Kunden zu erfragen.
- **Abrechnung** (Nutzen des Auftrags) und Erledigung des Speditionsbuches und **Ablage** der Unterlagen sind durchzuführen.

▲ *Sorgfaltspflicht.* Der Spediteur bzw. der Expedient hat alle Arbeiten „mit der **Sorgfalt eines ordentlichen Kaufmannes“,** unter Wahrung der Interessen des Auftraggebers und unter Beachtung seiner Weisungen durchzuführen. Der Spediteur und sein Auftraggeber sind bei fehlenden, fehlerhaften oder nicht ausführbaren Weisungen zur Rückfrage verpflichtet. Diese grundlegenden Vorschriften gelten für alle Verrichtungen des Spediteurs im Rahmen des Erfüllungsgeschäftes, aber auch im Rahmen des Verpflichtungsgeschäftes.

ZUSAMMENFASSUNG

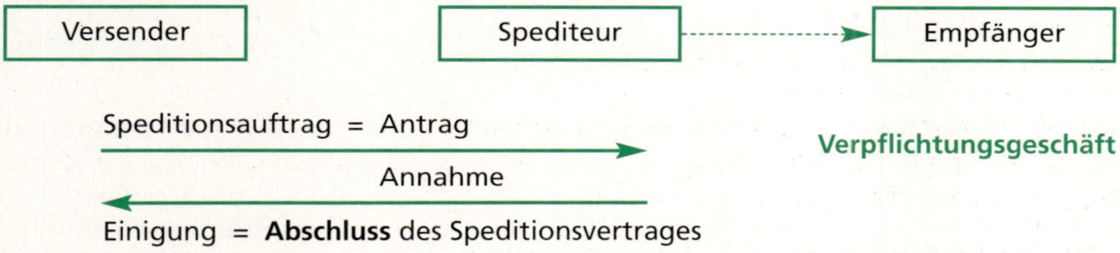

Erfüllung des Speditionsvertrages:

Auftragsabwicklung

- Abschluss des Frachtvertrages und weiterer Verträge
- Organisation der Beförderung einschl. Übergabe des Gutes an Frachtführer/Verfrachter (Schnittstelle)
- Dokumentation, Durchführen/Besorgen logistischer Dienstleistungen
- Überwachen der Beförderung und Sicherung der ordnungsgemäßen Ablieferung an den Empfänger (Schnittstelle)
- Verladeanzeige, Abrechnung

Erfüllungsgeschäft

Der Spediteur muss

- mit der Sorgfalt eines ordentlichen Kaufmanns arbeiten;
- die Interessen seines Auftraggebers wahren;
- die Weisungen des Auftraggebers genau beachten;
- bei Unklarheiten bei dem Auftraggeber rückfragen.

6.5 Güterverkehrszentren

Die zunehmende Arbeitsteilung und Spezialisierung der Unternehmen, der Abbau von Handelshemmnissen in Europa und weltweit führen zu immer größerem Güteraustausch und damit zu größerem Transportvolumen. Damit steigen ebenfalls die Anforderungen an die Beschaffungs- und Distributionslogistik. Somit ist auch der Spediteur als logistischer Dienstleister gefordert, seine Lösungskonzepte zur Bündelung von Sendungen und damit zum Umweltschutz einzubringen. Als eine Maßnahme zum Abbau von Straßen- und Umweltbelastungen sollen Güterverkehrszentren (GVZ) dienen.

MERKE

Begriff. Ein Güterverkehrszentrum ist eine Standortgemeinschaft von selbstständigen Verkehrsbetrieben unterschiedlicher Ausrichtung. Dazu zählen Transport-, Speditions-, Lagerei-, Logistik-, Serviceunternehmen sowie Frachtzentren der DB AG und der Deutschen Post AG. Das Gelände ist an mehrere (mindestens zwei) Verkehrsträger gebunden. Eine wichtige Einrichtung in einem GVZ ist ein Umschlagbahnhof Schiene/Straße (vgl. Abschnitt 5.5).

▲ ***Aufgaben.*** Diese sollte ein Güterverkehrszentrum generell erfüllen:

- Es ist eine Schnittstelle zwischen Nah- und Fernverkehr zur Brechung der überregionalen Verkehrsströme, wie im Sammelgutverkehr der Speditionen seit jeher üblich.
- Ein GVZ ist eine Schnittstelle der verschiedenen Verkehrsträger, um durchgehende Transportketten zu bilden. Dabei werden die Vorteile des jeweiligen Verkehrsträgers genutzt. Als bedeutende Einrichtung ist deshalb ein **KLV-Terminal** erforderlich.
- In einem GVZ wird ein dichtes Netz von Transport- und Speditionsunternehmen sowie transportergänzenden Dienstleistungen angestrebt, um damit das logistische Leistungsangebot zu verbessern.
- Ein GVZ ist ein logistischer Knoten, der durch die räumliche Nähe der verschiedenen Betriebe u.a. Zusammenarbeit zwischen Spediteuren ermöglicht.

Damit die genannten Aufgaben erfüllt werden können, müssen entsprechende Flächen zur Verfügung gestellt und ein vielseitiges Dienstleistungsangebot errichtet werden. Die entsprechenden GVZ-Flächen liegen in den Ballungszentren bzw. Wirtschaftsräumen (siehe Karte) an einem günstigen verkehrsgeographischen Ort. Hierfür **zwei Beispiele:**[1]

GVZ Leipzig – siehe auch ➛ **www.gvz-leipzig.de:** Das GVZ liegt genau zwischen den Wirtschaftsräumen Leipzig und Halle, nahe dem Schkeuditzer Kreuz, dem Schnittpunkt der Autobahn BAB 9 München – Berlin und BAB 14 Halle – Dresden mit Anbindung an die Bundesstraße B 6. Das GVZ liegt im Nordraum Leipzigs in unmittelbarer Nähe zu der Messe Leipzig, außerdem grenzt es an den Flughafen Leipzig – Halle. Ein KLV-Terminal ist in Planung. Die Gesamtfläche soll brutto etwa 300 ha und netto etwa 190 ha betragen.

Dienstleistungsangebot: Speditionen und Logistikeinrichtungen von Industrie und Handel, Recycling- und Produktionsbetriebe, ferner Dienstleistungsbetriebe unterschiedlicher Art wie Tankstellen und Autobahnservicestationen, Restaurants, Kantinen, Sozialeinrichtungen für die im GVZ beschäftigten Mitarbeiter sowie ein Hotel und ein Zollamt.

GVZ Bremen – siehe auch ➛ **www.gvz-bremen.de:** Das GVZ liegt in unmittelbarer Nähe zum Hafen. Über die Verkehrswege Straße, Schiene und See werden alle Wirtschaftzentren weltweit (insbesondere durch die Schnittstelle Hafen) erreicht. Innerhalb der Europaverkehre von im GVZ angesiedelten Unternehmen und dem integrierten KLV-Terminal werden nationale und europäische Wirtschaftszentren täglich erreicht.

Die Entfernung zu den Bundesautobahnen A 1 und A 27 beträgt etwa 6 km, zum Flughafen etwa 4 km und zum Hafen etwa 2 km. Der Kombibahnhof befindet sich innerhalb des GVZ.

[1] Güterverkehrszentren, Sonderbeilage der DVZ, Nr. 115, 27. September 1994

Die bebaubare Gesamtfläche beträgt etwa 200 ha. Davon sind derzeit 150 ha erschlossen und bebaut. Weitere Flächen befinden sich in unmittelbarer Nachbarschaft zum GVZ. Dort werden auf weiteren 150 ha Produktions- und Handelsbetriebe angesiedelt.

Dienstleistungsangebot:

- KLV-Umschlagsanlage,
- Post-Frachtzentrum,
- Bahn-Frachtzentrum (benachbart),
- Container-Leerdepot,
- Lkw-Großwaschanlage,
- Lagerhaltung,
- Pkw- und Lkw-Reparaturwerkstätten,
- Tankstelle,
- Reifen- und Planen-Service,
- Containerwartung und -reparatur,
- Zollabfertigung.

Zur wirtschaftlichen optimalen Nutzung eines GVZ mit den unterschiedlichen Einrichtungen ist ein **computergestützter Datenverbund** erforderlich. Damit sind dann eher die ebenfalls angestrebten unternehmensübergreifenden Konzepte zu realisieren.

▲ ***Organisation.*** Zur Errichtung eines GVZ wird eine GVZ-Entwicklungsgesellschaft und zum Betreiben von Güterverkehrszentren wird eine GVZ-Betreibergesellschaft gegründet, meist in der Form einer GmbH. Neben den Entwicklungs- und Betreibergesellschaften existieren weitere Organisationsformen. So sind beispielsweise die Stadt Nürnberg und die Bayrische Landeshafenverwaltung Nürnberg bestrebt, das vorhandene Hafengelände im Bereich Nürnberg/Roth zu einem „GVZ Hafen Nürnberg/Roth GmbH“ hinzuführen. An diesem Standort Nürnberg-Hafen werden somit vorhandene typische GVZ-Einrichtungen um weitere Einrichtungen logistischer Dienstleister ergänzt (vgl. Abschnitt 20.9 City-Logistik).

MERKE

Grundsätzlich sollte ein GVZ folgende Kernaufgaben erfüllen:

- Schnittstelle zwischen Verkehrsträgern,
- Versand- und Empfangsspedition,
- Transitfunktion,
- Zwischenlager und Pufferfunktion,
- regionale Ver- und Entsorgung,
- Service- und Dienstleistungsfunktionen.

▲ ***Güterverkehrszentren (GVZ)***[1] und Hauptverkehrsachsen in Deutschland mit Verbindungen ins benachbarte Ausland:

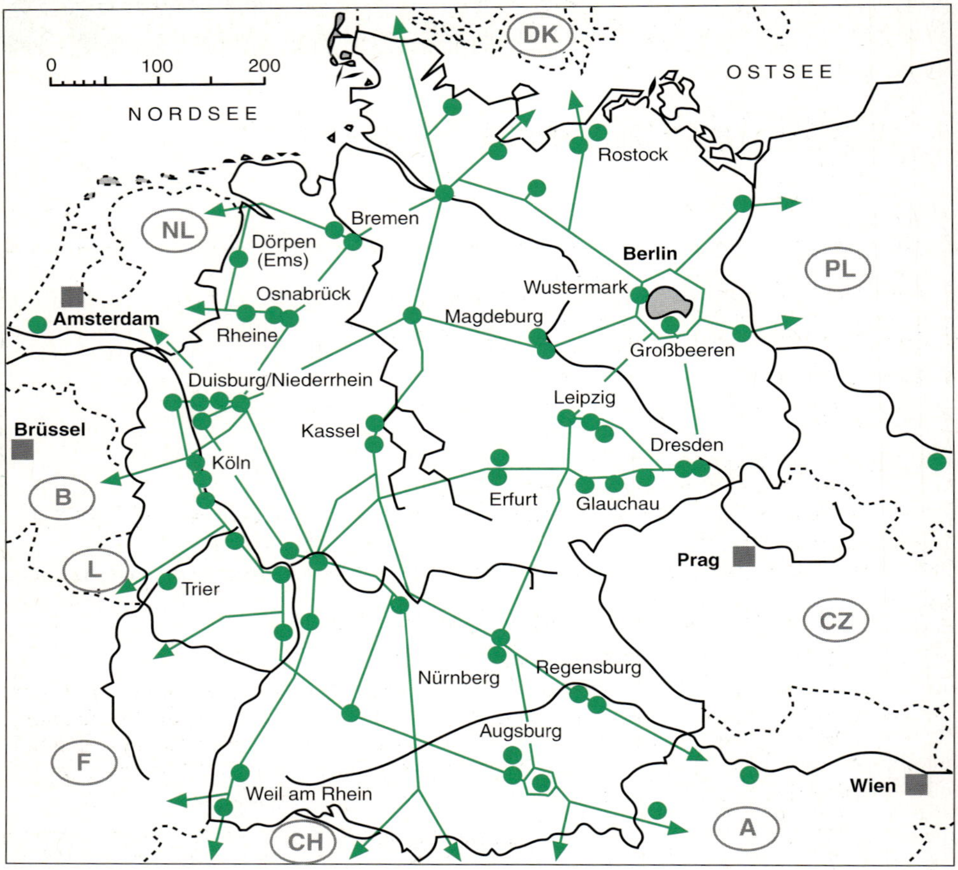

AUFGABEN

1 In welchen Formen betätigt sich der Spediteur im Güterkraftverkehr?

2 Beschreiben Sie die Ausübung des Selbsteintrittsrechtes durch den Spediteur im Güterkraftverkehr!

3 Beschreiben Sie Logistikleistungen, die ein Lkw-Unternehmer erbringen könnte!

4 Welche Werbeargumente kann der Lkw-Unternehmer einsetzen?

5 Grenzen Sie die besondere Eignung der Eisenbahn und des Lastkraftwagens in der Güterbeförderung ab!

6 Bei Empfang einer Sendung von einem Lkw-Unternehmer stellen Sie als Spediteur einen äußerlich erkennbaren Schaden fest. Was müssen Sie unternehmen?

7 An welchen Standorten sind Güterverkehrszentren sinnvoll?

8 Wodurch können Güterverkehrszentren zur Umweltentlastung beitragen?

9 Welche Bedeutung haben Speditionen für ein Güterverkehrszentrum?

10 Welche Leistungen werden in einem GVZ üblicherweise angeboten?

[1] z. T. in der Planung

PRODUKTION SPEDITIONELLER DIENSTLEISTUNGEN AUFTRAGSABWICKLUNG VON FRACHTGESCHÄFTEN

7 Der Güterversand mit der Bahn

EINSTIEG

200 Ballen Holzzellulose, 51500 kg brutto,
ab Anschlussgleis Hamburg-Süd nach Dresden-Hafen, Anschlussgleis, unfrei
Absender: Fr. Meyer & Co., Holstenwall 14-17, 20355 Hamburg
Empfänger: Papierfabrik Sachsen AG, Fabrikstraße 1, 01159 Dresden

ARBEITSAUFTRÄGE

1. Beschreiben Sie die Arbeiten, die Sie als Absender durchführen!
2. Organisieren Sie die Beschaffung von Containern!
3. Wer ist Ihr Ansprechpartner bei der Bahn?
4. Durch welche Rechtsgrundlagen wird der Frachtvertrag geregelt?
5. Die Sendung wird während des Transportes beschädigt. Beschreiben Sie dem Empfänger die Haftung der Bahn!

7.1 Die Deutsche Bahn Aktiengesellschaft

7.1.1 Die DB AG und ihre Gliederung

▲ *Die Bahnreform.* Die negative wirtschaftliche Entwicklung der Eisenbahnen führte zur Bahnstrukturreform (1. Januar 1994), durch welche die „Deutsche Bundesbahn (DB)" und die „Deutsche Reichsbahn (DR)" zur **„Deutschen Bahn Aktiengesellschaft (DB AG)"** zusammengeschlossen wurden. Die DB AG führt das Unternehmen privatwirtschaftlich, seine Eigentümerin in die Bundesrepublik Deutschland.

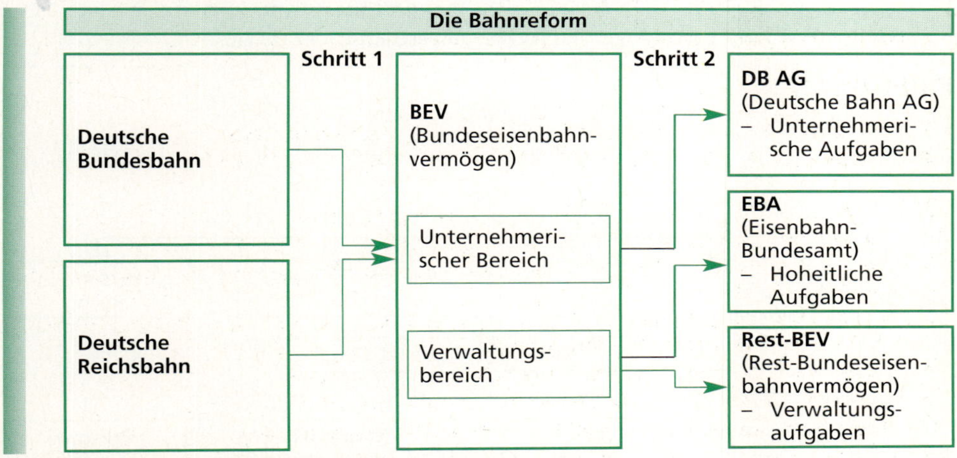

Quelle: Foliensammlung der DB AG vom 1. Juli 1998

[1] Abkürzung DB AG und vereinfacht DB

▲ ***Gliederung der DB AG.*** Die DB AG wird durch den Vorstand geführt. Ihm steht der Aufsichtsrat zur Seite, der sich aus Vertretern des Bundes, der Arbeitnehmer und der Kunden zusammensetzt. Der Vorstand besteht aus dem Vorsitzenden und den Mitgliedern, von denen jedes für ein Zentralressort oder für einen Unternehmensbereich verantwortlich ist.

Der Vorstand als Leitungsorgan des Bahnkonzerns ist dem Aufsichtsrat und den Aktionären verantwortlich. Der Vorstand bestimmt die Richtlinien der Unternehmenspolitik und koordiniert mit seinen Zentralressorts die Zusammenarbeit der neun Geschäftsbereiche. Die Geschäftsbereiche arbeiten weitgehend selbstständig, ihre Geschäftsergebnisse müssen sie dem Vorstand gegenüber direkt verantworten. Um die Kunden- und Marktnähe zu sichern, sind die Bereiche in Regionalbereiche, Zweigniederlassungen usw. aufgeteilt.

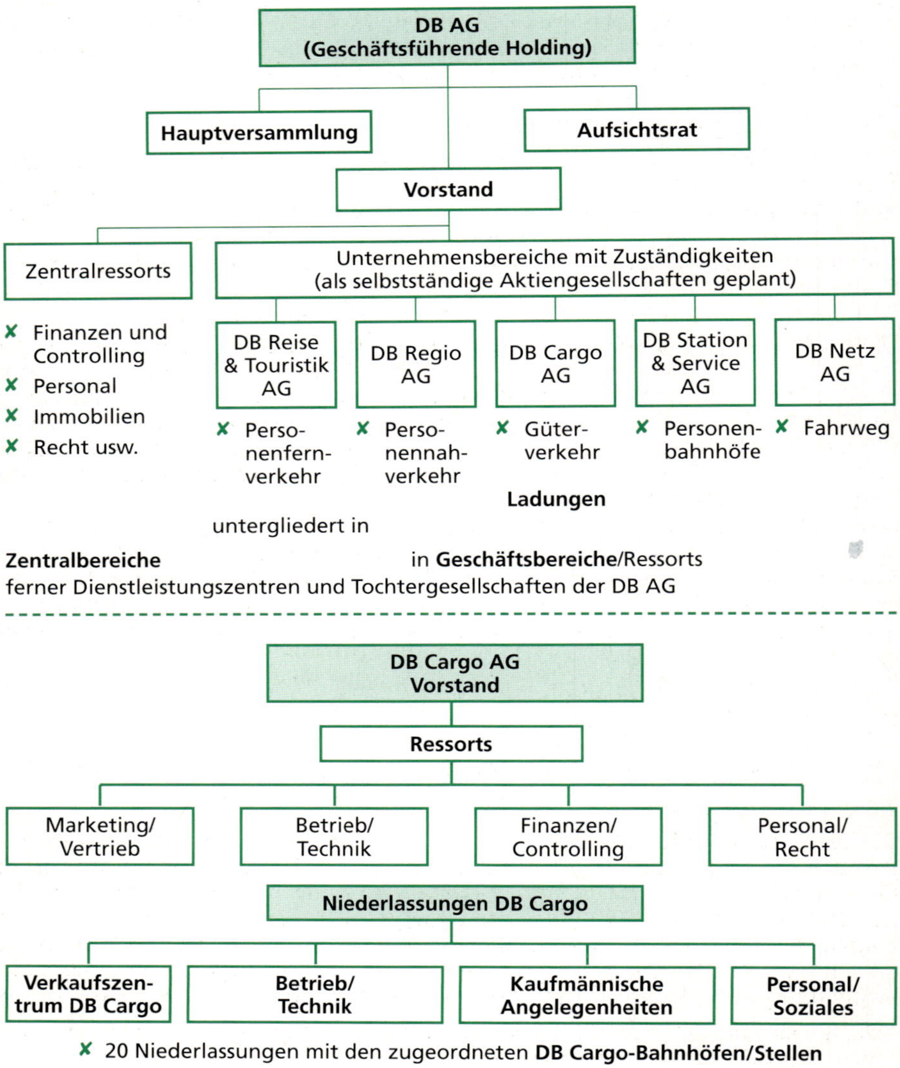

Nach dem Eisenbahnneuordnungsgesetz von 1993 muss die DB AG ihre Unternehmensbereiche zum 1. Januar 1999 unter dem Dach der **„DB AG Holding"** in selbstständige Aktiengesellschaften umwandeln. Die Betriebsgesellschaften sollen später in Privateigentum überführt werden, während die „DB Netz AG" in Staatseigentum bleiben soll. Die DB AG Holding wird nach Privatisierung und Beendigung ihrer Aufgabe aufgelöst.

Durch die Neustrukturierung des deutschen Eisenbahnverkehrs werden das Netz als Fahrweg und die anderen Unternehmensbereiche der DB als Aktiengesellschaften verselbstständigt; sie sollen voneinander unabhängig am Verkehrsmarkt auftreten. Dadurch kann jeder Kaufmann als **Eisenbahnverkehrsunternehmer** Zugang zum Schienennetz gewinnen und eigene Züge einsetzen. Er handelt mit der **„DB Netz AG"** entsprechende Trassenpreise aus. Als Eisenbahnverkehrsunternehmer muss er zuvor die Voraussetzungen der „Eisenbahn-Unternehmer-Berufszugangsverordnung" (EBZUG VO) erfüllen. Die Anforderungen entsprechen denen im Güterkraftverkehr.

Nach Vorstellung des Ministerrats der EU sollen die europäischen Eisenbahngesellschaften verstärkt zusammenarbeiten (vgl. Abschnitt 7.10).

7.1.2 Die Verkehrswege der DB AG

Die Deutsche Bahn AG bildet das Zentralstück des europäischen Eisenbahnnetzes. Es ist mit den Nachbarländern durch zahlreiche Anschlüsse verbunden und nimmt innerhalb des europäischen Verkehrswesens eine führende Stellung ein. Viele europäische Verkehrslinien kreuzen Deutschland in allen Richtungen.

Um den internationalen Güterverkehr zu beschleunigen, werden die **TEEM** (Trans-Europ-Express-Marchandises)-Züge eingesetzt. Durch diese Züge werden die Beförderungszeiten im europäischen Güterverkehr erheblich verkürzt.

Die Betriebslänge der DB AG beträgt rund 41 000 km. Das Netz der ehemaligen DR (Deutsche Reichsbahn) wurde mit erheblichen Mitteln renoviert und ausgebaut. Die Strecken mit der dichtesten Zugfolge sind elektrifiziert worden. Die Elektrolokomotiven sind im Unterhalt und Betrieb kostengünstiger als die auf allen Strecken eingesetzten Diesellokomotiven, außerdem erzielen sie eine höhere Leistung. Durch das große Beschleunigungsvermögen kann die Zugfolge auf den elektrisch betriebenen Strecken erheblich verdichtet werden.

Neben der Modernisierung des Lokomotiven- und Wagenparks werden jährlich hohe Beträge für die Sicherheit und Verbesserung des Schienennetzes aufgewendet: Bestehende Strecken werden ausgebaut, straßenebene Bahnübergänge beseitigt, Sicherungsanlagen, Rangierbahnhöfe, Gleisstellwerke und andere Einrichtungen dem neuesten Stand der Technik angepasst. Im „Hochgeschwindigkeitsnetz Schiene" verkehren Hochgeschwindigkeitszüge des Personenverkehrs (IC, ICE) und des Güterverkehrs (IKE-InterkombiExpress-Züge, ICG-InterCargo-Güterzüge); sie verkürzen die Reisedauer und erhöhen die Streckenkapazität.

7.2 Güterwagen und Lademittel der DB Cargo

7.2.1 Güterwagen

Die DB bietet ihren Kunden eine Vielzahl von offenen und gedeckten Wagen. Sie unterscheiden sich in ihrer Bauart durch Laderaum, Ladefläche, Lastgrenze, durch zusätzliche technische Einrichtungen zum Be- und Entladen, zum Kühlen oder Heizen, zum Behältertransport, zum Transport flüssiger oder staubförmiger Güter u. a. Viele Wagen sind für hohe Geschwindigkeiten eingerichtet, andere sind übergangsfähig. Einzelheiten sind in dem **Anschriftenbild** des einzelnen Wagens enthalten, das nach einem international einheitlichen Verschlüsselungssystem[1] gebildet wird.

[1] Aufgestellt vom „Internationalen Eisenbahnverband" (UIC = Union Internationale des Chemins de Fer), dem alle europäischen Bahnen angehören.

Das Anschriftenbild für einen großräumigen gedeckten Wagen kann lauten:

21 RIV
80 DB
245 7 951 -6
Hbbillns

Die Zahlen und Buchstaben haben folgende Bedeutung:

21 RIV	=	**Austauschverfahren** im grenzüberschreitenden Verkehr als Schlüsselzahl und Abkürzung,
80 DB	=	**Eigentumsmerkmal** der Bahnverwaltung – bei Privatwagen ist es die Bahnverwaltung, bei der der Wagen eingestellt ist – hier Deutsche Bahn,
245 7 951-6	=	**Wagennummer** mit Kontrollziffer,
Hbbillns	=	**Gattungszeichen.**

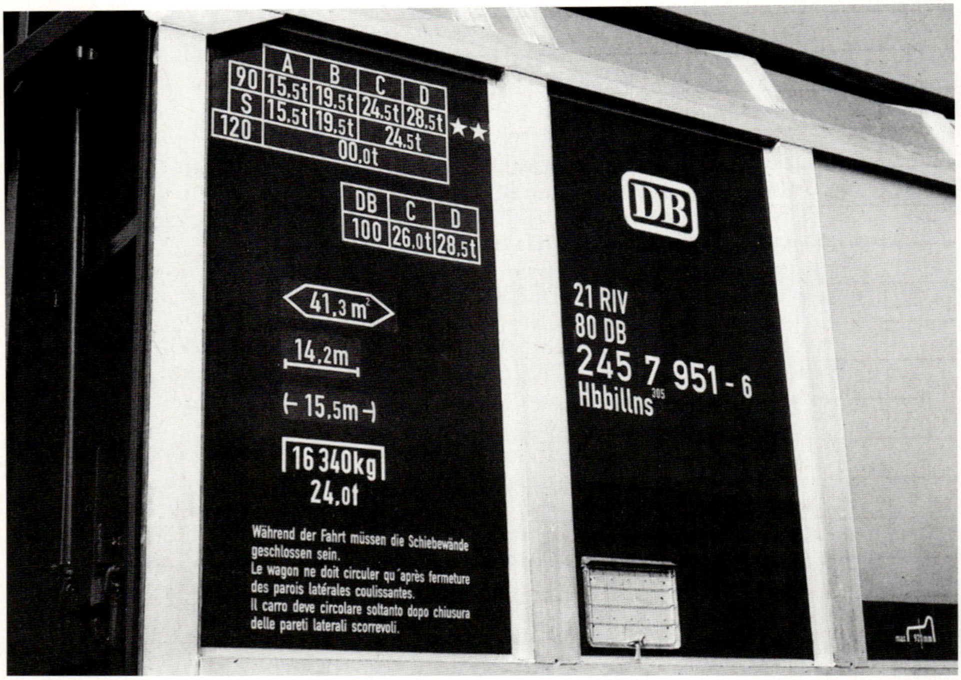

Austauschverfahren für übergangsfähige Wagen

01 = EUROP-Wagen
11 = INTERFRIGO-Kühlwagen
20 = bahneigene Wagen, Privatwagen, die das DB-Netz nicht verlassen dürfen
21 = RIV-Wagen für den grenzüberschreitenden Verkehr, nur für normale Spurweiten

RIV:[1] Diese Wagen unterliegen dem „Übereinkommen über die gegenseitige Benutzung von Güterwagen im internationalen Verkehr" (RIV = Regolamento Internazionale Veicoli). Sie werden von den Mitgliedsverwaltungen des RIV-Verbandes, dem

[1] Réglement Internationale Véhicules (franz.)

fast alle west- und osteuropäischen Bahnverwaltungen angehören, nach einem bestimmten Abrechnungsverfahren zur Beförderung übernommen und sofort nach der Entladung leer oder beladen der Heimatbahn wieder zurückgegeben.

EUROP: Diese Wagen unterliegen dem EUROP-Übereinkommen, das die Bahnverwaltungen der alten EWG-Staaten sowie Dänemarks, Österreichs und der Schweiz geschlossen haben. EUROP-Wagen werden nach ihrer Entladung von der Empfangsbahn wie eigene Wagen behandelt. Dadurch werden unwirtschaftliche Leerläufe vermieden. Das Austauschverfahren stellt u.a. sicher, dass eine Bahnverwaltung nur über so viel fremde EUROP-Wagen verfügt, wie sich eigene Wagen im Ausland befinden.

Eigentumsmerkmale

51 Polnische Staatsbahnen (PKP)
54 Tschechische Bahnen (CD)
70 Britische Eisenbahnen (BR)
74 Schwedische Staatsbahnen (SJ)
80 Deutsche Bahn AG (DB)
83 Italienische Staatsbahnen (FS)
87 Nationalgesellschaft der Französischen Eisenbahnen (SNCF)

Wagennummern

Die ersten vier Ziffern verschlüsseln das internationale Gattungszeichen (vgl. Seite 148), die letzten drei Ziffern bilden die laufende Nummer des Wagens. Die erste Ziffer gibt an, zu welcher der folgenden Wagengruppen der Wagen gehört:

1 = gedeckte Wagen der Regelbauart
2 = gedeckte Wagen der Sonderbauart
3 = Flachwagen der Regelbauart
4 = Flachwagen der Sonderbauart
5 = offene Wagen der Regelbauart und Wagen mit öffnungsfähigem Dach
6 = offene Wagen der Sonderbauart
7 = Kesselwagen
8 = Kühlwagen
9 = sonstige Güterwagen, Dienst-, Versuchs- und Güterzuggepäckwagen
0 = Privatgüterwagen

Gattungszeichen

Das Gattungszeichen gibt die lade- und beförderungstechnischen Eigenschaften des Wagens an. Es setzt sich aus großen Buchstaben (Gattungsbuchstaben) und kleinen Buchstaben (Kennbuchstaben) zusammen. Die Gattungsbuchstaben geben die Grundeigenschaften des Wagens an:

E = offener Wagen der Regelbauart
F = offener Wagen der Sonderbauart
G = gedeckter Wagen der Regelbauart
H = gedeckter Wagen der Sonderbauart
I = Kühlwagen
K = zweiachsiger Flachwagen der Regelbauart
L = Flachwagen der Sonderbauart
O = offener/flacher Mehrzweckwagen
R = Drehgestellflachwagen der Regelbauart
S = Drehgestellflachwagen der Sonderbauart
T = Wagen mit öffnungsfähigem Dach
U = sonstige Wagen der Sonderbauart

Die Kennbuchstaben – verbunden mit einem Gattungsbuchstaben – geben zusätzliche Eigenschaften an, z. B.

Kenn-buchstaben	Gattungs-buchstaben	Bedeutung
a	F, T	mit Drehgestellen
	S	mit 6 Achsen
b	G, H, T	großräumige Wagen
c	H, T	mit Stirnwandtüren
i	H, T	mit öffnungsfähigen Seitenwänden
m	G	Ladefläche unter 9 m
	K	von 9–12 m
	R	von 15–18 m
s (ss)	allgemein	geeignet für Züge bis 100 km/h (120 km/h)

▲ ***Lastgrenzenraster.*** Aus der Beschaffenheit des Gleisnetzes ergibt sich die Lastgrenze – das maximale Ladegewicht –, bis zu der ein Wagen beladen werden darf. Nach der Belastungsfähigkeit des Schienennetzes einschließlich Brücken ist das Gleisnetz der DB in Streckenklassen nach der zulässigen Radsatzlast[1] und nach der zulässigen Meterlast[2] eingeteilt:

Streckenklasse	Radsatzlast	Meterlast
A	16 t	5,0 t/m
B 1	18 t	5,0 t/m
B 2	18 t	6,4 t/m
C 2	20 t	6,4 t/m
C 3	20 t	7,2 t/m
C 4	20 t	8,0 t/m
D 2–4	22,5 t	6,4–8,0 t/m

Aus Radsatz- und Meterlast ergibt sich die **Lastgrenze,** bis zu der der einzelne Wagen in der jeweiligen Streckenklasse beladen werden darf. Diese Lastgrenze ist im sogenannten **ABC-Raster** an jedem Güterwagen angebracht. Will der Absender einen Wagen bis zur höchsten Lastgrenze beladen, wird er sich zweckmäßigerweise bei seiner Güterabfertigung nach der Streckenklasse erkundigen.

Die Lastgrenze hängt auch von der Geschwindigkeit der Züge ab. Deshalb wird der Raster an den Wagen, die in schnell fahrende Güterzüge bis 100 km/h (S-Verkehr) oder bis 120 km/h Höchstgeschwindigkeit (SS-Verkehr) eingestellt werden dürfen, durch eine in der Regel niedrigere Lastgrenze ergänzt.

Beispiel für einen ABC-Raster: Wagen mit vier Radsätzen

	A	B	C	D	
90	39,5 t	47,5 t	55,5 t	65,6 t	← 90 km/h
S	39,5 t	47,5 t	55,5 t		** ← 100 km/h
120		00,0 t[3]			← 120 km/h (nur Leer) = 120 km/h (beladen)

[1] (Eigengewicht des Wagens + Gewicht der Ladung): Zahl der Radsätze = Radsatzlast

[2] (Eigengewicht des Wagens + Gewicht der Ladung): Länge des Wagens über nicht eingedrückte Puffer = Meterlast

[3] Bei Lastgrenzenangaben unter A bis D

7.2.2 Container

Container (Behälter) sind kranbare, stabile Transportgefäße (-kisten), die wiederholt verwendbar sind. Sie werden im **Haus-Haus-Verkehr** und im **kombinierten Verkehr** (Bahn/Lkw oder Schiff) bei nationalen und internationalen Transporten verwendet. Sie können als Lademittel in die **innerbetriebliche Transportkette** des Versenders und des Empfängers einbezogen werden, denn oft werden sie bereits am Erzeugungs- oder Lagerort des Gutes beladen und erst am Bedarfsort im Empfängerbetrieb entladen.

Container bieten einen stark geschützten Laderaum, der für empfindliche Stückgüter und Ladungen geeignet ist. Transportrisiken und Verpackungskosten, die den Preis eines jeden Gutes beeinflussen, können gesenkt werden.

Containerarten:

Bahneigene Container

- **Logistikbox:** Die DB Cargo bietet ihren Kunden genormte Behälter an, die mit vier oder mit sechs Poolpaletten beladen werden können, sogenannte Logistikboxen. Rolltüren ermöglichen das Durchladen von Packstücken dadurch können die Boxen als Module verwendet werden und schaffen somit Platz für acht, zehn oder mehr Paletten.
- **Mittelcontainer** (pa-Container, pa = porteur aménagé, internationale Bezeichnung für Tragwagenbehälter): geschlossene und offene Behälter in Metallbauweise, kranbar, mit unterschiedlichen ladetechnischen Einrichtungen (z. B. Auslaufklappe, Druckluftentleerung), Vielzahl von Typen für feste, staubförmige und flüssige Güter, Fassungsraum von etwa 6 bis 13 m³, Lastgrenze durchschnittlich über 5 t (Höchstladegewicht als Lastgrenzenraster am Mittelcontainer angebracht). Die Mittelcontainer werden zum Schienentransport auf Behältertragwagen befestigt.
- **DB-Großcontainer:** unterschiedliche Bauart und ladetechnische Einrichtung, 20 und 40 engl. Fuß lang, Lastgrenze bis etwa 17 und 26 t, genormt, für den Binnenverkehr. Sie weichen in Höhe und Breite von ISO-genormten Containern ab. Ein DB-20′-Container kann mit 14 europäischen Poolpaletten (ein ISO-Container nur mit 11 Paletten) beladen werden.

Nicht bahneigene Container

- **Nicht bahneigene Container** unterschiedlicher Bauart werden von verschiedenen Vermietern für den kombinierten Schiene-Straße-Verkehr, für den reinen Straßenverkehr und für den kombinierten Überseeverkehr angeboten.
- **Überseecontainer** (von der Bahn auch Transcontainer genannt) sind private Großcontainer für den kombinierten Überseeverkehr. Sie werden von Reedereien, Spediteuren und Containergesellschaften zu unterschiedlichen Bedingungen vermietet. Die Abmessungen entsprechen den Normen der **ISO** (International Organization for Standardization): 20, 30, 40 und 45 engl. Fuß lang, 8 Fuß breit und bis 8 ½ Fuß hoch (1 engl. Fuß = 30,48 cm). Sie werden als 20′-, 30′-, 40′ und 45′-Container bezeichnet (vgl. Abschnitt 16.6.3).
- **Iso-Container**

	Außenmaße in mm			Rauminhalt	Zulässiges Gesamtgewicht	Eigengewicht	maximale Zuladung
	Länge	Breite	Höhe	in cbm	in kg	in kg	in kg
20′-Cont.	6 058	2 438	2 438	31,6	30 320	2 030	18 290
40′-Cont.	12 192	2 438	2 591	68,8	30 480	3 490	26 990

✘ **DB-Container**

	Außenmaße in mm			Inhalt in cbm
	Länge	Breite	Höhe	
20′-Cont.	6 058	2,50	2,60	35
40′-Cont.	12 192	2,50	2,60	70

Der Großcontainerverkehr wird durch die **„Transfracht International"** (vgl. Abschnitt 7.5.5) abgewickelt.

Bestellung, Rückgabe und Abrechnung ist in den unterschiedlichen Geschäftsbedingungen der Containereigentümer und der DB Cargo als Frachtführer geregelt.

▲ *Der Container im kombinierten Verkehr.* Der Einsatz eines Containers verringert die Transportgefahren und auch die Transportkosten bei einem erforderlichen Umschlag erheblich. Der Containerumschlag vom Bahnwagen auf den Lkw, auf das Binnen- oder Seeschiff erfordert **Containerladebrücken**, besondere Stellflächen und andere Einrichtungen. So fördert die Bahn den Containerverkehr durch Bau und Unterhalt von Container-Umschlagplätzen oder **Container-Terminals** (Güterbahnhöfe nur für Containerumschlag). Sie richtet Container-Schnellzüge ein oder fördert Shuttle-Verkehre für Container, die regelmäßig zwischen inländischen bzw. ausländischen Güterbahnhöfen und den Seehäfen – in wachsendem Umfang auch Binnenhäfen – verkehren (vgl. Kombinierter Ladungsverkehr).

MERKE

Die Vorteile des Einsatzes von Containern liegen in

- ✘ **Ersparnis von Verpackungskosten:** Ware unverpackt oder nur leicht verpackt, schnelle Be- und Entladung des Containers, keine Bezeichnung und Bezettelung,
- ✘ **Frachtersparnis:** Eigengewicht des Containers wird nicht zur Frachtberechnung herangezogen, kein Rückversand gebrauchter Packmittel,
- ✘ **Verminderung des Transportrisikos:** Umladung des Gutes entfällt, stabile Container, Haus-Haus-Verkehr.

7.2.3 Collico

Für kleine Stückgutsendungen können **Collico-Faltbehälter** verwendet werden. Der Collico ist ein Lademittel, das in einer Vielzahl von Typen angeboten wird. Die Collico sind zusammenklappbare, stabile Kisten aus Leichtmetall oder Stahlblech mit einem geringen Fassungsvermögen. Sie werden im Auftrage der DB von der Collico GmbH, Solingen-Ohligs, in der Regel auf ein Jahr gegen eine feste Monatsmiete vermietet. Das Eigengewicht wird bei der Frachtberechnung weder für den Last- noch für den Leerlauf berücksichtigt. Der Absender muss dem Frachtbrief einen Collico-Begleitschein beifügen. Dann wird die leere Kiste an den Absender frachtfrei zurückbefördert. Die Vorteile der Collico entsprechen denen der Container.

7.2.4 Paletten

Einzelne Versandstücke können im Stückgut- und Ladungsverkehr auf einer flachen Ladefläche, die als Palette bezeichnet wird, zu größeren Ladeeinheiten zusammengefasst werden. Die Paletten können mit Gabelhubwagen oder Gabelstaplern unterfahren, angehoben und leicht bewegt werden.

▲ ***Palettenarten.*** Die DB bietet ihren Kunden als bahneigene Lademittel an

- die **Flachpalette** (aus Holz) des Europäischen Palettenpools und
- die **Gitterboxpalette** (aus Stahlrohr und -draht) des Deutschen Palettenpools.

Beide Paletten sind nach Abmessung, Gewicht, Tragfähigkeit und Bauart genormt und bieten eine Ladefläche von 80 x 1 200 mm. Sie können von allen vier Seiten ungehindert aufgenommen werden. Durch Palettierung von Versandstücken wird der Umschlag verbilligt und beschleunigt. Außerdem sind die Paletten so bemessen, dass der Laderaum eines Güterwagens restlos ausgenutzt werden kann.

▲ ***Austauschpaletten.*** Die Palettierung ist besonders dann vorteilhaft, wenn eine Palette in nicht durchbrochener Transportkette von der Produktion über Lagerhaltung und Verkehrsmittel bis zum Verbraucher verwendet werden kann. Um das zu erreichen, haben die Spitzenorganisationen der Wirtschaft und die DB den „Deutschen Palettenpool" für den innerdeutschen Palettenaustausch und unter Mitwirkung ausländischer Bahnverwaltungen den „Europäischen Palettenpol" für den internationalen Austausch im Ladungsverkehr gegründet.

▲ ***Austauschverfahren.*** Jeder Kunde der DB Cargo kann am Austauschverfahren teilnehmen, wenn er über Austauschpaletten verfügt, die den „Allgemeinen Bestimmungen über den Verkehr mit Austauschpaletten in der Bundesrepublik Deutschland" (Palettenpool") entsprechen. Er muss außerdem die „Allgemeinen Bedingungen über den Tausch von EUR-Paletten mit den Eisenbahnen" (ATB) von 1997 anerkennen. Paletten werden Zug-um-Zug getauscht und gehen in das Eigentum des jeweiligen Tauschpartners über. Getauscht werden nur einwandfreie Paletten gleicher Bauart. Die Tauschpartner kontrollieren die Paletten nach Anzahl, Bauart und Gebrauchsfähigkeit anhand des Paletten-Kontrollscheines. Der Versender kann Austauschpaletten freizügig für den Lkw-Verkehr, für die Lagerhaltung und für innerbetriebliche Transporte einsetzen.

Der Palettentausch erfolgt grundsätzlich vereinbarungsgemäß; getauscht werden Paletten gleicher Art, Güte und Menge (vgl. BGB § 607 Abs. 1). Sie müssen gebrauchsfähig sein.

▲ ***Frachtberechnung.*** Die Bahnfracht für Wagenladung wird nach den Preislisten der DB berechnet. Das Eigengewicht der Austauschpalette wird bei der Frachtberechnung nicht berücksichtigt. Eine Leerfracht entfällt durch den Tausch der Paletten.

MERKE

Vorteile des Palettenverkehrs

- Beim Transport:
  - Zusammenfassung zu größeren Ladungseinheiten, die leicht bewegt und gestapelt werden können,
  - weniger Lade- und Umschlagsarbeiten und damit weniger Personalkosten,
  - geringere Verpackungskosten,
  - Frachtersparnis durch bessere Wagenausnutzung, leichtere Verpackung und Fehlen des Leergutversandes.
- Im Betrieb des Bahnkunden:
  - Verbesserung des Materialflusses bei der Produktion,
  - bessere Lagerraumausnutzung durch mehrfaches Stapeln,
  - Arbeitserleichterung bei Lagerverwaltung und Inventur.

7.3 Die rechtlichen Grundlagen der Güterbeförderung

▲ ***Gesetzliche Vorschriften.*** Die wichtigsten Rahmenvorschriften für den Betrieb der DB und der nicht bundeseigenen Eisenbahnen sind im Grundgesetz, im HGB über das Frachtgeschäft in §§ 407 ff., im Allgemeinen Eisenbahngesetz von 1951/1993, im Eisenbahn-Neuordnungsgesetz von 1994, im Tarifaufhebungsgesetz von 1993 und im Transportrechtsreformgesetz von 1998 gegeben. Diese Gesetze werden laufend den sich ändernden Gegebenheiten angepasst und gelten in ihrer jeweils neuesten Fassung.

Die Frachtgeschäfte der DB AG und die der nicht bundeseigenen Eisenbahnen zählen nach HGB § 1 zu den Handelsgewerben. Diese Unternehmen gelten als Istkaufmann. Da diese ausnahmslos über einen Gewerbebetrieb verfügen, der „nach Art und Umfang einen in kaufmännischer Weise eingerichteten Geschäftsbetrieb" erfordern, gelten für sie alle Rechtsvorschriften des HGB uneingeschränkt.

▲ ***Allgemeine Leistungsbedingungen (ALB) der Bahnen.*** Die ALB fassen gesetzliche Vorschriften über den Frachtvertrag zusammen und ergänzen sie. Sie enthalten:

1. Geltungsbereich, abweichende und ergänzende Bedingungen, u.a.
   - ✘ Preise und Konditionen
   - ✘ Verladerichtlinien
   - ✘ Zusätzliche Bedingungen zur GefahrgutVO
   - ✘ Allgemeine Bedingungen über den Tausch von EUR-Paletten
   - ✘ Geschäftsbedingungen für das Frachtausgleichverfahren der Deutschen Verkehrs-Bank AG
2. Leistungsvertrag, Einzelverträge,
3. Frachtbrief
4. Wagen und Ladeeinheiten (LE), Ladefristen, Haftung
5. Ladevorschriften
6. Lagerung, Hindernisse
7. Verlustvermutung
8. Gefahrgut, Begleitpapier
9. Entgelte, Rechnungsstellung, Aufrechnungsverbot
10. Zoll- und sonstige Verwaltungsvorschriften
11. Besondere Bedingungen für den multimodalen Verkehr
12. Haftung
13. Vertraulichkeit
14. Gerichtsstand, anwendbares Recht

Das Güterverzeichnis der Bahnen ist nach dem harmonisierten System geordnet und nummeriert; es gilt für **alle Güter im nationalen und internationalen Bahnverkehr.** Als NHM (Nomenclature Harmonisée Marchandises) ist es von den europäischen Bahnen eingeführt. Es entspricht dem Warenverzeichnis des Gemeinsamen Zolltarifs (GZT; vgl. Abschnitt 14.5.).

Für den Militärgüterverkehr gelten die „Beförderungsbedingungen und -preise für den Militärgüterverkehr (BefBedMil) Nr. 990" von 1995.

▲ ***Güterarten im Wagenladungsverkehr.*** Auch nach Aufhebung der Beförderungspflicht nimmt die DB Cargo grundsätzlich alle Güter zur Beförderung an, wenn

- den Beförderungsbedingungen und den sonstigen Anordnungen der DB Cargo entsprochen wird,
- die Beförderung mit den regelmäßigen Beförderungsmitteln möglich ist,
- die Beförderung nicht durch Umstände verhindert wird, die die DB Cargo nicht abzuwenden vermochte („Unabwendbares Ereignis", Höhere Gewalt u.a.").

Von der Beförderung ausgeschlossen sind

- Gegenstände, deren Beförderung nach gesetzlicher Vorschrift oder aus Gründen der öffentlichen Ordnung verboten ist,
- Gegenstände, die sich wegen ihres Umfangs, Gewichts oder ihrer Beschaffenheit nicht zur Beförderung eignen,
- Stoffe und Gegenstände, die nach GGVE und Anlage von der Beförderung ausgeschlossen sind.

7.4 Beförderung gefährlicher Güter auf der Schiene

▲ ***Rechtsgrundlagen*** (in jeweils neuester Fassung):

- „Gesetz über die Beförderung gefährlicher Güter" von 1975,
- „Verordnung über die Beförderung gefährlicher Güter mit der Eisenbahn" **(GefahrgutVEisenbahn,** auch **GGVE)** von 1979, gilt für den **nationalen** Schienenverkehr,
- „Internationale Ordnung für die Beförderung gefährlicher Güter mit der Eisenbahn" **(RID** = Réglement internationale concernant le transport des merchandises dangereuses par chemin de fer), gilt für den **internationalen** Schienenverkehr. Das RID ist als Anlage I zur CIM, dem internationalen Übereinkommen über den Eisenbahngüterverkehr, gültig.

▲ ***Inhalt.*** Die GGVE und das RID enthalten weitgehend übereinstimmende Vorschriften. Die Bezeichnung und die Nummerierung der Gefahrklassen ist nach den UNO/IMO-Empfehlungen durchgeführt worden. Dadurch sind die Gefahrgutverordnungen der einzelnen Verkehrsträger in Aufbau und Inhalt weitgehend vereinheitlicht (GefahrgutVS, GefahrgutVSee, Gefahrgutverordnung Binnenschifffahrt/ADNR) (vgl. Abschnitt 5.2.4).

Die technischen Vorschriften für die einzelnen Gefahrklassen, insbesondere über Verpackung, Kennzeichnung, Gefahrzettel, Unfallmerkblätter, Vermerke im Beförderungspapier und über Beförderungsmittel sind in der **Anlage zur GGVE** dargestellt. Sie erscheint zusammen mit dem RID.

Der Absender darf gefährliche Güter nur aufliefern, wenn sie nach der Anlage der GGVE zur Beförderung zugelassen und die Sicherheitsvorschriften erfüllt sind. Die Inhaltsangabe im Frachtbrief ist nach der Anlage zu wählen. Die vorgeschriebene Spalte „GGVE/RID" ist anzukreuzen. Die Versandstücke sind von dem für die Beladung Verantwortlichen mit Gefahrzetteln zu versehen.

Orangefarbene Warntafeln sind bei Beförderung bestimmter Gefahrgüter am Güterwagen anzubringen.

▲ ***Unfallmerkblätter.*** Dem Gefahrgut sind Unfallmerkblätter – wie in der GGVE vorgeschrieben – beizugeben. Sie enthalten in knapper Form:

✗ Bezeichnung des gefährlichen Gutes, Art der Gefahr, erforderliche Sicherheitsmaßnahmen,
✗ Maßnahmen, wenn Personen mit dem Gut in Berührung kommen,
✗ Maßnahmen im Brandfalle, bei Bruch u. Ä.,
✗ Maßnahmen bei Gefährdung von Gewässern.

▲ ***Verstöße.*** Verstöße gegen die GGVE können als Ordnungswidrigkeiten geahndet werden. Ist durch das Gut ein Sach- oder Personenschaden verursacht worden, so ist der Schuldige außerdem nach dem Zivil- oder Strafrecht verantwortlich.

7.5 Das Leistungsangebot der DB Cargo

7.5.1 Die Güterverkehrsarten

▲ ***Kleingutverkehr.*** Ihren Kleingutverkehr hat die DB AG auf die **Bahntrans GmbH** übertragen, die sie mit der Firma THL (Thyssen-Haniel-Logistik) gegründet hat. Dieses Unternehmen arbeitet unabhängig von der DB als Sammelspediteur mit eigenen Vertrags- und Geschäftsbedingungen.

▲ ***Wagenladungsverkehr.*** Er wird durch die DB Cargo abgewickelt. Sie wird als selbstständiges Unternehmen mit eigenen Zentralressorts und eigenen Geschäftsbereichen, unterteilt in Niederlassungen mit Güterverkehrsstellen, geführt.

▲ ***Kundenservicezentrum (KSZ) der DB AG.*** Das KSZ bietet alle Leistungen der DB von der Auftragsannahme bis zur Zahlungsabwicklung an; auch Lagerleistungen, Binnenschiffs- und Lkw-Leistungen werden von hier national und international organisiert. Sitz des KSZ ist Duisburg.

7.5.2 Die Wagenladungsverkehre der DB Cargo

Die DB Cargo bietet dem Absender die Beförderung seiner Wagenladung als Frachtgut, GarantieCargo oder im Kombinierten Ladungsverkehr (KLV) an.

	Sendungen	Auflieferung	Beförderung
1. **Frachtgut:**	✗ Wagenladungen ✗ Sendungen, für die ein Wagen beansprucht wird	✗ Wagenladungsbahnhof[1] ✗ mit Frachtbrief	✗ vereinbarte bzw. angemessene Lieferfrist
2. **GarantieCargo** a) **InterCargo**	✗ Wagenladungen	✗ Wagenladungsbahnhof (InterCargo) ✗ Die Wirtschaftszentren werden bedient ✗ 200 km und mehr	✗ garantierte Beförderungszeiten ✗ Gestellung bis 9 Uhr des folgenden Werktages
b) **übrige Garantie-Cargo-sendungen:**			✗ Gestellung bis 15 Uhr
3. **Kombinierter Ladungsverkehr (KLV):** a) **Kombinierter Containerverkehr**	✗ Großcontainer	✗ Container-Terminal ✗ Transfracht International	✗ eigene Fahrpläne ✗ GBZ ✗ eigene Beförderungsbedingungen
b) **Kombiverkehr**	✗ Lkw ✗ Sattelanhänger ✗ Wechselbehälter ✗ Container	✗ „Kombibahnhof" ✗ „Kombiverkehr"	

[1] Bahnniederlassung Ladungsverkehr NL bzw. Güterverkehrsstelle

Die Entscheidung über die Beförderungsart wird wesentlich von den Kosten, der Netzdichte und der Laufzeit des Güterwagens bestimmt.

Die Bahn bemüht sich, die Transportvorgänge durch organisatorische Maßnahmen, Ausnutzung des Streckennetzes während der Nacht („Nachtsprung") und Einrichtung eines Hochgeschwindigkeitsnetzes zu beschleunigen.

▲ *Einsatz von Computern.* Durch EDV-Einsatz können die Transportdaten zwischen der DB und ihren Kunden zur Verbesserung des Güterflusses ausgetauscht werden. Datenaustausch kann mit Disketten oder im Online-Verfahren erfolgen. Beförderungspapiere, Frachtabrechnung und -zahlung werden durch Computer durchgeführt.

7.5.3 Die Auflieferung einer Wagenladung

▲ *Wagenbestellung.* Wer Güter als Wagenladung befördern lassen will, muss bei seiner Güterverkehrsstelle (Versandbahnhof) beantragen, dass ihm ein Güterwagen **gestellt** wird. Dabei sind anzugeben:

✘ Art und Gewicht des Gutes (Art und Zahl der Tiere),

✘ Art des Wagens,

✘ Bestimmungsort (evtl. Bestimmungsland), Güterverkehrsstelle,

✘ Bedarfstag,

✘ Gestellungsort (Beladestelle),

✘ Beförderungsart (S- oder SS-Verkehr).

Wird die Bestellung angenommen, ist ein **Frachtvertrag** geschlossen.

Der Besteller erhält die Zusage, wann der geforderte Wagen bereitgestellt wird. Es gilt das Frachtrecht des HGB.

Da die Versandabfertigung nicht immer über jede Wagenart verfügt, sollen die Wagen möglichst bis 9:00 Uhr des Vortages, bei Auslandssendungen oder bei Spezialwagen möglichst einige Tage vorher bestellt werden.

Wird ein Wagen wieder abbestellt, bevor er von der Bahn bereitgestellt wird, so ist die Abbestellgebühr zu entrichten.

▲ *Gestellung des Wagens.* Der Wagen wird nach Wunsch des Absenders entweder auf einem **Anschlussgleis** oder auf einem **Freiladegleis** der zuständigen Güterverkehrsstelle bereitgestellt. Wird er auf dem Freiladegleis bereitgestellt, muss der Absender die Ladung dorthin rollen.

Die Bahn ist verpflichtet, einen geeigneten und gereinigten Wagen zu gestellen. Ungeeignete Wagen muss der Absender zurückweisen, sonst ist er bei etwaigen Schäden mitschuldig.

▲ *Verpackung und Kennzeichnung (HGB § 411; vgl. Abschnitt 3.2.2).* Der Absender muss das Gut verpacken, soweit die Natur des Gutes und die zu erwartenden Beförderungsgefahren es erfordern. Die Verpackung muss Schutz bieten gegen Verlust und Beschädigung. Auch müssen mitverladene Güter, Beförderungsmittel und beteiligte Personen des Frachtführers geschützt werden. Wird das Gut direkt von der Rampe oder dem Anschlussgleis des Absenders zum Anschlussgleis oder der Rampe des Empfängers befördert, braucht das Gut nicht oder nur leicht verpackt zu werden, da das Beförderungsrisiko sehr gering ist.

Der Absender ist gesetzlich zur Kennzeichnung oder Markierung des Gutes verpflichtet, aber nur soweit dessen Behandlung es erfordert; damit kann im Ladungsverkehr ohne Umladung zwischen Absender und Empfänger auf eine Kennzeichnung verzichtet werden. Die Wagen werden durch den Absender oder durch die DB Cargo mit Laufzetteln versehen, aus denen die erforderlichen Einzelheiten, Güterverkehrsstelle, Leitweg u.a., ersichtlich sind.

▲ ***Verladen und Entladen (HGB § 412).*** **Der Absender** muss das Gut **beförderungssicher laden, stauen und befestigen (verladen)**. **Die DB Cargo** muss für die **betriebssichere Verladung sorgen**. Sie ist als Frachtführer für die Betriebssicherheit des beladenen Wagens verantwortlich. Sie muss die beförderungssichere Verladung kontrollieren, damit die Betriebssicherheit bei der Transportdurchführung nicht gefährdet wird. Bei Beförderung im offenen Wagen dürfen die Güter die Lademaße nicht überschreiten, sie müssen grundsätzlich am Wagen befestigt werden usw.

▲ ***Entladen.*** Die DB Cargo stellt dem Empfänger das Gut nach Ankunft am Bestimmungsort zur Verfügung. Mit Annahme des Gutes ist der Empfänger zum Entladen verpflichtet.

Nach dem HGB ist der Absender zum Entladen verpflichtet, denn er ist der Frachtvertragspartner des Frachtführers; dem Empfänger können aus dem Frachtvertrag zugunsten eines Dritten keine Pflichten zugewiesen werden. Erst mit Annahme des Gutes nach Zurverfügungstellung erwirbt er die Pflichten, auf dem Gute ruhende Kosten aus dem Frachtvertrag zu zahlen und das Gut zu entladen.

▲ ***Lade- und Entladezeit.*** Eine angemessene Lade- und Entladezeit steht für das **Verladen** in den Bahnwagen und für das **Entladen** zur Verfügung. Wird diese Zeit überschritten, hat die DB Cargo Anspruch auf **Standgeld**. Die Zeiten und das Standgeld werden vereinbart oder sie sind ortsüblich bzw. angemessen festgesetzt.

▲ ***Verwiegen des Gutes (vgl. HGB § 409).*** Der Absender übergibt der DB Cargo an der Güterverkehrsstelle das Gut und den von ihm ausgefüllten Frachtbrief. In ihm gibt er die Art des Gutes und der Verpackung, das von ihm festgestellte Rohgewicht (oder die anders angegebene Menge) an. Überprüft die DB Cargo diese Angaben und trägt das Prüfergebnis in den Frachtbrief ein, so gilt, dass das Gut mit den Angaben im Frachtbrief übereinstimmt, bis das Gegenteil bewiesen wird.

„Der Frachtführer ist verpflichtet, Gewicht, Menge oder Inhalt zu überprüfen, wenn der Absender dies verlangt und dem Frachtführer angemessene Mittel zur Verfügung stehen; der Frachtführer hat Anspruch auf Ersatz seiner Aufwendungen für die Überprüfung."

Diese Frachtbriefangaben über das Gut dienen der ordnungsgemäßen Transportabwicklung und als Beweisurkunde über die Sendung in der beschriebenen Beschaffenheit und an der angegebenen Schnittstelle im Bahnwagen. Für den Empfänger ergibt sich der Auslieferungsanspruch auf die angegebene Sendung in der angegebenen Beschaffenheit. Für die Beteiligten ist der so ausgestellte Frachtbrief Grundlage für die Abwicklung von Schadenersatzansprüchen.

▲ ***Übergabe des Gutes und des Frachtbriefes zur Beförderung.*** Der Frachtbrief wird vor Beladung des Wagens von der DB Cargo, der zuständigen Güterverkehrsstelle **vorgeprüft**. Dadurch können Fehler in der Transportabwicklung vermieden werden; so werden fehlende Angaben des Absenders eingeholt, Beförderungshindernisse im Schienenverkehr berücksichtigt, die Eignung des Wagens festgelegt, die Entfernung bestimmt usw.

Der Absender belädt den Wagen; er hat die Güter **beförderungssicher zu laden und zu stauen (= verladen).** Er hat das Gut im Wagen rutschsicher zu stauen, sodass durch Geschwindigkeitsveränderungen und Fahrtbewegungen des Bahnwagens keine Schäden entstehen können. Nach Verladen übergibt er dem Zugbegleiter den vorgeprüften Frachtbrief.

Die DB Cargo ist verpflichtet, die **Betriebssicherheit** der Verladung zu prüfen. So müssen die Lastgrenzen, Lademaße u. a. kontrolliert werden. Das kann durch die Begleitperson vor Ort geschehen. Üblicherweise werden gedeckte Wagen verschlossen und mit einer Plombe versehen („verbleit"). Der Wagen wird bezettelt, abgezogen, zum Verschiebebahnhof gebracht, dort in den entsprechenden Zug einrangiert und zum Bestimmungsort, zur Güterverkehrsstelle gefahren.

Enthält der Frachtbrief einen Freivermerk, muss der Absender die Frachtbriefbeträge an der Güterkasse zahlen bzw. stunden lassen. Die für ihn bestimmte Originalausfertigung des Frachtbriefes (Frachtbriefdoppel) erhält er dann abgestempelt zurück.

Einzelheiten des Frachtvertrages sind zwischen Bahn und Absender durch Rahmenverträge oder durch Einzelvertrag vor Vertragsabschluss auszuhandeln.

ZUSAMMENFASSUNG

Die Auflieferung einer Wagenladung

- Bestellung des Wagens und Annahme durch die DB Cargo, gleich Abschluss des Frachtvertrages,
- Vorprüfen des vom Absender ausgefüllten Frachtbriefes durch die DB Cargo,
- Gestellung des Wagens durch die DB Cargo auf Anschluss- oder Freiladegleis,
- **Beförderungssicheres Verladen** des Gutes durch den Absender,
- Prüfung der **Betriebssicherheit der Beladung** durch die DB Cargo,
- Annahme des Frachtbriefes und des Wagens zur Beförderung, Bezettelung,
- Zahlung der übernommenen Fracht und sonstiger Kosten durch den Absender,
- Aushändigung der Originalausfertigung des Frachtbriefes an den Absender.

7.5.4 GarantieCargo, InterCargo

In bestimmten Verkehrsverbindungen befördert die Bahn im Binnenverkehr **Wagenladungen mit garantierten Lieferfristen (GarantieCargo)** zwischen festgelegten Tarifbahnhöfen **ohne Frachtzuschlag in stark verkürzten Beförderungszeiten.** Es gelten die ICG-Richtlinien. Besondere InterCargo-Fahrpläne geben Auskunft über Ladeschluss- und Bereitstellungszeiten der InterCargo-Wagen.

Die InterCargo-Güterzüge (ICG) fahren mit hohen Spitzengeschwindigkeiten, daher muss der einzelne Güterwagen eine Laufgeschwindigkeit von mindestens 100 km/h („s") oder 120 km/h („ss") haben. Die Wagenladung muss montags bis freitags spätestens zum festgelegten Annahmeschluss dem Versandbahnhof übergeben werden. Am folgenden Werktag wird sie dem Empfänger entladebereit gestellt, und zwar

- **InterCargo-Sendungen von ca. 08:00 bis 10:00 Uhr,**
- **alle übrigen Garantiesendungen bis 15:00 Uhr.**

Bei Lieferfristüberschreitung zahlt die Bahn ohne Schadennachweis eine Entschädigung. Einen nachgewiesenen Schaden ersetzt sie bis zur Höhe der Fracht. Sie haftet nicht, wenn der Schaden durch unvermeidbare Umstände herbeigeführt wurde.

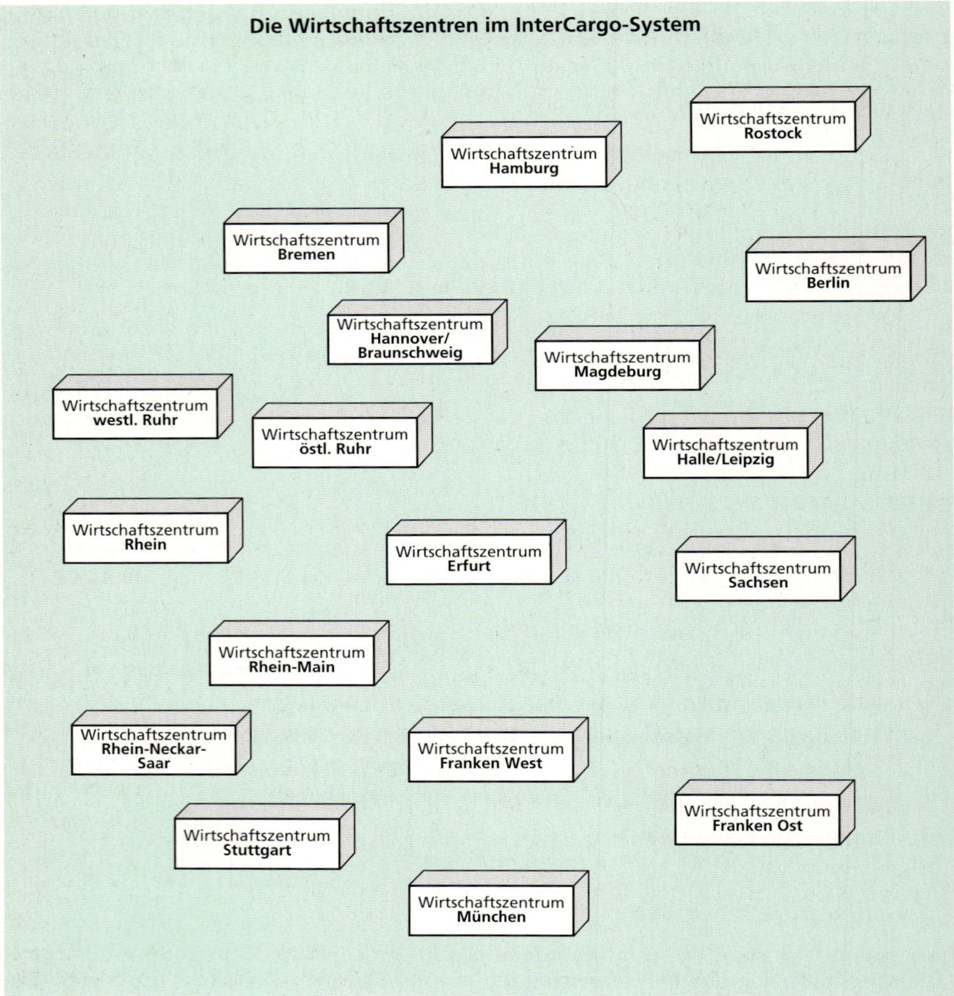

Im **InterCargo-Verkehr** werden die 18 Wirtschaftszentren Deutschlands (wie in der Skizze: „Die Wirtschaftszentren des InterCargo-Systems“ dargestellt) miteinander verbunden. Bedient werden alle im Fahrplan aufgeführten Empfangsstellen der einzelnen Wirtschaftszentren. Die Wagenladungssendungen werden im „Nachtsprung“ über Nacht befördert und dem Empfänger am nächsten Morgen bis 09:00 Uhr als InterCargo-Sendung bereitgestellt; einige ungünstiger gelegene Empfangsstellen werden so bedient, dass der Wagen erst bis 15:00 Uhr als „übrige Garantiesendung“ zur Entladung gestellt wird.

Die Wagen werden in den ICG-Zügen (InterCargo-Güterzügen) oder in den Schnellgüterzügen des KLV befördert.

Der Einbau in eine logistisch geordnete Transportkette bietet sich an; den Wünschen des Bahnkunden entsprechend (Auftraggeber oder Spediteur) kann die Lieferung „Just-in-Time“ durchgeführt werden.

▲ *EurailCargo.* Die DB AG hat nach Verhandlungen mit ausländischen Bahnverwaltungen auch grenzüberschreitende Verkehrsverbindungen mit verkürzten Lieferfristen eingerichtet. Direktzüge verbinden wichtige in- und ausländische Wirtschaftszentren. Es gelten besondere Bestimmungen mit festgelegten, garantierten Lieferfristen. Einzelheiten sind den internationalen Fahrplänen des EurailCargo-Verkehrs zu entnehmen.

7.5.5 Kombinierter Ladungsverkehr (KLV)

Die Beförderung von **Großcontainern** und von **Straßenfahrzeugen des Güterverkehrs** wickelt die Bahn im kombinierten Ladungsverkehr ab.

▲ *Im Kombiverkehr* (vgl. Abschnitt 5.5) werden **Fahrzeuge des Güterverkehrs** nach dem GüKG auf der Schiene befördert. Die Organisation des Verkehrs wird durch die „Kombiverkehr KG" vorgenommen. Als Kombisendungen gelten ein Lastzug, ein Sattelanhänger, ein bis zwei Wechselbehälter bzw. Container. Besondere Beförderungsbestimmungen sind zu beachten. Kapitalintensive „Kombibahnhöfe" mit Krananlagen, Rampen, Lkw-Stellplätzen ermöglichen den Umschlag Schiene/Straße.

▲ *Großcontainerverkehr* der Bahn ist überwiegend ein kombinierter Verkehr. Die **Container** werden vom Schiff (See- oder Binnenschiff) auf den Bahnwagen, vom Bahnwagen auf den Lkw oder umgekehrt umgeschlagen. Containerladebrücken und andere Einrichtungen sind erforderlich. Die Bahn fördert den Containerverkehr durch Bau und Unterhalt von **Containerterminals** an den Schnittstellen des Güterverkehrs. An diesen Güterbahnhöfen des Containerverkehrs werden die ein- und ausgehenden Sendungen abgefertigt. Die Beförderung erfolgt in Containerschnellzügen, die regelmäßig zwischen in- und ausländischen Containerbahnhöfen nach festem Fahrplan verkehren, im „Shuttle"-Verkehr oder im InterCargo-System.

- ✗ **Der Binnencontainerverkehr** wird von der DB Cargo abgewickelt. DB-Container, private Container und Wechselaufbauten werden innerhalb Deutschlands von Haus zu Haus im kombinierten Verkehr Bahn/Lkw befördert.
- ✗ **Der Überseecontainerverkehr:** Beförderung der überwiegend reedereieigenen Überseecontainer zwischen den deutschen Seehäfen und den Empfängern und Versendern in Deutschland, **und**
- ✗ **der grenzüberschreitende Containerverkehr:** Beförderung von Übersee- und Bahncontainern zwischen inländischen und ausländischen Containerterminals, wird von der **„Transfracht Internationale Transport GmbH (TFI)"** Frankfurt/Main abgewickelt.

Die TFI übernimmt die Aufgaben der Bahn. Sie tritt als Frachtführer auf, der die Beförderung in eigenem Namen und für eigene Rechnung durch die Bahn und im Zustellbereich des Containerterminals durch Lkw-Unternehmer (Unterfrachtführer) ausführen lässt. Der Absender liefert die Containersendung mit dem **Übergabeschein** bei der Transfracht auf; mit der Annahme ist der Frachtvertrag geschlossen.

Die Fracht wird an die Transfracht gezahlt. Der Frachtvertrag wird durch die „Allgemeinen Geschäftsbedingungen" geregelt. Nach diesen AGB-Transfracht wird die Haftung auf internationale Transporte ausgeweitet.

Durch enge Zusammenarbeit der Transfracht mit der Kombiverkehr KG (vgl. Abschnitt 5.5) bietet die Bahn unter dem Begriff „Kombinierter Ladungsverkehr (KLV)" ein dichtes Abfahrtsnetz für Güterwagen beider Verkehre. Die Abfertigung der meisten Züge mit garantierten Beförderungsfristen (GarantieCargo) verkürzt die Lieferfristen teilweise ganz erheblich.

Ihre internationalen Verkehre wickelt die Transfracht gemeinsam mit den jeweiligen ausländischen Container-Transportgesellschaften ab.

Die **„Intercontainer** (Internationale Gesellschaft für den Transport in Transcontainern)", Brüssel/Basel, organisiert ebenfalls grenzüberschreitende Containerverkehre zur Beförderung von Bahn- und Überseecontainern.

▲ ***Überseecontainer.*** Die TFI bietet mit dem **„AlbatrosExpress"** ein Transportkonzept für Überseecontainer von und nach Bremerhaven und Hamburg an. Der Schienentransport erfolgt mit festen Abfahrts- und Ankunftszeiten in sechs bis zwölf Stunden; am Wochenende im Seehafen verladene Container stehen am Montag dem Empfänger zur Verfügung. Neben dem Transport bietet die TFI auch Steuerung, Überwachung, Terminal- und Straßenzustellung, Depotleistungen und eine EDI-Schnittstelle für die elektronische Auftragsbearbeitung an. Bedient werden 18 Terminals in zehn Regionen Deutschlands. Die Abrechnung erfolgt nach dem Preissystem „Topics", das auf dem Postleitzahlensystem basiert. Die TFI übermittelt ihren Kunden transportvorauseilende oder -begleitende Daten über die gegebenen Informationssysteme. In Hamburg ist die TFI in das Hafenbahn-Betriebs- und Informationssystem **(HABIS)** und in Bremerhaven in das Wagendispositions- und Informationssystem für die Bremischen Häfen **(WADIS)** eingebunden.

▲ ***Kühlgut, Intercontainer-Interfrigo.*** Zum Transport von empfindlichen Gütern, die unter geregelter Temperatur in einer ununterbrochenen Temperaturkette verbleiben müssen, dienen besondere Kühl- oder Isothermwagen bzw. entsprechende Container. An der Abwicklung dieser nationalen und internationalen Transporte sind die „Transthermos GmbH", Bremen, die „Interfrigo" (Internationale Gesellschaft der Eisenbahnen für Kühltransporte), Basel, und die „Intercontainer-Interfrigo (ICF)", Basel, beteiligt.

▲ ***EIA (European Intermodal Association).*** Zur Förderung des kombinierten Verkehrs in Europa ist diese Interessengemeinschaft der Kombi-Gesellschaften, der Bahnen und der Terminalbetreiber gegründet worden.

ZUSAMMENFASSUNG

Der Kombinierte Ladungsverkehr der Kombiverkehr KG und der DB Cargo

Sendungen	✘ **unbegleiteter Kombiverkehr** a) Sattelanhänger b) Wechselbehälter c) Container ✘ **begleiteter Kombiverkehr** c) Last- und Sattelzüge (rollende Landstraße)	✘ **Binnencontainer** der DB und privater Kunden durch DB Cargo abgefertigt ✘ **Überseecontainer** von Reedereien und anderen Privatkunden ✘ **Kühlcontainer**
Träger	**Kombiverkehr KG**	**Transfracht International GmbH (TFI)** **Transthermos GmbH., Interfrigo GmbH.** u. a.
Umschlag (Terminals mit besonderen Einrichtungen)	**Kombibahnhöfe** der DB, der DUSS u. a.	**Containerbahnhöfe,** Kombibahnhöfe und private Terminals der Kunden
Beförderung	**Güterzüge** der Kombiverkehr ✘ nach Möglichkeit der DB Cargo und bei Bedarf in **gemeinsamen Güterzügen** möglich, u. U. im GarantieCargo-Verkehr	**Güterzüge** der Transfracht
An-, Abtransport	auf der Straße	auf der Straße

7.6 Der Eisenbahnfrachtbrief

7.6.1 Die Form des Frachtbriefes

Nach HGB § 408 kann die DB Cargo als Frachtführer verlangen, dass der Absender einen Bahnfrachtbrief ausstellt (vgl. Kapitel 3). Die Sendungen werden bei der DB Cargo mit dem üblichen Frachtbrief aufgeliefert. Er enthält die im § 408 vorgeschriebenen Angaben.

Der Frachtbrief wird in mindestens drei Originalausfertigungen ausgestellt, von denen eine Ausfertigung für den Absender, eine für den Empfänger – sie begleitet die Sendung – und eine für den Frachtführer DB Cargo bestimmt ist.

MERKE

Der übliche Frachtbriefvordruck besteht aus:

- ✘ **Versandblatt** für die Güterverkehrsstelle Versand,
- ✘ **Frachtbriefdoppel** für den Absender,
- ✘ **Empfangsblatt** für die Güterverkehrsstelle Empfang,
- ✘ **Frachtbrief** begleitet die Sendung, für den Empfänger.

Der Absender kann verlangen, dass auch der Frachtführer den Frachtbrief unterschreibt; die Unterschrift kann durch Nachbildung (Druck oder Stempel) der eigenhändigen Unterschrift ersetzt werden. Die DB Cargo unterschreibt die Frachtbriefe nach den ALB grundsätzlich nicht.

Die für die Eintragungen durch den Absender vorgesehenen Felder sind von einer fett gedruckten Linie umrahmt.

Der Aufbau des Frachtbriefes ist schreibstellen- und schreibzeilengerecht; der **CIM-Frachtbrief** für den grenzüberschreitenden Verkehr wurde diesem Muster angepasst.

Es ist zulässig, die erforderlichen Angaben und zugelassenen Erklärungen durch Druck oder Stempel zu bewirken. Etwaigen Berichtigungen des Textes ist die Unterschrift des Absenders beizufügen. Änderungen eingetragener Stück- oder Gewichtszahlen müssen in Buchstaben wiederholt werden. Überklebungen oder Rasuren sind unzulässig.

7.6.2 Der Inhalt des Frachtbriefes

Der Frachtbrief ist das **Begleitpapier** der Sendung und zugleich **Beweisurkunde** für die am Frachtvertrag Beteiligten. Der Inhalt des Frachtbriefes soll der DB Cargo die Durchführung des Frachtgeschäftes erleichtern und soll nötigenfalls später das Ausmaß der Pflichten belegen, die mit dem Frachtvertrag übernommen worden sind.

In den entsprechend bezeichneten Frachtbriefspalten werden u.a. folgende Angaben eingetragen:

▲ *Absender.* Name, Postanschrift, Kundennummer;

▲ *Empfänger.* Name, Postanschrift, Kundennummer;

▲ *Bestimmungsbahnhof/-ort.* Bezeichnung des Bestimmungsbahnhofes bzw. der Güterverkehrsstelle.

▲ *Andere vorgeschriebene oder zulässige Erklärungen, Begleitpapiere.* Im Frachtbrief dürfen Erklärungen und Angaben aufgenommen werden, die das Frachtgeschäft betreffen.

▲ *Bezeichnung der Sendung nach Inhalt und Gewicht,* außerdem Gattung, Nummer, Eigentumsmerkmal des Güterwagens, Lastgrenze für die maßgebende Streckenklasse.

Der **Inhalt** der Güter kann mit der tarifmäßigen Benennung nach dem Harmonisierten System angegeben werden. Die genaue Formulierung und die Güternummer ergeben sich aus der Gütereinteilung. Diese Einordnung eines bestimmten Gutes in die Güterart, so wie sie im Tarif genannt ist, wird als **Tarifierung** bezeichnet. Ist ein Gut in der Gütereinteilung nicht verzeichnet, so ist die handelsübliche Benennung anzugeben.

Gefährliche Güter müssen im Frachtbrief mit der genauen wortgetreuen Benennung angegeben werden, wie sie aus der **„Anlage zur GGVE und zum RID"** zu entnehmen ist. Werden diese Güter durch die Bahn auf der Straße befördert, sind die Vorschriften der **„Verordnung über die Beförderung gefährlicher Güter auf der Straße" (GGVS)** oder die des **Sprengstoffgesetzes** zu beachten. Diese Vorschriften betreffen Frachtbriefvermerke, Bezettelung, Inhaltsangaben, Verpackungsvorschriften, Unfallmerkblätter usw.

Muster eines Eisenbahnfrachtbriefes

9 **DB** Versandblatt

54 Verladebewilligung

10 Absender – Postanschrift
Fr. Meyer & Co.
Holstenwall 14/7
20355 Hamburg
Tel. Fax

11 Kundennummer 34201

12 Frachtzahler-Nr. Versand (13) 17777

13 Erklärungen des Absenders (5), Begleitpapier (6)
Umsatzsteuerfreie
Beförderung aus dem Zollfreigebiet
Freihafen Hamburg (§4/§1 UStG)

14 a Referenz-Nr. des Absenders (7) 1350268

15 Empfänger – Postanschrift
Papierfabrik
Sachsen AG
Fabrikstr. 1
01159 Dresden
Tel. Fax

16 Kundennummer 007

17 Frachtzahler-Nr. Empfang (13)

20 Tauschpaletten Anzahl EUR EUR

20 a Palettenschein-Nr.

21 Wagen (8)

55 Lastgrenze 56 Achsen 61 Bef.-Art Kz für Tü Betriebl. Sonderbeh. Gefahrzettel

Eigengewicht des Wagens t 57 Kz

23 Für die Eisenbahn unverbindliche Absendervermerke (9)
Ihre Bestellung X/00458

24 Zahlungsvermerk (Zv) (10)
INCOTERMS
X unfrei frei

29 Plz | Versandbahnhof
20457 Hamburg-Süd

29 a Bahnstellen-Nr.

58 Bahnhof für Zoll- oder Steuerbeh.

Gewicht der Ladung t

29 b Ladestelle Versand
01159 Dresden-Hafen

29 c Nr. Ladestelle Versand

60 a Spl.-/Zug-Nr. Abgangstag

Gesamtgewicht t

30 Plz | Bestimmungsbahnhof (11)
Anschlussgleis

59 Bahnstellen-Nr.

60 Leitungsweg

30 b Ladestelle Empfang

30 c Nr. Ladestelle Empfang

31 Anzahl | Wagenladung | Inhalt – Bezeichnung des Gutes (12)

32 RID (12) ja

14 b Referenz-Nr. des Empfängers (7)

34 Wirkliches Gewicht in kg

Vermerke des Ermittlungs-service

1 Wagenladung

200 Paletten Holzzellulose, trocken
Warennr. 4703

in 25 units Marke: PS X/00458

SEE-EINFUHRGUT!
Aus außerdeutschen Ländern
über See eingetroffen!

51 500

Benachrichtigt
Bereitgestellt
Datum/Std.
◄ Summe

210 Ort und Tag der Ausstellung des Frachtbriefs/Unterschrift des Absenders
Hamburg, den 7. März ..
Fr. Meyer & Co.
ppa. L. Schulze

26 Vereinbarte Preisliste | 62 Vereinbarter NHM-Code | 26 a Leistungsvertrag Nr.

82 Währung | 89 (14) Nachnahme

50 RKOST | 51 AKNr.

52 Con-tain Z | G	53 Wagen E | Gattung	49 U.-Art V | E	67 Preislisten-Nr.	68 NHM-Code	70 S	72 Frachtber.-Gew. Koeffizient	71 Frachts. Grundfr.	71 a Fracht	73 Freibetrag KZ	74 Überweisung KZ
			3964-4	4703						

46 U-Steuer | 47 Land urspr. endgültig | 48 76 km | Summe: | 50 a | Fracht 90 Summe Absender netto | Fracht 91 Summe Empfänger netto

92 Tagesstempel Abgang | 93 Tagesstempel Ankunft | 94 Wiegestempel | 96 Kontroll-Etikett Bahnhof-Nr. Versand-Nr.

131(*) 120.20.1

Für die **Richtigkeit der Angaben im Frachtbrief** haftet der Absender. Er haftet für alle Folgen, sie sich daraus ergeben, dass die Angaben und Erklärungen im Frachtbrief unrichtig, ungenau, unvollständig oder unzulässig sind.

Das **Rohgewicht** „oder die anders angegebene Menge" trägt der Absender in den Frachtbrief ein. Auf Verlangen des Absenders muss die DB Cargo Gewicht, Menge oder Inhalt überprüfen; sie hat dafür Anspruch auf Ersatz ihrer Aufwendungen. Ist das Prüfergebnis im Frachtbrief eingetragen, so gilt die Vermutung, dass diese Aufgaben mit dem Gut übereinstimmen.

▲ ***Nachnahme (HGB § 422).*** Eine Nachnahme wird zwischen dem Absender und der DB Cargo vereinbart, und der Betrag wird im Frachtbrief eingetragen. Diesen Betrag zieht die DB Cargo bei Ablieferung von dem Empfänger ein. Mit Annahme des Gutes verpflichtet sich der Empfänger zur Zahlung **in bar oder in Form eines gleichwertigen Zahlungsmittels.** Die Zahlung kann auch über das Frachtausgleichsverfahren der DVB (Deutsche Verkehrsbank) abgewickelt werden.

Ist das Gut ohne Einziehung der Nachnahme ausgehändigt worden, so hat die DB Cargo dem Absender den erlittenen Schaden bis zum Betrag der Nachnahme zu ersetzen.

▲ ***Freivermerk.*** Der Absender entscheidet bei Auflieferung, ob er die Kosten (Fracht, Nebengebühren und sonstige, während der Beförderung entstehende Kosten) übernimmt oder der Empfänger. Der Freivermerk kann lauten:

- „frei Fracht", wenn der Absender die Fracht übernehmen will;
- „frei Fracht einschließlich genannter Kosten";
- „unfrei", wenn die Fracht und alle sonstigen Kosten auf den Empfänger übertragen werden sollen.

Alle Kosten, die der Absender nicht laut Frachtbriefvorschrift übernommen hat, werden vom Empfänger erhoben.

▲ ***Tag der Ausstellung.***

7.6.3 Die Bedeutung des Frachtbriefes

Der Eisenbahnfrachtbrief beurkundet den Abschluss des Frachtvertrages. Die Annahme der Wagenbestellung durch die DB Cargo bedeutet Abschluss des Frachtvertrages. Der vom Absender unterschriebene Frachtbrief beurkundet **Abschluss** und **Inhalt** des Frachtvertrages sowie die **Übernahme des Gutes** (in der angegebenen Beschaffenheit). Die Richtigkeit der Angaben gilt bis zum Beweis des Gegenteils.

Der abgestempelte Frachtbrief ist ein **Beweismittel** für den Inhalt des Frachtvertrages **für alle** am Frachtgeschäft Beteiligten. Die im Frachtbrief vom Absender und von der Bahn eingetragenen Angaben und Erklärungen gelten ohne weiteres als richtig. Der Absender haftet für die Folgen aus unrichtigen, ungenauen oder unvollständigen Angaben.

Der Eisenbahn dient der Frachtbrief außerdem als **Begleitbrief** für die Sendung. Nach seinen Angaben befördert sie das übernommene Gut und liefert es an den darin bezeichneten Empfänger oder seinen Bevollmächtigten aus. Dagegen verschafft der Frachtbrief dem Besitzer keine besonderen Rechte an den darin verzeichneten Waren. Er ist kein Wertpapier, durch dessen Weitergabe Besitzrechte an diesen Waren übertragen werden könnten wie mit dem Konnossement oder Ladeschein.

MERKE

Bedeutung des Frachtbriefes für alle am Frachtvertrag Beteiligten

- ✘ **Empfangsbescheinigung** der Bahn,
- ✘ **Beweisurkunde** über Abschluss und Inhalt des Frachtvertrages,
- ✘ **Begleitpapier** (schriftliche Unterlage für Transportabwicklung),
- ✘ **Sperrpapier** (Frachtbriefdoppel).

7.7 Die Abwicklung des Frachtvertrages

7.7.1 Die Beförderung der Güter

Die Beförderungen von Sendungen gleicher Art findet grundsätzlich in der Reihenfolge ihrer Annahme statt. Die Schnelligkeit der Beförderung bestimmt der Absender durch die Wahl der Beförderungsart.

▲ ***Wagenladungsverkehr.*** Durch bahninterne Maßnahmen, wie „Nachtsprung", Einsatz von EDV-Leitsystemen, werden die Beförderungszeiten erheblich verkürzt (InterCargo, GarantieCargo).

Der Absender kann sich bei den Abfertigungsstellen danach erkundigen, wann Güter nach bestimmten Richtungen zweckmäßig anzuliefern sind, damit sie bald abrollen. Auch kann er im **Güterkursbuch der DB AG** die Abfahrtzeiten der Güterzüge und die Beförderungszeiten nachschlagen.

▲ ***Lieferfristen.*** Die Eisenbahn ist verpflichtet, eine ihr zur Beförderung übergebene Sendung innerhalb der **vereinbarten Frist** oder – mangels Vereinbarung – einer **angemessenen Frist** abzuliefern. Die angemessene Lieferfrist ist die Frist, „die einem sorgfältigen Frachtführer unter Berücksichtigung der Umstände vernünftigerweise zuzubilligen ist."

▲ ***Garantierte Beförderungszeiten für Wagenladungen (GarantieCargo).*** In verschiedenen Verkehrsanbindungen befördert die Bahn Wagenladungssendungen bestimmter Güter innerhalb verkürzter Lieferfristen (vgl. Abschnitt 7.5.4).

7.7.2 Nachträgliche Weisungen

Der Absender kann durch nachträgliche Weisungen (HGB § 418) von der DB Cargo verlangen, dass

- ✘ das Gut **nicht weiterbefördert,**
- ✘ das Gut an einem **anderen Bestimmungsort** abgeliefert,
- ✘ das Gut an einer **anderen Ablieferungsstelle** abgeliefert oder
- ✘ das Gut an einen **anderen Empfänger** abgeliefert wird.

Die DB Cargo ist zur Durchführung dieser Weisungen verpflichtet, wenn sich daraus keine Nachteile für ihren Betrieb und keine Schäden für andere Sendungen ergeben.

Der Frachtführer hat Anspruch auf eine angemessene Vergütung und auf Ersatz der ihm dadurch entstehenden Aufwendungen.

Das Recht des Absenders auf nachträgliche Weisung ist nur gegeben, wenn

- ein vom Absender (und Frachtführer) unterschriebener Frachtbrief vorliegt,
- die Weisung in die Originalausfertigung des Frachtbriefes (sog. Frachtbriefdoppel), die für den Absender bestimmt ist, eingetragen und unterzeichnet ist,
- der Absender dieses Frachtbriefdoppel der DB Cargo vorlegt,
- die Sendung noch nicht an der Ablieferungsstelle angekommen ist.

Verfügt der Absender nicht mehr über den so ausgestellten Frachtbrief oder ist das Gut bereits in die Verfügungsgewalt des Empfängers übergegangen, kann der Absender nicht mehr verfügen.

7.7.3 Das Frachtbriefdoppel

Der Frachtbrief in seinen vier Originalausfertigungen wird vom Absender (und von der DB Cargo) unterzeichnet; er gilt dann als Beweisurkunde über **Abschluss und Inhalt des Frachtvertrages** und über die **Übernahme des Gutes** in der beschriebenen Art und Beschaffenheit. Nach Ankunft des Gutes an der Ablieferungsstelle hat der Empfänger das Verfügungsrecht über das im Frachtbrief beschriebene Gut. Bis zu diesem Zeitpunkt ist der Absender berechtigt, nachträgliche Weisungen zu erlassen. Will er der DB Cargo nachträgliche Weisungen erteilen, muss er ihr das sog. Frachtbriefdoppel mit der Eintragung vorlegen; die DB Cargo handelt dann entsprechend.

Gibt der Absender seine Originalausfertigung, das Frachtbriefdoppel, aus der Hand, so kann er eine nachträgliche Weisung nicht mehr erteilen; er wird von der Sendung abgesperrt, denn sie wird nach Ankunft des Gutes an der Ablieferstelle von der Bahn an den Empfänger abgeliefert (vgl. Abschnitt 3.2.2).

Bedeutung des Frachtbriefdoppels für den Absender:

- Empfangsbescheinigung über die von ihm aufgelieferte Sendung,
- Beweisurkunde für Abschluss und Inhalt des Frachtvertrages,
- Antrag auf eine nachträgliche Verfügung bei der Bahn,
- Sperrpapier als Mittel der Zahlungs- und Lieferungssicherung.

7.7.4 Die Ablieferung der Wagenladungssendung

Nach Ankunft des Gutes auf dem Bestimmungsbahnhof macht der Empfänger seine Rechte aus dem Frachtvertrag geltend, so das Recht auf **Übergabe des Gutes** und des **Frachtbriefes** und im Schadensfall das Recht auf **Schadenersatz.** Die Bahn ist verpflichtet, den Frachtbrief und das Gut dem Empfänger am Bestimmungsort gegen Zahlung der sich aus dem Frachtbrief ergebenden Beträge und gegen Empfangsbescheinigung zu übergeben.

Allerdings besteht auch nach Ankunft des Gutes das Verfügungsrecht des Absenders fort, bis der Empfänger das Gut oder den Frachtbrief angenommen hat oder bis eine Empfängeranweisung von der Bahn ausgeführt ist.

▲ *Anweisungen des Empfängers.* Der Empfänger kann **vor oder nach** der Ankunft einer von ihm erwarteten Sendung die zuständige Güterverkehrsstelle anweisen, wie die Sendung **nach ihrem Eintreffen** weiter behandelt werden soll.

Die Anweisung kann den folgenden Inhalt haben:

- Der Frachtbrief soll gegen Zahlung der angeführten Beträge dem Empfänger, **das Gut** aber **einem Dritten ausgeliefert** werden.

- ✘ Der Frachtbrief soll dem Empfänger, das **Gut gegen Zahlung der Fracht** und der sonstigen Kosten **einem Dritten** ausgehändigt werden.
- ✘ Das Gut soll **mit neuem Frachtbrief**, der beizufügen ist, weiterbefördert werden – nach Zahlung oder gegen Nachnahme der Vorfracht und der neuen Fracht.

Die Bahn kann die Ausführung der Empfängeranweisung ablehnen.

Für die – auch nur versuchte – Ausführung einer Empfängeranweisung wird eine Gebühr erhoben.

▲ ***Feststellen eines Schadens.*** Der Empfänger kann die Annahme des Gutes und des Frachtbriefes so lange verweigern, bis die Bahn eine Beschädigung oder einen teilweisen Verlust durch eine Tatbestandsaufnahme feststellt. Vorbehalte bei der Annahme des Gutes sind nur wirksam, wenn sie mit Zustimmung der Bahn gemacht werden.

▲ ***Ablieferung von Wagenladungen.*** Die Bahn **benachrichtigt den Empfänger** von der Ankunft des Wagens.

▲ ***Bereitstellung.*** Da Wagenladungen grundsätzlich vom Empfänger zu entladen sind, wird der Wagen auf einer öffentlichen Ladestelle (Freiladegleis) oder auf einem Privatgleisanschluss zum Entladen bereitgestellt. Das Entladen muss innerhalb der Entladefrist nach bewirkter Benachrichtigung oder nach Bereitstellung des Wagens beendet sein.

Wird die Entladefrist überschritten, erhebt die Bahn **Wagenstandgeld**.

7.7.5 Ablieferungshindernisse

Es ist möglich, dass die Eisenbahn ihrer Ablieferungspflicht nicht nachkommen kann, weil

- ✘ der Empfänger nicht zu ermitteln ist (wegen Umzugs, wegen unrichtiger, unvollständiger Anschrift oder aus anderen Gründen),
- ✘ der Empfänger die Annahme verweigert,
- ✘ der Empfänger den Frachtbrief nicht innerhalb der festgesetzten Frist einlöst (das ist bei leicht verderblichen Gütern die Abnahmefrist, bei allen anderen Gütern spätestens sechs Stunden nach Ablauf der Abnahmefrist),
- ✘ ein sonstiges Ablieferungshindernis eingetreten ist (vgl. Abschnitt 3.2.2).

Von einem derartigen Ablieferungshindernis, das vor der Annahme des Frachtbriefes durch den Empfänger eintritt, muss die DB Cargo den **Absender unverzüglich in Kenntnis setzen und seine Anweisung über das Gut einholen**.

Die DB Cargo ist berechtigt, die Güter ohne Förmlichkeit bestmöglich zu verkaufen, und zwar

- ✘ sofort, wenn es sich um leicht verderbliche Waren handelt,
- ✘ einen Monat nach Ablauf der Abnahmefrist, wenn die Verfügung des Absenders über die unanbringlichen Güter nicht ausführbar ist. Die Güter können früher verkauft werden, wenn Lagerkosten in keinem Verhältnis zu ihrem Wert stehen würden.

Von dem bevorstehenden Verkauf ist der Absender tunlichst zu benachrichtigen. Der erfolgte Verkauf ist Absender und Empfänger unverzüglich anzuzeigen. Dem Absender ist der Verkaufserlös unter Abzug der Kosten und einer der Eisenbahn zustehenden Verkaufsgebühr zur Verfügung zu stellen.

7.8 Die Eisenbahnfracht

7.8.1 Allgemeine Grundlagen

Durch das „Tarifaufhebungsgesetz" in Verbindung mit dem „Eisenbahn-Neuordnungsgesetz" von 1993 haben die DB Cargo und die nicht bundeseigenen Eisenbahnen in Deutschland die **Tariffreiheit** im Güterverkehr bekommen.

Genauso wie ihre Konkurrenten im Güterkraftverkehr und im Binnenschiffsverkehrs können die Bahnen ihre Preise nach betriebseigenen Kriterien festlegen oder aber mit ihren Kunden vereinbaren.

Grundsätzlich hängt die Höhe der Bahnfracht je Güterwagen ab von

- der Art des Güterwagens,
- vom Rohgewicht und der Art des Gutes und
- von der Entfernung.

7.8.2 Die Abrechnung nach Preislisten

Die Wagenladungsfrachten werden nach den **„Preise(n) und Konditionen für den Wagenladungsverkehr" (PKL)** abgerechnet. Die PKL enthalten als Standardangebot die **„Allgemeine Preisliste" (APL)** und die **„Branchen-Preislisten"** für besondere Beförderungen bestimmter Güter.

Für Wagengruppen wird ein prozentualer Abschlag gewährt; für geschlossene Züge werden die Preise vereinbart, ebenso für explosive und radioaktive Güter. Im Preis enthalten sind grundsätzlich die eng mit der Beförderung zusammenhängenden Entgelte, z.B. Gleisanschlussgebühr. Gesondert werden die zusätzlichen Entgelte abgerechnet, z.B. Reinigen von Güterwagen, Zollabfertigungen, logistische Leistungen. Die Preise für die Lademittel werden individuell ermittelt.

7.8.3 Die Frachtzahlung

▲ ***Zahlungsvermerk.*** Der Absender entscheidet durch Aufnahme einer Frankatur, ob er die Kosten (Fracht, Nebengebühren und andere Transportkosten) bei Aufgabe des Gutes („frei") bezahlen will oder ob sie der Empfänger zahlen soll („unfrei"). Der Absender kann die Kosten ganz oder teilweise übernehmen. Für die Beförderung von Gütern, die nach Ansicht der Eisenbahn schnell verderben oder deren Wert die Fracht nicht sicher deckt (z.B. Eis; frische Fische und andere verderbliche Lebensmittel; leere, gebrauchte Packmittel), kann **Vorauszahlung** der Fracht verlangt werden.

▲ ***Pfandrecht (HGB §§ 440, 441).*** Die DB Cargo hat, wie jeder Frachtführer, ein gesetzliches Pfandrecht am Gut „wegen aller durch den Frachtvertrag begründeten Forderungen sowie wegen unbestrittener Forderungen aus anderen mit dem Absender abgeschlossenen Fracht-, Speditions- oder Lagerverträgen" (konnexes und inkonnexes Pfandrecht – vgl. Abschnitt 3.2.2).

Die Bahn verlangt vom Frachtzahler Barzahlung der Kosten, oder sie verrechnet die Kosten im Kontokorrentverfahren, dem **„Frachtausgleichsverfahren der DVB".**

▲ ***Barzahlung.*** Für Ladungen von Barzahlern ermittelt die zuständige Stelle der DB Cargo Fracht und Nebenkosten im Versand bzw. im Empfang und zieht sie vom Frachtzahler ein. Der Frachtzahler bekommt das Frachtbriefdoppel o. Ä. mit den manuell eingetragenen Beträgen als Quittung (nicht als Rechnung). Für jeden Geschäftsvorfall des Barverkehrs wird im Rechenzentrum der Bahn (FZ) eine Rechnung maschinell erstellt und dem Barzahler zum Ende der Dekade zugestellt. Diese Rechnung gilt als Rechnung im Sinne des UStG (Umsatzsteuergesetz).

▲ *Frachtstundung.* Im Ladungsverkehr beteiligt sich der Frachtzahler am Verfahren der **„Zentralen Frachtberechnung (ZF)".** Nach Abschluss des Frachtvertrages übermittelt die Güterverkehrsstelle alle Daten über ihre Datenstation an das Rechenzentrum der DB. Die Fracht und die Nebenkosten werden maschinell ermittelt und für alle Sendungen des Frachtzahlers in einer **ZF-Rechnung je Dekade** zusammengefasst. Auf Wunsch erhält der Kunde einen arbeitstäglichen „Nachweis abgerechneter Sendungen". Die nach Abschluss der Dekade erteilte Rechnung – nicht der einzelne Frachtbrief – ist Rechnung im Sinne des UStG (Umsatzsteuergesetz).

Der Endbetrag der ZF-Rechnung wird von der Bahn direkt mit der DVB (Deutsche Verkehrsbank AG, Frankfurt/Main) im **Frachtausgleichsverfahren der DVB** abgerechnet. Dazu eröffnet die DVB ein Konto für den Stundungsnehmer, wenn dieser eine Sicherheit (Bankbürgschaft, Verpfändung von Wertpapieren usw.) leistet. Die DVB übernimmt alle Zahlungsverpflichtungen gegenüber der DB, die dem Stundungsnehmer im Stundungszeitraum gemäß ZF-Rechnung erwachsen; der Stundungshöchstbetrag bildet die Grenze.

Gestundet werden Frachten, Gebühren und andere Nebenkosten, die dem Stundungsnehmer entstehen. Verrechnet werden Barvorschüsse, Nachnahmen und dgl. – Stundungs- und Kontoführungsgebühren entstehen nicht.

Der **Stundungszeitraum** umfasst eine **Dekade (zehn Tage),** und zwar für die Zeit vom 01. bis 10., vom 11. bis 20. und vom 21. bis zum letzten eines Monats. Der **Stundungshöchstbetrag** wird zwischen Stundungsnehmer und DVB je Dekade vereinbart. Die Sicherheit ist für drei Dekaden zu leisten.

▲ *Fälligkeit.* Das Zahlungsziel beträgt sieben Tage. Die gestundeten Beträge sind für die erste Dekade zum 17., für die zweite Dekade zum 27. desselben Monats und für die dritte Dekade zum 7. des Folgemonats fällig. Bis zu diesen Terminen muss der Stundungsnehmer ohne Aufforderung zahlen. Gehen die Beträge später ein, so werden Verzugszinsen berechnet.

▲ *Lieferung der Rechnungsdaten.* Die Daten der ZF-Rechnung mit Anlage (Kostengliederung der einzelnen Geschäftsvorfälle) können – nach Vereinbarung mit dem Bahnkunden – auf Datenträger (Magnetband bzw. Diskette) zur Verarbeitung in der EDV geliefert werden. – Datenfernübertragung ist auch im Online-System über Gateway möglich.

7.9 Die Haftung der Eisenbahn

▲ *Der allgemeine Haftungsgrundsatz.* Die Bahn unterliegt der Schadens- oder Obhutshaftung. Nach HGB § 425 haftet sie „für den Schaden, der durch **Verlust** oder **Beschädigung** des Gutes in der Zeit von der Übernahme zur Beförderung bis zur Ablieferung oder **durch Überschreitung der Lieferfrist** entsteht." Sie haftet für jeden Schaden auch ohne ihr Verschulden (vgl. Kap. 3).

▲ *Haftungsausschlüsse.* Die Bahn ist von der Haftung befreit, wenn der Schaden „auf Umständen beruht, die der Frachtführer auch bei größter Sorgfalt nicht vermeiden und deren Folgen er nicht abwenden konnte" (HGB § 426).

▲ *Höhe des Schadenersatzes.* Muss der Frachtführer für Verlust Schadenersatz leisten, dann muss er den **Wert des Gutes am Ort und zur Zeit der Übernahme** zur Beförderung ersetzen. Der Wert ist der **Marktpreis** oder der **gemeine Wert** von Gütern gleicher Art und Beschaffenheit (HGB § 429).

Bei Schadenersatz für Beschädigung ist der Wertunterschied zwischen unbeschädigtem und beschädigtem Gut zur Übernahmezeit zu ersetzen.

Die bei Verlust oder Beschädigung anfallenden Kosten der Schadenfeststellung trägt der Frachtführer (§ 430).

Der **Haftungshöchstbetrag** ist auf 8,33 Sonderziehungsrechte begrenzt. Die Haftung wegen Lieferfristüberschreitung ist auf den dreifachen Betrag der Fracht begrenzt (HGB § 431).

Bei beiderseitigen Handelsgeschäften kann die Höchsthaftung durch Allgemeine Geschäftsbedingungen zwischen 2 und 40 SZR festgelegt werden. Durch individuelle Vereinbarung zwischen beiden Geschäftspartner kann die Haftung in unbegrenzter Höhe vereinbart werden.

Die **ALB** (Allgemeine Leistungsbedingungen der DB Cargo) regeln in Ziffer 12 die Haftung in Abwandlung der handelsrechtlichen Vorschriften: Sie begrenzen die Haftungshöhe auf 20,00 DM je Kilogramm des Rohgewichtes. Dieser Betrag entspricht etwa der Regelung im HGB. Gleichzeitig wird die Höchsthaftung auf zwei Millionen DM oder fünf DM je Kilogramm und je Schadenfall begrenzt. Alle weiteren Rechtsansprüche werden ausgeschlossen, es sei denn, zwingende handelsrechtliche Vorschriften u. a. stehen dem entgegen.

▲ *Schadenanzeige (HGB § 438).* **Äußerlich erkennbare** Beschädigung oder Verlust muss der Bahn bei Ablieferung angezeigt werden; andernfalls wird vermutet, dass das Gut ordnungsgemäß abgeliefert worden ist. Ist die Beschädigung bzw. der Verlust **äußerlich nicht erkennbar** gewesen, muss der Schaden innerhalb von sieben Tagen nach Ablieferung angezeigt werden. Ansprüche wegen **Lieferfristüberschreitung** müssen innerhalb von 21 Tagen nach Ablieferung angezeigt werden. Die Ansprüche verjähren in einem Jahr, bei Vorsatz in drei Jahren.

Die **Schadenfeststellung** erfolgt durch eine **Tatbestandsaufnahme,** in der die DB den Schaden deutlich beschreibt. Im Zweifelsfall ist die Einschaltung eines Sachverständigen sinnvoll. Ist der Schaden erst nach der Ablieferung festgestellt worden, sollte das Auspacken sofort unterbrochen werden. Die Tatbestandsaufnahme kann von der DB als Hausverhandlung durchgeführt werden.

▲ *Verlustvermutung (ALB Ziffer 7).* Der Anspruchsberechtigte – Absender oder Empfänger – kann das Gut als verloren betrachten, wenn es 30 Tage nach Ablauf der Lieferfrist nicht abgeliefert worden ist. Diese Vorschrift gilt für den inländischen und für den grenzüberschreitenden Verkehr (vgl. HGB § 424; Abschnitt 3.2.3).

ZUSAMMENFASSUNG

- ▲ Haftung der Bahn nach HGB = **Obhuts- oder Schadenshaftung** (auch ohne Verschulden)
  - ✘ für **Güterschaden:** Verlust oder Beschädigung (gänzlich/teilweise)
  - ✘ für **Verspätungsschaden**
- ▲ **Haftungsausschluss**
  - ✘ Schaden beruht auf **Umständen, die die Bahn auch bei größter Sorgfalt nicht vermeiden** und deren Folgen sie nicht abwenden konnte
  - ✘ Schaden ist zurückzuführen auf
    - ungenügende Verpackung und Kennzeichnung,
    - Behandeln, Verladen und Entladen durch Absender bzw. Empfänger,
    - natürliche Beschaffenheit des Gutes,
    - Nichtbeachtung von Gefahrgutvorschriften u. Ä.
- ▲ **Schadenersatz: Wert des Gutes** am Ort und zur Zeit der Übernahme als Marktpreis oder gemeiner Wert
- ▲ **Höchsthaftung:** 8,33 SZR bzw. 20,00 DM (für Verspätungsschäden bis zur dreifachen Fracht)
- ▲ **Schadenfeststellung** durch Tatbestandsaufnahme
- ▲ **Lieferwertangabe** erhöht den Ersatz

7.10 Der internationale Eisenbahngüterverkehr

Die Organe der EU (Kommission, Rat und Europäisches Parlament) fördern die Bildung des gemeinsamen Marktes. Die Hindernisse, die sich durch die nationalen Grenzen in der EU ergeben, sollen überwunden werden. Im Güterverkehr wird das Frachtrecht weiterhin vereinheitlicht und die Zusammenarbeit der selbstständigen nationalen Eisenbahngesellschaften gefördert. Nach dem Plan der EU soll die Trennung vom Fahrweg und Betrieb der europäischen Bahnen durch Bildung von „Trans-European Rail Freight Freeways" unterstützt werden; auch die Trassenpreise sollen harmonisiert werden.

Gütertransportkorridore (Freightways oder Freeways) sind durch Vereinbarung der beteiligten Bahngesellschaften für verschiedene Transportverbindungen gebildet worden. Ziel ist die Verbesserung der Qualität und Wettbewerbsfähigkeit internationaler Bahntransportverbindungen. Geschaffen wurden grenzüberschreitende Bahnverbindungen, durch die die Aufenthalte an den Grenzen verkürzt oder beseitigt werden, außerdem eine einheitliche Verwaltung dieser Dienstleistungen und eine einheitliche Vermarktung der festgelegten Verbindungen. Die Organisation dieser Freightways wird durch die **GEB** (Gemeinschaft der europäischen Bahnen) abgewickelt.

Im Eisenbahngüterverkehr der EU betreiben Eisenbahnen im grenzüberschreitenden Güterverkehr den „Nord-Süd-Freight-Freeway". Die angebotenen Trassen können von einem Eisenbahnverkehrsunternehmer (vgl. Abschnitt 7.1.1) genutzt werden. Als Kunde wendet er sich an den „One-Stopp-Shop" seiner Bahn, handelt den Trassenpreis aus und schließt den Trassennutzungsvertrag ab. Die Trasse steht ihm dann für seinen Güterzug zum vereinbarten Termin zur Verfügung.

7.10.1 Die rechtlichen Grundlagen der internationalen Güterbeförderung

Für den internationalen Güterverkehr ist ein einheitliches Frachtrecht geschaffen worden, und zwar durch das **„Übereinkommen über den internationalen Eisenbahnverkehr"** (COTIF = Convention relative aux transports internationaux ferroviaires), das am 1. Mai 1985 in Kraft trat und das Ende 1999 revidiert wurde. Anhang B dieses Übereinkommens enthält die **„Einheitlichen Rechtsvorschriften für den Vertrag über die internationale Eisenbahnbeförderung von Gütern" (ER[1] oder CIM[2]** genannt) mit den Einheitlichen Zusatzbestimmungen (DCU)[3].

Die CIM bezieht sich „auf alle Sendungen von Gütern, die mit durchgehendem Frachtbrief zur Beförderung auf einem Weg aufgegeben werden, der die Gebiete mindestens zweier Vertragsstaaten berührt". Dieser Weg muss über Strecken führen, die auf einer Liste zum Übereinkommen verzeichnet sind.

MERKE

Inhalt der ER/CIM:

Titel I:	Allgemeine Bestimmungen
Titel II:	Abschluss und Ausführung des Frachtvertrages
Titel III:	Abänderung des Frachtvertrags
Titel IV:	Haftung
Titel V:	Geltendmachung von Ansprüchen
Titel VI:	Beziehungen der Eisenbahnen untereinander
Titel VII:	Ausnahmebestimmungen
Anlage I:	Ordnung für die internationale Eisenbahnbeförderung gefährlicher Güter (RID)
Anlage II:	Ordnung für die internationale Eisenbahnbeförderung von Privatwagen (RIP)
Anlage III:	Ordnung für die internationale Eisenbahnbeförderung von Containern (RICo)
Anlage IV:	Ordnung für die internationale Eisenbahnbeförderung von Expressgut (RIEx)

[1] Anhang A enthält die Einheitlichen Rechtsvorschriften für Personen- und Gepäckbeförderung.
[2] CIM = Convention internationale concernant le transport des marchandises par chemin de fer
[3] DCU = Dispositions complementaires uniformes

Von Bedeutung sind u.a. folgende Tarifteile:

- Einheitlicher Entfernungsanzeiger für den Internationalen Güterverkehr (verschiedene Teilhefte),
- CIM-Bahnhofsverzeichnis der dem COTIF beigetretenen Bahnen,
- Europäischer Tarif für intermodale Tarifeinheiten,
- Verzeichnis der internationalen Wagenladungstarife, an denen die Deutsche Bahn AG beteiligt ist.

Das innerstaatliche Frachtrecht kommt neben der CIM nur insoweit in Betracht, als die CIM es ausdrücklich zulässt. Die beteiligten Staaten haben weitgehend ihr Frachtrecht der CIM angepasst. So entspricht die CIM in ihren wesentlichen Bestimmungen dem Frachtgeschäft des HGB §§ 407 ff.

Die Versandabwicklung im internationalen Verkehr wird dadurch erleichtert, dass die Bahnen des Internationalen Eisenbahnverbandes (UIC) ihre Eisenbahngüterverzeichnisse einheitlich nach dem HS (Harmonisiertes System zur Bezeichnung und Codierung der Waren des internationalen Handels) gliedern (vgl. Abschnitt 14.5, GZT).

7.10.2 Der Abschluss und die Abwicklung des Frachtvertrages

Nach der CIM haben die Bahnverwaltungen der Vertragsstaaten die **Beförderungspflicht**, d. h., sie müssen von jedermann auf jedem Wagenladungsbahnhof Wagenladungen zur Beförderung nach jedem anderen Bahnhof eines Vertragsstaates annehmen. Jede beteiligte Bahnverwaltung muss solche Sendungen an der Staatsgrenze übernehmen und weiterleiten bzw. für die Ablieferung an den Empfänger sorgen.

Die **Annahme zur Beförderung** kann aus denselben Gründen verweigert werden wie im innerdeutschen Verkehr (vgl. Abschnitt 7.3). Für die Beförderung gefährlicher Güter gilt die Anlage I zur CIM, die „Internationale Ordnung für die Beförderung von gefährlichen Gütern" (RID abgekürzt). RID und Anlage zur GGVE entsprechen einander weitgehend (vgl. Abschnitt 7.4).

Für die **Verpackung** der Güter und die Annahme mangelhaft verpackter Güter gelten Vorschriften, die den innerdeutschen entsprechen. Eine erhöhte Sorgfalt ist zu empfehlen, da in der Regel weite Entfernungen zurückzulegen sind und die Sendungen häufig umbehandelt werden.

Der Absender muss jeder Sendung einen **internationalen Frachtbrief**, der im Durchschreibeverfahren auszustellen ist, beigeben. Das Frachtbriefmuster ist von der Bahn vorgeschrieben. Es enthält folgende Blätter:

MERKE

1. **Frachtbrief**	für den Empfänger,
2. **Frachtkarte**	für die Empfangsbahn als Abrechnungsblatt,
3. **Empfangsschein**	für die Empfangsbahn,
4. **Frachtbriefdoppel**	für den Absender,
5. **Versandschein**	für die Versandbahn.

Die Blätter 1, 2, 3 begleiten die Sendung bis zum Bestimmungsbahnhof. Das Frachtbriefdoppel dient dem Absender als Empfangsbescheinigung der Bahn; auch muss er das Doppel bei einer nachträglichen Verfügung vorlegen, damit kann es als Sperrpapier verwendet werden.

Der Frachtbrief ist in zwei oder drei Sprachen gedruckt, eine von ihnen muss Französisch, Deutsch oder Italienisch sein. In einer dieser Sprachen müssen auch die Eintragungen vorgenommen werden.

Der internationale Frachtbrief bietet Raum für alle Vermerke, die auch im Frachtbriefmuster der DB Cargo vorgesehen sind. Der Absender kann den Beförderungsweg durch Angeben von Grenzbahnhöfen oder Grenzübergängen, soweit sie zugelassen sind, vorschreiben. Die Angabe eines Grenzbahnhofes für die Zollabfertigung oder die Angabe eines Tarifes wirkt sich schon als Wegevorschrift aus. Im Frachtbrief sind auch die Begleitpapiere einzutragen, die der Sendung beigegeben werden müssen, damit die Bahn die Zollbehandlung an der Grenze durchführen kann.

Die Auslandssendungen werden mit dem ordnungsgemäß ausgefüllten internationalen Frachtbrief bei der inländischen Güterverkehrsstelle der Versandbahn aufgeliefert. Der Frachtvertrag ist abgeschlossen, wenn die Versandbahn das Gut mit dem Frachtbrief angenommen hat. Als Zeichen der Annahme erhält der Frachtbrief den Tagesstempel oder einen Buchungsvermerk. Die Beförderung erfolgt dann mit normalen Güterzügen oder mit TEEM-Zügen. Es gelten die Lieferfristen der ER/CIM.

Die Einzelheiten über Abschluss des Frachtvertrages, Auflieferung, Lieferfristen, Nachnahmen, Barvorschüsse, nachträgliche Verfügungen, Ablieferung an den Empfänger, Lieferwertangabe usw. entsprechen im Wesentlichen den Bestimmungen des HGB (vgl. Kap. 3).

Die Haftung der beteiligten Bahnen aus dem Frachtvertrag für Güter- und Verspätungsschäden entspricht ebenfalls den Vorschriften der HGB. Ansprüche können vom Berechtigten nach seiner Wahl bei der Versandbahn, der Empfangsbahn oder bei derjenigen Eisenbahn geltend gemacht werden, auf deren Strecke der Anspruch entstanden ist. Wenn gegen eine der Bahnen der Anspruch eingeklagt ist, erlischt das Wahlrecht. Die Bahnen haben untereinander Rückgriffsrechte. Die Entschädigung im Verlustfall ist auf **17 Sonderziehungsrechte je kg brutto** begrenzt.

7.10.3 Die internationalen Gütertarife

Wenn keine besondere Regelung von Land zu Land über die Berechnungsgrundlagen und die Höhe der Frachten im Wechselverkehr getroffen worden ist, so wird in jedem Land die Fracht nach dem Binnentarif abgerechnet, also zunächst vom deutschen Versandbahnhof bis zur deutschen Grenze nach den Preislisten und sodann die Anschlussfracht bis zum ausländischen Bestimmungsort nach den betreffenden ausländischen Tarifen. Das führt unter Umständen zu ungünstigen Frachten, weil dann weder die Entfernungsverhältnisse noch die Gütereinteilung oder andere Umstände, die auf die Höhe der Fracht einwirken, aufeinander abgestimmt sind.

Deshalb werden von Land zu Land oder von Ländergruppen untereinander internationale Tarife vereinbart, so genannte **Verbandsgütertarife.** Sie legen gewisse einheitliche Grundsätze für die Frachtberechnung für die gesamte Beförderungsstrecke fest. Dadurch ergibt sich oft eine niedrigere Gesamtfracht als durch eine Addition der Frachten nach den betreffenden Binnentarifen, mindestens kann nach ihnen die Fracht zwischen einem inländischen und einem ausländischen Bahnhof auf einfachere Weise festgestellt werden.

Ein Beispiel dafür ist der **Deutsch-Spanisch/Portugiesische Gütertarif Nr. 9117.00** vom 1. März 1993.

Die wesentlichen Merkmale des Tarifs:

Geltungsbereich: Der Tarif ist für Wagenladungssendungen im Verkehr zwischen allen deutschen und spanischen bzw. portugiesischen Bahnhöfen anwendbar, die in den Heften 2D/Da und 7E/P des Einheitlichen Entfernungsanzeigers für den internationalen Güterverkehr (DIUM) Nr. 8700.00 aufgenommen sind.

Muster eines internationalen Frachtbriefes

Frachtbrief – Lettre de voiture – Lettera di vettura — CIM 1 — Expreßgut / Colis express / Colli espressi 2

Internationale Eisenbahnbeförderung – Transport international ferroviaire – Trasporto internazionale per ferrovia

(10) Absender (Name, Anschrift) – Expéditeur (nom, adresse) – Mittente (nome, indirizzo)
Koch & Reimers GmbH
Grüner Deich 13
20097 Hamburg – Schuppen 25 –

(12) 351975

(13) Erklärungen – Déclarations – Dichiarazioni (CIM/TIEx Art. 13, 19, 26 etc.)
Sammelwarenerklärung
Stellungsfrei unter
Kenn-Nr. SAM 500/812

(14) Absender-Referenz – Référence expéditeur – Riferimento mittente – No
E 950238021

(15) Empfänger (Name, Anschrift, Land) – Destinataire (nom, adresse, pays) – Destinatario (nome, indirizzo, paese)
Feinpapierfabrik
Traunstein Gesellschaft mbH
A – 4050 Traun/Austria

(23) Vermerke für den Empfänger – Informations pour le destinataire – Informazioni per il destinatario (CIM Art. 13 § 3)
Bestell Nr. 18141

(24) CIM – Zahlung der Kosten – Paiement des frais – Pagamento delle spese
Franko Fracht – Franco de port – Franco di porto: unfrei

(26) Verlangte Tarife und Wege – Tarifs et itinéraires demandés – Tariffe e itinerari richiesti
Abzufertigen nach
Int. Tarif 7150.67 – Via Passau

(28) Wagenladung – Wagon complet – Carro completo 1 X — Stückgut – Détail – Piccole partite 2

(29) Verladen durch: – Chargé par: – Caricato da: Absender – Expéditeur – Mittente 1 — Eisenbahn – Chemin de fer – Ferrovia 2

(30) Bestimmungsbahnhof, Land und Ablieferungsstelle – Gare destinataire, pays et lieu de livraison – Stazione destinataria, paese e luogo di riconsegna
Name – Nom – Nome: A – 4050 Traun/Austria

(31) Zeichen (gegebenenfalls) / Anzahl / Art der Verpackung / Bezeichnung des Gutes – Marques / Nombre / Nature de l'emballage / Désignation de la marchandise
1 Wagenladung: Marke Chilena

112 Ballen Holzzellulose, trocken
in 14 Units

See-Durchfuhrgut! Aus außerdeutschen
Ländern über See eingetroffen!

(32) RID ja – oui – si

(33) Zolltarifnummer – No du tarif douanier – No tariffa doganale
Waren-Nr. 4703

(34) Masse – Massa kg
28 500 kg
0000000000

(35) Zollamtliche Vermerke – Indications douanières – Indicazioni doganali

(36) Beilagen zum Frachtbrief – Annexes à la lettre de voiture – Allegati alla lettera di vettura

(38) Barvorschuß – Débours – Spese anticipate: nichts

(39) Nachnahme – Remboursement – Assegno: nichts

(96) Kontroll-Etikette – Etiquette de contrôle – Etichetta di controllo: Land – Pays – Paese 8 0

Rückseite beachten – Voir au verso – Vedi a tergo

Durchgerechnete Frachten: Der Tarif enthält vom Versand- bis zum Bestimmungsbahnhof durchgerechnete Wagenfrachten. In den Frachtentafeln sind die Grundfrachten in Deutschen Mark (DEM), in Peseten (ESP) und Escudos (PTE) festgesetzt. Je nachdem, ob die Fracht in Deutschland, Spanien oder Portugal bezahlt wird, ist sie in DEM, ESP oder PTE zu entrichten.

Grundlage für die Frachtberechnung ist die Summe der Teilentfernungen der deutschen, französischen, spanischen und gegebenenfalls portugiesischen Strecken. Die km-Angaben werden den Heften 2 und 7 des Einheitlichen Entfernungsanzeigers für den internationalen Güterverkehr (DIUM), die km-Angaben für die französischen und spanischen Transitstrecken der „Übersicht der Transitentfernungen" im Teil III Abschnitt 1 des Tarifs entnommen. Der kürzere Beförderungsweg ist damit künftig auch der billigere.

Für den Fall, dass der Absender oder Empfänger nicht die Gesamtfracht übernehmen will, kann mit der Frankaturvorschrift „Franko (Betrag in DEM, ESP oder PTE)" eine Teilung der Transportkosten bestimmt werden.

In der Frachtentafel 1 sind – in Staffeln von jeweils 50 km – nur noch Grundfrachten für Sendungen von 25 t in Wagen mit zwei Achsen enthalten. Für Ladungsgewichte von 10 t bis 70 t wird die Wagenfracht durch Multiplikation mit einem Koeffizienten errechnet, der je nach der Art des Wagens unterschiedlich ist (Wagen mit zwei Achsen, Wagen mit mehr als zwei Achsen und einer Ladelänge unter 22 m, Wageneinheiten mit vier Achsen und einer Ladelänge ab 22 m).

Der neue Tarif 9117 sieht für alle Güter nur noch eine einheitliche Güterklasse vor.

Das Tarifniveau ist identisch mit dem des Deutsch-Französischen Eisenbahn-Gütertarifs (DFGT), der seinerzeit am Wettbewerb des internationalen Straßengüterfernverkehrs ausgerichtet worden war.

Den mitunter sehr unterschiedlichen Wettbewerbsverhältnissen kann durch Sonderabmachungen nach Artikel 6 § 4 CIM Rechnung getragen werden.

AUFGABEN

1 Beschreiben Sie die Auflieferung einer Wagenladung vom Standort Ihres Betriebes aus betrachtet!

2 Welche Wagenladungsverkehre bietet die DB Cargo an, und wodurch unterscheiden sie sich?

3 Warum bemüht sich der Staat um die Förderung des Container- und des kombinierten Verkehrs?

4 Geben Sie einen Überblick über die Geschäftsbedingungen der Bahn!

5 Aus welchen Gründen bietet die DB Cargo Branchenpreislisten an?

6 Sie haben eine Wagenladung von ca. 14 t Autozubehör, unverpackt, aufzuliefern; Sie sollen auftragsgemäß das Gut gegen Verlust und Beschädigung sichern. Sie können das Gut in Kisten oder in einem Container verpacken. Begründen Sie Ihre Entscheidung, und beschreiben Sie die Kosten und Transportrisiken!

7 Wann verlangt die DB Cargo Standgeld?

8 Wozu dient gemäß HGB §§ 408, 409 der Frachtbrief?

9 Welche Rechte hat der Bahnkunde bei Überschreiten der Lieferfrist nach HGB § 423 und nach GarantieCargo?

10 Erklären Sie folgende im Bahnverkehr übliche Abkürzungen: GGVE, RID, CIM, EUROP, Cotif!

11 Sie sind Absender einer Wagenladung. Welche Pflichten haben Sie nach dem HGB (z. B. §§ 412, 413)?

12 Beschreiben Sie die Organisation des Kombiverkehrs und des Containerverkehrs durch die Bahn!

8 Die Bahnspedition

EINSTIEG

14 Paletten Maschinenteile und Zubehör 8,4 t (verschweißt)
Lagerort: Hamburg, Siemensstr., Anschlussgleis
Auftraggeber: Emil Schnell & Co., Spedition, Hamburg
Empfänger: Karl Maier Landmaschinen GmbH, Karlsruhe, Lager Fabrikstr. (Anschlussgleis)
Emil Schnell entscheidet sich für den Bahnversand bis Lager Karlsruhe.

ARBEITSAUFTRÄGE

1. Begründen Sie die Entscheidung des Spediteurs!
2. Ein Anschlussgleis fehlt. Beschreiben Sie die Folgen!
3. Ist der Einsatz eines Containers in diesem Fall sinnvoll?
4. In welchen Fällen ist der Transport mit der Bahn dem mit einem Lkw oder Binnenschiff vorzuziehen?

8.1 Die Aufgaben des Bahnspediteurs

Spedition und DB AG sind auf Zusammenarbeit angewiesen, sie sind voneinander abhängig. Erhebliche Teile ihres Ladungsaufkommens bekommt die Bahn von Spediteuren oder liefert sie an Spediteure zur Besorgung weiterer Verkehrsleistungen aus. Logistische Speditionsleistungen sind oft nur unter Mitwirkung der Bahn zu erstellen.

Versender und Empfänger der verladenden Wirtschaft beauftragen ihren **Hausspediteur** mit dem Be- und Entladen von Wagen. Oft besorgt der Hausspediteur alle Güterbeförderungen seines Auftraggebers. Bahnspeditionsleistungen sind dann Teil einer Speditionsleistung im Export, im Import, im Transit oder im Lagerhaltergeschäft. Dieser Spediteur wird als **Bahnspediteur** bezeichnet.

Der Bahnspediteur übernimmt in Zusammenarbeit mit der Bahn folgende Aufgaben:

- Als Versandspediteur liefert er Wagenladungssendungen in eigenem oder in fremdem Namen auf.
- Als Empfangsspediteur macht er der Bahn gegenüber das Recht auf Übergabe des Gutes und des Frachtbriefes geltend. Er hat die Rechte des Empfängers aus dem Frachtvertrag als Adressspediteur oder macht dessen Rechte als Vollmachtspediteur geltend, ohne im Frachtbrief genannt zu sein.
- Als Sammelspediteur liefert er Sammelsendungen auf (Verkehrsführer) oder empfängt sie (Empfangsspediteur).
- Als Lkw-Unternehmer im Kombiverkehr werden Sendungen auf seinen Lkw, Anhängern, Aufliegern und dgl. im Schienenverkehr der Bahn befördert.
- Bahnspediteure sind am Containerverkehr der Bahn beteiligt. Außerdem mieten oder pachten sie Lagerplätze, Lagerschuppen und Umschlagseinrichtungen der Bahn.

Die „Interessengemeinschaft der Bahnspediteure e. V." (IBS) unterstützt die Zusammenarbeit zwischen Spedition und Bahn; sie fördert die Entwicklung des Bahnverkehrs, um wettbewerbsfähige Leistungen anbieten zu können.

8.2 Die Versandspedition

Der Versender beauftragt seinen Spediteur, eine Sendung als Wagenladung im nationalen oder im internationalen Bahnverkehr zu befördern. Liegt das Gut auf dem Spediteurlager, bestellt er den Bahnwagen auf sein **Anschlussgleis** und verlädt das Gut. Lagert das Gut bei einem Dritten (Lagerhalter, Umschlagsunternehmen eines Hafens o. a.), so bestellt er den Wagen für das gegebene Anschlussgleis und sorgt für die Verladung. Der Spediteur wird bei Fehlen eines Anschlussgleises das Gut abholen und es in den Wagen verladen, der auf dem **Freiladegleis** der Bahnniederlassung gestellt worden ist.

Mit der Bestellung des Wagens bei der zuständigen Güterverkehrsstelle der DB Cargo schließt der Spediteur den Frachtvertrag. Er wird damit Absender und übernimmt alle Rechte und Pflichten aus dem Frachtvertrag gemäß HGB (vgl. Abschnitt 7.5.3): Er verlädt die Sendung, übergibt der DB Cargo den Frachtbrief, erteilt u. U. nachträgliche Weisungen, macht Schadenersatzansprüche geltend, zieht Nachnahmen ein usw. Für seine Leistungen hat er dem Versender gegenüber Anspruch auf **Ersatz der Aufwendungen** (Fracht, Verladen, Wiegen u. a.) und Anspruch auf eine angemessene **Vergütung**.

Wird der Versandauftrag von seinem Kunden nicht über EDV erteilt, so stellt der Spediteur ihm Speditionsauftragssätze in mehrfacher Ausfertigung zur Verfügung, die ausgefüllt als Lieferschein, Rechnung u.a. dienen können.

Wenn der Versandspediteur eine **Wertnachnahme** für den Auftraggeber beim Empfänger einziehen soll, so kann er dazu den üblichen Weg der Bahnnachnahme wählen. Er kann den Betrag aber auch durch seine Niederlassung oder durch einen befreundeten Empfangsspediteur erheben lassen (sog. Spediteurnachnahme). Dieses Verfahren erschließt die Möglichkeit, dass der Empfänger die Ware beim Empfangsspediteur besichtigen kann, bevor er sie durch Zahlung des Nachnahmebetrages einlöst. Der Auftraggeber muss diese Besichtigung allerdings ausdrücklich gestattet haben. Für die Einziehung einer Nachnahme wird eine besondere Vergütung erhoben, die auch dann zu zahlen ist, wenn der Einziehungsauftrag nachträglich zurückgezogen wird oder der Betrag nicht eingeht.

8.3 Die Empfangsspedition

Zur Übernahme von Bahnsendungen kann ein Spediteur dadurch bestimmt werden, dass er vom Absender als Empfänger in den Frachtbrief eingesetzt wird **(Adressspediteur)** oder dass er von dem Frachtbriefempfänger zum Empfang bevollmächtigt wird **(Vollmachtspediteur).** Ist das geschehen, liefert die Bahn die Sendungen an den Adress- oder Vollmachtspediteur ab: Wagenladungen werden dem Spediteur auf dessen Privatanschlussgleis oder auf dem Freiladegleis zum Entladen bereitgestellt.

▲ ***Der Adressspediteur.*** Ein Spediteur wird als Adressspediteur in den Frachtbrief eingesetzt, weil eine entsprechende Anweisung des betreffenden Endempfängers vorliegt oder weil der Versender dieses wünscht. Er kann dieses wünschen, weil

- dem Endempfänger die Herkunft der Sendung nicht bekannt werden soll,
- der Adressspediteur die Sendung weiterleiten oder einem Dritten zur Verfügung halten soll,
- die Sendung nur gegen Zahlung einer Nachnahme (unter Umständen nach Besichtigung durch den Endempfänger) ausgeliefert werden soll,
- der Adressspediteur sie an verschiedene Endempfänger verteilen soll.

▲ *Der Vollmachtspediteur.* Ein Kaufmann, der regelmäßig Sendungen empfängt, kann seinen Spediteur bei der Bahn bevollmächtigen, alle für ihn eingehenden Sendungen zu empfangen. Die Vollmacht wird schriftlich erteilt.

Aufgaben des Adress- und Vollmachtspediteurs:

- Empfang der Sendungen seines Auftraggebers, Einlösen des Frachtbriefes, Zahlung der sich ergebenden Beträge,
- Empfangskontrolle auf äußere Beschaffenheit, Zahl der Packstücke, Markierung usw.,
- Erteilen der Empfangsbescheinigung (unter Vorbehalt bei erkennbaren Schäden, fehlenden Packstücken usw.),
- Nachprüfen der Fracht,
- Wahrung von Ansprüchen aus dem Frachtvertrag gegenüber der Bahn bei Verlust, Beschädigungen, Überschreiten der Lieferfrist u. a.,
- Rollfuhr, Zuführen der Sendungen von der Güterabfertigung zum Empfänger.

AUFGABEN

1 Beschreiben Sie einzelne Fälle, in denen ein Spediteur mit der DB zusammenarbeitet!

2 In welcher Form arbeitet der Spediteur mit der DB im Güterversand zusammen?

3 Welche Aufgaben hat der Adress- oder Vollmachtspediteur?

4 Warum werden Adressspediteure im Frachtbrief eingesetzt?

5 Einen Tag nach Empfang einer Bahnsendung stellen Sie als Spediteur einen äußerlich nicht erkennbaren Schaden fest. Was müssen Sie unternehmen? Erläutern Sie Ihrem Kunden die Grundzüge der Gefährdungshaftung gemäß HGB!

6 Vergleichen Sie Ihren firmeneigenen Speditionsauftragssatz mit den anderen firmeneigenen Vordrucken, die der Auslieferung am Lager bzw. der Erteilung von Rollaufträgen dienen!

7 Unter welchen Bedingungen wird ein Spediteur bereit sein, eine Wagenladung durch die Bahn statt durch den Lkw befördern zu lassen?

9 Der Spediteursammelgutverkehr

EINSTIEG

Die Spedition Wall GmbH in 20539 Hamburg erhält am 20. Mai . . u.a. folgende Speditionsaufträge. Der Empfangsspediteur ist die Transalp GmbH, 80393 München.

Pos.	Versender	Empfänger	Anzahl, Art, Inhalt	kg, brutto	Frankatur
1	Fa. Beyer Hamburg	Fa. Struntz München	5 EuroPal. Textilien Warenwert 3 500,00 DM	je 150 kg	frei Haus
2	Fa. Dräger Hamburg	Fa. Becker Starnberg	4 EuroPal. Backwaren Warenwert 6 800,00 DM	je 235 kg	unfrei
3	Fa. Wittig Hamburg	Fa. Döhle Grafing	25 Ballen Teppiche Warenwert 21 300,00 DM	2 450 kg	frei Haus
4	Fa. Kraske Pinneberg	Fa. Allert München	5 EuroPal. Schuhe Warenwert 42 000,00 DM	je 120 kg	unfrei
5	Fa. Neuert Norderstedt	Fa. Unger München	3 EP Rohkaffee Warenwert 12 200,00 DM	je 570 kg	frei Haus

ARBEITSAUFTRÄGE

1. Klären Sie, welche Aufgaben die Spedition Wall GmbH in Hamburg erfüllen muss, damit alle Sendungen rechtzeitig und ohne Mängel beim jeweiligen Empfänger eintreffen!
2. Welche Aufgaben übernimmt der Empfangsspediteur Transalp GmbH in München?
3. Nennen Sie die Beteiligten im Rahmen des Sammelgutverkehrs! Welche Verträge schließt die Wall GmbH mit den Beteiligten?
4. Welche Papiere/Dokumente muss die Wall GmbH ausstellen?
5. Erläutern Sie die Aufgaben der benötigten Papiere/Dokumente!
6. Welche Kostenfaktoren müssen bei der Preisvereinbarung berücksichtigt werden?

9.1 Das Prinzip des Sammelgutverkehrs

Die **Sammelgutspediteure** übernehmen von ihren Kunden **einzelne Sendungen** jeder Art, **ordnen** sie nach Verkehrsrichtungen, **fassen sie zu einer geschlossenen Ladung zusammen** und übergeben diese zur Beförderung einem Lkw-Unternehmer oder der Bahn bzw. führen die Beförderung im Wege des Selbsteintritts mit eigenen Fahrzeugen aus. Als Empfänger der Ladung wird der Empfangsspediteur eingesetzt, der die Ladung **empfängt** und die einzelnen Sendungen an die Endempfänger **verteilt**.

Der Sammelgutspediteur fasst auch kleine Sendungen zu einer Kleinsendung zusammen und liefert diese zur Komplettierung einer größeren Sendung oder einer Ladung bei einem Lkw-Unternehmer auf.

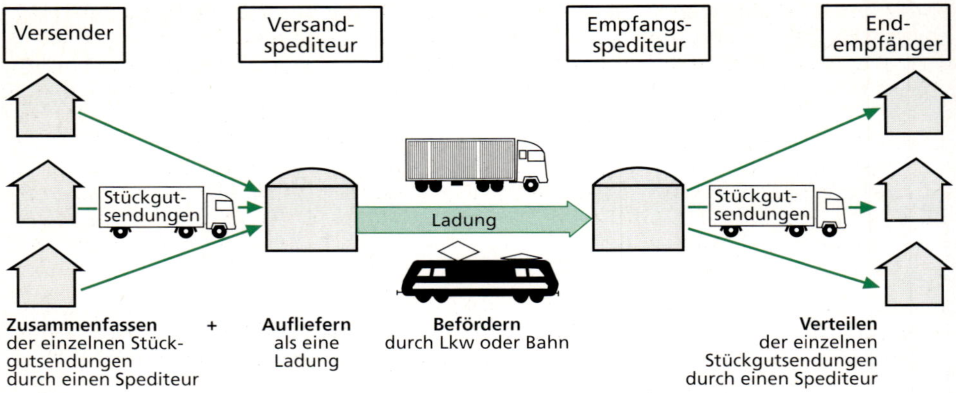

Der Umfang des Klein- und Sammelgutverkehrs in der Bundesrepublik Deutschland wird an folgender Übersicht verdeutlicht:

Gewerbl. Klein- und Sammelgutverkehr (ohne grenzüberschreitenden Verkehr) in Mio. Tonnen bzw. in Mio. Pakete

Träger	**Abfertigungsdienst**	**Mio. Pakete bzw. Tonnen**	
		1995[1]	**1998**[2]
Spedition	Sammelgut-Lkw	ca. 40 Mio. t	ca. 43 Mio. t (geschätzt 2,5 % Wachstum pro Jahr)
DB AG	Schienenkleingutverkehr	ca. 2 Mio. t	–
Deutsche Post AG/Frachtpost und Post Express	Paketverkehr/-dienst	ca. 627 Mio. Pakete	ca. 600 Mio. Pakete
DPD, German Parcel, TNT, trans-o-flex, UPS, Hermes u. a.	Paketverkehr/-dienst	ca. 410 Mio. Pakete	ca. 620 Mio. Pakete

9.2 Die rechtlichen Grundlagen

▲ ***Speditionsvertrag.*** Der Sammelgutspediteur bekommt von seinem Auftraggeber, dem Versender, einen Auftrag (schriftlich, durch Datenfernübertragung, gelegentlich mündlich), die Beförderung einer bestimmten Sendung zu besorgen. Mit der Annahme dieses Auftrages ist der Speditionsvertrag geschlossen. **Vertragsgrundlage sind die ADSp und das HGB.**

Gemäß **§ 460 HGB** ist der Spediteur befugt, die Versendung des Gutes zusammen mit Gütern anderer Versender aufgrund eines für seine Rechnung über eine Sammelladung geschlossenen Frachtvertrages zu bewirken. Macht der Spediteur von dieser Befugnis Gebrauch, so hat er hinsichtlich der Beförderung im Rahmen des Sammelgutverkehrs (= Hauptlauf) die Rechte und Pflichten eines Frachtführers. Es gilt im Hauptlauf bis zur Empfangsstation der Sammelladung Frachtrecht. Der Versandspediteur ist für den Beförderungserfolg verantwortlich. In diesem Fall kann der Spediteur eine den Umständen nach angemessene Vergütung verlangen, höchstens aber die für die Beförderung des einzelnen Gutes gewöhnliche Fracht.

[1] Stat. Bundesamt; BSL-eigene Recherchen
[2] Jahresbericht 1995/96, Spedition und Lagerei e. V., S. 12

In der Regel vereinbaren Versender und Sammelgutspediteur einen festen Übernahmesatz **(Spedition zu festen Kosten, § 459 HGB)**. Dieser wird nach Preisvereinbarungen oder der ortsüblichen Fracht gebildet und für die einzelne Sendung ab Haus des Versenders bis zum Empfänger durchgerechnet. Der Auftraggeber wird an dem Frachtvorteil beteiligt. Der **Fixkostenspediteur** gemäß **§ 459 HGB** hat hinsichtlich der Beförderung die Rechte und Pflichten eines **Frachtführers** nach **§§ 407, 425 HGB** (vgl. Abschnitt 3.2.3). Allerdings bringt das neue Recht mit der Formulierung „... hinsichtlich der Beförderung ..." zum Ausdruck, dass der Fixkostenspediteur im Sinne des Gesetzes Spediteur bleibt. Denn andere Tätigkeiten im Rahmen der Sammelgutabwicklung, wie Zollbehandlung oder Verpackung, unterliegen dem Speditionsrecht gemäß **HGB** und **ADSp.**

Übernimmt der Spediteur die Beförderung der Güter mit eigenen Fahrzeugen, dann ist er als Kraftwagenspediteur tätig. Er übt also **Selbsteintritt (§ 458 HGB)** im Güterkraftverkehr aus und wird damit zum Frachtführer. Damit gelten für ihn die Bestimmungen des **HGB, GüKG** und der **ADSp.**

▲ ***Haftung.*** Im Rahmen des Sammelgutverkehrs, wo für den Spediteur die Rechte und Pflichten des Frachtführers greifen, haftet er gemäß **§§ 425 HGB ff.** Schadenersatz wird durch die Güterschadenhaftpflichtversicherung geleistet. Für Schäden außerhalb der Frachtführertätigkeit haftet er nach **ADSp.** Schadenersatz wird durch die Speditionsversicherung (z. B. SLVS) im Umfang der gesetzlichen Haftung des Spediteurs nach BGB/HGB geleistet. Die Versicherungsleistungen der Speditionsversicherung und der Güterschadenhaftpflichtversicherung werden durch die Versicherungsträger abgestimmt.

▲ ***Frachtvertrag.*** Der Sammelspediteur übergibt die gesammelten Einzelsendungen als geschlossene Ladung (gelegentlich als Stückgutsendung) auf einem Frachtbrief einem Lkw-Unternehmer. Der Sammelgutspediteur schließt als Absender mit dem Frachtführer den Frachtvertrag ab. Der Frachtführer befördert die Ladung nach den verbindlichen oder üblichen Beförderungsbedingungen und liefert an den Empfangsspediteur ab. Beim Lkw-Versand im Güterkraftverkehr gelten vereinbarte Frachten.

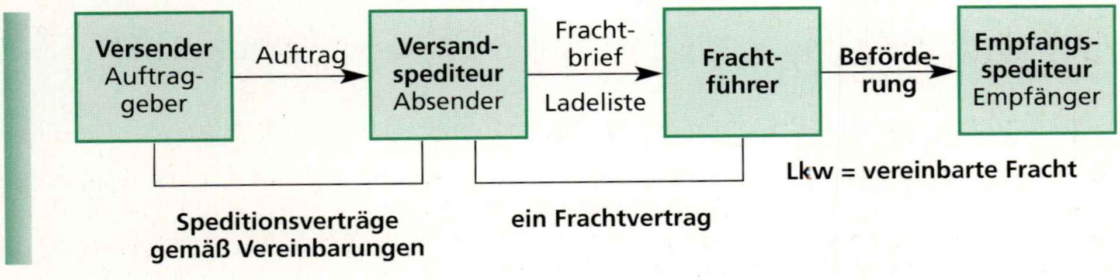

9.3 *Anforderungen an den Spediteursammelgutverkehr und seine Vorteile*

Das Sammelgutgeschäft ist für alle Beteiligten nur dann interessant, wenn auch hier die Anforderungen des Logistik-Services (vgl. Kapitel 20) erfüllt werden:

- hohe Flexibilität,
- **sichere Beförderung** mit EDV-Unterstützung von Abholung bis Auslieferung,
- **regelmäßige und häufige Verladungen** nach allen wichtigen Bestimmungsorten in Europa,
- Kontrolle an allen Schnittstellen,

- **ständige Leistungskontrolle** des gesamten Daten- und Güterflusses (Sendungsverfolgungssystem),
- **relativ schnelle Beförderung** je nach Leistung des Anbieters im 24- bzw. 48-Stundenservice, und zwar von der Übernahme durch den Versandspediteur bis zur Ablieferung an den Endempfänger,
- **bequeme Auflieferung,**
- ein angemessener **Preisvorteil** für alle.

Die Sammelspediteure haben das Gebiet Deutschlands und Europas (bis zum Ural) mit einem dichten Netz von regelmäßigen Spediteursammelgutverkehren überzogen, durch das alle bedeutenden Wirtschaftszentren direkt miteinander verbunden sind. Außerdem bedienen sie von den zahlreichen Versandplätzen und Zielstationen aus alle Orte im Flächenverkehr.

Der weitgehend optimal organisierte nationale und internationale Sammelgutverkehr bringt der Gesamtwirtschaft erhebliche Kostenvorteile. Vorhandene Transportraum- und Lagerraumkapazitäten werden gut bis sehr gut ausgenutzt; dadurch sind weniger Lkw-Transporte erforderlich, wodurch die Straßen und speziell die Innenstädte (siehe City-Logistik) geringer belastet werden. Ferner ist die Belastung der Umwelt mit Schadstoffen, Lärm und Flächenbedarf geringer.

Die Versendung im Spediteursammelgutverkehr bringt dem Kunden, dem Frachtführer im Lkw- oder Bahn-Verkehr und dem Spediteur erhebliche Vorteile. Die Vorteile für den Kunden sind größtenteils gleichzeitig die Werbeargumente des Spediteurs.

Vorteile für den Kunden:

- Senken der Beförderungskosten gegenüber dem Einzelversand, insbesondere bei Kleinsendungen (Frachtvorteil),
- regelmäßige und häufige Beförderung nach allen Orten in Deutschland und Europa,
- Einsparung bei der Abfertigung zum Versand (Bezettelung der Packstücke) und an der Verpackung,
- individuelle Behandlung durch enge Zusammenarbeit mit dem Hausspediteur,
- einfache Kalkulation mit übersichtlichen Preisen und damit innerbetriebliche Einsparungen.

Vorteile für den Frachtführer im Lkw-Verkehr:

- bessere Auslastung des Transportraumes und i. d. R. Rückladung,
- Senken der Abfertigungskosten, die nur für eine Sendung und nicht für eine Vielzahl kleiner und kleinster Sendungen anfallen,
- Frachtführer konzentriert sich auf die reine Transporttätigkeit, da der Spediteur die büro-/papiermäßige Abwicklung organisiert,
- Verringerung der Haftung durch Einsatz von geschultem Speditionspersonal, das für das Ein- und Ausladen (Schnittstellenkontrolle) und für die reibungslose Abwicklung der Beförderung sorgt; Schäden werden weitgehend auf den Spediteur verlagert und von Versicherungen gedeckt,
- eine bzw.wenige Be- und Entladestellen.

Vorteile für den Spediteur:

- bessere Auslastung seiner Organisations- und Lagerkapazitäten,
- bei Vorhandensein eigener Lkw, dann auch hier günstigerer Auslastungsgrad der Transportraumkapazitäten,
- ausreichender Frachtvorteil, der durch die kalkulierte Frachtspanne zwischen Stückgutfracht und Ladungsfracht ermöglicht wird.

BEISPIEL

40 Einzelsendungen zu je 250 kg als Stückgut aufgeliefert (600 km)
40 · 110,00 DM = 4 400,00 DM
10 000 kg als Ladung aufgeliefert (600 km)
100 · 9,00 DM = 900,00 DM

MERKE

Abrechnung im Sammelgutverkehr:

Sammelspediteur mit dem Frachtführer:	Ladungsfracht
Sammelspediteur mit dem Versender oder Endempfänger:	Stückgutfracht, gekürzt
Vorteil des Sammelspediteurs:	Frachtdifferenz

Aus der Frachtdifferenz muss der Spediteur die relativ hohen Kosten für die Organisation des Sammelgutverkehrs decken.

9.4 Der Spediteursammelgutverkehr mit dem Lkw

9.4.1 Merkmale und Struktur des Lkw-Sammelgutverkehrs

Im Kraftwagensammelgutverkehr fasst der Versandspediteur einzelne Stückgutsendungen zu einer Ladung zusammen und schließt als Absender den Frachtvertrag mit einem Lkw-Unternehmer ab; dieser befördert die Ladung im Hauptlauf und liefert sie geschlossen an den Empfangsspediteur ab, der dann für die Verteilung an die Endempfänger sorgt.

Die Sammelgutspediteure machen in großem Umfang von ihrem **Selbsteintrittsrecht** Gebrauch. Sie führen als Lkw-Unternehmer die Beförderung mit eigenen Fahrzeugen durch, oder sie setzen Charterzüge ihrer Vertragsunternehmer ein. Sie sind als Lkw-Frachtführer und als Versandspediteur tätig. Ihre Hauptaufgabe jedoch liegt in der Organisation des Ladungsverkehrs. So übernimmt der Lkw im Hauptlauf eine Stammladung, die aus einer oder wenigen geschlossenen Ladungen besteht und die beim einzelnen Versender direkt abgeholt wird. Dann fährt der Lkw zum Sammelschuppen des Versandspediteurs, um den Lastzug mit einer Ladung Kleingut aufzufüllen. Der Spediteur schöpft die Vorteile des Lkw aus:

- Er nutzt seine Flächigkeit, indem er Stückgüter auch im Nahverkehr und gegebenenfalls darüber hinaus abholt und in den Sammelgutverkehr einbezieht.
- Er vertraut auf die Anpassungsfähigkeit, auf den persönlichen Kontakt zum Lkw-Unternehmer bzw. zu dem Fahrer.
- Er bezieht in seine Planung die schnelle Verfügbarkeit des Lkw ein, um zu jeder Zeit und an jedem Platz Ladung übernehmen zu können.

Die Sammelgutspediteure, die als Versand-, Empfangs-, Korrespondenzspediteure oder als Beilader-Spediteure wechselseitig kooperieren, haben das Gebiet Deutschlands mit einem engen Netz moderner Lkw-Güterverteilungszentren überzogen. So wird in Deutschland fast jeder Ort im Lkw-Sammelgutverkehr im Umfang der logistischen Spediteurleistungen bedient.

Das Bündeln von Gütern zu Sammelladungen hat für die Spedition große Bedeutung. Allerdings stehen in diesem Bereich die Erlöse unter starkem Druck.

9.4.2 Die am Spediteursammelgutverkehr beteiligten Spediteure

▲ ***Der Versandspediteur.*** Er ist als Sammelspediteur am Versandort tätig. Er sammelt alle Teilsendungen, die ihm von seinen Kunden, den **Versendern,** übergeben werden. Er fasst die Kleinsendungen in seinem Gütersammelzentrum zu Ladungen zusammen und ergänzt diese durch Teilsendungen der Beilader.

Der Versandspediteur, der die Sammelgutverkehre organisiert, setzt für den Vor- und Nachlauf der Sendungen von und zu seinem Abfertigungslager eigene oder fremde Fahrzeuge ein. Er kann aber auch mit eigenem Lkw im Selbsteintritt den gesamten Transport durchführen.

▲ ***Beilader.*** Dies sind Sammelspediteure, die dem Versandspediteur Teilsendungen für eine Verkehrsrichtung übergeben. Beilader kann jeder im Versandgebiet des Versandspediteurs ansässige Spediteur werden. Dadurch kann sich jeder Spediteur auch dann am Sammelgeschäft beteiligen, wenn er kein Versandspediteur ist und wenn er nur über ein geringes Ladungsaufkommen verfügt.

▲ ***Der Empfangsspediteur.*** Er fertigt die an ihn gerichtete Sammelsendung ab. Er hat nach den Weisungen der Versandspediteure die Ladung zu empfangen (Schnittstellenkontrolle) und die Teilsendungen zu verteilen. Er wahrt als Empfänger die Rechte aus dem Frachtvertrag gegenüber dem Frachtführer, insbesondere bei Beschädigung und Verlust von Gütern. Er stellt die erforderlichen Entladeanlagen bereit, besorgt das Entladen, die Empfangskontrolle (Schnittstelle) und die Auslieferung an den Endempfänger (Schnittstelle). Gegebenenfalls zieht er Wert- und Kostennachnahmen ein und rechnet mit dem Versandspediteur ab.

▲ ***Briefspediteur.*** Im Bestimmungsort einer Sammelladung werden die Teilsendungen nicht immer unmittelbar an die Endempfänger weitergeleitet, sie sind teilweise vom Empfangsspediteur an einen anderen Spediteur zu überweisen, dem vom Beilader, manchmal auch vom Versender oder **Endempfänger** die weitere Behandlung der einzelnen Teilsendungen übertragen ist. Dieser Spediteur wird Briefspediteur oder Korrespondenzspediteur genannt. Der Empfangsspediteur übergibt dem Briefspediteur entsprechend den Weisungen des Versandspediteurs die für ihn bestimmten Teilsendungen. Der Briefspediteur ist verpflichtet, die ihm überwiesenen Sendungen unverzüglich abzunehmen und nach den Weisungen weiter zu behandeln. Er rechnet – je nach Weisung – ab.

▲ ***Schnittstellenkontrolle.*** Da durch das TRG eine einheitliche Rechtsordnung geschaffen wurde, sind für die Festlegung von Schnittstellen die Beförderungsstrecke und die Rechtsperson bedeutend. Somit gibt es im Rahmen des Spediteursammelgutverkehrs in der Regel mindestens vier Schnittstellen:

- ✘ bei der Übernahme vom Versender (Rechtspersonänderung),
- ✘ bei der Übernahme am Versandschuppen (Ende der Beförderungsstrecke im Vorlauf),
- ✘ nach der Beförderung im Hauptlauf (Ende der Beförderungsstrecke),
- ✘ bei der Auslieferung an den Empfänger (Rechtspersonänderung).

Diese Regelung ist unabhängig davon, ob ein Spediteur

- ✘ sämtliche Leistungen (Vorlauf, Umschlag, Hauptlauf, Umschlag, Nachlauf) selbst erbringt oder
- ✘ die Abwicklung arbeitsteilig (Lkw-Unternehmer im Vorlauf/Abholung, Versandspediteur, Lkw-Unternehmer im Hauptlauf, Empfangsspediteur und Lkw-Unternehmer im Nachlauf/Zustellung erfolgt oder
- ✘ eine Kombination vorliegt.

Von dieser Regelung sind Ausnahmen denkbar. Im Sammelgutausgang oder -eingang ist es vorstellbar, dass die beiden Schnittstellenkontrollen zusammenfallen. Dies ist z.B. dann der Fall, wenn der Versandspediteur das Gut von dem anliefernden fremden Fahrzeug entlädt und direkt den Lkw für den Hauptlauf (die Wechselbrücke o. Ä.) belädt.

9.4.3 Abwicklung des Kraftwagensammelgutverkehrs

9.4.3.1 Auftragsabwicklung mit konventioneller Dokumentation

Die Sammelspediteure (Beilader und Versandspediteure) holen die ihnen angemeldeten Teilsendungen bei den Versendern ab und liefern sie am Gütersammelzentrum an. Einige Versender rollen ihre Teilsendungen mit eigenen Fahrzeugen zu. Die Anlieferung erfolgt in der Regel auf Grund des **Speditionsauftragssatzes** (vgl. Abschnitte 4.3.3 und 9.4). Der Anlieferer bekommt vom Lagerpersonal eine Kopie als Anlieferquittung (Empfangsbescheinigung). Die anderen Teile des Speditionsauftragssatzes, auf denen nicht nur der Empfang, sondern auch die erfolgte Verladung bescheinigt werden, müssen umgehend in das Büro des Versandspediteurs bzw. Beiladers gebracht werden. Sie dienen dort der Ausstellung des **Borderos** sowie der **Ladeliste** (vgl. Abschnitt 9.4.4) und der Abrechnung zwischen Versandspediteur und Beilader sowie Versender.

Die in den Sammelschuppen der Versandspediteure angelieferten Sendungen werden nach Verkehrsrichtungen sortiert und in die zuvor disponierten und bereitstehenden Wechselbrücken, Auflieger, Anhänger und/oder Motorwagen verladen. In der Reihenfolge ihrer Anlieferung werden die Teilsendungen in ein Bordero eingetragen. Das Bordero wird in mehreren Ausfertigungen unter Verwendung der Speditionsauftragssätze erstellt. Es enthält die üblichen Angaben, wie Versandspediteur mit Anschrift, Empfangsspediteur mit Anschrift und Detailangaben zur Sendung (vgl. Abschnitt 9.4.4).

Die Versandspediteure müssen auch die Sendungen borderieren, die an Briefspediteure auszuliefern sind. Das Bordero wird am selben Tag fernschriftlich oder über Telefax an den Empfangsspediteur geschickt.

Schaltet ein Beilader den Briefspediteur ein, so muss auch er ein Bordero über seine Sendungen ausstellen und es am selben Tag an den Briefspediteur absenden.

Mit der Ausstellung der Borderos fertigen die Versandspediteure und die Beilader die Rechnungen über die „frei"- und „unfrei"-Sendungen nach dem Kundensatz oder nach Preisvereinbarungen aus. Die Rechnungen werden dann sofort an die Kunden versandt, da sie gleichzeitig als **Versandanzeige** dienen. In machen Fällen erfolgt die Abrechnung mit den Kunden auch in festen Zeitabständen (etwa monatlich).

Nach erfolgter Beladung der Lastkraftwagen stellt der Versandspediteur je Lkw einen **Frachtbrief** (falls erforderlich) aus und fügt ihm eine Kopie der **Ladeliste** bei.

Am Empfangsort stellt der Lkw-Fahrer (Frachtführer) den Lkw an der Rampe des Empfangsschuppens z. B. im GVZ bereit. Der Empfangsspediteur **entlädt** den Wagen und führt dabei die übliche Empfangskontrolle auf Markierung, Zahl und äußere Beschaffenheit der Kolli durch. Als Unterlage dient ihm eine Kopie der Ladeliste bzw. des Borderos. Nach Abschluss des Empfangs wird der Entladebericht ausgeschrieben und dem Versandspediteur zugesandt. Dann werden die Teilsendungen dem Bordero des Versandspediteurs gemäß **verteilt** und gleichzeitig mögliche Fracht- und Wertnachnahmen, Rollgelder u. Ä. weisungsgemäß eingezogen.

Locogüter werden den Endempfängern am Empfangsort zugerollt oder Selbstabholern zur Verfügung gestellt.

Überweisungsgüter werden den Briefspediteuren durch Überweisungsscheine zur Auslieferung freigestellt.

Reexpeditionsgüter werden neu aufgeliefert und als Sammelgut bzw. als Stückgut den neuen Empfangsspediteuren oder Endempfängern direkt zugestellt. Es erfolgen Transporte von Zielplätzen nach Nebenplätzen. Die Empfangsspediteure stellen die Sendungen dann den Endempfängern zu (Weiterleitungssendungen).

An **Reexpeditonskosten** entstehen dem Empfangsspediteur

- Rollgeld von der Entladestelle der Sammelladung bis zur Auflieferstelle der Reexpeditionssendung,
- Ausschreiben des Frachtbriefs und der Label (Aufkleber oder Anhänger),
- Stückgutfracht oder Beiladersatz bis zum Bestimmungsort des Endempfängers,
- Rollgeld im Bestimmungsort
- Vergütung laut HGB
- Porti, Papiere, kleine Kosten usw.

Diese Kosten und eine angemessene Vergütung stellt der Empfangsspediteur seinem Versandspediteur, von dem er das Bordero bekommen hat, einzeln oder als Übernahmesatz in Rechnung.

Der **Selbstabholer** nimmt seine Sendung (Güter) direkt beim Empfangsspediteur ab.

Lagergüter werden auf das Lager des Empfangsspediteurs überführt.

Hat der Empfangsspediteur seinen Sitz im Seehafen, dann wird sein Arbeitsbereich oft durch die Anlieferung der Güter an das Seeschiff (FOB-Lieferung) oder durch die Verschiffung erweitert.

▲ ***Rückrechnung.*** Nach Verteilen der Sammelladung rechnet der Empfangsspediteur mit dem Versandspediteur ab. Dazu dient ihm eine Durchschrift des Borderos, die sogenannte Rückrechnung. Sie enthält folgende Entgelte:

- Entladen und Verteilen,
- Hausfrachten (Rollgelder) für „frei Haus"-Sendungen,
- Reexpeditionskosten und Hausfracht für „frei-Haus"-Sendungen,
- sonstige Kosten des Empfangsspediteurs,
- Avisgebühren,
- gegebenenfalls Nachnahmeprovision.

Schematische Darstellung der Vertragsbeziehungen bei einer Kraftwagensammelladung

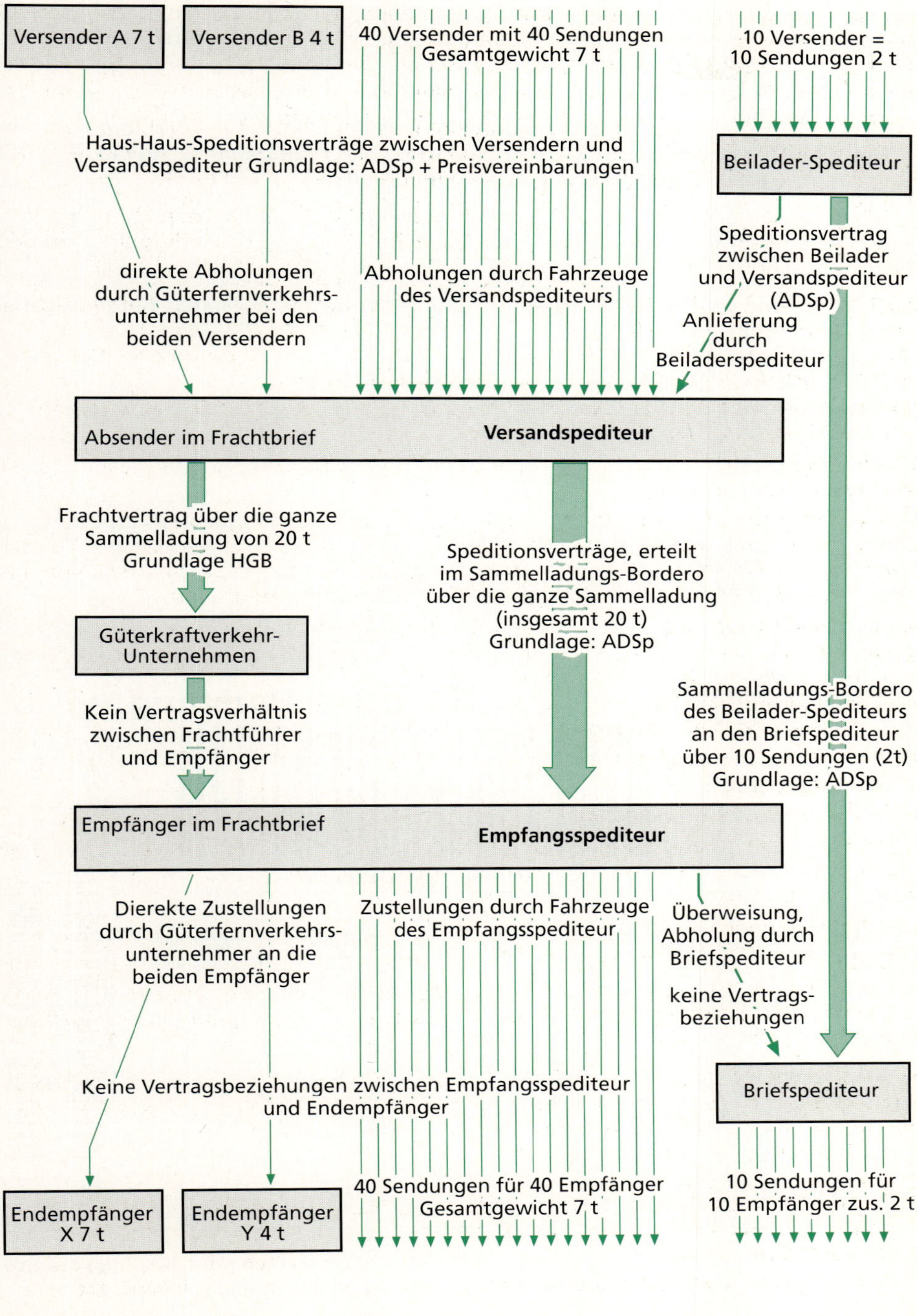

9.4.3.2 Auftragsabwicklung mit Unterstützung der DFÜ

Der Kunde teilt durch **Datenfernübertragung (DFÜ)** mit, welche Sendungen versandbereit sind. Durch die DFÜ sind alle sendungsrelevanten Daten im EDV-System des Spediteurs gespeichert. Diese einmal produzierten Daten können dann für alle weiteren Arbeiten, wie Speditionsbuch erstellen, Rechnung schreiben u.a., verwendet werden. Es wird eine wiederholte Datenaufnahme vermieden.

Anschließend gibt die Abteilung Sammelgutausgang der Lkw-Abteilung den Abholauftrag über das hausinterne EDV-Netzwerk. Die Fuhrabteilung druckt dann für den Fahrer eine Liste über die versandbereiten Kolli aus.

Nach Rückkehr des Lkw von den Versendern meldet sich der Fahrer im Büro des Versandspediteurs mit den aktuellen Sendungsdaten. Mögliche Veränderungen bei den Ursprungsdaten werden jetzt vorgenommen.

Danach[1] werden für die Kolli dieser Sendung die dazugehörenden **Barcode-Label** ausgedruckt mit

- Versender, Kundennummer, Anschrift
- Endempfänger, Kundennummer, Anschrift
- Markierungen/Zeichen, Nummer
- Anzahl
- Verpackung
- Gewicht
- Inhalt
- Lieferkondition/Frankatur
- Positionsnummer
- Relationsnummer.

Muster eines Barcode-Labels

[1] Die Barcode-Label können auch bereits durch den Fahrer während der Beladung des Lkw beim Versender auf die Kolli geklebt werden, wenn die Sendungsdaten bekannt sind.

Das Barcode-Label ist mit einem Strichcode bzw. NVE (= Nummer der Versandeinheit)-Code versehen. Mit der vorgegebenen Nummerngruppe des NVE-Codes wird eine bestimmte Versandeinheit gekennzeichnet. Diese Nummerngruppe eröffnet dem Computer, der sie liest, versteht und mit der Datei abgleicht, den Zugang zu allen oben aufgeführten Informationen in anderen Dateien, die mit einer bestimmten Versandeinheit bzw. einer Sendung zusammenhängen.

Der Fahrer erhält die Barcode-Label, die er dann während der Entladung des Nahverkehrs-Lkw am Sammelschuppen auf die Kolli klebt. Die Barcode-Label werden sofort nach dem Aufkleben gelesen, und somit stehen die Sendungsdaten im **Sendungsverfolgungssystem** (vgl. Abschnitt 9.4.3.3) zur Verfügung. Diese Kolli werden von Lagerarbeitern auf die entsprechenden **Relationsplätze** gestellt bzw. über eine vollautomatische Güterverteilanlage in die Relationsstellplätze befördert. Bei der Beladung der Fernverkehrs-Lastkraftwagen werden die Barcode-Label von den Lagerarbeitern mithilfe einer **Lesepistole** gelesen. Diese Lesepistole ist mit einem mobilen Datenerfassungsgerät verbunden.

Aufbau der Nummer der Versandeinheit

Kennzeichnung der Anwendung	Kennzeichnung der Verpackung	bbn des Versenders ohne Prüfziffer	Nummer der Versandeinheit	Prüfziffer
00	3	40 12345	123456789	C *

NVE-Strichcode

NVE

00312345678912345678

Anschließend wird das **mobile Datenerfassungsgerät** im Büro an die EDV-Anlage angeschlossen, die dann automatisch einen Datenabgleich im „Hintergrund" vornimmt. Damit prüft das EDV-System, ob die ursprünglichen Sendungsdaten mit denen aus der Beladung übereinstimmen.

Aus diesen Gesamtdaten wird mithilfe des entsprechenden EDV-Programmes das Bordero erstellt und ausgedruckt. Es werden Sicherheitskopien vom Bordero ausgedruckt, eine für das Büro und eine für den Fahrer. Außerdem können Ladelisten ausgedruckt werden. Das eigentliche Bordero wird durch DFÜ an den Empfangsspediteur übermittelt. Durch die vorauseilenden Informationen hat dieser die Möglichkeit, vor Eintreffen der Sammelgüter weitere, exaktere Dispositionsentscheidungen zu treffen.

Er kann aufgrund der **elektronischen Datenkommunikation (ELDATKOM)** dem Endempfänger vor Ankunft der Sendung einen aktuellen Statusreport geben.

Datenkommunikation und Gütertransport

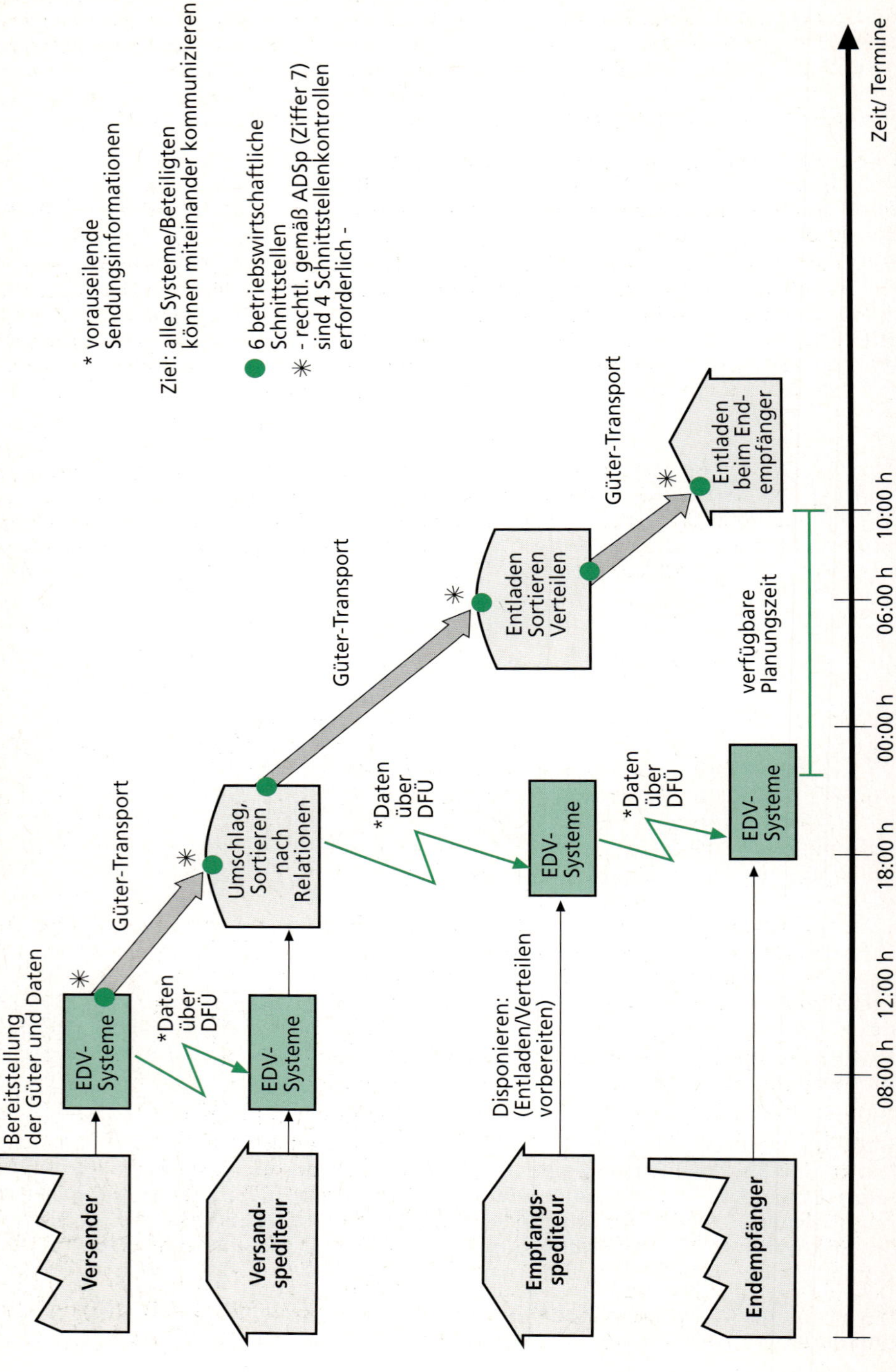

Da die Sendungsdaten für die gesamte Lkw-Sammelladung, die zum Empfangsspediteur unterwegs ist, im EDV-System des Spediteurs gespeichert wird, kann jede betreffende Abteilung bei entsprechender Hard- und Softwareausstattung auf die erforderlichen Daten zugreifen:

- die Fuhrpark-Abteilung schreibt den Frachtbrief und die Ladeliste,
- die Abteilung Sammelausgang erstellt das Bordero,
- die Buchhaltung erstellt die Rechnungen und überwacht die Zahlungseingänge.

Der Empfangsspediteur kontrolliert sogleich die eingehende Sammelladung mithilfe der Lesepistole und der mobilen Datenerfassung oder alle Sendungsteile werden von einem Scanner (= Stationäres Lesegerät zur automatischen Erfassung von NVE-Symbolen) gelesen. Dadurch sind sofort alle aktuellen sendungsbezogenen Daten im EDV-System des Spediteurs, und es kann automatisch ein Datenabgleich erfolgen, sprich: Entladekontrolle. Über DFÜ geht der Entladebericht an den Versandspediteur.

Der Empfangsspediteur nimmt die physische Verteilung der Teilsendungen vor (siehe oben). Mithilfe der ELDATKOM kann der Empfangsspediteur die erforderlichen Dokumente/Papiere (Rollauftrag u.a.) drucken lassen und wiederum vorauseilend dem Endempfänger einen aktuellen Statusreport geben, sodass dieser wie gewünscht reagieren und disponieren kann.

9.4.3.3 Barcoding und Sendungsverfolgung

▲ *Ablauf.* Bei vielen Transportprozessen benötigen Versender und/oder Empfänger Informationen über den aktuellen Aufenthaltsort bzw. Abfertigungsstatus ihrer Sendungen. **Spediteure als Logistikdienstleister,** die die Sendungsabwicklung übernehmen, bieten ihren Kunden diese Information als zusätzliche Serviceleistung (Value Added Services) häufig auf der Basis moderner, **vernetzter Datenkommunikationssysteme** an. Die Sendungsempfänger sind damit in der Lage, in Abhängigkeit vom aktuellen Sendungsstatus eine verbesserte Planung für nachfolgende Verfügungen der Sendungen vorzunehmen. Diese verbesserte Planbarkeit soll zu Kostensenkungen und/oder verbessertem **Lieferservice** (vgl. Abschnitt 20.4.3.1) führen. So können beispielsweise die Endempfänger durch die Information über Unterwegsbestände in der Logistikkette die Lagerbestände und damit die Lagerkosten reduzieren.

Damit eine durchgängige Sendungsverfolgung sichergestellt ist, muss der Spediteur an jedem Sammel- und Verteilpunkt (= Schnittstelle/Identifikationspunkt) der Sendung eine Identifikation der Sendung vornehmen **(Tracking)**. Dafür wird vorausgesetzt, dass jedes Packstück mit einem Barcode-Label (siehe Abbildungen oben und unten) versehen ist.

Der Beginn der Packstückidentifikation liegt idealerweise schon beim Versender. Von hier übernimmt der Spediteur die Daten in sein Sendungsverfolgungssystem. Ein anderes Vorgehen liegt vor, wenn der Fahrer (Nahverkehr) bei der Abholung die Packstückdaten mit einem Handscanner liest. Dieser Scanner ist mit dem mobilen Datenfunk des Fahrzeugs verbunden, der die eingelesene Meldung des Packstücks an den Zentralcomputer weiterleitet.

Die Übergabepunkte bzw. Schnittstellen, an denen eine **Scannung** (elektronisches Lesen) der Barcodedaten mit speziellen Lesegeräten (Scanner) erfolgt, können sein:

- ✘ Versender: ➛ Lkw-Unternehmer (Vorlauf),
- ✘ Nahverkehrsunternehmer: ➛ Übernahme in das Sammelgutlager des Spediteurs,
- ✘ Ausgang aus dem Sammelgutlager: ➛ an den Lkw-Unternehmer (Hauptlauf),
- ✘ Lkw-Unternehmer (Hauptlauf): ➛ in das Distributionslager des Spediteurs,
- ✘ Ausgang aus dem Distributionslager: ➛ an den Lkw-Unternehmer (Nachlauf),
- ✘ Lkw-Unternehmer (Nachlauf): ➛ Übergabe an den Endempfänger.

▲ ***Barcode auf der Grundlage von EAN und NVE.*** Nachdem mit dem international genormten EDIFACT-Standard (Electronic Data Interchange For Administration, Commerce and Transportation) die Plattform für eine immer schneller werdende Verbreitung des elektronischen Datenaustausches gelegt wurde, wächst das Interesse an einem standardisierten warenbegleitenden Informationsfluss mittels Strichcode-Technik. Voraussetzung ist auch hier die Verständigung auf ein genormtes technisches Medium, nämlich einer standardisierten Strichcode-Symbologie, sowie die Einigung auf einheitliche Normen für die auszutauschenden Dateninhalte. Es stehen Standards für die Einführung des Barcodes in Transport, Umschlag und Lager zur Verfügung. Mit der **Packstück-Identifikation (License Plate)** ist es möglich, die Packstück-Identnummern international eindeutig zu halten. Für die branchenübergreifende, weltweit einheitliche Kommunikation wird der EAN-Standard (EAN = Europäische Artikelnummer[1]) und die Nummer der **Versandheit (NVE)** als Packstückidentifikation gewählt.

[2] EAN ist ein Identifizierungssystem für Waren, die über Warenwirtschaftssysteme verkauft werden. Die EAN wird meist direkt vom Hersteller auf die Ware oder Verpackung gedruckt.

Auf Beschluss der BSL-Kommission für Logistik und Informatik liegen (seit Juli 1997) **Transportlabel-Layouts (siehe folgende Abbildungen)** vor, die aufzeigen, welche Daten ein Label mindestens enthalten muss und welche Daten aus Sicht der Spedition für ein sicheres und effizientes Handling und Routing wünschenswert sind.

Voraussetzungen für die Verwendung der Transportlabel sind:

- ✘ Das Transportlabel mit eindeutiger Identnummer sollte auf jedes Packstück (Versandeinheit/Handling Unit) aufgebracht werden.
- ✘ Die für den Transport benötigten Zusatzinformationen sollen direkt auf dem Packstück (Versandeinheit/Handling Unit) ausgewiesen werden.
- ✘ Die Daten für das Transportlabel sollten direkt vom Versender maschinenlesbar zur Verfügung gestellt werden.

Beispiele für Transportlabel

Layout Transportlabel License Plate (minimal)

① Angabe der Empfängeranschrift in Klartext,
② Angabe der Speditions-Auftragsnummer in Klartext,
③ eindeutige ID-Nr. der Versandeinheit/Packstücke (License Plate),
④ bei der Minimallösung nicht vorgesehen,
⑤ Angabe der Versender-/Verladeranschrift in Klartext,
⑥ Anzahl der Packstücke,
⑦ operative Hinweise in Klartext, z. B. Gefahrgut, Gewicht, Volumen.

Layout Transportlabel NVE-SSCC

① Angabe der Empfängeranschrift in Klartext,
② Angabe der Speditions-Auftragsnummer in Klartext,
③ eindeutige ID-Nr. der Versandeinheit/Packstücke (NVE-SSCC) (Serial Shipping Container Code; in Deutschland NVE),
④ zusätzliche sendungsbezogene Informationen,
⑤ Angabe der Versender-/Verladeranschrift in Klartext,
⑥ Anzahl der Verandeinheiten,
⑦ operative Hinweise in Klartext, z. B. Gefahrgut, Gewicht, Volumen.

✘ Die Transportlabelspezifikation basiert auf den praktischen Erfahrungen von Spediteuren und Verladern aus dem Barcodeeinsatz und unterstützt im Wesentlichen die Europäischen Normen EN 1571, 1572 und 1573 in der Transportkette.

✘ **Technische Anforderungen** sind u. a. genaue Abmessungen, Druckverfahren (ThermoTransfer, Laser etc.), Positionierung (Frontseite der Versandeinheit), Papierqualität (hoher Kontrast soll erreicht werden), Feuchte-Beständigkeit (Ausdruck darf nicht verwischen), UV-Beständigkeit (Kontrast darf sich nach intensiver Sonneneinstrahlung sowie einer konstanten Temperatur von +60 °C (Belastungszeit 2 Std.) um max. 10 % ändern.), Abrieb-Beständigkeit (Aufdruck darf nicht verwischen), Etikettenhaftung (Kleber mit hoher Qualität).

Barcode und Sendungsverfolgung

Voraussetzung: alle Packstücke sind mit einem Barcode-Label versehen

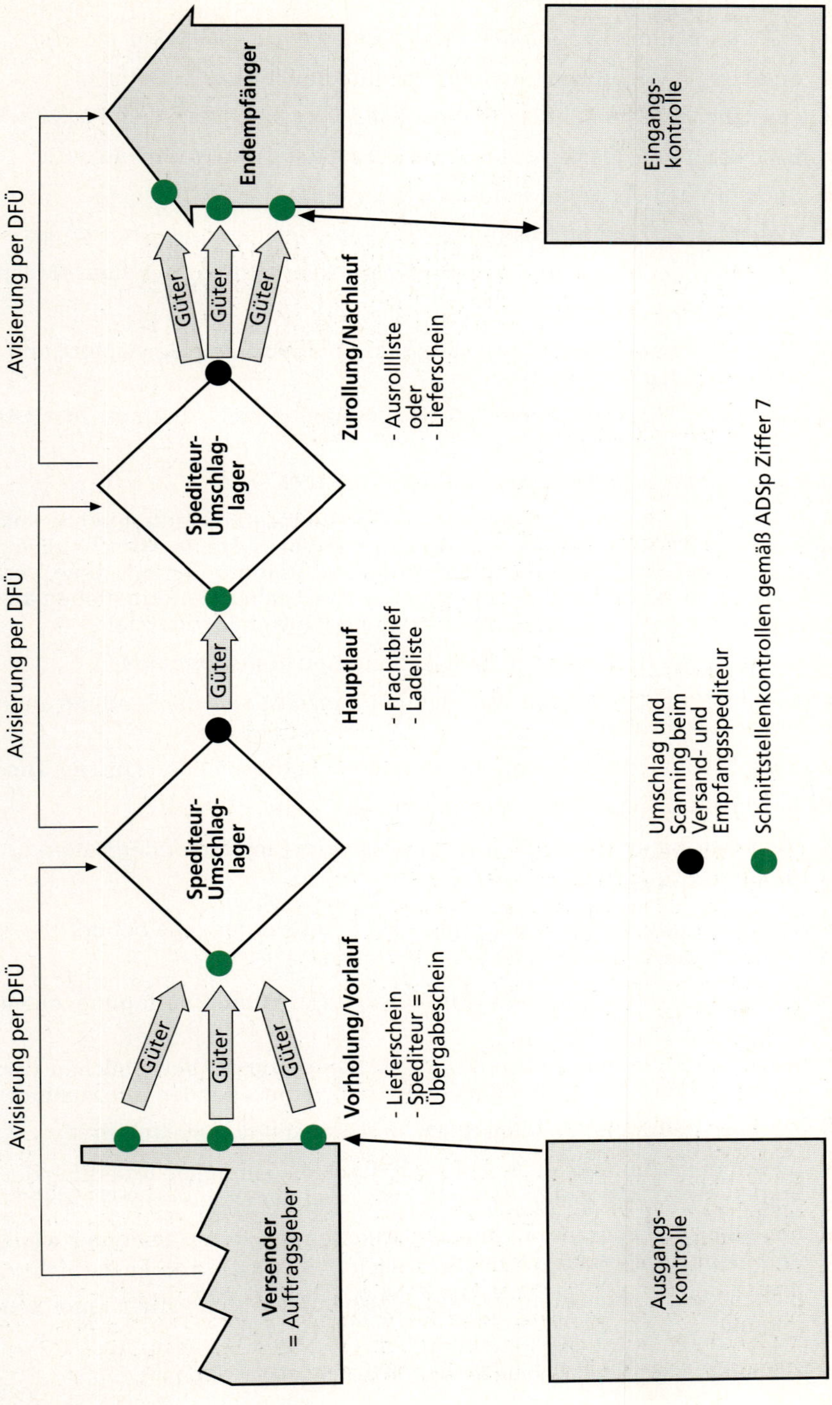

Vorteile des Transportlabels:

- eindeutige Identifikation der Versandeinheiten/Packstücke,
- operative Informationen auf der Versandeinheit/dem Packstück,
- zusätzliche Informationen direkt von der Versandeinheit/dem Packstück ablesbar,
- Beschleunigen des Umschlags und Vermeidung von Verladefehlern,
- Senkung des Verwaltungsaufwandes,
- lückenloses **Tracking** (Sendungsverfolgung während des Transportes),
- **Tracing** (Sendungsidentifikation und -rückverfolgung nach dem Transport),
- kürzere Auskunftszeiten,
- Qualitätsverbesserungen und Produktivitätserhöhung im Güter- und Informationsfluss in logistischen Systemen,
- Grundlage für Aufbau von ECR-Kooperationen (vgl. Abschnitt 20.4.3.4).

9.4.3.4 Ziele und Nutzen des EDV-Einsatzes

Flächendeckende und termingeführte Spediteursammelgutverkehre sind nur mithilfe moderner Informations- und Kommunikationssysteme wirtschaftlich zu realisieren. Die Handels- und Industrieunternehmen drängen darauf, neue Verfahren der zuverlässigen und schnellen Übertragung von Transportinformationen anzuwenden. Sie verfolgen mit der Datenfernübertragung (DFÜ) folgende Ziele:

- schnelle Übermittlung von Lieferschein- und Transportdaten;
- Vorabinformation an den Warenempfänger, dass sich die Sendung auf dem Transportweg befindet;
- hohe Materialverfügbarkeit bei geringen Lagerbeständen (Just-in-Time);
- bessere Transparenz des Materialflusses;
- Reduzierung des Erfassungsaufwandes beim Empfänger der Daten;
- Fortfall von Papieren;
- statt Rückfragen beim Lieferanten für bereits unterwegs befindliche Sendungen ist Statusreport via INTERNET gefordert.

Spediteure erwarten aus dem Einsatz der Datenfernübertragung ebenfalls einen hohen Nutzen:

- mehr Zeit für Planung, Disposition und Steuerung der betrieblichen Vorgänge und der Transporte durch die dem Güterstrom vorauseilenden Informationen;
- bessere Auslastung der Umschlag- und Transportkapazitäten;
- niedrigerer administrativer Aufwand durch die einmalige Erfassung der transportbegleitenden Informationen und Einstellung der Daten ins INTERNET;
- einmalige Erfassung der transportbegleitenden Daten bedeutet weniger Fehler und mehr Kundenzufriedenheit;
- lückenlose Überwachung der Transporte mit der Möglichkeit einer Sendungsverfolgung.[1]

[1] Strukturdaten aus Spedition und Lagerei 1995, BSL, Bonn, Mai 1995

9.4.3.5 Datenfernübertragung – EDIFOR

Damit die oben genannten Ziele des EDV-Einsatzes verwirklicht werden können, sind erhebliche Investitionen und Organisationsmaßnahmen erforderlich. Dazu zählt die Abstimmung aller Beteiligten über einheitliche Regeln zum beleglosen Datenaustausch, denn alle beteiligten EDV-Systeme müssen sich „verständigen" können. Jeder Beteiligte, ob Verlader, Spediteur oder Frachtführer, muss dasselbe unter Adressdaten, Sendungsdaten u. a. Daten verstehen. Diese Angaben stehen im Rahmen der Datenfernübertragung auf den gespeicherten und ausgedruckten Papieren und Dokumenten an derselben Stelle. Eine Datenübermittlung, die auf diese Weise erfolgt, unterliegt einer Normung bzw. Standardisierung. Dann können Computer unternehmensübergreifend miteinander kommunizieren.

Mit EDIFACT liegt seit Jahren ein branchenübergreifendes Regelwerk für den elektronischen Geschäftsverkehr vor, das die Grundlage für eine spezielle Entwicklung in der Transport- und Logistikkette liefert.

Die Speditionsverbände Deutschlands, Österreichs und der Schweiz haben eine neue Grundlage erarbeitet, um die EDIFACT-Nachrichtenstandards in die Praxis umzusetzen; diese wird mit EDIFOR[1] (Electronic Data Interchange Forwarding) bezeichnet. EDIFOR will durch die einheitliche Anwendung von Nachrichten, Daten und Codes die Qualität des Informationsflusses verbessern. Bei EDIFOR handelt es sich erstmals um eine einheitliche Lösung für den gesamten deutschsprachigen Raum. Darüber hinaus hat die FIATA bereits Interesse an einer Übersetzung und Übernahme des Handbuches auf die weltweite Ebene angemeldet.

Der EDIFOR-Leitfaden umfasst die Informationsbereiche

- **Speditionsauftrag:** Dieser ist die Nachricht eines Versenders an einen Spediteur, um ihn mit der Güterversendung und allen damit zusammenhängenden Dienstleistungen zu beauftragen. Diese Nachricht ist sowohl für nationale als auch für internationale Verkehre anwendbar. Der Leitfaden „Speditionsauftrag" ist ein konkretes Angebot der Spedition an Handel und Industrie, die elektronische Übertragung von Auftragsdaten nach EDIFACT zu gestalten.
- **Bordero/Cargo Manifest:** Borderodaten werden zur Abwicklung von Sammelgutverkehren zwischen Versand- und Empfangsspediteuren ausgetauscht. Bei Sammelgutverkehren im Seegüter- und Luftverkehr ist der Begriff „Cargo Manifest" üblich. Neben detaillierten Daten über den Frachtführer, Verfrachter, das Transportmittel, das Equipment, Orts- und Zeitangaben, enthält die Nachricht insbesondere Informationen über die Einzelsendungen der Sammelladung.
- **Entladebericht:** Die Übermittlung von Statusinformationen gehört zu den wichtigsten Neuerungen, die von der Spedition in den 90er Jahren in Angriff genommen wurden. Mit dem Entladebericht, der unmittelbar nach der Entladung vom Empfangs- an den Versandspediteur gesendet wird, soll der Einstieg in Statusreportsysteme (Tracking und Tracing) unterstützt werden.

9.4.4 Die Dokumente im Sammelgutverkehr

Der **Speditionsauftragssatz** (siehe Formular) ist als Auftragsunterlage für den Spediteur rechtlich bedeutsam und für die weitere Abwicklung des Auftrages entscheidend (vgl. Abschnitt 4.3.3). Er besteht aus

- Speditionsauftrag des Versenders,
- Rechnung an den Versender und
- Speditions-Übergabeschein für den Endempfänger.

[1] Der Spediteur, Heft 2, 1996, S. 27 ff., Speditionsverbände präsentieren EDIFOR, Klaus Zänker

Muster eines Borderos

Wallring GmbH
Hütten 55

20355 Hamburg
Telefon: (0 40) 3 11 75-0
Fax: (0 40) 31 17 68

Wir arbeiten ausschließlich auf Grund der Allgemeinen Deutschen Spediteurbedingungen (ADSp) neueste Fassung

verl. am ______ ~~franko~~ ~~unfrei~~ durch Hermann Klingner an Wallring GmbH über ______ nach ______

Bordero Nr. 222 Datum: .. -06-10
An Wallring GmbH
Kernerstr. 15
in 70182 Stuttgart
Mit ~~Waggon~~ LKW HH - AX 2640

Frankatur- und Behandlungsvorschriften
1. frei Haus
2. unfrei/ab Werk

Für Empfangsspediteur
Bitte Rückseite beachten!

Bitte umschlagen!
Nach Eintragung der Rückrechnungsbeträge auf der Rückseite (durchschreiben) ist dieser Abschnitt zurückzusenden an:

Rückrechnung

Pos.	Zeichen und Nummer	Anz.	Art	Inhalt	Gewicht kg	Empfänger Ort	Bestimmungsstation	Frankatur-vorschrift	Vom Empfänger zu erheben: Steuerpflichtige Entgelte DM	DM	Nicht besteuerte Entgelte DM	Bemerkungen	Rollgeld bis Haus DM	Reexpedition oder Überweisung DM	Anschluß-Fracht DM	DM	Sonstiges DM
a	b	c	d	e	f	g	h	i	j	k	l	m	V	W	X	Y	Z
1	Korbimpex 1 - 100	10	Pal.	= 100 Kart. Papierkörbe	1500	Korbladen Adestr. 12	Stuttgart	2	gegen 406,40								
2	Müller 1 - 50	50	Kist.	Blumenvasen	1800	Hubert & Co Alte Str. 20	Stuttgart	1				telef. avisier.					
3	Küppers 1 - 25	25	Krt.	Lampenschirme	750	Rotermund Austr. 25	Stuttgart	1									
4	RKG 1 - 5 Hamburg	5	Krt.	Bohrmasch.	80	Liebermann Badstr. 17	Stuttgart	1									
5	M + W 1 - 2	2	Pal.	Badezimmer-armaturen	900	Heim + Bau Bergstr. 31	Stuttgart	1									
6	S. J. Hamburg 1 - 2	2	Pal.	Schuhe (= 500 Kart.)	750	Köster Binderstr. 15	Stuttgart	1				Anliefg. bis 10 Uhr					
7	K-89-1/1	1	Pal.	Gemüsekons.	400	Kohnle Dornstr. 21	Stuttgart	1									
8	Bade 1-8	8	Rollen	Papier	2600	Bade Dreysestr. 18	Stuttgart	2	gegen 683,30			telef. avisier.					
9	AZ-90-2/1	1	Pal.	Spirituosen (= 32 Kart.)	410	Henle Ebitzweg 2	Stuttgart	1									
10	Maier GmbH 1-20	20	Stück u.v.	Getriebe-motoren	124	Maier Etzelstr. 31	Stuttgart	1									
11	Pahl 1 - 2	2	Pal.	Klebstoff (= 100 Kart.)	800	Pahl Florianstr. 11	Stuttgart	2	gegen 273,10								
12	Hummer & Lummer 1 - 2	2	Pal.	Bonbon (= 50 Kart.)	430	Hummer Funksstr. 14	Stuttgart	1									
13	Kaufgenossen-schaft 1 - 30	30	Kart.	Hundefutter	320	Kaufgenos. Gerberstr. 26	Stuttgart	1				Anliefg. ab 14 Uhr					
14	K 1 - 3	3	Pal.	Mineralwasser (= 96 Kist.)	1600	Saft & Bier Kerbelstr. 19	Stuttgart	1				telef. avisier.					
15	KB 1-3	3	Pal.	Bier (= 24 Kisten)	1800	Saft & Bier Laustr. 16	Stuttgart	1									
16	Höhn	1	Pal.	Parkett	580	Höhn Merkenstr. 24	Stuttgart	2	gegen 223,10								
17	KF 1 - 50	50	Kist.	Fruchtsaft	350	Saft & Bier Neckarstr. 84	Stuttgart	1									
18	NE - 89/ 65 - 74	10	Krt.	Obstkonserven	210	Peterle Pragstr. 100	Stuttgart	1									
	Gesamt	225 Kolli			15.384												

15 Anlagen

Summe (Spalte j, k, l) 1585,90
* Umsatzsteuer 253,74
* ______ (Sp. j)
* Nicht besteuerte Entgelte (Sp. l)
Summe Gesamt 1839,64

* Entladen und Verteilen ______
* Summe 1 ______
* Umsatzsteuer ______
* Nicht versteuerte Beträge (Y) ______
Summe – Gesamt ______

Die einzelnen Speditionsaufträge der Kunden werden anschließend im Bordero zusammengefasst. Das Bordero ist die wichtigste Unterlage für alle am Sammelgutverkehr beteiligten Spediteure. Das abgebildete Bordero stellt das Grundformular dar; heute werden eher praxisgerechte Endlosformulare verwendet.

Der **Frachtbrief** wird durch den Versandspediteur für den Lkw-Unternehmer ausgestellt.

Die **Ladeliste,** die vom Versandspediteur als Absender der Sammelsendung ausgestellt wird und in der alle Teilsendungen nach Marke, Zahl, Art der Kolli, Inhalt und Gewicht aufgeführt sind, dient dem Empfangsspediteur zum Empfang der einzelnen Teilsendungen, die im Frachtbrief nicht verzeichnet sind. Die Ladeliste wird wegen Organisationsvereinfachung oder auch, wenn für die beteiligten Spediteure bzw. Lkw-Unternehmer keine Notwendigkeit zur Geheimhaltung von Kundenbeziehungen besteht, durch das Bordero ersetzt.

ZUSAMMENFASSUNG

▲ Der **Speditionsauftragssatz** dient als

- Speditionsgrundlage

▲ Das **Bordero**

dient beim **Versandspediteur** als

- Speditionsauftrag an den Empfangsspediteur
- Rechnung bei „unfrei"-Sendungen
- Speditionsbuch
- Buchungsunterlage
- Abrechnungsgrundlage mit Versendern
- Unterlage für die Statistik u. a.

dient beim **Empfangsspediteur** als

- Speditionsauftrag und Verteilungsanweisung
- Unterlage für Nachnahmebelastung
- Rückrechnung an den Versandspediteur
- Buchungsunterlage
- Unterlage für die Statistik u. a.

▲ Die **Ladeliste** dient als

- Verladepapier beim Versandspediteur
- Kontrollpapier für den Empfang der einzelnen Sendungen
- Anlage zur Inhaltsangabe im Frachtbrief
- Unterlage für den Entladebericht

▲ Der **Lkw-Frachtbrief** dient als

- Empfangsbescheinigung des Frachtführers über die gesamte Sammelgutsendung
- Beweisurkunde über Abschluss und Inhalt des Frachtvertrages
- Begleitpapier (schriftliche Unterlage für die Transportabwicklung)
- Frachtrechnung des Lkw-Unternehmers
- Quittung für den Lkw-Unternehmer.

9.4.5 Die Abrechnung im Spediteursammelgutverkehr

9.4.5.1 Die Abrechnung mit dem Kunden

Bis Ende 1998 galten die **„Bedingungen und Entgelte für den Spediteursammelgutverkehr mit Kraftwagen"**, auch **Kundensätze oder BSL-Empfehlungen für Sammelgut** genannt. **Ab 1. Januar 1999 gelten die Kundensätze nicht mehr als Preisempfehlung.** Sie können nun als Kalkulationsgrundlage für Preisvereinbarungen oder für Haustarife eingesetzt werden.

Der Spediteur rechnet jetzt die mit seinen Auftraggebern vereinbarte Fracht oder üblichen Sätze (Haustarife) ab. Sie werden wirksam, wenn sie Bestandteil des Speditionsvertrages geworden sind. Das geschieht

- bei Abschluss des Speditionsvertrages durch schriftliche Vereinbarung,
- durch eine allgemeine Rahmenvereinbarung des Spediteurs mit seinem Kunden für alle Aufträge oder
- stillschweigend, wenn der Kunde von ihnen wusste oder hätte wissen müssen.

Den **Leistungsumfang** vereinbart der Spediteur mit seinen Auftraggebern. Zu den Auftraggebern kann auch der Beilader zählen. Den Leistungsumfang, den der Spediteur anbietet, umfasst i.d.R. den Haus-Haus-Verkehr. Zusätzliche Leistungen sind im Speditionsvertrag zu vereinbaren.

▲ ***Entgelt.*** Entsprechend dem Haus-Haus-Leistungsbereich des Sammelgutspediteurs rechnet dieser das Haus-Haus-Entgelt ab. Damit sind abgegolten:

- die Beförderung Haus-Haus,
- die büromäßige Bearbeitung durch den Versand- und Empfangsspediteur,
- der Hallen-/Schuppenumschlag (inkl. Schnittstellenkontrolle) beim Versand- und Empfangsspediteur.

Zusätzliche Leistungen und Auslagen können vereinbart werden. Dies können sein: Lagergelder, Avisgebühren, Wiegegebühren, Versicherungsprämien, Nachnahmekosten, Fuhrleistungen (insbesondere Sonderfahrten, Wartezeiten, zusätzliches Personal), Überlassung von Behältern und sonstigen Lade- und Packmitteln u.a.

Die Höhe der **Beiladevergütung,** die der Versandspediteur vom Beilader bekommt, bleibt der Abmachung beider Spediteure überlassen. Ebenso wird die **Empfangsspediteurvergütung** als Entgelt für das Empfangen und Verteilen zwischen dem Empfangsspediteur und Versandspediteur ausgehandelt.

Nach HGB § 460,2 kann der Spediteur für alle Sammelgutsendungen eine **angemessene Vergütung** verlangen.

9.4.5.2 Die Abrechnung mit dem Lkw-Unternehmer

Zwischen dem Lkw-Unternehmer und dem Versandspediteur wird das Sammelgut nach freien Vereinbarungen abgerechnet. Grundlagen für die Rechnungserstellung sind die Kosten des Lkw-Unternehmers und die Wettbewerbssituation. Die Kosten für den Lkw-Unternehmer ergeben sich aus seinen Tätigkeiten für die Durchführung des Sammelguttransportes. Zu seinen Kosten zählen hauptsächlich

- Abschreibungen auf Fuhrpark,
- Abschreibungen auf Anlagen,
- Personalkosten,
- Treibstoffkosten,
- Reifen- und Materialkosten,
- Kfz-Versicherung und -Steuer,
- Anzahl der Be- und Entladestellen,
- Zinsen.

Der Versandspediteur erfüllt im Rahmen der Sammelgutorganisation verschiedene Aufgaben, die für den Lkw-Unternehmer den Transportablauf rationeller gestalten. Der Versandspediteur übernimmt

- die Werbung für den Sammelgutverkehr mit dem Lkw,
- das Sammeln und Bereitstellen der Kleinsendungen auf seinem Schuppen,
- die papiermäßige Abfertigung der einzelnen Sendungen und der gesamten Ladung, und
- er sorgt dafür, dass die Lkw nach Möglichkeit auf der Hin- und Rückfahrt optimal ausgelastet sind.

Diese genannten Tätigkeiten bringt der Versandspediteur in die Preisverhandlungen mit dem Lkw-Unternehmer ein, damit ein marktgerechter Preis für die gesamte Sammelgutsendung errechnet werden kann.

Der Spediteur hat auch beim Versand im Sammelgutverkehr Anspruch auf Ersatz von Auslagen und auf Speditionsvergütung, wenn sie nicht bereits mit den Kundensätzen abgegolten sind. Generell gewährt der Spediteur seinem Kunden, dem Frachtzahler, durch Abrechnung nach den Kundensätzen einen angemessenen Preisvorteil.

ZUSAMMENFASSUNG

Abrechnung im Sammelgutverkehr
z. B. „frei Haus"-Sendung

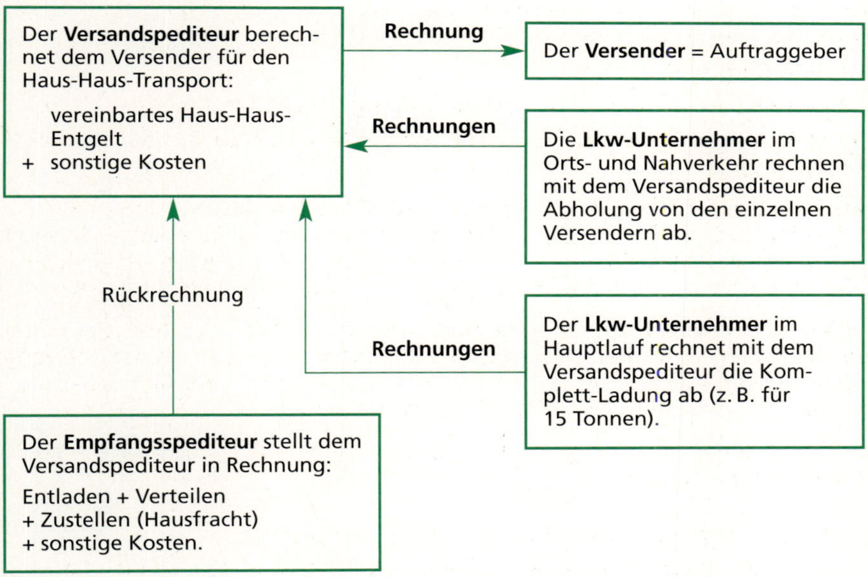

Abschließend ermittelt der **Versandspediteur** seinen Bruttonutzen (= Speditionsnutzen je Auftrag und für die Komplett-Ladung):

Speditionserlöse
– Speditionskosten von Lkw-Unternehmen (Vorläufe)
– Speditionskosten vom Frachtführer (Hauptlauf)
– Speditionskosten vom Empfangsspediteur

= Bruttonutzen

9.5 Zusammenfassende Darstellung des Spediteursammelgutverkehrs

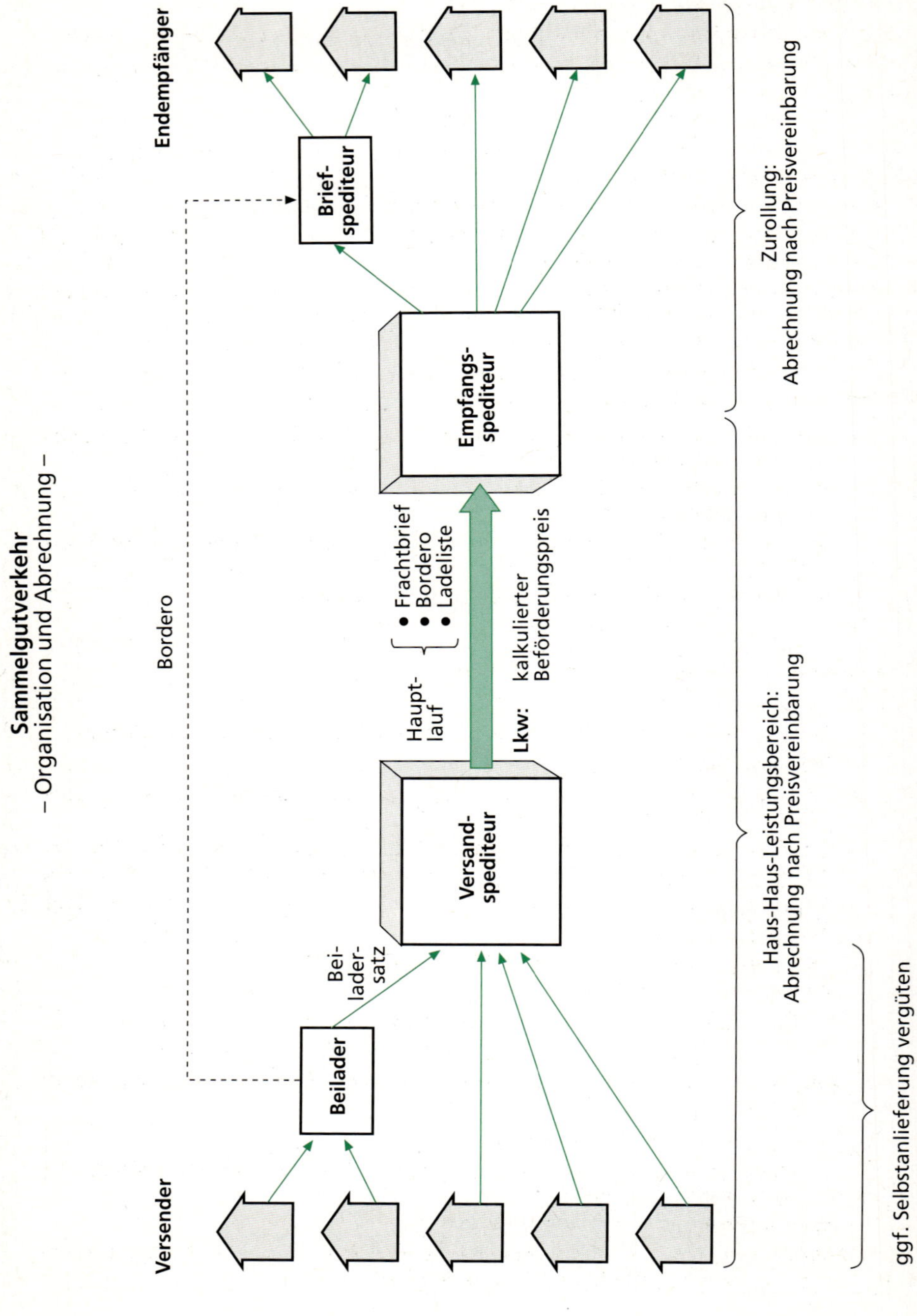

ZUSAMMENFASSUNG

Tätigkeiten im Sammelgutverkehr

▲ **Sammelgutverkehr – ausgehender Verkehr:**

- Kunde erteilt Auftrag (schriftlich, telefonisch, durch DFÜ oder stillschweigend)
- Auftrag des Kunden auf Durchführbarkeit, Richtigkeit und Vollständigkeit der Weisungen und Dokumente prüfen
- Position anlegen
- Abholen der Sendung; Empfangskontrolle durch Fahrer bei Abholung (Schnittstelle) und Anlieferung oder
- Selbstanlieferung (Kunde übergibt Auftragsformularsatz)
- Annahme am Sammelschuppen: Empfangskontrolle (Schnittstelle), Sortieren und Bereitstellung für die Verladung
- Erstellen des Borderos anhand der Auftragsformulare, hier u. a. „unfrei"-Sendungen berechnen und eintragen, Nachnahmen eintragen
- Erstellen der Ladeliste
- Fahrzeug disponieren: Eigen-, Fremdfahrzeug oder Güterwagen
- Beladen der Fahrzeuge – sortiert nach Zielplätzen (Schnittstelle)
- Ausstellen der Frachtbriefe und Frachtberechnung: Abrechnung zwischen Spediteur und Frachtführer
- Versand des Borderos oder Übermittlung der entsprechenden Daten durch DFÜ an den Empfangsspediteur
- Berechnen der Frachten für „frei"-Sendungen und Rechnungsversand sowie Buchung
- Bearbeitung der Rückrechnung vom Empfangsspediteur
- Erledigung von Reklamationen

▲ **Sammelgutverkehr – eingehender Verkehr:**

- Avisierung der Sendung (Telex, Fax)
- Eingang des Borderos; Bordero und Speditionsübergabescheine kontrollieren
- Position anlegen
- Vorbereiten des Verteilens der avisierten Sendungen anhand der Telex und/oder DFÜ-Informationen
- Eintreffen des Fahrzeuges (Schnittstelle): Entladen und Kontrolle anhand der Ladeliste auf Markierung, Art der Verpackung, Kollianzahl, Zustand der Verpackung
- Entladebericht (z. B. Fotokopie der Ladeliste: Fehlmengen, überzählige Kolli, Schäden)
- Verteilen der empfangenen Sendungen (Schnittstellen):
  - Avisierung, wenn Selbstabholer
  - Zustellgut (Locogut) → Ausschreiben der Rollaufträge bzw. Rollkarten
  - Andienungsgut (Locogut) → Briefspediteur benachrichtigen
  - Reexpeditionsgut → Stückgut oder Sammelgut weiterleiten, neuen Frachtbrief ausstellen
  - Lagergut → nach Vereinbarung ausliefern
  - Exportgut → für eigene Exportabteilung oder Andienung an andere Spedition, Veranlassung der Umstellung
- Nachnahmen einziehen
- Rückrechnung an den Versandspediteur: Entladen und Verteilen, Rollgelder/Hausfrachten, Anschlussfrachten (Reexpeditionskosten)

AUFGABEN

1 Der Empfangsspediteur **Sammel-GmbH** in Köln erhält täglich je 20 t Sammelgut aus dem Raum Berlin und dem Raum München. Die empfangenen Güter müssen täglich an bis zu 40 Endempfänger verteilt werden.

a) Welche Tätigkeiten muss die Sammel-GmbH vor Eintreffen der Sendungen durchführen, um einen schnellen und kundenorientierten Ablauf zu erreichen?

b) Welche Tätigkeiten sind nach dem Eintreffen der Sendungen zu erledigen?

c) Mit welchen Beteiligten muss die Sammel-GmbH welche Kosten abrechnen?

d) Beschreiben Sie die Aufgaben des Borderos für den Empfangsspediteur!

e) Welche zusätzlichen Leistungen hat der Empfangsspediteur bei einer Reexpedition zu erbringen?

2 Zu einer Lkw-Sammelladung werden 75 Kolli = 13 780 kg brutto zusammengefasst und nach Dresden befördert. Die Einzelfrankaturen lauten

- für 10 Sendungen „Frei Haus Dresden",
- für 5 Sendungen „Frei Haus Meißen",
- für 5 Sendungen „unfrei".

Alle Versender haben ihr Unternehmen in Hamburg. Der Versandspediteur ist die Flexsped GmbH, der Lkw-Unternehmer ist die Fa. Schnell in Lübeck, der Empfangsspediteur ist die Südsped GmbH in Dresden.

a) Schildern Sie die gesamte organisatorische und gütermäßige/physische Abwicklung dieser Sammelladung!

b) Erläutern Sie die Vorteile des Sammelgutverkehrs für
   - den Auftraggeber (Kunden),
   - die Spediteure,
   - den Lkw-Unternehmer (Frachtführer)!

c) Nennen Sie mögliche Abrechnungspositionen!

3 Die internationale Spedition Flexsped GmbH hat im Lkw-Sammelgutverkehr einen ihrer Hauptarbeitsbereiche. In einer Sammelladungsauftragsabwicklung von Hamburg nach Essen befindet sich eine Beiladung, die in Essen an einen dortigen Briefspediteur als Locogut übergeben werden soll.

a) Erklären Sie die Begriffe Beilader und Locogut!

b) Welchen Vorteil hat die Vereinbarung von Beiladungen sowohl für den Versandspediteur als auch für den Beilader?

c) Welche Aufgaben kommen im Lkw-Sammelgutverkehr dem Briefspediteur zu?

4 Die Flexsped GmbH in Hamburg erhält zunehmend Aufträge für den Raum Erfurt. Bislang ist sie für diese Relation nur als Beilader aufgetreten. Sie sucht deshalb einen Empfangsspediteur im Raum Erfurt.

Über welche Fragen müssen der Versandspediteur in Hamburg und der Empfangsspediteur in Erfurt Einigung erzielen?

5 Mit dem Einsatz von Informationstechnologie verbessern die Sammelgut-Spediteure laufend ihren Kundenservice. Dazu zählt u. a. der Einsatz von Barcodes.

a) Besorgen Sie sich in Ihrem Unternehmen einen Barcode-Label, und bestimmen Sie den Inhalt!

b) Welche Vorteile hat der Einsatz des Barcodes (bzw. NVE-Strichcodes) für
   - den Auftraggeber (Kunden),
   - den Spediteur?

c) Beschreiben Sie den Aufbau eines Sendungsverfolgssystems!

6 In welchem Rahmen haftet der Sammelgut-Spediteur als „Fixkosten-Spediteur"?

9.6 Kurier-, Express- und Paketdienste (KEP-Dienste)

9.6.1 Merkmale der KEP-Dienste

Die Speditionsunternehmen haben in den letzten Jahren durch die Veränderungen der Strukturen auf den Transportmärkten ihre Leistungen den veränderten Bedürfnissen der Nachfrage und dem Angebot der neu auf den Markt drängenden Anbieter von Transportleistungen angepasst. Speditionsunternehmen ergänzen ihren Leistungsumfang mit Paket- und Expressdiensten.

▲ *Bundesverbände.* KEP-Unternehmen haben sich im **„Bundesverband der Kurier-Express-Paket-Dienste" (BdKEP)** und im **„Bundesverband Internationaler Express- und Kurierdienste" (BIEK)** zusammengeschlossen. Der Sitz des BdKep und des BIEK ist in Hamburg.

▲ *Merkmale.* Das Streben nach geringen Lagerkosten und verkürzten Lieferfristen führt zu Veränderungen in der Verkehrsnachfrage. Dazu zählt auch, dass eine genau auf den Bedarf des Güterempfängers abgestellte Transportmenge termingenau transportiert wird, sodass sie bei dem Empfänger zum Zeitpunkt der Weiterverwendung eintrifft (Just-in-Time). Diese Anforderungen der verladenden Wirtschaft führen zu kleineren und meist auch wertvolleren Bestellmengen.

Verstärkt wird dieser Trend durch die Investitionen der Konsumgüterbranche in den elektronischen Handel (Electronic Commerce/Electronic Shopping) und die nachfragegesteuerte Produktion (Efficent Consumer Response = ECR) (vgl. Abschnitt 20.4.3.4).

Die **Verringerung der Sendungsgrößen** und die **Zunahme der Sendungsanzahl** haben viele Unternehmen im Oberflächen- und im Luftverkehr veranlasst, neue Transportdienstleistungen als Kurier-, Express- oder Paketverkehre anzubieten, um die neu entstandene Nachfrage befriedigen zu können. Da durch die reduzierte Lagerhaltung die Empfindlichkeit der Nachfrage in Bezug auf Fehlmenge deutlich gestiegen ist, bieten die KEP-Unternehmen Termingarantien für ihre Transportleistungen an. Sie verringern die Haus-Haus-Beförderungszeit auf ein Minimum. Vielen Auftraggebern bieten sie somit ein abgestimmtes Logistikkonzept an.

Sie beschränken ihre Leistungen in der Regel auf

- bestimmte Maximalgewichte,
- Maximalvolumen der Sendungen,
- eine Haus-Haus-Beförderung.

Dieser Haus-Haus-Transport führt im Vergleich zu den früheren Verkehrsabläufen zu

- einer Änderung in der Abwicklung der Transportkette,
- anderen Tarifen und Preisen sowie
- anderen Lieferkonditionen,
- einer Einschränkung der in der Spedition üblichen Haftung für Schadensfälle und für Überschreiten der garantierten Lieferfrist (vgl. Abschnitt 9.6.5).

9.6.2 Physische Abwicklung der Express- und Paketdienste

Die Express- und Paketverkehre lassen sich untereinander und von den angebotenen Sammelgutverkehren sowohl national als auch international nicht eindeutig abgrenzen. Vielmehr sind die Express- und Paketverkehre die ökonomische und organisatorische Weiterentwicklung des Sammelgutverkehrs. Besonderheiten – im Unterschied zum Sammelgutverkehr – bestehen im Express- und Paketverkehr in

- der Organisationsstruktur,
- dem Preisgefüge und
- dem Transportmitteleinsatz.

Die Speditionen als Express- und Paketdienstanbieter müssen durch einen schnelleren Umschlag der Sendungen, durch eine zügigere Auftragsabwicklung und schnellere Transportmittel im Vergleich zum normalen Sammelgutverkehr zeitliche Vorteile erreichen.

Die **neuen Organisationsstrukturen** basieren vielfach auf der Einrichtung einer **zentralen Umschlagstelle,** zu der alle Sendungen transportiert, dort umgeschlagen und relationsbezogen kommissioniert werden **(Nabe-Speiche-System bzw. Hub-and-Spoke-System)**, wie im folgenden Beispiel dargestellt:

BEISPIEL Spedition A hat ihren Paketdienst als Sternverkehr zwischen 30 Depots (Ein- und Auslieferungslager) mit einer zentralen Sammelstelle in M-Stadt. Die Sendungen der einzelnen Auftraggeber werden am **Tag 1** bis zum Abend nach M-Stadt transportiert, wo der Umschlag ca. zwischen 22:00 und 24:00 Uhr erfolgt. Anschließend werden die Sendungen zu den 30 Auslieferungslagern (Depots) befördert. In diesen treffen die Sendungen am **Tag 2** in der Regel bis etwa 06:00 Uhr am Morgen ein. Die Auslieferung an die Empfänger erfolgt im Verlauf des Vormittags.

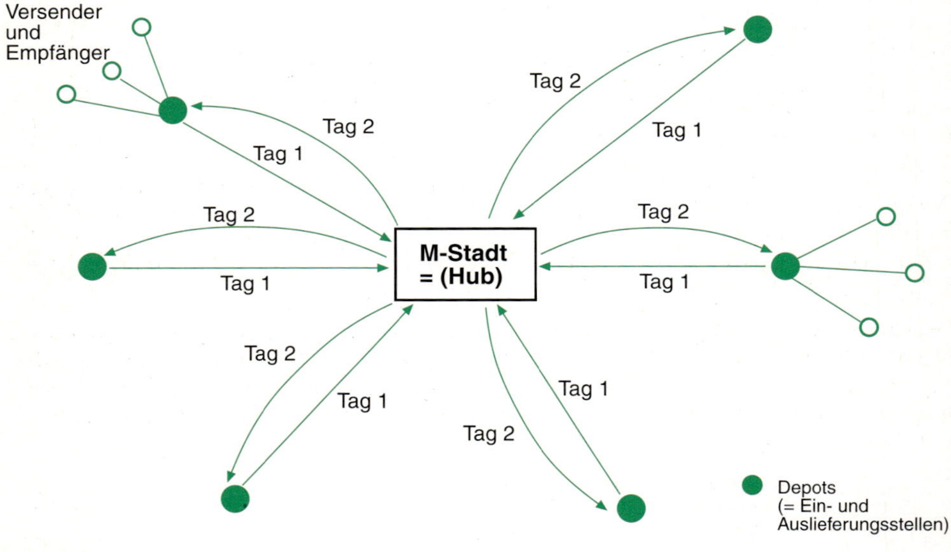

Von erheblicher Bedeutung für die Einhaltung dieses Qualitätsniveaus sind die vollständige EDV-Überwachung des gesamten Systems, ein komplettes **Sendungsverfolgungssystem (Barcoding, Tracking und Tracing)** sowie ein einheitliches Abwicklungs- und Verkehrskonzept, welches in allen Niederlassungen umgesetzt wird. Nur damit ist eine zeitpunktgenaue Abholung und Anlieferung steuerbar, genauso, wie es von Logistik-Unternehmen erwartet wird.

9.6.3 Systemanbieter auf dem KEP-Markt

Eine stetig steigende Zahl der auf dem Markt operierenden Kurier-, Express- und Paketdienst-Unternehmen (1997: ca. 7 000) versucht mittels unterschiedlicher Strategien, die wachsenden logistischen Anforderungen von Industrie und Handel zu erfüllen. Die KEP-Dienstleister bieten ihren Kunden schnelle, einstufige Güterverteilungskonzepte ohne Umwege über Kapital bindende und Risiko bergende Läger. Dadurch ermöglichen die KEP-Unternehmen Effizienzsteigerungs- und Kosteneinsparungsmöglichkeiten in der „Pipeline" zwischen Versendern/Herstellern und Empfängern/Verbrauchern.

Die Systemanbieter werden in folgende Gruppen eingeteilt:

▲ ***Kurierdienste*** sind in ihrer Reichweite, Größe und Qualität sehr unterschiedlich. Es reicht vom (Klein-)Unternehmen, das mit dem Fahrrad oder mit dem (Kombi-)Pkw die Beförderung von A nach B übernimmt (so genannte Eilboten) bis zu internationalen Air-Kurierdiensten, deren Geschäft die weltweite Übermittlung von Dokumenten und Paketen im unteren Gewichtsbereich von Haus zu Haus ist.

Beim echten Kurierdienst begleitet ein mitreisender Kurier die als Passagiergut deklarierten Güter im Flugzeug. Die Schnelligkeit dieser Dienste beruht darauf, dass Passagiergut eine schnellere Zollabfertigung erfährt, als es beim Warenzoll möglich ist. Aus diesem Grunde müssen derartige Sendungen relativ klein, handlich und leicht sein. Etwas anderes sind Dokumentensendungen, die zwar deklarierungs- aber nicht zollpflichtig sind.

Ein Spezialdienst innerhalb der Kurierdienste ist der IC-Kurierdienst der DB AG.

Der Markt für Kurierdienste unterscheidet u. a.

- Stadtkuriere als Botendienst, Fahrradkurier, Kuriertaxi,
- Direkt-Kuriere für nationale und europaweite Transporte,
- internationale Kuriere.

▲ ***Express- und Schnelllieferdienste*** übernehmen die Beförderung von Gütersendungen mit oder ohne Gewichts- und Maßbegrenzungen „Haus-Haus“, nach Bedarf verzollt, innerhalb kürzester Zeiträume durch Lkw. Sofern außer nationalen und internationalen Diensten auch interkontinentale Expresssendungen angeboten werden, erfolgt die Langstreckenbeförderung durch Flugzeug.

Expressdienste setzen nicht unbedingt schnellere Verkehrsmittel ein, sondern die bevorzugte Behandlung und die veränderten Transportabläufe verkürzen die Lieferzeit. Dies zeigt sich z.B. bei der Just-in-Time-Belieferung. Damit ist kaum eine eindeutige Abgrenzung zu den Leistungen der Speditionen im Rahmen der Sammelgutverkehre zu erkennen.

Der Markt für Expressdienste unterscheidet u.a.

- Sameday-Service,
- Overnight-Service,
- reguläre Expressdienste; diese haben den größten Marktanteil; die Speditionen bieten diese Dienste im Bereich hochwertiger Sendungen an,
- Expressfracht-Systeme, diese werden meist von Speditionskooperationen betrieben.

▲ ***Paketdienste*** erfordern eine starke Normierung der Sendungsgrößen. Sie geben maximale Abmessungen vor. Verschiedene Anbieter akzeptieren Sendungen bis zu 70 kg.

Die Paketdienste haben ihren Transportablauf zusammen mit den Sendungen stark rationalisiert. Der Umschlag der Sendungen erfolgt maschinell über Fördersysteme und Laufbänder, die bis in/an das Verkehrsmittel reichen.

Die Paketdienstleister bieten ihren Kunden grundsätzlich keine Laufzeitgarantien wie die Expressdienste an (vgl. Abschnitt 9.6.5).

ZUSAMMENFASSUNG

- ▲ Wesentliche Merkmale der **Kurierdienste:**
  - ✗ Kuriermarkt ist ein Unterbereich des KEP-Marktes,
  - ✗ persönliche, unmittelbare Begleitung der Sendungen,
  - ✗ Einsatzgebiete meist der Stadtbereich,
  - ✗ alle Transportmittel werden eingesetzt,
  - ✗ meist kleinere Sendungen in Gewicht und Umfang, Direkt-Kuriere bis 750 kg, mit Anhänger auch Sendungen mit höherem Gewicht.
- ▲ Wesentliche Merkmale der **Expressdienste:**
  - ✗ garantierte Terminzusage der Transporte,
  - ✗ Sammeltransporte mit straffer Transportorganisation, z. T. in die innerbetrieblichen Abläufe des Versenders integriert,
  - ✗ Einsatzgebiete sind national und international,
  - ✗ Nutzung aller Verkehrsmittel,
  - ✗ Betreiber sind häufig Speditionsunternehmen (Konzerne und Kooperationen),
  - ✗ Gewicht: meist Sendungen bis 3 000 kg.
- ▲ Wesentliche Merkmale der **Paketdienste:**
  - ✗ sie stellen eine Sonderform der Expressdienste dar, werden aber als eigenständiger Bereich des KEP-Marktes gesehen,
  - ✗ Paketdienste sind Systemanbieter, z.B. weitgehend technisierte und standardisierte Abläufe und keine Sonderleistungen,
  - ✗ keine garantierten Lieferzusagen,
  - ✗ Transport von Sendungen mit relativ kleinen Außenmaßen und geringem Gewicht (bis max. 70 kg).

9.6.4 Anforderungen an die Kurier-, Express- und Paketdienste

Die Auftraggeber stellen auf diesem Käufermarkt hohe Anforderungen. Denkbare Entscheidungen für die Wahl eines bestimmten Dienstleistungsunternehmens können sein:

- ✗ **Pünktliche Zustellung beim Empfänger** → nicht die kürzeste Laufzeit ist hierfür unbedingt entscheidend, sondern eher der für den Empfänger optimale Zeitpunkt.
- ✗ **Prinzip der Kundennähe** → Erreichbarkeit des Ansprechpartners, Filialnetz, Telefonverhalten bei Anrufen u. a.
- ✗ **Kompatibilität mit dem eigenen Betriebsablauf** → Abholung, Übernahmeverfahren, Fahrzeuge, Umschalttechnik, Schnittstellenüberwindung und -kontrolle, Formulare, Fakturierung, Übernahme von EDV-Datenträgern, gleiche Software u. a.
- ✗ **Beförderungs- und Abwicklungssystem** → Kontroll- und Überwachungssystem, Zusammenpassen der EDV-Systeme, Feststellung der Sendungsverluste, Beschädigungen (Tracking und Tracing).
- ✗ **Kostengünstigkeit** → Kalkulierbarkeit, Nachvollziehbarkeit der Kosten durch klare, leicht überschaubare Preislisten.
- ✗ **Laufzeit** → garantierte Zeiten, „Geldzurück"-Garantien.
- ✗ **Imagefaktoren** → Ausbau des Firmenimages durch Zuverlässigkeit des logistischen Dienstleisters, Erscheinungsbild und Sauberkeit der Fahrzeuge, Verhalten des Fahrpersonals bei der Zustellung u. a.
- ✗ **Zusatzleistungen** → Inkasso (schneller geliefert, schneller gezahlt), Nachnahmen, Verpacken, Kommissionieren, Lagerdienst.
- ✗ **Einschränkungen** → z. B. Sendungsgewicht, Sendungsumfang, Verpackung, ausgeschlossene Güter, Gefahrgut.

- **Sendungs- und Informationsflusssystem** → beispielsweise erfasst ein Anbieter ihm übergebene Pakete auf dem gesamten Transportweg durch ein Scanning-System maschinenlesbarer Paketnummern mit NVE-Code (Barcode), der in die Adressaufkleber der Pakete integriert ist. Die gelesenen Sendungsdaten werden in das Sendungsverfolgungssystem übernommen. Dann kann der Kunde – ausgestattet mit Benutzername und Passwort – über das Internet den Status seiner Sendung erfragen. Der Weg, den ein Paket innerhalb dieser Transportorganisation nimmt, lässt sich jederzeit nachvollziehen und belegen **(Tracking and Tracing)**.

Ein anderer Paketdienstleister bietet seinen (Stamm-)Kunden durch ein „Waage/PC-System" individuelle Lösungen zur Schnittstellenüberwindung. Dieses System sorgt am Ende der Versandstraße des Kunden dafür, dass die einzelnen Packstücke automatisch gewogen, die Gewichtsdaten in einen PC übertragen und in Verbindung mit den Kundenstammdaten zu einem Sendungssatz zusammengeführt werden. Dadurch gewinnt der Kunde jederzeit Transparenz über die Güterbewegung und die sendungsbezogene Abrechnung; der administrative Ablauf wird beschleunigt, die Papierflut abgebaut.

9.6.5 Paketdienste – Allgemeine Geschäftsbedingungen

Zwischen Paketdiensten und ihren Kunden existieren Allgemeine Geschäftsbedingungen (AGB). Dem Speditionsauftrag zwischen dem Auftraggeber und einem Paketdienst liegen beispielsweise die ADSp, neueste Fassung, unter Ausschluss der Speditionsversicherung zugrunde, unabhängig von der Form der Übergabedokumentation.

Die Ausgabe Allgemeiner Geschäftsbedingungen eines Paketdienstes kann folgendermaßen lauten:

1. Allgemeines

1.1 Diese Bedingungen gelten für die Behandlung, die Abfertigung, den Umschlag und die Lagerung von Paketen sowie für die gesamte speditionelle Leistung durch die Mitglieder des Paketdienstes.

1.2 Ein Paket im Sinne dieser Bedingungen ist ein Packstück mit einem Gewicht bis zu 31,5 kg, das außerdem das Maß von 3 m (gemessener Umfang und Länge) bzw. eine Länge von 1,75 m nicht überschreitet.

1.3 Ausgeschlossen von der speditionellen Behandlung im Paketdienst sind

1.3.1 Zollgut und Carnetware,

1.3.2 Pakete mit unzureichender Verpackung,

1.3.3 Güter von besonderem Wert, wie z. B. Gold, Edelmetalle, Schmuck, Geld, Münzen, Urkunden und Wertzeichen aller Art,

1.3.4 Pakete, deren Inhalt Nachteile für andere Güter oder sonstige Gegenstände, Tiere oder Personen zur Folge haben kann. Dazu gehören auch die gefährlichen Güter, soweit sie unter die entsprechenden Bestimmungen oder Vorschriften des jeweiligen Transportmittels fallen.

2. Speditionelle Leistungen und Entgelte

2.1 Die speditionelle Leistung des Paketdienstes umfasst

2.1.1 die Besorgung der Beförderung durch Frachtführer, der Übernahme, des Umschlags und der Zustellung von Paketen, wobei die Auswahl der Frachtführer mit der Sorgfalt eines ordentlichen Kaufmannes erfolgt,

2.1.2 die gegebenenfalls notwendige Besorgung der Zweit- und Drittzustellung,

2.1.3 die speditionelle Veranlassung der Rücksendung vom Empfänger annahmeverweigerter oder unzustellbarer Pakete an den Versender.

2.2 Speditionelle Entgelte

2.2.1 Die Höhe des Entgelts für die speditionelle Leistung im Paketdienst wird mit dem Auftraggeber vereinbart.

3. Haftung

3.1 Dem Auftragsverhältnis liegen die Allgemeinen Deutschen Spediteurbedingungen (ADSp) – neueste Fassung – unter Ausschluss der Speditionsversicherung zugrunde, unabhängig von der Form der Übergabedokumentation.

3.2 Von der Haftung gänzlich ausgeschlossen sind gebrauchte Verpackungsmittel sowie Schäden aus innerem Verderb, Lieferfristüberschreitungen und an Gütern, die gemäß Ziffer 1.3 bis 1.3.4 von der speditionellen Behandlung ausgeschlossen sind.

4. Versicherung

4.1 Für jedes Paket besteht eine Versicherung des Warenwertes zzgl. Speditionskosten, höchstens jedoch 1 000,00 DM. Ein höherer Versicherungsschutz je Paket kann bis zum Betrag von 2 000,00 DM gegen eine zusätzliche Gebühr vereinbart werden. Eine solche Höherversicherung, die nur für die Pakete eines Auftraggebers einheitlich vorgenommen werden kann, muss bei Vertragsabschluss vereinbart werden.

5. Anmeldung von Ansprüchen/Verjährung

5.1 Etwaige Ansprüche sind vom Auftraggeber beim Versanddepot anzumelden.

5.2 Alle Ansprüche gleichviel aus welchem Rechtsgrund, verjähren in acht Monaten. Die Verjährung beginnt mit Kenntnis des Berechtigten von dem Anspruch, spätestens jedoch mit der Ablieferung des Gutes.

▲ ***Spezielle Geschäftsbedingungen.*** Der größte nationale Paketdienstleister, die Deutsche Post Express GmbH, mit über 600 Mio. Sendungen 1998 gibt ‚Allgemeine Geschäftsbedingungen' heraus, die sich generell auf die frachtrechtlichen Bestimmungen der §§ 407 ff. HGB berufen.

AUFGABEN

1 Begründen Sie, weshalb Expressdienste auch im Rahmen von Sammelgutverkehren abgewickelt werden können!

2 Erkunden Sie unter Zuhilfenahme der Deutschen Verkehrszeitung und anderer Fachliteratur, welche bedeutenden Anbieter auf dem Markt der Paket-, Express- und Kurierdienste existieren und zu welchen Bedingungen sie ihre Leistungen anbieten!

10 Der Güterversand mit dem Binnenschiff

10.1 Der Verkehrsträger Binnenschifffahrt

EINSTIEG

1 Partie Getreide, lose 950 t
von Hamburg nach Berlin mit MS „Gerhard", DTG,
Absender gegeben, Ladeschein auf den Namen des Empfängers mit Meldeadresse ausgestellt

ARBEITSAUFTRÄGE

1. Beschreiben Sie den Binnenwasserweg, den MS „Gerhard" fährt
   a) von Hamburg nach Berlin,
   b) für den Anschlusstransport von dort nach Duisburg,
   c) von dort nach Wien.
2. Aus welchen Gründen könnte der Absender die Ausstellung eines Frachtbriefes anstelle des Ladescheines bevorzugen?
3. In welchem Fall würde der Absender die Ausstellung eines Orderladescheines verlangen?
4. Stellen Sie den Unterschied zwischen einem Motorschiff und einem Schubleichter heraus!
5. Welche Güter – außer klassischem Massengut – werden regelmäßig mit dem Binnenschiff befördert?

10.1.1 Über Binnenschiffe und Schiffspapiere

Bestand an Binnengüterschiffen im Bundesgebiet[1]

Stand	Motorschiffe			Schubleichter/Kähne			Gesamtfrachtraum	
1. Jan.	Anzahl	t	v. H.[2]	Anzahl	t	v. H.[2]	Anzahl	t
1970	5 442	3 450 023	74,6	1 323	1 177 188	25,4	6 765	4 627 211
1980	3 367	2 890 114	76,2	711	900 975	23,8	4 078	3 791 089
1990	2 439	2 519 035	77,1	551	749 247	22,9	2 990	3 268 282
1992	2 042	2 217 836	75,0	532	737 681	25,0	2 574	2 955 517
1993[3]	2 118	2 266 227	67,9	1 209	1 072 882	32,1	3 327	3 339 145
1994	2 064	2 210 618	66,4	1 291	1 116 956	33,6	3 355	3 327 574
1995	1 973	2 133 362	65,8	1 312	1 108 348	34,2	3 285	3 241 710
1996	1 834	2 018 439	65,3	1 290	1 072 232	34,7	3 124	3 090 671
1997	1 756	1 954 727	64,7	1 277	1 064 418	35,3	3 033	3 019 145

Quelle: Bundesverband der deutschen Binnenschiffahrt 1997

[1] Einschl. Tankschiffe und Schubleichter
[2] Anteil am Gesamtfrachtraum, Tragfähigkeit in t
[3] Ab 1993 Gesamtdeutschland

Aufteilung der deutschen Binnenflotte nach Eigentumsmerkmalen[1]

Stand: 1. Jan. 1997	Motorschiffe			Schubleichter u. -kähne[2]			Kähne		
	Anzahl	t	v. H.	Anzahl	t	v. H.	Anzahl	t	v. H.
Bundesgebiet[3]									
Partikulierschiffe	1 058	1 100 958	56,4	16	21 891	2,2	14	8 961	19,3
Reedereischiffe	543	770 103	39,5	1 056	921 719	92,5	37	19 413	41,8
Werkschiffe	145	80 738	4,1	83	53 325	5,3	31	18 089	38,9
Insgesamt	1 746	1 951 799	100,0	1 155	996 935	100,0	82	46 463	100,0

Binnenflotte verschiedener westeuropäischer Länder

Stand: 1. Jan. 1997	Motorschiffe		Schubleichter/ Kähne		Gesamtfrachtraum		Schlepper/ Schubboote	
	Anzahl	t	Anzahl	t	Anzahl	t	Anzahl	t
Deutschland	1 756	1 954 727	1 277	1 064 418	3 033	3 019 145	506	152 597
Niederlande	4 913	4 362 764	1 071	1 936 538	5 984	6 299 302	1 136	391 681
Belgien	1 946	1 444 930	206	470 707	2 152	1 915 637	184	128 850
Frankreich	1 165	547 102	739	693 051	1 904	1 240 153	186	58 768
Schweiz	76	144 702	7	13 693	83	158 395	8	7 269
Insgesamt	9 856	8 454 225	3 300	4 178 407	13 156	12 632 632	2 020	739 165

Quelle: Bundesverband der deutschen Binnenschiffahrt 1997

Der Güterbeförderung auf Binnengewässern dienen überwiegend Motorschiffe und Schubverbände.

Motorschiffe sind Binnenschiffe mit eigenem Motorantrieb. Sie werden auch als **Selbstfahrer** bezeichnet. Der überwiegende Teil der Binnenschifffahrtsflotte besteht aus Selbstfahrern.

Schubverbände werden durch **Schubleichter** und **Schubboote** gebildet. Mehrere antriebslose, unbemannte Leichter werden zusammengekoppelt und von einem Schubboot geschoben.

Ein **Koppelverband** entsteht, wenn ein Leichter fest mit einem Selbstfahrer verbunden ist.

▲ ***Klassifizierung der Binnenwasserstraßen.***[4] Zwecks Förderung eines einheitlichen Binnenwasserstraßennetzes wurde bereits 1954, initiiert von der Europäischen Verkehrsministerkonferenz (CEMT), eine Einteilung der westeuropäischen Binnenwasserstraßen, in so genannte **Wasserstraßenklassen** vorgenommen.

Das zuletzt im Jahre 1992 auf europäischem Level (ECE) erweiterte System wurde im März 1993 auch in der Wasser- und Schifffahrtsverwaltung des Bundes eingeführt.

[1] Ohne Schuten und Leichter
[2] Ohne 105 Trägerschiffsleichter mit 81 318 t
[3] Einschl. 8 Gütermotorschiffe mit 1 570 t auf geschlossenen Seen
[4] Handbuch Güterverkehr Binnenschiffahrt 1997

Wichtiges Kriterium für moderne Transporttechnologien (z. B. Container-, Ro/Ro-, Schwerlasttransporte) ist die verfügbare Brückendurchfahrtshöhe.

Als Empfehlung für den Ausbau einer **für den internationalen Güterverkehr** wichtigen Wasserstraße gelten die Abmessungen der **Klassen Va / Vb.** Hier können vollabgeladene Großmotorgüterschiffe (l = 110 m, b = 11,40 m) und Zweier-Koppelverbände (l = 185 m, b = 11,40 m) verkehren.

Klassifizierungssystem für europäische Binnenwasserstraßen

Typ der Binnenwasserstraße	Klasse der Binnenwasserstraße	MOTORSCHIFFE UND SCHLEPPKÄHNE Typ des Schiffes: Allgemeine Merkmale					SCHUBVERBÄNDE Art des Schubverbandes: Allgemeine Merkmale					Brückendurchfahrtshöhe
		Bezeichnung	maxim. Länge L (m)	maxim. Breite B (m)	Tiefgang d (m)	Tonnage T (t)	Formation	Länge L (m)	Breite B (m)	Tiefgang d (m)	Tonnage T (t)	
1	2	3	4	5	6	7	8	9	10	11	12	13
VON REGIONALER BEDEUTUNG – WESTLICH DER ELBE	I	Penische	38,5	5,05	1,8–2,2	250–400						4,0
	II	Kempenaar	50–55	6,6	2,5	400–650						4,0–5,0
	III	Gustav Koenigs	67–80	8,2	2,5	650–1 000						4,0–5,0
VON REGIONALER BEDEUTUNG – ÖSTLICH DER ELBE	I	Gross Finow	41	4,7	1,4	180						3,0
	II	BM-500	57	7,5–9,0	1,6	500–630						3,0
	III		67–70	8,2–9,0	1,6–2,0	470–700		118–132	8,2–9,0	1,6–2,0	1 000–1 200	4,0
VON INTERNATIONALER BEDEUTUNG	IV	Johann Welker	80–85	9,50	2,50	1 000–1 500		85	9,50	2,50–2,80	1 250–1 450	5,25 od. 7,00
	Va	Große Rheinschiffe	95–110	11,40	2,50–2,80	1 500–3 000		95–110	11,40	2,50–4,50	1 600–3 000	5,25 od. 7,00 od. 9,10
	Vb							172–185	11,40	2,50–4,50	3 200–6 000	
	VIa							95–110	22,80	2,50–4,50	3 200–6 000	7,00 od. 9,10
	VIb		140	15,00	3,90			185–195	22,80	2,50–4,50	6 400 bis 12 000	7,00 od. 9,10
	VIc							270–280	22,80	2,50–4,50	9 600 bis 18 000	9,10
								195–200	33,00 bis 34,20	2,50–4,50	9 600 bis 18 000	
	VII						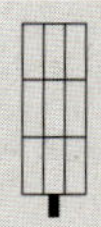	285	33,00 bis 34,20	2,50–4,50	14 500 bis 27 000	9,10

▲ ***Schiffsregister.*** Alle Schiffe, die auf Binnengewässern verkehren, müssen in das Schiffsregister ihres Heimathafens eingetragen werden, wenn sie eine Tragfähigkeit von mehr als 20 t oder eine Maschinenleistung von mehr als 73,5 kW (= 100 PS) haben, ferner alle Schlepper, Tankschiffe und Schubboote.

Die Schiffsregister werden bei den Amtsgerichten geführt. Der Schiffseigner muss die Eintragung seines Schiffes bei der Registerbehörde seines Heimatortes, von dem aus die Schiffahrt mit dem Schiff betrieben wird, beantragen.

Über die Eintragung wird ein **Schiffsbrief** ausgestellt, der alle eingetragenen Angaben wiederholt und dem Schiffseigner ausgehändigt wird. Das Schiffsregister und der Schiffsbrief geben jedermann eine zuverlässige Auskunft über die Eigentums- und Pfandrechte an einem Schiff; ihre Angaben gelten als wahr, sie genießen (wie das Grundbuch) öffentlichen Glauben.

▲ ***Eichschein.*** Die **Tragfähigkeit** eines Schiffes wird nach dem Gewicht der Ladung (in Gewichtstonnen) bemessen, die erforderlich ist, um das Schiff auf seinen zulässigen Tiefgang zu bringen; sie umfasst den Unterschied zwischen der leichten Wasserlinie, also dem Leergang, den das unbeladene Schiff einschließlich Ausrüstung, Betriebsstoff usw. hat, und der beladenen Wasserlinie oder Tiefladelinie. Der zulässige Tiefgang hängt von der Höhe des **Freibords** ab, derjenigen Seitenbordfläche, mit der das beladene Schiff noch über die Wasserlinie hinausragen muss. Das Maß der Tragfähigkeit der Schiffe ist auf den einzelnen Wasserstraßen verschieden und wird durch die Wasserführung und die Breite der Wasserstraßen innerhalb eines Stromgebietes bestimmt. Die Tragfähigkeit eines Schiffes wird durch eine amtliche Eichung festgelegt. Nach der Tragfähigkeit werden in Kanälen und Häfen die Abgaben erhoben. Über das Ergebnis der Eichung wird ein **Eichschein** ausgestellt, der in cm der Eintauchung von der Leerlinie bis zur äußersten Tauchtiefe das Ladegewicht angibt. Auf der Bordwand wird die Eichskala bzw. der Tiefganganzeiger in cm-Abständen markiert.

Im **Schiffszeugnis** wird die Tauglichkeit des Schiffes zum Befahren bestimmter Wasserstraßen bescheinigt. Das Zeugnis wird beim Abschluss von Kaskoversicherungen, gelegentlich auch beim Abschluss von Transportversicherungen verlangt, aber auch bei Schiffskäufen.

Die **Schiffspapiere** muss der Schiffer an Bord mitführen:

- Schiffszeugnis, -attest, Eichschein, Bordbuch (Rhein), Fahrtenbuch u. a.,
- Frachtbrief oder Ladeschein,
- Schifferpatent, Schifferdienstbücher u.a.

10.1.2 Die Binnenwasserstraßen

Die deutschen Ströme bieten wegen ihres verhältnismäßig geringen Gefälles und der ziemlich gleichmäßigen Verteilung der Niederschläge fast zu jeder Jahreszeit günstige Verkehrsmöglichkeiten. Zu leistungsfähigen Verkehrswegen sind sie erst durch umfassende und kostspielige Ausbauten geworden und dadurch, dass sie durch künstliche Wasserstraßen ergänzt wurden. Für die Benutzung der Kanäle und ihrer Schleusen sind Abgaben zu entrichten.

Der **Rhein** ist die wichtigste europäischen Binnenwasserstraße. Er ist als Großschifffahrtsweg bis Basel ausgebaut. Das Zentrum der Rheinschifffahrt ist der Niederrhein bei Duisburg.

Die Häfen am Duisburger Stromabschnitt werden unter der Bezeichnung: Rhein-Ruhrhäfen zusammengefasst. Der bedeutendste von ihnen ist **Duisburg-Ruhrort**. Er ist der größte Binnenhafen in Europa.

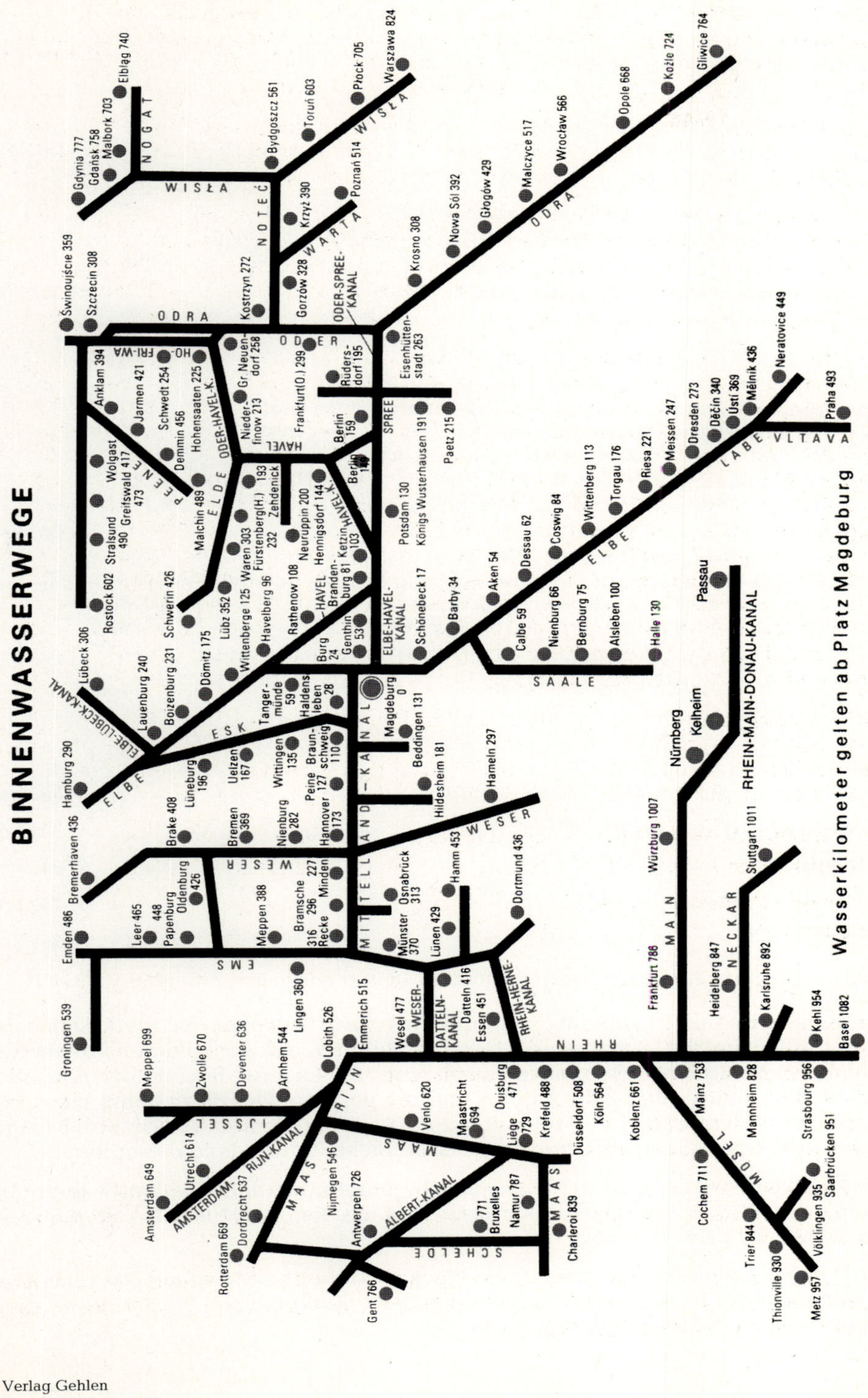
BINNENWASSERWEGE
Wasserkilometer gelten ab Platz Magdeburg
ODRA
ODER
WISŁA
NOGAT
NOTEĆ
WARTA
ODER-SPREE-KANAL
HO-FRI-WA
ODER-HAVEL-K.
PEENE
ELDE
HAVEL
HAVEL-K.
SPREE
ELBE-HAVEL-KANAL
ELBE
LABE
VLTAVA
SAALE
ELBE-LÜBECK-KANAL
ESK
MITTELLAND-KANAL
WESER
EMS
RHEIN
RIJN
IJSSEL
AMSTERDAM-RIJN-KANAL
MAAS
ALBERT-KANAL
SCHELDE
WESEL-DATTELN-KANAL
RHEIN-HERNE-KANAL
MAIN
NECKAR
MOSEL
RHEIN-MAIN-DONAU-KANAL
Gdynia 777
Gdańsk 758
Malbork 703
Elbląg 740
Bydgoszcz 561
Toruń 603
Płock 705
Warszawa 824
Krzyż 390
Poznań 514
Świnoujście 359
Szczecin 308
Kostrzyn 272
Gorzów 328
Krosno 308
Nowa Sól 392
Głogów 429
Malczyce 517
Wrocław 566
Opole 668
Koźle 724
Gliwice 764
Eisenhüttenstadt 263
Rüdersdorf 195
Frankfurt(O.) 299
Gr. Neuendorf 258
Niederfinow 213
Anklam 394
Jarmen 421
Schwedt 254
Hohensaaten 225
Demmin 456
Wolgast
Greifswald 417
473
Malchin 489
Stralsund 490
Rostock 602
Schwerin 426
Lübz 352
Waren 303
Fürstenberg(H.) 193
Zehdenick 232
Neuruppin 200
Hennigsdorf 144
Berlin 159
Berlin 148
Potsdam 130
Königs Wusterhausen 191
Paetz 215
Ketzin 103
Brandenburg 81
Rathenow 108
Havelberg 96
Wittenberge 125
Dömitz 175
Boizenburg 231
Lauenburg 240
Lübeck 306
Hamburg 290
Genthin 53
Burg 24
Schönebeck 17
Barby 34
Aken 54
Dessau 62
Coswig 84
Wittenberg 113
Torgau 176
Riesa 221
Meissen 247
Dresden 273
Děčín 340
Ústí 369
Mělník 436
Neratovice 449
Praha 493
Calbe 59
Nienburg 66
Bernburg 75
Alsleben 100
Halle 130
Tangermünde 59
Haldensleben 28
Magdeburg 0
Beddingen 131
Hildesheim 181
Hameln 297
Braunschweig 110
Wittingen 135
Uelzen 167
Lüneburg 196
Peine 127
Hannover 173
Nienburg 282
Bremen 369
Brake 408
Bremerhaven 436
Minden 227
Bramsche 296
Recke 316
Osnabrück 313
Münster 370
Meppen 388
Oldenburg 426
Papenburg 448
Leer 465
Emden 486
Hamm 453
Dortmund 436
Lünen 429
Datteln 416
Essen 451
Groningen 539
Lingen 360
Emmerich 515
Lobith 526
Wesel 477
Meppel 699
Zwolle 670
Deventer 636
Arnhem 544
Duisburg 471
Krefeld 488
Düsseldorf 508
Köln 564
Koblenz 661
Mainz 753
Mannheim 828
Strasbourg 956
Kehl 954
Basel 1082
Venlo 620
Maastricht 694
Liège 729
Nijmegen 546
Utrecht 614
Amsterdam 649
Dordrecht 637
Rotterdam 669
Antwerpen 726
Gent 766
Bruxelles 771
Namur 787
Charleroi 839
Frankfurt 786
Würzburg 1007
Nürnberg
Kelheim
Passau
Heidelberg 847
Karlsruhe 892
Stuttgart 1011
Cochem 711
Trier 844
Thionville 930
Metz 957
Völklingen 935
Saarbrücken 951

Länge der Bundeswasserstraßen

Länge der Bundeswasserstraßen		Länge/km
▲ **Rhein und Nebenflüsse**		**1 719 km**
✘ Rhein (Rheinfelden – niedersächsiche Grenze)	618 km	
✘ Neckar (Mündung Rhein) – Ende Bundeswasserstraße)	201 km	
✘ Main (Mündung Rhein – Ende Bundeswasserstraße)	384 km	
✘ Main-Donau-Kanal (Mündung Main – Mündung Donau)	171 km	
✘ Mosel (französische Grenze – Mündung Rhein)	242 km	
✘ Saar (französische Grenze – Völklingen und Dillingen – Mündung Mosel)	103 km	
▲ **Wasserstraßen zwischen Rhein und Elbe**		**1 437 km**
✘ Ruhr (Mündung Rhein – Ende Bundeswasserstraße)	12 km	
✘ Rhein-Herne-Kanal (Mündung Rhein – Mündung DEK)	49 km	
✘ Wesel-Datteln-Kanal (Mündung Rhein – Mündung DEK)	60 km	
✘ Datteln-Hamm-Kanal (Mündung DEK – Schmehausen)	47 km	
✘ Dortmund-Ems-Kanal und Untere Ems (Dortmund – Seegrenze)	304 km	
✘ Küstenkanal und Untere Hunte (Mündung DEK – Seegrenze)	95 km	
✘ Mittellandkanal (Mündung DEK – Mündung Elbe)	325 km	
✘ Weser und Unterweser (Hannoversch-Münden – Seegrenze)	430 km	
✘ Elbe-Seitenkanal (Mündung Mittellandkanal – Mündung Elbe)	115 km	
▲ **Elbegebiet**		**1 049 km**
✘ Nord-Ostsee-Kanal (Mündung in die Elbe – Kieler Förde)	109 km	
✘ Elbe-Lübeck-Kanal und Kanaltrave (Mündung Elbe – Seegrenze)	88 km	
✘ Elbe und Unterelbe (CSFR-Grenze – Seegrenze)	728 km	
✘ Saale (Leuna-Kreypau – Mündung in die Elbe)	124 km	
▲ **Wasserstraßen zwischen Elbe und Oder**		**1 494 km**
✘ Berliner Haupt- und Nebenwasserstraßen	184 km	
✘ Havel-Oder-Wasserstraße und Nebengewässer	488 km	
✘ Spree-Oder-Wasserstraßen und Nebengewässer	252 km	
✘ sonstige Teilstrecken	570 km	
▲ **Oder (Grenze Polen – Abzweigung Westoder)**		**162 km**
▲ **Gewässer an der Ostseeküste**		**539 km**
▲ **Donau**		**210 km**
▲ **Sonstige Bundeswasserstraßen**		**757 km**
Gesamt		**7 367 km**

Quelle: Geschäftsbericht des Bundesverbandes der Deutschen Binnenschiffahrt e. V. 1994/95

Das Kernstück des Duisburger Hafensystems wird verwaltet von der „Duisburg-Ruhrorter Häfen AG“. Umgeschlagen werden hier – wie in den anderen großen Binnenhäfen – Kohle, Erze, Mineralöle, Eisen, Stahl und andere Massengüter, aber auch hochwertige Stückgüter, Schwergüter und dergleichen. Die Einrichtung eines Hafengebiets als **Freihafen,** in dem Güter zoll- und abgabenfrei gelagert und umgeschlagen werden können, fördert die wirtschaftliche Entwicklung dieser Region.

Der Containerverkehr und der kombinierte Verkehr, bei dem Lastkraftwagen, Anhänger oder Auflieger nach dem Ro/Ro-System mit dem Binnenschiff befördert werden, gewinnen an Bedeutung.

Von den Nebenflüssen des Rheins sind **Neckar**, **Main** und **Mosel mit Saar** schiffbar. Der **Rhein-Main-Donau-Kanal** (Baubeginn 1921) verbindet seit 1992 die west- und osteuropäischen Wasserstraßen miteinander.

Die Entwicklung der Rheinflotten von 1990 bis 1995

1. Januar	Gesamt		Niederlande		Deutschland		Belgien		Frankreich		Luxemburg		Schweiz	
	Schiffe	Mio. t	Schiffe	Mio. t	Schiffe	Mio. t	Schiffe	Mio. t	Schiffe	Mio. t	Schiffe	Mio. t	Schiffe	Mio. t
1995	11 266	11,381	5 519	5,981	3 297	3,212	1 612	1,560	678	0,338	29	0,034	131	0,255
1994	11 245	11,334	5 477	5,916	3 317	3,269[1]	1 602	1,528	681	0,321	32	0,036	136	0,263
1993	9 801	10,103	4 663	5,003[2]	2 509	2,877	1 597	1,531	876	0,411	27	0,030	129	0,251
1992	11 270	11,227	6 221	6,216	2 361	2,789	1 624	1,476	886	0,428	28	0,031	150	0,229
1991	11 662	11,491	6 337	6,234	2 559	2,970	1 631	1,469	887	0,439	26	0,029	182	0,350
1990	12 355	11,820	6 937	6,463	2 670	3,073	1 630	1,401	874	0,443	24	0,028	220	0,413

Quelle: IVR; DVZ, Nr. 16/1995

Durch die **Moselkanalisierung** hat die lothringische Eisen- und Stahlindustrie Anschluss an die Großschifffahrtsstraße Rhein gewonnen. Kohlen-, Erz-, Eisen- und Stahltransporte zwischen diesem französischen Industriegebiet und dem Ruhrgebiet werden durch die niedrigen Binnenschiffsfrachten begünstigt.

Die **Weser** verbindet Bremen, Bremerhaven, Brake und Nordenham mit dem deutschen Binnenwasserstraßennetz.

Die **Elbe** ist bis in die Tschechische Republik bedingt befahrbar (ca. 750 km). Mit der Wiedervereinigung Deutschlands wird sie ihre alte Bedeutung als Großschifffahrtsstraße wieder zurückgewinnen. Nach Ausbau wird das gesamte Fluss- und Kanalnetz der neuen Bundesländer in größerem Maße wieder als Binnenwasserstraßen zur Verfügung stehen.

Hamburg ist über die Elbe und den Elbe-Seiten-Kanal bzw. den Mittellandkanal an das Binnenwasserstraßennetz angeschlossen und Lübeck über den Elbe-Trave-Kanal.

Das westdeutsche Kanalsystem verbindet den Rhein, die Weser und die Elbe zu einem leistungsfähigen Netz von natürlichen und künstlichen Wasserstraßen, durch das die deutschen Seehäfen an ihr Hinterland angebunden werden. Der **Dortmund-Ems-Kanal** verbindet das Ruhrgebiet mit dem Mittellandkanal und mit dem Hafen Emden über den Wesel-Datteln-Kanal bzw. über den Rhein-Herne-Kanal.

Größere Häfen entstanden am Kanal selbst, an der kanalisierten Ems und in Dortmund, Leer und Emden, kleinere in Münster und Papenburg.

Der längste deutsche Kanal ist der **Mittellandkanal,** der als Wasserstraße zwischen Rhein und Oder geplant wurde, um die nach Norden fließenden Ströme durch eine leistungsfähige Wasserstraße zu verbinden. Er hat östlich der Elbe Anschluss an die märkischen Kanäle und damit über Berlin durch den Großschifffahrtsweg zur **Oder.** Stichkanäle führen zu den Industrieorten Osnabrück, Hannover, Salzgitter, Fallersleben, Wolfsburg, Hildesheim und Braunschweig.

▲ ***Überblick Binnenwasserstraßennetz Mitteleuropa / Deutschland.***[3] West- und Mitteleuropa verfügen über ein weit verzweigtes Netz natürlicher und künstlich angelegter Binnenwasserstraßen mit einer schiffbaren Länge von etwa 25 000 km.

Wie die Abbildung zeigt, werden über diese „nassen" Verkehrswege quer durch Europa die Nord- und Ostsee, das Schwarze Meer, das Mittelmeer und der Atlantische Ozean miteinander verbunden.

[1] erstmals einschließlich der ostdeutschen Flotte
[2] Auswirkungen der Abwrackaktion und der automatisierten Erfassung
[3] Handbuch Güterverkehr Binnenschiffahrt 1997

Bedeutende europäische Wasserstraßen

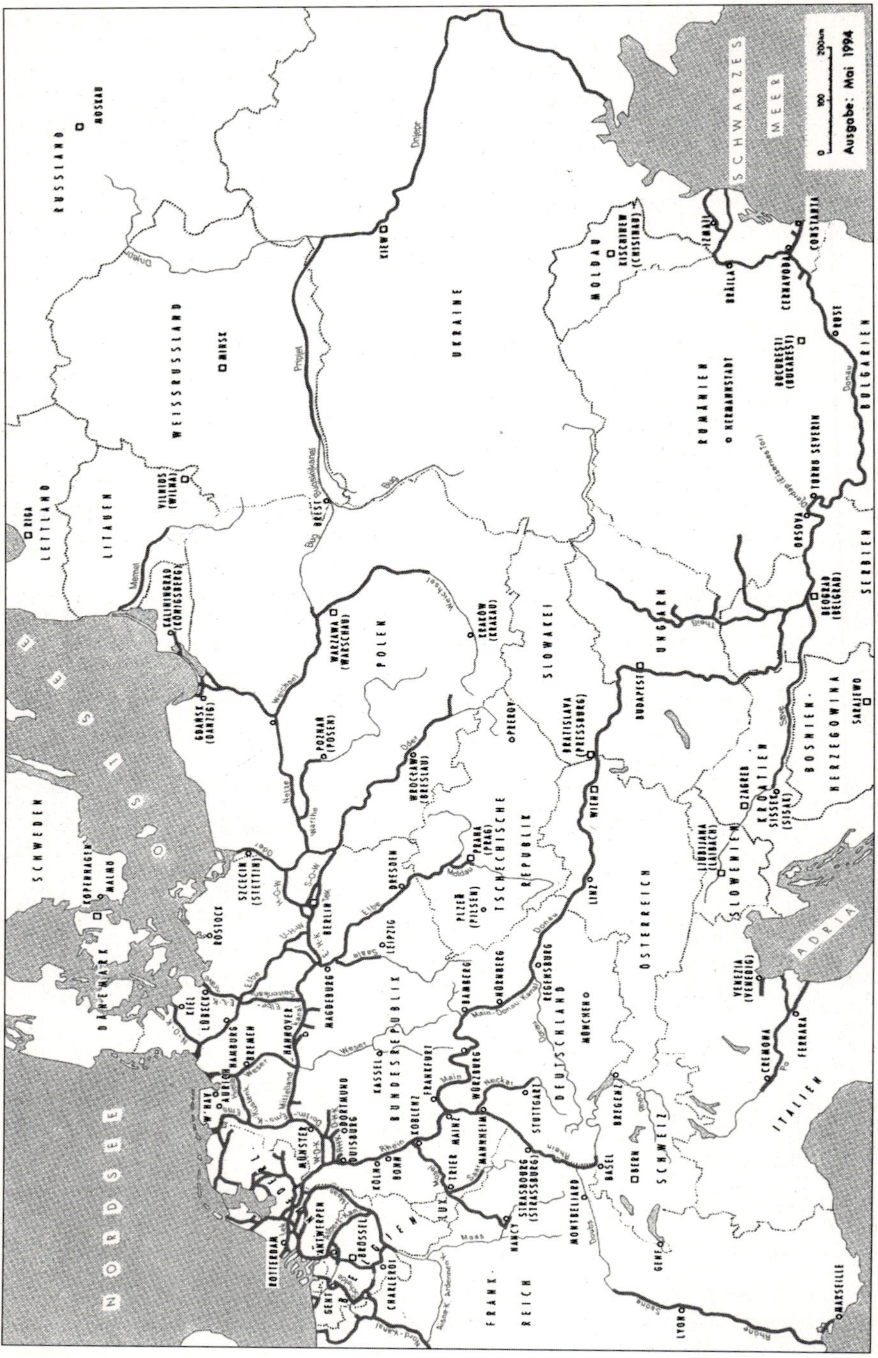

▲ ***Verwaltung der Binnenwasserstraßen.*** Die Binnenwasserstraßen der Bundesrepublik Deutschland werden gemäß GG Art. 87 und 89 durch den Bund verwaltet (Bundeswasserstraßen). An der Spitze der bundeseigenen Verwaltung stehen die Abteilungen Wasserstraßen und Binnenschifffahrt im Bundesverkehrsministerium. Diesen Abteilungen unterstehen neben anderen die Wasser- und Schifffahrtsdirektionen mit den ihnen angegliederten Wasser- und Schifffahrtsämtern. Die Aufgabe der Wasser- und Schifffahrtsverwaltung ist es, Wasserstraßen zu planen, zu bauen, zu unterhalten, die Anlagen und Einrichtungen der Flüsse und Kanäle zu betreiben und Hoheitsaufgaben auf den Binnenwasserstraßen wahrzunehmen.

Die Uferstaaten der Ströme beanspruchen für ihre Schifffahrt das **Kabotagerecht.** Danach kann der jeweilige Uferstaat die Schifffahrt zwischen den nationalen Häfen des Stromes eigenen Schiffen vorbehalten und fremde Schiffe ausschalten (Kabotageverbot).

▲ ***Internationale Ströme.*** Für den internationalen Verkehr sind diejenigen schiffbaren Ströme von großer Bedeutung, die den Anlieferstaaten als unentbehrliche Verkehrsstraßen dienen. Durch internationale Vereinbarungen **(Schifffahrtsakte)** ist die Schifffahrt auf diesen Strömen für die Anlieger von willkürlichen Sperrungen, einseitigen Behinderungen und anderen Einschränkungen befreit worden. Diese Ströme (Rhein und Mosel) werden als internationale Ströme bezeichnet.

Die **Freiheit der Binnenschifffahrt** auf dem Rheinstromgebiet wurde in der Mannheimer Rheinschifffahrtsakte von 1868, 1967 aktualisiert, festgelegt. Zuständig für Probleme der Schifffahrt ist die **„Zentralkommission für die Rheinschifffahrt (ZKR)"**, Straßburg.

▲ ***Einteilung der Wasserstraßen.*** Die europäischen Wasserstraßen sind nach ihrer Befahrbarkeit in die Klassen I bis VI eingeteilt. Merkmale der Einteilung sind der Schiffstyp, Tragfähigkeit in Tonnen, Länge, Breite und Tiefgang. Der Klasse I gehören Penische Schiffe mit einer Tragfähigkeit bis 300 t an, der Klasse V und VI das Europaschiff bzw. das Großmotorschiff mit einer Tragfähigkeit von bis zu 3 000 t und mehr.

Güterumschlag in den Binnenhäfen der Bundesrepublik Deutschland nach Wasserstraßengebieten (Versand und Empfang) in 1 000 t

Wasserstraßengebiet	1970	1980	1990	1992[1]	1993	1994	1995	1996
Elbegebiet	19 325	17 617	13 914	17 812	18 299	21 426	23 350	21 161
Wesergebiet	16 373	14 708	9 034	11 308	10 896	10 977	11 921	10 415
Mittellandkanal	12 018	11 864	12 655	13 784	13 256	14 453	15 249	12 749
Westdeutsches Kanalgebiet	44 563	39 239	34 377	36 357	34 098	36 632	36 242	35 662
Rheingebiet	227 447	215 910	198 319	191 721	176 309	188 746	183 624	176 516
Donaugebiet	4 675	3 413	3 166	2 540	6 029			
Gebiet Berlin				7 531	8 981	8 632	8 708	7 487
Gebiet Brandenburg und Binnengebiet Mecklenburg-Vorpommern				2 243	2 398	2 876	3 581	3 500
Küstengebiet Mecklenburg-Vorpommern				110	27	133	79	184
Gesamtumschlag	331 752	310 643	275 785	283 406	270 292	290 601	289 986	274 080

Quelle: Binnenschiffahrt in Zahlen 1997, Bundesverband der Deutschen Binnenschiffahrt e.V.

[1] ab 1991 Gesamtdeutschland

Die Befahrbarkeit der Binnenwasserstraßen ist vor allem abhängig von der Brückenhöhe und vom Wasserstand; dieser wird durch **Pegel** an Brückenpfeilern, Kaimauern oder anderen Stellen in Zentimetern oder Doppelzentimetern über dem Nullpunkt gemessen. Die Pegelstände der wichtigsten Schifffahrtswege werden täglich veröffentlicht. Der Schiffer kann danach die jeweilige Auslastung der Tragfähigkeit ermitteln.

10.1.3 Die Binnenhäfen

Die Binnenhäfen sind für den Umschlag und die Lagerung von Gütern aller Art, die mit dem Binnenschiff befördert werden, eingerichtet.

Öffentliche Binnenhäfen werden von der öffentlichen Hand (einer Gemeinde, einem Bundesland) betrieben. Sie stehen jedermann zur Verfügung.

Werkhäfen dienen einem Industrie- oder Handelsunternehmen als Privathafen. Sie sind nur zum **Güterverkehr für eigene Zwecke**, also zum **Werkverkehr** eingerichtet.

Die öffentlichen Binnenhäfen in Deutschland sind ideale Standorte für **Güterverkehrszentren**. Sie liegen an den Schnittstellen des Güterverkehrs. Die öffentliche Hand fördert ihre Entwicklung durch Verbesserung des Straßen- und Bahnanschlusses sowie durch Bau von Container- und Ro/Ro-Umschlagsanlagen. Ziel ist die stärkere Verlagerung des Güterstromes auf das Binnenschiff.

Die **Hafenverwaltung** der öffentlichen Häfen stellt die Hafenanlagen zur Verfügung, unterhält und betreibt sie. Zu den Hafenanlagen zählen die Wasserfläche mit entsprechender Tiefe, die Uferanlagen, die Umschlagsanlagen, Lagerschuppen, Freilager, Siloanlagen, Containerterminals, -depots usw. Bei ausreichender Hinterlandanbindung über Straße und Schiene können Spediteure mit Verteilungslägern logistische Dienstleistungen anbieten und die Binnenschiffsbeförderung in durchgehende Transportketten eingliedern.

Öffentlicher Binnenhafen

Hafenverwaltung, Hafengesellschaft	✘ Organisation des Hafenbetriebs ✘ Unterhalt, Ausbau der Infrastruktur
	Eingang der Güter Lkw | Eisenbahn | Binnenschiff Seeschiff **Umschlag – Empfang**
Umschlagbetrieb/e	✘ Organisation und Durchführung des Umschlags
Reeder/Befrachter	✘ Abfertigung von Binnenschiffen, Ladungsverkehr
Verarbeitendes Gewerbe/Großhandel	✘ Verarbeitung, Bearbeitung ✘ Umschlag, Zwischenlagerung
Spediteur – Lagerhalter (auch als Umschlagsbetrieb und als Frachtführer tätig)	✘ Organisation der Güterbeförderung ✘ Organisation des Vor- und Nachlaufs mit Lkw, DB Cargo, Kombiverkehr, Binnenschiff, Seeschiff und Erledigung der Schnittstellenkontrolle ✘ Umschlag, Zwischen-, Dauerlagerung ✘ Sammeln, Verteilen/Distribution ✘ logistische Dienste
Zollbehörde (für Empfang bzw. Versand der Güter)	**Umschlag – Versand** **Ausgang der Güter** Lkw | Eisenbahn | Binnenschiff Seeschiff

Güterumschlag der zehn bedeutendsten Binnenhäfen in Mio. t

	1993	1992	1991	1990	1989
Duisburg	14,929	16,659	17,548	16,925	18,196
Karlsruhe	12,441	11,054	11,348	11,821	10,532
Ludwigshafen	7,314	8,330	8,126	8,919	9,182
Mannheim	6,941	7,530	8,117	7,766	7,491
Köln	6,549	6,978	3,840	4,307	4,346
Heilbronn	5,021	5,856	5,320	5,929	5,619
Neuss	4,355	4,514	4,496	4,742	4,666
Dortmund	4,030	4,643	4,540	4,711	3,775
Saarlouis-Dillingen	3,863	3,913	3,813	3,821	4,211
Berlin	3,622	2,783	2,521	3,647	4,228

Quelle: DVZ Nr. 25/1994

10.1.4 Das Ladungsaufkommen und die Leistungsmerkmale

Ladungsaufkommen in Deutschland, gemessen in Mrd. tkm (1994)[1]

Eisenbahngüterverkehr	70,8	24 %
Straßengüterfernverkehr	161,7	54,8 %
Güterverkehr-Binnenschiff	62,7	21,2 %

Güterverkehr auf den Binnenwasserstraßen des Bundesgebietes nach Gütergruppen[2]

Gütergruppen	1993 in 1 000 t	in v. H.	1995 in 1 000 t	in v. H.	1996 in 1 000 t	v. H.
Steine und Erden (einschließlich Baustoffe)	54 409	24,9	59 319	24,9	54 763	24,1
Mineralöle und Erzeugnisse, Gase	43 117	19,8	43 301	18,2	43 748	19,3
Feste mineralische Brennstoffe	24 045	11,0	26 395	11,1	26 188	11,5
Erze und Metallabfälle	37 874	17,3	41 012	17,2	38 345	16,9
Land-, forstw. und verw. Erzeugnisse, Nahrungs- und Futtermittel	20 887	9,6	24 192	10,2	21 343	9,4
Eisen und Stahl	12 901	5,9	13 470	5,7	11 936	5,2
Düngemittel	6 759	3,1	8 071	3,4	7 420	3,3
Chemische Grundstoffe und Erzeugnisse	13 182	6,0	15 242	6,4	15 476	6,8
Übrige Güter	5 157	2,4	6 882	2,9	7 876	3,5
Gesamt	218 331	100,0	237 884	100,0	227 095	100,0

▲ ***Leistungsmerkmale.*** Die systembedingten Vorteile des Binnenschiffes liegen im **Ganztransport** über mittlere und weitere Entfernungen, auch über die Grenzen hinweg. Besonders geeignet ist das Binnenschiff für Transporte von **Schwergütern,** von **besonders sperrigen Gütern,** von **Gefahrgütern** sowie von **industriellen Abfallprodukten** und **Recyclingstoffen**.

▲ ***Containertransporte***. Sie werden ohne Einschränkungen durchgeführt. Leistungsfähige Containerumschlagsanlagen in den Binnen- und Seehäfen stehen zur Verfügung. Regelmäßige Containerdienste auf dem Rheinstromgebiet und auch auf anderen Fahrtgebieten werden angeboten.

[1] Handbuch Güterverkehr Binnenschiffahrt 1997
[1] Quelle: Binnenschiffahrt in Zahlen 1995, Bundesverband der Deutschen Binnenschiffahrt e. V.

▲ ***Ro/Ro-Schiffe*** (Roll-on/Roll-off) übernehmen Anhänger, Auflieger und ganze Lastzüge (Schwimmende Landstraße) umweltschonend, frei von den Behinderungen des Straßenverkehrs und kostengünstig im kombinierten Verkehr. Entsprechende Einrichtungen am Binnenschiff und im Hafen sind erforderlich.

Diese Verkehre werden mit zunehmender Belastung des Straßennetzes an Bedeutung gewinnen. Die relativ geringe Geschwindigkeit des Binnenschiffes wird weitgehend ausgeglichen durch Tag- und Nachtfahrten und durch Fortfall des Wochenendfahrverbotes (vgl. Abschnitt 11.3).

Transporteinheitenvergleich (Massengut)

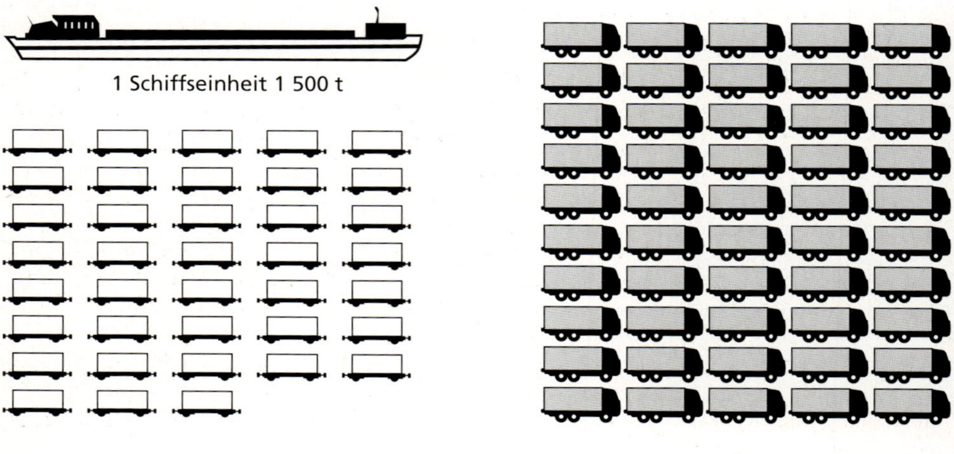

oder 38 Waggons a 40 t

oder 50 LKW a 30 t

Quelle: Handbuch Güterverkehr Binnenschiffahrt 1997

Containerverkehr in TEU[1]

	1995 leer Anz.	beladen Anzahl	darin Güter in Mio. t	1996 leer Anzahl	beladen Anzahl	darin Güter in Mio. t
Verkehr innerhalb der Bundesrep. Deutschland	9 996	41 842	0,457	20 587	47 890	0,504
Grenzüberschreitender Verkehr	192 970	406 858	4,179	223 805	456 180	4,563
darunter: Versand	49 817	247 422	2,652	59 257	286 683	2,924
Empfang	143 153	159 436	1,527	164 548	169 497	1,639
Durchgangsverkehr[2]	40 844	56 195	0,609	52 690	60 177	0,655
Verkehr auf den Wasserstraßen des Bundesgebietes	243 810	504 895	5,245	297 082	564 247	5,722
darunter: auf Schiffen der Bundesrepublik	42 214	129 120	1,112	65 122	149 474	1,340

[1] Vgl. Abschnitt 16.6
[2] Die Angaben des Durchgangsverkehrs beruhen teilweise auf Schätzungen.

ZUSAMMENFASSUNG

- Die **besondere Eignung** des Binnenschiffes als Transportmittel entsteht durch
  - hohe Leistungsfähigkeit und Tragfähigkeit, hohe Zuverlässigkeit,
  - sichere Transportdurchführung und besondere Eignung für Gefahrgut,
  - jederzeit ausreichendes und verfügbares Laderaumangebot,
  - günstige Preise,
  - geringe Umweltbelastung durch niedrigen Energieverbrauch und Lärmpegel,
  - Entlastung des Straßenverkehrs.
- Die **möglichen Nachteile** liegen in der geringen Geschwindigkeit (die jedoch kalkulierbar ist), in der zeitweiligen Abhängigkeit vom Wasserstand, von Vereisung und in dem relativ kleinen Wasserstraßennetz.

10.1.5 Die Betriebsformen der Binnenschifffahrt

Die Transportleistungen der Binnenschifffahrt werden durch Partikuliere und durch Reedereien bzw. durch den Werkverkehr produziert.

▲ ***Partikuliere.*** Ein Partikulier (auch Einzel-, Klein- und Privatschiffer genannt) ist ein selbstständiger Schiffseigner mit höchstens drei Schiffen. In der Regel fährt der Partikulier auf seinem Schiff und wohnt dort, solange die „Schifffahrt offen ist". Er verfügt über keine eigene Organisation zur Werbung und Abfertigung der Ladung. Diese übernimmt er innerhalb seines Stromgebietes, wo er sie findet, auch von einem Spediteur, oder er fährt für eine Reederei. Der größte Teil der Motorschiffe wird von Partikulieren betrieben (vgl. Abschnitt 10.1.1).

▲ ***Reedereien.*** Eine Reederei ist ein Binnenschiffsunternehmen mit kaufmännisch eingerichteter und geführter Landorganisation zur Werbung und Abfertigung der Ladung. Über Niederlassungen und Vertreter sorgt sie für optimale Auslastung ihrer Schiffe und für Vermeidung von Leerfahrten.

▲ ***Genossenschaften.*** Um die Wettbewerbsfähigkeit gegenüber den großen Reedereien zu stärken, haben sich die Partikuliere zu Transportgenossenschaften zusammengeschlossen. Ziel ist, die Marktposition durch Besorgung und Abfertigung von Ladung in großem Umfang durch gemeinsame Landorganisation zu stärken. Die Partikuliere, die überwiegend im Rheingebiet fahren, haben die Partikulier-Transportgenossenschaft „Jus et Justitia" e.G., (PTG), Duisburg, gegründet. Die Transportgenossenschaft Binnenschifffahrt (TGB), Berlin, vertritt die Partikuliere, die ihr Fahrtgebiet überwiegend im westdeutschen Kanalgebiet sehen. Beide Genossenschaften haben die **„Deutsche Transportgenossenschaft Binnenschifffahrt (DTG)"**, Duisburg, gegründet. Sie vertritt einen großen Teil der deutschen Binnenschiffstonnage. Der Hauptsitz ist in Duisburg; Geschäftsstellen sind bedarfsgerecht in Mannheim, Andernach, Rotterdam, Bremen, Minden, Hamburg, Berlin eingerichtet.

Eine weitere Partikulierorganisation ist die **„Mainschifffahrts-Genossenschaft (MSG)"**; sie vertritt die Interessen der Partikuliere, die überwiegend ihr Fahrtgebiet auf dem Main und der Donau haben.

▲ ***Werkschifffahrt.*** Großunternehmungen der Industrie oder auch des Handels verfügen manchmal über eigenen Schiffsraum, mit dem sie in eigener Regie Rohstoffe und andere Güter auf Binnenwasserstraßen befördern. Sie gliedern sich diese Werkschifffahrt als Nebenbetrieb an, führen aber grundsätzlich keine Verfrachtungen für Dritte aus, wenn ihnen dies auch nicht verwehrt ist.

Diese Nebenbetriebe sind häufig in juristisch selbstständige Reedereiunternehmungen umgewandelt worden, die von den wirtschaftlichen Entscheidungen der Konzernspitze abhängig sind. Diese Reedereien führen auch Transporte für Dritte aus.

▲ *Interessenvertretung der Binnenschifffahrt.* Die berufsständischen Interessen der gewerblichen Binnenschifffahrt werden durch den **„Bundesverband der Deutschen Binnenschifffahrt e. V.“**, Duisburg, vertreten. Mitglieder sind die einzelnen Binnenschifffahrtsunternehmen. Die „Internationale Binnenschifffahrts-Union“ (IBU) vertritt überstaatliche Interessen.

10.1.6 Die Ordnung der Binnenschifffahrt

Das Binnenschifffahrtsaufgabengesetz schreibt in § 3 c das Ziel der Verkehrspolitik fest:

„Mit dem Ziel bester Verkehrsbedienung hat die Bundesregierung darauf hinzuwirken, dass die Wettbewerbsbedingungen der Verkehrsträger angeglichen werden und dass durch einen lauteren Wettbewerb der Verkehrsträger eine volkswirtschaftlich sinnvolle Aufgabenteilung ermöglicht wird.“

Der europäische Binnenschiffsverkehrsmarkt unterliegt einer Reihe von innerstaatlichen und gemeinschaftlichen Rechtsvorschriften.

Wer sich als **„Schiffer oder Schiffsführer“** betätigen will, d.h. wer ein eigenes oder fremdes Schiff auf Binnengewässern führen will, bedarf dazu eines **Befähigungsnachweises.** Es wird ihm darüber ein **„Schifferpatent“** ausgestellt.

Abgesehen von seinem nautischen Können ist er dafür verantwortlich, dass sich das Schiff bei Antritt der Reise in einem fahrtüchtigen Zustand befindet, dass alle Einrichtungs- und Ausrüstungsgegenstände von guter Beschaffenheit sind, dass es hinreichend bemannt ist, dass die Ladung richtig gestaut wird und dass die erforderlichen Schiffs- und Ladepapiere an Bord sind.

Der Schiffer haftet persönlich mit seinem ganzen Vermögen, wenn er bei seinen Dienstgeschäften und bei der Erfüllung der Frachtgeschäfte die Sorgfalt eines ordentlichen Schiffers außer Acht lässt; er hat dem Schiffseigner (Reeder), dem Absender, dem Empfänger und der Schiffsbesatzung den Schaden zu ersetzen, den diese durch sein Verschulden erleiden.

Wer den **Beruf eines Unternehmers** im Binnenschiffsgüterverkehr des innerstaatlichen oder grenzüberschreitenden Bereichs ausüben will, braucht eine **Erlaubnis.** Um diese Erlaubnis zu bekommen, muss der Unternehmer ausreichende Kenntnisse in den Fachgebieten Recht, kaufmännische und finanzielle Betriebsführung, Zugang zum Markt, technische Normen und Begriffe sowie Sicherheit nachweisen. Einzelheiten sind in der **„Verordnung über den Zugang zum Beruf des Unternehmers im innerstaatlichen und grenzüberschreitenden Binnenschiffsgüterverkehr“**, in Kraft ab 1. Januar 1994, geregelt (vgl. Abschnitt 5.2.4).

▲ *Kabotagefreiheit.* Für die Schifffahrt auf dem Rheinstromgebiet besteht nach der Mannheimer Akte mit Zusatzprotokoll für Schiffe aus Rheinanliegerstaaten absolute Schifffahrtsfreiheit. Die Kabotagefreiheit besteht hier auch für alle Schiffe aus den EU-Staaten, nicht aber für Schiffe aus Nicht-Gemeinschaftsstaaten. In den anderen Stromgebieten unterliegt die Binnenschifffahrt im Gebiet der Europäischen Union den EU-Regelungen über die Aufhebung der Kabotage. Für Binnenschiffer aus EU-Drittländern gelten internationale Verkehrsabkommen, die zwischen Deutschland bzw. der Europäischen Union und dem Nicht-Gemeinschaftsstaat abgeschlossen werden; danach kann das Kabotageverbot erleichtert oder aufgehoben werden. Für Transitverkehre bestehen entsprechende Regelungen.

▲ *Tariffreiheit.* Im nationalen und im grenzüberschreitenden Verkehr besteht Tariffreiheit; die deutschen Regelungen über Tarifpflicht und Frachtenausschüsse sind durch das Tarifaufhebungsgesetz aufgehoben. **Absender und Frachtführer vereinba-**

ren die Höhe der abzurechnenden Binnenschiffsfracht und die Nebenkosten vor Abschluss des Frachtvertrages. Die Entgelte des Frachtführers müssen seine Selbstkosten und einen angemessenen Gewinn decken.

In **bilateralen Binnenschifffahrtsabkommen** können Mindest-/Höchstfrachten und Nebenbedingungen für den Wechselverkehr festgesetzt werden. Hier haben die Wasser- und Schifffahrtsdirektionen erweiterte Kontrollbefugnisse. Sie dürfen die festgesetzten Mindest-/Höchstfrachten und die Nebenbedingungen kontrollieren; die Bevollmächtigten dieser Behörde dürfen Einsicht nehmen in die Bücher und Geschäftspapiere der Beteiligten, sie dürfen Grundstücke und Räume der Beteiligten während der Geschäftszeit betreten und Ladung sowie Begleitpapiere kontrollieren.

MERKE

Die **Binnenschiffsfracht** wird zwischen dem Absender (Empfänger) und dem Frachtführer **im Frachtvertrag vereinbart**. Sie setzt sich zusammen aus

freier Frachtvereinbarung
- Motorschiffsanteilfracht (nach Gewicht der Ladung),
- Kleinwasserzuschlag u. Ä.,

und

öffentlichen Angaben gem. Tarif
- Kanalgebühren,
- Schleusengebühren.

Der Frachtführer kalkuliert mit Bereithaltungskosten und Fortbewegungskosten des von ihm eingesetzten Schiffes.

10.2 Der Frachtvertrag

10.2.1 Die rechtlichen Grundlagen des Frachtvertrages

Der Versand von Gütern auf Binnengewässern ist ein **Frachtgeschäft im Sinne des HGB § 407**. Wer die Beförderung der Güter übernimmt (Einzelschiffer, Reeder oder Befrachter) ist **Frachtführer.** Er befördert die Güter mit eigenem oder fremdem Binnenschiff. Grundsätzlich gelten die Vorschriften des HGB über den Frachtführer (§§ 407 bis 451), die auch für das Landfrachtgeschäft gelten (vgl. Kapitel 3). In einigen Punkten sind diese Vorschriften ergänzt oder abgeändert worden durch das „Gesetz, betreffend die privatrechtlichen Verhältnisse in der Binnenschifffahrt" von 1895 **(Binnenschifffahrtsgesetz).**

MERKE

HGB § 407 (1): „Durch den Frachtvertrag wird der Frachtführer verpflichtet, das Gut zum Bestimmungsort zu **befördern** und dort an den Empfänger **abzuliefern.**

(2) Der Absender wird verpflichtet, die vereinbarte Fracht zu zahlen.

(3) Die Vorschriften dieses Unterabschnittes gelten, wenn
1. das Gut zu Lande oder auf **Binnengewässern** befördert werden soll und
2. die Beförderung zum Betrieb eines gewerblichen Unternehmens gehört."

Da der Betrieb eines Frachtführers in der Binnenschifffahrt immer einen „nach Art und Umfang ... in kaufmännischer Weise eingerichteten Geschäftsbetrieb" erfordert, ist der Frachtführer **Istkaufmann,** für den das HGB in vollem Umfang gilt (vgl. Abschnitt 3.1).

Diese gesetzlichen Regelungen sind z.T. nicht zwingender Natur. Der Inhalt des Frachtvertrages kann frei vereinbart werden. Angewendet werden die **„Verlade- und Transportbedingungen"** (auch Verfrachtungsbedingungen, Konnossementsbedingungen genannt), die im Frachtbrief bzw. Ladeschein als **„Allgemeine Geschäftsbedingungen"** des Frachtführers aufgenommen sind.

Im grenzüberschreitenden Verkehr gilt grundsätzlich das Recht des Erfüllungsortes; das ist der ausländische Bestimmungsort. Werden bei Abschluss des Frachtvertrages andere Vereinbarungen getroffen, dann gelten diese.

10.2.2 Arten und Abschluss der Frachtverträge

Am Frachtvertrag sind beteiligt:

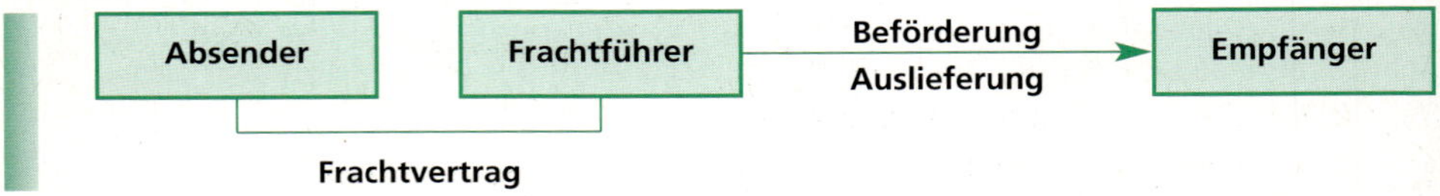

Ein Frachtvertrag bezieht sich auf

- **Gesamtverfrachtung:** der Absender chartert das Schiff für eine ganze Schiffsladung,
- **Teilverfrachtung:** der Absender chartert Teile des Schiffes oder bestimmte Laderäume, die für seine Ladung ausreichen,
- **Stückgutverfrachtung:** der Absender übergibt dem Frachtführer seine Stückgutsendung zur Beförderung (je nach Schiff bis 10 t, aber auch bis zu 300 t).

Bei der Gesamtverfrachtung kann das Schiff **„In Fracht"** oder **„In Tagesmiete"** gechartert werden. Bei der **Charterung „In Fracht"** erhält der Schiffseigner für Ausführung einer bestimmten Reise eine bestimmte Fracht, die nach dem Gewicht der Ladung ohne Rücksicht auf die Dauer der Schiffsreise bemessen wird. Bei der **Charterung „In Tagesmiete"** werden der Frachtberechnung die Tragfähigkeit des Schiffes und die Tage, die der Schiffer sein Schiff zur Verfügung stellen muss, zugrunde gelegt, unabhängig davon, wie viele Reisen das Schiff während dieser Zeit ausführt **(Zeitfrachtvertrag).** Es liegt ein reines Frachtgeschäft vor; das Schiff bleibt in der Verfügungsgewalt des Schiffers (Reeders) als Frachtführer.

Ein Großversender mietet ein Schiff für eine bestimmte Zeit. Er schließt dann mit dem Schiffseigner einen **Mietvertrag** ab und hat als Mieter die freie Verfügungsgewalt über das Schiff; er bestimmt über dessen Verwendung. Er wird Dienstherr für die Schiffsbesatzung und gilt Dritten gegenüber als Schiffseigner im Sinne des Binnenschifffahrtsgesetzes; er wird ihnen als solcher verpflichtet.

Ein Absender schließt entweder von Fall zu Fall Frachtverträge zu den geltenden Frachtraten ab **(Tagesgeschäfte),** oder er deckt sich auf längere Zeit (etwa 1 Jahr) für Sendungen, die mit einer gewissen Regelmäßigkeit nach Menge, Art und Richtung wiederkehren, mit Frachtraum ein, um ihn nach Bedarf anzufordern **(Kontrakte).** Für die Frachtkontrakte werden die Frachtsätze im voraus festgesetzt. Der Absender sichert sich dadurch einerseits den benötigten Schiffsraum und andererseits eine angemessene, gleich bleibende Fracht, die von jahreszeitlichen Schwankungen unberührt bleibt. Der **Abschluss der Frachtverträge** vollzieht sich nur selten **unmittelbar** zwischen dem Absender und den Schifffahrtsunternehmern, so z. B. im Schifffahrtsverkehr der Reedereien, der auf bestimmten Linien, mit festen Abfahrtszeiten durchgeführt und nach Tarifsätzen abgerechnet wird. Meistens wird er mittelbar vollzogen.

Der Versender wendet sich an den **Agenten der Reederei** und nimmt seine Leistung in Anspruch, oder er beauftragt einen **Schiffsmakler,** ihm einen geeigneten Schiffsraum nachzuweisen.

Die verschiedenen Rechtsbeziehungen beim Abschluss von Schiffsfrachtverträgen

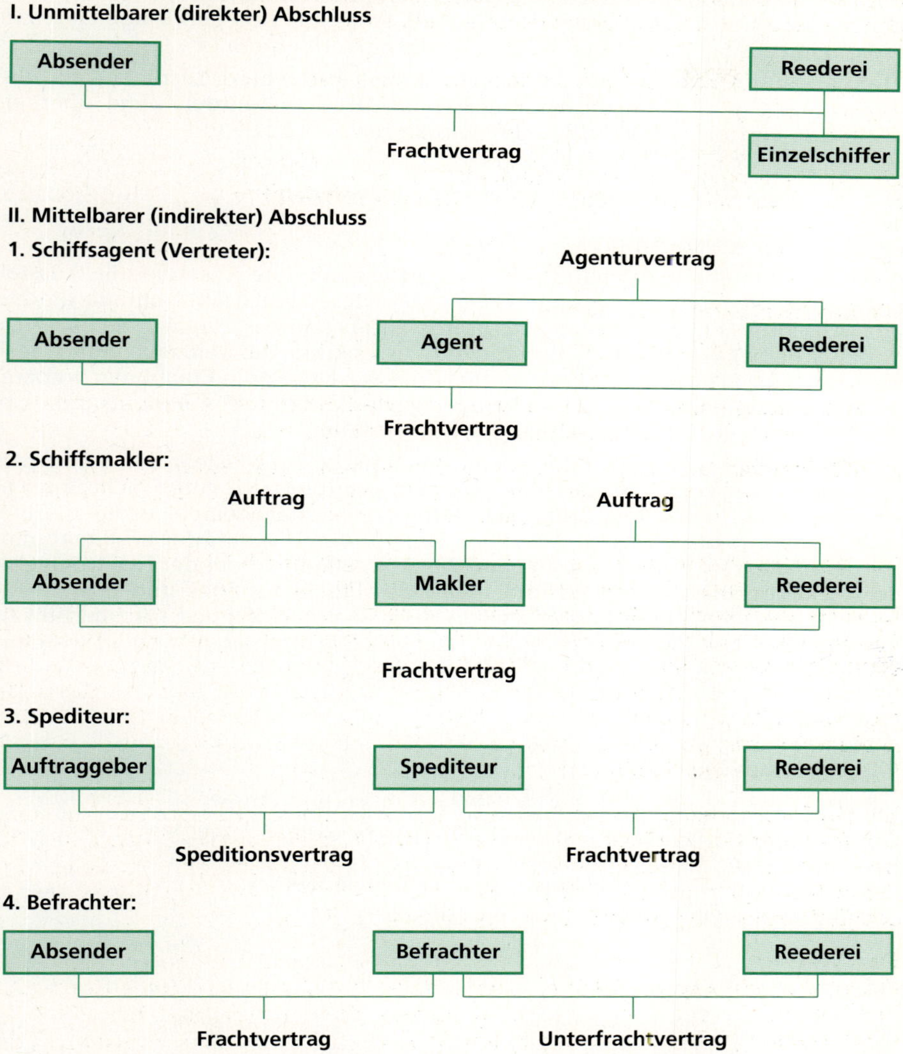

Bei den **Schiffsmaklern** (Frachtmaklern, Schiffsprokureuren) melden sich sowohl Laderaum suchende Absender als auch Laderaum anbietende Schiffer; sie machen geeignete Partner miteinander bekannt und **vermitteln** so den Abschluss eines Frachtvertrages zu einem Frachtsatz, der der Lage des Frachtenmarktes entspricht. Für ihre Bemühung bekommen sie eine Gebühr (Courtage), die nach der Fracht oder der Ladungsmenge bemessen wird. Sind die Makler **Vertreter** einer bestimmten Schifffahrtsunternehmung, dann schließen sie in deren Namen die Frachtverträge ab und besorgen auch andere Geschäfte für sie.

Ein Versender als Auftraggeber kann sich auch an einen **Spediteur** wenden und ihm den Auftrag erteilen, für die Beförderung der Güter zu sorgen, d.h. sie für Rechnung des Versenders, aber im eigenen Namen durch einen geeigneten Schiffsfrachtführer zum Versand zu bringen. Ein Spediteur kann den Frachtvertrag leichter zu günstigen Bedingungen abschließen als der Versender selbst, da er regelmäßige Geschäftsbeziehungen zur Schifffahrt und zu den Schiffsmaklern unterhält.

Der Absender kann den Frachtvertrag mit einem **Befrachter** (Ausrüster) abschließen. Der Befrachter übernimmt die Beförderung als Frachtführer, ohne über eigene Schiffe zu verfügen. Er chartert oder mietet fremde Schiffe.

10.3 Der Frachtbrief und der Ladeschein

10.3.1 Der Frachtbrief

Wie beim Landfrachtgeschäft kann der Frachtführer vom Absender die **Ausstellung eines Frachtbriefes** verlangen (HGB § 408). Dieser Frachtbrief enthält die Namen und Anschriften des Absenders, des Frachtführers und des Empfängers (mit etwaiger Meldeadresse), die Art des Gutes und die Verpackung, die Kennzeichnung, das Rohgewicht oder die anders angegebene Menge des Gutes, die Fracht und weitere Einzelheiten (vgl. Abschnitt 3.2). Die Angaben des Gutes u. a. gelten als mit dem Gut übereinstimmend – **bis zum Beweis des Gegenteils.**

Der Frachtbrief wird in **drei Originalausfertigungen** ausgestellt und vom Absender unterschrieben; auf Verlangen des Absenders wird er auch vom Frachtführer unterzeichnet. Die Unterschrift kann auch durch Druck oder Stempel erfolgen. Eine Originalausfertigung ist für den Absender, eine für den Frachtführer bestimmt und eine begleitet das Gut bis zum Empfänger. Allen Beteiligten dient der Frachtbrief als **Beweisurkunde** über Abschluss und Inhalt des Frachtvertrages und über die Übernahme des Gutes in der beschriebenen Art und Beschaffenheit bis zum Beweis des Gegenteils. Er ist kein Wertpapier; er kann als Sperrpapier verwendet werden (vgl. Abschnitt 3.2.2).

MERKE

Der Binnenschiffsfrachtbrief ist

- eine Beweisurkunde über Abschluss und Inhalt des Frachtvertrages,
- eine Beweisurkunde über die Übernahme des Guts in der bezeichneten Beschaffenheit (Empfangsbescheinigung),
- Begleitpapier (schriftliche Unterlage für die Transportabwicklung),
- Sperrpapier (Originalausfertigung des Absenders).

10.3.2 Der Ladeschein[1]

▲ *Ausstellung.* Der Absender kann verlangen, dass ihm der Frachtführer nach der Übernahme der Güter einen Ladeschein unterzeichnet (vgl. HGB § 444). Dies kann für den Frachtführer auch der Schiffsführer im Rahmen seiner gesetzlichen Vollmacht tun. Meistens schreibt der Absender selbst den Ladeschein aus und reicht ihn zur Unterschrift beim Frachtführer (Schiffseigner, Befrachter) oder seinem Vertreter ein. Der Ladeschein soll grundsätzlich die Frachtbriefangaben gemäß HGB § 408 Absatz 1 enthalten. Der Schein wird unterschrieben, nachdem die Güter übernommen sind. Gleichzeitig wird in der Regel eine Abschrift des Ladescheins eingereicht, die auf Wunsch des Frachtführers vom Absender unterschrieben wird und die (an Stelle eines Frachtbriefes) als Begleitbrief in den Händen des Frachtführers bleibt. Die Urschrift des Ladescheines erhält der Absender zurück. Er sendet sie an den Empfänger, der **nur gegen Rückgabe der Urschrift** die Güter vom Schiffer in Empfang nehmen kann.

[1] Auch Konnossement genannt, vgl. Seekonnossement

MERKE

HGB § 448: „Die Übergabe des Ladescheins an denjenigen, den der Ladeschein zum Empfang des Gutes legitimiert, hat ... für den Erwerb von Rechten an dem Gut dieselbe Wirkung wie die Übergabe des Gutes." **(Traditionspapier)**

▲ *Inhalt.* Der Ladeschein enthält

- **als Empfangsbescheinigung und Beförderungsversprechen** das Bekenntnis des Frachtführers, vom Absender eine bestimmte Menge eines nach Merkzeichen, Art und Beschaffenheit bezeichneten Gutes zur Beförderung nach einem bestimmten Ort (oder Orderhafen, in dem der endgültige Bestimmungsort zu erfragen ist) übernommen zu haben.
- **als Auslieferungsversprechen die Verpflichtung des Frachtführers,** das übernommene Gut (gegen Zahlung der Fracht und Nebengebühren, soweit sie nicht vom Absender gezahlt wurden, und einer etwaigen Nachnahme) an den Empfänger **nur gegen Vorlage** des Ladescheines auszuliefern (HGB § 445 f.).
- den Namen des Schiffes und des Schiffsführers.
- Bestimmungen über die Höhe und Zahlungen der Fracht, Nebengebühren und einer etwaigen Nachnahme.
- eine Meldeanschrift[1] im Ablieferungsort: Sie ist beim Orderladeschein wichtig, da dieser an eine Person gegeben worden sein kann, die dem Schiffer nicht bekannt ist. Der Ladescheinbesitzer gibt seinen Namen bei der Meldeanschrift an, sodass der Schiffer ihn dort nach Ankunft erfragen kann.
- Ort und Tag der Ausstellung.
- Unterschrift des Frachtführers oder seines Vertreters.

MERKE

Bedeutung des Ladescheines:

- Empfangsbescheinigung des Frachtführers,
- Beförderungsversprechen,
- Urkunde über Abschluss und Inhalt des Frachtvertrages,
- Auslieferungsversprechen
  - nur gegen Rückgabe des Originals und
  - nur an den rechtmäßigen Empfänger = Wertpapier

10.3.3 Die Ladescheinarten und die Legitimation des Empfängers

Der Inhaber des Ladescheines muss aus der Urkunde beweisen, dass er der rechtmäßige Empfänger ist. Seine Legitimation ergibt sich aus der Art des Ladescheines, die der Empfängerangabe in der Urkunde zu entnehmen ist.

▲ *Orderladeschein.* Der Empfänger wird genannt und der Zusatz „oder Order" hinzugefügt: „Ich verpflichte mich, das Gut an Herrn Kurt Sperber **oder Order** auszuliefern."

Es wird kein Empfänger genannt, sondern es heißt: „Ich verpflichte mich, das Gut **an Order** auszuliefern."

[1] Im Seekonnossement Notify-Adresse

Muster eines Ladescheines

DEUTSCHE TRANSPORT-GENOSSENSCHAFT BINNENSCHIFFAHRT EG

Schiffahrt · Befrachtung · Spedition

Duisburg, Rheinallee 3
Telefon: (02 03) 8 00 04–0, Fax: 8 00 04 53

Andernach, Uferstraße 5
Telefon: (0 26 32) 49 20 71, Fax: 12 67

Mannheim, Rheinvorlandstraße 5
Telefon: (06 21) 10 10 77, Fax: 10 56 24

Berlin, Westhafen
Telefon: (0 30) 3 96 40 06, Fax: 3 96 89 09

Magdeburg-Rothensee, Steinkopfinsel
Telefon: (00 37 91) 5 00 8 67, Fax: 5 00 8 69

Minden, An der Tränke 7
Telefon: (05 71) 2 60 25, Fax: 2 24 34

Hamburg, Stadtdeich 27
Telefon: (0 40) 33 17 87, Fax: 33 69 28

Bremen, Friedrich-Ebert-Straße 18
Telefon: (04 21) 55 50 86, Fax: 55 28 90

Rotterdam, Schiedamse Vest 62
Telefon: (00 31 10) 4 11 76 10, Fax: 4 11 04 18

Original - Ladeschein Ldg.-Nr. 6/10

MS "Gerhard" Tragf. 1 299 to, Schiffsführer Meyer

Empfangen von BodenVerwertung Nord GmbH, 2. Hafenstr. 4, 21079 Hamburg

Zur Beförderung von Hamburg nach Duisburg

Inhalt nach Angaben des Verladers	angebliches Brutto-Gewicht kg
1 Partie lose Baustellenaushub/Bauschutt	948 500

Frankatur-Vermerk franko Güter-Nr. 6 396 Güter-Klasse VI

Empfänger: BodenVerwertung Nord GmbH
Osterholder Allee 38
Niederlassung 25421 Pinneberg

Meldeadresse: Tel. (04101) 69941

Löschstelle: Anzuweisende

Es wurden 1 Original und 5 Kopie-Ladescheine ausgestellt, die jedoch nur für einen Ladeschein gelten.
Bei Order-Ladescheinen erfolgt die Auslieferung der Sendung nur gegen Rückgabe des ordnungsgemäß girierten Original-Ladescheines.

Unverantwortlich für Beschaffenheit, Qualität, Angaben des Absenders über Maß, Stückzahl, Gewicht und Inhalt, Wert, Zeichen und Nummern der übernommenen Ladung sowie für Zustand und Art der Verpackung.

Für die Übernahme des Transportes gelten unsere Verlade- und Transportbedingungen. Im Rahmen von uns betriebener Speditionsgeschäfte arbeiten wir ausschließlich aufgrund der Allgemeinen Deutschen Speditionsbedingungen (ADSp) neuester Fassung. Im übrigen gelten die Bestimmungen des deutschen Binnenschiffahrtsgesetzes und in Havarie-grosse-Fällen die Rheinregeln IVR.

Im Elbebereich gelten die Allgemeinen Verfrachtungsbedingungen für die Elbe.

Der Schiffer ist verpflichtet, jeden außergewöhnlichen Aufenthalt sofort fernmündlich oder telegrafisch zu melden.

Hamburg, den 4. Januar ..

K. Schulze

Unterschrift des Schiffers oder für denselben

Der genannte Empfänger kann den Herausgabeanspruch durch Voll- oder Blankoindossament weitergeben (Indossant). Ist kein Empfänger genannt, indossiert der Absender (HGB § 444,2). Legitimierter Empfänger ist der namentlich genannte Empfänger oder derjenige Inhaber, der sich durch eine lückenlose Kette von Indossamenten ausweisen kann. Der durch Indossament als rechtmäßig ausgewiesene Empfänger (Indossatar) kann uneingeschränkt fordern, was im Ladeschein versprochen ist. Der Frachtführer kann Einwendungen nur aus der Urkunde und aus der Echtheit seiner Unterschrift auf dem Ladeschein erheben.

▲ ***Namensladeschein (Rektaladeschein).*** Der Empfänger kann mit Namen genannt werden: „Ich verpflichte mich, das Gut an Herrn Kurt Sperber auszuliefern."

Legitimiert ist nur der in der Empfängerspalte Genannte. Dieser hat jedoch das Recht, den Herausgabeanspruch an einen Nachmann (Zessionar) abzutreten; das geschieht durch Forderungsabtretung (Zession). Der Zedent, der Abtretende, kann allerdings nur die Rechte abtreten, die er zum Zeitpunkt der Abtretung an den Frachtführer hatte. Der Zessionar als neuer Empfänger muss sich alle Einwendungen, die der Frachtführer gegen den Ladescheinempfänger hat, aufrechnen lassen.

MERKE

▲ Der **Orderladeschein** enthält in der Empfängerspalte die Orderklausel. Der rechtmäßige Empfänger ist genannt oder weist sich durch eine lückenlose Kette von Indossamenten aus. Er hat den vollen Herausgabeanspruch (Besitzrecht).

▲ Der **Namensladeschein** enthält in der Empfängerspalte nur den Namen des Empfängers (ohne Orderklausel). Er kann seinen Herausgabeanspruch gegen den Frachtführer zedieren. Der legitimierte Empfänger muss Einwendungen gegen sich gelten lassen, die der Frachtführer gegen den Erstempfänger hat.

▲ ***Bedeutung des Ladescheines.*** Durch das Versprechen des Frachtführers, die Sendung **nur gegen Rückgabe des Ladescheines** (HGB § 445) und **nur an den rechtmäßigen Inhaber** auszuliefern, wird der Herausgabeanspruch in dem Schein verbrieft. Damit wird der Ladeschein zu einem **Warenwertpapier.** Der Inhaber bekommt einen selbstständigen Auslieferungsanspruch gegen den Frachtführer, der vom Kausalgeschäft, dem Frachtvertrag, losgelöst ist. Als **Traditionspapier** ersetzt die Übergabe des Ladescheines die Besitzübergabe der Sendung.

MERKE

Verwendungsmöglichkeiten des Ladescheines:

✘ Der Inhaber kann durch Übergabe des Scheines den Herausgabeanspruch, also den **Besitz übertragen,** als Verkäufer bei vorangegangener Einigung auch das **Eigentum.**

✘ Verkäufer und Käufer können ihn gemäß Kaufvertrag zur **Zahlungs- und Lieferungssicherung** verwenden. Er kann vom Eigentümer auch zur Beleihung durch einen Kreditgeber eingesetzt werden.

✘ Allen Beteiligten dient er als **Beweisurkunde**.

10.4 Die Abwicklung des Frachtgeschäftes

10.4.1 Die Beladung des Schiffes

▲ ***Verpacken.*** Mit Abschluss des Frachtvertrages übernimmt der Absender die Pflicht, das Gut – soweit erforderlich – so zu verpacken, dass es vor Verlust und Beschädigung durch die üblichen Beförderungsgefahren geschützt ist; auch muss er sicherstellen, dass dem Frachtführer, seinen Leuten und mitverladenen Gütern keine Schäden entstehen (HGB § 411).

▲ ***Kennzeichnen.*** Das Gut muss vom Absender gekennzeichnet, markiert werden, soweit das zur ordnungsgemäßen Transportabwicklung erforderlich ist (HGB § 411).

▲ ***Begleitpapiere.*** Nach Abschluss des Frachtvertrages übergibt der Absender dem Frachtführer den Frachtbrief über die Sendung oder, wie vereinbart, den Ladeschein. Zusätzlich muss er ihm alle Urkunden zur Verfügung stellen bzw. Auskünfte erteilen, die für die ordnungsgemäße Behandlung des Gutes erforderlich sind, z. B. Zollbehandlung oder eine andere amtliche Behandlung (HGB § 413).

▲ ***Ladeplatz, Ladeort.*** Im Frachtvertrag einigen sich Absender und Frachtführer über den Hafen **(Ladeort)** und über die Stelle innerhalb des Hafens, an der die Ladung übernommen werden soll **(Ladeplatz).** Bei **Ganzbefrachtungen** bestimmt der Absender den am Ladeort vorgesehenen Ladeplatz zur Übernahme der ganzen Ladung. Der Frachtführer hat das Schiff auf seine Kosten dorthin zu verbringen. Bei **Teilbefrachtungen** bestimmt der Frachtführer den Ladeort; der Absender liefert seine Güter an dem (ortsüblichen) Ladeplatz an das Schiff an, es sei denn, er konnte den Ladeplatz mit dem Frachtführer vereinbaren. Als Ladeplatz kann jede geeignete Uferstelle, an der das Schiff anlegen kann, dienen, auch wenn der Ladeplatz außerhalb eines Hafens liegt.

▲ ***Ladungstüchtigkeit des Schiffes***. Der Schiffer bzw. der Frachtführer ist für die Ladungstüchtigkeit des Schiffes verantwortlich, und zwar auch dann, wenn der Absender die Laderäume besichtigt hat. Für Schäden, die aus Ladungsuntüchtigkeit des Schiffes entstehen, haftet der Frachtführer.

▲ ***Lade- und Löschtage.*** Der Schiffer bekommt für die Lade- und Löschtage, d. h. für die Tage, an denen die Ladung übernommen bzw. gelöscht wird, kein besonderes Entgelt. Die Kosten für Unterhalt, Löhne usw., die er in dieser Zeit hat, werden mit der Fracht abgegolten; deshalb hat der Schiffer ein Interesse an kurzen Lade- und Löschzeiten.

Der Schiffer ist verpflichtet, dem Absender seine **Ladebereitschaft** mündlich oder schriftlich innerhalb der ortsüblichen Geschäftszeit anzuzeigen. Am folgenden Tag um 06:00 Uhr beginnt die Ladezeit. Der Schiffer ist von dieser Anzeigepflicht entbunden, wenn eine andere Ladezeit vereinbart ist, z.B. „mit Ankunft des Fahrzeuges am Ladeplatz".

▲ ***Lade- und Löschzeiten.*** Die Fristen und die Entgelte, die bei Überschreitung erhoben werden können, werden von den Vertragsparteien ausgehandelt. Nach der Verordnung über Lade- und Löschtage von 1994, die durch das Tarifaufhebungsgesetz aufgehoben worden ist, die aber als Orientierungshilfe[1] dienen kann, betrugen die Lade- und Löschzeiten bei Ladungen der Trockenschifffahrt

✘ bis 300 Tonnen einen Tag,

✘ bis 750 Tonnen zwei Tage,

✘ bis 1500 Tonnen drei Tage,

✘ bis 2600 Tonnen vier Tage,

✘ über 2600 Tonnen fünf Tage.

▲ ***Liegegeld.*** Für jeden Tag, um den die Ladezeit überschritten wird, kann der Schiffer ein Liegegeld beanspruchen als Entschädigung dafür, dass das Schiff nicht in der Fahrt eingesetzt werden kann. Nach § 32 Binnenschifffahrtsgesetz beträgt das Liegegeld für jeden Kalendertag bei Schiffe mit einer Tragfähigkeit

[1] Neuregelung voraussichtlich ab Ende 1999

	Trockenschifffahrt Deutsche Mark	Tankschifffahrt Deutsche Mark
✗ bis 500 Eichtonnen	750	1 100
✗ von 501 bis 1 000 Eichtonnen	1 200	2 500
✗ von 1 001 bis 1 500 Eichtonnen	1 400	3 500
✗ je weitere angefangene 500 Eichtonnen erhöht sich das Liegegeld um	150	450

Das Liegegeld entfällt für Tage, an denen die Schifffahrt geschlossen ist (z. B. wegen Vereisung). Das abzurechnende Liegegeld wird im Frachtvertrag vereinbart.

▲ ***Überliegezeit.*** Soll der Schiffsführer noch über die Ladezeit hinaus auf die Ladung oder auf Teile davon warten, dann muss bei Vertragsabschluss eine Überliegezeit vereinbart werden. Die Wartezeit wird dann durch die Überliegezeit verlängert. Liegegeld ist auch für diese vereinbarte Überliegezeit zu entrichten, aber nicht für die vereinbarte Ladezeit. Ist die Dauer der Überliegezeit nicht festgesetzt, dann beträgt sie höchstens eine Woche. Diese „Wartezeit" entspricht also einer gesetzlichen Kündigungsfrist für das Warten auf die Ladung bzw. die Löschung.

▲ ***Beladung.*** HGB § 412,1: „Soweit sich aus den Umständen oder der Verkehrssitte nicht etwas anderes ergibt, hat der Absender das Gut **beförderungssicher zu laden, zu stauen und zu befestigen (verladen) sowie zu entladen**. Der Frachtführer hat für die **betriebssichere Verladung** zu sorgen."

Die **Kosten der Beladung** fallen ganz dem Absender zur Last, wenn es sich um Güter handelt, die unverpackt in den Schiffsraum geschüttet werden; denn diese hat der Absender bis **in das Schiff** zu liefern. Verpackte Güter hat er dagegen **auf das Schiff** zu liefern, d.h., er hat dafür zu sorgen, dass die Güter auf dem Deck des Schiffes abgeladen werden. Das Verstauen im Schiffsrumpf obliegt dem Schiffer und geht zu seinen Lasten. Durch Brauch oder Vereinbarung (z.B. „frei Schiff") ist dies in den Stromgebieten verschieden geregelt. Will der Absender die Güter nur bis **an das Schiff** liefern, so werden ihm die durch das Einladen entstehenden Kosten in Rechnung gestellt.

▲ ***Fehlfracht.*** Wenn der Absender nicht bis zum Ablauf der Wartezeit die Ladung angeliefert hat oder seinen Rücktritt vom Frachtvertrag vor einer Anlieferung der Güter bekundet, hat der Frachtführer einen Anspruch auf einen gesetzlich festgelegten Teil der bedungenen Fracht (Fehlfracht oder Fautfracht). Dies ist bei Ganzbefrachtungen ein Drittel und bei Teilbefrachtungen (sofern nicht alle zugesagten Teilladungen ausbleiben) die Hälfte der Fracht. Anderweitig verdiente Fracht wird auf die Fautfracht nicht angerechnet. Der Anspruch auf Liegegeld besteht daneben.

Wenn der Absender bis zum Ablauf der Wartezeit nur einen Teil der Ladung geliefert hat, kann der Frachtführer die Reise mit der unvollständigen Ladung antreten, dennoch aber die ganze Fracht fordern. Anderweitig verdiente Fracht ist in diesem Fall anzurechnen. Das gleiche gilt, wenn der Absender schon vor Ablauf der Wartezeit verlangt, dass der Frachtführer mit einer Teilladung abfährt (HGB § 416).

▲ ***Lieferklauseln.*** Sie können zur eindeutigen Kosten-, aber auch Leistungsteilung zwischen den Beteiligten im Frachtvertrag vereinbart werden. Bei einem normalen Transport – auch in einer Transportkette eingebunden – fallen an

- ✗ Vorlaufkosten, Nachlaufkosten (Lkw-, Bahntransport u. a.),
- ✗ Umschlaggebühren (Umschlagsatz, Ufergeld),
- ✗ Kontrollkosten an der Schnittstelle (Kontrolle der äußeren Beschaffenheit, Zählen, Wiegen),
- ✗ Kosten für mögliche logistische Dienstleistungen (Behandlung der Ware, Sortieren, Verpacken, Zollabfertigung u. a.).

Gebräuchliche Lieferklauseln sind

Klausel	Absender trägt	Empfänger trägt
Frei gestaut Abgangsschiff Ladehafen	✘ Vorlauf ✘ Umschlag ✘ Laden, Stauen ✘ Ufergeld, Liegegeld	✘ Binnenschiffsfracht bis Löschhaften ✘ Umschlag im Löschhafen ✘ Löschen ✘ Ufergeld, Liegegeld ✘ Nachlauf
Frei Ankunftsschiff Löschhafen	Frei gestaut zuzüglich Binnenschiffsfracht bis Löschhafen	✘ Umschlag ✘ Löschen ✘ Ufergeld, Liegegeld ✘ Nachlauf

10.4.2 Beförderung gefährlicher Güter mit dem Binnenschiff

▲ ***Rechtsgrundlagen.***

✘ „Gesetz über die Beförderung gefährlicher Güter" von 1975

✘ „Verordnung über die Beförderung gefährlicher Güter auf Binnengewässern" (Gefahrgutverordnung Binnenschiff – GGVBinSch) von 1995

✘ „Europäisches Übereinkommen über den Transport gefährlicher Güter auf dem Rhein" (ADNR) in der Fassung vom 1. Januar 1995

Die Gefahrgutvorschriften für den Binnenschiffsverkehr und den Landverkehr im nationalen und internationalen Bereich sind inhaltlich weitgehend einander angeglichen worden (vgl. Abschnitte 5.2.6 und 7.5).

Verantwortlich für das Gefahrgut ist jeder an der Beförderung Beteiligte. Alle unterliegen einer besonderen Sorgfaltspflicht. Die Vorschriften über **Gefahrgutbeauftragte** sind von den Unternehmern/Inhabern aller Betriebe, die mit Gefahrgut in Berührung kommen, zu beachten. Das Binnenschiff eignet sich besonders für **Gefahrguttransporte.**

▲ ***Mitteilungspflicht.*** Der Absender ist verpflichtet, dem Frachtführer rechtzeitig schriftlich die genaue Art der Gefahr und die zu ergreifenden Vorsichtsmaßnahmen mitzuteilen (HGB § 410,1).

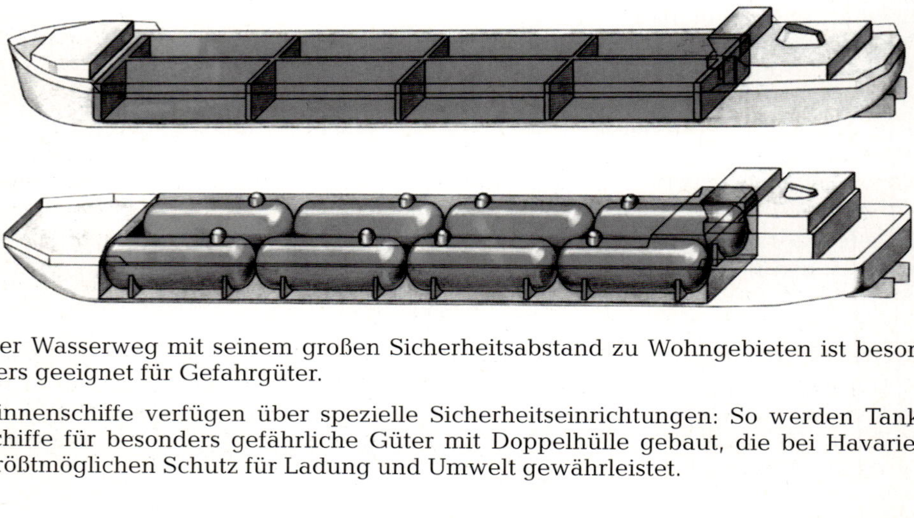

Der Wasserweg mit seinem großen Sicherheitsabstand zu Wohngebieten ist besonders geeignet für Gefahrgüter.

Binnenschiffe verfügen über spezielle Sicherheitseinrichtungen: So werden Tankschiffe für besonders gefährliche Güter mit Doppelhülle gebaut, die bei Havarien größtmöglichen Schutz für Ladung und Umwelt gewährleistet.

Größe und Anzahl der Tanks sind gesetzlich vorgeschrieben und richten sich nach der Größe des Tankschiffes. Gastanker sind mit Druckbehältern ausgerüstet.

Die Daten von Schiff und Ladung werden einer zentralen Erfassungsstelle gemeldet. Im Notfall können so schnellstens fachkundige Anweisungen erteilt werden.

Gefahrgut-Schiffe müssen besonders gekennzeichnet sein. Bei Tag durch blaue Kegel, bei Nacht durch blaue Lichter.

Beim Stillliegen müssen Schiffe mit gefährlichen Gütern genau festgelegte Mindestabstände einhalten. Besondere Liegeplätze für Gefahrgutschiffe sind durch Schilder gekennzeichnet.

10.4.3 Die Beförderung der Sendung

Nach Beendigung der Abladung muss die Fahrt binnen einer den Umständen angemessenen Frist, also ohne schuldhaftes Zögern angetreten werden. Wegen der oft unsicheren Verhältnisse der Schifffahrt ist es nicht üblich, eine **Lieferfrist** zu vereinbaren.

▲ *Sorgfaltspflicht des Schiffers.* Der Schiffer muss bei allen Diensten, die er zu leisten hat, die Sorgfaltspflicht eines ordentlichen Schiffers anwenden. Er haftet dem Schiffseigner und den Ladungsbeteiligten (Absender und Empfänger) für jeden Schaden, der aus der Vernachlässigung seiner Sorgfaltspflicht entsteht. Insbesondere hat er die Belange der Ladungseigentümer an den ihm anvertrauten Gütern wahrzunehmen. Er muss ihnen, soweit dies Zeit und Umstände erlauben, anzeigen, wenn den Gütern infolge der Lagerung oder aus anderen Gründen Verderben droht, und ihre Weisungen anfordern.

▲ *Nachträgliche Weisungen des Absenders.* Wie beim Landfrachtgeschäft kann der Absender den Frachtführer nachträglich anweisen, das abgeladene Gut anzuhalten und auf einer Zwischenstation auszuladen, es zurückzugeben oder an einen anderen Empfänger auszuliefern usw.

Der Frachtführer ist zur Befolgung der nachträglichen Weisungen nur soweit verpflichtet, als die Ausführung keinen Nachteil für den Betrieb seines Unternehmens und keine Schäden für Absender oder Empfänger anderer Sendungen mit sich bringt (HGB § 418,1). Der Frachtführer hat Anspruch auf Ersatz seiner Aufwendungen und auf eine angemessene Vergütung. Das Verfügungsrecht des im Frachtbrief genannten Absenders **erlischt mit Ankunft des Gutes** an der Ablieferungsstelle. Es geht dann auf den Empfänger über (HGB § 418, 2).

Das Recht des Absenders auf nachträgliche Weisungen wird wie folgt eingeschränkt:

✘ Es war **kein Ladeschein** erteilt worden, **oder** dieser befindet sich **noch in den Händen des Absenders:** Soll eine Ladung auf Verlangen des Absenders vor Antritt der Reise wieder zurückgegeben werden, sind dem Frachtführer die Stau- und Löschkosten zu ersetzen und die Fautfracht zu zahlen. Soll es nach Antritt der Reise in einem angelaufenen Zwischenhafen geschehen, so ist die volle Fracht zu entrichten. Außerdem kann die Ausführung einer solchen Verfügung unmöglich sein, wenn der Verfügende nicht der einzige Belader einer Schiffsladung ist bzw. die beteiligten Belader ihre Zustimmung verweigern oder die Lage der Güter die Teillöschung unmöglich macht.

✘ Der **Ladeschein** befindet sich **nicht mehr in den Händen des Absenders:** Mit der Weitergabe des Ladescheins verliert der Absender das Verfügungsrecht über die verladenen Güter. Es geht auf den neuen Ladescheininhaber über und kann von ihm auch schon vor Ankunft des Schiffes im Bestimmungshafen geltend gemacht werden, allerdings auch nur mit den üblichen Einschränkungen.

10.4.4 Das Löschen

▲ ***Benachrichtigung.*** Nach Ankunft im Bestimmungshafen muss der Schiffer den Empfänger, der ihm im Frachtbrief oder in der Ladescheinabschrift bezeichnet ist, benachrichtigen. Liegt ein reiner Orderladeschein vor, muss er den Namen des Empfängers über die Meldeanschrift erfragen.

▲ ***Auslieferung.*** Der Schiffer darf die Ladung **nur an den Inhaber des Ladescheines gegen Rückgabe dieses Papiers** aushändigen. Beim Orderladeschein muss er prüfen, ob der Schein durch Indossament ordnungsgemäß auf den Besitzer übertragen worden ist. Ist über die Beförderung der Sendung nur ein Frachtbrief ausgestellt worden, darf der Frachtführer nur an den im Frachtbrief genannten Empfänger ausliefern. Dieser übernimmt mit Annahme des Gutes die Entladepflicht (vgl. HGB § 412).

▲ ***Löschen der Ladung.*** Der Schiffer hat dem Empfänger seine **Löschbereitschaft** anzuzeigen. Der Empfänger kann den **Löschplatz** bestimmen, wenn das Schiff im Ganzen verfrachtet war, im anderen Fall nur bei einer entsprechenden Vereinbarung. Der Löschplatz kann auch schon im Frachtvertrag festgelegt sein.

Die **Löschzeit** beginnt wie die Ladezeit mit dem auf die Anzeige der Löschbereitschaft folgenden Tag; sie wird nach den Vorschriften für die Ladezeit berechnet. Dasselbe gilt für **die Überliegezeit**. Allerdings kann der Frachtführer verlangen, dass ihm außer dem Liegegeld ein Schaden vergütet wird, wenn er einen bereits abgeschlossenen neuen Frachtvertrag nicht rechtzeitig erfüllen kann, weil das Löschen der alten Ladung sich verzögert. Er kann auch die Löschung der Güter selbst veranlassen, um sein Schiff freizubekommen. Er muss dann rechtzeitig, d. h. unter Wahrung der gleichen Fristen wie bei der Wartezeit auf die Ladung, erklären, dass er die Löschung selbst vornehmen und die Güter in einem Lagerhaus oder in sonst geeigneter Weise einlagern werde.

Die **Kosten des Löschens** trägt der Empfänger; er hat lose Güter **im Schiff** und gepackte **auf dem Schiffsdeck** abzunehmen. Beim Löschen geschütteter Ladung muss die Besatzung mitwirken, ohne dass dem Empfänger dadurch Kosten entstehen. Allerdings beschränkt sich ihre Hilfe auf Arbeiten im Schiff.

Der Empfänger einer Schiffsladung kann verlangen, dass bei der Übernahme das Gewicht oder das Maß der Güter ermittelt und seine Übereinstimmung mit dem Ladeschein festgestellt wird. Der Schiffer muss dabei anwesend sein.

▲ ***Ablieferungshindernisse*** aller Art (Nichtermittlung des Empfängers, Annahmeverweigerung seitens des Empfängers, obrigkeitliches Löschverbot) sind sofort dem Absender anzuzeigen, um seine Anweisung über das Löschen der Ladung einzuholen.

Weisungen des Verfügungsberechtigten muss auch dann der Frachtführer einholen, wenn vor Ankunft des Gutes ein Beförderungshindernis erkennbar wird (z. B. kurzfristige Schließung der Wasserstraße (HGB § 419).

Kann der Frachtführer Weisungen des Verfügungsberechtigten (Absender, Empfänger oder ein Dritter) innerhalb einer angemessenen Zeit nicht erlangen, so kann er das Gut entladen und für Rechnung des Verfügungsberechtigten einlagern. Leicht verderbliche Ware darf er verkaufen lassen. Nicht verwertbares Gut darf er vernichten. Der Frachtführer hat Anspruch auf Ersatz der erforderlichen Aufwendungen. Er kann auch eine angemessene Vergütung verlangen. Von den Maßnahmen bei Ablieferungshindernissen ist der Absender bzw. der Empfänger zu benachrichtigen.

10.5 Entschädigungsansprüche aus dem Frachtvertrag

10.5.1 Die Haftung des Frachtführers

Auch im Binnenschiffsverkehr unterliegt der Frachtführer der **Obhutshaftung** (vgl. Abschnitt 3.2.3).

HGB § 425: „Der Frachtführer haftet für den **Schaden, der durch Verlust oder Beschädigung des Gutes** in der Zeit von der Übernahme zur Beförderung bis zur Ablieferung oder durch Überschreitung der Lieferfrist entsteht."

Er haftet nicht, wenn der Schaden „auf Umständen beruht, die der Frachtführer **nicht vermeiden und deren Folgen er auch bei größter Sorgfalt nicht abwenden konnte"** (HGB § 426). Ein Verschulden ist nicht Voraussetzung zur Haftung. Für Schäden, die aus einem Fahrzeugmangel entstehen, haftet er.

HGB § 427 zählt einzelne Haftungsausnahmen auf.

Der **Haftungshöchstbetrag** nach HGB § 431 beträgt 8,33 SZR. Er kann durch individuelle Vereinbarung oder durch „Allgemeine Geschäftsbedingungen" des Frachtführers verändert werden.

▲ *Haftungsausnahmen.* Ohne weiteres könnte er sich auf das Vorliegen folgender Umstände als Schadensursache berufen:

- ✘ die Güter sind nach Vereinbarung mit dem Absender auf Deck verladen,
- ✘ die Güter sind unverpackt oder mangelhaft verpackt aufgegeben worden, obwohl sie ihrer Natur nach hätten sicher verpackt werden müssen,
- ✘ die Güter sind vom Absender verladen bzw. vom Empfänger ausgeladen worden,
- ✘ die Güter sind durch ihre natürliche Beschaffenheit der Minderung oder Beschädigung besonders ausgesetzt, etwa durch Bruch, Rost, inneren Verderb, außergewöhnliches Lecken, Austrocknen oder Verstreuung.

Hiergegen kann allerdings der Geschädigte versuchen zu beweisen, dass der Schaden durch den Frachtführer verschuldet worden ist oder dass er mit der Sorgfalt eines ordentlichen Frachtführers hätte vermieden werden können.

10.5.2 Das Pfandrecht des Frachtführers

▲ *Konnexes Pfandrecht.* Wie beim Landfrachtgeschäft, so steht dem Frachtführer auch im Binnenschiffsverkehr ein **Pfandrecht an dem zur Beförderung übernommenen Gute** zu. Es beruht auf derselben handelsrechtlichen Grundlage (HGB §§ 440 ff.) und kann für die Fracht, die Fehlfracht, das Liegegeld und etwaige mit der Güterbeförderung zusammenhängende Auslagen in Anspruch genommen werden. Das Pfandrecht kann auch an Begleitpapieren (z.B. Ladeschein) ausgeübt werden, die das Verfügungsrecht über das Gut verbriefen. Das Pfandrecht wird hier an dem Gut ausgeübt, durch das die Forderung begründet worden ist; es besteht der Zusammenhang (Konnex) zwischen Gut und Forderung, wegen der gepfändet wird.

Wenn eine Ladung frachtfrei an den Empfänger auszuliefern ist, so kann der Frachtführer das Pfandrecht wegen der Fracht gegen diesen nur geltend machen, wenn es im Frachtvertrag vereinbart war. Wegen aller Ansprüche und Auslagen, die erst nach der Begebung des Ladescheines entstanden sind (z. B. auf Liegegelder für eine Überschreitung der Löschzeit, Auslagen während der Reise, Beiträge zur großen Haverei), kann der Frachtführer den Empfänger auch dann in Anspruch nehmen, wenn es nicht ausdrücklich vereinbart, d. h. in den Ladeschein aufgenommen worden war.

Das Pfandrecht kann auch noch binnen drei Tagen nach der Ablieferung gerichtlich geltend gemacht werden, wenn sich das Gut dann noch im Besitz des Empfängers befindet.

▲ *Inkonnexes Pfandrecht.* Der Frachtführer kann das Pfandrecht auch wegen **Forderungen aus anderen Fracht-, Speditions- oder Lagerverträgen,** die mit dem Absender geschlossen worden sind, ausüben. Allerdings dürfen diese Forderungen nicht strittig sein, sie müssen anerkannt oder rechtskräftig festgestellt sein (vgl. Abschnitt 3.2.2).

10.5.3 Die Schadensregelung bei Schiffsunfällen

Es ist möglich, dass bei Schiffsreisen, insbesondere durch Schiffsunfälle, ein Schaden an der Ladung entsteht, für den der Geschädigte keine der am Frachtvertrag beteiligten Personen verantwortlich machen kann. Gegen solche Verluste oder Schäden aus **besonderer Haverei** kann sich der Ladungseigentümer nur durch eine Transportversicherung schützen.

Eine Schiffsreise stellt den verantwortlichen Schiffsführer aber gelegentlich auch vor eine Notlage, in die Schiffe und Ladung geraten sind und in der sie von völligem Untergang bedroht werden. Man spricht hier von der **großen Haverei.** Dann ist es sein Recht und seine Pflicht, Maßnahmen zu treffen oder Kosten aufzuwenden, um Schiff **und** Ladung aus der gemeinsamen Gefahr zu befreien. Der Schaden und die Kosten, die in einem solchen Fall entstehen und Schiff oder Ladung treffen können, sind anteilig von den beteiligten Werten zu tragen. Die für ihre Regelung geltenden Vorschriften des Binnenschifffahrtsgesetzes entsprechen in den Grundzügen denen des Seeschifffahrtsrechtes (vgl. Kapitel 16). Eine wesentliche Ausnahme gegenüber dem Seerecht besteht aber darin, dass nur Schiff und Ladung und nicht auch die Fracht die Schäden und Kosten einer großen Haverei zu tragen haben. Der Verlader kann sich gegen solche Havereibeiträge versichern.

AUFGABEN

1 Unterscheiden Sie die Betriebsformen der Binnenschifffahrt!

2 Welche Rechtsgrundlagen sind bei Gütertransporten mit dem Binnenschiff zu beachten?

3 Wodurch unterscheidet sich der Frachtbrief vom Ladeschein in der Binnenschifffahrt?

4 Wozu dient der Ladeschein?

5 Wer ist legitimierter Empfänger aus einem Orderladeschein?

6 Beschreiben Sie die Kosten, die durch die Binnenschiffsfracht abgedeckt werden müssen!

7 Versuchen Sie, die marktwirtschaftlichen Probleme zu beschreiben,
- die sich aus der Verflechtung von Reedereien mit großen Industrie- und Handelskonzernen ergeben!
- die sich aus der Aufhebung der verbindlichen Tarife ergeben!
- die sich aus der Aufhebung des Kabotageverbots ergeben!

8 Von wem und zu welchem Zweck sind die Transportgenossenschaften gegründet worden?

9 Durch welche Einflussgrößen kann ein Binnenschiffstransport behindert werden?

10 Welche Argumente sprechen für und welche gegen den Ausbau der Wasserstraßen?

11 Stellen Sie anhand einer Europakarte fest, welche Binnen- und Seewasserstraßen die wichtigen Wirtschaftszentren Europas miteinander verbinden, und nennen Sie die entsprechenden Binnenhäfen!

11 Die Binnenschiffsspedition

11.1 Die Stellung des Spediteurs in der Binnenschifffahrt

Bei der Beförderung von Gütern auf Binnengewässern wirken Speditionsbetriebe mit.

Sie betätigen sich als **Frachtführer**. Sie verfügen über eigene Schiffe, sie mieten Schiffsraum oder sie schließen mit Schiffseignern Frachtverträge langfristig ab.

Der Spediteur arbeitet als **Vertreter einer Reederei.** Er schließt dann in ihrem Auftrag, für ihre Rechnung und in ihrem Namen, Frachtverträge mit den Versendern ab und erhält für seine Bemühungen eine Provision von der Fracht. Daneben kann er dem Versender Speditionsdienste leisten.

Der Betrieb arbeitet als **Spediteur** im eigentlichen Sinne des Gesetzes. Als **Versandspediteur** schließt er für Rechnung des Versenders, aber im eigenen Namen Frachtverträge mit Reedereien oder Einzelschiffern ab. Er stellt dabei seine Kenntnisse und Erfahrungen in Schifffahrtsfragen sowie seine regelmäßigen Geschäftsbeziehungen zu Schifffahrtskreisen zur Verfügung. Er ist hier der **Verkehrsmittler**, da es für die Versender wegen der Vielfältigkeit der Binnenschifffahrtsunternehmer und ihrer Fahrzeuge im Allgemeinen schwierig ist, im Einzelfall die günstigste, schnellste und sicherste Beförderungsgelegenheit zu finden. Er schreibt die Versandpapiere aus, besorgt die Anlieferung, das Verwiegen oder Zählen und die Abladung der Güter. Er überwacht die Ladezeit, legt die Fracht vor, besorgt die erforderlichen Zollabfertigungen und ist in allem der Vertreter der Ladung gegenüber dem Frachtführer. Den Ladeschein, den ihm der Schiffer erteilt, sendet er je nach Auftrag mit einer Versandanzeige an den Auftraggeber oder den Empfänger der Güter.

Bei der Ankunft der Güter im Bestimmungshafen ist der Speditionsbetrieb häufig **Empfangsspediteur.** Er hat den Ladeschein erhalten, nimmt daraufhin die ankommenden Schiffsgüter in Empfang und leitet sie dem Empfänger zu. Er vertritt den Ladungseigentümer bei der Löschung von Massengütern und nimmt seine Rechte aus dem Frachtvertrag gegenüber dem Frachtführer wahr. Er prüft die Menge und die Beschaffenheit der Ladung und die Berechnung der Fracht. Er verfügt über die notwendigen Warenkenntnisse, entnimmt Proben, prüft die Güte und nimmt bei Warenmängeln die erste Beanstandung gegenüber dem Lieferer seines Auftraggebers vor.

11.2 Die Umschlagsspedition im Binnenhafen

Erhebliche Gütermengen, die auf Binnengewässern befördert werden, haben zuvor eine längere oder kürzere Anschlussstrecke mit einem anderen Verkehrsmittel zurückzulegen bzw. an die Schiffsbeförderung anzuschließen. Sie werden deshalb an einen Zwischenspediteur in dem betreffenden Binnenhafen gesandt, der hier den Umschlag der Güter zu besorgen hat. Die **Umschlagsspedition** ist das wichtigste Betätigungsfeld der Spediteure beim Binnenschiffsversand.

Zum konventionellen **„Umschlag“** gehören die vielen Verrichtungen, die vorgenommen oder veranlasst werden müssen, um Schüttgüter und die verpackten Güter von einem Landverkehrsmittel ins Schiff zu bringen und umgekehrt vom Schiff auf die Bahn oder den Kraftwagen. Große Umschlagsanlagen umsäumen die Binnenhäfen.

Dazu gehören die technischen Einrichtungen zur Bewegung der Gütermengen, wie Krane der verschiedensten Art, Greifer, Heber, Wagenkipper, laufende Bänder, ferner die Güterschuppen, Silos, Speicher und Lagerhäuser, in denen die Güter vorübergehend oder für längere Zeit eingelagert werden. Da die Binnenschifffahrt in erster Linie Massengüter bewegt, werden mit diesen Einrichtungen große Gütermengen umgeschlagen.

Die Binnenhäfen verfügen als **Schnittstellen** des Nah- und Fernverkehrs der verschiedenen Verkehrsträger über wichtige Merkmale eines **Güterverkehrszentrums** (vgl. Abschnitt 6.5).

Die **Binnenumschlagsspediteure** sind in sehr verschiedener Eigenschaft an diesem Umschlag der Güter beteiligt:

- Sie sind **Eigentümer** der erforderlichen Anlagen und schlagen mit ihren eigenen Kranen, Greifern, Hebern usw. in den Hafenplätzen die Güter aus dem Schiff auf ihre Lager, auf die Bahn oder den Lastkraftwagen um bzw. umgekehrt. Derartige Speditionsbetriebe müssen über entsprechendes Kapital verfügen, das sie für den Erwerb der Umschlaganlagen, den Bau von Lagerhäusern einsetzen können; sie sind kapitalintensiv.
- Die Ausrüstung der Binnenhäfen wird von den Eigentümern des Hafengeländes, der Gemeinde oder dem Staat erstellt. Sie sorgen nicht nur für den Ausbau der Hafenbecken und der Ladeplätze, sondern bestücken sie auch mit den Umschlagsanlagen. Die Speditionsbetriebe sind **Pächter** eines Teils dieser Anlagen oder schließen Erbpachtverträge auf lange Jahre, um sie weiter ausbauen zu können.
- Der (städtische oder staatliche) Eigentümer der Anlagen geht noch einen Schritt weiter, indem er den Umschlagsbetrieb in eigene Regie nimmt. Der mit dem Umschlag beauftragte Spediteur benutzt diese Anlage dann unter eigenem Namen für Rechnung seines Auftraggebers, entrichtet die Benutzungsgebühren und rechnet darüber wie über seine sonstigen Dienstleistungen mit dem Kunden ab.

Die **Tätigkeit des Binnenumschlagsspediteurs** besteht im Wesentlichen in den folgenden Verrichtungen:

- Er überwacht den Umschlagsvorgang und wählt gemäß den Weisungen den geeigneten Weg für die Weiterbehandlung der Güter.
- Er nimmt die Güter von dem eintreffenden Verkehrsmittel durch eigene oder beauftragte Erfüllungsgehilfen ab und wahrt dabei etwaige Schadenersatzansprüche gegenüber dem Frachtführer.
- Er führt die Güter dem neuen Verkehrsmittel zeitgerecht (Just-in-Time) zu, indem er sie unmittelbar überladen läßt (ein Binnenschiff legt längsseits des Seeschiffes an; die Bahn, der Lastkraftwagen fahren mittels der Hafengleise bzw. der Hafenstraßen an den Anlegeplatz des Schiffes) oder indem er eine Zwischenbeförderung oder auch eine Zwischenlagerung veranlasst.
- Er schließt den neuen Frachtvertrag ab und übergibt dem neuen Verkehrsmittel die Güter.
- Er veranlasst alle durch den Hafenverkehr bedingten Maßnahmen und legt die Kosten dafür vor.
- Er schreibt alle für diese Verrichtungen notwendigen Antragsvordrucke, Begleitpapiere, Briefe und Abrechnungen aus, zeigt dem Auftraggeber die Durchführung des Umschlages an und dem Empfänger den Versand der umgeschlagenen Güter.
- Er besorgt weisungsgemäß alle erforderlichen Zollabfertigungen in Vollmacht seines Auftraggebers und legt – falls erforderlich – für ihn die Einfuhrabgaben aus.

Zusätzlich erfüllt der Binnenumschlagsspediteur andere, logistische Dienstleistungen[1]:

Die Auftraggeber des Binnenumschlagsspediteurs sind Verarbeitungsbetriebe, Großhändler, Importeure oder Exporteure, die teilweise weit entfernt vom Umschlagsplatz ihre Niederlassungen haben. Der Spediteur hat ihre Rohstoffe, Halb- und Fertigerzeugnisse oder Handelswaren umzuschlagen. Dabei berät er sie nicht nur bei der Auswahl des billigsten, schnellsten und sichersten Verkehrsweges und wahrt ihre Interessen gegen die Verkehrsbetriebe beim Be- und Entladen, sondern er stellt ihnen – insbesondere beim Lagergeschäft – seine Fachkenntnisse bei der Prüfung der Qualität und Gesunderhaltung empfindlicher Güter zur Verfügung. Mancher Binnenumschlagsspediteur ist Fachmann in der Bearbeitung der ihm anvertrauten Speditionsgüter, seien dies Holz, Kohlen, Erze, Getreide, Saaten, Hülsenfrüchte, Baumwolle. Sie wissen, wie Muster zu ziehen sind, und kennen die verschiedenen Lieferverträge. Sie sorgen für eine reibungslose Abwicklung der Warenbewegung und für eine geordnete Erfüllung der Kontrakte. Sie prüfen die Maße und das Gewicht, verbessern, soweit dies erforderlich ist, die Verpackung und bearbeiten die Güter, z. B. durch Umstechen, Auslesen oder Mischen.

ZUSAMMENFASSUNG

Der Binnenumschlagsspediteur sorgt an der Schnittstelle des Güterverkehrs im Binnenhafen für das Gut und stellt den Güterfluss in durchgehender Transportkette zwischen Hersteller/Erzeuger und Verbraucher/Empfänger sicher. Ebenso organisiert er Einzeltransporte. Alle Leistungen erbringt er zeitgerecht, auf den Bedarf seines Auftraggebers abgestimmt (Just-in-Time) unter Einsatz moderner Kommunikationsmittel.

11.3 Kombinierte Verkehre in der Binnenschifffahrt

▲ ***Containerverkehr.*** In wachsendem Umfang werden Container aus dem Inland und aus dem Ausland mit dem Binnenschiff befördert (vgl. Abschnitt 16.6). Frachtführer setzen Binnenschiffe ein, die mit entsprechenden Einrichtungen für den Containertransport ausgerüstet sind. Diese Containerschiffe haben eine Ladekapazität bis zu 300 TEU-Containern (vgl. Abschnitt 16.6).

Zur reibungslosen Abwicklung des Containerverkehrs sind in den Binnenhäfen und in den Seehäfen **Containerterminals** eingerichtet. Diese Containerumschlagsanlagen sind ausgestattet mit kapitalintensiven Krananlagen (bis zu 40 t-Tragfähigkeit), mit tragfähigen Containerstellplätzen, mit Containerhubwagen usw. Standardisierte Überseecontainer, DB-Container und private Container aller Art werden hier vom Landtransportmittel auf das Binnenschiff und umgekehrt umgeschlagen. In den Seehäfen erfolgt der direkte Umschlag beim Import aus einem Seeschiff in das Binnenschiff und umgekehrt beim Export.

Industrie-, Groß- und Versandhandelsbetriebe nutzen die Vorteile des Containers weltweit. Die aus dem Inland und aus dem Ausland kommenden Container werden mit dem Binnenschiff befördert und im Binnenhafen umgeschlagen, entladen oder beladen. Sie werden in eine geschlossene Transportkette **(im multimodalen Transport)** integriert und nach einem ganzheitlichen Logistikkonzept des Auftraggebers im Haus-Haus-Verkehr befördert. Der Warenfluss wird durch ein komplexes Kommunikationssystem auch vom Binnenumschlagsspediteur im Binnenhafen – computergestützt – gesteuert; er kann dafür sorgen, dass die erforderlichen Logistikdaten (vorauseilend, parallel laufend und nachlaufend) zwischen allen Beteiligten system- und zeitgerecht ausgetauscht werden können.

[1] Vgl. Abschnitt 2.3

Im **Ro/Ro-Verkehr** werden Lastkraftwagen, Anhänger oder Wechselbehälter mit dem Binnenschiff befördert. Zur Durchführung des Umschlags sind Ro/Ro-Anlagen erforderlich. Die Hafenverwaltung muss bewegliche Rampen mit Auffahrt und Lkw-Stellplätzen in ausreichendem Umfang zur Verfügung stellen, damit die Lkw mit eigener Kraft auf das Schiff fahren bzw. das Schiff im Bestimmungshafen verlassen können **(Huckepackverkehr, kombinierter Verkehr).**

▲ *Kombinierter Verkehr.* Container- und Ro/Ro-Verkehre zählen zum kombinierten Verkehr (siehe Abschnitt 5.5). Der Transport wird überwiegen von Spediteuren organisiert, indem sie die Beförderung durch zwei oder mehr Transportmittel veranlassen. Sie stellen über die ganze Beförderung auf Wunsch ihres Auftraggebers ein Transportdokument (z. B. FBL) aus, rechnen mit dem Auftraggeber alle Kosten in einem Übernahmesatz ab und übernehmen gegenüber dem Auftraggeber die Frachtführerhaftung. Kapazitätsengpässe auf der Straße und auf der Schiene, umschlagsfreie Beförderung der Güter und die niedrigen Binnenschiffsfrachten begünstigen diese Verkehre.

▲ *Wasserstraßenkombi.* Der kombinierte Verkehr mit dem Binnenschiff und dem Lkw soll durch die Wasserstraßenkombi GmbH & Co. KG durch Mitwirkung des BSL gefördert werden. Die Wasserstraßenkombi soll tägliche Verlademöglichkeiten für Container und Wechselbehälter auf dem Rhein zwischen Rotterdam und festgelegten Binnenumschlagsplätzen anbieten. Selbstständige Gesellschaften sollen für den Vor- und Nachlauf sorgen. – In Österreich wurde im August 1994 die „Österreichische Wasserkombi GmbH & Co. KG" gegründet, die den Containerverkehr zwischen den Nordseehäfen Rotterdam/Antwerpen und den österreichischen Donauhäfen abwickelt.

AUFGABEN

1 Welche Stellung nehmen die Spediteure in der Binnenschifffahrt ein?

2 Beschreiben Sie die Tätigkeiten eines Binnenumschlagsspediteurs!

3 Bei Empfang einer Sendung von einem Binnenschiff stellen Sie als Spediteur einen äußerlich erkennbaren Schaden fest. Was müssen Sie unternehmen? Erläutern Sie Ihrem Auftraggeber die Haftung des Frachtführers!

4 Grenzen Sie die besondere Eignung des Binnenschiffes und der Eisenbahn in der Güterbeförderung ab!

5 Welche logistischen Dienstleistungen bietet Ihr Ausbildungsbetrieb bzw. irgendein Spediteur in einem Binnenhafen an?

6 Beschreiben Sie die Aufgaben und das Zusammenwirken der Verkehrsträger in einem Binnenhafen!

7 Beschreiben Sie den Transportweg eines Binnenschiffes
a) von Duisburg-Ruhrort nach Hamburg,
b) von Duisburg-Ruhrort nach Berlin,
c) von Hamburg nach Berlin!

8 Welche Vorteile bietet das Binnenschiff gegenüber dem Lkw bei einem Transport von zwanzig 20'-Containern an einem Juli-Wochenende von Mannheim nach Rotterdam?

9 Durch welche Maßnahmen könnte die Wettbewerbsfähigkeit des Binnenschiffs gegenüber den Konkurrenten Bahn und Lastkraftwagen gefördert werden?

PRODUKTION SPEDITIONELLER DIENSTLEISTUNGEN AUFTRAGSABWICKLUNG VON LAGERGESCHÄFTEN

12 Lagergeschäfte des Spediteurs

EINSTIEG

ARBEITSAUFTRÄGE

1. Welche Probleme werden durch diese Art der Lagerung
   - für das Gut,
   - die Auslagerung,
   - die Sicherheit verursacht?
2. Machen Sie Lösungsvorschläge für eine optimale Lagerung dieser Güter bzw. dieser Kartons!
3. Nennen Sie andere Packmittel im Vergleich zu Kartons und begründen Sie deren Verwendung!
4. Begründen Sie, weshalb Güter gelagert werden!
5. Beschreiben Sie den Weg der Güter aus dem Lkw bis zum Lagerplatz und die üblich eingesetzten Fördergeräte!

12.1 Lagerarten

In einer arbeitsteiligen Weltwirtschaft wird die Versorgungskette von der Produktion bis zum Verbrauch mehrmals durch Lagervorgänge unterbrochen. Die Lagerhaltung ist somit ein wichtiges Bindeglied zwischen Beschaffung und Absatz. Damit der Verbraucher seine Ware in bestem Zustand und preisgünstig erwerben kann, werden an die Lagerhaltung hohe Qualitätsansprüche gestellt.

Aus unterschiedlichen Motiven für die Lagerhaltung lassen sich die Läger in verschiedene **Kategorien** einteilen:

- ✘ Standorte: wasser- und landseitige Läger, Freizonen(-hafen)läger,
- ✘ Zwecke: Dauer-, Auslieferungs- und Umschlagsläger, Zollläger; die Auslieferungsläger werden auch als Kommissionierläger betrieben,
- ✘ Gebäude: Flach-, Etagen-, Hochregal-, Traglufthallenläger; Kühl- und Gefrierhäuser; Bunker-, Silo- und Tankläger,
- ✘ Güter: **Freilager offen:** für witterungsbeständige Produkte mit geringem Wert und hohem Gewicht, z.B. Baumaterial, Betonteile, Stahlrohre, Fahrzeuge;
  Geschlossenes Lager: für witterungsempfindliche, diebstahlgefährdete Produkte wie Elektro-, Büroartikel und sonstige Kleinteile; auch typisch für Läger im Sammelgutverkehr;
  Speziallläger: für Produkte, die sich in der Kühlkette befinden, in Kühl- oder Tiefkühlhäusern; für brennbare, ätzende und andere gefährliche Güter im Gefahrgutlager; für Gewürze, für Kaffee, Kakao u. a.

Fachbodenregalsysteme

Palettenregalsysteme
Einfahr-/Durchfahrregalsysteme

Jedes Produkt zeichnet sich durch besondere Eigenschaften aus. Damit die Güter während der Lagerung nicht in ihrer Qualität gemindert werden, sind geeignete

Lagereinrichtungen und Schutzmaßnahmen erforderlich. So sind hier denkbare Beispiele aufgeführt.

Empfindlichkeit gegen	Beispiele	Schutzmaßnahmen
✘ **Wärme**	Milchprodukte; Wein; Süßwaren; Fette; Obst, Gemüse u. a.; Tiefkühlkost	Kühlvorrichtungen Gefriervorrichtung
✘ **Feuchtigkeit**	Metallwaren; Holzwaren; elektronische Geräte; Papier; Nahrungsmittel	trockene Räume
✘ **Lichteinwirkung**	Textilwaren; Farben; Süßwaren; Fette; Obst; Konserven in Gläsern	dunkle Räume, lichtgeschützte Verpackung
✘ **Geruchseinwirkung (durch andere Güter)**	Kaffee, Kakao; Schokolade; Tabak; Trockenfrüchte, Tee; Gewürze; Haselnüsse	Trennung von geruchsintensiven Produkten (Käse, Fisch, Seife usw.)
✘ **Erschütterungen**	Uhren, Präzisionsinstrumente, Lampen, Glas und Porzellan, Computer	gepolsterte Verpackung, trockene Räume
✘ **Schädlinge** z. B. Motten, Schimmelpilz, Mäuse, Ratten u. a.	Wollartikel, Teppiche, Pelze; Trockenfrüchte; Frischwaren, offene Lebensmittel; Süß- und Backwaren, Haselnüsse	Duftstoffe (Lavendel, Zedernholz), Leimstreifen, Insektensprays, Schutzverpackung, Belüftung; Begasung
✘ **Staub**	Wäsche, Kleider; Elektrogeräte	Schränke, Schutzhüllen
✘ **Trockenheit**	Tabak-, Leder-, Gummiwaren	geschlossene Verpackung (z. B. Folien)

12.2 Arbeitsabläufe der Lagerung

Nach Erteilung des Kundenauftrages werden die Güter für die Lagerung entweder zugestellt oder abgeholt. Danach beginnen die einzelnen Schritte des Lagerungsprozesses im Rahmen der **Absatzlogistik**[1].

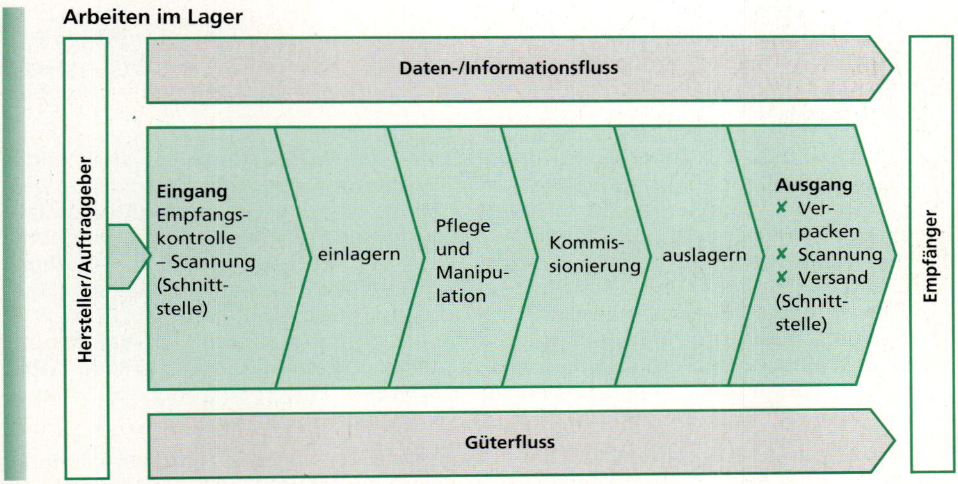

[1] Siehe auch Themenheft „Projekt Absatzlogistik" im GehlenVerlag

12.2.1 Einlagerung der Güter

Grundsätzlich werden nur einwandfreie Güter eingelagert. Dieses wird durch die Eingangskontrolle gewährleistet, indem anhand der Papiere wie Lieferschein oder per Bildschirm

- die Anzahl (z. B. Kolli, Paletten),
- der Zustand der Verpackung, einschließlich Barcode-Label,
- die äußere Beschaffenheit,
- die Markierung geprüft und
- evtl. Stichproben vorgenommen werden.

Über die **Scannung** an den Schnittstellen „Lagereingang" und „Lagerausgang" kann für den Auftraggeber die **Sendungsverfolgung** durchgeführt werden.

Das Lagergut kann dann nach verschiedenen Gesichtspunkten (bzw. Grundsätzen, Methoden) eingelagert werden.

Grundsätze der Einlagerung	Beispiele
✗ **Art des Lagergutes**	gleiche Produkte zusammen lagern,
✗ **Wert des Lagergutes**	wertvolle Güter in Sichtweite, weniger wertvolle weiter hinten lagern,
✗ **Transporteigenschaften des Lagergutes**	schwere Güter am Boden bzw. unten lagern und vorn; leichte Ware oben und hinten lagern,
✗ **Zugriffshäufigkeit des Lagergutes**	häufig verlangte Ware (A-Artikel) in Griffnähe (unten, vorn), weniger gewünschte Produkte (C-Artikel) oben und hinten,
✗ **Reihenfolge der Auslagerung**	Fifo-Methode (first in – first out): Die zuerst eingelagerten Güter werden zuerst ausgelagert, z. B. bei Lebensmitteln (Verfalldatum), Lifo-Methode (last in – first out): Die zuletzt eingelagerten Produkte werden zuerst ausgelagert, z. B. sinnvoll bei Kohle, Sand, Getreide usw. (also bei Schüttgütern).

▲ *Festplatzsystem.* Für eine reibungslose und schnelle Lagerung ist neben den Grundsätzen der Einlagerung ein systematisches Nummernsystem erforderlich. Damit wird jedem Lagergut ein fester Lagerplatz zugeordnet (**Festplatzsystem,** systematische Lagerplatzordnung) und für jeden Lagerplatz eine Nummer vergeben (Lageradresse).

▲ *Computergestützte Lagerverwaltung.* Das systematische Nummernsystem bildet auch eine Grundlage für eine reibungslose EDV-Steuerung in der Lagerplatzverwaltung bis hin zur computergestützten Lieferscheinerstellung. Die **computergestützte Lagerverwaltung** steuert die Lagerplatzveränderungen und gibt Auskunft über aktuelle Lagerbelegung und -kapazitätsauslastung. Aus den Lagerplatzdaten (vorhandene Lagerfläche) und der Lagerbelegungsdatei (freie bzw. belegte Lagerplätze) wird der optimale Lagerplatz bestimmt und zugewiesen. Dabei werden u. a. Menge, Größe, Nachfrage der Produkte berücksichtigt. Wird nun der vom DV-System optimale Lagerplatz akzeptiert, dann wird die Einlagerungsmenge (evtl. Barcode-Label anbringen) manuell mit einem Gabelstapler an einen Lagerplatz oder vollautomatisch von einem Förderfahrzeug in Hochregallagerplätze transportiert.

▲ *Chaotische Lagerorganisation.* Die vollautomatische Lagerführung ist ein Merkmal der **chaotischen Lagerorganisation**. Bei diesem System der Lagerplatzordnung wird den einzulagernden Produkten der zunächst gerade freie Lagerplatz zugewie-

Beispiel

Lager-Nummernschlüssel

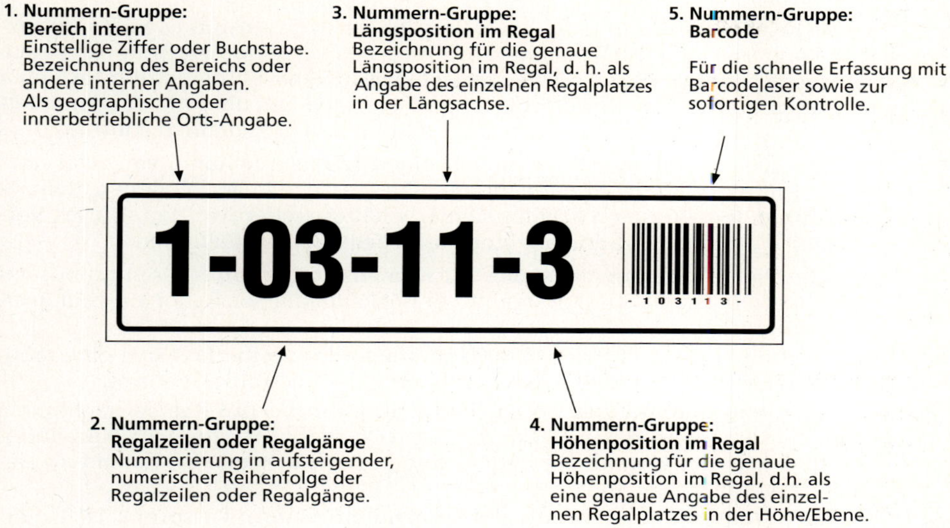

sen. Feste Lagerplätze gibt es bei dieser Lagerorganisation nicht. Der Hauptvorteil der chaotischen Lagerung liegt in der optimalen Ausnutzung der Lagerfläche. Der genutzte Anteil des Lagerraumes im Verhältnis zum verfügbaren Lagerraum ist hier erheblich höher als bei der systematischen Lagerung.

Große Läger mit Tausenden von Artikeln lassen sich nur noch mit elektronischer Datensteuerung betreiben, dadurch kennt nur noch der Computer den jeweiligen Lagerort der einzelnen Artikel. Ein manuelles Ein- und Auslagern ist meist nicht mehr möglich; denn die Lagerorte sind nur den vollautomatischen Transportsystemen zugänglich. Mit der hohen Abhängigkeit von der Datenverarbeitung ist ein wesentlicher Nachteil der chaotischen Lagerorganisation benannt.

12.2.2 Pflege und Manipulation des Lagergutes

Zur Pflege der Produkte zählt die Sauberhaltung der Lagerräume und des Lagergutes. Die Pflege richtet sich nach den Eigenschaften der Artikel. So müssen z. B. Sektflaschen gewendet, bestimmte Hölzer gelüftet, Saatgut gelockert werden. Bei manchen Produkten ist das Pflegen mit den Manipulationsvorgängen identisch.

Die Manipulation beinhaltet alle Tätigkeiten am Lagergut, die dazu dienen, dass die Verwendungsreife herbeigeführt, erhöht oder erhalten wird. Beispiele solcher Manipulationsarbeiten sind die Reifelagerung von Bananen, Cognac u. a., die Ablagerung z.B. von Holz, das Trocknen von Gewürzen, das Mischen von Kaffee- oder Teesorten, das Sortieren von landwirtschaftlichen Erzeugnissen.

Zu den Manipulationsvorgängen gehören auch verkaufsvorbereitende Tätigkeiten, wie Verpackungsarbeiten (Vorverpackung von Obst) und verkaufsbegleitende Arbeiten wie Aufstellen von Möbeln sowie bestimmte Montagearbeiten (vgl. Kapitel 20).

12.2.3 Kommissionierung

Dieser Vorgang umfasst das Zusammenstellen von bestimmten Teilmengen (Güter aus einer bereitgestellten Gesamtmenge = Sortiment) aufgrund von Aufträgen.

▲ *Strategie des Kommissionierens.* Am häufigsten wird die einstufige oder auftragsbezogene Kommissionierung durchgeführt. Bei ihr wird der Auftrag in einem Arbeitsprozess zusammengestellt, d. h. der Kommissionierer entnimmt nur für einen Auftrag Position für Position die verschiedenen Gütermengen, übergibt den kompletten Auftrag an der Sammelstelle und beginnt dann mit dem folgenden Auftrag.

Eine Variante dieser Strategie ist das gleichzeitige Kommissionieren von zwei oder mehreren Aufträgen, wobei die Güter am Entnahmeort in die verschiedenen, dem jeweiligen Auftrag zugeordneten Kommissionierbehälter sortiert werden. Dieses Verfahren erspart Wegezeiten, kann aber eine zusätzliche Fehlerquelle sein.

An die **technischen Einrichtungssysteme zur Kommissionierung** müssen grundsätzliche **Forderungen** gestellt werden, damit ein höchstmöglicher Rationalisierungseffekt erzielt wird[1]:

- ✘ Alle Artikel müssen im direkten Zugriff so angeordnet sein, dass sich eine möglichst **kurze Kommissionierstrecke** und damit hohe Produktivität ergibt.
- ✘ In den **Kommissioniergängen sollen keine Stapler**, die die Regale nachfüllen, fahren. Hierdurch wird das Unfallrisiko drastisch reduziert; die Arbeitsproduktivität wird durch den Wegfall der gegenseitigen Behinderung von Kommissionierer und „Nachfüller" nachhaltig gesteigert.
- ✘ Die **Kommissionierer müssen stets ausreichend mit Gütern versorgt** sein. Unterbrechungen des Kommissioniervorganges durch Warten auf Nachschub führen zu Leistungseinbußen; denn die Konzentration der Kommissionierer wird negativ beeinflusst, sodass das Risiko der Falschkommissionierung wächst.

Das Schaubild zeigt ein Kommissionierregal, in dem die Entnahme von Klein- und Großgebinden in einer Kommissionierzone möglich ist.

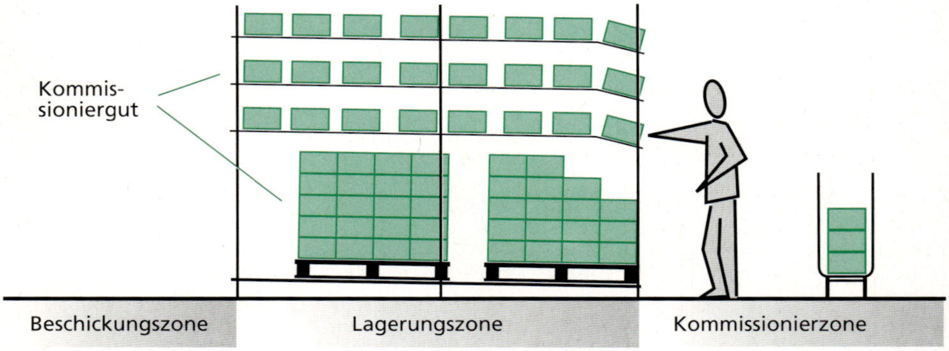

▲ *Aufgaben.* Bei der Kommissionierung sind folgende Aufgaben zu erfüllen:

- ✘ Datenbearbeitung: Vorbereitung der Auftragsdaten, Transport der Auftragsdaten, Auftragsbearbeitung;
- ✘ Güterbearbeitung: Entnahme der Güter, Transport der Güter, Abgabe der Güter, Zusammenstellung der Güter, Prüfen der Güterzusammenstellung, Bereitstellung der Güter.

[1] Hierbei wird unterstellt, dass palettierte Ware vor dem eigentlichen Kommissioniervorgang nicht von Hand umgesetzt wird.

12.2.4 Auslagerung und Ausgang des Lagergutes

Nach dem Kommissionieren werden die Lagergüter, nach Aufträgen geordnet, zum Warenausgang transportiert. Die Artikel dürfen das Lager erst verlassen, nachdem die Entnahme manuell oder per Barcode-Leser dokumentiert wurde (z. B. durch Bestätigung auf den Kommissionierlisten). Anschließend erfolgt der Ausgang des Lagergutes. Die ausgelagerten Güter werden zu bedarfsgerechten Versandeinheiten verpackt, mit einem Barcode-Label versehen und zur Abnahme bzw. zum Absetzen bereitgestellt, und zwar für Selbstabholer oder im Rahmen der Absatzlogistik. Parallel dazu werden Lieferscheine und andere Transportdokumente erstellt.

Freistellung der Güter durch den Einlagerer. Jedes Gut, das an einen Abholer ausgeliefert wird, muss zuvor schriftlich (Fax, DFÜ u. a.) freigestellt werden. Das kann zusammen mit einem Kommissionierauftrag erfolgen oder einem Auslieferschein, Lieferschein, Lager-Empfangsschein, Lagerschein. Grundsätzlich ist telefonische Freistellung nicht möglich.

ZUSAMMENFASSUNG

Tätigkeiten des Lagerhalters im Rahmen der Auftragsabwicklung:

- ✗ Prüfen des Auftrages auf Durchführbarkeit (z. B. Kreditwürdigkeit),
- ✗ Empfangskontrolle: Annahme und Prüfung der Güter (Schnittstellenkontrolle), Überprüfen auf Beschädigungen, Fehlmengen, evtl. Abschreibungen auf der Empfangsbestätigung vermerken und den Kunden benachrichtigen,
- ✗ Prüfen der Transportdokumente und Erstellen der Lagerdokumente,
- ✗ Vorbereiten der Einlagerung,
- ✗ Pflege und Manipulation der Produkte,
- ✗ Führen der Artikel- und Lagerplatzdatei,
- ✗ Abstimmen der Lagerbestände mit der Bedarfsmenge des Kunden,
- ✗ Kontrolle der Lagerbestände hinsichtlich Umschlagshäufigkeit,
- ✗ Durchführen der Inventur,
- ✗ Warten der Lagereinrichtung und -geräte,
- ✗ Kommissionieren,
- ✗ Auslagern und Bereitstellen zur Abnahme bzw. zum Absetzen,
- ✗ Ausgangskontrolle: Verpackung, Labeln und Versand (Schnittstellenkontrolle),
- ✗ Bearbeiten von Retouren,
- ✗ Abrechnen des Auftrages.

12.3 Kosten des Lagerhalters

Der Umfang der unter 12.2 genannten Lagertätigkeiten verursacht je nach Lagergut, -art und -dauer unterschiedlich hohe Kosten. Durch die optimale Nutzung des verfügbaren Lagerraums (Hochregal- oder Durchlauflager usw.) und den Einsatz einer speziellen Lagertechnik, die auf das jeweilige Lagergut genau abgestimmt ist (z.B. Kühlung, Lüftung, Heizung), lassen sich **Kosten minimieren**. Transportwege und damit verbundene Kosten für Personal und Transportmittel können durch eine optimale Lagerorganisation (kurze Kommissionierwege, EDV-Einsatz u.a.) reduziert werden. Durch Lagereinrichtungen (z.B. Verschieberegale, Paletten, spezielle genormte Behälter) werden Zugriffszeiten verbessert und Kosten sowie Lagerrisiken gesenkt.

Die genannten Aufgaben und Anforderungen im Bereich der Lagerhaltung verursachen u. a. folgende **Kosten**:

Lagerräume und -ausstattung	Lagerverwaltung
✗ Kalkulatorische Abschreibungen auf Grundstücke und Gebäude, ✗ Kalkulatorische Abschreibungen auf Regale, Sortieranlagen und andere Anlagen sowie auf Hubwagen, Gabelstapler und andere Geräte, ✗ Kalkulatorische Zinsen, ✗ Personalkosten, ✗ Versicherungskosten, ✗ Wartungs- und Reinigungskosten, ✗ Energiekosten, ✗ Reparaturkosten, ✗ Kosten zur Sicherung der Lagergebäude, ✗ Miete für Fremdhallen und Geräte, ✗ Kosten für Entsorgung.	✗ Personalkosten, ✗ Kosten für Büromaterial und -geräte (= geringwertige Wirtschaftsgüter), ✗ Anteilige allgemeine Verwaltungskosten des Speditionsbetriebes, ✗ Miete für fremde Lagerbüroräume, ✗ Kosten für Datenkommunikation, ✗ Steuern wie Grundsteuer, Gewerbesteuer

Auf der Grundlage der ermittelten Kosten kann der Spediteur bzw. Lagerhalter dem Kunden einen **„Preis pro 100 kg"** oder einen **„Preis pro Palette"** oder einen **„Preis pro Packstück"** oder einen **„Preis pro qm"** u. a. offerieren unter Einschluss eines angemessenen Gewinnes.

12.4 Wirtschaftliche Bedeutung der Lagerhaltung

Beschaffung, Produktion und Absatz der Güter fallen weder örtlich noch zeitlich zusammen. Damit beschafft, produziert und abgesetzt werden kann, sind zur **Raumüberbrückung**, z. B. vom Ort der Produktion zum Ort des Absatzes, Verkehrsleistungen erforderlich.

Da die Raumüberwindung Zeit in Anspruch nimmt, muss der Nachfragende bis zur nächsten Lieferung Lagerhaltung betreiben. Die aus der räumlichen und zeitlichen Distanz resultierenden Lagerleistungen fallen an allen Punkten des volks- und weltwirtschaftlichen Güterkreislaufes an. **Gründe für die Lagerhaltung** sind:

▲ *Unsicherheit.* Wenn der Ort der Beschaffung und der Produktion auseinanderliegen, wie es in einer arbeitsteiligen Weltwirtschaft selbstverständlich ist, dann entsteht Unsicherheit wegen der rechtzeitigen Lieferung. Die Sicherheit des ungestörten Materialflusses kann durch unterschiedliche Einflüsse, wie Ausfall eines Zulieferers, Verkehrsstörungen, Streik u. a. beeinträchtigt werden.

▲ *Saisoneinflüsse.* Einen weiteren Grund für Lagerhaltung liefert der Agrarbereich. Er bestimmt aufgrund des saisonalen Anbaues und der Ernte die Lagerhaltung in verschiedenen Branchen, z. B. Kaffee- und Teelagerei.

Die jahreszeitlich anfallenden tierischen und pflanzlichen Erzeugnisse müssen gekühlt, gefroren, getrocknet oder als Konserven in Kartons verpackt in Kühl- und anderen Lagerhäusern lagern, bis sie in den Absatzbereich gelangen.

Saisonbedingte Lagerung ergibt sich auch im Fall der Nachfrage nach Brennstoffen, Getränken sowie Artikeln, die in großen Mengen zu bestimmten Jahreszeiten bzw. Festtagen benötigt werden.

▲ ***Produktbeschaffenheit.*** Eine andere Art der Lagerung ergibt sich aus der Beschaffenheit der Produkte, z. B. Holz, Wein u. a.

▲ ***Einkaufs- und Transportbedingungen.*** Ferner entstehen Lagerbestände, wenn Unternehmungen beim Wareneinkauf Sonderangebote, Saisonpreise oder Mengenrabatte ausnutzen können. Daneben oder zusätzlich kann die Möglichkeit bestehen, beim Bezug großer Mengen günstige Frachtraten zu erhalten, sodass die Vorteile durch Einkaufs- und Transportbedingungen die Kosten der Lagerhaltung mehr als ausgleichen.

▲ ***Produktionsbedingungen.*** Im Produktionsbetrieb sind die einzelnen Produktionsphasen zeitlich nicht immer exakt aufeinander abgestimmt, sodass es zur produktionsbedingten Lagerung kommt. Es sind Zwischenläger von Teilerzeugnissen und Halbfertigprodukten einzurichten.

▲ ***Spekulation.*** Auch können Lagerbestände der Spekulation dienen, wenn beispielsweise ein Preisanstieg bei bestimmten Produkten erwartet wird. Der Lieferant spekuliert unter Umständen darauf, dass die Verknappung des Angebotes die Preise höher treibt. Spekulationen, die zu Lagerbeständen führen, beziehen sich nicht immer auf den Preis. Ganz allgemein entstehen Lagerbestände, weil eine Knappheit der Güter erwartet wird.

▲ ***Mehrstufiger Verkehr.*** Häufig müssen mehrere Transportmittel eingesetzt werden, um eine Sendung zum Käufer zu bringen. In diesen Fällen handelt es sich um einen mehrstufigen oder gebrochenen Verkehr. Da bei diesen Beförderungen zeitliche Unterbrechungen eingeplant werden, müssen die Güter zwischengelagert werden. Dieses ist typisch in allen Güterverteilungszentren des Lkw-Verkehrs, in den See- und Binnenhäfen sowie auf Flughäfen.

▲ ***Kundennähe.*** Damit ist ein weiterer Grund der Warenlagerung genannt. Der Hersteller will in der Nähe des Absatzbereiches lagern, um möglichst schnell die Wünsche der Käufer erfüllen zu können. Zu diesem Zweck werden Auslieferungsläger des Produzenten eingerichtet. Von dort aus können die Empfänger der Waren, ob nun Groß- und Einzelhandel oder andere Abnehmer, schnell beliefert werden.

ZUSAMMENFASSUNG

Gründe für Lagerhaltung:

- Schutz vor Unsicherheit (Transporthindernisse, Streik u. a.),
- saisonbedingte Lagerung (Ernte, Festtage u. a.),
- produktbedingte Lagerung (Holz, Wein u. a.),
- günstige Einkaufs- und Transportbedingungen (Mengenrabatt, Frachtraten u. a.),
- Produktionsprozess (unterschiedliche Produktionskapazitäten in einzelnen Abteilungen u. a.),
- Spekulation (Preissteigerungen durch Ernteausfall u. a.),
- mehrstufiger Verkehr (Seehafen: Schiff → Lkw u. a.),
- Nähe des Kunden (schnelle Belieferung u. a.).

12.5 Lagerhaltung und Logistik

Lagerhaltung bedeutet für den Einlagerer grundsätzlich Risiken und Kosten. Jeder Kaufmann versucht, diese so gering wie möglich zu halten. Ferner versucht der Produzent oder Händler, seine Maschine und seine anderen Anlagen optimal auszulasten. Das bedeutet gleichmäßige Belieferung mit Zulieferprodukten und gleichmäßiger Abfluss der Fertigprodukte bei geringer bis bestandsloser Lagerhaltung.

Zur Lösung dieser Problematik bieten Spediteure den Auftraggebern spezielle Logistikpakete (vgl. Abschnitt 2.3) an.

▲ ***Beschaffungslogistik.*** Der Spediteur besorgt die qualitätsgemäße und zeitpunktgenaue Zulieferung (Just-in-Time) in die Fertigung, sodass das Ziel eines bestandslosen Beschaffungslagers beim Produzenten fast erreicht ist. Der Spediteur als Logistikdienstleister kann in diesen Fällen als Organisator, Lagerhalter und Frachtführer auftreten, oder er kauft Lager- und Transportleistungen ein.

Als Logistikunternehmer organisiert der Spediteur den gesamten oder einen Teil des Materialzuflusses von den Zulieferern zum Hersteller mit Hilfe der Lager- und Transportleistungen sowie eines zwischen allen Beteiligten abgestimmten Informations- und Kommunikationssystems.

▲ ***Absatzlogistik.*** Zunehmend erfolgt bei vielen Herstellern eine Ausgliederung ihrer Absatzläger, und zwar einerseits aus Gründen der **Kostenreduzierung**, andererseits treten die Aspekte **Kundennähe** und schnelle Reaktion auf **Nachfrageveränderungen** in den Vordergrund. Die Hersteller konzentrieren sich damit auf ihre eigentliche Funktion: die Produktion.

Spediteure als Logistikdienstleister übernehmen damit den Leistungsbereich von der Bereitstellung der Güter nach der Produktion – ohne Lagerung beim Hersteller – mit Organisation der gesamten Lagerhaltung bis zur Auslieferung und Bereitstellung beim Empfänger (= Vertragspartner des Herstellers). Die logistischen Dienstleistungen des Spediteurs für die Beschaffungs- und Distributions- bzw. Absatzlogistik sind in Abschnitt 2.3.2 und Kapital 20 näher aufgeführt.

12.6 Die rechtlichen Grundlagen

EINSTIEG

Das Importhaus Impex GmbH, Kassel, lagert bei der Wallring GmbH, 20457 Hamburg, 800 Kartons Hot-Dog-Toaster im Gewicht von 9 440 kg ein. Der Wert der Produkte beträgt 300 000,00 DM.

Die Impex GmbH kann die 300 000,00 DM nicht in voller Höhe selbst finanzieren. Deshalb benötigt die Hausbank der Impex GmbH eine Sicherheit.

Außerdem wird der Lagerhalter beauftragt, eine Lagerversicherung abzuschließen.

ARBEITSAUFTRÄGE

1. Welches Dokument ist bei der Einlagerung auszustellen?
2. Welche Rechte und Pflichten haben Einlagerer und Lagerhalter?
3. Hat der Einlagerer jederzeit Zugang zu seiner Ware?

12.6.1 Der Lagerhalter

Der Lagerhalter (Spediteur als Lagerhalter) führt einen in kaufmännischer Weise eingerichteten Geschäftsbetrieb; er ist **gewerbsmäßig tätig** (§ 467 (3) HGB). Der Lagerhalter ist verpflichtet, das ihm anvertraute Gut **zu lagern und aufzubewahren** (§ 467 HGB). Der Lagerhalter muss grundsätzlich keine spezifischen Warenkenntnisse besitzen.

Lagern bedeutet, dass der Lagerhalter den Lagerplatz zur Verfügung zu stellen hat; dazu zählen Lagerräume, Lagerhallen und Freiflächen. Es handelt sich um den Ortsbezug in der Lagerhaltung. **Aufbewahren** bedeutet, dass der Lagerhalter die eingelagerten Güter in seine Obhut nimmt. Diese Fürsorge- und Obhutspflicht stellt den Schwerpunkt des Lagervertrages dar.

12.6.2 Der Lagervertrag

Zwischen dem **Einlagerer** und dem **Lagerhalter** wird ein **Lagervertrag** geschlossen. Der Abschluss des Lagervertrages kann grundsätzlich formfrei erfolgen. Für den Inhalt des Lagervertrages ist es unwesentlich, ob die Einlagerung als eigenständige Geschäftshandlung oder im Zusammenhang mit anderen Geschäften (also Speditionsaufträgen) erfolgt. Für die Lagerverträge der Spediteure gelten neben den **handelsrechtlichen Vorschriften des HGB: §§ 467 bis 475 h** auch die **ADSp (Ziff. 15)**.

Der Lagerhalter-Spediteur bietet seinen Einlagerern durch die ADSp klare und im ganzen Bundesgebiet einheitliche Rechtsgrundlagen. Außerdem gelten die Vorteile der Speditionsversicherung (vgl. Abschnitt 4.6) in vollem Umfang auch für Lagerverträge, da für jede Lagerpartie die Speditionsversicherung automatisch gilt. Der Lagerhalter deckt auf ausdrücklichen Auftrag des Einlagerers auch die Lagerversicherung gegen übliche Risiken (Einbruch-Diebstahl, Feuer, Wasser).

Die privaten Lagerhalter und die öffentlichen Lagerhäuser wickeln ihre Geschäfte nach besonderen Lagerbedingungen ab, so z. B.:

- Hamburger Lagerungsbedingungen, aufgestellt vom Verein Hamburger Lagerhalter und vom Verein Hamburger Quartiersleute,
- Rahmenverträge der Bundesanstalt für Landwirtschaft und Ernährung (BLE): die Vertragsinhalte werden zwischen der BLE und dem BSL vereinbart.

12.6.2.1 Die Pflichten des Lagerhalters nach HGB

- Der Lagerhalter muss beim Empfang **prüfen**, ob sich die Güter in einer äußerlich guten **Beschaffenheit** befinden (Schnittstellenkontrolle). Stellt der Lagerhalter beim Empfang Mängel oder Beschädigungen fest, so hat er **Schadenersatzansprüche des Einlagerers zu sichern** und diesen **unverzüglich zu benachrichtigen** (§§ 470, 475 c, 475 d HGB).
- Der Lagerhalter muss dem Einlagerer **Zutritt** in Begleitung während der üblichen Geschäftszeiten zu den Lagerräumen **gewähren**, damit er die lagernden Waren **besichtigen**, **Proben entnehmen** und vor Verderb schützen kann (§ 471 HGB). Der Lagerhalter ist im Falle der **Sammellagerung** verpflichtet, selbst die Ware **vor Verderb zu schützen** (§ 471 (1) HGB).
- Er muss den Einlagerer unverzüglich **unterrichten**, und zwar nicht nur, wenn Veränderungen am Gut eingetreten sind, sondern wenn **Veränderungen am Gut zu befürchten** sind (§ 471 (2) HGB).
- In diesem Fall muss der Lagerhalter **Weisungen** des Einlagerers oder des letzten ihm bekannt gewordenen legitimierten Besitzers des Lagerscheines **einholen**. Erhält der Lagerhalter innerhalb einer angemessenen Zeit keine entsprechenden Weisungen, so kann er **das Gut verkaufen** (Selbsthilfeverkauf gemäß § 373 HGB). Ist ein Lagerschein ausgestellt worden, so müssen Androhung des Verkaufs und vorgesehene Benachrichtigung des Berechtigten erfolgen.
- Der Lagerhalter ist verpflichtet, das **Gut auf Verlangen des Einlagerers zu versichern** (§ 472 HGB).
- Ist ein **Lagerschein** ausgestellt, so hat der Lagerhalter diesen zu **unterzeichnen** und ist verpflichtet, das **Gut nur gegen Rückgabe des Lagerscheines**, auf dem die Auslieferung bescheinigt ist, **herauszugeben** (§ 475e HGB).

- Gemäß § 475 HGB **haftet** der Lagerhalter für den Schaden, der durch Verlust oder Beschädigung des Gutes in der Zeit von der Übernahme zur Lagerung bis zur Auslieferung entsteht, es sei denn, dass der Schaden durch die Sorgfalt eines ordentlichen Kaufmanns nicht abgewendet werden konnte. Dies gilt auch dann, wenn der Lagerhalter gemäß § 472 Absatz 2 das Gut bei einem Dritten einlagert. Folglich haftet der Lagerhalter, wenn ihn ein **Verschulden** trifft **(Verschuldenshaftung)**. Will er sich von der Haftung befreien, dann muss er nachweisen, dass er den Schaden nicht verschuldet hat.

  Ist jedoch ein Schaden am Gut äußerlich nicht erkennbar gewesen oder kann dem Lagerhalter (Spediteur) die Aufklärung der Schadensursache nach Lage der Umstände billigerweise nicht zugemutet werden, so hat der Auftraggeber nachzuweisen, dass der Lagerhalter (Spediteur) den Schaden verschuldet hat **(Umkehrung der Beweislast)**.

- Ist der **Einlagerer ein Verbraucher** (Lagervertrag nicht zu gewerblichen Zwecken), so ist der Lagerhalter verpflichtet, das Gut, soweit erforderlich, zu verpacken und zu kennzeichnen. Der Einlagerer ist lediglich verpflichtet, den Lagerhalter über die vom Gut ausgehende Gefahr allgemein und formlos zu unterrichten (§ 468 (2) HGB).

12.6.2.2 Die Rechte des Lagerhalters nach HGB

- Der Lagerhalter ist berechtigt, vom Einlagerer die **vereinbarte Vergütung** zu verlangen (§ 467 (2) HGB).
- Werden durch Güter des Einlagerers Schäden verursacht, so hat der Lagerhalter Anspruch auf **Schadenersatz** (§ 468 (3) HGB).
- Der Lagerhalter kann eine **Sammellagerung** durchführen. Das ist der Fall, wenn er vertretbare Sachen mit anderen Sachen gleicher Art und Güte (z.B. Getreide gleicher Art und Güte) zusammenlagert. Dafür benötigt er das ausdrückliche Einverständnis der beteiligten Einlagerer (§ 469 HGB).
- Der Lagerhalter kann einen **Notverkauf des Lagergutes** vornehmen, wenn es zu verderben droht und keine Zeit vorhanden ist, eine Verfügung des Einlagerers einzuholen (§ 471 (2) HGB).
- Der Lagerhalter kann die Rücknahme des Gutes nach Ablauf der vereinbarten Lagerzeit verlangen (= **Kündigungsrecht**). Ist eine Einlagerung auf unbestimmte Zeit vereinbart, so kann der Lagerhalter den Vertrag kündigen unter Einhaltung einer Kündigungsfrist von einem Monat. Liegt ein wichtiger Grund vor, so kann der Lagerhalter auch vor Ablauf der Lagerzeit und ohne Einhaltung einer Kündigungsfrist die Rücknahme des Gutes verlangen (§ 473 (2) HGB).
- Der Lagerhalter hat **Anspruch auf Ersatz** seiner für das Gut gemachten **Aufwendungen**, soweit er sie den Umständen nach für erforderlich halten durfte (§ 474 HGB).
- Zur Sicherung seiner Ansprüche bzw. Vergütung hat der Lagerhalter ein **Pfandrecht** an dem Lagergut. Der Lagerhalter hat ein Pfandrecht an dem Gut wegen Forderungen aus dem **vorliegenden Lagervertrag (= konnexes Pfandrecht)** sowie wegen unbestrittener Forderungen aus **anderen** mit dem Einlagerer abgeschlossenen **Lager-, Fracht- und Speditionsverträgen (= inkonnexes Pfandrecht)** (§ 475 b HGB). Das Pfandrecht erstreckt sich auch auf die Forderung aus einer Versicherung sowie auf die Begleitpapiere.
- Ist ein Lagerschein ausgestellt, so hat der Lagerhalter das Recht auf **Rückgabe des Lagerscheines**.

ZUSAMMENFASSUNG

Lagerhalter

Pflichten

- Empfangskontrolle
- Interessenwahrung
- Zutrittsgewährung
- Sorgfaltspflicht
- Mitteilungspflicht
- Versicherungspflicht
- Herausgabepflicht gegen Lagerschein
- Haftung

Rechte

- Recht auf Vergütung
- Anspruch auf Schadenersatz
- Sammellagerung
- Recht auf Notverkauf
- Kündigungsrecht
- Recht auf Ersatz von Aufwendungen
- Pfandrecht (konnex und inkonnex)
- Recht auf Rückgabe des Lagerscheines

12.6.3 Die Dokumente der Lagerhaltung

12.6.3.1 Der Aufnahme-/Auslieferschein

Der Aufnahme-/Auslieferschein[1] wird vom Einlagerer, vom Empfänger (Spediteur) oder vom Lagerhalter ausgestellt. Er ist **kein** Wertpapier wie ein Lagerschein. Er ist lediglich ein Arbeitsauftrag über die Aufnahme oder die Auslieferung einer Lagerpartie. Dieser Schein hat u. a. folgende Aufgaben:

- Ausweisfunktion, -papier,
- Quittungsfunktion, -papier,
- Ein- oder Auslieferungsauftrag aufgrund von Vereinbarungen zwischen dem Einlagerer und dem Lagerhalter (durch so genannte „Freistellung" z. B. mündlich, durch Fax).

Bei der Aufnahme des Lagergutes führt der Lagerhalter die Schnittstellenkontrolle gemäß ADSp Ziffer 7 durch und quittiert dem Einlagerer auf diesem Schein den ordnungsgemäßen Empfang der Lagerpartie. Bei der Auslieferung führt der Lagerhalter abermals die Schnittstellenkontrolle durch; dann übergibt er das Lagergut dem im Auslieferschein genannten Empfänger, der seinerseits auf diesem Auslieferschein den ordnungsgemäßen Empfang bescheinigt.

Eine Auslieferung gegen diesen Schein darf **nicht** erfolgen, wenn der Lagerhalter über die Lagerpartie einen Lagerschein ausgestellt hat; dann darf nur nach Rückgabe des Lagerscheines ausgeliefert werden.

12.6.3.2 Der Lager-Empfangsschein

Soweit Güter nicht im Zusammenhang mit einem Speditionsauftrag vom Spediteur eingelagert werden, müssen sie dem Lagerhalter zur Einlagerung angemeldet werden. In der Regel wird dazu ein besonderer Anmeldeschein benutzt. Sobald die Güter eingelagert sind, wird dem Einlagerer auf sein Verlangen entweder ein **Lager-Empfangsschein** oder ein **Lagerschein** ausgehändigt. Im Zweifel gilt eine vom Lagerhalter erteilte Bescheinigung über die Einlagerung immer nur als Lager-Empfangsschein.

[1] Dieses Mehrzweckformular wird auch Anliefer- oder Abholschein genannt. Er kann auch als Nachstechschein ein Arbeitsauftrag zum Bemustern beispielsweise einer Partie Haselnüsse sein.

Muster eines Auslieferscheines

Werner Bruhns
Hamburg · Lagereigesellschaft mbH • Quartiersleute
AFRIKASTRASSE 1 • D-20457 HAMBURG
TEL.: 040 / 78 09 14 - 0 • FAX: 040 / 78 09 14 - 99
e-mail: Werner Bruhns@t-online.de

☒ LIEFERSCHEIN
☐ AUFNAHMESCHEIN
☐ NACHSTECHSCHEIN

Hamburg, den 15. November ..

Firma: Emil Schnell, An der Alster 16, Hamburg

Ich bitte hiergegen ☐ gewogen ☐ ungewogen ☐ auszuliefern ☐ zu empfangen ☐ zur Verfügung ☐ im Auftrage

der / an Firma: Ketchup GmbH, Ahrensburg

Marke	Anzahl und Art	Ware	Gewicht	Partie
KC	200 Sack	Currypulver	10 000	19/5367

Sendung erhalten am 15. Nov. ..
Lkw HH-HH 1204
Für E. Schnell B. Meier

☐ Absatzkosten ☐ Wiegekosten ☐ Nachstechkosten zu ☐ Empfängers ☐ meinen ☐ Einlagerers Lasten

Im **Lager-Empfangsschein** wird dem Einlagerer bescheinigt, das genau bezeichnete Lagergut übernommen zu haben. Üblicherweise werden darin auch der Lagergeldsatz, die auf dem Gut ruhenden Kosten, die Versicherung gegen Feuergefahr, eine Lagerbuchnummer und ein Hinweis auf die ADSp als Vertragsgrundlage aufgenommen.

Der Lager-Empfangsschein gilt nur als eine **Quittung** über den Empfang des Gutes, er kann in keiner Weise das Lagergut vertreten. Der Lagerhalter braucht die Herausgabe des Gutes nicht von der Vorlage dieses Scheines abhängig zu machen und sein jeweiliger Besitzer hat keinen sicheren Anspruch auf die im Schein bezeichneten Güter. Wohl kann der Lagerhalter das Gut an den Vorzeiger des Scheines herausgeben, er braucht dabei aber nicht zu prüfen, ob der Schein rechtmäßig in die Hände des Besitzers gelangt ist.

Wenn ein Lager-Empfangsschein ausgefertigt ist, so kann der Einlagerer seine Rechte aus dem Lagervertrag nur dann mit Wirkung gegen den Lagerhalter abtreten oder verpfänden, wenn er ihm dies schriftlich mitgeteilt hat. Die einfache Übergabe des Scheines berechtigt den Besitzer nicht, gegenüber dem Lagerhalter über das Gut zu verfügen.

12.6.3.3 Der Lagerschein

Der **Lagerschein** ist dagegen ein **Wertpapier** (§§ 475 b bis 475 h HGB). Der Lagerhalter bescheinigt darin auch, das Gut empfangen zu haben, verpflichtet sich aber gleichzeitig, es **nur gegen Rückgabe des Scheines** auszuliefern. Das Lagergut darf also keinem anderen als dem Besitzer des Scheines ausgehändigt werden. Die Sicherheit, die der Erwerb eines Lagerscheines dem Erwerber bietet, stuft sich allerdings nach der Art des Scheines wie folgt ab:

- In einem **Namenslagerschein** verpflichtet sich der Lagerhalter, das Lagergut „an Herrn H. gegen Rückgabe des Scheines auszuliefern". Herr H. kann nun zwar den Schein weitergeben, aber diese Weitergabe hat nur die Wirkung einer **Abtretung** (Zession). Das bedeutet, dass der Erwerber des Scheines, an den die Ansprüche abgetreten sind, nur das vom Lagerhalter fordern kann, was der abtretende Vorbesitzer im Augenblick der Abtretung noch vom Lagerhalter zu fordern hatte (BGB § 404). Er müsste sich also gegebenenfalls mit der Einwendung des Lagerhalters abfinden, dass vor dem Abtretungszeitpunkt eine Teilauslieferung an den Vorbesitzer stattgefunden hat, auch wenn dies nicht aus dem Schein hervorgeht. Der Erwerber könnte sich dann wegen dieses Teiles des Lagergutes zwar an den Vorbesitzer H., aber nicht an den Lagerhalter halten.

  Das Gut darf nur demjenigen ausgehändigt werden, auf den der Schein durch eine zusammenhängende Kette von Abtretungserklärungen (Zessionen) übertragen worden ist, also nicht etwa lediglich gegen einen Lieferschein oder Auslieferschein. Der Lagerhalter kann dem Besitzer auch nur die gleichen Einwendungen entgegenhalten wie bei einem Orderlagerschein. Nur eine Abweichung ist beachtlich: Eine Abtretung oder Verpfändung der Rechte aus dem Namenslagerschein muss auf diesem schriftlich erklärt und eine Verpfändung außerdem dem Lagerhalter mitgeteilt werden; dieses letzte ist beim handelsrechtlichen Orderlagerschein nicht erforderlich.
- In einem **Orderladeschein** (§ 475 f, g HGB) verpflichtet sich der Lagerhalter, das Lagergut „an Herrn H. oder dessen Order (oder nur ‚an Order') auszuliefern".Dieser Schein kann durch **Indossament** übertragen werden, d.h. durch den auf die Rückseite zu setzenden Vermerk „für mich an Herrn Y.-H.". Das hat die Wirkung, dass der Erwerber (Y.) einen unbedingten Anspruch auf Auslieferung der im Schein angeführten Lagergüter hat. Der Lagerhalter könnte ihm dann nur solche Einwendungen entgegenhalten, die sich aus dem Schein ergeben, die die Gültigkeit seiner Ausstellung betreffen oder die ihm unmittelbar gegen den Vorzeige zustehen. Der Lagerhalter ist allerdings dazu verpflichtet zu prüfen, ob der Vorzeiger durch ein gültiges Indossament bzw. eine lückenlose Reihe von Indossamenten in den Besitz des Scheines gelangt ist.
- In einem **Inhaberlagerschein** verpflichtet sich der Lagerhalter, das Lagergut „dem Inhaber des Scheines auszuliefern". Er wird durch einfache Weitergabe an einen Dritten übertragen mit etwa der gleichen Wirkung wie ein Orderlagerschein. Inhaberlagerscheine schließen die Gefahr in sich, dass beim Verlust des Scheines auch ein unehrlicher Finder die Rechte aus dem Schein gegenüber dem Lagerhalter geltend machen kann. Sie sind deshalb nicht sehr verbreitet.

Gemäß **§ 475 c HGB** kann vom Lagerhalter, nachdem er das Gut erhalten hat, ein Lagerschein ausgestellt werden. Der **Lagerschein** soll folgende **Angaben** enthalten:

- Ort und Tag der Ausstellung des Lagerscheins,
- Name und Anschrift des Lagerhalters,
- Ort und Tag der Einlagerung,
- übliche Bezeichnung des Gutes und Art der Verpackung, bei Gefahrgut ihre nach den Gefahrgutvorschriften vorgesehene, sonst ihre allgemein anerkannte Bezeichnung,
- Anzahl, Zeichen und Nummern der Packstücke,
- Rohgewicht oder die anders angegebene Menge des Gutes,
- im Falle der Sammellagerung einen Vermerk hierüber.

In den Lagerschein können weitere Angaben eingetragen werden, die der Lagerhalter für zweckmäßig hält. Der Lagerschein ist vom Lagerhalter zu unterzeichnen. Eine Nachbildung der eigenhändigen Unterschrift durch Druck oder Stempel genügt.

Muster eines Namenslagerscheines

Namenslagerschein Nr. 444/8181

Ich/Wir lagerte(n) ein auf Grund der Allgemeinen Deutschen Spediteurbedingungen (ADSp.) neueste Fassung, die auch gegenüber jedem Erwerber dieses Lagerscheines gelten, für Rechnung und Gefahr der Firma

Kaufhaus GmbH, Hanau

Stuttgarter Str. 6, 63403 Hanau

*) ~~auf meinem/unserem eigenen Lager~~ Lagerei GmbH, Schuppen 12,
auf dem Lager der Firma 20457 Hamburg, Tel. (040) 774433

die nachstehend verzeichneten Güter:

Marke und Nummer	Zahl und Art der Kolli	Inhalt ¹)	Angegebenes Bruttogewicht in kg	Ermitteltes Bruttogewicht in kg
CATHRINE ITEM-NO. RTL 1300 1-800	800 Kartons	Hot Dog Toaster	9 440	

¹) Anm. ~~Der Inhalt ist angegeben von~~ .... *)
Der Inhalt ist von ~~mir~~/uns festgestellt.

Auslieferung: Entsprechend ADSp. bin ich/sind wir als Lagerhalter verpflichtet, das eingelagerte Gut nur gegen Aushändigung des Namenslagerscheines, insbesondere nicht lediglich gegen einen Lieferschein, Auslieferungsschein oder dergl. und im Falle der Abtretung nur an denjenigen Inhaber des Lagerscheines herauszugeben, der durch eine zusammenhängende Kette von auf dem Lagerschein stehenden Abtretungserklärungen legitimiert ist.

Ich/Wir erkenne(n) weiter an, daß ich/wir dem legitimierten Rechtsnachfolger des Einlagerers nur solche Einwendungen entgegensetze(n), welche die Gültigkeit der Ausstellung des Scheines betreffen oder sich aus dem Schein ergeben oder mir/uns unmittelbar gegen den Rechtsnachfolger zustehen. Mein/unser gesetzliches Pfand- oder Zurückbehaltungsrecht wird durch diese Bestimmungen nicht berührt. Bei Teilauslieferungen ist der Lagerschein zwecks Abschreibung vorzulegen.

Bearbeitung: Die Bearbeitung der Ware darf nur von dem laut Lagerschein Berechtigten vorgenommen oder veranlaßt werden, soweit es sich nicht um Bearbeitungen handelt, die im Interesse der Erhaltung der Ware notwendig sind oder deren Vornahme im Lagerschein gestattet ist.

Versicherung: Die Ware ist durch ~~mich~~/uns für Rechnung wen es angeht ~~versichert~~ / nicht versichert *)
gegen Feuersgefahr und/oder Einbruchdiebstahl für die Dauer der Lagerung
zum Tageswert von DM ....
(Versicherungen decke(n) ich/wir nur auf ausdrücklichen schriftlichen Auftrag hin).
Die **Speditionsversicherung** habe(n) ~~ich~~/wir mit einer
Versicherungssumme von DM 90 000,00 eingedeckt.

Bemerkungen: (z. B. besondere Bedingungen für die Einlagerung)

....

....

....

Hamburg, den 16. März ..
eingelagert am 16. März ..

Wallring GmbH
20355 Hamburg
ppa. P. Schulze
(Stempel und Unterschrift des Lagerhalters)

*) *Unzutreffendes durchstreichen.*

Muster eines Orderlagerscheines

H. D. COTTERELL

(GmbH & Co.)
20457 Hamburg
Am Sandtorkai 48 · Telefon: 37 48 60-0 · Telefax: 37 48 60-26

Orderlagerschein

Warrant

Lagerschein Nr. HDC 4410
(zugleich Nr. der Lagerscheinkartei)
Warrant Number
Warrant Index Number

Lagerbuch Fol. 18.684/1
Stock Book reference

Wir lagerten ein für
We warehoused for

Herr / Firma Import GmbH, Am Sandtorkai 44, 20457 Hamburg oder Order
or order

auf unserem Lager Hamburg, Warehouse E, Dessauer Ufer am 11. Januar ..
in our warehouse on

Marke und Nummer Marks and Numbers	Zahl u. Art der Packstücke Quantity and Description of packages	Inhalt Contents	Rohgewicht oder Maß Grossweight
M A P	168 Bags	Nigerian Cocoa Beans	10 290 kos.
		(onehundredsixtyeight bags)	Tare 290 kos. for 10 bags
		ex S/S "CECILE MAERSK/LAUST MAERSK" arrived 04.01...	

Inhalt und Gewicht sind angegeben von ---
Contents and weight have been given to us by

Wir verpflichten uns, das Gut nur gegen Rückgabe dieses Lagerscheins nach Maßgabe der aus dem Schein ersichtlichen Bedingungen an den Einlagerer oder dessen Order auszuliefern. Bei Teilauslieferungen ist der Lagerschein zwecks Abschreibung vorzulegen.

We guarantee to deliver the goods only against return of this warrant in accordance with the regulations visible on the warrant to the firm mentioned or their order. For part deliveries the warrant is to be presented for writing-off.

Wir sind zur Vornahme von Erhaltungs- oder Pflegearbeiten am Gut nicht verpflichtet. Das Gut ist von uns nicht gegen Feuer versichert.
Wir haften gemäß § 12 Abs. III der Lagerordnung für keinerlei Feuerschäden.
Die Kosten richten sich nach dem Lagervertrag.

We are not responsible for care and maintenance work on the goods.
The goods are not insured by us against fire. In accordance with paragraph 12 subsection 3 of the warehouse regulations, we are not responsible for fire damage.
The charges are in accordance with the warehousing contract.

Bemerkungen: Rent paid up to and incl.: 10. March..
Remarks:

H.D. Cotterell
(GmbH & Co.)
H. Heyer
(Unterschrift des Lagerleiters)
(Signature)

Hamburg, den 8th March ..
Date

Kontrolliert:
Checked by:

Eingetragen:
Entered by:

Die Lagerordnung liegt in unserem Büro zur Einsicht aus.

Rechtsverbindlich ist die deutsche Fassung dieses Orderlagerscheines.
In case of disputs the German text of this Warrant is to apply

Kontroll-№

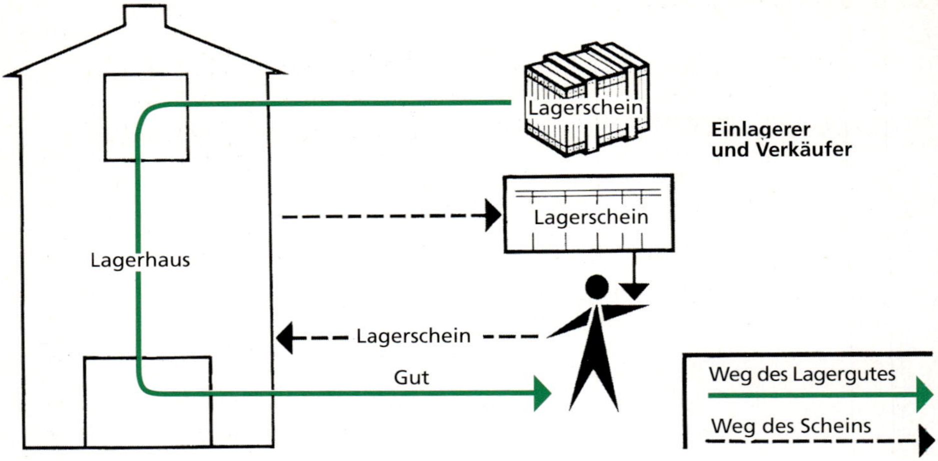

Orderlagerscheine eignen sich gut als Kreditsicherheit; denn es ist nicht selten, dass Lagergut verpfändet wird. Die Lagerscheine werden von den Banken „lombardiert“, d. h. als Pfand für ein Darlehen genommen.

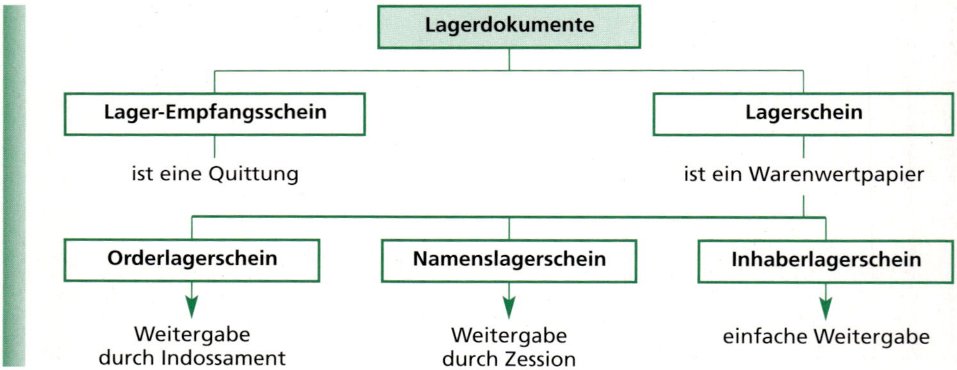

▲ ***Lieferschein.*** Gelegentlich wird der Empfänger einen Lieferschein vorlegen, der vom Einlagerer ausgestellt wird. Der Lieferschein ist eine Anweisung des Verkäufers an sein Lager bzw. seinen Lagerhalter, Waren bzw. Güter an den Käufer auszuliefern. In Hamburg wird häufig gegen Lieferschein verkauft, der dann Wertpapier im Sinne des BGB §§ 783 ff. ist.

Der Lagerhalter führt ein **Lagerbuch** über die eingelagerten Güter. Darin werden die Güter nach Menge, Verpackung und Inhalt am Tage der **Einlagerung** eingetragen. Der Einlagerer erhält nun eine erste Rechnung, die Aufnehmen und Absetzen, Auslagen und das Lagergeld für den ersten Monat enthält. Bei längerer Lagerdauer wird die anfallende Vergütung monatlich erhoben. Bei der **Auslagerung** wird eine abschließende Rechnung erteilt. Am Tage der Auslagerung wird im Lagerbuch der Ausgang des Gutes verbucht. Der Einlagerer quittiert auf einem Abnahmeschein die erfolgte Rücknahme des Gutes.

Auszug aus einem Lagerbuch

Werner Bruhns
Hamburg Lagereigesellschaft mbH • Quartiersleute

AFRIKASTRASSE 1 • D-20457 HAMBURG
TEL.: 040 / 78 09 14 - 0 • FAX: 040 / 78 09 14 - 99
e-mail: Werner Bruhns@t-online.de

P A R T I E K O N T O

Werner Bruhns Lagereigesellschaft mbH · Afrikastraße 1 · D-20457 Hamburg

Alster-Import AG
Papenhuberstraße 1

22087 Hamburg

Partie-Nr. 7278

Datum 27. November ..

Lagerort Halle 4

** Ware: WG 9 Miete bis 17. Januar .. 85,00
Lager: Afrikastraße 1
Marke: Poyraz Karlibel 5-996
Haselnusskerne, geh./geröstet 4-6 mm

ein 18.11.		350 Krt	7350,00 kg
aus 19.11.	Interoma AG	200 Krt	4200,00 kg
aus 25.11.	Altdörfer Mühle	100 Krt	2100,00 kg
	Restbestand	50 Krt	1050,00 kg

Einlagerungs- und Bearbeitungsaufträge werden zu den jeweils geltenden „Hamburger Lagerbedingungen des Vereins Hamburgischer Quartiersleute von 1886 e.V.", sowie Transportaufträge zu den jeweils geltenden „Allgemeinen Beförderungsbedingungen für den gewerblichen Güterkraftverkehr" ausgeführt. Gerichtsstand Hamburg.

Geschäftsführer: Michael Bruhns, Handelsregister Nr. B 30397

Bankverbindungen
Hamburgische Landesbank, Kto.-Nr. 567 032 BLZ 200 500 00
Postbank Hamburg, Kto.-Nr. 901 86-200 BLZ 200 100 20
Vereins- und Westbank AG, Kto.-Nr. 1000280 BLZ 200 300 00

12.6.3.4 Das FIATA Warehouse Receipt

Das FWR (FIATA Warehouse Receipt) wird von Spediteuren ausgestellt, die Mitglied eines regionalen Spediteurverbandes sind, der FIATA-Mitglied ist. Es ist kein Orderlagerschein, jedoch ist der Unterschied zu ihm gering: Im FWR ist die Abtretung des Herausgabeanspruches, die Übertragung des Besitzes sowie die Legitimation für den Empfang der Güter gegen Vorlage des Lagerscheines genau festgelegt.

12.7 Lagerung gefährlicher Güter

Gefahrgut wird vielfach bei Spediteuren bzw. gewerblichen Lagerhaltern gelagert. Als Organisatoren von Transport- und/oder Lagervorgängen müssen sie den Verladern bzw. Einlagerern ihre Kenntnisse zur Transporttechnik und über die rechtlichen Vorschriften anbieten können. Sie müssen sich über den Inhalt der jeweiligen Rechtsvorschriften und deren Novellierungen informieren, die sich gerade im Gefahrgutbereich ständig durch technische Neuerungen ergeben.

▲ ***Gesetze, Verordnungen.*** Hintergrund für die Schaffung von genauen Ausführungsbestimmungen wie den „Technischen Regeln zur Gefahrstoffverordnung (TRGS)" sind

- der zunehmende Einsatz von Chemikalien für die verschiedenen Verwendungszwecke sowie die wachsende Anzahl und Menge neuer Stoffe;
- die Erkenntnisse über akute und schädliche Auswirkungen, die bestimmte Stoffe für den Menschen und die Umwelt haben können;
- der vom Gesetzgeber geforderte Unfall- und Gesundheitsschutz seitens des Arbeitgebers für seine Mitarbeiter (BGB § 618);
- die öffentlich-rechtlichen Arbeitsschutzvorschriften.

Um die Menschen und die Umwelt vor den Wirkungen gefährlicher Stoffe und Zubereitungen weitgehend zu schützen, wurde das **Chemikaliengesetz (ChemG)** im Jahr 1990 erlassen. Mit diesem Gesetz wurde ein einheitliches und fachübergreifendes Stoffgesetz, das dem Arbeitsschutz und der Arbeitssicherheit dient, geschaffen. Der Schwerpunkt dieses Gesetzes ist die Informationsbeschaffung, d.h. durch das chemikalienrechtliche Anmelde- und Mitteilungsverfahren wird sichergestellt, dass neue Stoffe eingehend auf etwaige gefährliche Eigenschaften geprüft werden, ehe sie in größerem Umfang auf den Markt gebracht werden dürfen. Die Prüfergebnisse werden zentral von der Anmeldestelle der Bundesanstalt für Arbeitsschutz gesammelt.

Auf der Rechtsgrundlage des Chemikaliengesetzes (ChemG) wurde die **Gefahrstoffverordnung (GefStoffV)** erlassen. Die Gefahrstoffverordnung enthält Bestimmungen über

- das **Inverkehrbringen von gefährlichen Stoffen und Zubereitungen,**
- den **Umgang mit Gefahrstoffen (einschließlich ihrer Aufbewahrung, Lagerung und Vernichtung)** sowie die gesundheitliche Überwachung der Arbeitnehmer zum Schutz der Menschen vor arbeitsbedingten und sonstigen Gesundheitsgefahren und der Umwelt vor stoffbedingten Schädigungen.

Die Gefahrstoffverordnung dient insbesondere auch der Umsetzung von 18 Richtlinien der Europäischen Gemeinschaft zur Kennzeichnung von Chemikalien, zum Arbeitsschutz u. a.

Abgeleitet aus der Gefahrstoffverordnung wird beim „Bundesminister für Arbeit und Sozialordnung" ein **Ausschuss für Gefahrstoffe** gebildet. Dieser Ausschuss stellt **technische Regeln für Gefahrstoffe (TRGS)** auf. Die TRGS geben den Stand der sicherheitstechnischen, arbeitsmedizinischen, hygienischen sowie arbeitswissenschaftlichen Anforderungen an Gefahrstoffe hinsichtlich Inverkehrbringen und Umgang wieder.

Das technische Regelwerk für die Gefahrstoffe (TRGS) ist wie folgt gegliedert:

001–099	Allgemeines, Aufbau und Anwendung
100–199	Begriffsbestimmungen
200–399	Inverkehrbringen von gefährlichen Stoffen, Zubereitungen und Erzeugnissen
400–699	Umgang mit Gefahrstoffen
700–799	Gesundheitliche Überwachung
900–999	Richtlinien und sonstige Bekanntmachungen des Bundesministers für Arbeit und Sozialordnung oder des Bundesministers für Umwelt, Naturschutz und Reaktorsicherheit.

▲ ***Begriff „Lagerung".*** Die zeitliche Abgrenzung zwischen dem (kurzfristigen) Bereitstellen zum Weitertransport und der Lagerung ist nicht grundsätzlich geregelt. Auch die Auffassungen der Gewerbeaufsichtsämter können in dieser Frage durchaus voneinander abweichen.

In den TRGS 514 und 515 (technische Regeln für Gefahrstoffe) für den Bereich der giftigen und sehr giftigen bzw. der brandfördernden Stoffe ist eine zeitliche Abgrenzung aufgeführt.

Danach ist Lagern „... das Aufbewahren zur späteren Verwendung oder Wiederverwendung sowie zur Abgabe an andere. Abgabe an andere schließt die Bereitstellung zur Beförderung ein, wenn diese nicht binnen 24 Stunden oder am darauf folgenden Werktag erfolgt".

Es liegt auch im Rahmen eines Transportvorganges dann eine Lagerung vor, wenn die Weiterbeförderung nicht binnen 24 Stunden oder am darauf folgenden Werktag erfolgt (§ 3 GefStoff V). Dies hat zur Folge, dass in solchen Fällen auch die Vorschriften über die Lagerung gefährlicher Güter zu beachten sind.[1] So ist der Lagerhalter – wie jeder Arbeitgeber – verpflichtet, ein Verzeichnis der Gefahrstoffe zu führen (§ 16 Absatz 3 a der Gefahrstoffverordnung). Dieses **Gefahrstoffverzeichnis** des Lagerhalters ist laufend fortzuschreiben (vgl. TRGS 222 Gefahrstoffverzeichnis).

MERKE

Für die Sicherheit der Lagerung sind in erster Linie folgende **Gesetze und Verordnungen** zu beachten:

Bundesimmissionsschutzgesetz	✘ BIMSchV/Störfallverordnung
Wasserhaushaltsgesetz	✘ WHG vom 23.09.1986
Gefahrstoffverordnung	✘ GefStoffVO aus 1993
Verordnung über brennbare Flüssigkeit	✘ VbF
Strahlenschutzverordnung	✘ StrlSchV
Waffengesetz	✘ WaffG
Sprengstoffgesetz und -verordnung	✘ SprengG, SprengV
Gesetz über die Kontrolle von Kriegswaffen	✘ KWKG
Umwelthaftungsgesetz mit Anlagen	✘ UmweltHG
Verordnung zur Umsetzung EG-rechtlicher Vorschriften betreffend die Beherrschung der Gefahren bei schweren Unfällen mit gefährlichen Stoffen	✘ „Seveso II"-Richlinie (96/82/EG)

Dazu kommen die **Technischen Regeln** für

Druckgas	✘ TRG 280, 300
brennbare Flüssigkeiten	✘ TRbF 100, 110, 180, 200, 210, 280
die Lagerung von Düngemitteln	✘ TRGS 511
die Lagerung von brandfördernden Stoffen	✘ TRGS 515
die Lagerung von giftigen Stoffen	✘ TRGS 514[2]

Aufgrund der föderativen Struktur unseres Staates sind auch **Länderregelungen** zu berücksichtigen:

- ✘ Verordnungen über Anlagen zum Lagern, Abfüllen und Umschlagen wassergefährdender Stoffe (VAWS),
- ✘ Landesbauordnungen.

Weiter zu beachten sind auf kommunaler Ebene **Auflagen** der

- ✘ Gewerbeaufsichtsämter
- ✘ Unteren Wasserbehörden.

[1] „Der Spediteur", Heft 12, Dezember 1988, S. 413 ff.
[2] „Der Spediteur", Heft 9, September 1990, S. 270 ff.

Diese können in München noch sehr verschieden sein von denen in Düsseldorf, Hannover oder Stuttgart.

Wichtige **Hinweise** und **Leitlinien** auf die notwendigen Sicherheitsmaßnahmen sind folgenden Unterlagen zu entnehmen:

- Unfallverhütungsvorschriften der Berufsgenossenschaften
- Vorschriften der Feuerwehr
- Brandschutzkonzept für Chemikalienläger des Verbandes der Chemischen Industrie (VCI)
- Leitlinien für Pflanzenschutzmittelläger (IPS)
- Unfallmerkblätter

▲ ***Zuständige Behörden.*** Die Kontroll-, Aufsichts- und Beratungsbehörde für die Lagerung gefährlicher Güter ist in erster Linie das für den Ort der Lagerung zuständige **Gewerbeaufsichtsamt**. Auch eine Lagerbegehung mit der zuständigen **Feuerwehr** ist üblich. Weitere Einrichtungen, die über Sicherheitsmaßnahmen informieren, sind die Bundesanstalt für Arbeitsschutz und Unfallforschung (BAU) in Dortmund, die Bundesanstalt für Materialforschung und -prüfung (BAM) in Berlin, die Zentralstelle für Unfallverhütung und Arbeitsmedizin des Hauptverbandes der gewerblichen Berufsgenossenschaften in Sankt Augustin.

ZUSAMMENFASSUNG

Ablauf- und Prüfschritte bei Normalgut- und Gefahrgutlagerung:

Damit die Speditionsunternehmen eine hohe beständige Qualität bei der Produktion speditioneller Dienstleistungen, u.a. in der Lagerhaltung, erzielen können, richten sie **Qualitätsmanagementsysteme** (QM-Systeme) ein. Zur Umsetzung der QM-Systeme müssen z. B. Verantwortlichkeiten, Befugnisse sowie Ablaufverfahren entwickelt, veröffentlicht und durchgesetzt werden. Die Verantwortlichkeiten, Ablauf- und Prüfschritte u. a. werden in einem **Qualitätssicherungshandbuch** festgehalten (siehe nachstehenden Auszug!).

Qualitätsmanagement **Verfahrensanweisung für die Abwicklung von Lagerei- und Distributionsaufträgen für ein zertifiziertes Lager**	
Ablaufschritte	**Prüfschritte** mit Datum und Kurzzeichen dokumentieren
Kundenanfrage	Machbarkeitsprüfung
Angebotsabgabe	Angebotsprüfung
Auftragsannahme	Vertragsprüfung
Einlagerung der Güter	Physische Kontrolle
Positionseinrichtung per EDV inkl. Angabe des Stellplatzes und etwaiger Abschreibungen	Prüfung der Sendungsdaten
Anmeldung der Sendung zum Zollgutlagerverfahren	Prüfung der Zollanträge
ggf. Lagerversicherung eindecken	Prüfung der Police bzw. des Versicherungszertifikates

Ablaufschritte	Prüfschritte mit Datum und Kurzzeichen dokumentieren
Einlagerungsanmeldung an den Kunden	Prüfung auf Abschreibungen
Erfassung von Freistellungsverfügungen und Auslagerungsaufträgen per EDV	Prüfung der Verfügbarkeit
Lager- und Kommissionierungsarbeiten	Prüfung auf Übereinstimmung mit dem Auftrag
Erstellen von Auslieferpapieren	Prüfung auf Übereinstimmung mit dem Auslagerungsauftrag
Auslagerung der Güter an den berechtigten und legitimierten Empfänger	Physische Kontrolle
Erfassung der Namen von Unternehmen und Fahrern sowie des amtlichen Kennzeichen des Fahrzeuges bei der Auslieferung	
Abmeldung der Sendung vom Zollgutlagerverfahren	Prüfung auf Übereinstimmung mit dem Auslieferpapier
Erfassen der Auslagerungsdaten per EDV	Prüfung auf Übereinstimmung mit dem Auslieferpapier
Bestandsfortschreibung per EDV	
Auslagerungsmeldung / Statusreport an den Kunden	Prüfung auf Übereinstimmung mit dem Auslagerungsauftrag und dem Auslieferpapier/Bestandsfortschreibung
Erstellen und Versand der Rechnung	Prüfen der Einfuhrabgaben Prüfen der Rechnung
Positionsabschluss	Kosten-/Nutzenprüfung
Archivierung	

AUFGABEN

1 Die Lager- & Speditions-GmbH, Frankfurt/Main, führt ein Auslieferlager für verschiedene Markenartikelhersteller (Textilien, Sportschuhe, Spirituosen, Süßwaren). Dieses Lager befindet sich in einer sehr verkehrsgünstigen Lage zwischen Frankfurt/Main und Darmstadt.

Die Lager- & Speditions-GmbH bietet im Bereich der Lagerei folgendes Leistungsprofil:

- Lagerhallen mit unterschiedlicher Temperaturführung: z. B. Tiefkühlhalle, Hallen mit +4 °C und +12 °C,
- verkehrsgünstige Anbindungen zur A 3, A 5 und A 6 sowie Gleisanschluss,
- 24-Stunden-Betrieb,
- Lagerflächen von insgesamt 7 500 qm.

a) Welche technischen Einrichtungen sind für eine optimale Lagerorganisation und Lagerauslastung erforderlich?

b) Die Firma Fr. Neumann, 63067 Offenbach, führt eine Ausschreibung zur Auslagerung ihres Auslieferungslagers durch. Dabei handelt es sich um Süßwaren, die an Supermärkte, Filialbetriebe und Hotels im Rhein-Main-Gebiet ausgeliefert werden sollen.

Die Lager- & Speditions-GmbH verfügt über freie Lager- und Transportkapazitäten und kann im Bedarfsfall weitere Lagerkapazitäten auf dem Nachbargrundstück mieten. Somit nimmt sie an dieser Ausschreibung teil und erstellt ein Angebot.

Welche Informationen müssten in der Ausschreibung aufgeführt sein, damit die Lager- & Speditions-GmbH der Firma Fr. Neumann in Offenbach ein detailliertes Angebot erstellen kann?

c) Welche Arbeitsschritte sind von der Einlagerung bis zur Auslagerung erforderlich?

d) In der Ausschreibung verlangte die Firma Fr. Neumann u. a. verbindliche Angaben hinsichtlich Lagerkosten für Einlagerung und Auslagerung je angefangene **100 kg** und Lagerung je angefangene **100 kg und Monat**.

Überlegen Sie, ob andere Berechnungsgrundlagen im Lagergeschäft bei der Festsetzung der Lager- und Umschlagsentgelte verwendet werden?

e) Die Firma Fr. Neumann in Offenbach erteilt der Lager- & Speditions-GmbH, Frankfurt/Main, den Zuschlag. Damit ist ein Lagervertrag zustande gekommen; in diesem werden als Vertragsbedingungen auch die Regelungen der §§ 466 ff. HGB zugrunde gelegt.

Was beinhalten die gesetzlichen Bestimmungen hinsichtlich der

(1) Versicherung der eingelagerten Ware,

(2) Möglichkeit der Besichtigung der eingelagerten Ware durch den Einlagerer,

(3) Benachrichtigungspflicht des Lagerhalters gegenüber dem Einlagerer?

f) Nach Vertragsabschluss werden erstmalig 8 318 kg Süßwaren im Wert von 288 430,00 DM ordnungsgemäß angeliefert und eingelagert. Bei einer Anlieferung stellt der Lagermeister fest, dass die einzulagernde Sendung anstelle einer Palette Schoko-Riegel eine Palette T-Shirts enthält und zudem zwei Karton mit Pralinen (je 15 kg) aufgerissen sind.

Was hat der Lagermeister zu veranlassen?

2 An welchen Orten zwischen Produktion und Verbrauch von Gütern können Lagerleistungen anfallen?

3 Erklären Sie den Begriff Lagerhalter!

4 Erläutern Sie die wichtigsten Rechte und Pflichten des Lagerhalters!

5 Betrachten Sie den Namenslagerschein (vgl. Abschnitt 12.6.3.3).

- Welche wichtigen Angaben enthält er?
- In welchen Fällen findet er Anwendung?

6 Unterscheiden Sie

- Lieferschein und Lagerschein,
- Namens- und Orderlagerschein!

7 Das Speditionsunternehmen WALL GmbH in Hamburg-Billbrook unterhält für einen Lebensmittelkonzern ein Auslieferungslager. Zu den Aufgaben der Spedition gehört die Lagerung der Lebensmittel, die Palettierung der Produkte und deren Umwickeln mit Schrumpffolie sowie die Auslieferung an die einzelnen Filialen des Lebensmittelkonzerns.

- Bei der Palettierung zum Zwecke der Einlagerung wird der Inhalt von zwei Kartons unbrauchbar.
- Bei der Palettierung zum Zwecke der Auslieferung wird der Inhalt von einem Karton völlig zerstört.

Nach welchen Rechtsgrundlagen und in welchem Umfang wird in dem jeweiligen Fall gehaftet?

8 Beschreiben Sie den Ablauf für den Fall, dass ein Einlagerer seinen Lagerschein als Kreditsicherheit verwenden will!

PRODUKTION SPEDITIONELLER DIENSTLEISTUNGEN AUFTRAGSABWICKLUNG VON EXPORT- UND IMPORT-GESCHÄFTEN

13 Außenwirtschaftliche Grundkenntnisse für den internationalen Spediteur

EINSTIEG

J. S. F. 1644/1-5 Valparaiso/Chile	5 Metallkisten Werkzeugmaschinen zur Metallverarbeitung numerisch gesteuert	5 600 kg br

Auftraggeber: Albers & Co., Export-Import, Würzburg
Käufer: Julio Santos Fernandez S.A., Santiago de Chile
Lieferung: FCR Valparaiso gem. Incoterms

ARBEITSAUFTRÄGE

1. Beschreiben Sie den Weg der Ware ab Würzburg via Hamburg!
2. Welche Dokumente bzw. Papiere sind für den Export erforderlich?
3. Wodurch werden üblicherweise der Kosten-, Gefahren- und Sorgeübergang im Außenhandel zwischen den Kaufvertragspartnern geregelt?
4. Welche Möglichkeiten der Lieferungs- und Zahlungssicherung sind im Außenhandel gegeben?

13.1 Nationale und internationale Spedition

Der umfangreiche Außenhandel der Bundesrepublik Deutschland mit allen Staaten der Welt eröffnet jedem Spediteur die Chance, sich international zu betätigen.

▲ *Nationale Spedition.* Der nationale Spediteur erbringt seine Speditionsleistungen im Gebiet der Bundesrepublik Deutschland. Als Versandspediteur wird er bei Bedarf auch Güter in das Ausland spedieren, als Empfangsspediteur wird er Güter aus dem Ausland empfangen; deswegen ist er kein internationaler Spediteur. Er ist national mit Standort und Arbeitsbereich in der Bundesrepublik Deutschland tätig.

▲ *Internationale Spedition.* Der internationale Spediteur erstellt seine Speditionsleistungen im zwischenstaatlichen Güterverkehr. Sein Betrieb ist auf die Dauer eingerichtet, um ständig international tätig zu sein. Er versendet und empfängt nicht nur Außenhandelsgüter, er muss auch im Ausland, also international tätig sein.Er braucht eigene Niederlassungen und/oder Korrespondenzspediteure, er hat ständige Geschäftsbeziehungen zu ausländischen Geschäftspartnern.

Eine Sonderstellung nehmen der **Seehafen-,** der **Luftfracht-** und der **Grenzspediteur** ein. Sie sind international tätig und verfügen über eigene Niederlassungen im Ausland oder arbeiten mit ausländischen Korrespondenzspediteuren zusammen. Ihr Arbeitsbereich ist an den Standort Seehafen, Flughafen oder EU-Grenze gebunden. Sie kennen die örtlichen Gegebenheiten, Hafen- und Ortsusancen, die zu beachten sind, wenn die Speditionsleistung ordnungsgemäß erbracht werden soll.

▲ ***Zweige der internationalen Spedition.*** Nach der Zusammenarbeit mit dem Verkehrsträger und nach dem Standort werden unterschieden die internationale Bahn-, Kraftwagen-, Binnenschiffs-, Sammelspedition und die Export-, Import- bzw. Transitspedition. Arbeitsweise, Auftragsabwicklung und erforderliche Kenntnisse ähneln sich.

Der internationale Spediteur braucht umfangreiche außenwirtschaftliche Grundkenntnisse des innerstaatlichen und gemeinschaftlichen Außenhandelsverkehrs.

13.2 Außenwirtschaftliche Rechtsvorschriften

13.2.1 Innerstaatliche und gemeinschaftliche Rechtsvorschriften über den Außenwirtschaftsverkehr

▲ ***Deutsche Rechtsvorschriften.*** Der deutsche Außenwirtschaftsverkehr wird durch das „Außenwirtschaftsgesetz" (AWG) von 1961 geregelt. Dieses Gesetz gilt für den Waren-, Dienstleistungs-, Kapital-, Zahlungs- und sonstigen Wirtschaftsverkehr der Bundesrepublik Deutschland mit den Wirtschaftsgebieten anderer Staaten. Die Rahmenvorschriften dieses Gesetzes werden u.a. durch die „Außenwirtschaftsordnung" (AWV) von 1961 erläutert und ergänzt.

Durch das „Gesetz über die Statistik des grenzüberschreitenden Warenverkehrs" (AHStatGes) von 1957 wird sichergestellt, dass alle Warenbewegungen über die deutsche Grenze erfasst werden. Einzelheiten enthält die AHStat-Durchführungsverordnung.

Alle Rechtsvorschriften werden laufend der Entwicklung angepasst und gelten in ihrer jeweils gültigen Fassung.

Das Warenverzeichnis der Außenhandelsstatistik entspricht dem Warenverzeichnis des Gemeinsamen Zolltarifs (GZT) bis zur neunten Stelle der Codenummern (vgl. Abschnitt 14.5).

Die Kontrollen der Warenausfuhr und -einfuhr sowie die Ausfuhr- und Einfuhrabfertigungen sind der Zollbehörde übertragen.

▲ ***Rechtsvorschriften der Europäischen Union.***[1] Grundlegend wird der Verkehr mit Nichtgemeinschaftswaren durch EG-Recht geregelt. Danach ist der Warenverkehr mit Gemeinschaftswaren in der Europäischen Union frei. Für den Verkehr mit Nichtgemeinschaftswaren gilt die „Verordnung (EWG) Nr. 2913/92 zur Festlegung des Zollkodex der Gemeinschaften" vom 11. Dezember 1992 zusammen mit den entsprechenden Durchführungsverordnungen. Das deutschen Außenwirtschaftsrecht (AWG, AWV) ist entsprechend geändert; es gilt für den deutschen Binnenmarkt und für den grenzüberschreitenden Verkehr, soweit die ZollkodexVO es zulässt.

▲ ***Außenrechtliche Verfahrensvorschriften.*** Die Beschränkungen und die Verfahrensvorschriften des Warenverkehrs sind in verschiedenen Gesetzen und gemeinschaftlichen Verordnungen festgelegt. Durch Dienstanweisungen regelt der Bundesfinanzminister die einheitliche Anwendung der Rechtsvorschriften und der Verfahrenseinzelheiten, die von allen Dienststellen und den Beteiligten zu befolgen sind. Diese Dienstanweisungen sind in der **VSF (Vorschriftensammlung Bundesfinanzverwaltung)** zusammengefasst; sie enthält zusätzlich Gesetzesvorschriften, die für die Durchführung der Verfahren wesentlich sind.

[1] vgl. Abschnitt 2.6

▲ *Beschränkungen des Außenwirtschaftsverkehrs.* Der Außenwirtschaftsverkehr ist grundsätzlich frei. Er kann jedoch durch Genehmigungspflicht oder Verbote von Rechtsgeschäften und Handlungen beschränkt werden.

Allgemeine Beschränkungen beziehen sich auf alle Bereiche des Außenwirtschaftsverkehrs. Sie können erforderlich werden,

- ✘ um **Verpflichtungen aus zwischenstaatlichen Vereinbarungen,** die gesetzlich festgelegt sind, zu erfüllen (z.B. aus den EG-Verträgen),
- ✘ um **schädliche Folgen für die Wirtschaft** oder einzelne Wirtschaftszweige abzuwehren, die sich aus Maßnahmen anderer Staaten ergeben (z.B. diskriminierende Exxportsubventionen oder Devisenkurse, Flaggendiskriminierungen),
- ✘ um **die Sicherheit der Bundesrepublik Deutschland zu gewährleisten** oder deren **auswärtige Interessen zu schützen** (z. B. Handel mit Waffen, Munition und sonstigem Kriegsgerät, mit kriegswichtigem Material).

Daneben bestehen besondere Beschränkungsmöglichkeiten, die nur einen bestimmten Bereich betreffen (z. B. die Ausfuhr, die Lohnveredlung, die Seeschifffahrt).

Die einzelnen Verbote und Beschränkungen („VuB") sind dem GZT zu entnehmen.

13.2.2 Warenausfuhr – Ausfuhrverfahren

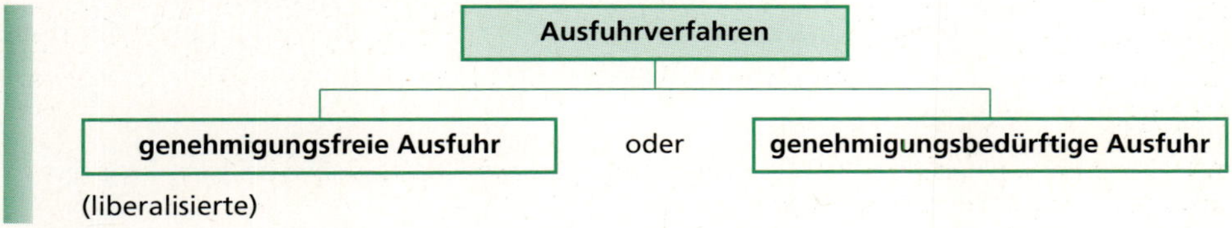

Die Warenausfuhr ist grundsätzlich frei. Sie bedarf nur in bestimmten Fällen nach Vorschrift der Ausfuhrliste der Genehmigung (Waren der Internationalen Rüstungsmaterial-, Kernenergie- und Kontrollliste für verschiedene Waren u. a.). Zuständig ist das Bundesausfuhramt (BAFA), Eschborn.

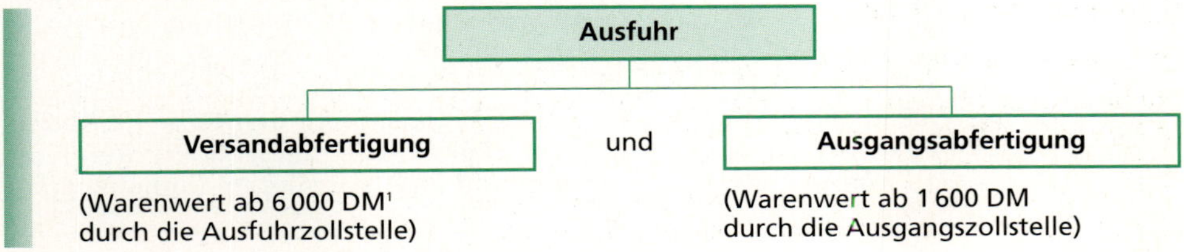

▲ *Grundbegriffe.* **Gemeinschaftswaren** sind Waren, die ihren Ursprung in der EU haben oder die sich im freien Verkehr eines Mitgliedstaates befinden. Mit Schaffung des einheitlichen Binnenmarktes der EU können seit 1993 Waren innerhalb der EU ohne zollrechtlichen Förmlichkeiten und ohne Zollkontrolle befördert werden.

Nichtgemeinschaftswaren sind Waren, die in das Gebiet der EU eingeführt werden (Drittlandswaren, Zollgut).

Ausfuhr ist das Verbringen von Waren (Gemeinschafts-, Nichtgemeinschaftswaren) aus dem Zollgebiet der EU. Zur Ausfuhr gehört die Anwendung der handelspoliti-

[1] Das entspricht 3000 ECU oder Euro.

schen Maßnahmen und die Erfüllung der übrigen Ausfuhrförmlichkeiten, die für die Waren gelten.

Ausführer ist im Normalfall der im Gebiet der EU ansässige Kaufvertragspartner (Exporteur). Er ist Eigentümer der Waren oder in ähnlicher Weise verfügungsberechtigt. Er ist Anmelder und zur Abgabe der Ausfuhranmeldung verpflichtet.

Ausfuhrzollstelle ist die Stelle, die für den Ort zuständig ist, an dem der Ausführer ansässig ist (Versandzollstelle).

Ausgangszollstelle ist die letzte Zollstelle in der EU, über die die Ausfuhr in das Drittland abgewickelt wird.

Hier verlässt die Ware das EU-Gebiet tatsächlich.

▲ ***Ausfuhrabfertigung von Gemeinschaftswaren.*** Der Ausführer veranlasst die **Versandabfertigung** bei seiner Ausfuhrzollstelle. Dazu muss er die Waren mit dem Ausfuhrschein bei seiner Zollstelle *gestellen*. Mit Abgabe des Ausfuhrscheines meldet der Ausführer die Waren an. Diese **Ausfuhranmeldung** erfolgt auf **Blättern/Exemplaren 1, 2 und 3 des Einheitspapier** (COM-Papier, siehe dort). Die Ausfuhranmeldung ist bei der Zollstelle abzugeben, die für den Ort zuständig ist, an dem der Ausführer ansässig ist **oder** an dem die Waren zur Ausfuhr verpackt oder verladen werden. Die Ausfuhrzollstelle kann einen anderen Ort als den Amtsplatz der Zollstelle zulassen. Der Ausführer kann sich bei der Anmeldung durch einen Bevollmächtigten (z. B. durch einen Spediteur) vertreten lassen. Der Zoll vermerkt die Anmeldung auf dem Einheitspapier.

MERKE

Ausfuhranmeldung auf dem Einheitspapier mit den Exemplaren

EX 1: Ausfuhranmeldung des Ausfuhrlandes, für die Ausfuhrzollstelle,

EX 2: Ausfuhranmeldung für das Statistische Bundesamt,

EX 3: für den Versender/Ausführer.

Die Waren sind mit ihrer handelsüblichen Bezeichnung so genau anzugeben, dass die Einreihung (Tarifierung) in das Warenverzeichnis der Außenhandelsstatistik möglich ist. Werden mehrere Warenpositionen auf einem Einheitspapier angemeldet, so sind die vorgeschriebenen Ergänzungsblätter zu verwenden. In dem Einheitspapier dürfen nur Waren angegeben werden, die gleichzeitig mit demselben Beförderungsmittel über eine Anmeldestelle ausgehen. Bei genehmigungsbedürftigen Ausfuhren ist die Ausfuhrgenehmigung vorzulegen und ihre Nummer im Einheitspapier (Ausfuhr) einzutragen.

Die Ausfuhrzollstelle stempelt das ordnungsgemäß vorgelegte Einheitspapier ab; sie behält das EX 1, sendet das EX 2 an das Statistische Bundesamt und übergibt EX 3, abgestempelt und unterschrieben, dem Beteiligten.

Der Beteiligte befördert die Waren mit EX 3 nach der Ausgangszollstelle, die die **Ausgangsabfertigung**[1] vornimmt. Der Beteiligte gestellt die Waren der Zollstelle[1] und gibt das EX 3 ab. Die Ausgangszollstelle kontrolliert, ob die gestellten Waren den angemeldeten Waren entsprechen. Sie überwacht die Ausfuhr und behält das EX 3 ein. Beantragt der Beteiligte die Rückgabe des EX 3, bescheinigt die Ausgangszollstelle

[1] Die Ausfuhrüberwachung wird elektronisch gestützt durchgeführt: in Bremen und in Bremerhaven durch die BHT (Bremer Hafentelematik) und in Hamburg durch ZAPP (Zollausfuhrabwicklung im Paperless Port).

Muster einer Ausfuhranmeldung

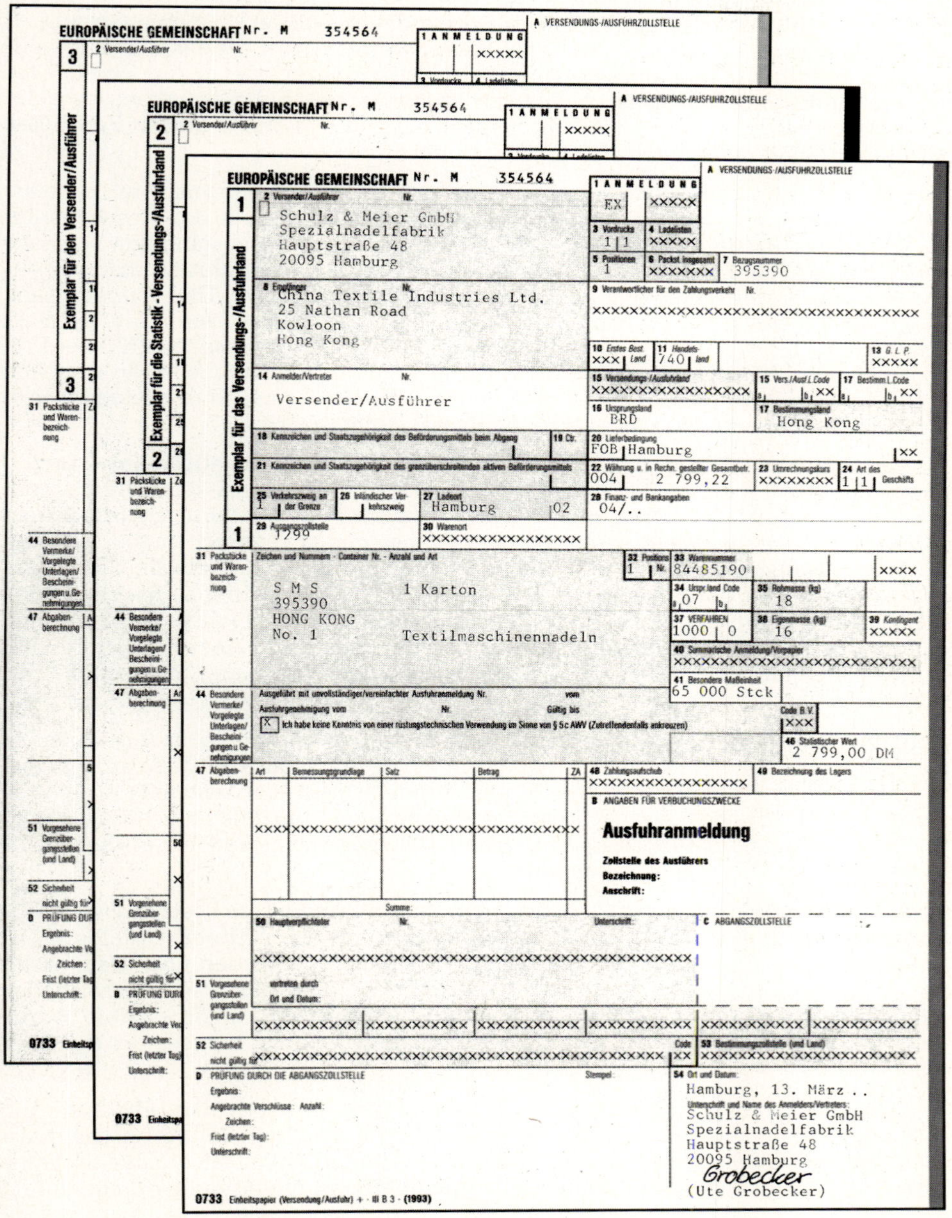

EUROPÄISCHE GEMEINSCHAFT Nr. M 354564

1 ANMELDUNG: EX | XXXXX

A VERSENDUNGS-/AUSFUHRZOLLSTELLE

1 Exemplar für das Versendungs-/Ausfuhrland

2 Versender/Ausführer Nr.
Schulz & Meier GmbH
Spezialnadelfabrik
Hauptstraße 48
20095 Hamburg

3 Vordrucke: 1 | 1
4 Ladelisten: XXXXX
5 Positionen: 1
6 Packst. insgesamt: XXXXXXX
7 Bezugsnummer: 395390

8 Empfänger Nr.
China Textile Industries Ltd.
25 Nathan Road
Kowloon
Hong Kong

9 Verantwortlicher für den Zahlungsverkehr Nr.
XXXXXXXXXXXXXXXXXXXXXXXXXXXXXXXXX

10 Erstes Best. Land: XXX
11 Handels-land: 740
13 G.L.P.: XXXXX

14 Anmelder/Vertreter Nr.
Versender/Ausführer

15 Versendungs-/Ausfuhrland: XXXXXXXXXXXXXXXX
15 Vers./Ausf.L.Code: a | b XX
17 Bestimm.L.Code: a | b XX
16 Ursprungsland: BRD
17 Bestimmungsland: Hong Kong

18 Kennzeichen und Staatszugehörigkeit des Beförderungsmittels beim Abgang
19 Ctr.
20 Lieferbedingung: FOB Hamburg | XX

21 Kennzeichen und Staatszugehörigkeit des grenzüberschreitenden aktiven Beförderungsmittels
22 Währung u. in Rechn. gestellter Gesamtbetr.: 004 | 2 799,22
23 Umrechnungskurs: XXXXXXXX
24 Art des Geschäfts: 1 | 1

25 Verkehrszweig an der Grenze: 1
26 Inländischer Verkehrszweig
27 Ladeort: Hamburg 02
28 Finanz- und Bankangaben: 04/..

29 Ausgangszollstelle: 1799
30 Warenort: XXXXXXXXXXXXXXXX

31 Packstücke und Warenbezeichnung – Zeichen und Nummern - Container Nr. - Anzahl und Art
S M S 1 Karton
395390
HONG KONG
No. 1 Textilmaschinennadeln

32 Positions Nr.: 1
33 Warennummer: 84485190 | XXXX
34 Urspr.land Code: a 07 | b
35 Rohmasse (kg): 18
37 VERFAHREN: 1000 | 0
38 Eigenmasse (kg): 16
39 Kontingent: XXXXX
40 Summarische Anmeldung/Vorpapier: XXXXXXXXXXXXXXXXXXXXXXXXXX
41 Besondere Maßeinheit: 65 000 Stck

44 Besondere Vermerke/Vorgelegte Unterlagen/Bescheinigungen u. Genehmigungen
Ausgeführt mit unvollständiger/vereinfachter Ausfuhranmeldung Nr. vom
Ausfuhrgenehmigung vom Nr. Gültig bis
[X] Ich habe keine Kenntnis von einer rüstungstechnischen Verwendung im Sinne von § 5c AWV (Zutreffendenfalls ankreuzen)
Code B.V.: XXX
46 Statistischer Wert: 2 799,00 DM

47 Abgabenberechnung
Art	Bemessungsgrundlage	Satz	Betrag	ZA
XXX	XXXXXXXXXX	XXXXXXXXXX	XXXXXXXXXX	X
		Summe:		

48 Zahlungsaufschub: XXXXXXXXXXXXXXXX
49 Bezeichnung des Lagers

B ANGABEN FÜR VERBUCHUNGSZWECKE

Ausfuhranmeldung

Zollstelle des Ausführers
Bezeichnung:
Anschrift:

50 Hauptverpflichteter Nr. Unterschrift:
XXXXXXXXXXXXXXXXXXXXXXXXXXXXXXXXXXXXXXXXXXXXXXXXXX
vertreten durch
Ort und Datum:

C ABGANGSZOLLSTELLE

51 Vorgesehene Grenzübergangsstellen (und Land)
XXXXXXXXXXX | XXXXXXXXXXX | XXXXXXXXXXX | XXXXXXXXXXX | XXXXXXXXXXX | XXXXXXXXXXX

52 Sicherheit nicht gültig für: XXXXXXXXXXXXXXXXXXXXXXXXXXXXXXXXXXXXXXXXXXXX
Code: XX
53 Bestimmungszollstelle (und Land): XXXXXXXXXXXXXXXXXXXXXXXXXX

D PRÜFUNG DURCH DIE ABGANGSZOLLSTELLE Stempel:
Ergebnis:
Angebrachte Verschlüsse: Anzahl:
Zeichen:
Frist (letzter Tag):
Unterschrift:

54 Ort und Datum:
Hamburg, 13. März ..
Unterschrift und Name des Anmelders/Vertreters:
Schulz & Meier GmbH
Spezialnadelfabrik
Hauptstraße 48
20095 Hamburg
Grobecker
(Ute Grobecker)

0733 Einheitspapier (Versendung/Ausfuhr) + - III B 3 - (1993)

den körperlichen Ausgang der Waren (Dienstsiegel und Unterschrift auf der Rückseite des EX 3) und übergibt es – evtl. gegen Kostenerstattung – dem Beteiligten. Es kann als Ausfuhrbescheinigung und Ausfuhrnachweis verwendet werden.

Liegt ein **direkter Export** vor (Ausfuhrzollstelle und Ausgangszollstelle liegen auf deutschem Gebiet), kann der Zoll nach Antrag des Ausführers auf eine Gestellung bei der Ausfuhrzollstelle verzichten; die Waren werden dann bei der Ausgangszollstelle abgefertigt. Im Einheitspapier vermerkt der Ausführer, dass er zum **vereinfachten Vorabfertigungsverfahren** zugelassen ist. Einzelheiten dieses Vorausanmeldeverfahrens sind durch die AWV für deutsche Exporte über deutsche Zollstellen geregelt; sie sind nicht durch Gemeinschaftsrecht aufgehoben.

Vertrauenswürdige Ausführer können auf Antrag zum Anschreibeverfahren zugelassen werden. Die Ausfuhrförmlichkeiten für Waren werden dann in den Geschäftsräumen des Ausführers oder an anderen Stellen nach Weisung der zuständigen Zollstelle erledigt. Der „zugelassene" Ausführer muss die Waren vor Verfahrensbeginn in seiner Buchführung anschreiben, sodass dem Zoll eine wirksame Überwachung und nachträgliche Überprüfung möglich ist. Die Anschreibung der Waren gilt dann als Überlassung zur Ausfuhr. Die Vorabfertigung erfolgt dadurch, dass das EX 3 des Einheitspapiers mit Dienstsiegel und Unterschrift durch die Ausfuhrzollstelle versehen wird. Die Ausgangsabfertigung schließt sich an. Durch das Anschreibeverfahren wird für die Beteiligten die Versandabfertigung vereinfacht.

Fehlen anmeldepflichtige Daten, kann der Ausführer eine **unvollständige Anmeldung** abgeben. Zu dieser Zeit liegen dem Ausführer bestimmte Daten oder Unterlagen seines ausländischen Käufers noch nicht vor oder der Ausführer hat die Waren von einem Hersteller/Lieferanten, der das Einheitspapier einreichen soll, gekauft. Aus der vollständig ausgefüllten Ausfuhranmeldung würde der Hersteller Geschäftsdaten erfahren, die der Exporteur geheim halten will (z. B. den Grenzübergangswert). Die Versand- und die Ausgangsabfertigung werden mit der unvollständigen Anmeldung durchgeführt. Der Ausführer, Anmelder muss innerhalb eines Monats die fehlenden Daten nachmelden oder eine vollständige Anmeldung auf Einheitspapier bei seiner Ausfuhrzollstelle nachreichen.

Genehmigungsfreie Waren mit einem Grenzübergangswert bis 1 600,00 DM können (nach deutschem Recht) ohne Ausfuhrschein bei der Ausgangszollstelle angemeldet werden, wenn es sich um direkten Export handelt. Liegt die Ausgangszollstelle in einem anderen Staat, kann nach dort geltendem Recht ein Ausfuhrschein verlangt werden. Für genehmigungsfreie Waren im Grenzübergangswert bis etwa 6 000,00 DM entfällt die Versandabfertigung.

▲ ***Ausfuhrüberwachung durch Kobra.*** Zur Kontrolle und Durchsetzung von Ausfuhrverboten ist das Zollsystem Kobra (Kontrolle bei der Ausfuhr) installiert. Die Daten der AA (Ausfuhranmeldung; gemäß dem Zolltarif) werden über Datensichtgeräte und elektronische Belegleser bei den Ausfuhr- und Ausgangszollstellen erfasst. Die Exportgüter werden gleichzeitig in **sensible und nicht sensible Waren** unterteilt. Der Zollaußendienst kann im Hafen vor Verladung von seinem Beschaurecht Gebrauch machen.

▲ ***INTRASTAT***. Durch Aufhebung der Binnengrenzen in der EU wird die Zoll- und Ausgangsabfertigung an die EU-Zollgrenze verlagert. Dort wird die statistische Erfassung der Ausfuhr von Gemeinschaftswaren und der Einfuhr von Nichtgemeinschaftswaren zusammen mit der Zoll- und der Ausgangs-/Einfuhrabfertigung durchgeführt.

Zur Erfassung des innergemeinschaftlichen Handels **(Intrahandel)** ist ein besonderes Verfahren erforderlich. Es wird für die EU einheitlich geregelt durch die „Verordnung (EWG) Nr. 3330/91", die so genannte INTRASTAT-Verordnung. Danach sind

Muster einer statistischen Meldung

EUROPÄISCHE GEMEINSCHAFT **VORDRUCK N**

Versendung X

INTRASTAT

1 Umsatzst.-Nr. 273004921 Zusatz Bundesl. FA 02
Auskunftspflichtiger (Name und Anschrift)
Heinrich Muster & Co.
Bredowstraße 260
22113 Hamburg

2 Monat/Jahr 10 .. 3

4 Umsatzst.-Nr. Zusatz Bundesl. FA
Drittanmelder (Name und Anschrift)

5
– Statistische Meldung –
An das Statistische Bundesamt
Außenhandelsstatistik
65180 Wiesbaden

6 Warenbezeichnung	7 Pos.-Nr.	8 Best.-Land/Urspr.-Reg.	9 Lieferbed.	10 Art	11 V	12 Einladehafen	13 Warennummer	14 Urspr.-L	15 Statist. Verfahren	16 Eigenmasse in kg	17 Besondere Maßeinheit	18 Rechnungsbetrag in vollen DM	19 Statistischer Wert in vollen DM
4 Sack Eichenrinde, geschnitten	1	a 003 b 02	—	11	3		14041000	—	10000	98		321	305
1 Ballen und 3 Sack Pflanzen und Pflanzenteile wie Blüten, Blätter, Rinden usw.	2	a 003 b 99	—	11	3		12119080	—	10400	210		656	620
2 Sack Catechu, gemahlen	3	a 003 b 99	—	11	3		13021999	—	10400	32		214	200
neuer Kleinbus mit 12 Sitzplätzen und Dieselmotor mit 3000 cm³ Hubraum	4	a 006 b 05	—			1200	87021011	—	10000	1800	1	45500	45100

Erläuterungen:
Feld 8a: Bestimmungsmitgliedstaat
8b: Ursprungsregion
9 : Lieferbedingung
10 : Art des Geschäfts
Feld 11 : Verkehrszweig
12 : Einladehafen oder -flughafen
14 : Ursprungsland

20 Ort/Datum/Unterschrift des Auskunftspflichtigen/Drittanmelders
Hamburg, den 15. März . .
Heinrich Muster & Co.
B. Muster *Muster*

grundsätzlich die am innergemeinschaftlichen Handel beteiligten steuerpflichtigen Lieferer und Erwerber anmeldepflichtig. Die statistische Meldung ist vom Anmeldepflichtigen sowohl im EU-Abgangsland (für die **Ausgangsstatistik**) als auch im EU-Bestimmungsland (für die **Eingangsstatistik**) der zuständigen staatlichen Stelle abzugeben. Der Anmelder, der sich durch einen Drittanmelder (z. B. einen Spediteur) vertreten lassen kann, übermittelt die Daten in „Zusammenfassenden Meldungen" auf Vordrucken oder auf Datenträgern monatlich dem Statistischen Bundesamt in Wiesbaden. Die Anmeldung ist bei einem jährlichen Warenumsatz von weniger als 200 000,00 DM nicht erforderlich.

13.2.3 Wareneinfuhr – Einfuhrverfahren

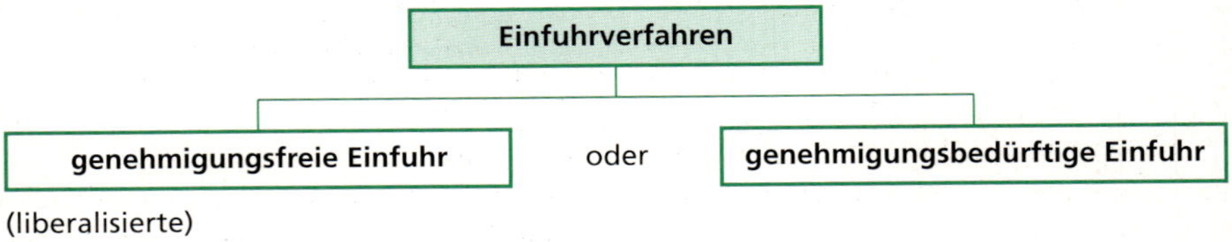

Einfuhr von Waren ist das Überführen von Nichtgemeinschaftswaren und Gemeinschaftswaren aus einem Drittland in das Zollgebiet der Gemeinschaft (EU).

Der Einführer ist im Gebiet der EU ansässig, für ihn ist die Einfuhr grundsätzlich frei; Nichtgemeinschaftsansässige brauchen grundsätzlich eine Einfuhrgenehmigung. Ob eine Ware genehmigungsbedürftig ist, ergibt sich aus der Einfuhrliste (Anlage zum AWG) in Verbindung mit den Länderlisten.

▲ ***Einfuhrscheine.*** Bei genehmigungsfreier Einfuhr einzelner Waren, die in der Einfuhrliste gekennzeichnet sind, ist eine vom zuständigen Bundesamt abgestempelte **Einfuhrerklärung** bei der Einfuhrabfertigung vorzulegen. Für andere Waren (z. B. lizenzfreie Marktordnungswaren) wird eine **Einfuhrkontrollmeldung** nach der Einfuhrliste verlangt. Zur genehmigungsbedürftigen Einfuhr muss der Einführer eine **Einfuhrgenehmigung** beantragen. Die Genehmigungen werden vom „Bundesamt für Wirtschaft", Eschborn, für landwirtschaftliche Produkte vom „Bundesamt für Ernährung und Forstwirtschaft", Frankfurt/Main, und die Lizenzen für bestimmte Marktordnungswaren von der „Bundesanstalt für landwirtschaftliche Marktordnung (BALM)", Frankfurt/Main, erteilt.[1]

▲ ***Einfuhrabfertigung.*** Nach Gestellung der Waren zu ihrer Einfuhr an der EU-Grenze stellt der Einführer oder sein Bevollmächtigter den Antrag auf Überführung in den freien Verkehr (oder zu einer anderen zollrechtlichen Bestimmung). Dazu legt er das **Einheitspapier (Einfuhr)** mit den Blättern 6, 7 und 8 vor.

Mit den Blättern 6 bis 8 gibt der Anmelder/Einführer den Zollantrag, die Zollanmeldung und die Einfuhranmeldung ab; weitere Unterlagen können erforderlich sein (vgl. zollrechtliche Bestimmung). Die Einfuhrabfertigung wird dann von der Zollstelle zusammen mit der Einfuhrzollabfertigung durchgeführt; anschließend werden die Waren zur Einfuhr bzw. zum freien Verkehr in das Zollgebiet überführt. Dabei ist die zoll- und umatzsteuerrechtliche Abfertigung gemeinsam durchzuführen.

▲ ***Atlas.*** Die Einfuhr von Waren in das Zollgebiet der EU wird ab 1999 über das elektronische Zollverfahren „Atlas" (**A**utomatisiertes **T**arifierungs- und **l**okales **A**bfertigungs**s**ystem) abgewickelt (vgl. Abschnitt 14.2.1).

[1] Eine Zusammenlegung der zuständigen Stellen ist vorgesehen.

Europäische Freihandsz
(Schweiz ist ein EFTA-Land,)
Island, Finnland, Norwegen.

13.3 *Die internationalen Handelsklauseln Incoterms und Trade Terms*

13.3.1 *Inhalt und Bedeutung der Handelsklauseln*

Zur Vereinfachung des internationalen Warenverkehrs werden von den Kaufleuten üblicherweise Handelsklauseln verwendet. Sie enthalten ein ganzes Bündel wirtschaftlicher und rechtlicher Einzelheiten, über die sich die Kaufvertragspartner einigen müssen, und sie werden durch Abkürzungen voneinander unterschieden. Die Klauseln erfassen wichtige Rechte und Pflichten aus dem Kaufvertrag, vor allem aber die Lieferbedingungen; sie werden deshalb auch **Lieferklauseln** genannt.

Unterschieden werden

- die **Incoterms 2000** (International Commercial Terms; Termes Commerciaux Internationaux), herausgegeben von der Internationalen Handelskammer (IHK), Paris, 1936, überarbeitet 1953, 1967, 1976, 1980, 1990 und 2000[1] der internationalen Handelspraxis angepasst,
- **Trade Terms** 1953 (weitgehend bedeutungslos).

Die Incoterms sind einheitliche Vertragsnormen, die in allen Ländern **einheitlich** ausgelegt werden. Sie sind kein Gesetz, sondern lediglich Empfehlungen an die Kaufleute, sich nach ihnen zu richten. Diese Klauseln werden erst dann rechtskräftig, wenn sie durch **Vereinbarung zwischen Verkäufer und Käufer im Kaufvertrag** ausdrücklich aufgenommen werden. Den Parteien steht es frei, einzelne Bestimmungen der Klauseln abzuändern oder zu ergänzen. Um Meinungsverschiedenheiten bei der Auslegung zu vermeiden, sollte im Kaufvertrag neben der Klausel ein Zusatz aufgenommen werden, z. B. „FOB Verschiffungshafen gemäß Incoterms 2000". Abweichende Kaufvertragsvereinbarungen gehen vor.

Die Trade Terms sind handelsübliche Vertragsformeln, die von Land zu Land oder gar von Hafen zu Hafen **unterschiedlichen** Inhalt haben können. Sie sind ein Auskunftsbuch für die am Außenhandel Beteiligten.

MERKE

> Die Incoterms 2000 regeln u. a. den
> - Kostenübergang,
> - Gefahrenübergang,
> - Übergang der Sorgepflicht (Dispositionsübergang)
>
> **vom Verkäufer auf den Käufer.**
>
> Sie sind Recht des Außenhandelskaufvertrages (nicht des Speditionsvertrages).

Durch die Neufassung der Incoterms 1990 und 2000 wurden die Klauseln angepasst

- an den steigenden **Einsatz von EDI** (elektronischer Datenaustausch) bei der Beschaffung von Handelsrechnungen, Transportdokumenten, Zolldokumenten u. a.,
- an die **veränderten Transporttechniken**, wie kombinierte Transporte, Ro/Ro-Transporte, Containerverkehre u. a.

▲ ***Vorteile der Incoterms.*** Die Anwendung der Incoterms bietet allen am Außenhandel Beteiligten folgende Vorteile:

- Wesentliche Rechte und Pflichten der Vertragspartner können in eindeutiger und knapper Form ausgedrückt werden.
- Einheitliche und klare Bestimmungen vermeiden Meinungsverschiedenheiten und Streitigkeiten.
- Durch die Abkürzungen werden Zeit und Kosten bei Vertragsverhandlungen gespart.

EU – EFTA
EWR

[1] Änderungen in den Klauseln FAS, DEQ und FCA

 EWR = erweiterter Wirtschaftsraum

13.3.2 Der Kosten- und Gefahrenübergang der einzelnen Incoterms-Klauseln

Klausel	Kürzel	Kostenübergang	Gefahrenübergang
1. **Ab Werk** Ex Works (EXW)	EXW	ab Werk	ab Werk
2. **FAS** (free alongside ship)	FAS	Längsseite Seeschiff im Verschiffungshafen Der Verkäufer hat die Ware zur Ausfuhr freizumachen	Längsseite Seeschiff im Verschiffungshafen
3. **FOB**[1] Freee on board	FOB	tatsächliches Überschreiten der Reling Seeschiff im Verschiffungshafen	tatsächliches Überschreiten der Reling Seeschiff im **Verschiffungshafen**
4. **C&F**[1] Cost and Freight (CFR)	CFR	Seeschiff Verschiffungshafen, plus Seefracht	Reling Seeschiff im **Verschiffungshafen**
5. **CIF**[1] Cost, Insurance, Freight (CIF)	CIF	Seeschiff Verschiffungshafen, plus Seefracht, plus Seetransportversicherung (ohne Kriegsrisiko)	Reling Seeschiff im **Verschiffungshafen**
6. **Frachtfrei** (benannter Bestimmungsort). Gilt für Beförderung auf Schiene und Straße) Carriage paid to … (CPT)	CPT	Übergabe an den ersten Frachtführer, plus Fracht bis Bestimmungsort	Übernahme erster Frachtführer
7. **Ab Schiff** (benannter Bestimmungshafen) Delivered ex Ship (DES)	DES	ab Bord Seeschiff im Bestimmungshafen	ab Bord Seeschiff im Bestimmungshafen
8. **Ab Kai** (verzollt, benannter Bestimmungshafen) Delivered ex Quay Duty Paid (DEQ)	DEQ	ab Zurverfügungstellung am Kai Bestimmungshafen. Der Käufer erledigt die Zollformalitäten und trägt den Zoll sowie andere Kosten	
9. **Geliefert Grenze …** (benannter Lieferort an der Grenze) Delivered at Frontier (DAF)	DAF	benannter Lieferort an der Grenze	benannter Lieferort an der Grenze
10. **Geliefert** (benannter Bestimmungsort im Einfuhrland verzollt) Delivered Duty Paid (DDP)	DDP	benannter Bestimmungsort im Einfuhrland verzollt (wenn es ortsüblich oder erforderlich ist, die Ware auch zu löschen bzw. aus- oder abzuladen)	benannter Bestimmungsort im Einfuhrland verzollt
11. **Geliefert unverzollt** Delivered Duty Unpaid (DDU)	DDU	benannter Bestimmungsort im Einfuhrland unverzollt	

[1] Bei FOB-, CFR-, CIF-Geschäften soll nach Incoterms die Gefahr auf den Käufer übergehen, wenn die Ware im Verschiffungshafen die Reling des Seeschiffes überschreitet. Diese Regel wird der Praxis dann nicht gerecht, wenn Schäden zwischen Überschreiten der Reling und dem Moment eintreten, wo das Gut tatsächlich in den Gewahrsam des Schiffes übergeht. Wenn die Ware z. B. am Landkran über der Luke des Seeschiffes hängend aus der Schlinge fällt, wird sich die Reederei wahrscheinlich weigern, ein reines B/L zu zeichnen. Ohne dieses kann der Verkäufer seine Lieferpflicht nicht dokumentieren. – Es wird daher empfohlen, Versicherungen zur Bedingung FOB-gestaut zu decken.

Klausel	Kürzel	Kostenübergang	Gefahrenübergang
12. Frei Frachtführer benannter Ort Free Carrier (FCA) (gilt für jede Transportart auch Containerverkehr und Luftfracht, entfallen sind FOR/FOT und FOA)	FCA	Übergabe der Ware an den benannten Frachtführer (einschließlich Ausfuhrabfertigung) an dem von den Parteien ausgewählten Ort	
13. Frachtfrei versichert Carriage and insurance paid to … (CIP)	CIP	Übergabe an den ersten Frachtführer, plus Fracht bis zum Bestimmungsort, plus Transportversicherung (ohne Kriegsrisiko)	Übergabe an den ersten Frachtführer

13.3.3 Die einzelnen Klauseln der Incoterms nach Gruppierung und Transportart

▲ ***Gruppierung.*** Die Incoterms enthalten 13 Klauseln. Sie sind in folgende Gruppen eingeteilt:

Incoterms 2000		
Gruppe E Abholklausel	**EXW** Ab Werk	Der Verkäufer stellt dem Käufer die Ware auf seinem Gelände zur Verfügung.
Gruppe F Haupttransport vom Verkäufer nicht bezahlt	**FCA** Frei Frachtführer **FAS** Frei Längsseite Seeschiff **FOB** Frei an Bord	Der Verkäufer übergibt die Ware einem vom Käufer bestimmten Frachtführer
Gruppe C Haupttransport vom Verkäufer bezahlt	**CFR** Kosten und Fracht **CIF** Kosten, Versicherung, Fracht **CPT** Frachtfrei **CIP** Frachtfrei versichert	Der Verkäufer schließt den Beförderungsvertrag, trägt die Fracht, aber nicht die Gefahr des Verlustes, der Beschädigung der Ware.
Gruppe D Ankunftsklauseln	**DAF** Geliefert Grenze **DES** Geliefert ab Schiff **DEQ** Geliefert ab Kai (verzollt) **DDU** Geliefert unverzollt **DDP** Geliefert verzollt	Der Verkäufer trägt alle Gefahren und Kosten, bis die Ware im genannten Bestimmungsland/-ort eintrifft.

Klauselvereinbarung nach Transportart.

Transportart und geeignete Incoterms-Klausel 2000	
jede Transportart einschließlicher multimodaler Transport	**EXW** Ab Werk (… benannter Ort) **FCA** Frei Frachtführer (… benannter Ort) **CPT** Frachtfrei (… benannter Bestimmungsort) **CIP** Frachtfrei versichert (… benannter Bestimmungsort) **DAF** Geliefert Grenze (… benannter Ort) **DDU** Geliefert unverzollt (… benannter Ort) **DDP** Geliefert verzollt (… benannter Ort)
Lufttransport	**FCA** Frei Frachtführer (… benannter Ort)
Eisenbahntransport	**FCA** Frei Frachtführer (… benannter Ort)

Transportart und geeignete Incoterms-Klausel 2000	
See- und Binnen-schiffstransport	**FAS** Frei Längsseite Seeschiff (... benannter Verschiffungshafen) **FOB** Frei an Bord (... benannter Verschiffungshafen) **CFR** Kosten und Fracht (... benannter Bestimmungshafen) **CIF** Kosten, Versicherung, Fracht (... benannter Bestimmungshafen) **DES** Geliefert ab Schiff (... benannter Bestimmungshafen) **DEQ** Geliefert ab Kai (verzollt) (... benannter Bestimmungshafen)

13.3.4 Der Inhalt der Klausel „CIF Bestimmungshafen gemäß Incoterms 2000"

Bei der im Außenhandel häufig verwendeten CIF-Klausel lässt sich am besten der Übergang der Pflichten vom Verkäufer auf den Käufer erkennen:

„Kosten, Versicherung, Fracht" bedeutet, dass der Verkäufer die gleichen Verpflichtungen wie bei der CFR-Klausel hat, jedoch zusätzlich die Seetransportversicherung gegen die vom Käufer getragene Gefahr des Verlusts oder der Beschädigung der Waren während des Transports (ohne Kriegsrisiko) abzuschließen hat. Der Verkäufer schließt den Versicherungsvertrag ab und zahlt die Versicherungsprämie (vgl. Abschnitt 13.3.2).

Der Käufer sollte beachten, dass gemäß dieser Klausel der Verkäufer nur verpflichtet ist, eine Versicherung zu Mindestbedingungen abzuschließen.

Die CIF-Klausel verpflichtet den Verkäufer, die Ware zur Ausfuhr freizumachen.

Diese Klausel kann nur für den See- oder Binnenschiffstransport verwendet werden. **Hat die Schiffsreling keine praktische Bedeutung**, wie bei **Ro/Ro- oder Containertransporten**, ist die **CIP-Klausel** geeigneter.

A Der Verkäufer hat	**B** Der Käufer hat
A 1 Lieferung vertragsgemäßer Ware Die Ware in Übereinstimmung mit dem Kaufvertrag zu liefern sowie die Handelsrechnung oder die entsprechende elektronische Mitteilung und alle sonstigen vertragsgemäßen Belege hierfür zu erbringen.	**B 1 Zahlung des Kaufpreises** Den Preis vertragsgemäß zu zahlen.
A 2 Lizenzen, Genehmigungen und Formalitäten Auf eigene Gefahr und Kosten die Ausfuhrbewilligung oder andere behördliche Genehmigungen zu beschaffen sowie alle Zollformalitäten zu erledigen, die für die Ausfuhr der Ware erforderlich sind.	**B 2 Lizenzen, Genehmigungen und Formalitäten** Auf eigene Gefahr und Kosten die Einfuhrbewilligung oder andere behördliche Genehmigungen zu beschaffen sowie alle erforderlichen Zollformalitäten für die **Einfuhr der Ware** und gegebenenfalls für ihre Durchfuhr durch ein drittes Land zu erledigen.
A 3 Beförderungs- und Versicherungsvertrag a) **Beförderungsvertrag** Auf eigene Rechnung den Vertrag über die Beförderung der Ware auf dem üblichen Weg in der üblichen Weise bis zum benannten Bestimmungshafen in einem	**B 3 Beförderungsvertrag** Keine Verpflichtung

A Der Verkäufer hat

Seeschiff (bzw. gegebenenfalls einem Binnenschiff) der Bauart, die normalerweise für die Beförderung der im Vertrag genannten Ware verwendet wird, abzuschließen.

b) **Versicherungsvertrag**

Auf eigene Kosten die im Vertrag vereinbarte Transportversicherung zu beschaffen, die den Käufer oder eine andere Person mit versichertem Interesse an den Gütern berechtigt, direkt beim Versicherer Ansprüche geltend zu machen, und dem Käufer die Versicherungspolice oder einen sonstigen Nachweis über den Versicherungsschutz zu übermitteln.

Die Versicherung ist bei zuverlässigen Versicherern oder Versicherungsgesellschaften abzuschließen und muss mangels ausdrücklicher Vereinbarung von etwas Gegensätzlichem mit der **Mindestdeckung der Institute Cargo Clauses** (Institute of London Underwriters) oder einem ähnlichen Bedingungswerk übereinstimmen. Die Dauer der Versicherung muss B.5 und B.4 entsprechen. Auf Verlangen des Käufers hat der Verkäufer **auf Kosten des Käufers eine Versicherung gegen die Gefahren Krieg**, Streik, Aufruhr und bürgerliche Unruhen zu beschaffen, sofern dies möglich ist. Die Mindestversicherung muss den Kaufpreis zuzüglich 10 % (d. h. 110 %) decken und in der Währung des Kaufvertrags genommen werden.

A 4 Lieferung

Die Ware **an Bord des Schiffs im Verschiffungshafen** in dem vereinbarten Zeitpunkt oder **innerhalb der vereinbarten Frist** zu liefern.

A 5 Gefahrenübergang

Vorbehaltlich der Bestimmungen von B.5, **alle Gefahren** des Verlusts oder der Beschädigung der Ware solange zu tragen, **bis** sie die **Schiffsreling im Verschiffungshafen** überschritten hat.

B Der Käufer hat

B 4 Abnahme

Anzuerkennen, dass die Ware in Übereinstimmung mit A.4 übergeben wird und **die Ware dem Frachtführer im Bestimmungshafen abzunehmen.**

B 5 Gefahrenübergang

Alle Gefahren des Verlusts oder der Beschädigung der Ware von dem Zeitpunkt an zu tragen, in dem sie die Schiffsreling im benannten Verschiffungshafen überschritten hat.

Sollte er die Benachrichtigung gemäß B.7 unterlassen, alle Gefahren des Verlusts oder der Beschädigung der Ware von dem für die Verschiffung vereinbarten Zeitpunkt oder vom Ablauf der hierfür vereinbarten Frist an zu tragen, vorausgesetzt, dass die Ware in geeigneter Weise konkretisiert, d.h. als der für den Käufer bestimmte Gegenstand abgesondert oder auf andere Art kenntlich gemacht worden ist.

A Der Verkäufer hat

A 6 Kostenteilung

Vorbehaltlich der Bestimmungen von B.6

- **alle die Ware betreffenden Kosten** solange zu tragen, **bis sie gemäß A.4** geliefert worden ist, sowie die **Fracht- und alle anderen aus A.3** entstehenden Kosten sowie die Kosten der Verladung der Ware an Bord und alle Ausladungskosten im Entladungshafen zu tragen, sofern sie von regulären Schifffahrtsgesellschaften beim Abschluss des Beförderungsvertrags erhoben werden;
- die Kosten der für die Ausfuhr notwendigen Zollformalitäten sowie alle Zölle, Steuern und andere öffentliche Abgaben zu tragen, die bei der Ausfuhr der Ware anfallen.

A 7 Benachrichtigung des Käufers

Den Käufer in angemessener Weise **zu benachrichtigen**, dass die Ware an Bord des Schiffes geliefert worden ist, sowie jede andere Nachricht zu geben, die der Käufer benötigt, um erforderliche Maßnahmen zur Übernahme der Ware treffen zu können.

A 8 Liefernachweis, Transportdokument oder entsprechende elektronische Mitteilung

Mangels anderer Vereinbarung auf eigene Kosten dem Käufer unverzüglich das **übliche Transportdokument** für den vereinbarten Bestimmungshafen zu beschaffen.

Dieses Dokument (z. B. **ein begebbares Konnossement**, ein nichtbegebbarer Seefrachtbrief oder ein Dokument des Binnenschiffstransports) muss über die vertraglich vereinbarte Ware lauten, ein innerhalb der für die Verschiffung vereinbarten Frist liegendes Datum tragen, den Käufer berechtigen, die Herausgabe der Ware am Bestimmungsort von dem Frachtführer zu verlangen, und mangels anderer Vereinbarung dem Käufer ermöglichen, die Ware

B Der Käufer hat

B 6 Kostenteilung

Vorbehaltlich der Bestimmungen von A.3, alle die Ware betreffenden Kosten von dem Zeitpunkt an zu tragen, in dem sie gemäß A.4 geliefert worden ist und, sofern diese Kosten nicht von regulären Schifffahrtsgesellschaften beim Abschluss des Beförderungsvertrags erhoben worden sind, alle während des Transports bis zur Ankunft im Bestimmungshafen anfallenden, die Ware betreffenden Kosten einschließlich der Kosten für die Löschung und die Leichterung sowie die Kaigebühren zu tragen.

Sollte er die Benachrichtigung gemäß B.7 unterlassen, von dem für die Verschiffung vereinbarten Zeitpunkt oder vom Ablauf der hierfür vereinbarten Frist an alle dadurch entstehenden zusätzlichen Kosten zu tragen, vorausgesetzt, dass die Ware in geeigneter Weise konkretisiert, d. h. als der für den Käufer bestimmte Gegenstand abgesondert oder auf andere Art kenntlich gemacht worden ist.

Alle Zölle, Steuern und andere öffentliche Abgaben sowie die Kosten der Zollformalitäten, die bei der Einfuhr der Ware und gegebenenfalls bei der Durchfuhr durch ein drittes Land anfallen, zu tragen.

B 7 Benachrichtigung des Verkäufers

Wenn er berechtigt ist, den Zeitpunkt für die Verschiffung der Ware und/oder den Bestimmungshafen festzulegen, den Verkäufer in angemessener Weise davon zu benachrichtigen.

B 8 Liefernachweis, Transportdokument oder entsprechende elektronische Mitteilung

Das Transportdokument gemäß A.8 anzunehmen, wenn es mit dem Kaufvertrag übereinstimmt.

A Der Verkäufer hat	**B Der Käufer hat**
während des Transports an einen nachfolgenden Käufer durch Übertragung des Dokuments (begebbares Konnossement) oder durch Mitteilung an den Frachtführer zu verkaufen. Besteht ein solches Transportdokument aus mehreren Originalausfertigungen, muss dem Käufer der vollständige Satz übergeben werden. Wenn das Transportdokument einen Hinweis auf einen Chartervertrag enthält, so muss der Verkäufer außerdem ein Exemplar dieser Urkunde übergeben. Wenn sich Verkäufer und Käufer auf **elektronische Datenkommunikation** geeinigt haben, kann das in den vorstehenden Absätzen erwähnte Dokument durch eine entsprechende Mitteilung im elektronischen Datenaustausch (EDI message) ersetzt werden.	
A 9 Prüfung – Verpackung – Kennzeichnung Die Kosten der Prüfung (wie Qualitätsprüfung, Messen, Wiegen und Zählen) zu tragen, die für die Lieferung der Ware gemäß A.4 erforderlich ist. Auf eigene **Kosten für eine Verpackung** zu sorgen (sofern es nicht handelsüblich ist, die in dem Vertrag beschriebene Ware unverpackt zu verschiffen), die für den von ihm besorgten Transport der Ware erforderlich ist. Die Verpackung ist in geeigneter Weise zu kennzeichnen.	**B 9 Prüfung der Ware** Mangels anderer Vereinbarung die Kosten von Warenkontrollen vor der Verladung (pre-shipment inspection) zu tragen, mit Ausnahme behördlich angeordneter Kontrollen des Ausfuhrlands.
A 10 Sonstige Verpflichtungen Dem Käufer auf dessen Verlangen, Gefahr und Kosten bei der Beschaffung aller anderen als in A.8 genannten Dokumente oder entsprechender elektronischer Mitteilung, die im Verschiffungs- und/oder Ursprungsland ausgestellt oder abgesendet werden und die der Käufer zur Einfuhr der Ware und gegebenenfalls zur Durchfuhr durch ein drittes Land benötigt, jede Hilfe zu gewähren.	**B 10 Sonstige Verpflichtungen** Alle Kosten und Gebühren für die Beschaffung der in A.10 genannten Dokumente oder entsprechender elektronischer Mitteilung zu tragen und diejenigen des Verkäufers zu erstatten, die diesem bei der Hilfeleistung hierfür entstanden sind. Dem Verkäufer auf dessen Verlangen die für die Versicherung der Ware erforderlichen Auskünfte zu erteilen.

13.4 Die Lieferungs- und Zahlungssicherung bei Außenhandelsgeschäften

13.4.1 Sicherung durch Lieferpapiere

Im nationalen Handelsgeschäft hat ein Kaufmann mehrere Möglichkeiten, um sich bei Vertragsverletzungen des Partners – insbesondere bei Verletzungen der Lieferungs- oder Zahlungspflicht – vor Verlusten zu schützen. Bei Außenhandelsgeschäften ist er dagegen durch unterschiedliche Rechtsvorschriften, abweichende Handelsbräuche und die große räumliche Trennung der Geschäftspartner gezwungen, Lieferung und Zahlung stärker als im nationalen Geschäft zu sichern, wenn er nicht Risiken eingehen will, die die Existenz seines Betriebes gefährden.

Zur Sicherung der Lieferung und Zahlung vereinbaren der Verkäufer und der Käufer im Kaufvertrag, dass die Zahlungen gegen Vorlage bestimmter Dokumente erfolgen soll. Für diesen Zweck eignen sich die **Transportdokumente**, durch die gleichzeitig der Nachweis der Lieferung erbracht wird. Die Transportdokumente sind **Warenwertpapiere** (Konnosemente, Ladescheine und FBL/FCT) oder **Sperrpapiere** (Frachtbriefe und FCR-Dokumente).

▲ *Sicherung durch Warenwertpapiere*. Erbringt der Verkäufer den Nachweis der Lieferung durch ein Konnossement, so hat sich der Schiffsvertreter vorher durch seine Unterschrift verpflichtet, **die Sendung nur gegen Vorlage des Konnossementes auszuliefern**. Übergibt der Verkäufer dieses Konnossement dem Käufer, dann überträgt er mit der Übergabe gleichzeitig die Verfügungsgewalt über die Sendung, denn nur derjenige, der das Konnossement hat, kann die Sendung empfangen. Der Käufer zahlt gegen Übergabe des Konnossementes, wie es im Kaufvertrag vereinbart worden ist. Geschützt ist der Verkäufer, denn er gibt das Verfügungsrecht nur dann auf, wenn er den Kaufpreis erhält. Gleichzeitig ist aber auch der Käufer geschützt, denn er zahlt nur dann, wenn er das Verfügungsrecht über die Sendung erhält. Das Konnossement wird durch den Ladeschein ersetzt, wenn die Sendung im internationalen Binnenschiffsverkehr befördert wird.

▲ *Sicherung durch Sperrpapiere.* Wird auf Veranlassung des Verkäufers ein internationaler Frachtbrief (vgl. Bahn-, Lkw- und Luftfrachtbrief) ausgestellt, so wird das für den Absender bestimmte Exemplar zur Sicherung benutzt. Im Gegensatz zum Konnossement ist der Frachtbrief kein Wertpapier, denn der Frachtführer muss die Sendung an den im Frachtbrief genannten Empfänger ausliefern, ohne dass dieser ein Frachtbriefexemplar vorlegen muss. Der Absender hat aber das Recht, **eine nachträgliche Verfügung beim Frachtführer zu bewirken, wenn er das Doppel vorlegt** und wenn die Sendung noch nicht ausgeliefert wurde. Gibt der Absender als Verkäufer das Doppel aus der Hand, so verliert er das Recht auf nachträgliche Verfügung; er wird von der Sendung abgesperrt (daher „Sperrpapier"). Erfolgt die Zahlung gegen Übergabe des Doppels vor Auslieferung der Sendung an den Empfänger, dann ist der Verkäufer gesichert, dass er die Zahlung erhält, wenn er das Recht auf nachträgliche Verfügung aufgibt; andererseits ist der Käufer nach der Zahlung davor geschützt, dass ihm die Sendung durch eine nachträgliche Verfügung entzogen wird. Der Frachtbrief kann durch das FCR-Dokument ersetzt werden, wenn eine entsprechende Vereinbarung im Kaufvertrag aufgenommen wurde.

▲ *Lieferpapiere des Außenhandels.* Zu den Dokumenten, die der Sicherung dienen, zählen nicht nur die Transportdokumente, sondern auch Versicherungspolicen und andere Dokumente, die zur Einfuhrzollabfertigung erforderlich sind. Zahl, Art und Inhalt dieser Dokumente werden im Kaufvertrag festgelegt. Da mit ihnen die Lieferung bewirkt wird, werden sie als **Lieferpapiere des Außenhandels** bezeichnet. Diese Papiere erfüllen nur dann ihren Zweck, wenn sie mit allergrößter Sorgfalt und Genauigkeit ausgefüllt werden. Das geschieht in den meisten Fällen durch den Spediteur, und von der Qualität seiner Leistung hängt es ab, ob der Kaufvertrag im Außenhandel erfüllt werden kann oder nicht.

Folgende Lieferpapiere werden im Außenhandel verwendet:

- **Transportdokumente:** Das Konnossement, das Mate's Receipt, der internationale Bahnfrachtbrief (nach dem CIM-Übereinkommen), der internationale Lkw-Frachtbrief (nach dem CMR-Übereinkommen), der Luftfrachtbrief (Air Waybill), der Ladeschein im Binnenschiffsverkehr, das FCR-Dokument und das FBL oder das FCT eines Spediteurs,

- **Transportversicherungsdokumente:** die Versicherungspolice oder das Versicherungszertifikat,
- **Zolldokumente:** Die Einfuhrrechnung (aufgemacht in der Sprache des Einfuhrlandes und nach den Einfuhrvorschriften), das Ursprungszeugnis (öffentliche Urkunde über Herkunft/Ursprung der Ware nach Art, Menge und weiteren Merkmalen, beglaubigt durch die dazu berechtigte Stelle, in der Bundesrepublik Deutschland durch die Handelskammern), die Konsulatsfaktura, die Zollfaktura (beide dienen der Ermittlung des Einfuhrzollwertes und müssen im Verschiffungsland ausgestellt und besorgt werden) und im Einzelfall andere Dokumente.

Zu den Transportdokumenten: Nach den **„Einheitliche Richtlinien und Gebräuche für Dokumentenakkreditive (Era)"** von 1993 werden Transportdokumente von den Banken nur anerkannt, wenn der Aussteller als Frachtführer die Verantwortung und damit die Haftung für die Durchführung des gesamten Transportes vom Abgangs- bis zum Bestimmungsort übernimmt. So bezeichnet die ICC (International Chamber of Commerce) den als Frachtführer, „wer sich durch einen Beförderungsvertrag verpflichtet, die Beförderung per Schiene, Straße, See, Luft, Binnengewässer oder in einer Kombination dieser Transportarten durchzuführen oder durchführen zu lassen." Der Frachtführer braucht nicht Eigentümer des Transportmittels zu sein. Ein Spediteur, der die Beförderung besorgt, gilt als Frachtführer, wenn er das Dokument in seinem Namen als Frachtführer ausstellt und gleichzeitig die Frachtführerhaftung übernimmt; im Seeverkehr werden Konnossemente, die von einem NVOCC (Non-vessel Owning Common Carrier) ausgestellt sind, akzeptiert.

Die Era unterscheiden folgende Transportdokumente:

- Seekonnossement (Art. 23 Era),
- nichtbegebbarer Seefrachtbrief (Art. 24),
- Charterpartie-Konnossement (Art. 25),
- Multimodales Transportdokument (Art. 26),
- Lufttransportdokument (Art. 27),
- Dokumente des Straßen-, Eisenbahn- oder Binnenschifftransportes (Art. 28),
- Kurierempfangsbestätigung, Posteinlieferungsschein (Art. 29),
- von Spediteuren ausgestellte Transportdokumente (Art. 30).

▲ ***Arten der Zahlungsbedingungen.*** Die Zahlung erfolgt im Außenhandel nach den jeweiligen **Zahlungsbedingungen**, die **im Kaufvertrag vereinbart** wurden. Die Bedingungen der Übergabe der Lieferpapiere sind von Fall zu Fall verschieden festgelegt. Da der Spediteur die meisten dieser Lieferpapiere besorgt und da ihm häufig der Dokumentenversand übertragen ist, muss er diese Bedingungen genauso beherrschen wie ein Außenhändler.

MERKE

Folgende Zahlungsbedingungen werden unterschieden:

1. Vorauszahlung,
2. Anzahlung,
3. Zahlung auf Akkreditivbasis (Letter of Credit)[1],
4. Dokumente gegen Zahlung (D/P = Documents against payment, z. B. bei erster Präsentation), } Dokumenteninkasso[2]
5. Dokumente gegen Akzept (D/A = Documents against acceptance), } Dokumenteninkasso[2]
6. Ziel, offenes Ziel.

[1] Vgl. „Einheitliche Richtlinien und Gebräuche für Dokumentenakkreditive (Era)" von 1993, der **I**nternationalen **H**andels**k**ammer (International Chamber of Commerce, Paris – ICC) und

[2] "Einheitliche Richtlinien und Gebräuche für Inkassi"

▲ ***Sicherung durch einen Empfangsspediteur.*** Zur Lieferungs- und Zahlungssicherung kann auch ein Empfangsspediteur eingeschaltet werden. Er muss im Transportdokument als Empfänger eingesetzt werden und den Auftrag erhalten, die Sendung – eventuell nach einer Besichtigung durch den Käufer – nur gegen Zahlung oder gegen Zahlungsnachweis durch unwiderrufliche Bankbestätigung auszuliefern. Eine andere Möglichkeit ergibt sich, wenn ein Spediteur die Dokumente zu getreuen Händen vom Verkäufer übernimmt und sie dem Käufer nur gegen Zahlung ausliefert. Schnelle und sichere Abwicklung des Lieferungs- und Zahlungsgeschäftes kann der internationale Spediteur dank seiner internationalen Erfahrungen und seines Netzes an Niederlassungen und Korrespondenzspediteuren garantieren.

13.4.2 Dokumenteninkasso und Dokumentenakkreditiv

▲ ***Sicherung durch Banken.*** Verkäufer und Käufer können im Außenhandelskaufvertrag vereinbaren, dass zum Zahlungsausgleich Banken eingeschaltet werden:

- ✘ Sie werden **vom Verkäufer beauftragt**, gegen Übergabe der Dokumente an den Käufer den Kaufpreis einzuziehen = **Dokumenteninkasso**.
- ✘ Sie werden **vom Käufer beauftragt**, gegen Hereinnahme der Dokumente zu zahlen = **Dokumentenakkreditiv**.

Abwicklung eines Dokumenteninkassos

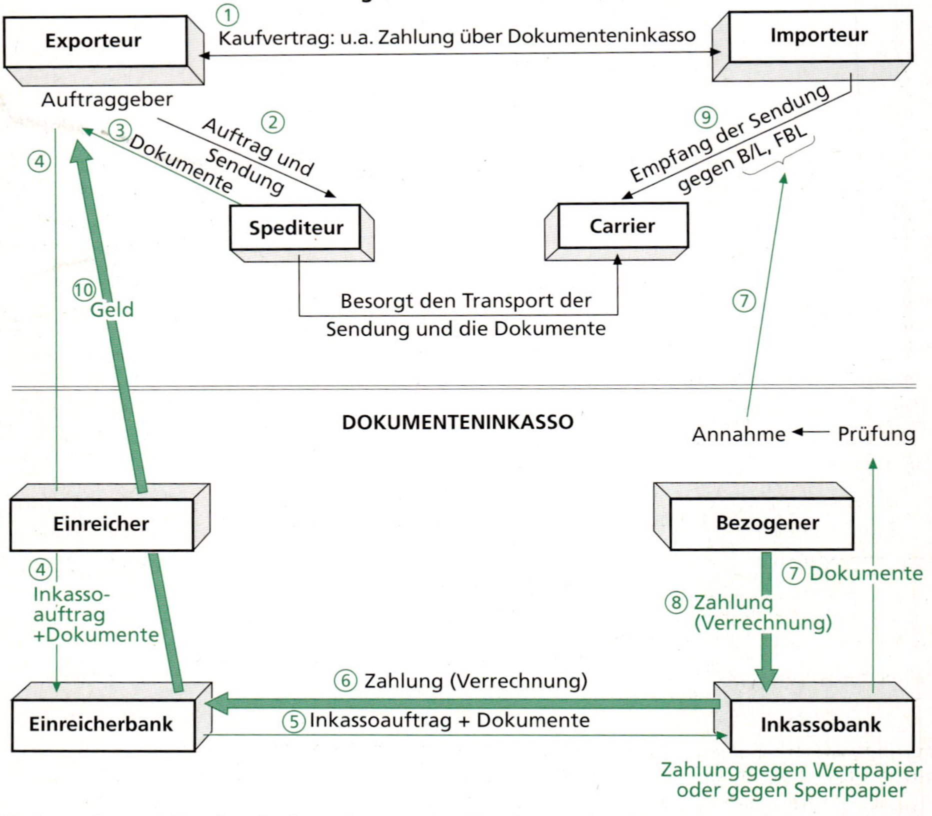

Die beauftragte Bank schaltet eine zweite Bank ein, die dann am Wohnsitz des Käufers oder des Verkäufers tätig wird.

Beim Dokumenteninkasso handelt die Bank als Vertreter des Verkäufers. Sie legt dem Käufer das Transportdokument vor, das ein handelbares Wertpapier oder ein nicht handelbares Sperrpapier sein kann. Es bleibt das Risiko des Verkäufers, ob der Käufer bei Vorlage des Dokumentes zahlt. Die Bank ist nicht an der Qualität des Transportdokumentes interessiert, sie übernimmt keine Haftung.

Wird ein Sperrpapier vorgelegt, bekommt der Käufer auch dann die Sendung, wenn er nicht zahlt; der Verkäufer kann lediglich darum ersuchen, dass der Frachtführer rechtzeitig vor Auslieferung eine nachträgliche Verfügung ausführt.

Wird ein Wertpapier vorgelegt, behält der Verkäufer bei Nichtzahlung stets das Verfügungsrecht, da nur gegen Vorlage des Wertpapieres an den Empfänger ausgeliefert wird.

Abwicklung eines Dokumentenakkreditivs

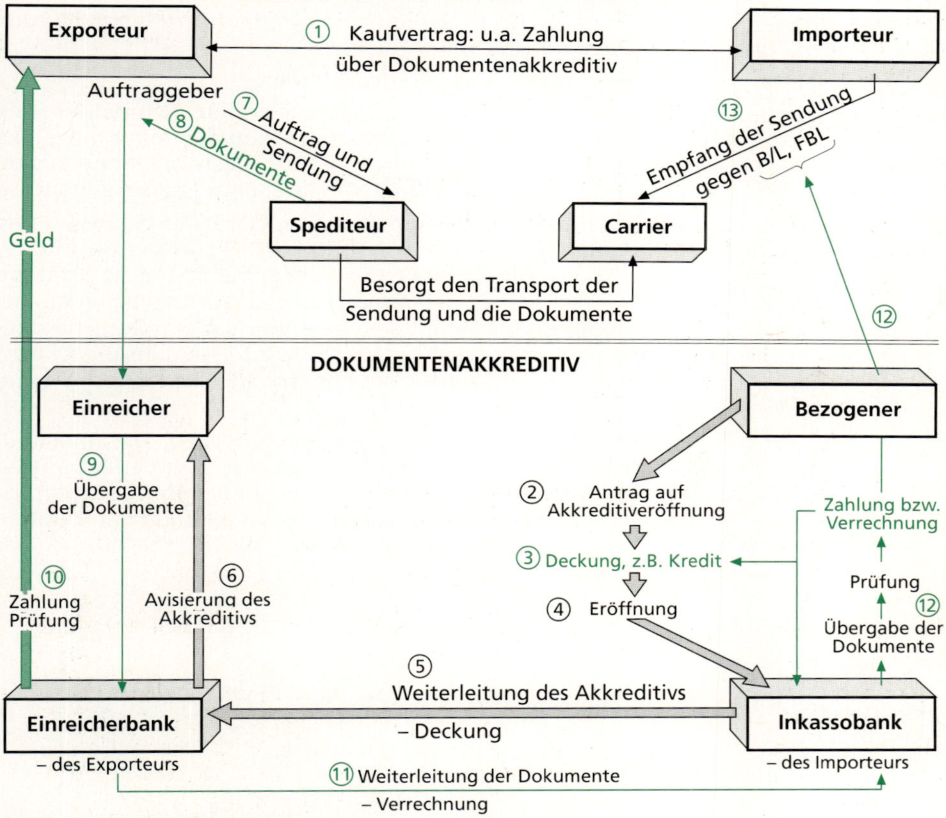

üblich: befristete und unwiderrufliche Dokumentenakkreditive

teurer: bestätigte A. = enthalten ein abstraktes Schuldversprechen der Eröffnungsbank und zusätzlich der Avisierungsbank über den Akkreditivbetrag

Beim bestätigten, unwiderruflichen Dokumentenakkreditiv garantieren die Eröffnungs- und die Avisierungsbank die Auszahlung des Akkreditivbetrages an den Verkäufer, wenn er die vorgeschriebenen Dokumente einreicht. Das Transportdokument muss **bankfähig** sein, d. h. die Bank muss sicher sein, dass die Auszahlung gegen das Dokument vorgenommen werden darf.

Die **Bankfähigkeit** des Transportdokumentes ergibt sich

- aus den Anweisungen des Käufers, der das Akkreditiv eröffnen lässt und der den Kredit beantragt hat, und erst dann
- aus den ICC-Regeln, wenn sie nicht den Weisungen des Käufers widersprechen.

Vorrangig sind die aus dem Kaufvertrag stammenden Weisungen des Käufers.

13.5 Die Spediteurversanddokumente

13.5.1 Gründe der Ausstellung

Auf Verlangen des Auftraggebers stellt der Spediteur ein Versanddokument aus, das je nach Wahl den Charakter eines **Sperrpapieres** oder eines **Wertpapieres** hat. Das Spediteurversanddokument soll dem Inkasso oder der Zahlung gegen Dokumentenakkreditiv dienen. Der Auftraggeber, der in der Regel Verkäufer ist, verlangt die Ausstellung aus folgenden Gründen:

- Der Verkäufer will die **Herkunft der Ware neutralisieren**.
- Im **Exportsammelverkehr** und bei Verladung im **Spediteursammelcontainer** stellt der Frachtführer bzw. der Verfrachter nur ein Transportdokument über die ganze Sendung aus. Hier bietet der Spediteur das von ihm über die Teilsendung ausgestellte Spediteurversanddokument zur Lieferungs- und Zahlungssicherung an.
- **Im kombinierten Verkehr** übernimmt der Spediteur das Gut beim Verkäufer und sorgt für die Ablieferung beim Käufer. Über jeden Einzeltransport stellt ein Beförderungsunternehmen ein Transportdokument aus, in dem der Spediteur als Empfänger eingesetzt ist. Dadurch behält der Spediteur das Verfügungsrecht. Bei Übernahme des Gutes vom Verkäufer stellt der Spediteur ein Durchfrachtdokument über die gesamte Beförderungsstrecke aus, das zur Zahlungsabwicklung verwendet wird und in dem der Käufer oder ein anderer als Empfänger genannt ist. Grundsätzlich ist er Frachtführer und haftet als solcher.
- Gelegentlich soll das **Inkasso vor Versand** durchgeführt werden. Der Spediteur bescheinigt die Übernahme und den späteren Versand bzw. die Verfügungstellung. Mit Übernahme des Gutes bekommt der Auftraggeber die Übernahmebescheinigung. Der Spediteur garantiert durch das Dokument, dass der Empfänger, der in der Regel Käufer ist, den später auszustellenden Frachtbrief, das Konnossement oder den Ladeschein bekommt.

13.5.2 Arten der Spediteurversanddokumente

MERKE

Folgende Spediteurversanddokumente[1] werden vom Spediteur ausgestellt:

- **FCR** = FIATA Forwarders Certificate of Receipt, internationale Spediteur-Übernahmebescheinigung, Sperrpapier (grün),
- **FCT** = FIATA Forwarders Certificate of Transport, Wertpapier (gelb),
- **FBL** = FIATA Multimodal Transport Bill of Lading, Wertpapier (blau),
- **FWB** = FIATA Multimodal Transport Waybill, kein Wertpapier, kein Sperrpapier, Transporturkunde.

- Hauskonnossement und Spediteurübernahmebescheinigung eines Spediteurs, für die jeweils besondere Geschäftsbedingungen des Spediteurs, die im Dokument abgedruckt sind, gelten.

1 Vgl. Abschnitt 12.6.3.4 Das FIATA Warehouse Receipt

Muster eines FIATA FCR

Lieferanten bzw. Auftraggeber des Spediteurs
Suppliers or Forwarders Principals

TOP-MASCHINENBAU GmbH
70565 Stuttgart

BSL

FIATA FCR

No 326/95 **DE**

Forwarders Certificate of Receipt

ORIGINAL Ref. No. 22/04/31

Empfänger
Consignee

HERRIDGE International Ltd.
4 Towcester Road
Empson Street, London E33ND

Holdorf & Schulz
Speditionsges. mbH
Speersort 6
20095 Hamburg

Telefon: (040) 32 11 98
Fax: (040) 32 11 99

Zeichen und Nummern, *Marks and numbers;*	Anzahl/Verpackungsart *Number and kind of packages*	Inhalt *Description of goods*	Bruttogewicht *Gross weight*	Maß *Measurement*
M.I. 04/1 - 6 London	6 CASES	MACHINERY PARTS	736,00 kos	

FIATA

laut Angaben des Versenders
according to the declaration of the consignor

SVS/RVS **Wert/Value**
(§§ 39 ff ADSp) DM 27 241,00

Die Durchführung des Auftrages erfolgt auf Grund der umseitig abgedruckten Allgemeinen Bedingungen.
The goods and instructions are accepted and dealt with subject to the General Conditions printed overleaf.

Wir bescheinigen hiermit die oben bezeichnete Sendung in äußerlich guter Beschaffenheit übernommen zu haben

We certify having assumed control of the above mentioned consignment in external apparent good order and condition

mit der unwiderruflichen Weisung*
with irrevocable instructions*

zur Verfügung des Empfängers
at the disposal of the consignee ☐

zum Versand an den Empfänger
to be forwarded to the consignee ☒

(falls erforderlich, Angaben über den Transportweg und Transportmittel)
Besondere Angaben
Special remarks

Frankatur- und Spesenvorschrift
Instructions as to freight and charges

ex works

*** Die Weisung zur Beförderung kann nur gegen Rückgabe der Original-Bescheinigung widerrufen oder abgeändert werden, und nur soweit und solange als der ausstellende Spediteur noch ein Verfügungsrecht über die bezeichnete Sendung besitzt.**
Die Weisung zur Verfügungsstellung an den angegebenen Dritten kann nur gegen Rückgabe der Original-Bescheinigung widerrufen oder abgeändert werden, und nur solange, als die Verfügung, des begünstigten Dritten noch nicht beim ausstellenden Spediteur eingegangen ist.

**** Forwarding instructions can only be cancelled or altered if the original Certificate is surrendered to us, and then only provided we are still in a position to comply with such cancellation or alteration.***
Instructions authorizing disposal by a third party can only be cancelled or altered if the original Certificate of Receipt is surrendered to us, and then only provided we have not yet received instructions under the original authority.

Ort und Datum / *Place and date of issue*
Hamburg, 5th April . .

Stempel und rechtsgültige Unterschrift
Stamp and authorized signature

Holdorf & Schulz
Speditionsges. mbH
Müller
ppa. Müller

569342

FIATA Reg. No. A

Verkäufer und Käufer vereinbaren im Kaufvertrag die Lieferung und Zahlung gegen ein Spediteurdokument. Die Sicherheit dieses Dokumentes liegt in dem Ruf des ausstellenden Spediteurs und in dem Schutz, den die Speditionsversicherung bietet. Die Haftung des Spediteurs ergibt sich aus den Bedingungen des einzelnen Dokumentes.

Das FCR, das FCT, das FBL und das FWB wurden von der FIATA unter Mitwirkung des BSL für internationale Verladungen geschaffen. Sie dürfen nur von Spediteuren ausgestellt werden, die Mitglieder eines Spediteurverbandes des BSL sind.

13.5.3 Das FCR

Häufig wird das FIATA FCR (ein Original, drei Kopien) ausgestellt.

Durch dieses Dokument bescheinigt der Spediteur,

- dass er die gesamte Sendung in **äußerlich guter Beschaffenheit** empfangen hat,
- dass sie **unwiderruflich zur Beförderung** an den genannten Empfänger oder zur Verfügungstellung an den genannten Dritten gelangt,
- dass eine Änderung oder ein **Widerruf der Beförderung oder Verfügungstellung nur gegen Rückgabe** des Originales des FCR und nur innerhalb des Verfügungsrechtes des Spediteurs erfolgen kann.

Der Auftraggeber kann mit dem Original-FCR nur solange über die Sendung verfügen, bis das Verfügungsrecht des Spediteurs durch Auslieferung an den Empfänger oder durch Verfügung des Dritten erloschen ist. Gibt der Verkäufer das FCR aus der Hand, verliert er das Verfügungsrecht (Sperrwirkung). Der Käufer geht sicher, dass er die Sendung bekommt. Damit eignet sich das FCR zur Zahlungs- und Lieferungssicherung.

In seiner Wirkung entspricht es dem Frachtbriefdoppel der Bahn. Es ist ein **Sperrpapier**, aber **kein Wertpapier**. Der Inhaber hat mit dem FCR keinen Herausgabeanspruch gegen den Spediteur. Auch ist er nicht zur Stellung einer nachträglichen Verfügung berechtigt. Nur der Verkäufer als Auftraggeber des Spediteurs hat das Recht auf nachträgliche Verfügung gegen Übergabe des FCR.

Als Geschäftsbedingungen für das FCR gelten die **ADSp**.

Durch Vorlage des FCR weist der Verkäufer die Erfüllung seiner Kaufvertragspflichten nach. Er übergibt es seiner Bank oder seinem Spediteur zum Dokumenteninkasso beim Käufer oder er reicht es bei der Avisierungsbank zur Auszahlung des Akkreditivbetrages ein. Das FCR wird von der Bank als bankfähig akzeptiert, wenn Zahlung gegen FCR im Akkreditiv ausdrücklich vereinbart wird.

Das FCR eignet sich besonders bei Vereinbarung „Ab Werk gemäß Incoterms 1990"; hier trägt der Käufer das Transportrisiko.

13.5.4 Das FCT

Sofort nach Übernahme der Sendung kann der Spediteur ein FIATA FCT ausstellen und es dem Auftraggeber, der als Absender gilt, übergeben.

Mit seiner Unterschrift gibt der Spediteur im FCT

- eine **Empfangsbescheinigung** über die Sendung, wie angegeben,
- ein **Beförderungsversprechen** bis zum genannten Bestimmungsort,
- ein **Auslieferungsversprechen** an den rechtmäßigen Empfänger gegen Übergabe eines FCT-Originales.

Das FCT ist ein Wertpapier. Das Verfügungsrecht und damit das Recht auf Auslieferung ist mit dem Papier verbunden. Der Versandspediteur, der das FCT ausstellt, ist verpflichtet, die Sendung am Bestimmungsort durch einen von ihm gewählten Empfangsspediteur gegen FCT auszuliefern.

Muster eines FIATA FCT

Suppliers or Forwarders Principals:

TOP-MASCHINENBAU GmbH
70565 Stuttgart

FIATA FCT

Forwarders Certificate of Transport

BSL

No. 234/95 **DE**

ORIGINAL

Forw. Ref. 120/04/86

Consigned to order of:

A.C. Miller Co., Inc.
43 John Street
New York, NY 10038

Holdorf & Schulz
Speditionsges. mbH
Speersort 6
20095 Hamburg

Telefon: (040) 32 11 98
Fax: (040) 32 11 99

Notify address:

SAME

Conveyance: **from/via:**

Destination:

NEW YORK

163927

Marks and numbers:	Number and kind of packages:	Description of goods	Gross weight	Measurement
A.C.M. 95/1 - 10 NEW YORK	10 CASES	MACHINERY SPARE PARTS	1 028,00 kos	

according to the declaration of the consignor

The goods and instructions are accepted and dealt with subject to the General Conditions printed overleaf.

Acceptance of this document or the invocation of rights arising therefrom acknowledges the validity of the following conditions, regulations and exceptions also of the trading conditions printed overleaf, except where the latter conflict with conditions 1-6 below.

1. The undersigned are authorized to enter into contracts with carriers and others involved in the execution of the transport subject to the latter's usual terms and conditions.
2. The undersigned do not act as Carriers but as Forwarders. In consequence they are only responsible for the careful selection of third parties, instructed by them, subject to the conditions of Clause 3 hereunder.
3. The undersigned are responsible for delivery of the goods to the holder of this document through the intermediary of a delivery agent of their choice. They are not responsible for acts or omissions of Carriers involved in the execution of the transport or of other third parties. The undersigned Forwarders will, on request, subrogate their claims against Carriers and other parties.
4. Insurance of the goods will only be effected upon express instructions in writing.
5. Unforeseen and/or unforeseeable circumstances entitle the undersigned to deviate from the envisaged route and/or method of transport.
6. Unforeseen and/or unforeseeable disbursements and charges are for the account of the goods.

Insurance through the intermediary or the undersigned Forwarders

☒ Not covered

☐ Covered according to the attached Insurance Policy/Certificate.

All disputes shall be governed by the law and within the exclusive jurisdiction of the courts at the place of issue.

For delivery of the goods please apply to:

H.S. Consolidation Service, Inc.
97 Hudson Street
New York, NY 10013

Freight and charges prepaid to:
New York
thence for account of goods, lost or not lost.

We, the Undersigned Forwarders, in accordance with the instructions of our Principals, have taken charge of the abovementioned goods in good external condition at: Stuttgart

for despatch and delivery as stated above or order against surrender of this document properly endorsed.

In witness thereof the Undersigned Forwarders have signed 3/three originals of this FCT document, all of this tenor and date. When one of these has been accomplished, the other(s) will lose their validity.

Place and date of issue
Hamburg, April 4 . .

Stamp and signature
Holdorf & Schulz
Speditionsges. mbH
ppa. Müller *Müller*

Es gelten die auf der Rückseite des Vordrucks stehenden Allgemeinen Deutschen Spediteurbedingungen. Danach gilt der Spediteur nicht als Frachtführer, sondern als Spediteur, der sich zur Auslieferung gegen FCT verpflichtet hat. Er haftet lediglich für eigene Fehler (z.B. Verschulden bei der Auswahl Dritter); Rechtsansprüche an Dritte wegen Transportschäden und anderer Schäden tritt er ab, oder er verfolgt sie weisungsgemäß. Mit Ausstellung des FCT kann der Spediteur im Einzelfall eine abweichende Haftung übernehmen.

Durch Vorlage des FCT weist der Verkäufer die Erfüllung seiner Kaufvertragspflichten nach. Er lässt es beim Käufer zum Dokumentinkasso vorlegen oder er reicht es bei der Avisierungsbank zur Einlösung des Akkreditives ein. Das FCT wird von der Bank akzeptiert, wenn es als Transportdokument ausdrücklich im Akkreditiv vereinbart ist.

13.5.5 Das FBL

Übernimmt der Spediteur eine Sendung zur durchgehenden Beförderung mit mehreren Transportmitteln im **kombinierten bzw. multimodalen Verkehr**, stellt er auf Verlangen seines Auftraggebers ein FBL (mehrere Originale und Kopien) aus. Es ist **das typische Spediteurdurchkonnossement**, das als Transportdokument verwendet wird, wenn die Beförderung in einer geschlossenen **Transportkette** im Haus-Haus-Verkehr über See durchgeführt wird. Der Auftraggeber wird als **„Shipper“**, der ausstellende Spediteur als **„Multimodal Transport Operator“ (MTO)** und der Empfänger als „Consignee“ bezeichnet. Als Geschäftsbedingungen gelten die Standard Conditions 1992, die sich aus den „UNCTAD/ICC Rules for Multimodal Transport Documents“ (ICC Publication 481) ergeben.

Der MTO gibt mit seiner Unterschrift im FBL (FIATA Multimodal Transport Bill of Lading)

- eine **Empfangsbescheinigung** über die Sendung, wie angegeben,
- ein **Beförderungsversprechen** bis zum genannten Bestimmungsort (das muss nicht ein Hafen sein),
- ein **Auslieferungsversprechen** an den rechtmäßigen Empfänger gegen Übergabe eines FBL-Originales.

Das FBL ist ein Wertpapier. Es deckt die Beförderung durch mehrere Transportunternehmer und den erforderlichen Umschlag beim Wechsel des Transportmittels ab. Der Spediteur übernimmt die Verantwortung für die ordnungsgemäße Auslieferung am Bestimmungsort, für die von ihm eingesetzten Frachtführer/Verfrachter und für sonstige Dritte (z. B. beim Umschlag). Er ist als Carrier, also als Frachtführer/Verfrachter tätig. Er haftet für Verlust und Beschädigung des Gutes bis zu zwei Sonderziehungsrechten[1] je kg brutto oder bis zu 666,67 SZR je Packstück/Container. Kann bewiesen werden, wo der Schaden eingetreten ist, gelten die Bedingungen des entsprechenden Transportunternehmens, (Konferenzbedingungen o. a.), falls diese günstiger sind. – Das FBL kann auch als Beförderungsdokument anstelle des Seekonnossementes nur für den Seetransport von Hafen zu Hafen eingesetzt werden.

Die FIATA, die das Urheberrecht am FBL hat, überträgt ihren nationalen Mitgliedsverbänden den Verkauf der Vordrucke, die Kontrolle über die Ausstellung der Dokumente und über die Deckung einer ausreichenden Haftungsversicherung (FBL-Police) u. a.

[1] SZR (engl. SDR = Special Drawing Rights); Kurs am 24. September 1998: 1 SZR = 2,29989 DM; (vgl. Abschnitt 5.8.4)

Muster eines FBL

Consignor
TOP-MASCHINENBAU GmbH
70565 Stuttgart

FBL 130/04/47 DE
BSL
NEGOTIABLE FIATA MULTIMODAL TRANSPORT BILL OF LADING
issued subject to UNCTAD/ICC Rules for Multimodal Transport Documents (ICC Publication 481).
ICC

Consigned to order of
STARDARD CHARTERED BANK
SEOUL

Holdorf & Schulz
Speditionsges. mbH
Speersort 6
20095 Hamburg

Telefon: (040) 32 11 98
Fax: (040) 32 11 99

Notify address
AMS MOTOR COMPANY
CRO BOX 3210
SEOUL KOREA

Place of receipt: HAMBURG CFS

Ocean vessel: "LEVERKUSEN EXPRESS" | Port of loading: Hamburg

Port of discharge: Busan Port/Korea | Place of delivery: Seoul

Marks and numbers	Number and kind of packages	Description of goods	Gross weight	Measurement
AMS 148/1 - 8 SEOUL Port of discharge: BUSAN ORIGIN: FEDERAL REPUBLIC OF GERMANY	8 CASES	MACHINERY SPARE PARTS AS PER PROFORMA INVOICE 70-26/148 dtd. Dec. 12, 19.. L/C No. 0875N376 FREIGHT PREPAID	3 084,00 kos	

60619

Shipped on board
April 7 ..

Holdorf & Schulz
Speditionsges. mbH

ppa. Müller

according to the declaration of the consignor

Declaration of Interest of the consignor in timely delivery (Clause 6.2.)

Declared value for ad valorem rate according to the declaration of the consignor (Clauses 7 and 8).

The goods and instructions are accepted and dealt with subject to the Standard Conditions printed overleaf.

Taken in charge in apparent good order and condition, unless otherwise noted herein, at the place of receipt for transport and delivery as mentioned above.

One of these Multimodal Transport Bills of Lading must be surrendered duly endorsed in exchange for the goods. In Witness whereof the original Multimodal Transport Bills of Lading all of this tenor and date have been signed in the number stated below, one of which being accomplished the other(s) to be void.

Freight amount	Freight payable at HAMBURG	Place and date of issue HAMBURG, APRIL 7 . .
Cargo Insurance through the undersigned ☐ not covered ☐ Covered according to attached Policy	Number of Original FBL's -3/three	Stamp and signature Holdorf & Schulz Speditionsges. mbH Müller ppa. Müller
For delivery of goods please apply to: OVERSEAS TRANSPORT CO. 7th Fl. Sam-Koo Bldg. 70 Sokong-Dong, Chung-Gu, Seoul		

Der Verkäufer verwendet das FBL zum Dokumenteninkasso oder zur Einlösung eines Akkreditives. Es wird von der Bank wie ein Reedereikonnossement akzeptiert, falls im Akkreditiv nicht ausdrücklich ein anderes Transportdokument verlangt wird. **Das FBL ist** im Gegensatz zum FCT und zum FCR **bankfähig**. („Einheitliche Richtlinien und Gebräuche für Dokumentenakkreditive, Art. 26".) Wird das FBL anstelle eines Seekonnossementes verwendet, muss es den Namen des Seeschiffes, den Vermerk der Bordverladung sowie den Verschiffungs- und Bestimmungshafen tragen.

13.5.6 Das FWB

Das **FIATA Multimodal Transport Waybill (FWB)** kann eingesetzt werden, wenn die Auslieferung der Sendung am Bestimmungsort nicht von der Vorlage eines Transportdokumentes abhängig ist. Das kann möglich sein, wenn keine Zahlung auf der Basis „Kasse gegen Dokumente" oder auf Akkreditivbasis im Kaufvertrag vereinbart worden ist. Durch Ausstellung eines FWB wird die Abfertigung am Bestimmungsort beschleunigt; ein ähnliches Dokument bieten auch Reedereien an.

AUFGABEN

1. Beschreiben Sie die Ausfuhrabfertigung einer Exportpartie bei Abgabe einer unvollständigen Anmeldung!
2. Was wird in den Incoterms geregelt, welche Vorteile aus ihrer Vereinbarung erwachsen den Beteiligten, und in welchem Umfang sind sie für den Spediteur verbindlich?
3. Beschreiben Sie den Kosten- und Gefahrenübergang bei den Incotermsklauseln „FOB", „CIF", „CFR" und „Geliefert benannter Bestimmungsort verzollt"!
4. Wozu dienen die Lieferpapiere im Außenhandel, und welche Lieferpapiere werden verwendet?
5. Vergleichen Sie die im Außenhandel verwendeten Zahlungsbedingungen „Zahlung auf Dokumentenakkreditiv" und „Kasse gegen Dokumente"!
6. Im Auftrag seines Kunden stellt der Spediteur Spediteurversanddokumente aus. Wodurch unterscheiden sich diese Dokumente, und wozu werden sie verwendet?
7. Warum gilt das FBL des Spediteurs als bankfähig?
8. Welche Informationen braucht der Spediteur, um einen Exportauftrag zu besorgen?

PRODUKTION SPEDITIONELLER DIENSTLEISTUNGEN AUFTRAGSABWICKLUNG VON EXPORT- UND IMPORT-GESCHÄFTEN

14 Das Zollwesen

EINSTIEG

Ein Spediteur bekommt den Auftrag, für einen Importeur in Deutschland 50 t Spargelkonserven aus Taiwan einzuführen.

ARBEITSAUFTRÄGE

1. Welche Vorschriften muss der Spediteur kennen und beachten?
2. Beschreiben Sie die Zollgrenze!
3. Erklären Sie den Erhalt einer zollrechtlichen Bestimmung!
4. Erläutern Sie, warum jede Importsendung an der Zollgrenze zollamtlich überwacht wird!
5. Beschreiben Sie mögliche Einfuhrabgaben! Warum werden sie erhoben?
6. Erläutern Sie das „Zoll-Einheitspapier", das in der EU verwendet wird!

14.1 Aufgaben und Aufbau der Zollverwaltung

Das Bundesministerium für Finanzen mit der Zoll- und Finanzverwaltung und das Bundeswirtschaftsministerium müssen sicherstellen, dass Verbote und Beschränkungen des Warenverkehrs nach dem AWG beachtet und dass Zölle und andere Einfuhrabgaben nach den gesetzlichen Vorschriften erhoben werden. Außerdem müssen sie einen genauen Überblick über Art und Umfang des Außenhandels haben. Nur so können die Ministerien und ihre Verwaltungen ihre Aufgaben erfüllen, die wirtschaftliche Entwicklung – notfalls durch Einsatz bestimmter wirtschaftspolitischer Mittel – erfolgreich zu steuern. Daher wird der Warenverkehr im Außenhandel an den Grenzen mit Hilfe der Ein- und Ausfuhrdokumente auf Verbote und Beschränkungen nach den Außenhandelsbestimmungen lückenlos kontrolliert und durch Anmeldescheine statistisch erfasst. Diese Aufgaben sind der Zollverwaltung übertragen, die durch die Zollbehandlung tätig wird.

MERKE

Aufgaben der Zollverwaltung:

- Lückenlose Überwachung des Warenverkehrs auf Verbote und Beschränkungen,
- Mitwirken bei dem Erstellen der Außenhandelsstatistik,
- Erheben von Zoll und sonstigen Einfuhrabgaben.

Einfuhrabgaben sind Zölle, Einfuhrumsatzsteuer und andere für eingeführte Waren zu erhebende Steuern (vgl. Abschnitt 14.3). Alle Einfuhrabgaben beeinflussen über den Preis die inländische Konjunktur. Das Ändern und das Erheben zusätzlicher Einfuhrabgaben sind ein Mittel der Konjunkturpolitik des Bundes und der EU. Die Zölle und die anderen Einfuhrabgaben, die zu den **indirekten Steuern** zählen, fließen in voller Höhe dem Staat zu (GG Art. 106). Sie dienen als Steuern der Finanzierung des Haushaltsplanes des Bundes, der Länder und der EU. Zölle stehen der Gemeinschaft, Verbrauchsteuern dem Bund zu, EUSt bekommen – ebenso wie die Umsatzsteuer – anteilmäßig der Bund und die Länder. Die Biersteuer fließt voll den Ländern zu. Zölle dienen der EU zur Haushaltsfinanzierung. Wird der Zoll erhoben, um inländische Industriezweige vor Auslandsware zu schützen, spricht man vom **Schutzzoll**. Wird der Zoll dagegen erhoben, um Haushaltseinnahmen zu erzielen, spricht man vom **Finanzzoll**; die mit diesem Zoll belasteten Importwaren haben im Inland normalerweise keine Konkurrenzgüter.

Nach dem **Grundgesetz** der Bundesrepublik Deutschland (GG Art. 105) hat der Bund die ausschließliche Gesetzgebung über die Zölle. So ist die **Zollverwaltung** eine unmittelbare Bundesbehörde, deren oberste Leitung der Bundesminister der Finanzen hat. Den regionalen Oberfinanzdirektionen sind die örtlichen **Hauptzollämter** mit den Zollämtern an der Grenze der Bundesrepublik Deutschland bzw. der EU **(Grenzzollämter)** und mit den Zollämtern im Inneren **(Binnenzollämter)** angegliedert; ihnen sind Zollzweigstellen und Zollabfertigungsstellen angeschlossen. Den Zollkommissariaten sind die Grenzaufsichtsstellen, Zollschiffsstationen und andere Stellen unterstellt. Den Oberfinanzdirektionen sind auch die Zollfahndungsämter mit ihren Zweigstellen untergeordnet.

14.2 Die rechtlichen Grundlagen

Grundlegende Regelung findet das Zollwesen – wie auch das Steuerwesen der Bundesrepublik Deutschland – im GG Art. 104 a ff. und in der Abgabenordnung.

Wichtige Rechtsquellen für die Zollbehandlung:

- Verordnung (EWG) Nr. 2913/92
  (EG-Zollkodex), ist eine Zusammenfassung der Zollvorschriften
- Verordnung (EWG) Nr. 2454/93
  (Zollkodex-DVO), enthält die näheren Durchführungsbestimmungen
- nationale Rechtsgrundlagen, in der BRD z. B.
  - **Zollverwaltungsgesetz**
  - **Zollverordnung zum Zollverwaltungsgesetz**
  - **Dienstanweisungen**

Die nationalen Rechtsgrundlagen werden wesentlich durch die supranationalen Vorschriften des **Rates** und der **Kommission der Europäischen Gemeinschaft (EG) – 1993 in „Europäische Union (EU)" umbenannt – bestimmt**.

14.2.1 Der Zolltarif

Der **Zolltarif** gibt die Höhe der Zollsätze an, die überwiegend vom Zollwert der einzelnen Waren bei ihrer Einfuhr prozentual erhoben werden. Zolltarif ist der **Gemeinsame Zolltarif der EG (ZT)**. Zusammen mit dem integrierten Zolltarif (TARIC genannt) enthält er alle wesentlichen zoll- und gemeinschaftsrechtlichen Vorschriften, die bei der Einfuhr in die EU zu beachten sind. Als **Außenzolltarif** erfasst er alle Waren aus Drittländern. Er gilt als supranationales Zollrecht in allen EU-Staaten und dokumentiert die EU als **Zollunion**.

Der ZT enthält **autonome** und **vertragsmäßige Zollsätze**. Autonome Zollsätze sind durch staatlichen Hoheitsakt festgelegt; dazu zählen alle Sätze des ZT, die sich aus den zolltariflichen Bestimmungen der EU-Verträge ergeben. Vertragsmäßige Zollsätze entstehen aus zwischenstaatlichen Vereinbarungen (Handelsverträge[1], GATT = heute WTO[2]).

Eine einheitliche und gerechte Zollbelastung hängt auch ab von der richtigen Einordnung der Ware in die Warenbezeichnung des Tarifs **(Nomenklatur)**. Geringe Bearbeitungs- oder Formulierungsunterschiede können zu erheblichen Unterschieden in der Abgabenhöhe führen. Voraussetzung der richtigen Einordnung ist eine einheitliche und genaue Warenbenennung. Das geschieht durch das **„Harmonisierte System zur Bezeichnung und Codierung der Waren" (HS)**. Es schafft die Grundlage für einheitliche Warenbezeichnungen und Codenummern in der EU, aber auch weltweit. Das HS ist computergerecht numerisch in 21 Abschnitte, die in Kapitel, Positionen und Unterpositionen unterteilt sind, gegliedert. Es ist eine Fortentwicklung der Nomenklatur (Namensverzeichnis der Waren) des so genannten Brüsseler Zolltarifschemas, das bis zum 1. Januar 1988 in der EU galt. Die sechs Nummern mit den Warenbezeichnungen des HS sind durch zwei Stellen erweitert, um bestimmte zolltarifliche und statistische Anforderungen der EU zu erfüllen. Diese achtstelligen Nummern mit ihren Angaben werden als Unterposition der **Kombinierten Nomenklatur** (KN) bezeichnet. Sie ist Grundlage des ZT, der seit dem 1. Januar 1988 anzuwenden ist. Als **Integrierter Zolltarif** enthält er die KN mit den vertragsgemäßen und autonomen Zollsätzen und mit den anderen EU-Abgaben, ferner die „Unterpositionen Taric" für besondere gemeinschaftliche Maßnahmen und andere Angaben, die für Gemeinschaftsmaßnahmen erforderlich sind. Dieser ZT, der zehnstellige Taricnummern enthält, ist die Grundlage für den **Deutschen Gebrauchszolltarif (DGebrZT)**, der elf Stellen aufweist.

Der **DGebrZT** wurde vom Bundesminister der Finanzen für die Dienststellen der Zollverwaltung herausgegeben. Als Handbuch, das auch von Spediteuren und anderen Zollbeteiligten verwendet wird, enthält er für die Zollabfertigung wesentliche Rechtsvorschriften:

Teil I Nomenklatur,
Einführende Vorschriften:
- Titel I Allgemeine Vorschriften
- Titel II Besondere Bestimmungen

Teil II Maßnahmen

Teil III Anhänge, Listen und Anweisungen

[1] **Handelsverträge** werden von der Bundesregierung oder von der EU-Kommission mit Regierungen anderer Staaten zur Förderung des Warenaustausches geschlossen. Vereinbart werden können u.a. Art und Menge des Warenaustausches, Zahlungs- und Lieferungsbedingungen, Zollermäßigungen oder -freiheit.

[2] Das **GATT** = General Agreement on Tariffs and Trade (Allgemeines Zoll- und Handelsabkommen) hat als Hauptziel die weltweite Erhöhung der Güterproduktion und des Güteraustausches zur Verbesserung des Lebensstandards. Das soll erreicht werden durch Abbau aller Handelsbeschränkungen (Einfuhrkontingente u.a.), durch Beseitigung von Diskriminierungen (handelspolitische Schlechterbehandlung einzelner Staaten) und durch Senkung der Zollschranken. Wichtigstes Mittel ist die **Meistbegünstigungsklausel**, der sich alle GATT-Mitglieder unterworfen haben. Dadurch haben sich die GATT-Mitglieder verpflichtet, alle Handelserleichterungen (insbesondere Zollermäßigungen, Abbau von Einfuhrbeschränkungen), die sie irgendeinem Partner einräumen, jedem anderen GATT-Mitglied zu gewähren. Die Meistbegünstigungsklausel hat weltweit zu teilweise erheblichen Zollsenkungen geführt, denn mehr als vier Fünftel des Welthandels wird von GATT-Staaten ausgeübt. So wurden auch viele autonome bzw. allgemeine Zollsätze durch die niedrigeren vertragsgemäß bzw. ermäßigten Zollsätze des EU-Zolltarifes ersetzt. – Das GATT wurde ab 1. Januar 1995 in WTO (World Trade Organization) umbenannt.

▲ *ATLAS*. Bis zum Jahr 2000 soll bundesweit ein einheitliches elektronisches **A**utomatisiertes **T**arif- und **L**okales Zoll-**A**bwicklungs-**S**ystem **(ATLAS)** von der Zollverwaltung zum Einsatz gebracht werden.

Das IT-Verfahren ATLAS soll folgende **Verfahrensteile** enthalten:

- **Elektronischer Zolltarif (EZT)**;
  dadurch soll der papiermäßige Deutsche Gebrauchs-Zolltarif (DGebrZT) ersetzt werden,
- **Einfuhr**,
- **Zollverfahren mit wirtschaftlicher Bedeutung (ZmwB)**;
  z. B. Zolllagerverfahren,
  aktive Veredelung,
  Umwandlungsverfahren,
  passive Veredelung,
  vorübergehende Verwendung u. a.
- **Ausfuhr**.

Folgende **Ziele** sollen mit dem IT-Verfahren ATLAS erreicht werden:

- Ersatz des DGebrZT durch den EZT,
- Automatisierte Zollabfertigung und Bearbeitung,
- Papierersparnis,
- Steigerung der Schnelligkeit,
- Dezentrale Verarbeitung,
- Zentrale Stammdaten- und Softwarepflege,
- Zentrale Archivierung,
- Datenaustausch mit anderen Bundesbehörden,
- Zusammenarbeit mit den Zollverwaltungen anderer EU-Mitgliedstaaten,
- Informationsaustausch mit der am Außenhandel teilnehmenden Wirtschaft u. a.

14.2.2 Das Einheitspapier

Der Anmelder gibt die Zollanmeldung auf dem **„Einheitspapier“**, dem so genannten COM-Vordruck, ab.

Dieses Einheitspapier ist ab 1. Januar 1988 in allen Fällen des Warenverkehrs

- zwischen der Gemeinschaft und den EFTA-Ländern,
- zwischen der Gemeinschaft und anderen Drittländern als den EFTA-Ländern

zu verwenden. (In wenigen Fällen sind andere Formulare ausdrücklich vorgeschrieben.)

Das Einheitspapier, das durch Ergänzungsvordrucke erweitert werden kann, besteht aus acht Exemplaren, die computer- und maschinengerecht eingerichtet sind. Soll aus bestimmten Gründen (Schutz von Geschäftsgeheimnissen, unterschiedliche Angaben für den Ausfuhr- und Bestimmungsmitgliedstaat u.a.) eine Angabe nicht an den anderen Mitgliedstaat weitergegeben werden, wird das entsprechende Feld des Vordrucks gesperrt.

MERKE

Die einzelnen Exemplare haben folgende Funktionen:

Exemplar 1: Es wird von den Behörden des **Versendungs-/Ausfuhrmitgliedstaates** aufbewahrt (Förmlichkeiten der Versendung/Ausfuhr und des gemeinschaftlichen Versandverfahrens),

Exemplar 2: ist für die **Statistik** des Versendungs-/Ausfuhrmitgliedstaates bestimmt,

Exemplar 3: wird dem **Versender**/Ausführer gegebenenfalls nach Bescheinigung durch die Zollstelle zurückgegeben,

Exemplar 4: wird von der **Bestimmungszollstelle** aufbewahrt (Förmlichkeit des gemeinschaftlichen Versandverfahrens und Nachweis des Gemeinschaftscharakters von Waren),

Exemplar 5: wird als **Rückschein** für das gemeinschaftliche Versandverfahren verwendet,

Exemplar 6: wird von den Behörden des **Bestimmungsmitgliedstaates** aufbewahrt (Förmlichkeiten im Bestimmungsmitgliedstaat),

Exemplar 7: ist für die **Statistik des Bestimmungslandes** bestimmt (Förmlichkeiten des gemeinschaftlichen Versandverfahrens und Förmlichkeiten im Bestimmungsmitgliedstaat),

Exemplar 8: wird dem **Empfänger** (Anmelder) gegebenenfalls nach Zollbescheinigung zurückgegeben.

Die Exemplare 1 bis 3 dienen Förmlichkeiten (Vorschriften) im Versendungs-/Ausfuhrmitgliedstaat, die Exemplare 4 bis 8 Förmlichkeiten im Bestimmungsmitgliedstaat.

Der Anmelder kann das Einheitspapier als **vollständigen Vordrucksatz** zu acht Exemplaren verwenden (durchgestelltes Verfahren) oder als **Teilsatz**, der je nach Verwendung aus einer Kombination der einzelnen Exemplare besteht (fraktioniertes Verfahren). Einzelheiten ergeben sich aus dem **„Merkblatt zum Einheitspapier"**.

Der Beteiligte bestimmt den Verwendungszweck der Anmeldung durch Eintragung im Feld 1 des Vordrucks. Eingetragen werden die folgenden Kurzbezeichnungen, die die angegebene Bedeutung haben:

Codes-Feld 1 (1. UF)

COM[1]
- ✘ Versendung von Gemeinschaftswaren in Gebiete der Gemeinschaft, in denen die 6. Mehrwertsteuerrichtlinie nicht gilt (Statistik),[2]
- ✘ Eingang von Gemeinschaftswaren aus Gebieten der Gemeinschaft, in denen die 6. Mehrwertsteuerrichtlinie nicht gilt (EUSt/Statistik),
- ✘ Anmeldung von Gemeinschaftswaren zu einem Lagerverfahren,

IM
- ✘ Einfuhr von Nichtgemeinschaftswaren aus anderen Drittländern als den EFTA-Staaten,
- ✘ Eingang von Nichtgemeinschaftswaren aus einem anderen Mitgliedstaat (z. B. Lagerabgabe),

EX
- ✘ Ausfuhr von Waren in andere Drittländer als die EFTA-Staaten,
- ✘ Versendung von Nichtgemeinschaftswaren in einen anderen Mitgliedstaat (z. B. Lagerabgabe),

[1] COM (Communité = Gemeinschaft, französisch)

[2] Gebiete der Gemeinschaft, in denen die 6. Mehrwertsteuerrichtlinie nicht gilt:
- Kanarische Inseln (Spanien)
- Französische überseeische Departements
- Kanalinseln (Großbritannien)
- Berg Athos (Griechenland).

Muster eines COM-Vordruckes

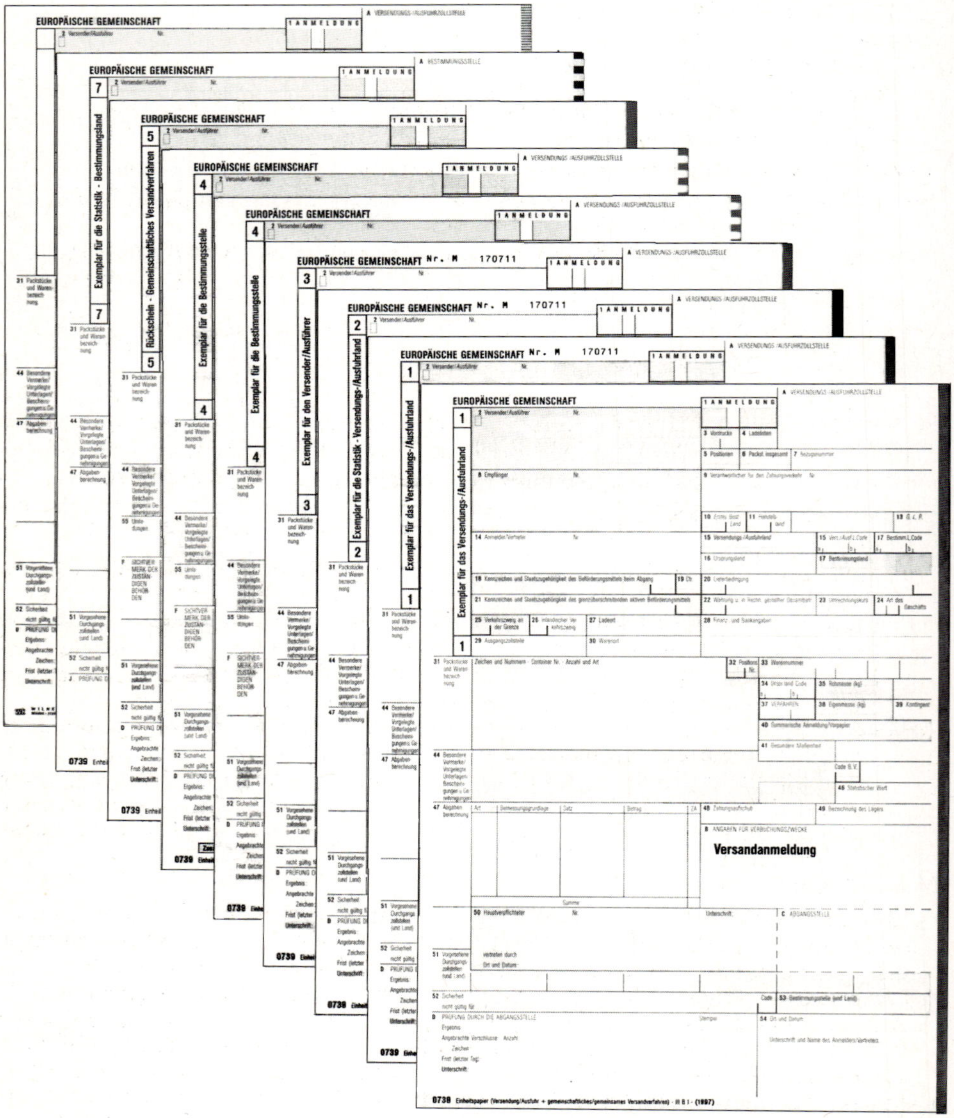
EUROPÄISCHE GEMEINSCHAFT
ANMELDUNG
Nr. M 170711
Exemplar für die Statistik - Bestimmungsland
Rückschein - Gemeinschaftliches Versandverfahren
Exemplar für die Bestimmungsstelle
Exemplar für den Versender/Ausführer
Exemplar für die Statistik - Versendungs-/Ausfuhrland
Exemplar für das Versendungs-/Ausfuhrland
Versandanmeldung
0739 Einheitspapier (Versendung/Ausfuhr + gemeinschaftliches/gemeinsames Versandverfahren) - III B 1 - (1997)

EU
- ✘ Ausfuhr von Waren in die EFTA-Staaten und Visegrád-Länder[1],
- ✘ Einfuhr von Waren aus den EFTA-Staaten und Visegrád-Länder,

INT
- ✘ Im Warenverkehr mit anderen Mitgliedstaaten der Gemeinschaft für eine Meldung zum Eingang von Gemeinschaftswaren im Rahmen der Intrahandelsstatistik (Intrastat, vgl. Abschnitt 13.2.2),
- ✘ Versendung von NGW im Rahmen der wirtschaftlichen (d. h. nicht zollamtlich bewilligten) Lohnveredelung.

ZUSAMMENFASSUNG

Vereinfacht ausgedrückt sind die Vordrucke etwa wie folgt zu verwenden:

- ✘ COM: Sonderfälle innerhalb der Gemeinschaft
- ✘ IM: Einfuhr/Eingang von Nichtgemeinschaftsware
- ✘ EX: Ausfuhr in Nicht-EFTA-Länder bzw. Versendung von Nichtgemeinschaftsware in einen anderen Mitgliedstaat
- ✘ EU: Ausfuhr und Einfuhr zwischen der Gemeinschaft und der EFTA/Visegrád-Ländern
- ✘ INT: Sonderfälle innerhalb der Gemeinschaft

14.3 Die Arten der Einfuhrabgaben

Einfuhrabgaben sind ein Sammelbegriff für Zölle, EUSt und sonstige Verbrauchsteuern (indirekte Steuern), die bei der Einfuhr von Waren zu erheben sind. Bis auf wenige Ausnahmen werden die Einfuhrabgaben vom Wert der Ware (Zollwert, vgl. Abschnitt 14.5.2.1) berechnet. Die Einfuhrabgaben zählen nicht zum Zollwert.

Arten der Einfuhrabgaben:

- ✘ **Zölle**
  - Wertzölle werden nach Prozentsätzen vom Zollwert (Transaktionswert) ermittelt.
  - Mengen- oder spezifische Zölle – vor allem Gewichtszölle – werden von der Menge nach festen Zollsätzen in DM für eine Gewichts-, Maß- oder Stückeinheit berechnet. Solche Einheiten können 1 kg, 100 kg, 1 cbm, 1 hl, 1 qm sein. Diese Art der Zollberechnung ist in der EU verhältnismäßig selten.
  - Mischzölle werden nach dem Zollwert und einer anderen Grundlage gebildet. Im Zolltarif sind z.B. ein Wertzollsatz und ein Gewichts- bzw. Stückzollsatz angegeben; der letzte Satz bildet die Höchst- oder Mindestgrenze des anzuwendenden Zollsatzes. Der so genannte Wechselwert entscheidet, wann vom Mindestzoll zum Wertzoll oder vom Wertzoll zum Höchstzoll (Gewichtszoll) gewechselt wird.
  - Agrarzölle
- ✘ **Einfuhrumsatzsteuer** (entspricht der MWSt. im Inland) wird nach dem Umsatzsteuergesetz vom Umsatz der „Einfuhr von Gegenständen in das Erhebungsgebiet" erhoben. Diese Verbrauchsteuer, der praktisch alle Einfuhren unterliegen, kann von der Steuerzahllast nach diesem Gesetz abgesetzt werden (Vorsteuerabzug des Importeurs) Bemessungsgrundlage der EUSt ist der Zollwert oder das Entgelt, das auch der vom Zoll anerkannte Rechnungspreis sein kann. Zur Bemessungsgrundlage zählen auch die Beförderungskosten (Frachten, Transportversicherungsprämien, Behältermieten usw.), die der inländische Käufer/Empfänger für die grenzüberschreitende Warenbewegung vom Absendeort bis zum ersten inländischen Bestimmungsort aufzuwenden hat. Der erste inländische Bestimmungsort ergibt sich aus dem Frachtbrief oder ähnlichen Dokumenten.

[1] Visegrád-Länder: Tschechische Republik, Ungarn, Polen, Slowakische Republik

Alle Beförderungskosten von diesem Ort an, die nach dem Kaufvertrag vom Käufer zu tragen sind bzw. ihm – durch einen Spediteur z. B. – gesondert in Rechnung gestellt werden, zählen nicht zum Entgelt. Dagegen sind die Einfuhrabgaben (Zölle und Verbrauchsteuern) der Bemessungsgrundlage für die EUSt hinzuzurechnen. Hat der Verkäufer die EUSt im Entgelt einbeschlossen, so ist sie davon abzuziehen. Durch die EUSt wird die eingeführte Ware der Steuerbelastung der inländischen Ware angepasst.

- **Die besonderen Verbrauchsteuern** werden von den eingeführten Waren – auch neben anderen Einfuhrabgaben – nach den Vorschriften der entsprechenden Steuergesetze erhoben. Es sind u. a. die Branntwein-, Mineralöl-, Tabaksteuern. Einzelheiten ergeben sich aus dem DGebrZT (vgl. Abschnitt 14.2.1).

14.4 Zollrechtliche Grundbegriffe des grenzüberschreitenden Warenverkehrs

„Der Warenverkehr über die Grenze wird zollamtlich überwacht". Durch diese Vorschrift wird die lückenlose Überwachung der **Nichtgemeinschaftsware** (früher Zollgut) gesichert. Nichtgemeinschaftswaren werden grundsätzlich alle Waren aus Drittländern durch die Einfuhr mit Überschreiten der Zollgrenze. **Nichtgemeinschaftsware** wird **Gemeinschaftsware** (früher Freigut), wenn sie in den freien Verkehr eines EU-Staates überführt wird. Die Einfuhr darf ebenso wie die Ausfuhr nur über die Zollstraßen erfolgen, die im Bundesanzeiger bekanntgegeben worden sind **(Zollstraßenzwang)**, und nur während der bei den Zollstellen festgesetzten **Öffnungszeiten**.

▲ *Gemeinschaftswaren* (GW) sind:

- Waren, die vollständig im Zollgebiet der Gemeinschaft gewonnen oder hergestellt worden sind oder
- Waren mit Herkunft aus einem Land oder Gebiet, das nicht zum Zollgebiet der Gemeinschaft gehört, die sich aber in einem Mitgliedstaat im zollrechtlich freien Verkehr (d. h. die Einfuhrabgaben wurden entrichtet) befinden oder
- Waren, die aus einer Mischung von beidem bestehen.

▲ *Nichtgemeinschaftswaren* (NGW) sind grundsätzlich alle Waren, die sich nicht (auch nicht vorübergehend) im Zollgebiet der Gemeinschaft befinden (so genannte Drittlandswaren).

Eingeführte **Nichtgemeinschaftsware (NGW)** ist unverzüglich und unverändert der zuständigen (in der Regel der ersten) Zollstelle vorzuführen, zu gestellen **(Gestellungszwang). Gestellungspflichtiger** ist, wer die NGW in das Zollgebiet gebracht hat; das kann ein Frachtführer, der Empfänger oder als dessen Beauftragter der Spediteur sein. Der Gestellungspflichtige wird Anmelder und damit Zollschuldner, wenn er Zollanmeldung abgibt oder wenn bis zur Gestellung eine Zollschuld entsteht. Wird gestellte NGW nicht sofort einer Zollbehandlung unterworfen, so ist eine summarische Anmeldung nach vorgeschriebenem Muster abzugeben. **Anmelder** ist, wer den Antrag auf Abfertigung oder auf zollamtliche Überwachung stellt. Der Anmelder kann sich vertreten lassen (z.B. durch einen Spediteur); dieser Vertreter wird ebenfalls die Zollschuldner, wenn er ohne Vertretungsvollmacht handelt oder wenn er schuldhaft unrichtige Anträge stellt.

Deutsches Zollgebiet ist der deutsche Teil des Zollgebiets der Gemeinschaft.

Zollfreigebiete sind die Freihäfen Emden, Bremen, Bremerhaven, Hamburg, Cuxhaven, Kiel, Deggendorf und Duisburg-Ruhrort, die Insel Helgoland, deutsche Schiffe und Flugzeuge außerhalb irgendwelcher Zollgebiete, die Gewässer und Watten zwischen der Hoheits- und der Zollgrenze an der Küste. Zollfreigebiete unterliegen nach dem Zollgesetz bestimmten Beschränkungen; u.a. gelten hier die zollrechtlichen Vorschriften nicht, die sich auf NGW beziehen, da die eingeführte Ware erst mit Überschreiten der Zollgrenze NGW wird. Im EG-Recht werden Zollfreigebiete als **Freizonen** bezeichnete. Der Begriff „Zollfreigebiet" wird im Zollkodex nicht mehr verwendet. Die Begriffe „Zollausschlüsse" und „Zollfreigebiete" sind durch die Worte „Gebiete von Büsingen, Insel Helgoland, Freihäfen, Gewässer und Watten zwischen der Hoheitsgrenze und der jeweiligen Strandlinie, deutsche Schiffe und Luftfahrzeuge in Gebieten, die zu keinem Zollgebiet gehören" ersetzt worden.

Freizonen (Freihäfen) dienen dem Umschlag, der Lagerung von Außenhandelsgütern und dem Schiffbau. Sie sind deutsches Hoheitsgebiet, aber kein Zollgebiet und gelten umsatzsteuerrechtlich als Ausland. In den Freihäfen dürfen Waren nur unter Beachtung besonderer zollrechtlicher Vorschriften gehandelt, befördert, gelagert und be- oder verarbeitet werden. Jeder, der hier Waren lagert, be- oder verarbeitet oder mit Waren handelt, unterliegt der zollamtlichen Überwachung und hat eine sachlich und zeitlich genaue Lagerbuchhaltung zu führen. Der Verbrauch oder Gebrauch von Waren ist grundsätzlich nur gestattet, wenn diese aus dem freien Verkehr des Zollgebietes (verzollt und versteuert) stammen bzw. einfuhrabgabenfrei in den freien Verkehr gelangen könnten.

Das **Zollgebiet der Europäischen Union** ist durch die **EWG-ZollgebietsVO** des Rates der EU bestimmt. Es umfasst die Hoheitsgebiete der Mitgliedstaaten unter Berücksichtigung der Einschränkungen und Erweiterungen der nationalen Zollgebiete. Besondere Regelungen bestehen für den Festlandsockel, Küstengewässer, Freizonen usw. Im **EU-Zollgebiet werden die zollrechtlichen Vorschriften der Gemeinschaft voll wirksam, insbesondere die über den Zollwert und Zolltarif**.

14.5 Erhalt einer zollrechtlichen Bestimmung[1]

14.5.1 Die Arten der zollrechtlichen Bestimmung

Der Anmelder gibt bei der Zollstelle nach der Gestellung die **Zollanmeldung** ab. Damit bestimmt er die Art der zollrechtlichen Bestimmung und das Zollverfahren; das ist jede zollrechtlich mögliche Maßnahme der Zollbehörde, die sich auch auf außerzollrechtliche Gebiete beziehen kann (EUSt, andere Verbrauchsteuern, Außenwirtschafts- und Marktordnungsrecht, VuB, Außenhandelsstatistik u.a.).

Folgende **zollrechtlichen Bestimmungen** sind vorgesehen:

- Überführung in den zollrechtlich freien Verkehr oder in ein anderes **Zollverfahren**,
- Verbringen in eine Freizone, ein Freilager oder aus dem Zollgebiet der Gemeinschaft,
- Vernichtung oder Zerstörung mit Zustimmung der Zollbehörde unter den von ihr festgelegten Voraussetzungen,
- Aufgabe zugunsten der Staatskasse, wenn diese Möglichkeit nach innerstaatlichem Recht vorgesehen ist. (Nach deutschem Recht nicht vorgesehen.)

14.5.2 Die Zollverfahren in der Übersicht

Mögliche **Zollverfahren** sind:

- Überführung in den zollrechtlich freien Verkehr
- Versandverfahren

[1] früher: Die Zollbehandlung

- Zolllagerverfahren
- aktive Veredelung
- Umwandlungsverfahren
- vorübergehende Verwendung
- passive Veredelung
- Ausfuhrverfahren

▲ ***Überführung in den zollrechtlich freien Verkehr.*** Nichtgemeinschaftsware wird Gemeinschaftsware, d. h., der Anmelder kann nach der Zollabfertigung i. d. R. frei über die Ware verfügen (vgl. Abschnitt 14.5.2.1).

Ausnahme: **Überführung in den freien Verkehr zur besonderen Verwendung** (früher: **bleibende Verwendung**).

Hierunter fallen Waren, die im Zolltarif genau angegeben sind. Einfuhrabgabenpflichtige Ware wird **unter Zollaufsicht** für einen **bestimmten Verwendungszweck** (begünstigter Zweck) in den **freien Verkehr überführt**, ohne dass die Einfuhrabgaben in voller Höhe (oder gar nicht) zu entrichten sind, z.B. Bordvorräte in Luftfahrzeugen, Mund- und Schiffsvorräte, Betriebsstoffe für Wasserfahrzeuge.

▲ ***Versandverfahren.***

- **Gemeinschaftliches Versandverfahren (gVV)** (vgl. Abschnitt 14.5.2.2):
  - externes gVV für Nichtgemeinschaftsware (in bestimmten Sonderfällen auch für Gemeinschaftsware) mit Versandschein T 1,
  - internes gVV (nur noch in bestimmten Sonderfällen; vgl. Abschnitt 14.5.2.2) mit Versandschein T 2.
- **Gemeinsames Versandverfahren.**
  Im Verkehr mit EFTA-Staaten oder zwischen EFTA-Staaten durch der Zollgebiet der EU,
- **TIR-Übereinkommen**, Versandschein Carnet-TIR im internationalen Straßengüterverkehr (vgl. Abschnitt 5.8.5),
- **vereinfachtes gVV der Eisenbahnen**, das internationale Beförderungspapier (CIM-Frachtbrief) gilt als Versandanmeldung und Versandschein,
- **Cargo Manifest** (AWB) im Luftverkehr,
- **Rheinmanifest** gemäß Art. 9 der Rheinschifffahrtsakte bei der Ein- und Ausfuhr auf dem Rhein,
- **Nato-Versandschein,**
- **ATA-Übereinkommen**, Versandschein Carnet-ATA, für die Versendung, vorübergehende Verwendung im Ausland und anschließende Wiedereinfuhr (vgl. Abschnitt 14.5.2.2), Durchfuhr durch das Gebiet der EU,
- **Beförderungen von Waren durch die Post.**

▲ ***Zolllagerverfahren.***

- **Öffentliches Zolllager:**
  Hierbei handelt es sich um ein verschlossenes Zolllager, d. h. entweder totaler Zollverschluss oder mit Zollmitverschluss. Jedermann muss es unter zumutbaren Bedingungen benutzen können. Unterschieden werden:
  - **Zolllager Typ A:** Die Lagerung erfolgt unter Verantwortung des Lagerhalters.
  - **Zolllager Typ B:** Die Lagerung erfolgt unter Verantwortung des Einlagerers.
  - **Zolllager Typ F:** Die Lagerung erfolgt unter Verwaltung der Zollbehörde (so genannte Zollniederlage).

Die Zolllager Typ A und B werden (bei Bedarf) vom örtlich zuständigen Hauptzollamt bewilligt; Typ F vom Bundesminister der Finanzen.

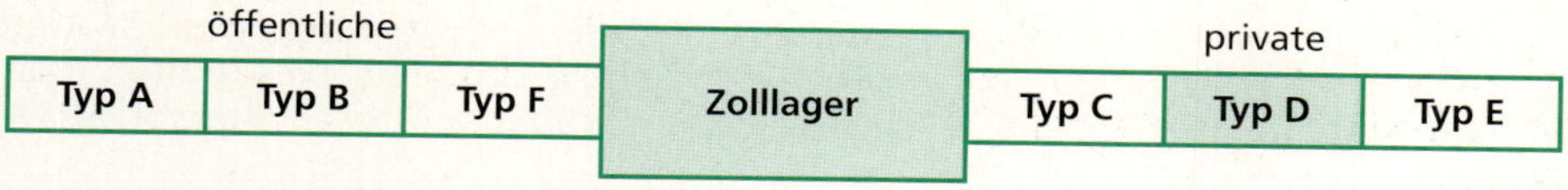

Typ D ist für den Spediteur wichtig (vgl. Abschnitt 14.5.2.3).

✗ **Privates Zolllager:**
Dies steht nur dem Lagerinhaber zur Verfügung, für eigene und/oder fremde Rechnung (Spediteur). Unterschieden werden:

- **Zolllager Typ C**: Die Lagerung von Waren durch einen Lagerhalter, der zugleich Einlagerer ist, aber nicht zwangsläufig Eigentümer sein muss.
- **Zolllager Typ D:** Wie Typ C, jedoch werden die Bemessungsgrundlagen, wie Menge, Beschaffenheit und Zollwert, bei der Einlagerung festgestellt. Hierdurch besteht die Möglichkeit einer Entnahme in den freien Verkehr ohne zollamtliche Mitwirkung (Ausnahmen sind vorgesehen); dieses Zolllager ist für die Spedition von Bedeutung, vgl. Abschnitt 14.5.2.3.
- **Zolllager Typ E:** Die fiktive Lagerung von Waren, ohne konkrete Lagerstätten; Voraussetzung ist ein internes betriebliches Kontrollsystem. Es ist ein Lager von buchmäßiger Art mit der Maßgabe der Eintragung, dass der Ort genannt wird (kann auch ein Fahrzeug sein, an dem die Ware sich zur Zeit befindet, z.B. in einem Container).

Für die Zolllager Typ A und B wird in Deutschland vorerst kein Bedürfnis gesehen, da die anderen Typen die Nachfrage befriedigen können.

Typ F wird auf Weisung des Bundesministers der Finanzen als verschlossenes Lager bewilligt.

Typ C kann sowohl als verschlossenes als auch nicht verschlossenes Lager bewilligt werden; **Typ D** dagegen nur als nicht verschlossenes Lager **(früher oZL)**.

▲ ***Aktive Veredelung.*** **Auslandsware** (Erhebungsware) wird in das Zoll**inland** verbracht, dort veredelt (bearbeitet, verarbeitet) und anschließend ins **Ausland** wiederausgeführt. Zu verwenden sind die Exemplare 6, 7, 8 des Einheitspapieres. Für die Bewilligung muss ein wirtschaftliches Bedürfnis bestehen, es werden für den Zeitraum der Veredelung konkrete Fristen gesetzt, die einzuhalten sind.

Ein Ersatz von gleichwertiger Ware ist möglich (z.B. bei Beschädigung), daher ist eine Nämlichkeitssicherung nicht zwingend vorgeschrieben (so genanntes Äquivalenzprinzip); z.B. Einbau von ausländischen Scheinwerfern in deutsche Exportautos. Es muss ein Veredelungsbuch geführt werden.

▲ ***Umwandlungsverfahren.*** Hier wird einfuhrabgabenpflichtige Ware umgewandelt in eine Ware, für die niedrigere oder gar keine Einfuhrabgaben zu entrichten sind, z. B. Stoffe, Tapeten in Muster; Stoffe in Lumpen; Eisen- und Stahlprodukte in Schrott; Branntwein durch Vergällen in Brennspiritus u. Ä.

Durch die Veränderung in eine andere Beschaffenheit entsteht eine neue Bemessungsgrundlage für die anschließende Abfertigung.

Eine Umwandlung wird aber nur dann vom zuständigen Hauptzollamt bewilligt, wenn nach der Umwandlung und Abfertigung die Ware nicht wieder (wirtschaftlich sinnvoll) in den ursprünglichen Zustand zurückverwandelt werden kann.

▲ *Vorübergehende Verwendung.* Hierunter fallen Nichtgemeinschaftswaren, die nur vorübergehend eingeführt werden und nach Ablauf einer bestimmten Frist wieder ins Ausland ausgeführt bzw. einer anderen Zollbehandlung unterworfen werden müssen.

In der Regel erfolgt eine vollständige (in bestimmten Fällen nur eine teilweise) Befreiung von allen Einfuhrabgaben.

Die Abfertigung erfolgt mit den Exemplaren 6, 7, 8 des Einheitspapieres. Eine Nämlichkeitssicherung und volle Sicherheitsleistung sind erforderlich.

Bewilligt werden bestimmte Warenbereiche.

BEISPIELE

- ✗ Berufsausrüstung,
- ✗ Ausstellungsgut,
- ✗ wissenschaftliches Material,
- ✗ Vorführwagen,
- ✗ Sportgeräte aller Art,
- ✗ Pkw, die in einem Drittland zugelassen sind, u. Ä.

Diese Zollabfertigung erfolgt immer dann, wenn eine Abfertigung auf Carnet A.T.A. nicht erfolgt oder nicht möglich ist (vgl. Abschnitt 14.5.2.2).

▲ *Passive Veredelung.* **Inlandsware** wird ins **Ausland** verbracht, dort veredelt und anschließend wieder ins **Inland** eingeführt, z. B. Stoffe in Kleidungsgegenständen.

Gründe: niedrigere Lohnkosten im Ausland; Ausnutzung freier Kapazitäten im Ausland; Inanspruchnahme der so genannten **„Differenzverzollung“** d. h., bei der Wiedereinfuhr wird der Zoll für die veredelte Ware berechnet, davon wird der „fiktive“ Zoll für die unveredelte (ausgeführte) Ware abgezogen.

Rechenbeispiele für die Differenzverzollung

Gemeinschaftsware (z. B. Stoffe) wird in ein Drittland befördert, dort „veredelt“ (z. B. zu Anzügen verarbeitet) und anschließend wieder in die Gemeinschaft zurückgeführt.

Zollwert der Anzüge bei der „Einfuhr“	= 300 000,00 DM
Zollsatz für Anzüge	= 8 %
Zoll bei der „Einfuhr“	= 24 000,00 DM
davon wird abgezogen:	
Wert der Stoffe bei der „Ausfuhr“	= 100 000,00 DM
Zollsatz für diese Stoffe	= 3 %
„fiktiver Zoll“	= 3 000,00 DM
zu zahlen sind also: 24 000,00 DM abzüglich 3 000,00 DM	= 21 000,00 DM

Die **Überwachung** gilt nicht als Zollverfahren, weil sie nicht rechtsgestaltend wirkt, sondern lediglich die umfassende Kontrolle bezweckt.

Jeder Zollbedienstete hat Art und Umfang der Prüfungs- und Überwachungsmaßnahmen am Einzelfall zu beurteilen und nach dem **Grundsatz der Verhältnismäßigkeit** auszuführen.

Die zollrechtliche Bestimmung eingeführter Ware kann durch vereinfachte Verfahren wesentlich erleichtert werden. So können die in einem Zeitraum eingeführten Waren in einer Sammelzollanmeldung zusammengefasst und die Einfuhrabgaben in einer Summe entrichtet werden. Die Mitwirkung der Zollstelle kann weitgehend entfallen, damit kann der Einführer schneller über die Ware verfügen.

Vereinfachte Verfahren zur Überführung in den freien Verkehr

- **Unvollständige Zollanmeldung (UZA):** Hierbei handelt es sich um eine Vereinfachung im **Einzelfall.** Danach können Zollstellen eine Anmeldung zur Überführung in den freien Verkehr auch annehmen, wenn einzelne Angaben fehlen; bestimmte Mindestangaben sind erforderlich.
- **Vereinfachtes Anmeldeverfahren (VAV):** Dem Anmelder wird auf schriftlichen Antrag zugestanden, die Zollanmeldung zur Überführung in den freien Verkehr in vereinfachter Form abzugeben. Voraussetzung ist die vorherige Gestellung der Waren bei einer zugelassenen Zollstelle.
- **Anschreibeverfahren (ASV):** Auf Antrag kann das **ASV** für Waren zugelassen werden, die an einem anderen Ort als bei der Zollstelle gestellt werden (z. B. Produkte in Pipelines). Die Anschreibungen müssen in der betrieblichen Buchführung geführt werden (= Zollanmeldung) und unverzüglich der Abfertigungszollstelle mitgeteilt werden.

14.5.2.1 Überführung in den zollrechtlich freien Verkehr

Die Überführung in den freien Verkehr wird grundsätzlich am Amtsplatz der Zollstelle während der Öffnungszeiten, die für die Entgegennahme von Zollanmeldungen festgelegt sind, durchgeführt. Zeit, Ort und Reihenfolge der einzelnen Abfertigung bestimmt die Zollstelle nach Maßgabe der Vorschriften. Die Tätigkeiten des abfertigenden Beamten beziehen sich auf Zollbeschau, Vergleichung der Zollbeschau mit der Zollanmeldung, Festlegung und Beurkundung des Zollbefundes und Zollwertfestsetzung.

Der Anmelder bestimmt die von ihm gewünschte Art des Zollverfahrens durch den Zollantrag und die **Zollanmeldung**, die bis auf Ausnahmen schriftlich zu stellen sind. Hierzu gehören alle sich auf das Zollverfahren beziehenden Anträge (z.B. Anwendung einer Zollsatzbegünstigung). Die Zollanmeldung ist einer Steuererklärung im Sinne der Abgabenordnung. In ihr muss der Anmelder die NGW mit allen **Merkmalen und Umständen**, die für die Zollbehandlung maßgebend sind, anmelden (u. a. auch die Codenummer des DGebrZT).

Bei der Überführung in den freien Verkehr ist zusätzlich zur Zollanmeldung das Formblatt **„Angaben über den Zollwert" d.V.1** auszufüllen und abzugeben (i. d. R. ab 9 800,00 DM Zollwert)[1]. Dieses Formblatt (auch **„Zollwertanmeldung"** genannt) ist wie die Zollanmeldung eine Steuererklärung, die grundsätzlich vom maßgebenden Anmelder (eigentlich dem Importeur) abzugeben ist. Ein beauftragter Spediteur wird diese Steuererklärung, in Vertretung des Zollwertanmelders, nicht in eigenem Namen abgeben, um nicht selbst Zollwertanmelder zu werden, sondern **„im Namen und Vollmacht der Fa. ... Auftraggeber"**. Dieses Formblatt dient als Grundlage für die Ermittlung des Zollwertes und muss daher alle Angaben enthalten, die diesen beeinflussen können. Ihm sind zwei Ausfertigungen der Rechnung über die eingeführten Waren beizufügen, außerdem Belege über die Versandkosten bis „CIF Verbringungsort", sofern diese nicht im Rechnungspreis enthalten sind (z. B. Frachtbrief, B/L, Versicherungs-Police u. a.) und auf Verlangen der Zollstelle andere Urkunden (z. B. Kaufvertrag, Schriftwechsel, Präferenznachweise). Unter bestimmten Umständen braucht die Zollanmeldung nur auf Anforderung und nur mündlich abgegeben zu werden, z. B. im Reiseverkehr.

Zusammen mit der Zollanmeldung ist die statistische Anmeldung nach dem AHStatGes abzugeben. Diese Erklärungen werden gemeinsam mithilfe des Einheitspapieres abgegeben, und zwar mit dem Vordrucksatz **„Bestimmung (Eingang/Einfuhr)"**, der aus den Exemplaren 6, 7 und 8 besteht. Weitere Exemplare oder Ergänzungsvordrucke können für die überwachende Zollstelle oder als Einfuhrkontrollmeldung dazukommen.

[1] Stand 1998

Muster einer Zollanmeldung

EUROPÄISCHE GEMEINSCHAFT

7 — Exemplar für die Statistik - Bestimmungsland — 7

A BESTIMMUNGSZOLLSTELLE

1 ANMELDUNG: IM | 4 | XXXXX

2 Versender/Ausführer Nr.
Spice Trading Corporation
135, Nihonbashi
1750 Singapore

3 Vordrucke: 1 | 1
4 Ladelisten: XXXXX
5 Positionen: 1
6 Packst. insgesamt: XXXXXXX
7 Bezugsnummer: Pos. 75/95

8 Empfänger Nr.
Gustav Meyer & Co.
Lange Straße 13
70182 Stuttgart

9 Verantwortlicher für den Zahlungsverkehr Nr.
XXXXXXXXXXXXXXXXXXXXXXXXXXXXXXXXX

10 Letztes Herkunftsland: XXX
11 Hand./Erz. Land: 700
12 Angaben zum Wert: XXXXXXXXXXXXXX
13 G. L. P.: XXXXX

14 Anmelder/Vertreter Nr.
Speditionsgesellschaft Hamburg
Brook 10
20457 Hamburg

15 Versendungs-/Ausfuhrland: Indonesien
15 Vers./Ausf. L. Code: a) 700 b) XX
17 Bestimm. L. Code: a) b) 07
16 Ursprungsland: Indonesien
17 Bestimmungsland: XXXXXXXXXXXXXXXX

18 Kennzeichen und Staatszugehörigkeit des Beförderungsmittels bei der Ankunft: 004
19 Ctr.: 0
20 Lieferbedingung: CFR | Hamburg

21 Kennzeichen und Staatszugehörigkeit des grenzüberschreitenden aktiven Beförderungsmittels: Schiff | 004
22 Währung u. in Rechn. gestellter Gesamtbetr.: 400 | 25 000,00
23 Umrechnungskurs: 1,3795
24 Art des Geschäfts: 1 | 1

25 Verkehrszweig an der Grenze
26 Inländischer Verkehrszweig
27 Entladeort: Hamburg 02
28 Finanz- und Bankangaben: XXXXXXXXXXXXXXXXXXXXXXXXXXXXXXXXX

29 Eingangszollstelle: 1228
30 Warenort

31 Packstücke und Warenbezeichnung — Zeichen und Nummern - Container Nr. - Anzahl und Art
Marke: ABC, WEISS MUNTOK PFEFFER,
Hamburg, 1 - 120

120 Sack weiß Muntok Pfeffer

32 Positions-Nr.: 1
33 Warennummer: 0904 1190 0000
34 Urspr.land Code: a) 700 b) XX
35 Rohmasse (kg): 10 240,00
36 Präferenz
37 VERFAHREN: 4000 | 0
38 Eigenmasse (kg): 10 000,00
39 Kontingent
40 Summarische Anmeldung/Vorpapier
41 Besondere Maßeinheit
42 Artikelpreis: XXXXXXXXXX
43 B. M. Code: X

44 Besondere Vermerke/Vorgelegte Unterlagen/Bescheinigungen u. Genehmigungen
[X] **Hinsichtlich aller angemeldeten Waren zum vollen Vorsteuerabzug berechtigt.**
Anlage: Handelsrechnung, Packliste, B/L-Kopie,
Form A/EUR 1
Beförderungskosten: 410,00 DM

Code B. V.: XXX
45 Berichtigung: XXXXXXXXXX
46 Statistischer Wert: 34 659,00 DM

47 Abgabenberechnung

Art	Bemessungsgrundlage	Satz	Betrag	ZA
101	34 659,00 DM			E
200	35 069,00 DM			E
Summe:				

48 Zahlungsaufschub: AR HH - 211/Meyer
49 Bezeichnung des Lagers

B ANGABEN FÜR VERBUCHUNGSZWECKE

Einfuhranmeldung

Muster 1e AHStat (89)

50 Hauptverpflichteter Nr. Unterschrift:
XXXXXXXXXXXXXXXXXXXXXXXXXXXXXXXXXXXXXXXXXXXX
vertreten durch
Ort und Datum:

C ABGANGSZOLLSTELLE

51 Vorgesehene Grenzübergangsstellen (und Land)
XXXXXXXXXXX | XXXXXXXXXXX | XXXXXXXXXXX | XXXXXXXXXXX | XXXXXXXXXXX | XXXXXXXXXXX

52 Sicherheit nicht gültig für XXXXXXXXXXXXXXXXXXXXXXXXXXXXXXXXXXXXXXXXXXX
Code: XX
53 Bestimmungszollstelle (und Land): XXXXXXXXXXXXXXXXXXXXXXX

J PRÜFUNG DURCH DIE BESTIMMUNGSZOLLSTELLE

54 Ort und Datum:
Hamburg, den 16. März . .
Unterschrift und Name des Anmelders/Vertreters:
Im Namen und Vollmacht
der Firma
Gustav Meyer & Co.
i.A. E. Müller

Der Zollbeteiligte reicht die **Zollpapiere** ein und stellt damit den Antrag auf Überführung in den freien Verkehr. Die Zollstelle entscheidet dann nach Prüfung, ob die NGW einer **Zollbeschau** unterworfen wird. Bei **schlüssiger Anmeldung** (vollständige und in sich schlüssige Zollanmeldung) und bei keinem Zweifel an der Richtigkeit der Angaben kann die Zollstelle auf eine Beschau verzichten. Wird eine Beschau durchgeführt, so hat der Zollbeteiligte die **Zolldarlegungspflicht**: Er muss alle oder nur die bezeichneten Kolli öffnen und die Ware herausnehmen, sodass der abfertigende Beamte die Ware beschauen kann; die Kosten und Gefahr beim Öffnen der Kolli, Herausnehmen der Ware und nach der Beschau beim Verpacken und Verschließen der Kolli trägt der Anmelder.

Die Beschau wird als

- **Mengenbeschau** und/oder
- **Beschaffenheitsbeschau**

durchgeführt. Beide Beschauarten können zusammen (Gesamtbeschau) oder einzeln für sich (Einzelbeschau) bei sämtlichen Waren der Anmeldung (volle Beschau) oder nur bei Teilen (stichprobenweise Beschau) vorgenommen werden. – Durch die Mengenbeschau soll die Warenmenge nach dem vorgeschriebenen Maßstab (z. B. Kilogramm, Liter) ermittelt werden. Durch die Beschaffenheitsbeschau sollen vor allem die Merkmale ermittelt werden, die für die Nomenklatur und die Wertfestsetzung maßgebend sind. Das Ergebnis der Beschau wird im **Zollbefund** beurkundet.

Der **Zollwert** wird nach verschiedenen Methoden, die jeweils bestimmter Voraussetzungen bedürfen, ermittelt. Werden die Voraussetzungen der ersten Methode nicht erfüllt, wird die zweite, dann die dritte angewendet und so weiter. Die Reihenfolge ist zwingend vorgeschrieben, allerdings kann auf Antrag des Einführers die Methode nach 6. vor der nach 5. angewendet werden. Der Zollwert wird durch folgende Bewertungsmethoden ermittelt:

- Transaktionswert für die eingeführte Ware
  - Käufer und Verkäufer sind nicht miteinander verbunden,
- Transaktionswert für die eingeführte Ware
  - Käufer und Verkäufer sind miteinander verbunden,
- Transaktionswert für gleiche Waren,
- Transaktionswert für gleichartige Waren,
- Deduktiver Wert,
- Errechneter Wert,
- Rückkehr zur deduktiven Methode (berichtigter Wiederverkaufspreis),
- Geschätzter Wert.

Ziel ist es, den Welthandel durch ein einheitliches, gerechtes und neutrales System für die Ermittlung des Zollwertes zu fördern. Das System der Zollwertermittlung ist im Rahmen der WTO entstanden.

Die meisten Einfuhrabgaben werden in Prozentsätzen vom Warenwert erhoben. So richten sich die Höhe der Einfuhrabgaben und damit die Preisbelastung nach dem Wert. Um zu verhindern, dass der Warenwert durch die Kaufvertragspartner bewusst niedrig angesetzt wird, ist der Zollwert nach bestimmten, in der EU einheitlichen Bewertungsvorschriften festzusetzen. Durch einheitlich festgesetzte Zollsätze des Gemeinsamen Außenzolltarifs werden Wettbewerbsverzerrungen, Verkehrsverlagerungen, verminderte Einfuhrabgaben und Umgehung von Schutzzöllen vermieden.

Bewertungsmethoden:

Methode 1: Transaktionswert für die eingeführte Ware.

Weitaus die meisten Zollwerte werden nach Methode 1 und 2 ermittelt. Der nach 1. zu ermittelnde **Zollwert** ist der **„Transaktionswert**, d. h. **der für die Waren bei einem Verkauf zur Ausfuhr in das Zollgebiet der Gemeinschaft tatsächlich gezahlte oder zu zahlende Preis**, gegebenenfalls nach Berichtigung ...". Dieser Transaktionswert ist der **Rechnungspreis**, wenn **folgende Voraussetzungen** erfüllt sind:

- Es liegt ein Verkauf zur Ausfuhr in das Zollgebiet der Gemeinschaft vor.
- Es bestehen keinerlei Einschränkungen in der Verwendung bzw. in dem Gebrauch der Waren, die zu einer Preisminderung geführt haben.
- Hinsichtlich des Kaufgeschäftes oder des Preises liegen nur solche kaufpreismindernde Bedingungen oder Leistungen vor, die wertmäßig bestimmbar sind.
- Es ist ein tatsächlich gezahlter oder zu zahlender Preis (Rechnungspreis). Tatsächlich gewährte Rabatte und Skonti sind in der Regel als Abzug anzuerkennen. Dieser Preis wird u. U. berichtigt:
  - **Zuschläge zum Rechnungspreis**, soweit diese für den Käufer entstanden sind, aber noch nicht im Preis enthalten sind:
    - Verkaufsprovisionen, Maklerlöhne, Lizenzgebühren,
    - Umschließungs- und Verpackungskosten,
    - Beförderungs-, Versicherungs-, Ladekosten und andere mit der Beförderung zusammenhängende Kosten **bis zum maßgebenden Ort** (Ort des Verbringens in das EU-Zollgebiet, z. B. Seehafen, erste Zollstelle).
  - **Abschläge vom Rechnungspreis**, soweit diese getrennt vom Rechnungspreis ausgewiesen werden und im Rechnungspreis enthalten sind:
    - Kosten für Montage, Instandhaltung nach der Einfuhr,
    - Beförderungskosten nach der Einfuhr,
    - Zölle und andere Einfuhrabgaben,
    - an den Verkäufer zu zahlende Kreditkosten u. a.
- Käufer und Verkäufer sind nicht miteinander verbunden, d. h., sie gehören nicht der Geschäftsleitung des anderen an, sie sind nicht kapitalmäßig verbunden usw.

Methode 2: Transaktionswert für die eingeführte Ware bei verbundenen Personen.

Wird der Preis durch die Verbundenheit von Käufer und Verkäufer nicht beeinflusst, wird der Zollwert nach der Methode 1 festgestellt.

Methode 3: Preis für gleiche Waren.

Werden Voraussetzungen der Methoden 1 und 2 nicht erfüllt, ist der Zollwert für die zu bewertende Ware derjenige, der für gleiche Waren bereits festgestellt worden ist, bei mehreren festgestellten der niedrigste Transaktionswert nach Methode 1 und 2. **Gleiche Waren** stammen aus demselben Herstellungsland und weisen gleiche Eigenschaften und Materialzusammensetzungen auf; geringfügige Unterschiede schließen die Gleichheit nicht aus. Der **maßgebende Zeitpunkt** (Zeitpunkt der Annahme der Zollanmeldung) für die zu bewertende Ware muss dem der gleichen Waren annähernd entsprechen.

Methode 4: Preis für gleichartige Waren.

Werden die Voraussetzungen der Methoden 1, 2 und 3 nicht erfüllt, wird die Methode 3 abermals angewendet, nur sind die Anforderungen an die Gleichartigkeit geringer als bei Methode 3.

Methode 5: Deduktiver (abgeleiteter) Wert.

Die Ermittlung des Zollwertes ist nach Methoden 1 bis 4 nicht möglich; der Einführer hat keinen Antrag auf Bewertung nach 6 gestellt; die eingeführten, gleichen oder gleichartigen Waren sind im EU-Zollgebiet weiterverkauft worden. Der Zollwert wird vom Weiterverkaufspreis des Importeurs durch Abzüge ermittelt (z.B. EU-Einfuhrabgaben, Handelsspanne).

Methode 6: Errechneter Wert nach Herstellungskosten.

Die Ermittlung des Zollwertes ist nach den Methoden 1 bis 5 nicht möglich oder Methode 6 ist vor 5 beantragt. Der Zollwert ist der errechnete Wert aus den Herstellungskosten, Gemeinkosten, dem Gewinn und sonstigen Aufwendungen.

Methode 7: Rückkehr zur deduktiven Methode.

Werden die Voraussetzungen der Methoden 1 bis 6 nicht erfüllt, so ist der Zollwert der berichtigte Weiterverkaufspreis gemäß Methode 5.

Methode 8: Schlussmethode.

Werden die Voraussetzungen keiner Methode erfüllt, so ist der Zollwert zu schätzen. Dabei sollen früher ermittelte Zollwerte herangezogen werden und die vorangegangenen Vorschriften großzügig ausgelegt werden.

MERKE

Der Zollwert ist der normale Wettbewerbspreis, auch Transaktionswert genannt. In der Regel ist dies der Wert „CIF EU-Verbringungsort".

Bei einer **Überführung in den freien Verkehr** wird i. d. R. der **Zollwert** festgesetzt, der Zoll und andere Einfuhrabgaben berechnet und vom Anmelder als Zollschuldner schriftlich oder mündlich angefordert **(Zollbescheid)**. Nach Regelung der Zahlung (Barzahlung, Scheck, Aufschub, Anrechnung) bekommt der Zollschuldner die **Zollquittung**, die gleichzeitig den Zollbescheid enthält.

Nach Bewilligung bekommt der Antragsteller einen Aufschubnehmerausweis mit entsprechender Kennzeichnung („E" = eigene Abgabenschulden / „F" = fremde Abgabenschulden) ausgehändigt. Das neue Verfahren (ab 01. Juli 1999) des Zahlungsaufschubs sieht vor, dass ein Anrechnungsantag nur noch **einmal** mit dem Antrag auf Bewilligung des Zahlungsaufschubs abzugeben ist. Bei Vorlage eines Aufschubnehmerausweises (mit Kennzeichnung „E" oder „F") ist also kein besonderer Anrechnungsantrag mehr erforderlich.

Eine Abfertigung zum zoll- und steuerrechtlich freien Verkehr zu zwei unterschiedlichen Zeitpunkten, beispielsweise Zollzahlung an der Außengrenze, dann im Versandverfahren zur Bestimmungsstelle und dort Zahlung der EUSt, ist nicht mehr möglich. Der Anspruch auf die EUSt-Erhebung entsteht zum selben Zeitpunkt wie der auf die Zollabgaben. Allerdings besteht die Möglichkeit, von der **„Nullregelung"** Gebrauch zu machen. An der Zollstelle wird die Ware zum freien Verkehr abgefertigt; der Zoll wird in entsprechender Höhe entrichtet, die EUSt wird in Höhe von **„null Prozent"** festgesetzt unter der Voraussetzung, dass im Anschluss an die Zollabfertigung zum freien Verkehr der Importeur als „Lieferer" eine innergemeinschaftliche Lieferung an einen „Erwerber" in einem anderen Mitgliedstaat durchführt. Der „Erwerber" zahlt dann die seinem Land entsprechende MWSt.

ZUSAMMENFASSUNG

Übersicht einer Überführung in den freien Verkehr (Verzollung):

- ✗ Zollpapiere
- ✗ Gestellung, Darlegung
- ✗ Zollbeschau
  - Mengenbeschau
  - Beschaffenheitsbeschau
- ✗ Zollbefund
- ✗ Zollwertfestsetzung
- ✗ Zollbescheid
- ✗ Zollquittung

14.5.2.2 Versandverfahren

Grundbegriffe.

- ✗ **Abgangsstelle** (früher: Abgangszollstelle): die Stelle der zuständigen Behörde, bei der das gemeinschaftliche Versandverfahren beginnt (evtl. zugelassener Versender).
- ✗ **Bestimmungsstelle** (früher: Bestimmungszollstelle): die Stelle der zuständigen Behörde, bei der die im gemeinschaftlichen Versandverfahren beförderten Waren zur Beendigung des gemeinschaftlichen Versandverfahrens zu gestellen sind (evtl. zugelassener Empfänger).
- ✗ **Durchgangszollstelle:**
  - die Ausgangszollstelle des Zollgebiets der Gemeinschaft, wenn eine Sendung dieses Zollgebiet anlässlich des gemeinschaftlichen Versandverfahrens über eine Grenze zwischen einem Mitgliedstaat und einem Drittland verlässt,
  - die Eingangszollstelle des Zollgebiets der Gemeinschaft, wenn die Waren anlässlich eines gemeinschaftlichen Versandverfahrens durch ein Gebiet eines Drittlandes kommen.
- ✗ **Beförderungsmittel**:
  - Straßenfahrzeuge, Anhänger, Sattelanhänger,
  - Eisenbahnwagen,
  - Luftfahrzeuge,
  - Wasserfahrzeuge,
  - Behälter im Sinne der Verordnung (EWG) Nr. 3312/89 des Rates vom 30. Oktober 1989 über die vorübergehende Verwendung von Behältern.
- ✗ **Hauptverpflichteter:** die Person, die selbst oder durch einen bevollmächtigten Vertreter (z. B. Spediteur) durch Abgabe einer entsprechenden Anmeldung ihren Willen bekundet, ein gemeinschaftliches Versandverfahren durchzuführen.

▲ ***Abwicklung eines Versandverfahrens*** (vgl. Abschnitt 14.5.2). Verschiedene wirtschaftliche Interessen können den Importeur hindern, eine Einfuhrware unmittelbar an der Grenze in den freien Verkehr des EU-Zollgebietes zu überführen. **Der Hauptverpflichtete** kann auf Antrag die Zulassung erhalten, die Ware von der Abgangsstelle zu einer Bestimmungsstelle zu befördern. Er muss durch Zollanmeldung auf vorgeschriebenem Vordruck **(Versandschein)** das Versandverfahren auswählen, das für seinen Fall zulässig ist.

Anschließend erfolgt **die Gestellung** der Ware an einer Abgangsstelle. Es kann eine **Zollbeschau** erfolgen (alle Kosten und Arbeiten hat der Hauptverpflichtete zu übernehmen). **Der Zollbefund** wird im Versandschein eingetragen.

Die Abgangsstelle (Ort des Verfahrenbeginns) sichert die **Nämlichkeit** der Waren, damit der Bestimmungsstelle (Ort des Verfahrenendes) unverändert dieselbe Ware gestellt wird.

- ✘ Möglichkeiten der **Nämlichkeitssicherung**
  - Raumverschluss (ganzes Fahrzeug oder einzelne Behälter) durch Zollplomben; im Regelfall muss ein Zollverschlussanerkenntnis der Zollbehörde vorliegen.
  - Packstückverschluss durch Zollplomben, Zollsiegel, Zollstempel. Bei gleichen Packstücken mit selbem Inhalt brauchen nur einige verschlossen zu werden; es soll die Beschaffenheit und nicht die Anzahl gesichert werden.
  - Beschreibung der Ware durch Muster, Abbildung, angestempelte Handelsrechnung, buchmäßige Überwachung, Fahrgestellnummer u. a.
  - Zollamtliche Bewachung oder Begleitung (gegebenenfalls durch Zollhilfsperson).

Plomben, Siegel und Stempel sind als Mittel der Nämlichkeitssicherung öffentliche Urkunden, deren unbefugtes Entfernen oder Beschädigen nach dem Strafgesetzbuch bestraft werden kann (Siegelbruch).

Anschließend wird von der Abgangsstelle eine **Gestellungsfrist** (z. B. beim gVV in der Regel acht Tage) festgelegt, bis zu der die Ware bei der Bestimmungsstelle zu einer anschließenden Zollbehandlung wiedergestellt werden muss. Außerdem muss bei der Abgangsstelle vom Hauptverpflichteten eine Sicherheitsleistung in Höhe der voraussichtlichen Einfuhrabgaben erfolgen.

- ✘ Möglichkeiten der **Sicherheitsleistung:**
  - Hinterlegung von Bargeld (ist immer möglich), von Wertpapieren,
  - Hinterlegung einer Bürgschaft:
    - Einzelbürgschaft; durch besondere HZA[1]-Verfügung,
    - Gesamtbürgschaft; Bescheinigung vom HZA,
    - Pauschalbürgschaft; Sicherheitstitel von Institutionen, die durch das BMF zugelassen sind.

Die Sicherheiten gelten im gesamten Gebiet der Union. Befreit von einer Sicherheitsleistung sind Beförderungen durch die Eisenbahnen der Mitgliedstaaten, durch Rohrleitungen und Beförderungen auf dem See- oder Luftweg.

Wenn alle Formalitäten (für die auch vereinfachte Verfahren zugelassen sind) erledigt sind, wird dem Hauptverpflichteten die Ware zur **Beförderung** überlassen. Er ist verpflichtet, die Ware unverändert innerhalb der im Versandschein angegebenen Frist der Bestimmungsstelle zu gestellen und die Vorschriften des Verfahrens einzuhalten. Nach ordnungsgemäßer Durchführung wird die hinterlegte Sicherheit dem Hauptverpflichteten wieder freigegeben.

ZUSAMMENFASSUNG

Abwicklung eines Versandverfahrens:

- ✘ Versandschein
- ✘ Gestellung und Zolldarlegung bei der Abgangsstelle
- ✘ Zollbeschau
- ✘ Zollbefund
- ✘ Nämlichkeitssicherung
- ✘ Gestellungsfrist
- ✘ Sicherheitsleistung
- ✘ Beförderung
- ✘ Gestellung bei der Bestimmungsstelle
- ✘ Erledigung des Versandscheins
- ✘ Freigabe der Sicherheit

[1] Hauptzollamt

▲ ***Gemeinschaftliches Versandverfahren (gVV).*** Zu verwenden sind die entsprechenden Exemplare des Einheitspapieres (1, 4, 5, 7).

Das gVV ist zwingend vorgeschrieben für die Beförderung von Nichtgemeinschaftswaren, die ausschließlich im Zollgebiet der Gemeinschaft erfolgt. Neben dem Hauptverpflichteten haben auch der Warenführer (Beförderer) und der Warenempfänger die Gestellungspflicht, diese können somit gegebenenfalls auch Zollschuldner werden. Bei Übergabe der Sendung an einen anderen sollte sich der Warenführer (z.B. Spediteur) eine Verpflichtungserklärung unterschreiben lassen.

Das gVV ist nicht zulässig für die Beförderung von Waren

- mit **Carnet-TIR** (TIR-Übereinkommen, vgl. Abschnitt 5.8.4), sofern
  - eine solche Beförderung außerhalb der Gemeinschaft begonnen hat oder enden soll oder
  - eine solche Beförderung Sendungen enthält, die zu einem Teil im Zollgebiet der Gemeinschaft, zu einem anderen Teil in einem Drittland abgeladen werden sollen oder
  - eine Beförderung zwischen zwei Orten der Gemeinschaft über ein Drittland erfolgt,
- **mit Carnet ATA** (ATA-Übereinkommen, siehe Seite 315),
- aufgrund des **Rheinmanifestes**,
- mit **Vordruck 302** (zur bleibenden Verwendung für ausländisches Militär), u. a.

Im gVV werden unterschieden:

- **externes gVV:** Versandschein ist die T 1.

  Nichtgemeinschaftsware wird an der Außengrenze (Abgangsstelle) an eine Bestimmungsstelle (z. B. im Zollinland) zur weiteren Behandlung überwiesen, oder Nichtgemeinschaftsware wird zwischen zwei Orten innerhalb der Gemeinschaft befördert.

  Zum Beispiel: Eine Sendung kommt aus Kanada, wird in Amsterdam gelöscht und nach Düsseldorf weiterbefördert, um dort in den freien Verkehr überführt zu werden.

- **internes gVV:** Versandschein ist die T 2. Dies Verfahren gilt für folgende **besondere Fälle**:
  - Die Beförderung von Gemeinschaftsware zwischen zwei Orten innerhalb der Gemeinschaft **über** das Gebiet eines oder mehrerer **EFTA**-Staaten, z. B. von Deutschland über die Schweiz nach Italien (für verbrauchsteuerpflichtige Waren sind gegebenenfalls zusätzliche Begleitdokumente erforderlich).
  - Die Beförderung von Waren, für die eine Gemeinschaftsbestimmung die Anwendung dieses Verfahrens ausdrücklich vorsieht, z. B. die Beförderung von Gemeinschaftsware mit der **Eisenbahn** zwischen zwei Orten der Gemeinschaft über ein Drittland, das kein EFTA-Land ist (z. B. Griechenlandverkehr).
  - Die Beförderung von Waren aus den Gebieten der Gemeinschaft, in denen die **6. Mehrwertsteuerrichtlinie** Anwendung findet (z. B. Deutschland) nach den Kanarischen Inseln, den französischen überseeischen Departements, dem Berg Athos in Griechenland und den Kanalinseln (oder umgekehrt).

Kommt eine Beförderung im internen gVV nicht in Betracht, ist ggf. eine T2L als Nachweis des Gemeinschaftscharakters oder ein bestätigter T2L-Vermerk im Carnet-TIR zu verwenden.

▲ *Zweck des gemeinschaftlichen Versandverfahrens.* Durch das Verfahren soll der Warenverkehr in der EU erleichtert und die Überwachung vereinfacht werden. Es kann im Einzelnen folgenden Zwecken dienen:

- ✘ Beförderung unter zollamtlicher Überwachung in einem einheitlichen, durchgehenden Verfahren,
- ✘ Verlegung der Zollabfertigung von der EU-Grenze in das Binnenland,
- ✘ statistische Anmeldung bei der Bestimmungsstelle (für EU-Statistik über Durchfuhr und Güterverflechtung, für AH-Statistik der Bundesrepublik Deutschland),
- ✘ Nachweis des Gemeinschafts-Charakters von Waren (z.B. für Zollbefreiung).

Warenverkehrsbescheinigungen dienen dem Nachweis der **Präferenzberechtigung** (Zollbefreiung oder -ermäßigung), die bei NGW und bei Waren von oder nach assoziierten Ländern besteht. – Im innergemeinschaftlichen Verkehr gilt das Versandpapier T2L in Sonderfällen als Nachweis der Präferenzberechtigung. Die EUR 1 und 2 bzw. das Formblatt A gelten im Verkehr mit den Rest-EFTA-Staaten, für Einfuhren aus den AKP-(Afrika, Karibik, Pazifik) und den ÜLG- (bestimmte andere überseeische Länder und Gebiete)Staaten. Diese und andere Formulare (z. B. A. TR - Türkei), die durchweg als Ursprungsnachweis gelten, werden von den Zollstellen der Ursprungsländer ausgestellt.

▲ *Carnet A.T.A.* Seit 1963 wird das „Internationale Zollübereinkommen über das Carnet A.T.A. für die vorübergehende Einfuhr von Waren" (Admission temporaire/ Temporary admission of goods) zwischen den Staaten angewendet, die diesem Übereinkommen beigetreten sind.

Das Carnet A.T.A. kann als Versandschein, Verwendungsschein und Nämlichkeitsnachweis für Rückwaren verwendet werden. Grundsätzlich ist das A.T.A.-Verfahren anwendbar bei Gegenständen der **Berufsausrüstung** und bei **Messe- und Ausstellungsgut**. Außerdem liegt es im freien Ermessen der einzelnen Staaten, **weitere Warengruppen** zuzulassen.

Anstelle der Einzelsicherheitsleistung tritt beim Carnet A.T.A. eine Pauschalbürgschaft; in Deutschland ist als Zollbürge der Deutsche Industrie- und Handelstag (DIHT) zugelassen worden.

Die Ausgabe des Carnet A.T.A. erfolgt durch die für den Ausführer örtlich zuständige Industrie- und Handelskammer. Die auszuführenden Waren müssen vor ihrer Ausfuhr unter Vorlage des ausgefüllten Carnet der zuständigen inländischen Zollstelle gestellt werden. Im Bestimmungsland wird die Ware ebenfalls auf dem Carnet A.T.A. vorübergehend ein- und dann wieder ausgeführt (z. B. für eine Ausstellung). Bei der Wiedereinfuhr in das Zollgebiet der Gemeinschaft dient das Carnet A.T.A. dann als Nämlichkeitsnachweis für den Gemeinschaftscharakter der Ware. Das Carnet A.T.A. hat in der Regel eine Gültigkeitsdauer von 12 Monaten vom Tage der Ausstellung an.

▲ *Rückkehr von Waren.* Für Waren, die in das Zollgebiet der Gemeinschaft zurückkehren, kann eine Zollbegünstigung (Zollbefreiung oder Zollermäßigung) gewährt werden. Grundsätzlich muss der Einführer dem Zollantrag auf Überführung in den freien Verkehr oder auf Abfertigung zur Verwendung eine **Rückwarenerklärung** beifügen. Die Richtigkeit der Rückwarenerklärung ist durch Belege nachzuweisen. Die Zollstelle kann auf die Abgabe der Erklärung oder der Belege verzichten, so z.B. dann, wenn ein **Zwischenschein** vorgelegt werden kann. Er wird verwendet bei der Durchfahrt mit Gütern durch eine Freizone (Freihafen); bei der Einfahrt wird ein Zwischenschein ausgestellt, der dann – nach unverzüglicher Durchfahrt – bei der Ausfahrt wieder abgegeben werden muss.

14.5.2.3 Zollgutlagerung

Nichtgemeinschaftsware, die noch nicht in den freien Verkehr überführt werden soll, kann auf einem zugelassenen Zolllager (nicht Steuerlager) im Zollinland (nicht im Freihafen, das wäre Freizonenlagerung) eingelagert werden. Hierzu gehören:

- öffentliche Zolllager der Typen A, B und F,
- private Zolllager der Typen C, D und E (vgl. Abschnitt 14.5.2).

MERKE

Gründe für die Nutzung eines Zolllagers können u.a. sein:

- Es steht noch nicht endgültig fest, ob die Ware eingeführt werden soll.
- Die Ware wird im Augenblick noch nicht benötigt (z.B. Saisonartikel), und die Zahlung der Einfuhrabgaben soll hinausgeschoben werden (Zinsen, Liquidität) bzw. soll der Endempfänger übernehmen.
- Die Ware wird nach Augenschein (Besichtigung) verkauft und eingeführt. Nicht verkaufte Ware (Ladenhüter) geht wieder zurück (z. B. Teppiche).
- Für die Überführung in den freien Verkehr fehlen noch Unterlagen.
- Es wird mit einer Senkung der Einfuhrabgaben gerechnet.
- Die Ware soll auf dem Zolllager einer aktiven Veredelung oder einer Umwandlung unterworfen werden. Dies ist nach vorheriger Bewilligung möglich.

Die Errichtung eines **privaten Zolllagers** muss mit schriftlichem Antrag nach Muster beim zuständigen HZA beantragt werden.

Voraussetzungen für die Bewilligung sind u. a.:

- der Lagerinhaber muss in der Gemeinschaft ansässig sein,
- das Lager dient hauptsächlich der Lagerung von Waren,
- es muss ein wirtschaftliches Bedürfnis vorliegen, evtl. ist das Hinausschieben der Abgabenzahlung durch Zahlungsaufschub o. Ä. möglich,
- es muss ein Lagerbedürfnis vorliegen; die durchschnittliche Lagerdauer muss mindestens 32 Tage betragen,
- die Verhältnismäßigkeit, wirtschaftliches Bedürfnis zu Verwaltungsaufwand, wird geprüft,
- der Antragsteller muss vertrauenswürdig sein,
- er darf steuerlich nicht aufgefallen sein,
- er muss die erforderliche Gewähr für die ordnungsgemäße Anwendung der Lagervorschriften bieten (Buchführung usw.),
- die Räumlichkeit muss benannt (bestimmt) werden.

Gleichzeitig kann ein Antrag auf bewilligungsbedürftige Maßnahmen im Rahmen des Zolllagerverfahrens (z. B. Lagerbehandlung, vorübergehendes Entfernen, gemeinsame Lagerung mit Gemeinschaftsware, vereinfachtes Verfahren, DV-gestütztes Verfahren zur Überführung in das Zolllagerverfahren u.a.) gestellt werden.

Für die **Überführung** in das Zolllagerverfahren gibt es zwei Möglichkeiten:

- das **Normalverfahren** durch
  - Gestellung der Ware,
  - Anmeldung der Ware mit dem Einheitspapier, Exemplare 6 bis 8.

✘ das **vereinfachte Verfahren** (Bewilligung ist grundsätzlich erforderlich) durch
- Abgabe einer unvollständigen Anmeldung (ZnV = Zollabfertigung nach vereinfachter Zollanmeldung),
- Abgabe eines Handels- oder Verwaltungspapiers als Anmeldung und Antrag auf Überführung in das Zolllagerverfahren,
- Überführung ohne Gestellung, erforderlich ist (ZnV)
  - eine Mitteilung an die Überwachungszollstelle (Ausnahmen sind möglich),
  - Anschreibung in die Bestandsaufzeichnung,
  - Bereithalten von Unterlagen für die Überwachungszollstelle.

Das vereinfachte Verfahren kann nicht angewendet werden bei den Zolllägern der Typen A, B, C (verschlossen) und F.

Die Zollabfertigung nach vereinfachter Zollanmeldung (ZnV) oder die Zollabfertigung nach Aufzeichnung (ZnA) kommt bei den Zolllägern Typ C (nicht verschlossen) und D in Betracht. Das ZnA-Verfahren setzt voraus, dass ein zugelassener Empfänger im Versandverfahren zugelassen ist.

Das Zolllagerverfahren wird **beendet** durch
- Überführung in den zollrechtlich freien Verkehr,
- Überführung in ein anderes Zollverfahren,
- Verbringen in eine Freizone (z.B. Freihafen),
- Wiederausfuhr aus dem Zollgebiet der Gemeinschaft,
- Aufgabe zugunsten der Staatskasse (soweit vorgesehen),
- Vernichtung oder Zerstörung unter zollamtlicher Überwachung.

Jedes Zolllager wird mit einer Kennnummer versehen, z. B.: D/1650/14c:
D = Zolllagertyp,
1650 = stat. Nr. für die Überwachungszollstelle,
14 = lfd. Nr. der Zulassung,
c = Unterscheidung für mehrere Lagerstätten in einem Bezirk (hier die dritte).

In der Speditionspraxis spielt das **Zolllager Typ D** eine wichtige Rolle (ähnlich dem ehemaligen oZL = offenes Zolllager).

Folgende **Merkmale** kennzeichnen das **Zolllager Typ D**

✘ unverschlossenes Lager,

✘ die Zolllagerfläche muss lediglich bestimmt und gekennzeichnet sein, z.B. Teile eines Raumes, Schaufensters usw.,

✘ eine gemischte Lagerung von Gemeinschaftsware und Nichtgemeinschaftsware kann gestattet werden, allerdings muss die Übersichtlichkeit gewahrt bleiben,

✘ die durchschnittliche Verweildauer der Ware muss mindestens 32 Tage betragen,

✘ die vorgesehenen Lagerbehandlungen müssen angegeben und bewilligt werden.

Bei der Einlagerung werden die **Bemessungsgrundlagen** (Menge, Beschaffenheit, Zollwert) festgestellt. Dadurch besteht für den Lagerhalter die Möglichkeit, Waren **ohne zollamtliche Mitwirkung** zu entnehmen und **in den freien Verkehr** zu überführen. Die Anmeldung durch den Lagerhalter erfolgt dann in der Regel im vereinfachten Verfahren.

Eine vorübergehende Entfernung (z. B. für Vorführzwecke) ist nach vorheriger Bewilligung ohne Nämlichkeitssicherung möglich (bei Teppichen z. B. bis zu sechs Monaten, sonst in der Regel bis zu einem Monat). Es muss allerdings ein wirtschaftliches Bedürfnis vorliegen und die zollamtliche Überwachung darf nicht beeinträchtigt werden.

Für die Überführung in den freien Verkehr gelten die **Zollvorschriften** zum Zeitpunkt der **Auslagerung**. Allerdings ist beim Zolllager Typ D Folgendes zu beachten: Tritt während der Zolllagerzeit eine Einfuhrabgabenbegünstigung ein (Schwund, Lagerbehandlung), so werden die **Bemessungsgrundlagen** zum Zeitpunkt der **Einlagerung** zugrunde gelegt. Tritt dagegen eine Einfuhrabgabenerhöhung ein, z. B. durch die Lagerbehandlung eine Zollwerterhöhung, so wird diese zugrunde gelegt, d.h. also immer zugunsten der Staatskasse. Eine Lagerbehandlung führt also in keinem Fall zu einer Einfuhrabgabenbegünstigung, sondern häufig zu einer Einfuhrabgabenerhöhung. In solchen Fällen muss gegebenenfalls nach einer anderen Lagermöglichkeit gesucht werden.

14.6 Die Besorgung der zollrechtlichen Bestimmung durch den Spediteur

Beim Empfang von Gütern aus dem Ausland führen die Spediteure an der Grenze, in den Seehäfen und auch im Inland alle erforderlichen Zollformalitäten durch. Die Art der Zollbehandlung ergibt sich normalerweise aus den Auftragsweisungen des Kunden. Beim Fehlen hinreichender oder bei fehlerhaften Weisungen wendet sich der Spediteur an seinen Kunden.

Gibt der Spediteur die Zollanmeldung im eigenen Namen ab, wird er Anmelder und gleichzeitig Zollschuldner. Nach Abfertigung kann er die Einfuhrabgaben auf seinem **Aufschubkonto anschreiben** lassen.

Stellt der Spediteur die Anmeldung **„Im Namen und in Vollmacht"** seines Auftraggebers, wird er als Vertreter (mit oder ohne Vollmacht) tätig. Der Auftraggeber wird Anmelder und Zollschuldner. Die Zollstelle prüft nicht die Eigentumsverhältnisse. Sie kann jedoch vom Spediteur den Nachweis verlangen, dass sein Auftraggeber Anmelder ist. Jede Willenserklärung, die der Spediteur abgibt oder annimmt, wirkt unmittelbar für oder gegen den vertretenden Auftraggeber. Das gilt auch für Einlegen von Rechtsmitteln oder Verzicht darauf. Der Spediteur muss seine Willenserklärungen innerhalb seiner Vertretungsmacht – also im Rahmen der Weisungen und Unterlagen des schriftlichen Speditionsauftrages – abgeben. Er haftet neben dem Auftraggeber nur, wenn er durch grob fahrlässiges oder vorsätzliches Handeln Einfuhrabgaben verkürzt, hinterzieht oder Erstattungen zu Unrecht erlangt. Nach Abfertigung kann er die Einfuhrabgaben im Anrechnungsverfahren auf seinem **Aufschubkonto anrechnen** lassen. Er muss die Abgabenschuld durch einen Anrechnungsantrag übernehmen.

Will die Zollstelle bei einer Zollabfertigung ihr Beschaurecht ausüben, übernimmt der Spediteur die **Darlegungspflicht**; er führt den Abfertigungsbeamten, die sich nicht am Aus- und Einpacken der Kolli beteiligen dürfen, die Ware so vor, dass diese ohne Schwierigkeit die Beschau vornehmen können. Das Öffnen und Wiederverpacken erledigt der Spediteur für Rechnung des Auftraggebers.

Sind nach der Abfertigung Abgaben zu entrichten, so ist der Spediteur - auch ohne ausdrückliche Weisung – ermächtigt, diese Beträge auszulegen. Er zahlt die Beträge bar oder beantragt gegen Sicherheit Zahlungsaufschub. Für die Besorgung der Zollbehandlung erhebt der Spediteur vom Kunden eine Provision.

Da bei der Abwicklung der Speditionsaufträge sehr häufig Zollabfertigungen als Zusatzleistungen anfallen, muss der Spediteur über eingehende Kenntnisse der Zollbehandlungsvorschriften verfügen. Er sammelt Erfahrungen, erfährt sofort von Vorschriftenänderungen, hat engen Kontakt mit den Zollstellen und kennt ihre örtlichen Gegebenheiten. So bietet die Einschaltung eines Spediteurs zur Erledigung von Zollformalitäten jeder Art dem Kunden weitgehende Sicherheit, dass seine Ware schnell, sicher und ohne Verstoß gegen Zollvorschriften in den freien Verkehr gelangt oder zu einem besonderen Zollverkehr abgefertigt wird.

ZUSAMMENFASSUNG

Aufgaben des Spediteurs bei der zollrechtlichen Bestimmung:

- Ordnungsgemäßes Ausstellen und Besorgen der erforderlichen Zollpapiere für jede vom Kunden gewünschte Art der zollrechtlichen Bestimmung,
- Mitwirken beim Ein- oder Ausfuhrverfahren nach AWG und bei der statistischen Anmeldung für die EU und die Bundesrepublik Deutschland,
- Durchführen der vom Zollbeteiligten zu verrichtenden Arbeiten (z. B. Einreichen der Zollpapiere, Zolldarlegung),
- Entrichten der Abgaben, Stellen von Sicherheiten,
- Einlagern im Zolllager, Auslagern,
- Erledigung von Versandscheinen u. a.

AUFGABEN

1 Was ist unter Nichtgemeinschaftsware und was unter Gemeinschaftsware zu verstehen?

2 Erklären Sie folgende Begriffe: Zollgebiet, Überführung in den freien Verkehr bzw. zu einem besonderen Zollverfahren, Zollbeschau, privates Zolllager!

3 Beschreiben Sie die verschiedenen Zwecke der Zollpapiere bzw. der abzugebenden Erklärungen, die bei einer Überführung in den freien Verkehr vorzulegen sind!

4 Welcher Wert ist der Zollwert gemäß Zollkodex, und wie wird er ermittelt?

5 Welchen Zwecken dient das gVV?

6 Wozu dient die zollamtliche Nämlichkeitssicherung und welche Mittel der Nämlichkeitssicherung werden angewendet?

7 Was ist unter einer Präferenzberechtigung im Außenhandel zu verstehen und wodurch kann sie nachgewiesen werden?

8 Welche Aufgaben fallen dem Spediteur bei der zollrechtlichen Bestimmung zu?

9 Beschreiben Sie die Überführung in den freien Verkehr (Verzollung)!

10 Beschreiben Sie die Durchführung eines gVV!

11 Beschreiben Sie die Durchführung einer Zollgutlagerung (Typ D)!

15 Die Transportversicherung

EINSTIEG

Die Firma Albers & Co., Export – Import, Würzburg, hat eine Partie Werkzeugmaschinen zur Metallverarbeitung an die Firma Julio Santos Fernandez S.A., Santiago de Chile, auf der Basis CFR Valparaiso gem. Incoterms verkauft. Der Fakturenwert beträgt 85 000,00 DM. Die Zahlung soll Kasse gegen Dokumente bei erster Präsentation erfolgen.

ARBEITSAUFTRÄGE

1. Welchen Transportrisiken ist die Ware bei der Verschiffung ab Hamburg bis Ankunft Hafen Valparaiso ausgesetzt?
2. Wer trägt grundsätzlich das Transportrisiko?
3. Zu welchen üblichen Bedingungen kann die Ware versichert werden?
4. Welche Risiken werden durch die DTV-Kriegsklausel gedeckt?

15.1 Notwendigkeit und Arten der Transportversicherung

Während der Beförderung ist die Ware unterschiedlichen Gefahren (Risiken) ausgesetzt, durch die ein Schaden entstehen kann. Grundsätzlich muss der Eigentümer (Verkäufer oder Käufer) diesen **Sach- oder Vermögensschaden** selbst tragen, wenn er nicht Haftungsansprüche gegen ein Beförderungsunternehmen oder gegen einen Spediteur geltend machen kann.

Die Ansprüche des Eigentümers gegen die Frachtführer und Spediteure des Straßen-, Eisenbahn-, Binnenschiffs- und Luftfrachtverkehrs in Deutschland können im Umfang der **Obhuts- bzw. Schadenshaftung** nach den Vorschriften des HGB geltend gemacht werden. Die Ansprüche im internationalen Luft- und Seetransportverkehr werden nach den entsprechenden internationalen Rechtsvorschriften und nach den Vertragsvereinbarungen geregelt. Manche Schadensereignisse, wie Fälle der höheren Gewalt, sind von der Frachtführerhaftung ausgeschlossen bzw. nicht erfasst. Ebenso ist der Ersatzwert begrenzt. In diesen Fällen, aber auch bei Zahlungsunfähigkeit des Schuldners trägt der Eigentümer das Risiko.

Will der Eigentümer das ihm verbleibende Risiko nicht tragen, kann er sich gegen finanzielle Verluste aus allen **Beförderungsschäden (Sachschäden)** einschließlich **Vor-, Zwischen- und Nachlagerungen**, aus **logistischen Dienstleistungen** und aus **anderen Speditionsleistungen** durch Abschluss einer Transportversicherung schützen. (Folgeschäden als sonstige Vermögensschäden sind grundsätzlich von der Transportversicherung ausgeschlossen.)

MERKE

Der Versicherer übernimmt die vertraglich festgelegten Risiken gegen Prämie und verpflichtet sich zum Schadenersatz bei Risikoeintritt.

Arten der Transportversicherung nach Transportmittel und -weg:

- Binnentransportversicherung,
- Seetransportversicherung,
- Lufttransportversicherung,
- Kombinierte Transportversicherung: für einen kombinierten, mehrstufigen Transport, auf durchstehendes Risiko.

Die Transportversicherung umfasst die Versicherung der Güter **(Kargoversicherung)** und die Versicherung der Transportmittel **(Kaskoversicherung)**; für letztere gelten besondere Bedingungen.

15.2 *Abschluss und Inhalt eines Versicherungsvertrages*

Die **Rechtsgrundlagen** ergeben sich aus dem BGB, dem HGB und dem Versicherungsvertragsgesetz (VVG).

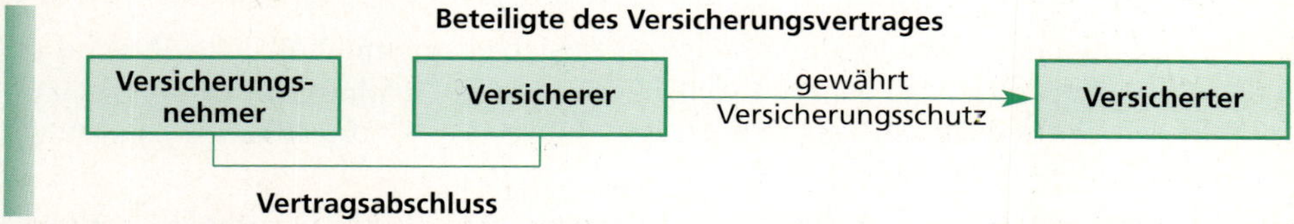

Der **Versicherer** übernimmt alle Beförderungsrisiken gegen Entgelt **(Prämie)** und verpflichtet sich zu Schadenersatzleistungen bei Schadenfall. Diese Güterversicherung wird gewerbsmäßig von Versicherungsgesellschaften betrieben, die in der Unternehmungsform einer Kapitalgesellschaft (AG, seltener GmbH) oder eines „Versicherungsvereines auf Gegenseitigkeit" tätig sind. Der **Versicherungsnehmer** bestimmt durch Antrag auf Vertragsabschluss Umfang und Art der Risiken, die versichert werden sollen. Danach richtet sich die zu vereinbarende Prämie.

Der **Versicherte** genießt den Versicherungsschutz. Er ist der Eigentümer der Güter oder derjenige, der nach den Lieferungsbedingungen im Binnen- oder Außenhandel (vgl. Abschnitt 13.3.2) das Beförderungsrisiko trägt. Schließt er den Versicherungsvertrag, dann ist er gleichzeitig Versicherungsnehmer.

▲ *Form und Inhalt des Versicherungsantrages.* Grundsätzlich bestehen keine besonderen Formvorschriften, jedoch ist die Verwendung von Vordrucken handelsüblich. Der Versicherungsnehmer muss **alle erheblichen Risikoumstände angeben**, die für die Gefahrenbeurteilung und Prämienbemessung wichtig sind oder sein können. Es sind:

- Art des Transportgutes und seine Risikoempfindlichkeit,
- Art der Verpackung und Markierung,
- Beförderungsmittel, Reiseweg einschließlich Umladungen,
- Versicherungssumme (richtet sich nach Wert, Liefer- und Kostenklauseln, gegebenenfalls zuzüglich imaginärem Gewinn),
- Art und Umfang der Gefahren, gegen die Versicherung genommen werden soll, und sonstige Bedingungen.

▲ ***Vertragsabschluss und Versicherungsbeginn.*** Der Vertrag gilt allgemein als abgeschlossen, wenn der Versicherer den Antrag durch Vorlage des ausgefertigten Versicherungsscheines oder durch einfaches Schreiben angenommen hat (formeller Vertragsbeginn). Vom Antrag abweichende Vertragsteile muss der Versicherer im Versicherungsschein deutlich kennbar machen. Zur Leistung ist der Versicherer im Regelfall jedoch erst nach Eingang der Prämie verpflichtet (materieller Vertragsbeginn).

Pflichten der Beteiligten:

Pflichten des Versicherungsnehmers:

- Anzeigepflicht: Risikoänderung, -erhöhung, -eintritt u.Ä.,
- Auskunftspflicht: gegen Versicherer zur Feststellung des Versicherungsfalles oder Leistungsumfanges,
- Mitteilungspflicht: bei Vorliegen weiterer Schadenversicherungen oder bei Doppelversicherung,
- Rettungspflicht: bei Schadeneintritt zur Minderung des Schadens und dabei Beachtung der Weisungen des Versicherers,
- Prämienpflicht: rechtzeitige Zahlung in vereinbarter Höhe.

Diese Pflichten können auf den Versicherten übergehen.

Pflichten des Versicherers:

- Bereithalten des Versicherungsschutzes (Versicherungssumme),
- Leistungspflicht im Versicherungsfall: Ersatz durch Geldleistung (seltener Naturalersatz) bei Fälligkeit, u. U. Abschlagszahlung; ersetzt werden auch Rettungs- und Schadenfeststellungskosten.

▲ ***Versicherungsschein.*** Der Abschluss des Vertrages wird durch Ausstellung eines Versicherungsscheines, auch Police oder Versicherungszertifikat, beurkundet. In ihm sind die wichtigsten Angaben des Versicherungsantrages enthalten, insbesondere Sendung, Inhalt, Wert, Reiseweg, Transportmittel, versicherte Gefahren, Versicherungsnehmer und Versicherer. Sie kann auf den Namen des Versicherten, auf den Inhaber („To whom it may concern", „To the holder of this policy") oder an „Order" ausgestellt werden. Nach der Handelsklausel „CIF Incoterms" (siehe Abschnitt 13.3.4) ist eine übertragbare Seeversicherungspolice erforderlich, damit der Empfänger/Käufer/Versicherte durch Vorlage seinen Schadenersatzanspruch geltend machen kann. Dazu legitimiert ist bei der Inhaberpolice der Inhaber, bei einer Orderpolice derjenige, der sich durch eine lückenlose Kette von Indossamenten ausweisen kann.

ZUSAMMENFASSUNG

Vertragsformen der Gütertransportversicherung:

- **Einzelpolice:** Versicherungsvertrag über ein einmaliges Risiko, also über einen Beförderungsfall und eine bestimmte Sendung.
- **Abschreibepolice:** Versicherungsvertrag über Risiken der gleichen Art für Beförderungsfälle der Zukunft, also für mehrere und bestimmte Sendungen. Die Prämie wird von der Abschreibesumme im Voraus erhoben und jede Beförderung einzeln abgeschrieben.
- **Generalpolice (laufende Police):** Versicherungsvertrag über jede Beförderung der Zukunft zu festgesetzten Bedingungen und ermäßigten Prämien. Die einzelnen Beförderungsfälle sind im „Anmeldebuch" einzutragen, dem Versicherer monatlich nachträglich zu melden und die Prämie zu zahlen. Sie bietet Schutz auch bei verzögerter Anmeldung; der Versicherungsschein wird durch den Inhaber der Generalpolice ausgestellt. Sie ist besonders geeignet für Spediteure.

▲ *Schadenanmeldung.* Der Versicherte muss den Schadeneintritt **unverzüglich** nach Kenntnisnahme dem Versicherer anzeigen. Er hat die Rettungspflicht und muss möglichst dazu die Weisungen des Versicherers einholen. Das gilt auch bei Bestellung eines Sachverständigen, wenn der Versicherer die Kosten dafür tragen soll. Die Leistung des Versicherers wird fällig, nachdem er den Versicherungsfall und den Umfang der Leistung festgestellt hat. Dauert die Erhebung länger als einen Monat nach Anzeige, dann ist der Versicherer zu einer Abschlagszahlung verpflichtet.

15.3 Die Binnentransportversicherung

▲ *Rechtsgrundlagen.* Es gelten das BGB, das HGB und das VVG. Die Vorschriften des VVG über die Beschränkung der Vertragsfreiheit werden nicht angewendet (VVG § 187). Die Bedingungen des einzelnen Vertrages können nach dem Grundsatz der Vertragsfreiheit ausgehandelt werden. Es werden jedoch üblicherweise die **„Allgemeinen Deutschen Binnentransportversicherungs-Bedingungen" (ADB)** angewendet, die vom Deutschen Transportversicherungsverband für die verschiedenen Verkehrsmittel aufgestellt wurden.

▲ *Risiken.* Gedeckt sind alle Gefahren der Beförderung zu Lande, auf Binnengewässern oder mit Luftfahrzeugen, denen die Güter während der Dauer der Versicherung ausgesetzt sind.

Ersetzt werden insbesondere Schäden durch Verlust oder Beschädigung, die verursacht sind durch

- ✘ Transportmittelunfall, höhere Gewalt, Feuer, große Havarei (Elementardeckung),
- ✘ Eindringen von Seewasser, Diebstahl, Beraubung, Abhandenkommen (Normaldeckung, kann durch besondere Vereinbarung ausgeschlossen werden),
- ✘ Rettungs-, Schadenfeststellungskosten.

▲ *Risikoausschluss.* Nicht ersetzt werden Schäden aus folgenden Ursachen:

- ✘ Krieg, kriegsähnliche Unruhen,
- ✘ Aufruhr, Plünderung, Streik, Sabotage, Beschlagnahme oder sonstige Eingriffe von hoher Hand,
- ✘ Kernenergie, Radioaktivität,
- ✘ Diebstahl, Unterschlagung oder Abhandenkommen bei Transporten auf Binnengewässern,
- ✘ natürliche oder mangelhafte Beschaffenheit der Güter;
- ✘ innerer Verderb, Schwund, Leckage, Bruch, Verbeulen, Verkratzen;
- ✘ Ungeziefer, Ratten, Mäuse;
- ✘ Frost, Hitze, Luftfeuchtigkeit, Schiffsschweiß u. Ä.,
- ✘ Material-, Konstruktions-, Fabrikationsfehler,
- ✘ Fehler oder Mängel handelsüblicher Verpackung,
- ✘ mangelhafte, unsachgemäße Verladeweise bei Selbstverladung,
- ✘ Verladung in offenen, nicht ordnungsgemäß abgedeckten Transportmitteln, Decksverladung auf Schiffen,
- ✘ Verstöße gegen behördliche oder zollrechtliche Vorschriften.

Einige dieser ausgeschlossenen Risiken werden von den Versicherern bei Vereinbarung oder im Rahmen der Elementardeckung übernommen, wenn ein Transportmittelunfall, höhere Gewalt, Feuer oder große Haverei unmittelbare Schadenursache ist.

Grundsätzlich werden keine Vermögensschäden als Folgeschäden, sondern nur Sachschäden ersetzt, da die Transportversicherung auf die Ware und auf ihren Handelswert abgestellt ist (Ausnahmen: imaginärer Gewinn, Vermittlerprovisionen). Grobe Fahrlässigkeit und Vorsatz des Versicherungsnehmers können zur Haftungsbefreiung des Versicherers führen.

▲ *Risikoeinschränkung.* Sie ist zur Prämiensenkung durch Vereinbarung möglich, z. B. „Nur gegen Totalverlust", „Nur gegen Totalverlust bei Transportmittelunfällen". Ebenso kann sich der Versicherungsnehmer an kleinen Schäden mit einem **„Schadenselbstbehalt" (Franchise)**[1] beteiligen. Bei einer Abzugsfranchise (z. B. „frei von den ersten 3 %") muss er den Schaden bis 3 % der Versicherungssumme selbst tragen; bei der Integralfranchise (z. B. „frei von Beschädigungen, wenn unter 3 %") wird ein Schaden erst ersetzt, wenn die Franchise überschritten ist, dann aber wird voller Ersatz ohne Abzug geleistet.

▲ *Risikoerweiterung.* Sie ist gegen erhöhte oder zusätzliche Prämie in bestimmten Grenzen durch Vereinbarung entsprechender Klauseln möglich, z. B. Bruchklausel (bei gewöhnlicher Bruchgefahr), Kriegs-, Streikklausel (bei internationalen See- und Lufttransporten), Haus-zu-Haus-Klausel.

15.4 Die Seetransportversicherung

▲ *Rechtsgrundlagen.* Es gelten das HGB, die **„Allgemeinen Deutschen Seeversicherungs-Bedingungen"(ADS)** für deutsche Seeversicherer und andere, gleichwertige Versicherungsbedingungen für internationale Seeversicherer (z. B. **„Institute Cargo Clauses" = ICC** für englische Versicherer). Seetransportversicherungen werden üblicherweise nach den ADS abgedeckt (Hinweis in dem Versicherungsschein). Die ADS wurden im Jahr 1919 von den deutschen Seeversicherern nach Beratung mit Handelskammern und Fachverbänden in freiwilliger Übereinkunft festgelegt und durch die **„Besonderen Bestimmungen für die Güterversicherung" (ADS Güterversicherung 1973 in der Fassung 1984)**, „Bestimmungen für die laufende Versicherung" und die DTV-Klauseln 1973 (Streik und Aufruhr, Kernenergie, Krieg, Maschinen) ergänzt.

▲ *Gegenstand der Versicherung.* „Jedes in Geld schätzbare Interesse, welches jemand daran hat, dass Schiff oder Ladung die Gefahren der Seeschifffahrt besteht, kann versichert werden." (ADS § 1,1). Insbesondere werden das Schiff, die Güter und die Fracht versichert, ferner imaginärer (von der Ankunft der Güter am Bestimmungsort erwarteter) Gewinn, Havereibeiträge, durch die Ankunft am Bestimmungsort zu verdienende Provisionen u. a.

MERKE

Gedeckte Risiken:

In der Kargoversicherung sind (wie auch in der Kaskoversicherung) **alle Gefahren, denen das Schiff oder die Güter während der Dauer der Versicherung ausgesetzt sind, versichert** (ADS § 28, ADS Güterversicherung 1973). Der Versicherer haftet insbesondere für Schäden, die verursacht sind am Gut durch

- Eindringen von Seewasser,
- Schiffszusammenstoß, Strandung, Schiffbruch, Brand, Explosion,
- Blitzschlag, Erdbeben, Eis,
- Diebstahl, Seeraub, Plünderungen oder andere Gewalttaten.
- Der Versicherer haftet für Beiträge und Aufopferungen des versicherten Gegenstandes im Falle einer großen Haverei.

[1] Franchise ist eine in Prozenten ausgedrückte Freigrenze, bis zu der der Versicherer nicht haftet. Sie bewirkt eine Selbsthaftung des Versicherten für Bagatellschäden.

▲ *Risikoausschlüsse.* Der Versicherer haftet gemäß „ADS Güterversicherung 1973 in der Fassung 1984" nicht für Gefahren

- des Krieges, des Bürgerkrieges oder bürgerkriegsähnlicher Ereignisse und solche Gefahren, die sich unabhängig vom Kriegszustand aus der feindlichen Verwendung von Kriegswerkzeugen sowie aus dem Vorhandensein von Kriegswerkzeugen als Folge einer dieser Gefahren ergeben,
- von Streik, Aussperrung, Arbeitsunruhen, terroristischen oder politischen Gewalthandlungen (unabhängig von der Anzahl der daran beteiligten Personen), Aufruhr und sonstigen bürgerlichen Unruhen,
- der Kernenergie,
- der Beschlagnahme, Entziehung oder sonstiger Eingriffe von hoher Hand,
- von vorsätzlichem oder fahrlässigem Handeln des Versicherungsnehmers, Abladers oder Empfängers.

▲ *Deckungsformen.* Nach dem Umfang der versicherten Gefahren kann der Versicherungsnehmer wählen zwischen den

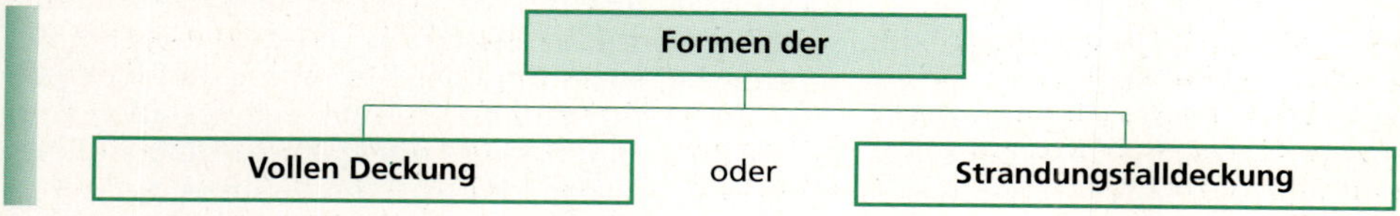

▲ *Volle Deckung.* Der Versicherer leistet ohne Franchise **vollen Ersatz für Verlust oder Beschädigung der Güter** als Folge der oben beschriebenen Risiken. Kein Ersatz wird geleistet für Schäden aus den ausgeschlossenen Risiken und für die unten aufgezählten nicht ersatzpflichtigen Schäden.

Diese Deckungsform gilt stets, wenn nicht eine andere vereinbart ist.

▲ *Strandungsfalldeckung.* Der Versicherer leistet ohne Franchise **Ersatz für Verlust oder Beschädigung der Güter** als Folge eines nachstehenden Ereignisses:

- Strandung (liegt vor, wenn das Schiff auf Grund stößt, festgerät, kentert, sinkt, scheitert, mit anderen Fahrzeugen oder Sachen zusammenstößt oder durch Eis beschädigt wird),
- Unfall eines anderen Transportmittels, das die versicherten Güter befördert,
- Einsturz von Lagergebäuden,
- Brand, Blitzschlag, Explosion; Erdbeben, Seebeben, vulkanische Ausbrüche und sonstige Naturkatastrophen; Anprall oder Absturz eines Flugkörpers,
- Überbordwerfen, Überbordspülen oder Überbordgehen durch schweres Wetter,
- Aufopferung,
- Entladen, Zwischenlagern und Verladen von Gütern im Nothafen, der infolge des Eintritts einer versicherten Gefahr angelaufen wurde,
- Totalverlust ganzer Kolli.

Diese Deckungsform muss vereinbart werden. Sie wird üblicherweise gewählt, wenn Massengüter (Erze, Kohle, Getreide) oder Stückgüter verladen werden, die einem geringen Risiko einer Beschädigung ausgesetzt sind; es sind durchweg relativ geringwertige Güter. Die Deckungsform gilt immer für auf Deck verladene Güter.

Bei Versicherung von Stückgütern ist es üblich, die Risiken von Diebstahl, Unterschlagung, Falschauslieferung ganzer Kolli einzuschließen, da diese Risiken vom Versicherer nicht übernommen werden.

▲ ***Nicht ersatzpflichtige Schäden.*** Der Versicherer ersetzt gemäß „ADS Güterversicherung 1973 in der Fassung 1984" (1.4) keine Schäden, die verursacht sind durch

- ✘ eine Verzögerung der Reise,
- ✘ inneren Verderb oder die natürliche Beschaffenheit der Güter,
- ✘ handelsübliche Mengen-, Maß- und Gewichtsdifferenzen oder -verluste,
- ✘ normale Luftfeuchtigkeit oder gewöhnliche Temperaturschwankungen,
- ✘ Fehlen oder Mängel der handelsüblichen Verpackung.
- ✘ „Der Versicherer leistet ferner keinen Ersatz für mittelbare Schäden aller Art."

▲ ***Containerdeckung.*** Güter, die in Containern verladen sind, werden durch die Strandungsfalldeckung bzw. durch die volle Deckung ebenso versichert wie alle anderen Güter. In allseitig geschlossenen Containern oder Seeschiffsleichtern sind sie auf Deck zu den gleichen Bedingungen versichert wie im Raum unter Deck.

Werden **nässeempfindliche Güter in Containern** auf Deck verladen, nimmt der Versicherer üblicherweise eine Haftungseinschränkung vor. Das ist durch Aufnahme eines Zusatzes in der Police möglich, z. B.: „Für die genannten Güter besteht bei Beförderung in Containern ein Versicherungsschutz nur gemäß Strandungsfalldeckung, wenn die Güter mit Zustimmung des Versicherungsnehmers auf Deck verladen werden." Um vollen Versicherungsschutz zu gewinnen, muss der Versicherungsnehmer für die Unterdeckverladung sorgen und veranlassen, dass im Konnossement das Verbot der Decksverladung aufgenommen wird.

▲ ***Wiedereinschlussklauseln.*** Die von der Haftung der Versicherer ausgeschlossenen politischen Risiken (Krieg, Streik, Beschlagnahme u. Ä.) können durch Vereinbarung von DTV-Klauseln in den Versicherungsschutz wieder einbezogen werden. **DTV-Kriegsklauseln:** Versichert werden die sich aus Krieg oder kriegsähnlichen Ereignissen ergebenden Ansprüche nach Maßgabe der Klausel. **DTV-Streik- und Aufruhrklauseln:** Durch Vereinbarung dieser Klauseln sind die Ansprüche aus Streik, Aufruhr, aber auch Terrorismus u. Ä. versichert. **Kernenergieklauseln:** Versicherungsschutz besteht bei Gütertransporten wie vereinbart. Kein Schutz besteht für Transporte von radioaktiven Gütern u. Ä.

▲ ***DTV-Maschinenklausel.*** Sie enthält Zusatzbedingungen über den Versicherungswert, den Schadenersatz und besondere nicht ersatzpflichtige Schäden, die an Maschinen und Apparaten entstehen und die nach den ADS versichert sind.

▲ ***Dauer der Versicherung.*** Nach der „ADS Güterversicherung 1973 in der Fassung 1984" beginnt die Versicherung, sobald die Güter **von der Lagerstelle** am Absendungsort zur Beförderung entfernt werden. Sie endet, wenn die Güter **an die Ablieferungsstelle** des Ablieferungsortes gebracht sind. In folgenden Fällen kann der Versicherungsschutz früher enden:

- ✘ Die Güter werden nach dem Löschen im Bestimmungshafen an einen nicht vereinbarten Ablieferungsort weiterbefördert,
- ✘ der Versicherungsnehmer veranlasst Zwischenlagerungen von über 30 Tagen, (Diese Zwischenlagerungen erfolgen vornehmlich in dem Abgangshafen. Bei Überschreiten dieser 30-Tage-Frist ruht die Versicherung und lebt wieder auf, wenn die Reise binnen 90 Tagen fortgesetzt wird. Um durchgehenden Versicherungsschutz zu haben, sollte sich der Versicherungsnehmer bei Überschreiten der 30 Tage an den Versicherer wenden, um gegen eine Zusatzprämie einen ununterbrochenen Versicherungsschutz zu bekommen.)

Muster eines Versicherungszertifikates

SCHUNCKS

OSKAR SCHUNCK
Kommanditgesellschaft
Zweigniederlassung

Steindamm 62/64, 20099 Hamburg
Tel. (0 40) 28 01 47-0
Telex 2 162 969 / Fax (0 40) 2 80 17 16

Certificate of Insurance / Separate Policy / Versicherungszertifikat / Einzel-Police

Sum Insured / Versicherungssumme	Place and date of issue / Ausfertigungsort und -tag	Copies / Exemplare	
11 500,80 DM	Hamburg 28th February, . .	-2-	00/00000/00 HH

Insurance Company(ies) granted cover to: / Der/Die Versicherer bestätigen Deckung gegenüber:

the holder of this separate policy
for account of whom it may concern, on the following goods: / für Rechnung wen es angeht, auf nachstehend bezeichnete Güter:

MUSTERMAN LTD., SINGAPORE 1-4 — 4 CASES — COSMETIC RAW MATERIAL — 383 KGS GROSS

conveyance / Transportmittel: Truck / M/S " Hamburg Express "
route / Reise: München - Hamburg - Singapore
from warehouse to warehouse (see overleaf) / von Haus zu Haus (siehe Rückseite)
Claims payable to the holder of this document. Settlement under one copy shall render all others null and void /
Schäden zahlbar an den Inhaber dieses Dokumentes. Mit Schadenzahlung gegen eine Ausfertigung werden die anderen ungültig.

Conditions of Insurance: / Versicherungs-Bedingungen:
☐ Terms and Conditions of the Open Cover / Bedingungen der Generalpolice
☒ German General Rules of Marine Insurance Special Conditions for Cargo (ADS Cargo 1973 - Edition 1984) / ADS (ADS Güterversicherung 1973 - in der Fassung 1984)

form of cover / Deckungsform
☒ Full Cover / Volle Deckung ☐ Stranding Cover / Strandungsfalldeckung

with following alterations as printed overleaf: /
mit folgenden Änderungen lt. Rückseite:

L/C-Stipulations: / Akkreditiv-Vorschriften:

In case of loss or damage immediately contact: / Im Schadenfall unverzüglich hinzuzuziehen:

SSI Marine Surveying Pte. Ltd.
No. 5 Pereira Road #06-03/04 Asiawide Industrial Building
Singapore 1336
Tel. (0065) 382 82 11 Fax (0065) 382 64 25 Telex 25019 ghmssp rs
Please pay attention to Instructions overleaf / Bitte Rückseite beachten.
Survey only if claim exceeds DM 2000,- / Besichtigung nur bei Schaden über DM 2000,-

Subject to German law only
By power of attorney for the Insurance Company(ies)
In Vollmacht der / des Versicherer(s)
OSKAR SCHUNCK
Kommanditgesellschaft

Premium paid / Prämie bezahlt	

Ref. / Pos. Nr.:

49847 Leading Insurance Company/Führender Versicherer:

- die Güter lagern nach Ablauf von 60 Tagen vom Löschen des Seeschiffes im Bestimmungshafen,
- die Güter sind wegen eines versicherten Ereignisses verkauft worden.

▲ *Versicherungswert.* Dies ist der gemeine Handelswert der Güter am Absendungsort bei Versicherungsbeginn zuzüglich Versicherungskosten, Kosten bis zum Verfrachter und Fracht. Üblich ist ein Zuschlag von 10 % imaginärer Gewinn vom CIF-Wert. Um Unterversicherung zu vermeiden, müssen bei einer „Haus-Haus-Versicherung" alle über den CIF-Wert hinausgehenden Kosten des Nachlaufes und die Eingangsabgaben, wie Zoll, in den Versicherungswert einbezogen werden.

▲ *Institute Cargo Clauses (ICC).* Diese Klauseln enthalten die Seetransportversicherungsbedingungen englischer Versicherer (Institute of London Underwriters). Die Klausel CIF Incoterms 1990 (vgl. Abschnitt 13.3.4) schreibt dem Verkäufer die **Mindestdeckung nach ICC vom Verkaufspreis zuzüglich 10 % imaginärer Gewinn** vor. Diese Versicherung kann nach gleichwertigen Bedingungen, so nach den ADS genommen werden.

Die ADS-Klausel „Volle Deckung" entspricht der ICC-Klausel A, die ADS-Klausel „Strandungsfalldeckung" der ICC-Klausel C.

15.5 Der Spediteur als Versicherungsnehmer und als Beauftragter des Versicherten

MERKE

Versicherungsauftrag:

„Zur Versicherung des Gutes ist der Spediteur nur verpflichtet, soweit ein **ausdrücklicher schriftlicher Auftrag** dazu unter Angabe des Versicherungswertes und der zu deckenden Gefahren vorliegt." (ADSp Ziff. 21.1). Die bloße Angabe des Versicherungswertes oder einer Lieferungsklausel (CIF) sind kein Versicherungsauftrag, da sie den Willen des Auftraggebers nicht klar erkennen lassen. Zudem kann der Spediteur nicht übersehen, ob der Verkäufer oder der Käufer die Versicherung nimmt oder auf eine Versicherung verzichtet. In den vorgedruckten Speditionsaufträgen ist eine besondere Spalte für Transportversicherung vorgesehen.

Der Spediteur schließt eine Einzelpolice mit einem Versicherungsvertreter oder einem Versicherungsmakler ab, oder er nimmt die Versicherung über seine Generalpolice, um seinem Auftraggeber einen Prämienvorteil zu verschaffen. Der Spediteur schließt die Versicherung für „fremde Rechnung" oder „für Rechnung, wen es angeht", d. h., dass derjenige Versicherter ist, der im Schadenfall das Interesse am Gut hat. Der Versicherer leistet an den Versicherungsnehmer; ist ein Versicherungszertifikat ausgestellt gegen Vorlage dieses an den Inhaber oder an denjenigen, der sich durch eine lückenlose Kette von Indossamenten als Berechtigter ausweisen kann. Der Spediteur wird Versicherungsnehmer, wenn er den Vertrag in seinem Namen schließt; er hat auch dessen Rechte und Pflichten.

Stellt der Spediteur beim Empfang des Gutes im Verschiffungshafen oder im Bestimmungshafen einen Schaden fest, so ist er verpflichtet, für den Versicherer die Rechtsansprüche aus dem Frachtvertrag gegen den Frachtführer oder den Verfrachter unverzüglich zu wahren; so behält der Versicherer die Möglichkeit, das Transportunternehmen schadenersatzpflichtig zu machen.

▲ ***Pflichten des Spediteurs im Schadenfall.*** Der Versicherte muss im Schadenfall sofort handeln, wenn er nicht den Fortfall der Versicherungspflicht des Versicherers riskieren will. Der Versicherte wird als Auftraggeber seinen Spediteur mit der Abwicklung des Schadenfalles beauftragen. In diesem Falle hat der Spediteur folgende Aufgaben:

- Die Güter sind bei Empfang sofort auf Schäden zu untersuchen. Gegebenenfalls darf keine reine Empfangsquittung gegeben werden.
- Ersatzansprüche gegen Dritte sind sicherzustellen: Besichtigung, Feststellung des Tatbestandes und Wahrung der Reklamationsfrist bei äußerlich erkennbaren Schäden vor Abnahme, bei anderen unverzüglich nach der Entdeckung, im Seeschiffsverkehr spätestens drei Tage nach Auslieferung. Der mögliche Schädiger wird schriftlich haftbar gemacht.
- Für Minderung und Abwendung weiteren Schadens ist zu sorgen.
- Der Havariekommissar, der in der Police genannt ist, ist zur Feststellung des Schadens hinzuzuziehen.
- Der Zustand der Sendung einschließlich Verpackung darf nicht verändert werden.
- Dem Versicherer sind unverzüglich die Schadenanmeldung zuzuschicken und ebenfalls die vollständigen Schadenunterlagen, die unter Mitwirkung des Auftraggebers zusammengestellt werden.
- Nach Ablauf von 15 Monaten seit Versicherungsende können keine Ersatzansprüche mehr beim Versicherer geltend gemacht werden.

▲ ***Entgelte des Spediteurs.*** Für die Besorgung einer Transportversicherung steht dem Spediteur (ADSp Ziffer 21.5) eine besondere **Vergütung** (Versicherungsprovision) zu, ebenso für die Abwicklung von Schadenfällen. Außerdem hat er Anspruch auf Ersatz seiner Auslagen, insbesondere der Versicherungsprämie.

AUFGABEN

1. Wie heißen die an einem Transportversicherungsvertrag Beteiligten und welche wesentlichen Pflichten haben sie?
2. Welche Risiken sind durch eine Seetransportversicherung gemäß ADS grundsätzlich abgedeckt und für welche Risiken haftet der Versicherer nicht?
3. Beschreiben Sie die Deckungsformen nach ADS!
4. Wie wird nach der Klausel „CIF Bestimmungshafen gemäß Incoterms 1990" die Versicherungssumme gebildet und welche Deckungsform gilt, falls nicht ergänzende Vereinbarungen getroffen wurden?
5. Wann deckt ein Spediteur, der nach den ADSp arbeitet, eine Transportversicherung ab?
6. Welche Pflichten übernimmt der Spediteur als Empfänger einer versicherten Sendung, die beschädigt ist?
7. Unterscheiden Sie die Risiken, die eine Transportversicherung abdeckt, und die, die eine Speditionsversicherung abdeckt!
8. Vergleichen Sie den Versicherungsschutz, den eine Binnentransportversicherung bietet, mit dem der Güterhaftpflichtversicherung nach VBGL!

PRODUKTION SPEDITIONELLER DIENSTLEISTUNGEN AUFTRAGSABWICKLUNG VON EXPORT- UND IMPORT-GESCHÄFTEN

16 Der Güterversand mit dem Seeschiff

EINSTIEG

Die Firma Werkzeugmaschinenfabrik Leipzig GmbH in Leipzig (= Exporteur) hat mit der Firma Unión de Máquinas S.A. in Lima/Peru (= Importeur) einen Kaufvertrag abgeschlossen über folgende Sendung:

3 Stück Zylinder-Pressen

Abmessungen je Presse, unverpackt: 240 cm lang, 120 cm breit, 135 cm hoch

Nettogewicht je Presse: 2 050 kg

Die Pressen müssen aufrecht befördert werden!

ARBEITSAUFTRÄGE

1. Beschreiben Sie den Weg dieser Sendung von Leipzig bis Lima!
2. Welche Verkehrsmittel könnten für den Transport von Leipzig bis Lima sinnvollerweise eingesetzt werden?
3. Für den Hauptlauf kann das Seeschiff eingesetzt werden.
   a) Welche Seeschiffsarten gibt es,
   b) welche Schiffspapiere sind für das Seeschiff erforderlich,
   c) welche Betriebsformen gibt es in der Seeschifffahrt,
   d) welches Unternehmen führt den Seetransport durch?
4. Welche Überlegungen hat der Exporteur anzustellen, bevor er die Pressen verpackt? Was würden Sie dem Exporteur empfehlen? Begründen Sie Ihre Entscheidung!
5. Beschreiben Sie die Abladung und den Umschlag dieser Exportsendung im Seehafen!
6. Wie kommt der Seefrachtvertrag zustande, wer sind die Beteiligten und welche Aufgaben haben sie?
7. Erläutern Sie das Beförderungsdokument für den Seetransport einer Stückgutsendung!
8. Wie sind die Haftung des Verfrachters und eine eventuelle Schadenabwicklung geregelt?

16.1 Das Seeschiff

16.1.1 Die Seeschiffsarten

Zur Beförderung von Gütern über See werden Handelsschiffe (Frachtschiffe) unterschiedlicher Bauart und Größe eingesetzt.

Massengutschiffe befördern unverpackte und in ganzen Schiffsladungen anfallende Güter. Sie sind in der Trampfahrt beschäftigt. Als **Bulkcarrier** (Trockenfrachter, dry cargo vessel) befördern sie Schüttladungen, wie Getreide, Futtermittel, Erze, Kohle, Düngemittel. Fehlende Zwischendecks gestatten schnelles Laden und Löschen. Äußeres Kennzeichen ist das Fehlen von Ladegeschirr (Ladebäume oder Krane). Als

Tanker (tank vessel) transportieren sie flüssige, staub- oder gasförmige Ladung, wie Mineralöl, Zement, Erdgase, aber auch Speiseöle oder Weine. Äußeres Kennzeichen ist der über das ganze Deck führende Laufsteg, eine Vielzahl von Tankdeckeln auf dem Oberdeck und das Fehlen von Ladegeschirr.

- **Stückgutschiffe konventioneller Bauart** befördern viele Sendungen verschiedenartiger Waren und Verpackung. Sie sind vorwiegend in der Linienfahrt eingesetzt und oft nach den besonderen Bedingungen ihres Fahrtgebietes gebaut. Äußeres Kennzeichen sind zahlreiche Ladebäume oder Krane, Zwischendecks und große Luken. Die Größe der Schiffe hängt ab vom Ladungsaufkommen, von den Wassertiefen und von den Hafenbedingungen des Fahrtgebietes.
- **Schwergutschiffe** (heavy lift ships) befördern Schwer- und Sperrgut - vorwiegend in der Linienfahrt. Äußeres Kennzeichen sind Schwergutladegeschirr und übergroße Luken (All-hatch-Schiffe).
- **Voll-Container-Schiffe** (all container ships) sind für den Transport genormter Großbehälter (Container) gebaut (vgl. Abschnitt 16.6).

  Das Containerschiff ist das größte und teuerste Transportglied innerhalb der Containerkette. Vergleicht man einen Stückgutfrachter mit einem gleich großen Containerschiff, so ist die Transportleistung des Containerschiffes ungefähr dreimal so groß. Dies ist die Folge sehr kurzer Umschlagzeiten im Hafen und einer meist höheren Geschwindigkeit des Containerschiffes.

  Der Laderaum eines Containerschiffes ist in Zellen eingeteilt, die eine Stapelung von neun Containern übereinander zulassen. An Deck werden Container in vier und mehr Lagen übereinander gefahren.

- **Semi-Container-Schiffe** sind für den Transport von Containern und konventionellem Stückgut gebaut.
- **Barge-Carrier oder LASH-Carrier** (lighter aboard ships) befördern Barges oder Leichter mit oder ohne eigenen Antrieb. Das Mutterschiff nimmt die Leichter auf der Reede, meistens vor einer Flussmündung, auf, transportiert und setzt sie auf der Reede, meistens vor einer Flussmündung, ab. Die Leichter fahren mit eigener Kraft oder sie werden zu Schlepp- oder Zugeinheiten zusammengefasst und im Vor- bzw. Nachlauf auf Binnenwasserstraßen von Kai zu Kai befördert.

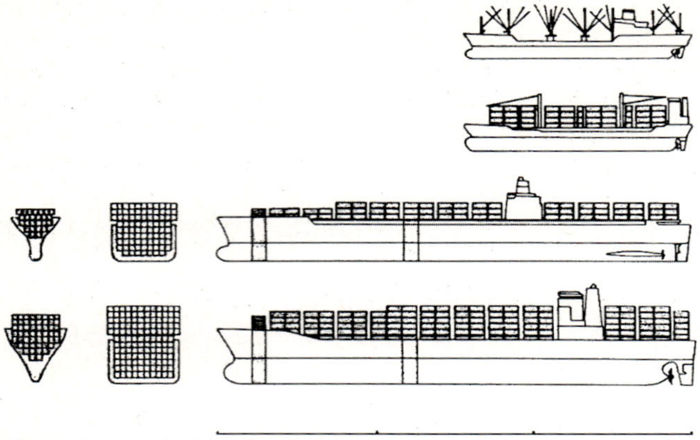

(Container vgl. Abschnitt 16.6)

- **Ro/Ro-Schiffe** (roll-on/roll-off-ships) ermöglichen die Beladung und das Löschen des Seeschiffes mit Landtransportmitteln ohne Kraneinsatz. Nach dem Prinzip der Fähren werden Lastkraftwagen, Auflieger, Trailer, Bahnwagen und anderes rollendes Gut über besondere Ladebrücken mit eigener Kraft übernommen.
- **Spezialschiffe**, die dem Gütertransport dienen, sind Fährschiffe, Hochseepontons mit Hochseeschleppern, Tender zur Versorgung von Offshore-Anlagen (Hubinseln, Bohrinseln, -schiffe usw.), aber auch Kabelleger, Tonnenleger, Eisbrecher und andere Schiffe.

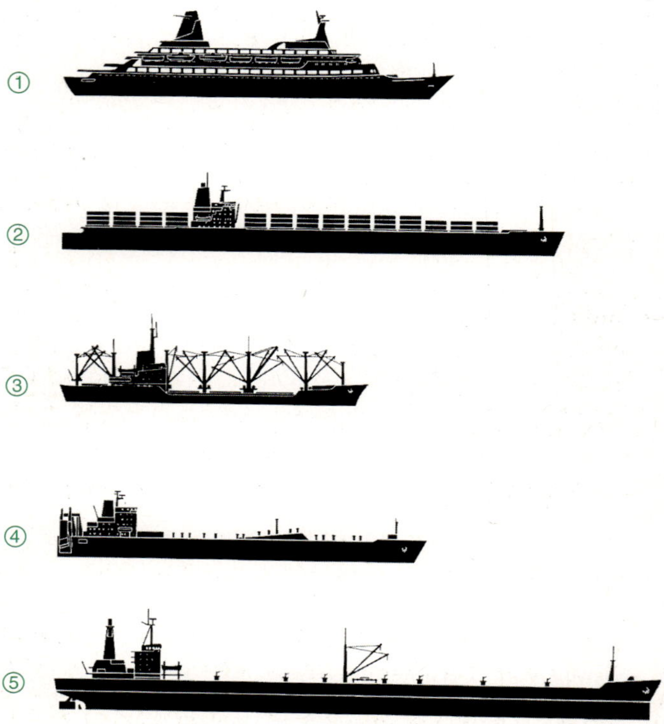

① **Passagierschiff,** Länge 196 m, 27 000 BRZ, 10 662 KW (14 500 PS), 22 kn, 600 Passagiere, 275 Besatzungsmitglieder.

② **Containerschiff,** Länge 288 m, 58 000 BRZ, 48 000 t Tragfähigkeit (3 000 Container, 20′), 30 147 KW (41 000 PS), 26 kn. Schiffe der 5. Generation 5 000–8 000 Container, 20′, ca. 16 Besatzungsmitglieder nach Seebetriebsordnung (SBO).

③ **Stückgutfrachter,** Länge 136 m, 7 350 BRZ, 8 900 t Tragfähigkeit, 6 176 KW (8 400 PS), 17,5 kn.

④ **Ro/Ro-Schiff** (roll-on/roll-off), Länge 229 m, 22 300 BRZ, 22 500 t Tragfähigkeit, 22 904 KW (31 150 PS), 21,5 kn.

⑤ **Öltanker,** Länge 306 m, 94 000 BRZ, 153 500 t Tragfähigkeit, 22 059 KW (30 000 PS), 16 kn.

16.1.2 Die Schiffspapiere

Der Kapitän eines Seeschiffes muss folgende Schiffspapiere an Bord mitführen:

✘ **Papiere für das Schiff:**

- **Schiffszertifikat**: Urkunde über die Eintragung eines Fahrzeugs in das **Schiffsregister**. Das Schiffszertifikat berechtigt zum **Führen der deutschen Flagge**. Reeder und Verlader genießen damit den **völkerrechtlichen Schutz** der Bundesrepublik Deutschland.
- **Schiffsmessbrief:** Die Größe und Transportkapazität eines Schiffes wird durch das **Bundesamt für Seeschifffahrt und Hydrographie** in Hamburg und Rostock ermittelt (vermessen). Darüber wird eine Urkunde, der Schiffsmessbrief, ausgestellt. Er bildet die Grundlage für die Berechnung von Angaben und Gebühren, für rechtliche Vorschriften (z. B. Schiffsbesatzungsordnung, Befähigungszeugnisse der Schiffsoffiziere usw.) und bildet die Grundlage für Schifffahrtsstatistiken.
- **Klassenzertifikat:** Seeschiffe werden nach dem Unterhaltszustand und der Festigkeit des Schiffskörpers im Verhältnis zu den Bauvorschriften in **Klassen** eingeteilt. Eine entsprechende Bewertung erfolgt durch **Klassifikationsgesellschaften** (z. B. Germanischer Loyd, Hamburg oder Lloyd's Register of Shipping, London). Diese Bewertung wird im Klassenzertifikat aufgenommen, das z. B. bei der Beurteilung des einzugehenden Risikos bei der Versicherung eine Rolle spielt.
- Fahrterlaubnisschein, ausgestellt von der See-BG (See-Berufsgenossenschaft), befristet gültig,
- Ausrüstungs-Sicherheitszeugnis, Bau-Sicherheits-Zeugnis, Telegraphiefunk-Sicherheitszeugnis, Sprechfunk-Sicherheitszeugnis, Bescheinigung über die Beförderung gefährlicher Güter u. a., Internationales Freibordzeugnis, MARPOL-Zeugnis (Umweltzeugnis, z. B. Nachweis über Auffangtanks für Altöl) u. a., ausgestellt von der See-BG, befristet gültig,
- Auszug der Genehmigungsurkunden für Seefunk-, Ortungsfunkanlagen u. a., ausgestellt von der Post,
- Prüfbescheinigung über Positionslaternen, Kompasse, Peilgeräte, Sextanten, Barometer, Chronometer u. a., ausgestellt vom Deutschen Hydrographischen Institut,
- über verschiedene technische Anlagen, ausgestellt u. a. von der See-BG usw.,
- Tagebücher: Schiffs-, Maschinen-, Öl-, Funktagebuch u. a.; Eintragungen im Schiffstagebuch sind beweiskräftig, wenn die Richtigkeit der Eintragung durch Zeugenaussagen vor Gericht bestätigt wird (siehe große Haverie).

- **Papiere für die Ladung:**
  - Manifeste,
  - Konnossemente (Kapitänskopien),
  - Verladeschein (Verlade-Order),
  - Liste der an Bord befindlichen gefährlichen Güter,
  - ggf. Desinfektionsattest der Gesundheitsbehörde, Sprengstofferlaubnisschein der Gewerbeaufsicht.
- **Papiere für die Mannschaft:**
  - Musterrolle,
  - Arbeitszeitnachweise,
  - Seefahrtsbücher u. a. ausgestellt vom Seemannsamt,
  - Tagebücher: Kranken-, Gesundheits-, Betäubungsmittel-, Unfalltagebuch.

Aus den Hauptabmessungen des Schiffes ergibt sich sein **Raumgehalt**. In **Bruttoraumzahl** (BRZ) wird der gesamte Rauminhalt des Schiffes ausgedrückt, in **Nettoraumzahl** (NRZ) der verdienende Raum des Schiffes, also der Laderaum.

Unterschiedliche nationale Vermessungsregeln führten zu abweichenden Ergebnissen. Daher hat die IMO (International Maritime Organization) als zwischenstaatliche beratende Schifffahrtsorganisation der UNO einheitliche, weltweit gültige Schiffsvermessungsregeln entwickelt.

Die **Ladefähigkeit** eines Seeschiffes hängt ab von dem Gewicht oder von dem Rauminhalt der Ladung. Besteht die Ladung aus wiegenden Gütern, kann das Schiff bis zur Ladefähigkeit (tdwcc) beladen werden, ohne dass der Raum ausgenutzt ist. Besteht die Ladung aus „raumenden" oder „messenden" Gütern (Rauminhalt der Ladung in cbm ist größer als das Gewicht in 1 000 kg), kann der Laderaum (NRZ) voll geladen werden, ohne dass die Ladefähigkeit (tdwcc) ausgenutzt ist.

16.1.3 Das Freibordzeugnis

An beiden Bordwänden eines Schiffes ist die **Freibordmarke** (Lademarke, Plimsollmarke) angebracht. Sie zeigt an, wie tief ein Schiff vollbeladen im Wasser liegen darf. Jahreszeitliche und örtliche Wetterverhältnisse und unterschiedliche Fahrwasser beeinflussen die Schiffssicherheit. So gibt es mehrere Ladegrenzen, vom Deckstrich gemessen:

Synergie - man arbeitet gemeinsam, keine Konkurrenz

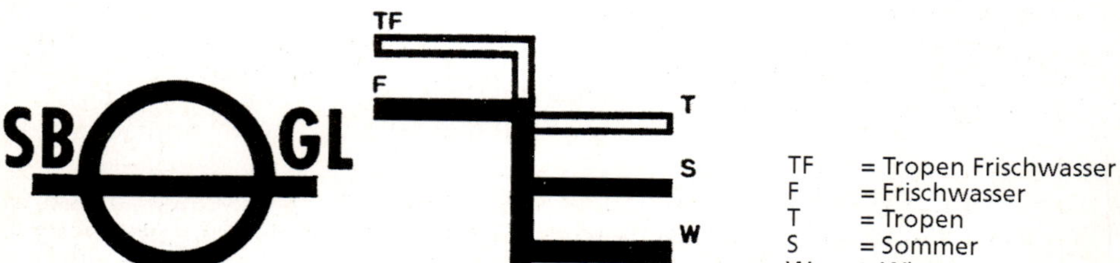

Die See-Berufsgenossenschaft beauftragt den Germanischen Lloyd mit der Festlegung und Anbringung der Freibordmarke und stellt darüber das Freibordzeugnis aus. Die Wasserschutzpolizei hindert die Schiffe, die kein gültiges Freibordzeugnis haben oder die tiefer, als es die Freibordmarke zulässt, beladen sind, an der Weiterfahrt.

16.2 Die Betriebsformen in der Seeschifffahrt

16.2.1 Überblick

Betriebsformen bezeichnen die Art und Weise, in der Reedereien ihre Seeschiffe in der Güterbeförderung über See einsetzen und damit ihre Leistung erbringen.

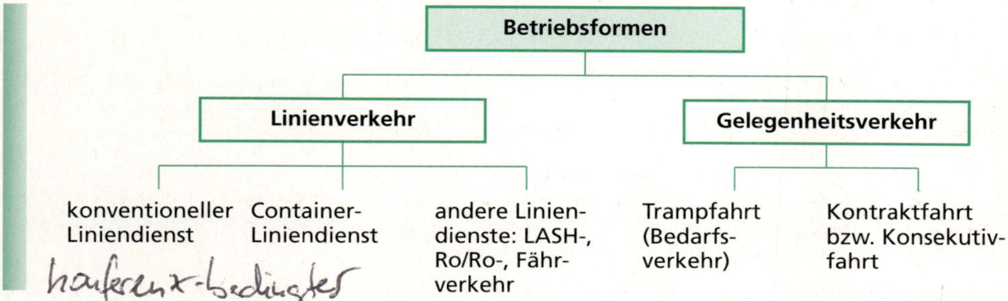

16.2.2 Die Linienfahrt

Konventioneller Liniendienst.

MERKE

Merkmale sind:

- Beförderung von Stückgütern: Kisten, Säcke, Fässer, Unit-Loads[1] u. a., nicht verpacktes Stückgut (Fahrzeuge, Maschinenteile usw.),
- fester Fahrplan für den Einsatz des Seeschiffes durch den Reeder:
  festgelegte Abfahrtszeiten,
  bestimmte Häfen,
  Fahrtgarantie auch bei geringem Ladungsaufkommen,
  Liegeplatz, Beginn und Ende des Beladens und Löschens bestimmt der Reeder,
- einheitliche Beförderungsbedingungen,
- einheitliche Beförderungsentgelte (Tarife),
- Schiffe: Größe – etwa bis 10 000 tdwat, Typ – vorzugsweise Freideckschiffe (Schutzdeckschiffe, shelter-deck vessels), die eine große Räumte (Staukoeffizienten) haben,
- höhere Raten (Frachten) im Vergleich zum Gelegenheitsverkehr.

▲ *Container-Liniendienste.* Der Kostendruck (Anlage-, Betriebs- und Personalkosten) in der Seeschifffahrt und im Hafenumschlag hat neben Unit-Loads zur **Containerisierung** geführt. Stückgut wird durch Verladung in Großcontainern (20- bis 40-Fuß-Container, auch 45-Fuß-Container) zum Transport mit dem Seeschiff in Massengut umgewandelt. Schneller Umschlag, kurze Hafenliegezeiten und schneller Transport durch große und schnelle Container-Schiffe sind möglich (vgl. Abschnitt 16.6).

[1] Mehrere Packstücke werden zu einer Ladungseinheit zusammengefasst, z. B. auf einer Palette.

▲ ***Andere Liniendienste.*** Bau und Einsatz von LASH-Schiffen lohnen sich bei hohem, in beiden Richtungen stetigem und gleichmäßigem Aufkommen geeigneter Ladung. Nach den Gegebenheiten des Fahrtgebietes bzw. der Bauart sind Mutterschiff und Leichter unterschiedlich groß; die Leichter können mit eigenem Antrieb versehen sein. Weitere Liniendienste werden mit Ro/Ro-Schiffen, Fähren usw. angeboten. Sie fahren nach festen Fahrplänen, Beförderungsbedingungen und Tarifen.

Gut ausgebaute und leistungsfähige Liniendienste sind Voraussetzung für einen reibungslosen Welthandel. Sie ermöglichen dem Außenhandel, zeitlich richtig zu disponieren und die Preise verbindlich zu kalkulieren.

16.2.3 Die Trampfahrt

MERKE

Merkmale sind:

- Beförderung von Massengütern: Mineralöl, Mineralölprodukte, Kohle, Erze, Erden, Kali, Getreide, Ölsaaten, Futtermittel, industrielle Produkte, wie Anlagen, Autos u. a.,
- der Einsatz des Schiffes ergibt sich aus der Laderaumnachfrage des Versenders. Er bestimmt Ort und Zeit des Ladens und Löschens, die Hafenplätze usw. Der Reeder richtet sich nach den Gelegenheiten des Marktes,
- Beförderungsbedingungen und -entgelte der ganzen Ladung sind in der Charterpartie (Charter Party) festgelegt,
- Schiffe: Größe – mittlere und große (ab 20 000 BRZ) Bulkcarrier (dry cargo vessel) oder Tanker, daneben kleine Einheiten unterschiedlicher Bauart,

  Typ – vorzugsweise Volldeckschiffe (single decker), die stärkere Verbände und eine größere Tragfähigkeit haben. Sie sind geeignet für Massengüter mit kleinem Staumaß (Erze, Erden usw.),
- niedrige Raten (Frachten) im Vergleich zur Linienfahrt.

▲ ***Trampfahrt[1], Bedarfsverkehr.*** Der Trampreeder setzt sein Schiff dort ein, wo geeignetes Massengut (in der Regel eine geschlossene Ladung) angeboten wird. Jedem Einsatz geht die Ladungssuche und die Charterung voraus. Eine ständige Beschäftigung ohne lange Liegezeiten ist schwer erreichbar.

▲ ***Kontraktfahrt, Konsekutivfahrt.*** Eine dauerhafte Beschäftigung der Tramptonnage ist möglich durch Abschluss langfristiger Transportverträge. Diese werden von Industrieunternehmungen angeboten, die auf eine gleichmäßige Versorgung ihrer Produktionsstätten mit großen Rohstoffmengen angewiesen sind. Die kontrahierte Ladung wird in mehreren Fahrten befördert (Kontraktfahrt), oder der Schiffsraum wird für mehrere Reisen, die aufeinander folgen, gechartert (Konsekutivfahrt). Dieser Gelegenheitsverkehr hat die Merkmale des Linienverkehrs; festgelegt sind nicht nur Ladungsart und -menge, Lade- und Löschgeschwindigkeit sondern auch die Abfahrtszeiten, Lade- und Löschhäfen nach Fahrplan. In der Küstenfahrt haben sich gleichartige Betriebsformen entwickelt.

16.3 Der Seefrachtenmarkt in der Linienfahrt und die Schifffahrtskonferenzen

Der **Linienreeder** bedient mit seiner Linie ein bestimmtes Fahrtgebiet, für das andere Konkurrenzreeder ihre Leistung gleichzeitig anbieten. Wenige miteinander konkurrierende Reeder (Angebot von Schiffsraum) stehen einer Vielzahl von Verladern (Nachfrage nach Schiffsraum) gegenüber. Auf einem derart strukturierten Markt

[1] engl.: to tramp = wandern, durchstreifen

setzt der Anbieter (Reeder) die Preise (Raten) fest. Der Nachfrager (Verlader) kann nur entscheiden, ob und wie viel Güter er zu diesen Preisen verschifft. Er hat wenige Möglichkeiten, die Raten zu beeinflussen.

In manchen Fahrtgebieten haben die Verlader eine starke Stellung, die noch durch ein Überangebot von Schiffsraum gefestigt wird. Durch Druck auf die Raten kann ein ruinöser Wettbewerb entstehen. Dieser Gefahr versuchen die Reeder durch kartellartige Zusammenschlüsse entgegenzuwirken. Sie vereinbaren einheitliche Preise und Beförderungsbedingungen. Sie bilden eine **Schifffahrtskonferenz** oder einen noch stärkeren Zusammenschluss zu Konsortien. Ein Linienreeder, der sich den Bedingungen der Konferenz nicht unterwirft, wird als **Outsider** bezeichnet. Er behält seine volle Handlungsfreiheit.

Nach Auffassung vieler Verlader und Linienreeder sichert das Konferenzsystem der Außenwirtschaft feste Raten als Kalkulationsbasis und einen geordneten, regelmäßigen Linienverkehr. Das Auftreten von Outsidern reguliert den Wettbewerb und verhindert möglichen Machtmissbrauch der Konferenzen.

MERKE

Merkmale einer Schifffahrtskonferenz:

- ein freiwilliger Zusammenschluss von Linienreedern,
- die ein Fahrtgebiet gemeinsam bedienen,
- mit dem Ziel der Vermeidung ruinöser Konkurrenz.

Mögliche Maßnahme zur Vermeidung der ruinösen Konkurrenz:

- Schaffung einheitlicher Raten, festgelegt im Konferenztarif,
- Schaffung einheitlicher Beförderungsbedingungen,
- Regelung der Abfahrtstermine,
- Festlegen von Ladungsmengen für den einzelnen Linienreeder.

Das **Konsortium** ist eine hohe Stufe der Kooperation von Linienreedereien in der Containerschifffahrt. Neben den Zielen und Maßnahmen einer Konferenz vercharten sich die Partner z. B. gegenseitig Schiffsraum (so genannte „Slots" = Containerstellplätze) auf demselben Schiff (bessere Auslastung der Kapazitäten), betreiben ein gemeinsames Operating der Schiffe (Terminals, Hafenbetriebe, Agenten), gemeinsames Marketing und gemeinsame Akquisition u.a. Die Zusammenarbeit kann auf Teilgebieten bis zur Aufgabe der wirtschaftlichen Selbstständigkeit gehen.

16.4 Schifffahrtskaufmann/-frau

Im Güterversand mit dem Seeschiff haben sich zwei Aufgabenbereiche des Schifffahrtskaufmanns entwickelt:

- **die Leistungserstellung** durch den Reeder (Owner),
- **die Leistungsverwertung** durch den Schiffsmakler (Ship broker).

Reeder und **Schiffsmakler** sind Berufsbezeichnungen, die gelegentlich als juristische Begriffe verwendet werden. Der Reeder ist Transportunternehmer, der den Güterversand mit Seeschiffen in einer Unternehmungsform des HGB durchführt. Der Begriff Reeder kann aber auch für den Mitinhaber einer Reederei des Seerechtes (HGB § 489), einer besonderen Unternehmungsform, verwendet werden.

Der Schiffsmakler leistet in Ausübung seiner beruflichen Tätigkeit bestimmte Dienste für den Reeder. Er ist juristisch gesehen tätig als Handelsmakler, Handelsvertreter und gelegentlich als Kommissionär.

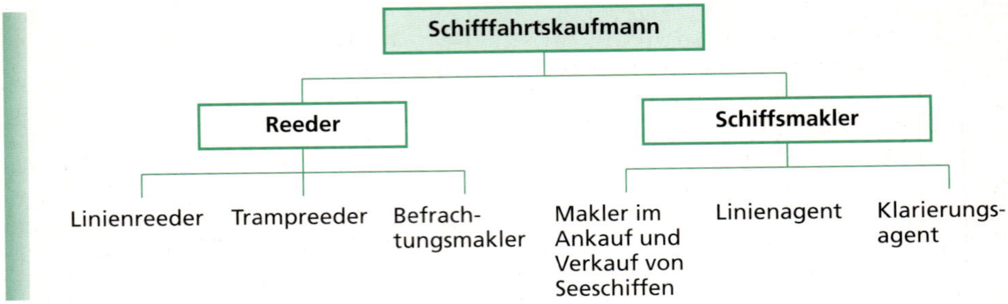

MERKE

„**Reeder** ist der Eigentümer eines ihm zum Erwerbe durch die Seefahrt dienenden Schiffes." (HGB § 484) – Fehlt dem Reeder Schiffsraum, kann er von einem anderen Reeder Schiffe chartern. „Wer ein ihm nicht gehöriges Schiff zum Erwerbe durch die Seefahrt für seine Rechnung verwendet ..." (HGB § 510) heißt **Ausrüster** (Charterer). Dritten gegenüber gilt er als Reeder.

Der Reeder erstellt die Transportleistung, indem er seine oder gecharterte Seeschiffe in der Linienfahrt oder in der Trampfahrt (Gelegenheitsverkehr) einsetzt. Er beschränkt sich weitgehend auf die Leistungserstellung, weniger auf den Absatz, den er in den meisten Fällen einem Schiffsmakler überträgt.

▲ *Der Schiffsmakler als Linienagent.* **Der Linienagent (Reedereivertreter)** übernimmt die ständige Vertretung einer Linienreederei für einen Hafen oder für mehrere Häfen. Im Einvernehmen mit den Beteiligten kann ein Schiffsmakler mehrere Linienreedereien vertreten. Der Agenturvertrag bindet den Schiffsmakler auf Dauer an seinen Reeder, der sein Geschäftsherr ist, und regelt das Auftragsverhältnis. Der Reedereivertreter ist selbstständiger Kaufmann, der im Namen des Reeders handelt.

Im ausgehenden Verkehr schließt er Frachtverträge, im einkommenden Verkehr liefert er die Sendungen an den Empfänger gegen Konnossement aus.

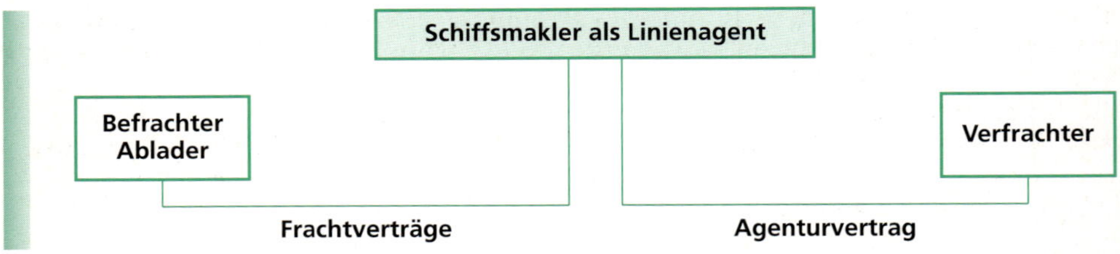

Der Linienagent schließt die einzelnen Stückgutfrachtverträge für den Reeder in dessen Namen ab **(Abschlussvollmacht)**, zieht die Fracht ein **(Inkassovollmacht)**, führt alle Arbeiten der Abladung (Übernahme im ausgehenden Verkehr), des Löschens, der Auslieferung (im einkommenden Verkehr) aus und übernimmt alle weiteren, mit seiner Vertretung zusammenhängenden Tätigkeiten. Seine Arbeiten hat er stets mit der **Sorgfalt eines ordentlichen Kaufmannes** und unter **Wahrung der Interessen des Reeders** durchzuführen.

Tätigkeiten des Linienagenten:

- Vorbereitung der Schiffsabfertigung,
  - Ermittlung der Ankunft,
  - Nachrichtenverkehr mit Reeder, Abladern, Empfängern und Behörden,
  - Dispositionen für Umschlag, Liegeplatz und Ankunftsmeldung,

- Schiffsklarierung,
  - Ein- und Ausklarierung des Schiffes bei den Behörden,
  - Einweisung der Schiffsleitung in die Dispositionen des Umschlages,
  - Nachrichtenverkehr mit den Beteiligten,
- Schiffsabfertigung,
  - Löschen, Überwachung, Koordinierung des Umschlages, Ladungskontrolle, Feststellen von Schäden usw.,
  - Auslieferung der Stückgutsendungen gegen Konnossement,
    - Prüfen der Konnossemente und der Legitimation der Inhaber,
    - Auslieferung, Frachteninkasso,
    - Bearbeitung von Differenzen (Empfänger unbekannt, verweigert die Annahme),
  - Abladung, Laden des Seeschiffes,
    - Überwachung und Koordinierung des Umschlages,
    - Ladungskontrolle, Feststellen von Schäden, Mängeln,
    - Ausstellung der Konnossemente, Manifeste usw.,
    - Bearbeitung von Differenzen (reine/unreine Konnossemente usw.),
  - Frachtberechnungen, Frachteninkasso,
  - Dienstleistungen zur Bevorratung des Schiffes,
  - Ausklarieren bei den Behörden,
  - Mitwirkung bei Schadensfällen, bei Havarie-grosse-Fällen usw.,
- Werbung,
  - die Akquisition (Werbung) von Stückgütern am Hafenplatz,
  - allgemeine Werbung für die Reederei einschließlich Marketing.

Für seine Tätigkeiten erhält der Linienagent vom Reeder eine Kommission, die von der Seefracht berechnet wird.

16.5 Die Abladung der Stückgüter[1] im Seehafen

16.5.1 Der Seehafen

Ein Seehafen ist eingerichtet für den **Umschlag**, die **Lagerung** von Seehandelsgütern und für den Schiffbau. Er umfasst das Boden -und Wassergebiet mit natürlichen und künstlichen Einrichtungen für die **Abfertigung von Seeschiffen**. Die **Seehafeneinrichtungen** sollen den Übergang von Gütern zwischen seeschifftiefem Wasser und festländischem Bereich dienen.

Die **Hafenverwaltung** hat für die ungehinderte Zufahrt durch Seeschiffe, für ausreichende Liegeplätze, Umschlags- und Lagereinrichtungen und für einen reibungslosen Betrieb des Seehafens zu sorgen. Hohe Investitionen des Staates sind erforderlich. Die Häfen sind deswegen durchweg staatliches Eigentum.

Hafenverwaltung

Staatliche Hoheitsaufgaben

- der Hafenpolizei u. a.,
- des Seemannsamtes (An- und Abheuern),
- der Zollverwaltung
- des Erhebens von Schifffahrts- und Hafenabgaben usw.

Aufgaben der inneren Verwaltung

- Verwaltung des Bodens,
- Bau der Hafeneinrichtungen und Unterhalt,
- Betrieb der Anlagen usw.

[1] Stückgut steht im Gegensatz zum Chartern eines Schiffes (oder Teile) und darf nicht verwechselt werden mit Stückgut im Landverkehr, d. h. auch etliche 100-t-Sendungen sind Stückgut.

▲ *Hafentypen:*

- **Offene Häfen** mit künstlichen Hafenbecken sind auch bei Ebbe zugänglich.
- **Tidehäfen** sind für bestimmte Schiffsgrößen nur bei Flut zugänglich.
- **Dockhäfen** können nur durch eine Seeschleuse erreicht werden.
- **Reedehäfen, Naturhäfen** bieten eine geschützte Ankermöglichkeit zum Laden und Löschen vor der Küste (z. B. Buchten, Fjorde). Die Ladung wird mit schiffseigenem Geschirr über Leichter oder Pontons umgeschlagen.

▲ *Freihäfen.* Umschlag und Lagerung werden durch Freihäfen erheblich erleichtert. Freihäfen sind vom Zollgebiet ausgeschlossene Teile von Seehäfen. Sie sind **Freizonen**, in denen eine Zollschuld nicht entstehen kann. Freihäfen sind zoll- und umsatzsteuerrechtlich Ausland. In ihnen können Waren grundsätzlich ohne zollrechtliche Beschränkung umgeschlagen, befördert und ohne Belastung durch Einfuhrabgaben gelagert werden (Konsignationslager). Die zollrechtlichen Vorschriften gelten eingeschränkt oder bieten Sondervorschriften, die nur für den Hafen gelten. Durch die Freihafeneigenschaft der Seehäfen wird die Ausfuhrabfertigung (Ausgangsabfertigung gemäß AWG) erleichtert. Importgüter werden Nichtgemeinschaftswaren, wenn sie über die Zollgrenze in das Zollgebiet verbracht werden; erst in diesem Augenblick wird die Einfuhrzollabfertigung zum freien Verkehr unter Entrichtung der **Einfuhrabgaben** oder die Zollabfertigung zu einem besonderen Zollverkehr ohne Entrichtung der **Einfuhrabgaben** durchgeführt (vgl. Kapitel 14).

▲ *Seehafeneinrichtungen.* Ein internationaler Seehafen verfügt über folgende Einrichtungen:

- **Hafenbecken und Kaimauern** an seeschiffstiefem Wasser,
- **Kaischuppen** für den konventionellen Stückgutumschlag: überdachte Schuppen am Kai zur Aufnahme konventionellen Stückgutes, geeignet zum Einsatz von Flurfördergeräten, wie Gabelstapler, Mulis usw.; land- und wasserseitig mit dem Straßen- und Schienennetz verbunden; wasserseitig mit landfesten Kranen unterschiedlicher Tragfähigkeit ausgerüstet – Allround-Schuppen,
- **Verteilerschuppen:** Empfang eingehender Bahn- und Lkw-Sammelladungen, einzelner Bahn- und Lkw-Stückgutsendungen, Verteilung für den Umschlag auf die Seeschiffe mit dem Lkw, dem Bahnwagen oder der Schute (antriebsloses Hafenwasserfahrzeug),
- **Container-Terminals** für den Umschlag von Containern: freie Flächen von hoher Tragfähigkeit zum Stapeln, Transportieren vom Schiff oder an das Schiff durch Van-Carrier (Portalstapler, Containerhubwagen), überdachte Flächen zum Packen oder Entladen von Containern; Containerbrücken, Krane; Anschluss an das Straßen- und Schienennetz,
- **Ro/Ro-Anlagen und Fähranlagen:** Abfertigungsanlagen (Schuppen, Rampen) für Schiffe, die „roll on/roll off" mit Lastkraftwagen, Aufliegern, Bahnwagen, Rollflats beladen werden,
- **Fruchtschuppen** für den Umschlag und die Zwischenlagerung von Südfrüchten,
- **Kühl- und Gefrierschuppen** zur Aufnahme von Gefrierfleisch u. Ä.,
- **Schwergutumschlagsanlagen** mit Freilagerfläche, evtl. überdachter Fläche, Untergrund von hoher Tragfähigkeit; landfeste Schwergutkrane,
- **Silos** für den Umschlag und die Zwischenlagerung von Getreide, Ölsaaten, Futtermittel u. a., ausgerüstet mit landfesten und schwimmenden Getreidehebern,
- **Schwimmkrane** und Pontons für Schwergutumschlag,

- **Massengutterminals** für Kohle, Erze, Kali, für Hölzer usw.; Freilagerfläche, überdachte Lagerfläche mit Greiferbrücken und Kranen hoher Tragfähigkeit, Transportbänder,
- **Tankterminals** für Mineralöl, Chemikalien, pflanzliche Öle u. a.; ausgerüstet mit den der Ladung entsprechenden Pumpen- und Leitungssystemen,
- **Hafenschifffahrt, Hafenkraftwagenverkehr,**
- **Speicher und Lagerhäuser.**

▲ *Hafenverkehrswege.* Die Umschlaganlagen und die Lager sind durch Straßen- und Schienenanschluss mit dem Hafenverkehrsnetz und dem binnenländischen Verkehrsnetz verbunden. Die meisten Anlagen und Lager haben außerdem Binnenwasseranschluss.

16.5.2 Die Abladung der Stückgüter

Die Abladung besteht in der **Anlieferung am Liegeplatz** des Schiffes und in der **Übernahme durch das Schiff**.

▲ *Anlieferung.* Im Linienverkehr können Stückgüter und Container ständig angeliefert werden. Annahmestellen sind die Kaischuppen und die Containerumschlaganlagen, die von der Hafenverwaltung, von Reedern oder von Spediteuren betrieben werden. Der einzelne Reeder hat seinen festen Liegeplatz; er kann seine Schiffe regelmäßig an demselben Schuppen festmachen. Der Befrachter kann vor Ankunft des Schiffes abladen; durch den festen Schuppen werden Fehldispositionen, die Umfuhren erfordern, weitgehend vermieden.

▲ *Zeitpunkt der Abladung.* Die Abfahrtszeiten der Linienschiffe werden vom Reeder festgesetzt. Sie werden in Schiffslisten und anderen unverbindlichen Werbemitteln veröffentlicht. Änderungen sind nicht ungewöhnlich. Der Ablader, der zur rechtzeitigen Abladung verpflichtet ist, muss sich über Ladebereitschaft, Liegeplatz, Ladeschluss und andere Einzelheiten beim Schiffsmakler informieren. Der Verfrachter braucht nicht auf die einzelne Anlieferung zu warten. Er tritt die Reise an, auch wenn ein Ablader den Abfahrtstermin versäumt. Ist eine feste Buchung vorangegangen, entsteht der Fautfrachtanspruch.

▲ *Verpackung.* Der Befrachter muss die Güter in **geeigneter Beschaffenheit** anliefern. Soweit die Natur des Gutes eine Verpackung erfordert, muss sie das Gut gegen die der Seefahrt eigentümlichen gewöhnlichen Gefahren schützen. Diese **seemäßige Verpackung** muss so beschaffen sein, dass sie den Beanspruchungen des Transportes gewachsen ist. Sie muss die Beschaffenheit des Gutes, den Transportweg und das Transportmittel berücksichtigen. Eine beanspruchungsgerechte Verpackung schützt vor Schäden durch Stoß und Fall, Stapelstauchdruck, Beschleunigungen, Schwingungsbeanspruchungen und klimatische Beanspruchungen. Korrosions- und feuchtigkeitsempfindliche Güter müssen luftdicht verpackt sein. Für gefährliche Güter (vgl. Abschnitt 16.5.3) bestehen besondere Vorschriften.

▲ *Übernahme durch das Schiff, Umschlag.* Der Befrachter oder der von ihm beauftragte Ablader liefert die Stückgüter an dem vorgesehenen Kaischuppen oder an der Containerumschlagsanlage auf einem Anliefer- und Verladepapier an. Es ist der Antrag, die bezeichneten Güter zur Beförderung mit dem angegebenen oder mit einem anderen Schiff der gleichen Linie anzunehmen. Der Antrag ist an den Kaibetrieb **(Aufnahme in dem Schuppen und Umschlag)** und an die Reederei **(Übernahme an Bord)** gerichtet. Beim **indirekten Umschlag** werden die Güter am Schuppen angeliefert. Der Kaibetrieb kontrolliert die Güter und gibt die Empfangsquittung auf dem

Kai-/Bordempfangsschein o. Ä. Zum Ladetermin wird die Sendung vom Schiff übernommen. Die schiffsseitige Empfangskontrolle wird vom Tallymann (Seehafengüterkontrolleur) durchgeführt. Beim **direkten Umschlag** werden die Güter vom Antransportmittel (Bahnwagen, Lkw oder Binnenschiff) unmittelbar – also unter Umgehung des Kaischuppens – auf das Seeschiff übernommen.

16.5.3 Die Abladung gefährlicher Güter

▲ *Gefährliche Güter.* Zunehmend werden explosive, giftige, ätzende und andere gefährliche Güter mit dem Seeschiff verladen. Der weltweit hohe Bedarf an Chemikalien für Industrie und Landwirtschaft hat bewirkt, dass ein erheblicher Teil des Stückgut- und Massengutaufkommens im Seeverkehr aus gefährlichen Gütern besteht.

Mit gefährlichen Gütern kommen viele Menschen – Schiffspersonal, Stauer, Tallyleute, Kaiarbeiter – in Kontakt. Sie sind nicht in der Lage, die Gefährlichkeit der einzelnen Güter – insbesondere die neuer Chemikalien – zu erkennen und sich entsprechend zu verhalten. Gefährliche Güter bieten ein sehr hohes Sicherheitsrisiko für die Umwelt, für mitreisende Güter und für das Schiff. Das hohe Risiko soll durch Sicherheitsvorschriften eingedämmt werden.

Rechtsgrundlagen:

„Internationale Übereinkommen zum Schutz des menschlichen Lebens auf See" (SOLAS-Übereinkommen), 1974,

„Gesetz über die Beförderung gefährlicher Güter",

„Gesetz über explosionsgefährliche Güter",

„Verordnung über die Beförderung gefährlicher Güter mit Seeschiffen" **(GefahrgutVSee)**, u. a. in ihrer jeweils neuesten Fassung,

für den An- und Abtransport mit dem Lkw die „GefahrgutVStraße" (vgl. Abschnitt 5.2.6) bzw. mit der Bahn die „GefahrgutVEisenbahn" (vgl. Abschnitt 7.5). Zu beachten sind ferner hafenrechtliche Sicherheitsvorschriften, so für Hamburg die Hafensicherheitsverordnung (HSVO) usw.

Inhalt der GefahrgutVSee (GGVSee):

I. Allgemeine Vorschriften,

II. Voraussetzungen für die Verladung gefährlicher Güter,

III. Sicherheitsmaßnahmen auf Seeschiffen,

IV. Vorschriften für den Umschlag,

V. Schlussvorschriften, wie über Ordnungswidrigkeiten usw.

Die Gefahrgutvorschriften für die einzelnen Güter sind in der **Anlage zur GGVSee** zusammengefasst. Sie enthält unter anderem das Register der gefährlichen Güter, das von der „International Maritime Organization" **(IMO)**[1] erstellt worden ist. Es wird IMCO-Code oder **IMDG-Code** (International Maritime Dangerous Goods Code) genannt. Der IMDG-Code teilt alle Güter in neuen Klassen ein, die teilweise untergliedert sind:

Klasse 1: Explosive Stoffe der Unterklassen 1.1 bis 1.5,
Klasse 2: Verdichtete, verflüssigte Gase,
Klasse 3: Entzündbare Flüssigkeiten der Unterklassen 3.1 bis 3.3,
Klasse 4: Entzündbare feste Stoffe der Unterklassen 4.1 bis 4.3,

[1] Früher: „International Maritime Consultative Organization" (IMCO)

Klasse 5: Oxydierend wirkende Stoffe der Unterklassen 5.1 und 5.2,

Klasse 6: Giftige und infektiöse Stoffe der Unterklassen 6.1 und 6.2,

Klasse 7: Radioaktive Stoffe,

Klasse 8: Ätzende Stoffe,

Klasse 9: Verschiedene gefährliche Stoffe.

Die Bezeichnung und Nummerierung der Gefahrklassen im nationalen und im internationalen Land- und Seeverkehr sind weitgehend vereinheitlicht.

Die GGVSee gilt für die Beförderung gefährlicher Güter mit Seeschiffen, die die Bundesflagge führen müssen, aber auch für Seeschiffe fremder Flaggen, wenn sie sich im Hoheitsgebiet der Bundesrepublik Deutschland befinden. Sie enthält einheitliche Vorschriften für die Klassifizierung und Behandlung gefährlicher Güter im Seeverkehr über deutsche Seehäfen. Diese Vorschriften gelten weltweit in fast allen Staaten.

Die GGVSee enthält eine genaue Beschreibung der Aufgaben und der Verantwortlichkeit aller am Seetransport Beteiligten; das sind der Hersteller oder Vertreiber des gefährlichen Gutes, der Aussteller des Verladescheines (der Seehafenspediteur), der Schiffsführer (der Kapitän) und der Reeder, der für den Umschlag Verantwortliche (der Kaiumschlagsbetrieb) sowie der für die Beladung des Containers Verantwortliche. Genannt sind auch alle zuständigen Behörden.

Werden einem Seehafenspediteur gefährliche Seefrachtgüter übergeben, so muss der Auftraggeber (Hersteller oder Händler) die **„Verantwortliche Erklärung"** gemäß § 8 der Verordnung mitliefern. In dieser Bescheinigung muss er den technischen Namen des Gefahrgutes, die Klasse und, falls in der Anlage angegeben, weitere Einzelheiten aufnehmen; er muss erklären, dass die Verpackung, die Bezeichnung und Kennzeichnung der Packstücke mit Labeln den Vorschriften der Anlage entsprechen und dass sich das Gut in einem für die Beförderung geeigneten Zustand befindet.

Um die „Verantwortliche Erklärung" zu sichern, hat die FIATA als Vordruck das **FIATA SDT** (Shippers Declaration for the Transport of Dangerous Goods) entwickelt. Der Auftraggeber soll in dem SDT die verantwortliche Erklärung über die Natur des Gefahrgutes, die Klasse und weitere erforderliche Angaben gemäß den verschiedenen Gefahrgutvorschriften angeben. Nach dem SDT kann der Spediteur die Beförderungspapiere richtig ausfüllen und für ordnungsgemäßen Abschluss bzw. Abwicklung der Frachtverträge im Land-, See- oder im kombinierten Land-Seetransport sorgen (vgl. Abschnitt 5.2.6).

Zur **Anlieferung** an das Seeschiff stellt der Spediteur einen **besonderen Verladeschein** (Schiffszettel, Absetzantrag, Hafendatensatz) aus. Die Angaben der „Verantwortlichen Erklärung" müssen in den Verladeschein übernommen werden. Dem Verladeschein sind alle weiteren erforderlichen Bescheinigungen beizufügen.

Derjenige, der einen Container mit Gefahrgut belädt, muss das **Container-Packzertifikat** ausstellen und unterschreiben. Dieses Packzertifikat muss dem Verladeschein beigefügt oder vollinhaltlich im Verladeschein mit Unterschrift des Containerbeladers aufgenommen werden.

Vor der Übernahme an Bord müssen die gefährlichen Güter dem Schiffsmakler angemeldet werden. Das geschieht mit dem Verladeschein, auf dem der Schiffsmakler die Anmeldung schriftlich bestätigt. Für alle Gefahrgutfragen ist die **Wasserschutzpolizei** die zuständige Hafensicherheitsbehörde.

16.6 Der Containerverkehr

EINSTIEG

600 t Düngemittel sollen nach Nairobi verschifft werden.

ARBEITSAUFTRÄGE

1. Warum wäre der Einsatz von Containern sinnvoll?
2. Welche Containertypen mit welchen Merkmalen gibt es?
3. Was ist beim Beladen eines Containers zu beachten?
4. Erstellen Sie eine Übersicht der im Zusammenhang mit einer Containerverladung nach Übersee wichtigen Begriffe!
5. Erstellen Sie eine Übersicht über die Bedeutung eines Containers im Überseeverkehr!

16.6.1 Die geschichtliche Entwicklung

Es war schon immer das Bestreben der Menschen, notwendige Tätigkeiten so rationell wie möglich durchzuführen. Über Jahrtausende hinweg war aber die Durchschnittsgröße eines Packstückes – in Form von Fässern, Kisten, Säcken o. Ä. – danach bemessen, was ein Mensch bewegen und tragen kann. Nun ist aber das Be- und Entladen von vielen kleinen Verpackungseinheiten viel zeitaufwendiger, als wenn man diese vielen Einzelkolli zu größeren Verpackungseinheiten zusammenfasst. Aus diesem Gedanken heraus ist der Container entstanden.

Besonders die amerikanischen Streitkräfte haben während des Zweiten Weltkrieges und danach den Container als Rationalisierungsmöglichkeit benutzt. Im Jahr 1961 wurden die ersten Standardabmesungen für Container von der American Standards Association festgelegt. Darin liegt begründet, dass die englische Sprache im Containerverkehr eine dominierende Rolle spielt. In den Fünfziger- und Sechzigerjahren verlief die Entwicklung des Containerverkehrs langsam. Ende der Sechzigerjahre und zu Beginn der Siebzigerjahre entwickelt sich dieser Verkehr aber schnell und hat besonders in den letzten Jahren eine stürmische Entwicklung erfahren.

16.6.2 Die Eigenschaften des Containers

Der Container ist mehr als eine große, standardisierte Kiste; er ist so konstruiert, dass er den Anforderungen des Straßen-, Eisenbahn- und Seetransportes gerecht wird. So gesehen ist der Container

Teil eines Lkw, denn er ersetzt den Laderaum des normalen Lastkraftwagens und bildet mit der Zugmaschine und dem Chassis die Lkw-Einheit,

Teil eines Eisenbahnwagens, denn auch hier entfällt der Wagenaufbau,

Teil eines Schiffes, denn Containerschiffe haben keine Zwischendecks; Container ersetzen die Zwischendecks und stellen selbst einen Teil des Schiffsraumes dar. Container werden auch an Deck gefahren und erweitern so den Laderaum (Containerschiffe, vgl. Abschnitt 16.1.1).

Durch den Einsatz von Containern wird im Grund das Prinzip der Fließbandproduktion auf das Transportwesen angewandt, denn das Gut wird am Herstellungsort in den Container gepackt und erst am Haus des Käufers wieder entladen; es wird also eine geschlossene Transportkette geboten. Die Bedeutung des Containers wird aber auch dadurch deutlich, dass Umfang und Ablauf der Produktion eines Fertigungsbetriebes oftmals mit dem Transportsystem „Container" am Ende des Fließbandes abgestimmt werden. Um Kosten zu sparen, wird der Kauf von Rohprodukten und der Verkauf von Fertigwaren mengenmäßig nach Containerloads durchgeführt.

Der Container besteht aus einem starken Rahmen mit einem stabilen Boden. Standard-Kupplungen erlauben überall in der Welt ein problemloses Anschlagen und Sichern. Starke Eckpfosten gestatten ein Stapeln bis zu neun voll beladenen Containern übereinander. Die Seiten- und Stirnwände sowie das Dach schützen die Ware vor äußeren Einflüssen.

Durch das Zusammenfassen von Gütern unterschiedlicher Maße, Gewichte, Arten, Herkunft und Bestimmung zu Containereinheiten wird häufiges Anfassen des Gutes – Aufnehmen, Transportieren, Absetzen, Stapeln – vermieden. Der Übergang von einem Transportmittel auf ein anderes wird erleichtert und der Umschlag durch Spezialgeräte beschleunigt.

16.6.3 Die Containerarten

Am häufigsten werden 20- und 40-Fuß-Container benutzt. Die Maße dieser Einheiten sind standardisiert, Abweichungen bestehen. Neben den üblichen 20- und 40-Fuß-Containern gibt es 30-, 35-, 45-Fuß-Container und andere.

Um statistische Erfassungen zu erleichtern, werden alle Container (30-, 35-, 40- und 45-Fuß-Container) auf 20-Fuß-Containergröße umgerechnet. Man spricht dann von **TEU** (**t**wenty foot **e**quivalent **u**nit), d. h., wenn ein Schiff eine Kapazität von 890 TEU hat, kann es 890 Stück 20-Fuß-Container befördern bzw. eine geringere Zahl größerer Container.

▲ *Container-Normen.* Einheitlich festgelegt sind die Außenmaße (ISO 668) (siehe Tabelle) und Eckbeschläge (ISO 1161) aller Container.

Mindestwerte für **Innenmaße** (siehe Tabelle), **Belastbarkeit** und **Befahrbarkeit mit Gabelstaplern** sind durch Normen festgelegt.

Normmaße ISO 668	Länge		Breite	Höhe	
Außenmaße	20′ 6 058 mm	40′ 12 192 mm	8′ 2 438 mm	8′ 2 438 mm	8′6″ 2 591 mm
Innenmaße Standard-C.	5 867 mm 19′3″	11 998 mm 39′4 3/8″	2 330 mm 7′7 3/4″	2 197 mm 7′2 1/2″	2 350 mm 7′8 1/2″
Türöffnung Standard-C.	–	–	2 286 mm 7′6″	2 134 mm 7′	2 261 mm 7′5″

Container können nach ISO 668 bis zu folgenden Gesamtgewichten ausgelastet werden:

20′-Container: 20 320 kg (44 800 Ibs) (gilt nur noch für einige Serien), 24 000 kg (52 910 Ibs) (gemäß ISO 668), der nahezu alle 20′-Container entsprechen), 30 480 kg (67 200 Ibs) (gilt für neue Hapag-Lloyd 20′-Containerserien; zur Zeit noch nicht ISO-Norm).

40′-Container: 30 480 kg (67 200 Ibs).

Ein Containerboden kann von einem **Gabelstapler** mit einem Achsgewicht von bis zu 5 460 kg (12 040 Ibs) bei einer Radauflagefläche von mindestens 142 cm^2 (22 sq.in) je Rad befahren werden (ISO 1496/1).

Mindestanforderungen an Container:

- Alle Container haben die durch Normen festgelegten Außenmaße und Eckbeschläge.
- Alle Container liegen über den Mindestanforderungen der Normen für Innenmaße.
- Alle freiliegenden Holzteile sind nach australischen Bedingungen imprägniert (Ausnahmen: 40′-Flats und -Plattforms).
- Die bautechnischen Maße können von den Tabellenangaben höchstens die folgenden Abweichungen haben:

Toleranzen	Länge	Breite	Höhe
maximale Maßabweichungen	10 mm 3/8″	10 mm 3/8″	10 mm 3/8″

Die Containeridee konnte sich auch deshalb durchsetzen, weil für die verschiedenen Güterarten unterschiedliche Container konstruiert wurden. Wir unterscheiden:

- **Normal-Boxen:** Das sind Stückgutcontainer, bei denen nur eine Stirnwand als Tür ausgebildet ist; die zweite Stirnwand, beide Seitenwände und das Dach sind fest miteinander verbunden und nicht zu öffnen. Sie werden für alle Ladungsarten benutzt, die nicht besonders behandelt werden müssen. Boden und Wände sind mit Ösen versehen, um die Ladung verzurren und sichern zu können. Diese Boxen können auch mit Zusatzeinrichtungen ausgestattet werden, z.B. mit unter dem Dach angebrachten Querstangen, die den Transport von Oberbekleidung in hängender Form ermöglichen, so genannte „hanging garnments“.
- **High Cube Boxen:** Diese Stückgutcontainer sind etwa 46 cm höher als die Normalboxen. Sie werden für sperrige Ladungen benutzt.

- **Bulk Boxen:** Diese Schüttgutcontainer weichen von den Normalboxen dadurch ab, dass sie im Dach drei runde Einfüllöffnungen von etwa 450 mm Durchmesser haben und in den beiden Türflügeln je eine Entleerungsklappe. Sie werden für Schütt- und Sauggut benutzt.

- **Open Top Container:** Diese Container besitzen kein festes Dach. Sie sind oben offen und werden, nachdem sie von oben beladen wurden, mit einer stabilen Plane verschlossen. Wie bei den Boxen ist eine Stirnwand als Tür ausgebildet. Sie werden benutzt, um Ladungsstücke mit Überhöhen containerisierbar zu machen.

- **Open Side Container:** Bei diesen Containern mit Seitenöffnungen sind der Boden, eine Stirnwand und das Dach fest miteinander verbunden. Die zweite Stirnwand ist als Tür ausgebildet. Das besondere an diesen Containern sind die fehlenden festen Seitenwände, die durch schwere Planen ersetzt werden. Sehr sperrige Güter können hier seitlich in die Container geladen werden.

- **Tank-Container:** Ein Tank – meist aus Edelstahl – wird von einem Stahlrahmen umgeben, der die gleichen Außenmaße wie die normalen Boxen hat. Tank-Container gibt es vorwiegend als 20-Fuß-Einheiten. Sie fassen etwa 18 000 Liter.

- **Isolier-Container:** Das sind Container ohne eigenes Kühlaggregat. Sie besitzen in einer Stirnwand zwei Öffnungen, durch die eine Kühlanlage des Schiffes oder des Terminals Kühlung in den Container bringt.

- **Kühl-Container:** Sie besitzen an der einen Stirnseite ein eigenes Kühlaggregat und sind besonders isoliert. Die Aggregate haben üblicherweise keine eigene Stromversorgung und werden deshalb an das Bord- oder Terminal-Stromnetz angeschlossen. Sie eignen sich nicht nur für Tiefkühlgut sondern auch für solche Waren, die eine bestimmte gleich bleibende Temperatur oder eine besondere Ventilation benötigen.

- **Flats:** Solche Flats oder Flatracks besitzen keine Seitenwände und kein Dach. Der Boden ist mit den beiden Stirnseiten fest verbunden. An den Längsseiten gibt es herausnehmbare Rungen. Solche Flats eignen sich für Güter, die größere Abmessungen haben; für überdimensionale Ladungsstücke können mehrere Einheiten nebeneinander gestellt werden.

- **Platform:** Diese Platforms – für besonders schwere Güter – besitzen weder Dach noch Stirn- und Seitenwände. Auch hier können für extrem sperrige Ladungen mehrere Platforms zusammengestellt werden.

16.6.4 Die Stauung im Container

Bei konventionellen Transporten wird die Ladung für relativ kurze und nicht sehr gefahrvolle Strecken in Lkw oder Bahnwagen gestaut, wobei nur die Gefahren durch Beschleunigen, Bremsen, Auf- und Absetzen zu berücksichtigen sind. Im Seehafen werden die Ladungen dann von versierten Stauern unter Aufsicht der Reederei im Schiff gestaut.

Im Gegensatz hierzu wird der Container dem Ablader an die Rampe gestellt, und er hat die Aufgabe, die Ladung so zu stauen, dass auch die Gefahren der Seereise berücksichtigt werden. Das stellt höhere Anforderungen an die Staukenntnisse der Ablader, wobei Stauberatung seitens der Reedereien kostenlos gewährt wird. (Das Beladen eines Containers wird als **„stuffing"**, das Entladen als **„stripping"** bezeichnet).

MERKE

Im Einzelnen ist bei Stauung im Container folgendes zu beachten:

- Das Gewicht der Ladung ist möglichst gleichmäßig auf den ganzen Containerboden zu verteilen.
- Schweres Gut soll unten am Boden gestaut werden, leichtes darüber.
- Die Ladung muss gesichert werden, und zwar am Boden, zu den Seiten- und Stirnwänden.
- Leerräume zwischen der Ladung und den Containerwänden sollen ausgefüllt werden.
- Der Schwerpunkt des Containers soll so tief wie möglich liegen und möglichst am Mittelpunkt des Containerbodens; so wird ein Kippen des Containers beim Anheben vermieden.
- Kolli mit flüssigem Gut sollen auf einer doppelten Lage Stauholz gepackt werden, um weitergehende Beschädigungen durch Leckage zu vermeiden.
- Feuchtigkeitsempfindliche Ware muss besonders geschützt werden (Kondenswasserbildung/Schiffsschweiß durch Temperaturunterschiede).
- Container mit gefährlichen Ladungen müssen gemäß IMDG-Code gekennzeichnet werden.
- Die Lastgrenzen des Containers und der zu benutzenden Fahrzeuge sind unbedingt einzuhalten.
- Es ist zu vermeiden, dass die Ladung sehr ungleichmäßig auf die Containerseiten oder -stirnwände drückt.
- Die Containertüren, die Dach- und Seitenabdeckungen müssen nicht nur sorgfältig verschlossen werden, sondern sollten auch verplombt oder versiegelt werden.

16.6.5 Der Vor- und Nachlauf der Container

Eigentümer der Container sind häufig die Reedereien. Aber auch große Speditionsbetriebe oder Zusammenschlüsse von Spediteuren unterhalten eigene Container. Als dritte Gruppe gibt es Container-Leasing-Gesellschaften, die entweder eigene Container vermieten oder von Reedereien und Spediteuren Container anmieten, um sie nach Bedarf zur Verfügung zu stellen.

Wird ein Container benötigt, so wird in einem **Container-Depot (Container-Yard = CY)** in der Nähe des Verladeortes geprüft, ob der gewünschte Containertyp zur Verfügung steht. Solche Container-Depots gibt es in vielen Orten der Bundesrepublik, besonders dort, wo exportorientierte Industrien ansässig sind. In solchen Container-Depots werden die Container nicht nur zur Verfügung gehalten, sondern auch gewartet und repariert.

Wenn ein Verlader eine komplette Containerladung hat, so wird der Container üblicherweise zum Verladeort gebracht. Füllt aber die zu versendende Partie den Container nicht, so wird die Sendung auf konventionellem Weg zu einer **Container-Freight-Station (CFS)** gebracht, an der der Reeder oder sein Beauftragter die Partie vom Versender in Empfang nimmt. Dort wird die Partie mit anderen Sendungen, die für denselben Empfangshafen bestimmt sind, in einem Container zusammengestaut. An der Container-Freight-Station des Empfangshafens wird der Container dann entladen, und die einzelnen Sendungen werden den Empfängern zur Verfügung gestellt. Ähnlich ist das Verfahren im Sammelgut- bzw. Consolidation-Verkehr der Spediteure (vgl. Abschnitt 17.3.1). Solche Container-Freight-Stations befinden sich zum Teil im Binnenland, zum Teil an Hafenplätzen.

Man unterscheidet beim Vor- und Nachlauf des Containers jeweils zwei Transportabschnitte: Wenn beim Vorlauf der leere Container vom Container-Depot zur Beladestelle gebracht wird, so spricht man vom **Leerlauf**. Den Transport des beladenen Containers vom Beladeort zum Verschiffungshafen bezeichnet man als **Lastlauf**. Die gleichen Begriffe verwendet man auch beim Nachlauf des Containers: Der Transport vom Empfangshafen zum Entladeort des Empfängers wird als Lastlauf bezeichnet und die Beförderung des leeren Containers vom Entladeort zum jeweiligen Hafen wiederum als Leerlauf.

Beim Containerverkehr werden drei Transportstrecken unterschieden:

- vom Ort des Versenders zum Verschiffungshafen – kurz: **Haus-Pier**,
- vom Verschiffungs- zum Empfangshafen – kurz: **Pier-Pier**,
- vom Empfangshafen zum Ort des Empfängers – kurz: **Pier-Haus**.

Führt nun der Versender die Beladung des Containers in seinem Betrieb selbst durch bzw. nimmt der Empfänger die Entladung des Containers ebenfalls selbst in seinem Betrieb vor, so spricht man von **Full Container Load – FCL**. Hier erfolgt die Containerisierung also entweder für die gesamte Strecke vom Haus des Versenders bis zum Haus des Empfängers oder aber wenigstens für einen Teil der Landstrecke.

Bringt der Versender seine konventionell verpackten Güter zum Verschiffungshafen oder zu einer Container-Freight-Station, werden sie dort vom Reeder in den Container gestaut und im Empfangshafen bzw. einer Container-Freight-Station vom Reeder aus dem Container entladen, so spricht man von **Less than Container Load – LCL**. Hierfür werden LCL-Charges berechnet.

Man unterscheidet demnach:

- Haus-Haus-Verkehr: FCL/FCL
- Haus-Pier-Verkehr: FCL/LCL
- Pier-Haus-Verkehr: LCL/FCL
- Pier-Pier-Verkehr: LCL/ LCL

Grafisch dargestellt:[1]

deutscher Herstellungsort im Binnenland	deutscher Seehafen oder CFS	ausländischer Seehafen oder CFS	ausländischer Empfangsort im Binnenland
z. B. Stuttgart	z. B. Hamburg	z. B. New York	z. B. Denver

Immer dann, wenn eine volle oder teilweise FCL-Verladung erfolgen soll, muss geklärt werden, wer den Vor- und Nachlauf durchzuführen hat. Dies kann der Reeder selbst machen. In diesem Fall spricht man von **Carrier's Haulage**[2] oder **Carrier's Arrangement**. Es besteht aber auch die Möglichkeit, dass der Versender oder dessen Spediteur den Vor- und Nachlauf des Containers durchführt. Die Reederei stellt dann den Container an einem Container-Depot nur zur Verfügung. In diesem Fall spricht man von **Merchant's Haulage** oder **Merchant's Arrangement**.

Der gewünschte Container wird im leeren Zustand aus dem Depot geholt – so genanntes **handling out** – um dann auf dem Straßen- oder Schienenweg zum Beladeort gebracht zu werden. Hat der Verlader Gleisanschluss, so kann der Spediteur den Vorlauf mit der Bahn vornehmen. Er wird deshalb die Bahn bevorzugen, weil der Verlader in diesem Fall meistens 24 Stunden Zeit für die Beladung des Containers hat.

[1] Andere Varianten sind möglich.
[2] Haulage = Transport

Wird der Vorlauf des Containers mit dem Lkw durchgeführt, so stehen dem Verlader für die Beladung des Containers üblicherweise nur drei Stunden zur Verfügung. Für den Funktionsbereich „handling out“ und „Leerlauf zur Beladestelle“ hat sich in der Praxis der Begriff Positioning eingebürgert, d.h. den Container in die gewünschte Position bringen.

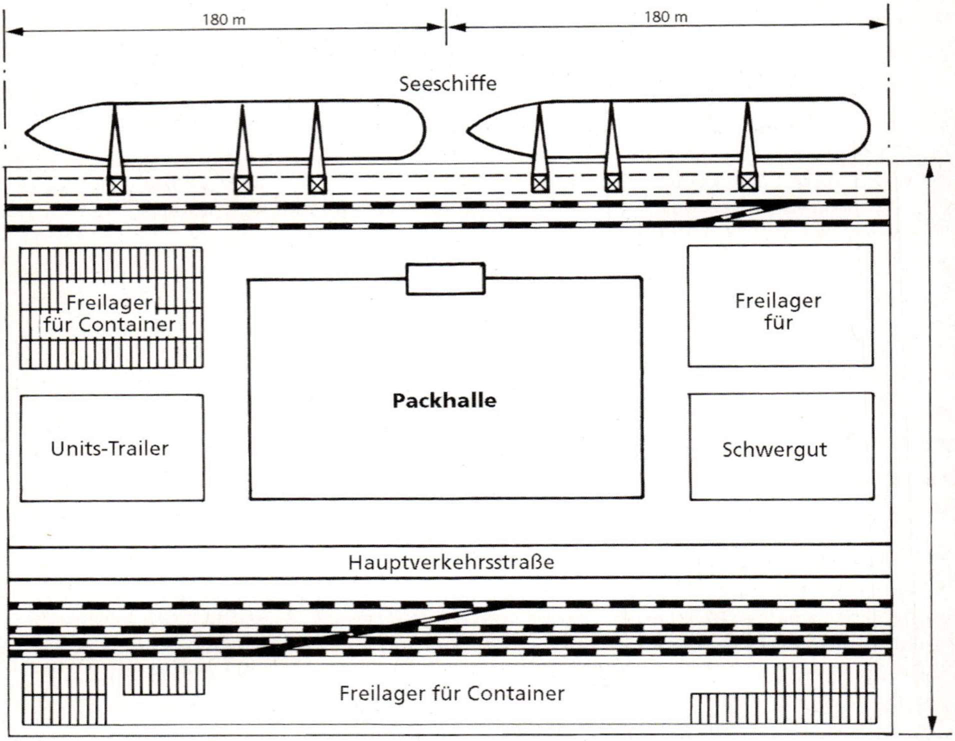

Wenn der Spediteur beim Schiffsmakler oder Reeder einen FCL-Container bucht, so hat er folgende Einzelheiten anzugeben:

- ✘ Name und Anschrift des Verladers,
- ✘ Name und Anschrift des Empfängers bzw. die Notify-Adresse,
- ✘ Angabe darüber, ob Carrier's oder Merchant's Arrangement gewünscht wird,
- ✘ Angabe, ob ein Haus-Haus-, Haus-Pier-, Pier-Haus- oder Pier-Pier-Transport durchgeführt werden soll,
- ✘ Angabe des Abgangs- und Löschhafens,
- ✘ Datum und Uhrzeit der Containergestellung,
- ✘ gewünschter Containertyp,
- ✘ Einzelheiten über Warenart; spezielle Angaben bei gefährlicher Ladung, Gefrierladung o. Ä.,
- ✘ Gewichte und Maße der Ladung,
- ✘ Angaben über den Wert der Ladung.

Beispiel eines Containerumschlages mit Speader (nach ISO 3874)

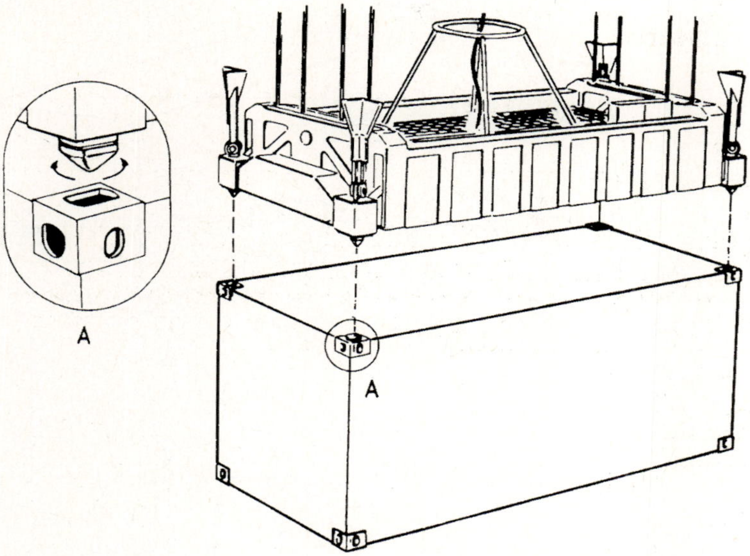

Portalstapler/Vancarrier

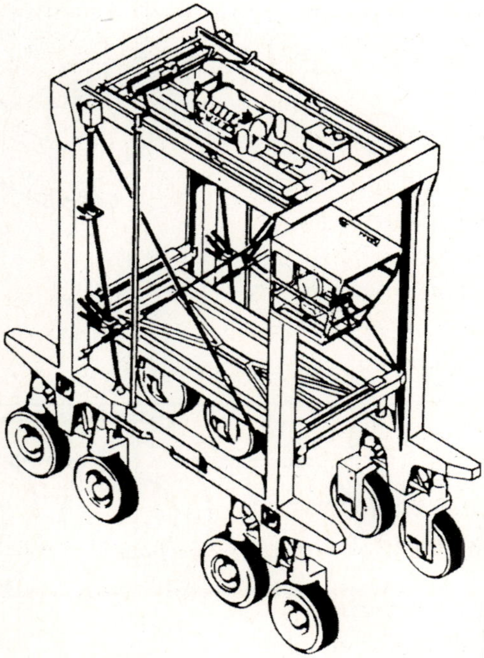

Aufnehmen eines Containers mit Gabeln in den Staplertaschen (nach ISO 3874)

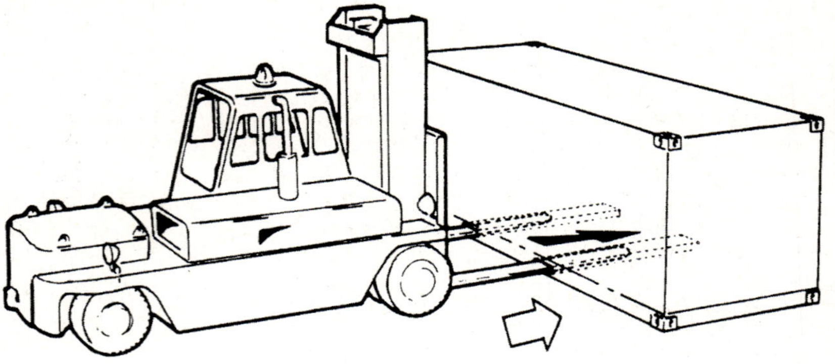

Twistlock zur Befestigung von Containern auf Chassis und Trailern

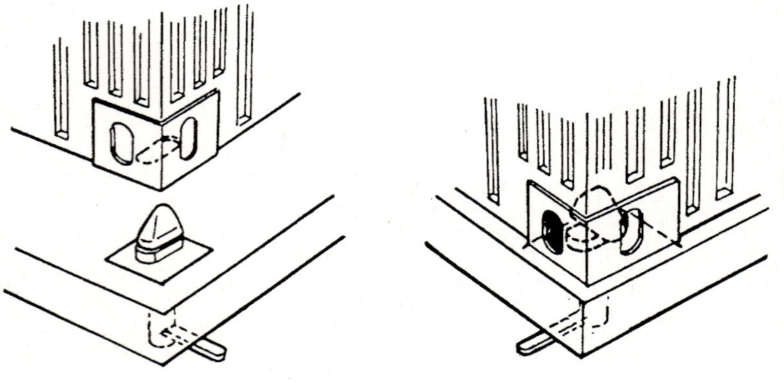

20'-Containerchassis

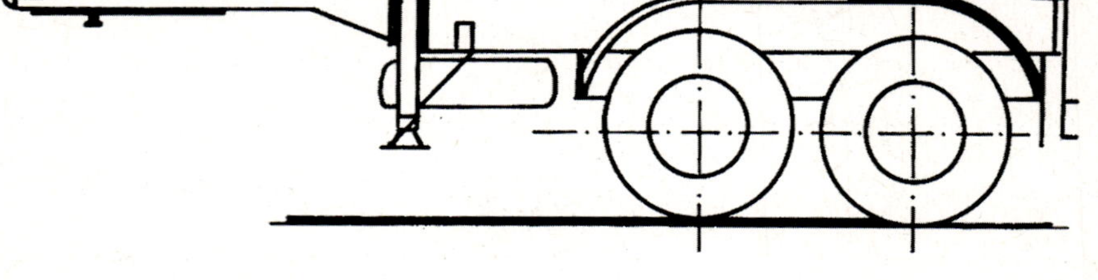

16.6.6 Der Containerumschlag im Seehafen

Der beladene Container kommt im Seehafen am **Container-Terminal** an, wird vom Lkw oder vom Güterwagen abgehoben und nach einem Stauplan an einer vorher bestimmten Stelle abgesetzt. Die Bewegungen der Container im Terminal erfolgen mithilfe von Torladern, Straddlecarriern, Vancarriern, Containerbrücken, Gabelstaplern und Kranen. Die meisten dieser Umschlags- und Transportgeräte erfassen den Container an seinen oberen vier Ecken – an den Kupplungen – mithilfe eines Drehmechanismusses. Hat das Containerschiff festgemacht und sind die Importcontainer gelöscht, so werden die vorher nach Plan vorgestauten Exportcontainer aufgenommen und an Bord nach Stauplan abgestellt und verkuppelt. Für dieses Aufnehmen und Absetzen – **lift on/lift off** – wird die **„terminal handling charge"** als **Umschlagsentgelt** berechnet.

Begriffe aus dem Containerverkehr

✘ Carrier's haulage (arrangement):	Der Vor- und/oder Nachlauf wird durch den Verfrachter (Reederei) durchgeführt,
✘ CFS (Container-Freight-Station):	Container-Packstation; hier werden LCL-Container beladen (Verschiffungshafen) bzw. entladen (Bestimmungshafen),
✘ Container-Depot:	Bereitstellungsplatz von Leercontainern in der Nähe der Verlader/Empfänger,
✘ CY (Container-Yard):	Stellplatz für Voll-Container (FCL-Container) im Verschiffungs- bzw. Empfangshafen; auch Stellplatz im Container-Depot,
✘ Demurrage:	Kosten für Überliegetage für das Schiff, bzw. für die verzögerte Abnahme von Containern,
✘ Detention charges:	Kosten für die verspätete Rückgabe von Containern,
✘ FCL (Full-Container-Load):	Übergabe eines Voll-Containers an den Verfrachter bzw. Auslieferung eines Voll-Containers durch den Verfrachter an den Empfänger (FCL/FCL),
✘ Foot:	Fuß; englische Maßeinheit = 30,48 cm,
✘ Handling out:	Auslieferung eines Leercontainers aus einem Container-Depot,
✘ LCL (Less than Container Load):	Übergabe von Teilsendungen (konventionell) an den Verfrachter, der sie sammelt und in einen Container verlädt bzw. im Empfangshafen den Container entlädt und die Teilsendungen an die einzelnen Empfänger ausliefert LCL/LCL),
✘ LCL-Charge:	Ein-/Auspackkosten für Teilsendungen in LCL-Containern,
✘ Lift off:	Absetzen eines Containers,
✘ Lift on:	Anheben (Aufnehmen) eines Containers,
✘ Merchant's haulage (arrangement):	Der Verlader/Empfänger oder sein beauftragter Spediteur führt den Vor- und/oder Nachlauf durch,
✘ Positioning:	Leerlauf eines Containers zum Beladeort,
✘ Stripping:	Entladen eines Containers,
✘ Stuffing:	Beladen eines Containers,
✘ TEU (Twenty foot Equivalent Unit):	Umrechnungsgröße von Containereinheiten auf 20-Fuß-Basis,
✘ THC (Terminal Handling Charge):	Bewegung am Terminal und Umschlagsentgelt für FCL-Container,
✘ Twistlock:	Befestigungsvorrichtung für Container (z.B. auf Lkw-Chassis, Trailern usw.),
✘ Vancarrier:	Fahrzeug zum Befördern von Containern auf dem Festland.

16.7 Der Seefrachtvertrag

16.7.1 Die rechtlichen Grundlagen der Güterbeförderung mit dem Seeschiff

Der Reeder ist Kaufmann im Sinne des HGB. Für seine Geschäfte gelten die Vorschriften des 5. Buches des HGB (Seehandel §§ 476–905).

Aus dem internationalen Charakter des Seefrachtgeschäftes ergibt sich der Zwang, das nationale Seefrachtrecht der Seefahrt treibenden Nationen in Grundzügen anzugleichen. Das geschieht durch Abschluss von **internationalen Übereinkommen**, die auf Regierungsebene geschlossen werden und deren Inhalt über die Gesetzgebung des einzelnen Staates in das nationale Recht übernommen wird. Die Haager Regeln von 1922, die Visby-Rules von 1967/68 und andere Übereinkommen sind mit ihrem wesentlichen Inhalt in das HGB bzw. in das innerdeutsche Recht übernommen worden.

In der Güterbeförderung über See herrscht der Grundsatz der **Vertragsfreiheit**. Individuelle Absprachen – vor allem im Chartergeschäft – regeln den Vertrag. Nur wenige Rechtsvorschriften sind zwingender Natur, also durch Parteivereinbarung nicht abänderbar. Die gesetzlichen Vorschriften des HGB werden erst dann zur Beurteilung einer Rechtslage herangezogen, wenn eine unklare Situation gegeben ist.

Für den Stückgutfrachtvertrag gelten die **Konnossementsbedingungen** bzw. die Konferenzbedingungen der Linienreeder.

Überdies werden die **„liner terms“** (Bedingungen der Linienfahrt) angewendet, nach denen der Verfrachter alle Maßnahmen des Ladens und Löschens einschließlich der Benennung des Liegeplatzes bestimmt und die Lade- und Löschkosten übernimmt. In der Trampfahrt werden diese Einzelheiten nach den abweichenden **„gross terms“** geregelt.

16.7.2 Die Personen und der Inhalt des Seefrachtvertrages

▲ *Befrachter.* Ein Exporteur verpflichtet sich durch Abschluss des Außenhandelskaufvertrages, das Gut an den überseeischen Käufer auf den Weg zu bringen, zu verschiffen. Er „befrachtet“ ein bestimmtes Seeschiff. Durch Abschluss des Seefrachtvertrages wird er Befrachter[1]. Beauftragt er einen Seehafenspediteur mit dem Abschluss des Seefrachtvertrages, wird dieser Befrachter. Der Exporteur teilt dem Spediteur die für den Seetransport wesentlichen Kaufvertragsdaten mit und übergibt ihm die Sendung. Der Seehafenspediteur empfängt die Sendung im Seehafen und liefert sie dem Reeder an.

▲ *Verfrachter*. Der Reeder übernimmt die Sendung an Bord des Seeschiffes und führt den Transport durch. Er „verfrachtet“ die Sendung, er wird zum Verfrachter. Üblicherweise lässt er sich vom Linienagenten vertreten.

▲ *Seefrachtvertrag.* Der Seefrachtvertrag wird zwischen dem Befrachter und dem Verfrachter zugunsten des Empfängers, der das Recht auf Auslieferung unter den festgelegten Bedingungen erhält, abgeschlossen. Der Frachtvertrag ist ein Vertrag zugunsten eines Dritten. Er ist ein Werkvertrag, denn der Reeder erstellt die Beförderungsleistung und garantiert den Beförderungserfolg.

[1] Der Begriff „Befrachter“ hat in der Binnenschifffahrt eine andere Bedeutung (siehe Kapitel 10).

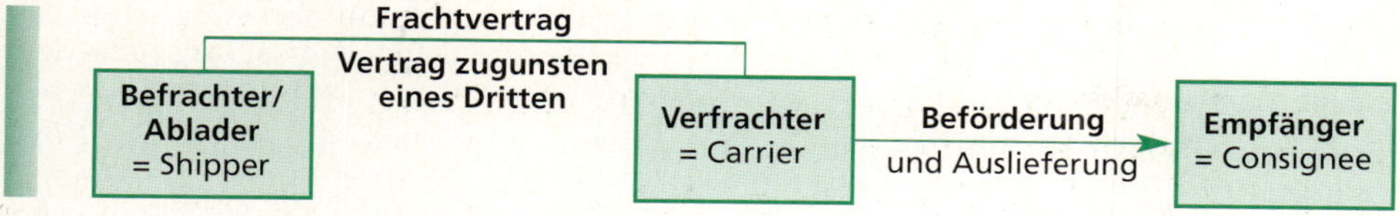

▲ ***Ablader.*** Mit der Anlieferung von Gütern an das Seeschiff sind Arbeiten verbunden, die nur von ortsansässigen und mit dem Hafen und Hafenbrauch vertrauten Personen erledigt werden können. Kann ein Befrachter diese Arbeiten nicht durchführen, beauftragt er den Hafenspezialisten, den Seehafenspediteur, für ihn anzuliefern.

Der Spediteur wird zum Ablader. Dieser ist am Frachtvertrag beteiligt und tritt in unmittelbare Rechtsbeziehungen zum Verfrachter. Er nimmt als Ablader die Interessen des Befrachters gegenüber dem Verfrachter wahr.

Schließt der Seehafenspediteur den Frachtvertrag und liefert er die Güter an, so ist er Befrachter und gleichzeitig Ablader.

Die Seefracht kann vom Verfrachter beim Empfänger nachgenommen werden. Voraussetzung ist, dass der Verfrachter dazu seine Einwilligung gibt und dass dem keine einfuhrrechtlichen Vorschriften entgegenstehen.

MERKE

Rechte des Befrachters:

- ✘ Recht auf Anbordnahme der Güter,
- ✘ Recht auf Konnossemente und damit verbunden auf Bestimmung der Order (des Empfängers), der Zahl der Originale, der Angaben über die Güter u. a.,
- ✘ Recht auf Zustimmung zu Decksverladungen,
- ✘ Kündigungsrecht des Seefrachtvertrages, auch nach Annahme der Güter durch den Verfrachter – dann aber gegen Übergabe aller vom Verfrachter gezeichneten Originalkonnossemente – nachträgliche Verfügungen u. a.

Pflichten des Befrachters:

- ✘ Anlieferung der Ladung (Sendung) in geeigneter Beschaffenheit (z. B. in seemäßiger Verpackung),
- ✘ Zahlung der Seefracht.

Pflichten des Verfrachters:

- ✘ Beförderung mit einem see- und ladungstüchtigen Seeschiff,
- ✘ Erhaltung der See- und Ladungstüchtigkeit während der Reise,
- ✘ Ladungsfürsorge von der Annahme bis zur Auslieferung an den Empfänger.

Der Verfrachter hat für die **anfängliche See- und Ladungstüchtigkeit** des Schiffes zu sorgen. Diese bezieht sich auf den Zeitraum vom Beginn der Beladung bis zum Fahrtantritt.

16.7.3 Der Abschluss des Seefrachtvertrages

▲ ***Auswahl des Seeschiffes.*** Der Befrachter handelt in Übereinstimmung mit den Lieferungsbedingungen des Außenhandelskaufvertrages, z.B. FOB oder CIF gemäß Incoterms. Er bestimmt das Seeschiff und schließt mit dem Verfrachter den Frachtvertrag. Das für die Beförderung geeignete Seeschiff wählt er aus den Angeboten aus, die ihm in Schiffslisten, in Rundschreiben der Verfrachter oder in anderen Informationsunterlagen vorliegen. Wegen möglicher Änderungen der Abfahrten, Hafenverstopfungen und wegen anderer Ereignisse, die ihn zur Änderung seiner Dispositonen zwingen können, muss er in ständigem Kontakt mit dem Verfrachter bzw. dem Linienagenten bleiben.

▲ ***Rechtsvorschriften.*** Der Abschluss und der Inhalt der Frachtverträge sowie die Anlieferung der Güter an das Seeschiff sind in der Linienfahrt stark vereinheitlicht – das allein schon wegen der großen Zahl an Sendungen. So bleibt für Sonderwünsche im Einzelvertrag nur wenig Spielraum. Für die Abladung gelten neben hafenrechtlichen Vorschriften und Hafenbrauch die „Allgemeinen Befrachtungsbedingungen" der Reederei, für den Frachtvertrag die Konferenzbedingungen und -tarife, soweit der Reeder Konferenzmitglied ist. Die Beförderungsbedingungen sind im Konnossement aufgenommen, sie sind Bestandteil des Vertrages und regeln den Abschluss und die Erfüllung des Vertrages.

▲ ***Feste Buchung.*** Der Befrachter meldet seine Stückgüter (in der Seeschifffahrt auch als Ladung, sogar als Stückgutladung bezeichnet) für das vorgesehene Schiff beim Linienagenten an. Verzichtet der Verfrachter auf die Dienste eines Linienagenten als Linienvertreter, so muss direkt beim Verfrachter angemeldet werden. Der Linienagent nimmt die Anmeldung an. In der Regel trägt er sie in seine Buchungsliste ein und erteilt eine Buchungsnote („booking note" oder „berth note").

Die Anmeldung des Befrachters ist der Antrag auf Abschluss des Frachtvertrages. Nimmt der Linienagent die Anmeldung an, ist der Frachtvertrag geschlossen. Die Sendung ist **fest gebucht**. Der Befrachter ist verpflichtet, die fest gebuchte Ladung rechtzeitig anzuliefern, und der Verfrachter, die rechtzeiig angelieferte Ladung mit dem vorgesehenen Schiff zu befördern. Liefert der Befrachter die Ladung oder Teile davon nicht an, so hat der Verfrachter einen Anspruch auf **Fautfracht** (Fehlfracht). Das ist die entgangene Fracht, von der die Fracht für Ersatzladung, die vom Verfrachter angenommen wurde, abzuziehen ist.

Der Fautfrachtanspruch entsteht auch bei willkürlicher Kündigung des Seefrachtvertrages vor der Verschiffung.

▲ ***Konditionelle Buchung.*** Steht der Abladetermin der Ladung zum Zeitpunkt der Buchung nicht fest, so kann der Befrachter konditionell buchen (unter der Bedingung der Kondition der rechtzeitigen Abladung). Der Befrachter sichert sich den Schiffsraum für eine bestimmte Buchungsperiode (bis zu drei Monaten) zu der Rate, die zur Zeit der Buchung gilt, ohne zur Anlieferung verpflichtet zu sein. Kann er die Ladung nicht rechtzeitig abladen, wird die konditionelle Buchung wegen Fortfalls der Geschäftsgrundlage aufgehoben. Kann rechtzeitig angeliefert werden, wird die konditionelle Buchung in eine feste Buchung umgewandelt. Voraussetzung ist immer die Zustimmung des Verfrachters.

Die Buchung wird im Seehafen mündlich (telefonisch), aber auch schriftlich (brieflich, fernschriftlich) vorgenommen.

▲ ***Vertragsabschluss ohne Buchung.*** In manchen Fällen ist eine Buchung nicht erforderlich. Der Befrachter liefert die Ladung mit dem erforderlichen Verladeschein (Schiffszettel o. Ä.) am Kaischuppen zur Verfügung des Verfrachters an. Der Verfrachter führt die Empfangskontrolle durch und nimmt die Ladung an. Der Frachtvertrag ist geschlossen.

MERKE

Abschluss des Seefrachtvertrages:

✘ Buchung,
  - feste Buchung,
  - konditionelle Buchung,

✘ Anlieferung der Ladung und Annahme durch den Verfrachter.

16.8 Das Konnossement

16.8.1 Ausstellung und Inhalt des Konnossementes

Der Verfrachter hat dem Ablader ein Konnossement[1] zu erteilen, sobald die Güter an Bord genommen sind **(Bordkonnossement)** oder sobald sie zur Verschiffung empfangen wurde **(Übernahmekonnossement)**.

▲ *Ausstellung des Konnossementes.* Der Ablader (Shipper) „macht das Konnossement auf", d. h., er trägt die erforderlichen Angaben über die Sendung in den Vordruck ein. Das ausgefüllte Konnossement übergibt er dem Verfrachter bzw. dem Linienagenten. Dieser führt die Empfangskontrolle der Sendung durch und „stellt das Konnossement aus", d.h., er unterschreibt es nach Abgang des Seeschiffes im Verschiffungshafen. Der Ablader bekommt das Konnossement und verwendet es weisungsgemäß. – Das Konnossement wird zur **Urkunde über Abschluss und Inhalt** des Seefrachtvertrages in der Linienfahrt.

▲ *Inhalt des Konnossementes.* Das Konnossement enthält gemäß HGB folgende übliche Angaben über die Sendung:

- Verfrachter, Ablader (shipper) und Empfänger,
- Schiffsname,
- Ablade- und Löschhafen,
- Art der an Bord genommenen oder zur Beförderung übernommenen Güter, deren Maß, Zahl oder Gewicht, ihre Merkzeichen und ihre äußerlich erkennbare Verfassung und Beschaffenheit,
- Bestimmungen über die Fracht („freight paid", „freight collect"),
- Ort und Tag der Ausstellung, Unterschrift,
- Zahl der Originale usw.

Mit seiner Unterschrift bescheinigt der Verfrachter den Empfang der Güter in der angegebenen äußeren Beschaffenheit = **Empfangsbescheinigung**. Er verspricht die Beförderung vom Ablade- bis zum Bestimmungshafen = **Beförderungsversprechen**. Er verpflichtet sich zur Auslieferung der Sendung im Löschhafen – aber nur **gegen Übergabe** mindestens eines Originalkonnossementes und nur an den, der sich als **rechtmäßiger Empfänger aus dem Konnossement** ausweisen kann = **Auslieferungsversprechen**. Durch diese Verpflichtung des Verfrachters wird das Konnossement zum **Wertpapier**, das den Auslieferungsanspruch und damit das Verfügungsrecht an der Sendung verbrieft (Besitzrecht).

Grundsätzlich wird vermutet, dass der Verfrachter die Güter so übernommen hat, wie es im Konnossement beschrieben ist. Ergeben sich Differenzen bei der Auslieferung an den Empfänger, muss der Verfrachter haften, es sei den, er kann nachweisen, dass ihn kein Verschulden trifft. Er trägt die Beweislast. Durch Aufnahme von Vorbehalten, so genannten **Unbekanntklauseln**, kann er sich von den Angaben des Abladers und damit von der Haftung freizeichnen. Das wird er insbesondere dann versuchen, wenn er Grund zur Annahme hat, dass die Abladerangaben ungenau sind, oder wenn er keine ausreichende Gelegenheit hat, die Angaben nachzuprüfen.

Für die **Art der Güter** kann er die verkehrsübliche Warenbezeichnung wählen, wenn er die vom Ablader vorgeschriebene Spezialbezeichnung nicht nachprüfen kann. Bei verpackten Gütern übernimmt er die Bezeichnung vom Ablader und ergänzt sie durch die Unbekanntklausel „Inhalt unbekannt" oder **„said to contain"**. Ähnliche Vorbehalte befreien ihn von der Beweislast für Wert oder Menge des Inhaltes der Packstücke.

[1] Lat.: cognoscere = erkennen, anerkennen; franz.: Connaissement; engl.: Bill of Lading (B/L)

Maß, Zahl oder Gewicht. Nur eine Angabe muss der Verfrachter als verbindlich in dem Konnossement aufnehmen. Nimmt er mehrere Angaben auf, kann er die Haftung durch Unbekanntklauseln, die er begründen muss, einschränken: „Gewicht unbekannt, weil nicht zugewogen“, „Kontrolle der Stückzahl nicht möglich, weil ungebündelte Anlieferung“ usw.

Die **Merkzeichen** oder die Markierung bestimmen die Packstücke und damit die Güter, über die das Konnossement ausgestellt ist. Sie ermöglichen, dass dieselben Güter, die zur Beförderung übernommen wurden, auch an den Empfänger ausgeliefert werden. Der Vorbehalt „Markierung unbekannt, da nicht lesbar“ befreit den Verfrachter von der Beweislast. **Grundsätzlich machen Unbekanntklauseln das Konnossement nicht unrein.**

Die **äußerlich erkennbare Verfassung und Beschaffenheit** ist im Konnossement anzugeben. Werden bei der Übernahme keine Mängel festgestellt, bescheinigt der Verfrachter eine gute Beschaffenheit: „Shipped in apparent good order and condition“. Festgestellte Mängel werden im Konnossement durch **Abschreibungen** bescheinigt: „Kiste Nr. 6 fehlt“, „Fässer teilweise durchgerostet“, „Säcke nass, teilweise zerrissen“. Die Abschreibung muss begründet sein. Das Konnossement wird **unrein**.

MERKE

Inhaltsmerkmale des Konnossementes:

- Empfangsbescheinigung,
- Beförderungsversprechen,
- übliche Angaben über die Sendung,
- Auslieferungsversprechen
  - nur gegen Übergabe eines Originalkonnossementes,
  - nur an den rechtmäßigen Empfänger,
  - = Wertpapier,
- B/L-Bedingungen.

16.8.2 *Konnossementsbegriffe*

Bei Ausstellung und Verwendung von Konnossementen werden folgende Begriffe benutzt:

▲ ***Original-, Kopiekonnossement.*** Die Konnossemente werden durch Beschriftung als „Original“ oder „Kopie“ gekennzeichnet. Originale werden vom Verfrachter unterschrieben. Die Anzahl bestimmt der Ablader. Im Überseeverkehr werden üblicherweise drei gleich lautende Originale, im Europaverkehr zwei ausgestellt (bezeichnet als „full set 3/3“ oder „full set 2/2“). Die Zahl der Originale, aus denen der volle Satz besteht, wird in jedem Originalkonnossement vermerkt.

Die **Auslieferung** der Sendung im Bestimmungshafen erfolgt **gegen Übergabe eines Originales**. Mit der Übergabe verlieren die anderen Originale ihre Gültigkeit. Das ergibt sich aus dem üblichen Konnossementstext: „In witness where of the number of original bills of lading stated above all of this tenor and date has been signed, one of which being accomplished the other to stand void“ **(kassatorische Klausel).**

Werden die Originale auf verschiedenen Wegen versandt, ist das Verlustrisiko geringer.

Die Zahl der Kopiekonnossemente richtet sich nach dem Bedarf der Beteiligten. Eine Kopie dient als Begleitpapier der Sendung, sie wird als **Kapitänskopie** bezeichnet.

Der volle Satz an Originalkonnossementen wird übergeben, wenn das Konnossement zur Zahlungs- und Lieferungssicherung im Außenhandel dient, aber auch wenn der Ablader die Sendung nach Auflieferung vom Verfrachter zurückverlangt (nachträgliche Verfügung).

▲ ***Bord-, Übernahmekonnossement.*** Im Bordkonnossement (mit dem Vermerk „Shipped on board"), auch **Shipped-B/L** genannt, bescheinigt der Verfrachter, dass er die genannte Sendung im Ladehafen **an Bord des Seeschiffes am Tag der Konnossementsausstellung** empfangen hat. Im Übernahmekonnossement (mit dem Vermerk „Received for shipment"), auch **Received-B/L** genannt, bescheinigt der Verfrachter, dass er die genannte Sendung am Tag der Konnossementsausstellung lediglich empfangen hat – der Verschiffungstermin bleibt ungewiss. Zur Sorgfaltspflicht des Verfrachters gehört, dass er das Konnossementsdatum wahrheitsgemäß angibt: Bei einem Bordkonnossement ist es das Datum der Bordlieferung oder ein späteres, bei einem Übernahmekonnossement ist es das Datum der Übernahme oder ein späteres.

Der Verfrachter kann das Übernahmekonnossement in ein Bordkonnossement umwandeln, wenn er auf der Urkunde einen entsprechenden Vermerk („Goods actually shipped on board") unterschreibt.

Im Außenhandel verlangt der Käufer üblicherweise einen festen Verschiffungstermin. So schützt er sich gegen eine willkürliche Terminverschiebung durch den Verkäufer. Er sichert sich dadurch die rechtzeitige Lieferung nach Zahlung des Kaufpreises und vermeidet Zinsverluste. Aus dem Bordkonnossement erkennt der Importeur oder die von ihm mit der Zahlung beauftragte Bank, ob der im Kaufvertrag vereinbarte Liefertermin eingehalten wird. Ist Zahlung gegen Dokumentenakkreditiv vereinbart, muss das Verschiffungsdatum, also das Konnossementsdatum vor dem Verfalltag bzw. auf dem Verfalltag liegen. Ist der Verfalltag nicht eingehalten, zahlt die Avisierungsbank den Kaufpreis nicht aus. Das Akkreditiv ist „geplatzt". Eine Verlängerung des Akkreditives, die mit Kosten verbunden ist, bedarf der Zustimmung aller Beteiligten (vgl. Abschnitt 13.4.2).

▲ ***Reines, unreines Konnossement.*** Bei Übernahme der Güter prüft der Verfrachter bzw. der von ihm beauftragte Ladungskontrolleur (Tallymann) die Sendung unter anderem auf die **äußere Beschaffenheit** und auf die **Verpackung**. Ergibt diese Empfangskontrolle keine Beanstandung, so erteilt er ein reines Konnossement **(clean B/L)**. Wird ein Mangel festgestellt, so wird dieser im Konnossement durch einen entsprechenden Vorbehalt, eine **Abschreibung**, aufgenommen. Ausgestellt wird ein unreines Konnossement **(foul B/L)** (vgl. Abschnitt 16.8.1).

Aus einem unreinen Konnossement ergibt sich die Gewissheit oder die Möglichkeit, dass die Ware beschädigt, in ihrem Wert oder in ihrer Verwendbarkeit für den Käufer beeinträchtigt ist. Erfolgt die Zahlungs- und Lieferungssicherung gegen Konnossement, wird der Käufer die Zahlung ablehnen. Im Außenhandel verlangt der Käufer üblicherweise reine Konnossemente.

Nicht alle Vermerke machen Konnossemente unrein. „Kisten gebraucht", „Rohre angerostet", „Inhalt unbekannt" und ähnliche Vermerke lassen keinen Schluss auf eine Güteminderung der Ware zu. Nicht immer reicht die Warenkenntnis des Verfrachters, um eindeutig festzustellen, ob ein Mangel vorliegt. In solchen Fällen wird der Verfrachter bereit sein, reine Konnossemente zu zeichnen. Er wird jedoch vom Ablader einen schriftlichen Revers verlangen **(Letter of Indemnity)**, in dem dieser sich verpflichtet, den Verfrachter von allen Kosten und Schadenersatzforderungen des Empfängers freizuhalten, wenn diese sich aus der Reinzeichnung der Konnossemente ergeben.

Muster eines Bordkonnossements

BILL OF LADING
FOR COMBINED TRANSPORT OR PORT TO PORT SHIPMENT

PAGE

B/L-N.

SHIPPER ①
Emil Schnell & Co.
Güterverkehr-Spedition-Logistik
Holstenwall 14 - 17
20355 Hamburg
Tel. (040) 31104609

SHIPPERS REFERENCE
Exp. 10/4495/12

Hapag-Lloyd AG
Far East Container Service

CONSIGNEE OR ORDER ②
to order

NOTIFY ADDRESS ③
Comex Trading Corporation
P.O.B. 44/12566
135, Nihonbashi
1750 Singapore

PLACE OF RECEIPT (Applicable onyl when this document is used as a Combined Transport Bill of Lading)

PLACE OF DELIVERY (Applicable only when this document is used as a Combined Transport Bill of Lading)

OCEAN VESSEL/VOYAGE No. ④
"ESSEN EXPRESS"

PORT OF LOADING
HAMBURG ⑤

PORT OF DISCHARGE ⑥
Singapore

CARRIER'S CONTAINER NUMBER MARKS AND NUMBERS	QUANTITY AND TYPES OF PACKAGES, DESCRIPTION OF GOODS		GROSS WEIGHT (KGS)	MEASUREMENT
HLCU 416 468-9	1x 40'Box Container, said to contain:			
C.T.C. via Singapore Order 11466 No. 1 - 14 ⑦	14 CASES ⑧	Cylinder-Press ⑨ Completely assembled L/C No. 1244/1832 ⑩ Freight Prepaid ⑫	11 400 kos ⑪	

SHIPPED ON BOARD ⑬
DATE 16th Mai . .
FOR THE CARRIER
PAUL GÜNTHER GmbH. & Co.
HAMBURG

The export value of these goods (as defined in tarif rule no 3) is declared by shippers not to exceed: - US - S
per 1000 kilos / 1 CBM
This declaration is made solely for freighting purposes and in no away increases the carrier's liability under the terms of this Bill of Lading.

ABOVE PARTICULARS AS DECLARED BY SHIPPER

COPY NOT NEGOTIABLE

*TOTAL NUMBER OF CONTAINERS OR OTHER PACKAGES OR UNITS RECEIVED BY THE CARRIER: 1/ONE

MOVEMENT
FCL/FCL

Freight and Charges (indicate whether prepaid or collect)

	PREPAID	COLLECT
Origin zone transport charge		
Origin zone service charge	x	
Sea Freight	x	
Destination zone service charge		x
Destination zone transport charge		
Total Freight		

RECEIVED in apparent good order and condition (unless otherwise noted herein) the total number of containers or other packages or units indicated opposite * for transportation from the place of receipt or the port of loading whichever applicable, to the port of discharge or the place of delivery whichever applicable, subject to the terms hereof. One of the Bills of Lading must be surrendered duly endorsed in exchange for the goods or delivery order. On presentation of this document (duly endorsed) to the Carrier by or on behalf of the Holder, the rights and liabilities arising, in accordance with the terms hereof shall (without prejudice to any rule of common law or statute rendering them binding on the Merchant) become binding in all respects, between the Carrier and Holder as though the contract evidenced hereby had been made between them.

PLACE AND DATE OF ISSUE
HAMBURG 16th May . . ⑮

NUMBER OF ORIGINAL BS/L
3/THREE ⑭

IN WITNESS WHEREOF the number of original Bills of Lading stated opposite all of this tenor and date has been signed, one of which being accomplished the others to stand void.

FOR THE CARRIER
PAUL GÜNTHER GmbH. & Co.
HAMBURG
AS AGENTS ONLY ⑯

Erläuterungen zum B/L:

① Name/Adresse des Abladers/Shipper
② Name/Adresse des Empfängers oder Order
a) eine bestimmte Order
b) Blanko-Order (Order des Shippers)
③ Meldeadresse
④ Name des Seeschiffes
⑤ Verschiffungshafen
⑥ Empfangshafen
⑦ Markierung der Kisten
⑧ Anzahl und Verpackungsart
⑨ Warenbezeichnung
⑩ Zusatzvermerk
⑪ Bruttogewicht in kg
⑫ Frachtzahlungsvermerk
⑬ Verschiffungsdatum
⑭ Anzahl der Original-Konnossemente
⑮ Ausstellungsdatum
⑯ Unterschrift des Ausstellers

Sittenwidrig und nichtig ist ein solcher Reversvertrag zwischen Ablader und Verfrachter, wenn beide durch Unterlassungen des Mängelvermerkes den Empfänger (Käufer) oder die zur Zahlung beauftragte Bank täuschen wollen. Tatbestände wie Falschbeurkundung und Betrug sind nicht mit dem Ruf eines ehrbaren Kaufmannes zu vereinbaren.

Eine ähnliche Situation ergibt sich aus einer Vordatierung von Bordkonnossementen.

▲ *Durchkonnossement.* Wird eine Beförderung durch zwei oder mehr Verfrachter durchgeführt, so kann über die Gesamtstrecke ein einheitliches Konnossement ausgestellt werden. Es wird als **Through-Bill of Lading** oder „connaissement direct" bezeichnet.

Gelangen Güter in einem Hafen zur Abladung, von dem aus keine direkte Verbindung zum Bestimmungshafen besteht, werden sie in diesem Umladehafen von einem anderen Linienschiff übernommen **(transshipment)**. Gelegentlich wird Zahlungs- und Lieferungssicherung gegen Transshipment-B/L ausgeschlossen.

In einigen Ländern werden Durchkonnossemente im **gebrochenen Verkehr** (z. B. Schiff/Eisenbahn) über die Gesamtstrecke ausgestellt.

- ✘ Im **Durchkonnossement** verspricht der Verfrachter, die Güter im Bestimmungshafen auszuliefern. Er haftet für die gesamte Strecke. Der Erstverfrachter als Aussteller des Durchkonnossementes vereinbart mit dem Zweitverfrachter des Umladehafens Umschlag, Beförderung, Haftung und Auslieferung im Bestimmungshafen gegen Durchkonnossement. Evtl. wird zugunsten des Erstverfrachters ein Anschluss- oder Lokalkonnossement über die Zweitstrecke ausgestellt; dieses Konnossement hat nur interne Bedeutung.
- ✘ Im **unechten Durchkonnossement** verspricht der Verfrachter, die Güter im Umladehafen als Ablader dem Zweitverfrachter zu übergeben. Er haftet nur für die Erststrecke. Das Anschlusskonnossement, das der Zweitverfrachter ausstellt, bekommt der Befrachter; es verbrieft den Auslieferungsanspruch im Bestimmungshafen.
- ✘ Im **gemeinschaftlichen Durchkonnossement** versprechen der Erstverfrachter die Beförderung und Haftung für die Erststrecke, der Zweitverfrachter für die Zweitstrecke, beide die Auslieferung gegen Durchkonnossement im Bestimmungshafen. Das Durchkonnossement wird von beiden Verfrachtern gemeinsam unterschrieben.

Im Außenhandel können **Spediteurdokumente** unterschiedlicher Ausstattung verwendet werden (vgl. Abschnitt 13.5).

▲ *Combined B/L.* Der Verfrachter stellt ein durchgehendes B/L aus für den Transport mit mindestens zwei unterschiedlichen Verkehrsmitteln (z.B. Bahn, Seeschiff, Lkw).

▲ *Sammelkonnossement.* Befrachter ist ein Spediteur, der kleine Sendungen, für die hohe Minimalfrachten zu zahlen sind, zu einer Sendung zusammenfasst, um Fracht zu ersparen. Empfänger ist ein Spediteur, der die Verteilung der Einzelsendungen nach den Vorschriften des im Verschiffungshafen ansässigen Versandspediteurs vornimmt. Üblicherweise stellt der Versandspediteur für die einzelne Sendung ein Spediteurversanddokument aus, gegen das der Empfangsspediteur die Teilsendung ausliefert.

Verlädt ein Spediteur mehrere Sendungen in einem Container, so stellt der Verfrachter über diesen Container ebenfalls ein Sammelkonnossement aus. Dem Konnossement wird eine Ladeliste beigefügt (vgl. Abschnitt 17.3.1).

▲ *Sonstige Verschiffungspapiere.* Das **Parcel Receipt** wird vom Verfrachter für Kleinsendungen ausgestellt, die keine Handelswaren sind (Messegüter, persönliche Effekten, Muster usw.). Die Güter werden im Locker[1] befördert. Das Parcel Receipt ist ein Paketschein, es ist kein Wertpapier. Der Verfrachter braucht für diese Güter nicht zu haften, er verlangt eine niedrigere Fracht.

Das **Mate's Receipt** wird auf Verlangen des Befrachters vom Verfrachter ausgestellt. Es dient als Empfangsbescheinigung. Gegen Mate's Receipt stellt der Verfrachter später die Originalkonnossemente aus. Verwendet wird das Mate's Receipt zur Lieferungs- und Zahlungssicherung zwischen einem Hersteller und Außenhändler, der dann im Verschiffungshafen oder einem anderen Hafen die Originalkonnossemente gegen Übergabe des Mate's Receipt erhält. Die Konnossemente werden nur gegen Mate's Receipt ausgehändigt, damit kann die Zahlung zwischen Hersteller und Außenhändler gegen Mate's Receipt gesichert werden.

Das **Express Cargo Bill** (Sea-Waybill) ist eine Alternative zum Konnossement (vgl. Abschnitt 13.5.6). Es kann für Verschiffungen eingesetzt werden, für die kein begebbares Verschiffungsdokument erforderlich ist. Es schafft die Voraussetzung zur Auslieferung der Güter an den genannten Empfänger (wie ein Frachtbrief), ohne auf das durch den langsameren Postweg meist verspätet eintreffende Konnossement warten zu müssen. Im Aufbau und Inhalt gleicht das Express Cargo Bill dem B/L, und es gelten auch die gleichen Beförderungsbedingungen. Das **Express Cargo Bill** ist aber **kein Konnossement** und **kein Wertpapier**, es kann auch im Zusammenhang mit DFÜ verwendet werden.

16.8.3 Die Konnossementsarten und die Legitimation des Empfängers

Der Inhaber des Konnossementes muss aus der Urkunde beweisen, dass er der rechtmäßige Empfänger ist. Seine Legitimation ergibt sich aus der Art des Konnossementes. Unterschieden werden:

✘ **Das Orderkonnossement** (order-B/L) wird durch die Orderklausel (Zusatz „Order", „or assign") zum Orderpapier. Es wird an die Order des Empfängers oder nur an „Order" (Blanko-Orderkonnossement) ausgestellt. Die Rechte können durch Voll- oder Blankoindossament[2] übertragen werden. Die **Wirkungen des Indossamentes** liegen in der

[1] Auch Lokker geschrieben, Verschlussraum im Seeschiff, dient der Aufnahme von wertvollen Gütern.

[2] Das Indossament soll mit der Unterschrift des Ausstellers im Konnossement verbunden werden. Diese steht üblicherweise auf der zweiten B/L-Seite, daher soll auf der Vorderseite indossiert werden, und zwar dort, wo auf der anderen Seite die Ausstellerunterschrift steht.

- Traditions- oder Transportfunktion,
- Garantiefunktion und
- Legitimationsfunktion.

Legitimiert ist beim Orderkonnossement der namentlich genannte Empfänger oder derjenige Inhaber, der sich durch eine lückenlose Kette von Indossamenten ausweisen kann. Erster Indossant bei einem Blanko-Orderkonnossement ist immer der Ablader (Shipper), sonst der namentlich genannte Consignee. Der Indossatar ist der Nachmann, er ist legitimiert (vgl. HGB § 642).

Der Ablader kann im Konnossement die **Notify address** (to notify = benachrichtigen) angeben. Der Verfrachter meldet dem Genannten die Ankunft des Schiffes im Bestimmungshafen.

- ✘ **Das Rektakonnossement** (straight-B/L) wird auch Namenskonnossement genannt. Es wird auf den Namen des Empfängers – ohne einen Zusatz – ausgestellt. **Der legitimierte Empfänger ist nur der namentlich Genannte.** Er kann seine Forderung, die er zum Zeitpunkt der Abtretung hat, abtreten (Zession, Forderungsabtretung). Der Verfrachter kann dem Zessionar, dem neuen Empfänger, alle Einwendungen entgegenhalten, die er dem Zedenten, dem genannten Empfänger, gegenüber hat. Da sich der Zessionar nicht darauf verlassen kann, dass er einen uneingeschränkten Anspruch auf die Güter hat, wird das Rektakonnossement nicht gehandelt. Zedierte Rektakonnossemente sind selten.
- ✘ **Das Inhaberkonnossement** trägt als Empfängerbezeichnung das Wort „Inhaber". Solche Konnossemente sind nicht gebräuchlich.

16.8.4 Das Konnossement als Warenwertpapier

Durch das Versprechen, die Güter nur an den rechtmäßigen Inhaber und nur gegen Übergabe der Urkunde auszuliefern, wird das Konnossement zu einem **Warenwertpapier**. Durch die Urkunde wird die Forderung, und zwar der Anspruch auf Auslieferung verbrieft. Der Inhaber bekommt einen selbstständigen Auslieferungsanspruch aus der Urkunde gegenüber dem Verfrachter. Dieser Anspruch ist von dem Kausalgeschäft, dem Frachtvertrag, aus dem er erwachsen ist, losgelöst.

Das Konnossement ist ein **Traditionspapier**, das die beschriebenen Güter vertritt. Die Übergabe der Urkunde an den Empfänger hat dieselbe Wirkung wie die Übergabe des Gutes. Damit kann das Konnossement im Außenhandel wie folgt verwendet werden:

- ✘ Der Exporteur überträgt – in Übereinstimmung mit dem Außenhandelskaufvertrag – dem Importeur durch Übergabe des Konnossementes das **Besitzrecht** an der Ware und damit bei entsprechender **Einigung** auch das **Eigentum**.
- ✘ Der Exporteur übergibt – in Übereinstimmung mit dem Außenhandelskaufvertrag – dem Importeur (oder einer Bank) das Konnossement nur gegen Zahlung des Kaufpreises. Der Verkäufer sichert die Zahlung, der Käufer sichert seine Warenanforderung durch Annahme des Konnossementes, das ihm den Auslieferungsanspruch gegen den Verfrachter gibt. Das Konnossement dient der **Zahlungs- und Lieferungssicherung** im Außenhandel (vgl. Abschnitt 13.4.2).
- ✘ Der Eigentümer der Ware kann das Konnossement während des Seetransportes weiterverkaufen oder zur Finanzierung seines Außenhandelsgeschäftes beleihen. Das Konnossement ist **handelbar.**
- ✘ Der Eigentümer kann einen **Spediteur** durch Indossament und Übergabe des Konnossementes **zum Empfang** ab Seeschiff **legitimieren**; die Weiterbehandlung des Gutes ergibt sich aus dem Speditionsvertrag.

Konnossement

	Orderkonnossement		**Rekta-konnossement**
	✗ mit Empfänger-angabe	✗ Blanko-Order-konnossement	
Bezeichnung des Empfängers	**Empfänger mit Order-klausel** „Hans Berg & Co. or Order" Talstraße 100 20355 Hamburg	**nur Orderklausel** „Order"	**nur der Empfän-ger** „Hans Berg & Co." Talstraße 100 20355 Hamburg
Auslieferungs-anspruch aus dem B/L hat	der namentlich genannte Empfänger: Hans Berg & Co.	der Ablader (shipper)	nur der nament-lich genannte Empfänger: Hans Berg & Co.
Übertragung des Auslieferungs-anspruches durch	**Indossament** des genannten Empfängers	**Indossament** des Abladers (shipper)	**Zession** des genannten Emp-fängers = Forde-rungsabtretung, Vertrag zwischen Empfänger und einem Dritten
Form der Über-tragung – gemäß Einigung der Beteiligten	Indossament auf der Urkunde und Übergabe des Konnossementes an den neuen Empfänger		Zession auf der Urkunde oder einer Anlage und Übergabe des Rektakonnosse-mentes an den neuen Empfänger
	✗ Vollindossament: „Für uns an die Order der Fa. Fritz Kahl KG" Hamburg, den ... Unterschrift: Hans Berg & Co. oder ✗ Blankoindossament: Hamburg, den ... Unterschrift: Hans Berg & Co.	✗ Vollindossament *oder* ✗ Blankoindossament des Abladers (shipper)	
Rechtswirkungen	Der Indossatar kann fordern, was im B/L versprochen ist. Der Verfrachter kann nur Einwendungen erheben, ✗ die aus der Urkunde hervorgehen, ✗ die die Gültigkeit seiner Konnossementserklärun-gen (z. B. Unterschrift) betreffen, ✗ die ihm gegen den Inhaber direkt zustehen.		Der Zessionar kann nur fordern, was der Zedent zum Zeitpunkt der Zession vom Verfrachter for-dern konnte (der Verfrachter kann aufrechnen).
Legitimierter Empfänger ist der	Inhaber, der als Empfänger genannt ist, oder der-jenige, der sich durch eine lückenlose Kette von Indossamenten auf dem B/L ausweisen kann.		im B/L genannte Empfänger, der seinen Rechts-anspruch abtre-ten kann

16.8.5 Die Bedeutung des Konnossementes

Das Konnossement – als Warenwertpapier ausgestattet – dient dem Außenhandel zur schnellen und reibungslosen Abwicklung der Außenhandelsgeschäfte, außerdem zur Abwicklung der Beförderung:

- Als **Empfangsbescheinigung** (Quittung) des Verfrachters ist es eine Urkunde über die Art und Menge der Güter sowie über ihre äußere Beschaffenheit.
- Als **Wertpapier** verbrieft es den Auslieferungsanspruch des Inhabers gegen den Verfrachter. Es repräsentiert die Güter, sodass die Übergabe des Konnossementes die Übergabe der Güter ersetzt. Dadurch kann es zur **Zahlungs- und Lieferungssicherung** und zur **Beleihung** für Kreditbeschaffungen eingesetzt werden.
- Es ist **Beweisurkunde** über Abschluss und Inhalt des Frachtvertrages zwischen Befrachter und Verfrachter. Es regelt die Rechtsbeziehungen zwischen dem Verfrachter und dem Empfänger und enthält die **Beförderungsbedingungen**.
- Es dient als **schriftliche Unterlage** der Abwicklung des Seefrrachtvertrages und des Außenhandelsgeschäftes. Die **Kapitänskopie** begleitet die Sendung, weitere Kopien benötigen die Frachtvertragspartner, der Spediteur, der Exporteur, der Importeur, der Zoll und andere am Außenhandelsgeschäft Beteiligte.

16.9 Die Haftung des Verfrachters aus dem Seefrachtvertrag

▲ *Zwingende Haftungsvorschriften des HGB und der Haager-Visby-Regeln.* Der Verfrachter haftet unabdingbar für den **Ladungsschaden** (Verlust oder Beschädigung der Güter), der sich aus einem **Mangel**,

- der **anfänglichen See- und Ladungstüchtigkeit** vom Beginn der Beladung bis zum Auslaufen des Schiffes,
- der **Erhaltung der See- und Ladungstüchtigkeit** während der Reise und
- der **Ladungsfürsorge** (kommerzielles Verschulden) ergibt **(Verschuldenshaftung)**.

Der Verfrachter hat die Beweislast. Will er nicht haften, muss er beweisen, dass er mit der Sorgfalt eines ordentlichen Verfrachters gehandelt hat oder dass der Mangel oder der Fehler nicht von ihm oder seinen angestellten oder beschäftigten Leuten verschuldet ist. Bei nautischem oder technischem Verschulden haftet der Verfrachter nur für eigenes Verschulden, nicht für das Verschulden seines Kapitäns oder der Besatzung.

▲ *Freizeichnungen.* Der Verfrachter kann sich von einzelnen Haftungsbestimmungen freizeichnen oder die Beweislast umkehren, soweit die gesetzlichen Vorschriften nachgiebiger Art sind. Im Vertrag werden folgende Klauseln vereinbart:

- Ist „Frei Laden und frei Löschen" (fio = free in and out) vereinbart, haftet er nicht für Ladungschäden beim Ein- und Ausladen, da diese Arbeiten vom Befrachter bzw. dessen Stauer erledigt werden.
- Von Landschäden („shore or country damage") vor dem Einladen und nach dem Ausladen („from tackle to tackle") kann er sich befreien. Er haftet zwingend nur vom Einladebeginn bis zum Ausladeende. Der Geschädigte kann sich um Schadenersatz bei dem Kaibetrieb bemühen.
- Er kann sich vom Decksrisiko freizeichnen, wenn er mit dem Ablader Decksverladung vereinbart, im Konnossement auffällig einen entsprechenden Vermerk angebracht und die Decksladung mit der Sorgfalt eines ordentlichen Verfrachters gestaut und befestigt hat. Trifft den Verfrachter bei Decksverladung ein kommerzielles Verschulden (z. B. fehlerhafte Befestigung, Fehlen der Vereinbarung), so muss er für den Schaden haften.

- Freizeichnungen sind üblich bei der Beförderung von lebenden Tieren und von Pflanzen.

▲ ***Gesetzliche Nichthaftung für Ladungsschäden.*** Der Verfrachter haftet nicht für Schäden, die entstehen

- aus nautischem und technischem Verschulden des Kapitäns oder der Besatzung (default in the navigation or in the management of the ship),
- aus Feuer,
- aus Gefahren und Unfällen der See (perils and accident of the sea),
- aus kriegerischen Ereignissen (acts of war or public enemies), Unruhen (riots), Verfügungen von hoher Hand (restraints of rulers), Quarantänebeschränkungen (quarantine restrictions),
- aus gerichtlicher Beschlagnahme (arrest under legal process),
- aus Streik (strike), Aussperrung (lock out) oder einer sonstigen Arbeitsbehinderung,
- aus Handlungen oder Unterlassungen des Abladers, Eigentümer u.a.,
- aus der Rettung oder dem Versuch der Rettung (attempting to save) von Leben oder Eigentum (property) zur See,
- aus Schwund an Raumgehalt (wastage in bulk) oder Gewicht oder aus verborgenen Mängeln oder der eigentümlichen natürlichen Art oder Beschaffenheit des Gutes (or any other loss or damage arising from inherent defect, quality, or vice of the goods).

Könnte ein Schaden aus einer dieser Gefahren entstanden sein, wird vermutet, dass er aus dieser Gefahr entstanden ist. Der Verfrachter haftet in den genannten Fällen jedoch, wenn er den Eintritt der Gefahr zu verantworten hat.

▲ ***Schadenanzeige.*** Dem Verfrachter sind offene Mängel bei Auslieferung der Güter und verborgene Mängel spätestens drei Tage danach schriftlich anzuzeigen.

▲ ***Schadenersatz.*** Ersetzt werden nach dem HGB, in das die Visby-Regeln von 1968 eingearbeitet sind,

- bei Verlust der gemeine Handelswert oder der gemeine Wert bei Löschbeginn und
- bei Beschädigungen der Wertunterschied zwischen dem Verkaufswert und dem Wert des Gutes in unbeschädigtem Zustand,

höchstens 666,67 SZR je Packung oder Ladungseinheit oder wahlweise 2 SZR je kg brutto. Güter, die in einem Container, auf einer Palette oder durch ein ähnliches Gerät zusammengefasst sind, gelten als eine Einheit, wenn sie im Konnossement nicht gesondert aufgeführt sind.

Die Verfrachterhaftung kann durch die gesetzlichen Haftungsausschlüsse, und die Freizeichnungen stark eingeschränkt werden. Der Ladungsbeteiligte deckt deswegen sinnvollerweise die Seetransportrisiken und die Hafenrisiken durch eine Transportversicherung ab.

16.10 Die Haverei

16.10.1 Die Arten der Haverei

Haverei (auch Havarie) sind die Schäden, die das Seeschiff oder die Ladung während der Reise erleiden. Das können Sachschäden und andere Vermögensschäden (Folgeschäden, Kosten) sein.

- **Die kleine Haverei** bezeichnet alle gewöhnlichen und ungewöhnlichen Kosten der Schifffahrt, wie Lotsengeld, Hafengeld, Leuchtfeuergeld, Schlepplohn, Quarantänegelder, Auseisungskosten und dergleichen. Der Verfrachter trägt diese Kosten (HGB § 621).
- **Die besondere Haverei** (engl.: particulare average; franz.: avarie particulière) umfasst alle Schäden, die das Schiff **oder** die Ladung durch ein ungewöhnliches Ereignis, das kann auch ein Unfall sein, erleidet (Schiffskollision, Strandung, Feuer usw.). Die Schäden werden von dem Eigentümer des Schiffes oder von den Eigentümern der Ladung, von jedem für sich allein, getragen (HGB § 701).
- **Die große Haverei** (gemeinschaftliche Haverei, Havarie grosse; engl.: general average; franz.: avarie grosse) umfasst alle Schäden einschließlich Kosten, die dem Schiff oder der Ladung (oder beiden) auf Befehl des Kapitäns vorsätzlich zugefügt werden, um beide aus gemeinschaftlicher Gefahr zu erretten. Die Beteiligten bilden während der Reise eine Gefahrengemeinschaft. Die große Haverei wird von Schiff, Fracht (zum Teil) und Ladung gemeinschaftlich getragen, wenn die Rettungsmaßnahmen erfolgreich sind (HGB §§ 700 ff.).

16.10.2 Die große Haverei

▲ *Voraussetzungen.* Ein Fall der großen Haverei ist gegeben, wenn folgende Voraussetzungen erfüllt sind:

- **Schiff und Ladung** befinden sich in einer **gemeinsamen Gefahr**.
- Die Schiffsleitung ordnet in vernünftiger Weise **Maßnahmen zur Errettung** von Schiff und Ladung aus der gemeinsamen Gefahr an.
- Schiff und/oder Ladung werden dadurch **Schäden vorsätzlich zugefügt**. Schäden sind Beschädigungen, Verluste und alle Kosten, die zur Errettung aus der gemeinsamen Gefahr aufgewendet werden.
- **Schiff und Ladung** müssen ganz oder teilweise **gerettet** werden.

▲ *Maßnahmen nach einer großen Haverei.* Grundsätzlich hat der Kapitän im Havereifall nach bestem pflicht- und vernunftgemäßem Ermessen zu handeln. Über jeden Havereifall muss das Schiffstagebuch sorgfältig geführt werden.

▲ *Verklarung.* Nach Erreichung des Bestimmungshafens oder eines Nothafens legt der Kapitän vor dem Amtsgericht eine Verklarung ab. Dazu reicht er seinen ausführlichen Unfallbericht und das Schiffstagebuch ein, aus denen sich Hergang des Unfalles, Abwehrmaßnahmen und Umfang der Schäden ergeben müssen. Das Gericht führt die Beweisaufnahme nach den Vorschriften der Zivilprozessordnung durch, vernimmt möglicherweise Zeugen und stellt die Urkunde über die Verklarung aus.

▲ *Dispache.* Die Verklarung ist die Grundlage für die Abrechnung einer großen Haverei, der Dispache. Das zuständige Gericht bestellt einen vereidigten Sachverständigen, den **Dispacheur**, der nach den gegebenen Vorschriften die Dispache aufmacht. Er ermittelt die Schäden der großen Haverei bzw. die Vergütungsansprüche und die Kosten der Verklarung, der Dispache und sonstige Kosten. Er setzt das Beitragskapital fest. Die Dispache ist eine Urkunde über

- Schadenursache und Unfallverlauf,
- Feststellung der Beitragsverpflichteten und Vergütungsberechtigten,
- Ermittlung des Havereischadens,
- Ermittlung des Beitragskapitals,
- Ermittlung der Beitragsquote,
- Verteilung der Beitragssumme auf die Vergütungsberechtigten.

Schiff, Ladung und Fracht (zum Teil) haften dafür, dass die Beteiligten ihre Beitragspflicht erfüllen. Jeder Anspruchsberechtigte hat ein Pfandrecht an diesen Werten, das der Verfrachter auszuüben hat.

Um unverzüglich über die Sendung verfügen zu können, unterzeichnet der Empfänger einen **Havarie-Verpflichtungsschein (Havarie Bond)**. Dadurch verpflichtet er sich zur Zahlung des auf ihn entfallenden Beitrages. Außerdem erklärt er sich bereit, eine bestimmte Summe des Warenwertes zum Ausgleich der Kosten auf einem Treuhandkonto zu deponieren **(Havarie-Einschuss)**. Der Verfrachter verpflichtet sich mit seiner Unterschrift, die Sendung im Gegenzug auszuliefern.

Derjenige, der das Transportrisiko trägt (in der Regel der Käufer), wird sich mit Abschluss der Seetransportversicherung gegen Havariebeiträge schützen.

AUFGABEN

1. Welche Aufgaben hat der im Seehafen ansässige Schifffahrtskaufmann?
2. Welche Pflichten haben die am Seefrachtvertrag in der Linienschifffahrt Beteiligten?
3. Beschreiben Sie die Gefahren des Seetransportes, gegen die das Gut durch eine Verpackung geschützt werden soll!
4. Vergleichen Sie die Seetransportgefahren, denen das Gut bei einer konventionellen Verladung und bei einer Container-Verladung ausgesetzt ist!
5. Schildern Sie die Abladung von Stückgütern!
6. Was ist bei der Abladung von Gefahrgut zu beachten?
7. Wodurch unterscheiden sich die feste und die konditionelle Buchung?
8. Welche Vorteile ergeben sich durch den Einsatz von Containern für die Beteiligten gegenüber dem nicht containerisierten Stückgutverkehr?
9. Mit welchen Argumenten würden Sie Ihrem überseeischen Kunden eine FCL/FCL-Verladung empfehlen?
10. Was bescheinigt der Carrier im Konnossement?
11. Welchen Zwecken dient das Konnossement?
12. Nennen Sie die Voraussetzungen einer großen Haverei!
13. Vergleichen Sie die Häfen Bremen/Bremerhaven und Hamburg hinsichtlich ihrer
    - geographischen Lage,
    - Hinterlandanbindungen (Straße, Schiene, Wasser)!
14. Eine Exportsendung soll in Containern von Hamburg nach Hongkong verschifft werden. Die Sendung besteht aus 400 gleichförmigen Packstücken, die insgesamt ein Volumen von 90 cbm und ein Gewicht von 35 t haben. Begründen Sie, welche Containergrößen und wie viele Container erforderlich sind!
15. Warum haben sich Linienreedereien zu Schifffahrtskonferenzen und Konsortien zusammengeschlossen?

17 Die Seehafenspedition

EINSTIEG

Die Firma Werkzeugmaschinenfabrik Leipzig GmbH in Leipzig (= Exporteur) hat mit der Firma Unión de Máquinas S.A. in Lima/Peru (= Importeur) einen Kaufvertrag abgeschlossen über folgende Sendung:

3 Stück Zylinder-Pressen

Abmessungen je Presse, unverpackt:	240 cm lang 120 cm breit 135 cm hoch
Nettogewicht je Presse:	2 050 kg

Die Pressen müssen aufrecht befördert werden!

ARBEITSAUFTRÄGE

1. Überlegen Sie, welche weiteren Angaben/Informationen benötigt ein Seehafenspediteur für eine ordnungsgemäße Export-Verschiffung dieser Sendung!
2. Welche Einfuhrbestimmungen für das Empfangsland sind zu beachten?
3. Bei wem kann man sich über die Einfuhrbestimmungen für Peru informieren?
4. Welche Verpackungs-/Verladeformen kommen für diese Sendung infrage?
5. Sie sollen den Kunden bei dieser Entscheidung beraten.
   Was müssen Sie bedenken hinsichtlich des Transportablaufs, und welche Kosten müssen Sie gegenüberstellen und vergleichen?
6. Ist eine Verladung in einen 20'-Container möglich?
   Begründen Sie Ihre Entscheidung!
7. Es liegt ein Dokumenten-Akkreditiv vor. Welche L/C-Vorschriften muss der Spediteur beachten?
8. Schildern Sie die Abwicklung dieses Exportauftrags durch den Spediteur!

17.1 Die Aufgaben des Seehafenspediteurs

Der Seehafenspediteur (wie der Luftfrachtspediteur) verkörpert am reinsten von allen Zweigen des vielseitigen Speditionsgewerbes den Typ eines Spediteurs im eigentlichen (handelsrechtlichen) Sinn, der niemals eine Beförderung selbst ausführt, sondern nur den Versand der Güter besorgt. Er hat

- die Güter, die aus dem Binnenland kommen, zu empfangen und zur Verschiffung zu bringen = **Exportspedition**,
- die Güter, die aus dem Ausland über See einkommen, in Empfang zu nehmen und in das Binnenland weiterzuleiten = **Importspedition**,
- die Güter, die aus dem Ausland über See einkommen und wieder über See in ein anderes Land weiterversandt werden sollen, in Empfang zu nehmen und für die Weiterverschiffung zu sorgen = **Transitspedition**.

Die im Seehafen ansässigen Speditionsbetriebe sind, soweit sie nur Seehafenspedition betreiben und nicht andere Speditionstätigkeiten oder Nebengeschäfte, wie Frachtführertätigkeit und Lagerei, ausführen, reine Bürobetriebe; sie üben lediglich eine **disponierende Tätigkeit** aus. Der Seehafenspediteur beauftragt andere Kaufleute mit dem Umschlag oder mit dem Transport durch Abschluss von Umschlags- und Frachtverträgen und besorgt alle weiteren Dienstleistungen, die sich aus dem Export und Import der Güter ergeben (vgl. Kap. 2).

Der Spediteur übt seine Tätigkeit in enger Zusammenarbeit mit den Linienagenten bzw. -vertretern aus. Er tritt ihnen gegenüber im Export als Befrachter und Ablader und im Import als Empfänger auf. Er arbeitet als Absender oder Empfänger eng zusammen mit den verschiedenen inländischen Verkehrsträgern, er steht in engen Beziehungen zu Zwischenspediteuren, Hafenbehörden, Kaibetrieben, Kontrollbetrieben, Stauereien, Lagerhaltern, Versicherungsgesellschaften, Zollbehörden, Konsulaten, Handelskammern, Banken und anderen Betrieben.

Um seine Aufgaben ordnungsgemäß erfüllen zu können, muss er nicht nur das in- und ausländische Verkehrswesen kennen, sondern auch die wichtigsten Vorschriften und Handelsbräuche des Außenhandels.

17.2 EDV-Einsatz im Seehafenverkehr

Der Seehafen stellt als Knotenpunkt des internationalen Verkehrs eine wichtige Funktion im Ablauf der Transportkette dar. **Hoch entwickelte, moderne Transporttechniken sind nur dann optimal zu nutzen, wenn sie von einem güterbegleitenden Informationsfluss unterstützt werden**. Dies ist Voraussetzung für einen schnellen Transport und einen reibungslosen Güterumschlag im Seehafen (vgl. Abschnitt 2.3).

Während durch neue Umschlagtechniken und schnellere Verkehrssysteme der Transport der Güter in den letzten Jahrzehnten entscheidend beschleunigt werden konnte, z. B. durch den Container, hat der güterbegleitende Informationsfluss häufig nicht mithalten können. Der überbetriebliche Datenaustausch und Unterlagenversand geschieht überwiegend auf dem Post- oder Botenwege. Dies ist sehr zeitaufwendig und verursacht hohe Kosten, z. B. einen Schiffszettel zum Kaibetrieb zu bringen.

Bei der Durchführung von Überseetransporten sind im Seehafen viele Branchen tätig, die meist alle dieselben Stammdaten benötigen. Hierzu gehören z. B.

- die Seehafenspediteure,
- Kaiumschlagsbetriebe/Container-Terminals,
- Tally-Firmen/Seegüterkontrolleure,
- Stauereien,
- Lagereibetriebe,
- Verpackungsfirmen,
- Zolldeklaranten,
- Schiffsmakler/Linienagenten,
- Deutsche Bahn AG,
- Behörden, z. B.
  - Zollbehörde
  - HZA in Hamburg,
  - Wasserschutzpolizei bei Gefahrgut usw.

Alle diese Betriebe und Behörden sind auf einen intensiven **Datenaustausch** angewiesen; hier bot es sich an, die Daten nur einmal zentral zu erfassen und sie den Beteiligten zugänglich zu machen. Voraussetzung ist, dass jeder Beteiligte nur die Daten bekommt, die auch tatsächlich für ihn bestimmt sind und ein Missbrauch unmöglich ist.

Der Informationsfluss im Seehafen
I. Herkömmliches System

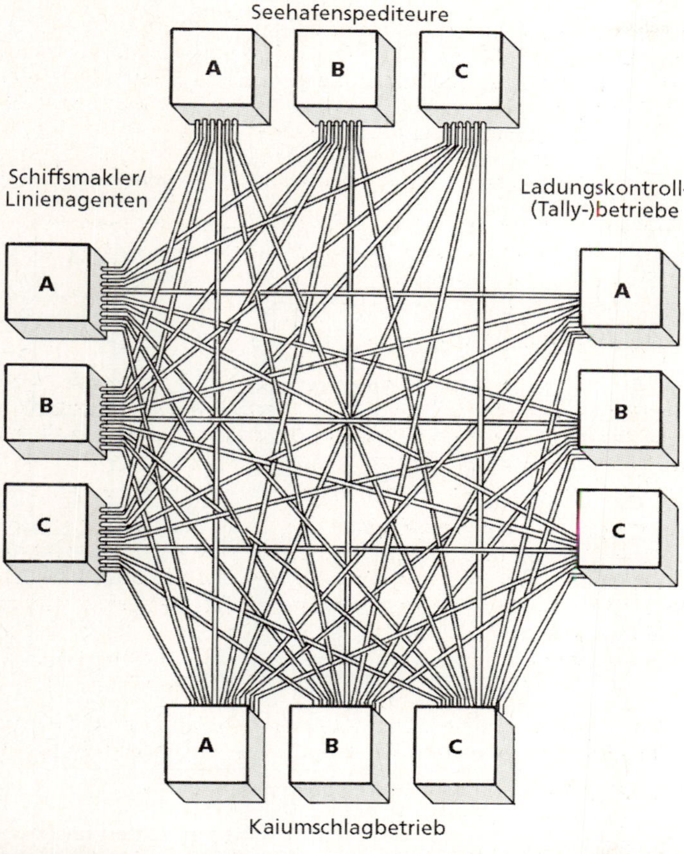

Die Vielfalt der Sendungen, der Versender und der Empfänger, der überseeischen Relationen und der Liniendienste führt dazu, dass die am Güterumschlag beteiligten Firmen nicht nur mit einem, sondern mit vielen Unternehmen in jeder Branche Daten austauschen. Das ergibt – selbst bei vereinfachter Darstellung – eine verwirrende Fülle von Informationsbeziehungen. In jedem Kontor werden die Identifikationsdaten jeder Sendung aufs neue erfasst und von Formular zu Formular weiter übertragen.

Quelle: Dakosy GmbH, Hamburg

Als Lösung entwickelten sich in Hamburg das „**Da**ten**ko**mmunikations**sy**stem" **(DAKOSY)** und in Bremen die „**C**omputer-**O**rientierte **M**ethode für **P**lanung und **A**blauf-**S**teuerung im **S**eehafen" **(COMPASS)**.

Die Systeme dienen als eine Art „Briefkasten" (mailbox) und überwinden auch die Inkompatibilitäten zwischen den verschiedenen EDV-Systemen seiner Nutzer. Die Weiterverarbeitung der Daten bleibt ausschließlich Sache der Teilnehmer.

Die **Vorteile** dieser Systeme sind:

- ✘ sofortige Information aller Beteiligten,
- ✘ schnelle Bearbeitung von Anfragen am Computer/Bildschirm,

Der Informationsfluss im Seehafen
II. Mit DAKOSY

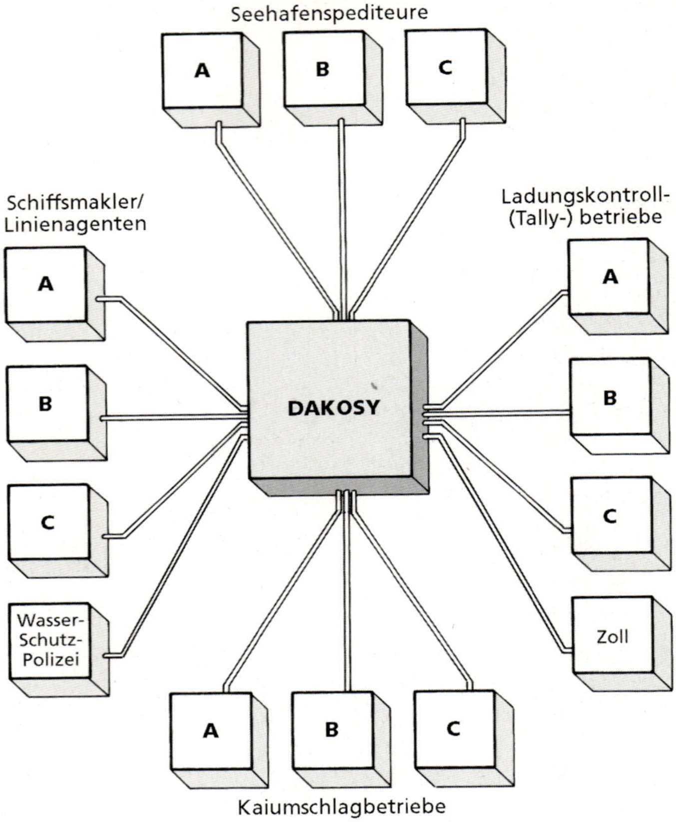

Mit DAKOSY wird der Datenaustausch zwischen den Firmen erleichtert und beschleunigt. Das zeigt bereits eine Gegenüberstellung der beiden Systemzeichnungen auf diesen Seiten. Nun werden die Identifikationsdaten der Sendungen nur noch einmal erfasst und komplettiert und danach allen Beteiligten automatisch oder auf Abruf übermittelt – fertig zum Ausdruck oder zur weiteren Verarbeitung.

Quelle: Dakosy GmbH, Hamburg.

- ✘ Einsparung von Post- bzw. Botengängen,
- ✘ zentrale und einmalige Eingabe von Stammdaten für wichtige Unterlagen, z. B.
  - **betriebsinterne Papiere** der Seehafenspediteure u. a.
    - Speditionsbuch
    - Voravis
    - Empfängeravis
    - Abrechnung
    - Versandanzeige
    - Versicherungsanmeldung
  - **Kaipapiere** u. a.
    - Schiffszettel/HDS = Hafen-Daten-Satz/Verladeschein
    - Kai-Anlieferungsantrag

    - Kai-Auslieferungsantrag
    - Anhalteantrag
    - Antrag auf Bahnentladung (Verrechnungsschein)
    - Antrag auf Kaileistungen
    - Verpflichtungsschein
    - Gate-Pass
    - Kai-Teilschein
    - Anmeldungen bei der Wasserschutzpolizei usw.
- **Dokumente**, z. B.
    - Konnossemente
    - Manifeste
    - Ausfuhr-Anmeldung
    - Versicherungspolicen
    - gegebenenfalls (künftig) Konsulatsfakturen.

Formulare wird es auch in Zukunft geben. Nur: Das Ausfüllen bleibt nicht zeitraubende Handarbeit, sondern wird den elektronisch gesteuerten Geräten überlassen; sie machen es schneller und fehlerfreier. Sie stützen komplexe Datenkommunikationsstrukturen.

DAKOSY-Rechner-Verbund

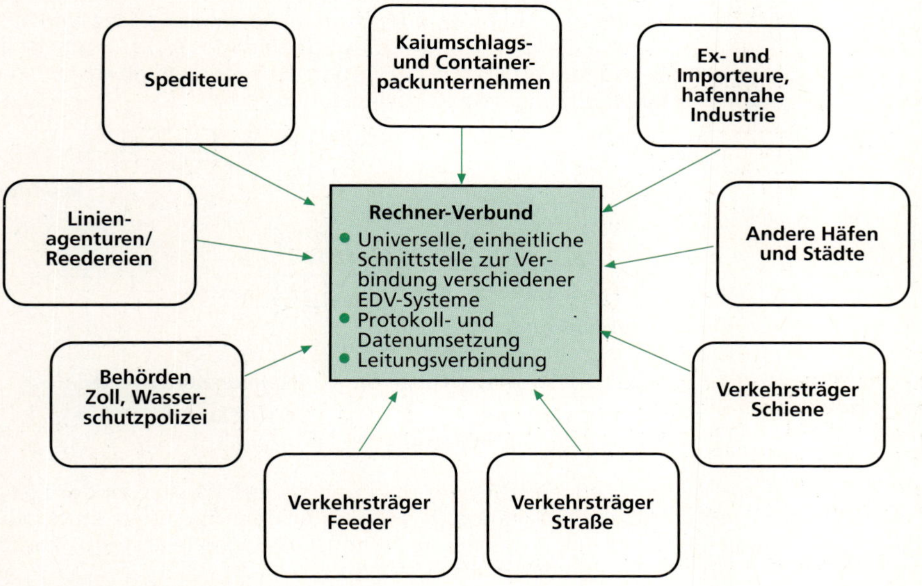

Quelle: Dakosy GmbH, Hamburg

17.3 Die Exportspedition

17.3.1 Die Aufgaben des Exportspediteurs

Die Exportgüter müssen in den Seehäfen von einem binnenländischen Transportmittel auf das Seeschiff umgeschlagen werden. Dieser Umschlag und die vielfältigen damit zusammenhängenden Arbeiten werden von dem sachkundigen und ortsansässigen Exportspediteur durchgeführt. Er überwacht den Umschlag und sorgt für die rechtzeitige und reibungslose Durchführung der einzelnen Tätigkeiten.

Seine Aufgaben lassen sich im Einzelnen wie folgt gliedern:

- **Besorgen oder Selbstdurchführung des Vortransportes** vom Hersteller zum Seehafen,
- **Erteilung des Abrufes** an den Lieferer,
- **Empfangskontrolle** der Güter im Seehafen und gegebenenfalls Wahrung der Rechte aus dem Frachtvertrag gegenüber dem Frachtführer (Schnittstelle lt. ADSp Ziff. 7),
- Gestellung von **Containern**, Verladung in Containern bzw. Sammelcontainern,
- **FOB-Lieferung** und/oder **Verschiffung** einschließlich Ausstellen und Besorgen aller erforderlichen Dokumente,
- **Besorgen von Transportversicherungen** über die eigene Generalpolice zu günstigen Bedingungen,
- **Mithilfe bei der Abwicklung des Außenhandelsgeschäftes** (Lieferung und Zahlung) durch ordnungsgemäßes Aufmachen und rechtzeitiges Liefern der Dokumente, durch Ausstellen von Spediteurversanddokumenten (FCR, FBL usw. – siehe Abschnitt 13.5),
- **Ausstellen von Spediteurbescheinigungen** für Umsatzsteuerzwecke.

▲ ***Speditionsvertrag.*** Die Aufgaben, die der Spediteur beim einzelnen Verschiffungsauftrag zu erfüllen hat, ergeben sich aus dem Speditionsauftrag, dessen Einzelheiten sich nach dem Kaufvertrag richten, der zwischen dem Exporteur und dem überseeischen Importeur geschlossen wurde. Auftraggeber des Spediteurs ist im Normalfall der Exporteur, es kann aber auch der Importeur sein, gelegentlich sind es beide. Es ergeben sich folgende mögliche Rechtsbeziehungen:

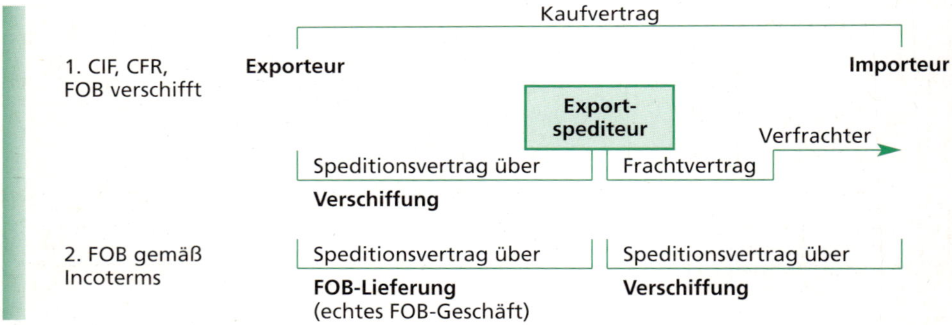

▲ ***FOB-Lieferung.*** Hat der Auftraggeber des Spediteurs seine Ware nach der Lieferklausel „FOB Verschiffungshafen" verkauft, so muss er dem Spediteur im Speditionsauftrag genau vorschreiben, welche Speditionsleistungen verlangt werden. Grundsätzlich sind zwei Formen des FOB-Geschäftes möglich:

Das echte FOB-Geschäft liegt vor, wenn der Auftraggeber auf der Basis „FOB gemäß Incoterms 1990" verkauft hat. Auftraggeber ist der inländische Hersteller bzw. Lieferant, der an einen Exporteur verkauft hat; Auftraggeber kann aber auch der Exporteur sein, wenn er nach FOB Incoterms weiterverkauft hat.

In diesem Fall hat der Spediteur nach dem Speditionsvertrag nur die reine FOB-Lieferung zu besorgen. Dieser Spediteur wird **FOB-Spediteur** genannt. Er liefert die Güter an Bord des Seeschiffes, das ihm vom Befrachter (Exporteur, Importeur oder einem beauftragten Verschiffungsspediteur) genannt wird, und besorgt das übliche Dokument der Bordlieferung (Mate's Receipt, Kai-/Bordempfangsschein), gegen welches der Befrachter das Konnossement vom Verfrachter erhält.

Das unechte oder erweiterte FOB-Geschäft liegt vor, wenn der Auftraggeber auf der Basis „FOB verschifft" gemäß oder ohne Incoterms verkauft. In diesem Fall hat der Spediteur zusätzlich zur reinen FOB-Lieferung den Frachtvertrag mit dem Schiffsvertreter zu schließen und das Konnossement sowie andere erforderliche Dokumente zu besorgen. Der Spediteur ist dann **FOB-Spediteur und Verschiffungsspediteur** gleichzeitig.

▲ ***Exportsammelspedition.*** Kleine und kleinste Sendungen von verschiedenen Auftraggebern, die für einen Empfangshafen bestimmt sind, werden von einem Spediteur auf einem Konnossement (Sammelkonnossement) verladen, an einen Empfangsspediteur im Bestimmungshafen verschifft und von diesem nach den Weisungen des Exportsammelspediteurs an die Endempfänger ausgeliefert. Durch diese Zusammenfassung werden die hohen Minimalfrachten und sonstigen Minimalgebühren vermieden. Die Auftraggeber werden an den erheblichen Kostenvorteilen, die sich vor allem aus der Differenz von Minimalfracht und Frachtrate ergeben, beteiligt.

▲ ***Spediteursammelcontainer*** (vgl. Abschnitt 16.9). Exportsendungen, die für ein Containerschiff vorgesehen sind, werden vom Exporteur am Versandort oder vom

Abwicklung einer Container-Sammelladung

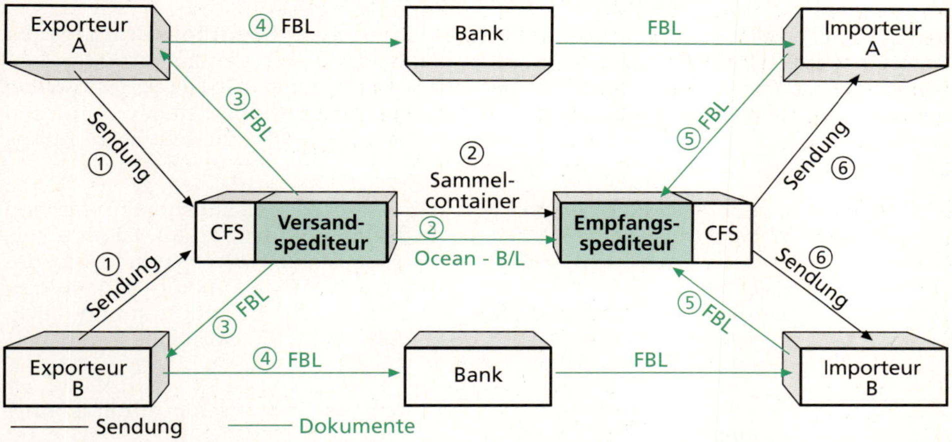

① Sendung zur Container-Packstation des Versandspediteurs (CFS), dort werden die einzelnen Teilsendungen empfangen und in einen Sammelcontainer des Spediteurs verladen.

② Der Sammelcontainer und das Ocean-B/L werden direkt an den Empfangsspediteur im Empfangshafen versandt.

③ Der Versandspediteur erstellt für die einzelne Teilsendung ein FBL (oder Haus-B/L o. Ä.) und sendet diese Dokumente an die Auftraggeber (Exporteure A und B).

④ Der Exporteur sendet das FBL direkt an den Importeur oder an die zum Inkasso (Zahlungssicherung) eingeschaltete Bank.

⑤ Der Importeur legt dem Empfangsspediteur das FBL vor und verlangt die Auslieferung der Sendung.

⑥ Der Empfangsspediteur hat inzwischen den Sammelcontainer auf Ocean-B/L empfangen und auf seiner CFS entladen; gegen das FBL erhält der einzelne Importeur die jeweilige Teilsendung. Anstelle der Auslieferung können auch Lieferscheine ausgehändigt werden.

Seehafenspediteur im Seehafen in einen Container verladen. Ist die Sendung für einen Container nicht groß genug, verlädt der Seehafenspediteur diese Sendung zusammen mit einer oder mehreren anderen Sendungen in einen Container, der als Spediteursammelcontainer bezeichnet wird. Der Spediteur bekommt für den Container **ein Konnossement** vom Verfrachter. Dieses Konnossement schickt er zusammen mit den Weisungen über die einzelnen Sendungen an seinen Korrespondenzspediteur im Bestimmungshafen. Dieser Empfangsspediteur empfängt den Container, entlädt ihn und liefert die einzelnen Sendungen weisungsgemäß an die Endempfänger aus. Der Auftraggeber bekommt auf Wunsch ein **Spediteurversanddokument** (siehe Abschnitt 13.5) seiner Wahl, mit dem er die Zahlung und die Lieferung sichern kann.

▲ *Einrichtung verschiedener Exportabteilungen.* Die Exportspedition ist in erster Linie ein Stückgutgeschäft, das viel Kleinarbeit verursacht und neben langer Erfahrung gute Rechtskenntnisse, vor allem der Ausfuhr- und Einfuhrvorschriften der verschiedenen Staaten, verlangt. Deshalb richten größere Betriebe neben einer FOB-Abteilung für das echte FOB-Geschäft mehrere Exportabteilungen ein, in denen die Exportaufträge nach Ländern oder Ländergruppen mit gleichen Einfuhrvorschriften (Verkehrsrichtungen) abgewickelt werden.

17.3.2 Die Durchführung der Exportspedition

Der Spediteur führt aufgrund des ihm **schriftlich erteilten Speditionsauftrages** die Exportspedition durch. Damit der Kunde keine „für die ordnungsgemäße Ausführung des Auftrages erheblichen Angaben" (vgl. Abschnitt 4.3.4.4) vergisst, kann ihm der Spediteur vorgedruckte Auftragsformulare zur Verfügung stellen. In diesen Vordrucken ist Raum für alle erheblichen Angaben, die der Spediteur zur ordnungsmäßigen Auftragsdurchführung kennen muss.

Nach Auftragseingang wählt der Spediteur das Seeschiff weisungsgemäß aus und schließt den Frachtvertrag mit dem Verfrachter durch die Buchung ab. Ist eine vorzeitige Buchung nicht erforderlich, wird der Frachtvertrag erst durch Anlieferung der Güter an das Seeschiff abgeschlossen. Der Auftrag wird in das Speditionsbuch eingetragen und bekommt seine Positionsnummer. Die Auftragsbestätigung und – evtl. bereits jetzt – der Abruf der Güter werden geschrieben und die Umschlags- und Versandpapiere vorbereitet.

Ein **Abruf**, den der Exportspediteur dem Lieferanten des Ausfuhrgutes erteilt, könnte grundsätzlich folgende Einzelheiten enthalten:

- ✘ Vorschlag des günstigsten Vortransportes (Bahn, Lkw, Sammelladung, Binnenschiff, Wegevorschriften),
- ✘ Termin für das Eintreffen der Sendung im Seehafen (Zeitpunkt des voraussichtlichen Ladeschlusses),
- ✘ Hinweis auf die Art der Buchung (konditionelle oder feste Buchung) wegen möglicher Fehlfracht,
- ✘ Hinweis auf Frachtbriefangaben (besondere Preislisten, Anschrift, Bestimmungsbahnhof im Seehafen, Schiffsname und Liegeplatz),
- ✘ Hinweis auf seemäßige Verpackung, auf Containerverladung (Sammelcontainer) und auf Markierungsvorschriften,
- ✘ Hinweis auf Übersendung einer zollamtlich vorabgefertigten Ausfuhranmeldung und evtl. Ausfuhrgenehmigung,
- ✘ Bitte um rechtzeitige Versandanzeige mit den erforderlichen Einzelheiten über die Sendung, insbesondere bei gefährlichen Gütern.

Muster eines Speditionsauftrages

Export-Speditionsauftrag

Nr. 374 Uns. Ref. VA/Exp

Kassel / 20.01...
Ort Datum

Firma
Kahne Internationale Spedition
Postfach 10 21 10

22113 Hamburg

Sie empfangen per Waggon

Verladen Sie die nachstehend verzeichnete Sendung gemäß den Allgemeinen Deutschen Spediteurbedingungen (ADSp) wie folgt

Zeichen und Nr.	Anzahl und Art der Verpackung	Inhalt	Gewicht kg brutto	Gewicht kg netto	Maße
MILLER INC. ORDER 13/A	1 Kiste	Holzbearbeitungsmaschine	6 500,00	5 800,00	385x290x180 cm
CHIGAGO/ILL. VIA		"woodworking machinery"			
BALTIMORE Nr. 1					
Gross. ... kos Dim. ... cbm					
MADE IN WEST GERMANY					

Abfertigung per

☐ Sammelwaggon ☐ Frachtgut ☐ Bahnexpress ☐ LKW Verschiffung per MS "PULASKI"

Empfänger Miller Inc., 235 Smith Drive, Chicago/Illinois/USA

in

Bestimmungsstation oder -hafen via Baltimore

Transportversicherung ist zu decken für 260 000 DM (Versicherungswert) von Kassel nach Chicago gegen all risks (Risiken)

Ich / Wir trage(n) die Kosten bis CIF Baltimore (fob, c & f, cif, franko Grenze) Nachnahme

Wert der Sendung (Angabe ob fob, c & f, oder cif) CFR Wert 230 000 DM (Fakturenkopie anbei, falls erforderlich)

Konsulatsfakturen ☐ sind von Ihnen auszustellen ☐ werden von uns ausgestellt ☐ erhalten Sie anbei

Konnossemente auszustellen an Empfänger

Notify Elliott + Co., Customs broker, Baltimore/Md/USA

Dokumente zu senden an uns

Besondere Anweisungen, z. B. Akkreditivbestimmungen
(ggf. Fotokopie des Akkreditivs beifügen)

Die vorbezeichneten Güter sind
(Zutreffendes ankreuzen)

☒ Kein Gefahrgut, es bestehen auch keine Zusammenladungsverbote.

☐ Gefahrgut, unsere rechtsgültig unterzeichnete Absender-Erklärung haben wir auf der Rückseite abgegeben.

Anschrift unseres Vertreters, an welchen Sie sich im Falle von Schwierigkeiten wenden wollen

Anlagen
1 AA Nr. ___ 1 Handelsrechnung / Packliste
1 * Statistische Waren-Nr.
___ Zollfaktura ___ Ursprungszeugnis
___ Imp.-Lizenz
___ Akkred.-Kopie * bei Verschiffung via KN Brm

Maschinenfabrik
Meier + Co., Kassel
i.V. Schneider
Stempel und Unterschrift

Werden **gefährliche Güter** exportiert, müssen die für den Vortransport gültigen Gefahrgutvorschriften und für den Seetransport die **„GefahrgutVSee“** beachtet werden (vgl. Abschnitt 16.5.3). Der Spediteur braucht vom Auftraggeber die **„Verantwortliche Erklärung“**.

MERKE

Der Spediteur hat als Ablader zu beachten,

- dass alle in der GefahrgutVSee gegebenen Bedingungen für die einzelne Warenart erfüllt sind,
- dass die vorgeschriebenen Kennzeichen am einzelnen Packstück angebracht sind,
- dass dem Verfrachter die Verladung der gefährlichen Güter vor Übernahme auf das Schiff angemeldet wird. Das geschieht durch einen besonderen Verladeschein (Schiffszettel/Hafendatensatz), dem das vorgeschriebene Unfallmerkblatt anzuheften ist.

Gegebenenfalls braucht der Spediteur einen Sprengstofferlaubnisschein (polizeiliche Genehmigung) und muss dann den Umschlag bei der zuständigen Behörde (Hamburg = Behörde für Inneres – Wasserschutzpolizei –) vor Eintreffen des Gutes im Hafen anmelden.

Mit der üblichen Auftragsbestätigung bewirbt sich der Spediteur, wenn es für ihn sinnvoll ist, gleichzeitig um den **Vortransport** und gibt dem Kunden die für den Einzelfall richtige **Versandanschrift** bekannt. Stückgüter und Sammelladungen werden zu den Verteilerschuppen, Containerpackstationen geleitet. Bahn- und Lkw-Ladungen werden dagegen sofort zum Ladeschuppen des jeweiligen Seeschiffes verfügt, wo der **direkte** (vom Transportmittel unmittelbar in das Seeschiff) oder der **indirekte Umschlag** (über den Kaischuppen) erfolgt (vgl. Abschnitt 16.5.2).

Vom **Eintreffen der Güter** wird der Spediteur durch den Frachtführer oder Kaibetrieb benachrichtigt. Jetzt löst der Spediteur den Frachtbrief ein, führt die übliche Empfangskontrolle durch und achtet dabei auf die Richtigkeit der seemäßigen Verpackung und der vorgeschriebenen Markierung. Ist das Exportgut Nichtgemeinschaftsware, dann erledigt er das Zollpapier. Der Umschlag wird aufgrund des Verladescheines (Schiffszettels/Hafendatensatzes) abgewickelt.

Dieses Papier dient u. a. der Kaiverwaltung als Umschlagsauftrag und Abrechnungsunterlage, der Reederei als Verschiffungsunterlage und dem Zoll zur Ausfuhrüberwachung. Es ist – wenn auch in unterschiedlicher äußerer Form und unter verschiedener Bezeichnung – in jedem Hafen erforderlich und enthält überall dieselben Angaben. In Hamburg heißt dieses Papier Schiffszettel/Hafendatensatz.

Ausfuhrabfertigung (vgl. Abschnitt 13.2.2). Der Verladeschein wird mit der zollamtlich vorabgefertigten Ausfuhranmeldung der Ausgangszollstelle vorgelegt, damit die Ausgangsabfertigung gemäß AWG und AWV durchgeführt werden kann; erforderlich ist das Einheitspapier (Ausfuhr), Exemplar 3. Die Ausgangszollstelle gibt nach der Kontrolle (gegebenenfalls erfolgt eine Beschau) die Ware durch Abstempeln des Verladescheines zur Ausfuhr frei. Erst jetzt darf die Kaiverwaltung den Umschlag durchführen.

In den deutschen Nordseehäfen Bremen/Bremerhaven (**BHT** = Bremer Hafentelematik) und Hamburg (**ZAPP** = Zoll-Ausfuhrüberwachung im Paperless Port) wird die Ausgangsabfertigung elektronisch überwacht.

Der Ausführer/Spediteur übermittelt vor Verschiffung die relevanten Ausfuhrdaten per DFÜ der Ausgangszollstelle. Nach einer kurzen Plausibilitätskontrolle durch den Großrechner (z.B. Ausfuhrbeschränkungen, Ausfuhrverbote, Vollständigkeit der Angaben usw.) wird die Sendung elektronisch zur Verschiffung freigestellt, in Hamburg z. B. durch die Vergabe einer so genannten **„B-Nummer"**. Allen Beteiligten wird diese B-Nummer bekanntgegeben, sodass eine Verschiffung ohne B-Nummer nicht möglich ist.

Durch diese EDV-Systeme ist es den Ausführern/Spediteuren immer möglich, eine Ausfuhrsendung rechtzeitig (elektronisch) der Ausgangszollstelle zu gestellen, wenn die erforderlichen Daten vorliegen. Anhand der Gestellungsdaten kann die Zollverwaltung dann gezielt Ausgangskontrollen an den jeweiligen Kaibetrieben durchführen.

Die Ausfuhr-Anmeldungen sind dann nachträglich bei der Ausgangszollstelle einzureichen. Auf ihnen wird nach Schiffsabgang der tatsächliche Ausgang (Ausfuhr) von der Zollverwaltung bestätigt.

Abwicklung einer Ausfuhrzollabfertigung

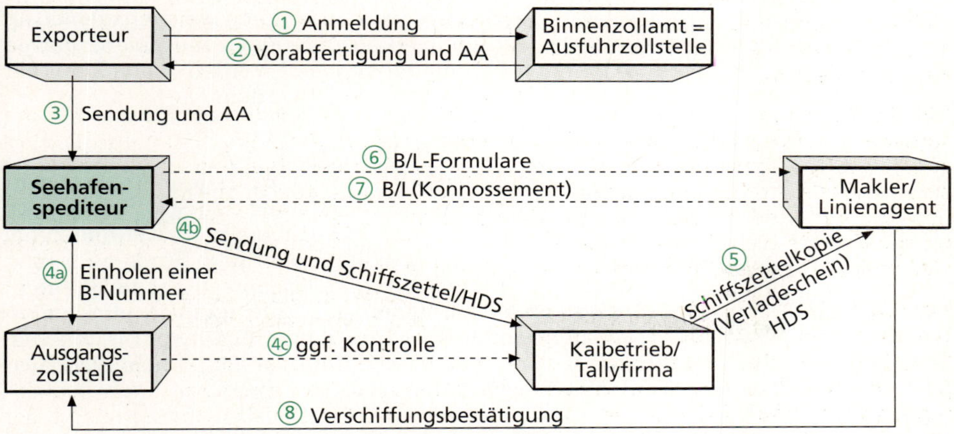

① Anmeldung zur zollamtlichen Vorabfertigung bei der **Ausfuhr**zollstelle (Binnenzollamt),

② zollamtlich vorabgefertigte Ausfuhranmeldung zurück an den Exporteur,

③ Sendung und Ausfuhranmeldung zum Seehafenspediteur,

4a elektronische Gestellung und Einholen einer B-Nummer (Freigabe zur Ausfuhr),

4b Sendung wird auf Schiffszettel/Verladeschein/Hafendatensatz (HDS) (versehen mit der B-Nummer) am Kaibetrieb angeliefert und zur Verschiffung freigestellt,

4c gegebenenfalls Kontrolle durch die Zollbehörde,

⑤ Der Kaibetrieb/Tallyfirma bestätigt auf Schiffszettelkopie o. Ä. die Verladung an Bord,

⑥ Seehafenspediteur reicht einen vollen Satz ausgefüllter B/L-Formulare beim Schiffsmakler/Linienagenten ein,

⑦ Anhand von ⑤ „zeichnet" der Schiffsmakler/Linienagent die B/L-Formulare und gibt diese an den Seehafenspediteur zurück.

⑧ Der Schiffsmakler/Linienagent bestätigt der Ausgangszollstelle die Verschiffung (wichtig für Rückgabe der 3. Ausfertigung der Ausfuhranmeldung mit Ausfuhrbestätigung).

Neben der Besorgung und **Überwachung des Umschlages** vom Landtransportmittel in das Seeschiff macht der Spediteur die **Konnossemente und die sonstigen Versanddokumente** auf, wenn solche den stark unterschiedlichen Einfuhrvorschriften der Bestimmungsländer oder den Weisungen des Auftraggebers gemäß erforderlich sind. Das können Konsulatsfakturen, Zollfakturen, Ursprungszeugnisse, Warenverkehrsbescheinigungen und ähnliche Dokumente sein, die der Zollabfertigung oder der Wareneinfuhrkontrolle des Bestimmungslandes dienen. Die für diese Dokumente erforderlichen Beglaubigungen holt der Spediteur ein. Gegebenenfalls lässt sich der Spediteur eine Akkreditivkopie vom Auftraggeber schicken.

Liegt dem Spediteur ein „ausdrücklicher schriftlicher Auftrag" zur **Transportversicherung** des Gutes vor (vgl. Kap. 15), besorgt er das Eindecken über seine Generalpolice zu einer günstigen Prämie.

Nach erfolgter Verschiffung führt der Spediteur – streng an die Weisungen seines Auftraggebers gebunden – den **Dokumentenversand** durch und schickt seinem Auftraggeber die **Versandanzeige**, der er die **Rechnung** beifügt. Die Dokumente, die üblicherweise in einem Einschreibebrief verschickt werden, können weisungsgemäß an den Auftraggeber, an eine Bank zur Akkreditiveinlösung oder zum Inkasso und in weniger häufigen Fällen direkt an den Empfänger versandt werden. Auch kann der Spediteur mit dem Inkasso gegen Dokumente beauftragt werden.

17.3.3 Die Abrechnung des Exportspediteurs.

Der Exportspediteur rechnet nach den Weisungen seines Auftraggebers ab. Rechnungsempfänger ist in der Regel der Auftraggeber. Dieser kann den Spediteur jedoch anweisen, teilweise oder ganz mit einem anderen abzurechnen, und zwar mit einem FOB-Lieferanten, einem Haupt- oder Zwischenspediteur oder dem Empfänger bzw. dem Käufer. Gelegentlich kann der Rechnungsbetrag im Konnossement nachgenommen werden. Zahlungsverpflichtet ist jedoch **immer der Auftraggeber**, auch unbeschadet seiner Weisungen. Das ist besonderes wichtig, da der Spediteur für den Fall, dass der Empfänger die Zahlung verweigert, gegen diesen sein Pfandrecht nicht ausüben kann, weil er zu diesem in keinem Vertragsverhältnis steht.

Die wichtigsten Exportspeditionskosten verteilen sich nach den Klauseln FOB und CIF gemäß Incoterms wie folgt:

FOB Verschiffungshafen:

- ✘ Fracht und sonstige Kosten bis zum Verschiffungshafen (einschließlich Vorlage),
- ✘ Kaiumschlag lt. Kaileistungen,
- ✘ 1,5 % Hafenfonds (Mindestlohnzuschlag) auf Kaiumschlag und ähnliche Kosten in Hamburg (ausgenommen Kai-Lagergeld),
- ✘ Ausfuhrzollabfertigung,
- ✘ FOB-Provision,
- ✘ Porti, kleine Kosten usw.,
- ✘ Prämie für die Speditionsversicherung;

CIF Bestimmungshafen:

- ✘ FOB-Kosten (siehe oben),
- ✘ Verschiffungsprovision,
- ✘ Formularkosten für Konnossemente, Konsulatsfakturen u. Ä. lt. Barauslage,
- ✘ Aufmachen, Besorgen der Beglaubigung, Beglaubigungsgebühr für die Konsulatsfaktura,

- Aufmachen, Besorgen der Konnossemente, Porti, kleine Kosten usw.,
- Seefracht und Vorlage,
- Transport-Versicherungskosten (Prämie, Besorgen, Vorlage).

▲ ***Seefrachtabrechnung.*** Im Seeverkehr werden die Sendungen zu über 90 % in Containern befördert. Die Seefrachtraten beziehen sich von daher in erster Linie auf Containerraten. Eine andere Abrechnung erfolgt im Container-Sammelgutverkehr. Hier rechnet der Spediteur die Stückgüter individuell mit seinen Kunden ab.

Die Kosten der Exportspedition müssen kalkuliert werden. Hilfen für die Kalkulation bieten der so genannte **„SST-Export"** und der **„Kaitarif"**. Der **SST (Seehafen-Speditionstarif)-Export** dient als Kalkulationsgrundlage für die deutschen Seehafenspediteuere über die Abrechnung von Speditionsleistungen wie **FOB-Lieferung, Verschiffung** und **Entgelte für besondere Leistungen.**

Die **Höhe der SST-Provision** hängt von folgenden Größen ab:

- FOB-Lieferung (FOB-Provision) und/oder Verschiffung **(Verschiffungsprovision),**
- Bruttogewicht (FOB- und Verschiffungsprovision = Gesamtprovision ist nach dem Gewicht gestaffelt), Rabatte bei Großtransporten,
- Art des Gutes; Positionen 1 bis 6 im Güterverzeichnis des SST,
- Vollcontainer/Flats ab 20′, Position 7,
- Fahrzeuge, Position 8,
- Fährverkehr /Roll-on-/Roll-off-Verkehr, Position 9 (hier keine Trennung nach FOB und Verschiffung, sondern eine **Abfertigungsprovision,** getrennt nach **begleitet** bzw. **unbegleitet,** z.B. durch den Lkw-Fahrer).

ZUSAMMENFASSUNG

Exportverschiffung mit der Kaufvertrags-Zahlungsbedingung „Kasse gegen Dokumente" (vgl. Abschnitt 13.4.2) und ohne Ausfuhrzollabfertigung (vgl. Abschnitt 17.3.2).

⓪ Evtl. Beratung durch den Spediteur z. B. seemäßige Verpackung, Verladung im Container, Ausfuhrzollabfertigung usw.

(1a) Der Exporteur gibt dem Verschiffungsspediteur einen Exportauftrag (Verschiffungsauftrag). Wenn der Spediteur den Auftrag nicht unverzüglich ablehnt, ist ein Speditionsvertrag geschlossen.

(1b) Die Sendung wird vom Exporteur (durch Spediteur direkt mit Lkw/Bahn usw.) zum Kaibetrieb im Verschiffungshafen befördert.

② Der Verschiffungsspediteur gibt einen Verladeauftrag (Verladeschein, Hafen-Daten-Satz/Schiffszettel o. Ä.) an den Kaibetrieb im Verschiffungshafen und führt die Ausgangszollabfertigung durch.

③ Der Verschiffungsspediteur bucht die Sendung und reicht einen ausgefüllten B/L-Formularsatz über die Sendung beim Linienagenten im Verschiffungshafen ein.

④ Der Linienagent im Verschiffungshafen bekommt die Verschiffungsbestätigung vom Kaibetrieb/Tallyfirma o.Ä.

(5a) Der Linienagent im Verschiffungshafen zeichnet das B/L (i.d.R. drei Originale) und

(5b) gibt das gezeichnete B/L (gegen Quittung) an den Spediteur zurück (Warenwertpapier).

⑥ Der Verschiffungsspediteur leitet das B/L (mit Abrechnung usw.) an den Exporteur weiter.

⑦ Der Exporteur gibt das B/L mit einem Inkassoauftrag seiner Bank (Zahlungsbedingung: Kasse gegen Dokumente = c.a.d.).

⑧ Die Bank des Exporteurs leitet das B/L mit dem Inkassoauftrag weiter an die Bank des Importeurs.

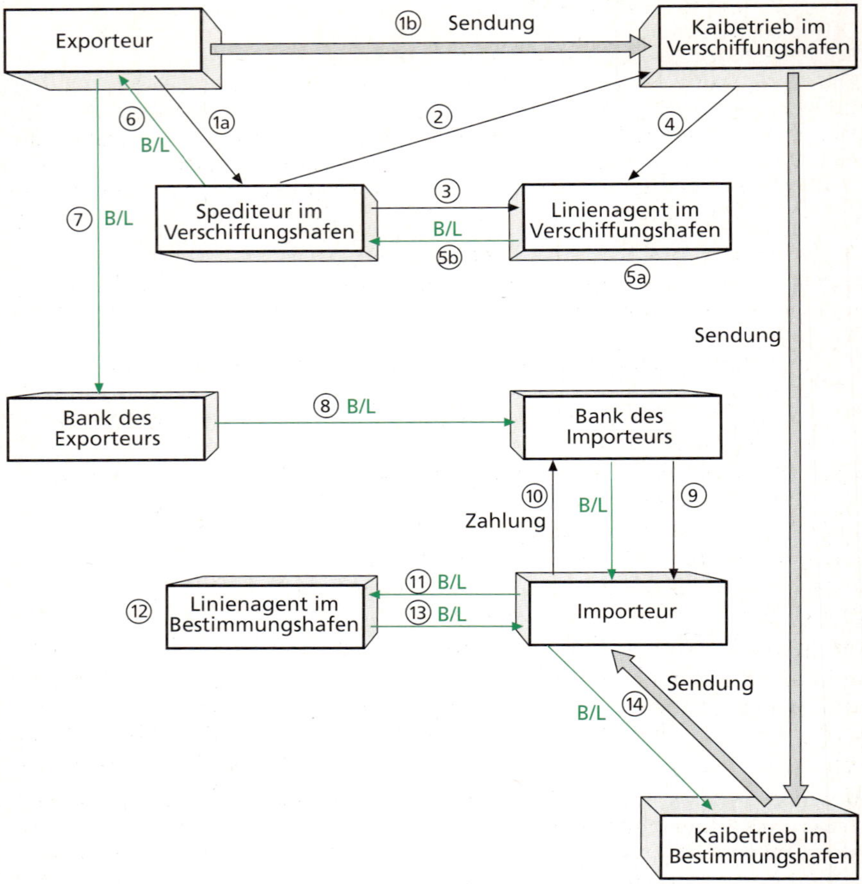

⑨ Die Bank des Importeurs avisiert dem Importeur das B/L und die anderen Dokumente und fordert ihn zur Zahlung gemäß Inkassoauftrag auf.

⑩ Der Importeur zahlt an seine Bank und bekommt Zug um Zug (c.a.d.) das B/L (und evtl. die weiteren Dokumente).

⑪ Der Importeur indossiert ein Original-B/L und reicht dies Original-B/L zur Freigabe beim Linienagenten im Empfangshafen ein (evtl. wird noch ein Spediteur eingeschaltet).

⑫ Der Linienagent im Empfangshafen prüft:

- ✘ Sind alle Kosten (Seefracht, Nachnahme, Containerkosten usw.) bezahlt?
- ✘ Ist das B/L ordnungsgemäß ausgestellt und indossiert?
- ✘ Ist die Sendung noch nicht freigestellt (auf einem der Originale dieses B/L)?

Wenn alles in Ordnung ist, wird das eine Original-B/L freigestellt; alle anderen Originale dieses B/L verlieren in diesem Augenblick ihre Gültigkeit, der Verfrachter hat sein Auslieferversprechen erfüllt (Erfüllung der kassatorischen Klausel). Die Freistellung wird betriebsintern beim Linienagenten festgehalten.

⑬ Das freigestellte Original-B/L bekommt der Importeur (gegen Quittung) zurück.

⑭ Der Importeur reicht das freigestellte Original-B/L beim Kaibetrieb im Empfangshafen ein und bekommt (gegen Zahlung der Kaikosten) die Sendung ausgeliefert.

17.4 Die Importspedition

17.4.1 Die Aufgaben des Importspediteurs

Die Importgüter müssen in den Seehäfen aus einem Seeschiff empfangen und zum Abtransport auf ein binnenländisches Transportmittel verladen werden. Mit dem Empfang und der Verladung sind vielfältige Arbeitsvorgänge verbunden, die von dem waren- und ortskundigen Importspediteur veranlasst oder durchgeführt werden. Er überwacht den Empfang und die Verladung und sorgt für die rechtzeitige und ordnungsgemäße Durchführung der einzelnen Tätigkeiten.

Die Aufgaben lassen sich im Einzelnen wie folgt gliedern:

- **Empfang der Güter** gegen Konnossement vom Verfrachter und **Wahrung der Rechte aus dem Frachtvertrag** einschließlich möglicher Schadenersatzforderungen,
- **Durchführen der Empfangskontrolle** (einschließlich Gewichtskontrolle), die auch eine Qualitätskontrolle sein kann,
- **Durchführen von Schadenregulierungen** mit Versicherungen oder Mithilfe dabei (vgl. Kapitel 15),
- **Bemustern und Übernahme von anderen Sonderaufträgen**, wie Sortieren, Reinigen, Ungezieferbekämpfung, Neutralisieren usw.,
- **Besorgen der Zollbehandlung** (vgl. Kapitel 14),
- Besorgen oder Selbstdurchführen des **Abtransportes**,
- Besorgen oder Selbstdurchführen von **Einlagerungen**,
- **Mithilfe bei der Zahlungsabwicklung**,
- **Auslage von Frachten, Zöllen** und sonstigen Einfuhrabgaben.

Als **neutraler Mittler** kann der Spediteur – ohne an bestimmte Verkehrsträger gebunden zu sein – die für die Güter günstigste Abtransportmöglichkeit und bei einer Lagerung das geeignete Lager wählen. Als **Treuhänder des Außenhandelspartners** vertritt er die Interessen seines inländischen oder überseeischen Auftraggebers.

▲ *Speditionsvertrag*. Art und Umfang seiner Aufgaben sind dem Spediteur durch den **Importspeditionsauftrag** vorgeschrieben. Auftraggeber ist in der Regel der inländische Importeur. Es kann der überseeische Exporteur oder Ablader sein, wenn das Importgut noch nicht verkauft wurde und zur Einlagerung bestimmt ist. Gelegentlich bekommt der Spediteur von beiden einen Auftrag. Im Regelfall ergeben sich folgende Rechtsbeziehungen:

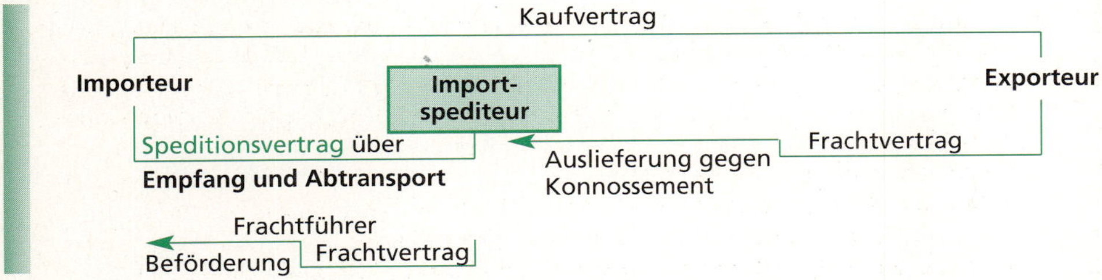

▲ *Einrichtung verschiedener Importabteilungen.* Eingeführt werden Güter jeder Art, Massengüter und kleinste Stückgutsendungen, Rohstoffe und Fertigprodukte. Der Empfang und die Behandlung dieser Güter im Seehafen erfordern gute Waren- und Branchenkenntnisse, da manche Rohstoffe und Fertigprodukte außerordentlich empfindlich sind und in dem betreffenden Wirtschaftszweig besondere Usancen bestehen. Deshalb haben sich manche Importspediteure auf eine Warengattung (z. B.

IMPORT-HANDELSGES. mbH.

Cremon 14 · 20457 Hamburg

Telefon:	(040) 67 67 67
Telefax:	(040) 37 14
Bankverbindung:	IMPO-Bank
Konto	14 14 14
BLZ	200 300 50

Import-Handelsges. mbH. · Cremon 14 · 20457 Hamburg

Firma
Wall GmbH
Hütten 32

20355 Hamburg

Ihr Zeichen	Unser Zeichen	Datum
Import	11/11/i (189) Wa	Hamburg, den 07. April ..

Sehr geehrte Damen und Herren,

wir bitten Sie, die Importabwicklung in Hamburg für folgende Sendung vorzunehmen:

E.I. 189 150 Bll. Säcke aus Jute-Gewebe 7.250,00 kg br.
Nos. 1-150
Hamburg

Lieferbedingung:	f.o.b. Calcutta gem. Incoterms 1990
FOB-Wert:	US$ 10.875,00
Versicherungsprämie:	US$ 81,25

Verschiffung mit D. „CALYPSO“ ab Calcutta, noch nicht in Hamburg eingetroffen. Die Abfertigung ist wie folgt durchzuführen:

1. 90 Bll. = 4.350 kg sind durch Sie in Hamburg für uns zu verzollen und bei uns anzuliefern.

2. 45 Bll. = 2.175 kg werden durch die Firma Clemens AG, Schnackenburgallee 76, 22525 Hamburg abgenommen (Abnahme ab Kai). Dieser Firma ist schnellstens ein Dokument zur Abnahme zuzusenden.

3. 15 Bll. = 725 kg werden durch die Fa. Pinneberger Sackfabrik oHG, Bahnhofstr. 85, 25421 Pinneberg abgenommen (Abnahme ab Kai). Auch dieser Firma ist schnellstens ein Dokument zur Abnahme zuzusenden.

Vor Abnahme ist die gesamte Sendung auf Schäden, insbesondere durch Feuchtigkeit, von Ihnen zu überprüfen. Die entsprechenden Kosten stellen Sie uns bitte in Rechnung.

Mit freundlichen Grüßen

Import-Handelsges. mbH.
20457 Hamburg

ppa. Baaske i.V. Hansen

Anlagen: 1 Handelsrechnung 2fach
1 Original B/L

Baumwoll-, Papierspedition) beschränkt oder in ihrem Betrieb mehrere Importabteilungen eingerichtet, in denen die Importaufträge nach Warengattungen getrennt abgewickelt werden (z. B. Abteilung Wolle, Hülsenfrüchte, Maschinen, Fasern, Textilien/Gewebe).

17.4.2 Die Durchführung der Importspedition

Der **Speditionsauftrag** ist dem Spediteur schriftlich zu erteilen. Auch in der Importspedition werden vorgedruckte Auftragsformulare verwendet, damit der Auftraggeber keine für die Durchführung des Auftrages „erheblichen Angaben" übersieht.

Nach Auftragseingang kontrolliert der Spediteur, ob ihm alle Angaben und alle Dokumente, die er zum Empfang benötigt, vorliegen. Die erforderlichen Angaben und die Vollständigkeit und Richtigkeit der Dokumente richten sich für den einzelnen Auftrag nach der Art der Ware, der Zollbehandlung, dem Einfuhrverfahren (gemäß AWG), der Herkunft der Ware und dem Kontrakt. Folgende Unterlagen können erforderlich sein:

- ✘ **Konnossement**
- ✘ Einfuhrgenehmigung,
- ✘ Ursprungszeugnis, Warenverkehrsbescheinigung und weitere Einfuhrdokumente (z. B. Kaufkontrakt, Veterinärattest), evtl. Präferenznachweise,
- ✘ Versicherungspolice,
- ✘ Handelsfaktura,
- ✘ Seefrachtrechnung.

Auslieferung einer Importsendung gegen B/L

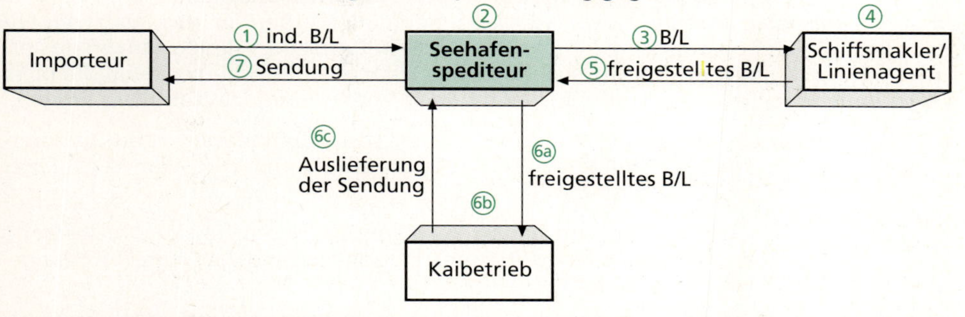

① Der Importeur sendet einen Importspeditionsauftrag und mindestens ein ordnungsgemäß indossiertes Original-B/L an den Seehafenspediteur.

② Der Seehafenspediteur sorgt evtl. für die Zahlung der Seefracht (freight collect) und „stempelt und unterschreibt" das B/L. Die Unterschrift ist rechtlich kein Indossament (lediglich Legitimationsfunktion).

③ Das Original-B/L wird zur Freigabe beim Schiffsmakler/Linienagenten eingereicht.

④ Der Schiffsmakler/Linienagent prüft:

- ✘ Sind alle Kosten (Seefracht, Nachnahme, Containerkosten usw.) bezahlt?
- ✘ Ist das B/L ordnungsgemäß ausgestellt und indossiert?
- ✘ Ist die Sendung noch nicht freigestellt (auf einem anderen Original)?

Ist alles in Ordnung, wird das B/L freigestellt; alle anderen Originale verlieren ihre Gültigkeit (Erfüllung der kassatorischen Klausel); die Freistellung wird betriebsintern festgehalten.

⑤ Das freigestellte Originalkonnossement bekommt der Spediteur (gegen Quittung) zurück.

6a Der Spediteur reicht dieses B/L beim Kaibetrieb ein.

6b Der Kaibetrieb prüft das B/L, die Zahlung der Kaikosten durch den Spediteur (Barzahlung, Verpflichtungsschein o.Ä.) und zieht das B/L ein.

6c Die Sendung wird dem Spediteur gegen Quittung ausgeliefert und dann

⑦ von ihm gemäß Auftrag weitergeleitet.

Das Konnossement kann durch andere **Lieferpapiere**, gegen die das Importgut vom Kaiumschlagsbetieb empfangen werden kann, ersetzt werden:

▲ ***Lieferschein oder Delivery Order.*** Lieferscheine werden auf Wunsch des Empfängers vom Schiffsvertreter nach Einzug des Konnossements unterschrieben. Sie werden benutzt, wenn der Importeur den überseeischen Verkäufer/Ablader geheimhalten oder das B/L teilen lassen will. Die Sendung darf noch nicht gelöscht worden sein. Sie wird vom Kaibetrieb an den Inhaber des Lieferscheins oder dessen Order gegen Quittung ausgeliefert.

▲ ***Kai-Teilschein.*** Der Inhaber eines vom Schiffsvertreter freigegebenen Lieferpapiers (Konnossement oder Lieferschein) kann über die bereits gelöschte Sendung Kai-Teilscheine ausstellen lassen. Das Lieferpapier wird vom Kaibetrieb eingezogen, und die Kai-Teilscheine werden unterschrieben (abgestempelt). Sie können weitergegeben werden. Jeder Inhaber eines Kai-Teilscheines darf die bezeichneten Güter gegen Quittung abnehmen.

▲ ***Restschein.*** Alle Sendungen, die in den Lieferpapieren bezeichnet sind, müssen beim Kaiumschlagsbetrieb geschlossen abgenommen werden. Ist das aus zwingenden Gründen nicht möglich, wird über den Rest ein Restschein gegen Einzug des ursprünglichen Lieferpapieres ausgestellt. Der Inhaber des Restscheines kann die nicht abgenommenen Teile der Sendung später gegen Vorlage und Quittung empfangen.

▲ ***DFÜ-Freistellung[1].*** Wenn ein Warenwertpapier (zur Zahlungssicherung) nicht erforderlich ist, werden die Sendungen häufig elektronisch durch DFÜ vom Verfrachter beim Kaibetrieb zur Auslieferung freigestellt.

▲ ***Gate-Pass.*** Bei Containern wird häufig vom Linienagenten für die Auslieferung ein Gate-Pass ausgestellt oder es erfolgt ein Freigabevermerk auf dem Empfangsschein (Verpflichtungsschein) o. Ä.

Nach der Kontrolle des Auftrages stellt der Spediteur anhand des Konnossementes den zuständigen Reedereivertreter fest und erkundigt sich unverzüglich nach der voraussichtlichen Ankunft des Schiffes. Ist das Schiff bereits eingetroffen, kann er unverbindlich erfahren, ob die Sendung vollständig und unbeschädigt gelöscht wurde.

In der **Auftragsbestätigung**, die der Spediteur noch am selben Tag verschickt, wird dem Auftraggeber die voraussichtliche Schiffsankunft oder die ordnungsgemäße Löschung seiner Güter, evtl. der geschätzte Termin des Abtransportes vom Seehafen, mitgeteilt; fehlende Dokumente oder Angaben zur Behandlung der Güter werden gleichzeitig nachgefordert.

Das **Konnossement** (mindestens ein Original) wird vom Importspediteur abgestempelt bzw. unterschrieben[1] und dem Schiffsvertreter eingereicht. Durch die Vorlage wird das im Konnossement verbriefte Auslieferungsversprechen geltend gemacht.

1 Nicht indossiert, denn mit dem Indossament sind mehrere Rechtsfolgen verbunden, die durch die Unterschrift des Spediteurs nicht ausgelöst werden.

Erst nach Vorlage eines Originalkonnossementes und nach Zahlung der darauf ruhenden Kosten gibt der Schiffsvertreter die Sendung zum Empfang frei (vgl. Abschnitt 16.8).

Der **Abtransport** wird vorbereitet. Für Ladungen wird geeigneter Laderaum in ausreichendem Umfang (Bahnwagen, Lkw, Binnenschiff oder Schute) bestellt. Bei der Ausstellung des Frachtbriefes sind die Vorschriften über die Anwendung von Preislisten zu befolgen. Der Frachtvertrag wird in der Regel bei Annahme geschlossen. Soll die Sendung eingelagert werden, wird geeigneter Lagerraum im eigenen Lager vorgesehen (Einlagerungsauftrag an die Lagerabteilung) oder für fremdes Lager bereits jetzt ein Lagervertrag geschlossen. **Die Hafenpapiere** werden im Büro des Spediteurs zusammengelegt oder ausgestellt. Es sind

✗ die Papiere für den **Empfang:**
  - Empfangsschein, der dem Empfang und der Berechnung der Kaiumschlagsentgelte dient; in Hamburg wird er **Verpflichtungsschein** genannt und verpflichtet den Spediteur zur Zahlung der am Kai entstehenden Kosten.
  - **Lieferpapier** (Konnossement, Lieferschein, Kai-Teilschein, Restschein), es kann entfallen, wenn der Schiffsvertreter seinen Freigabevermerk auf den Empfangsschein setzt bzw. ein Gate-Pass ausgestellt wird.

✗ die Papiere für die **Zollabfertigung**:
  - EE oder EG (nach AWG),
  - Zollantrag und Zollanmeldung/Einfuhranmeldung auf Einheitspapier (Einfuhr), Exemplar 6, 7 und 8, eventuell mit Einfuhrkontrollmeldung (für Agrar-, Textilprodukte u. a.) auf Exemplar 6,
  - Zollwertanmeldung auf „Anmeldung der Angaben über den Zollwert" (z. Z. erforderlich ab 9 800,00 DM),
  - Handelfaktura (bei Überführung in den freien Verkehr in zweifach),
  - gegebenenfalls Warenverkehrsbescheinigung, Ursprungszeugnis, Belege über Vertriebs- und Beförderungskosten bis CIF, wenn sie dem Zollwert hinzuzurechnen sind,
  - auf Verlangen der Zollstelle Kaufkontrakt und andere Unterlagen (z. B. Wiegenoten, Atteste).

✗ die Papiere für den **Nachlauf**
  - Frachtbrief oder Ladeschein,
  - bei Stückgut Anhänger oder Aufkleber je Kollo,
  - bei Einlagerung Einlagerungsauftrag, Rollauftrag und ähnliche Papiere (auch direkt an den Beauftragten oder die entsprechende Abteilung).

Diese Papiere werden – gegebenenfalls mit einem zusammenfassenden Arbeitsauftrag – von der Importabteilung an den Außendienst des Betriebes geschickt. Die Expedienten des Außendienstes sorgen im Hafen für den Empfang, die Verladung auf das Abtransportmittel und die Zollabfertigung.

▲ ***Wägungen.*** Liegt dem Spediteur ein ausdrücklicher schriftlicher Antrag zur Verwiegung vor oder ist solche für die Zollabfertigung erforderlich, geschieht das durch „auf Zolltreue amtlich verpflichtete Wäger" des Spediteurs oder des Kaibetriebes. Die Wägung ist bei der Annahme, bei der Abnahme und während der Lagerung, jedoch grundsätzlich nicht während des Löschens oder Ladens des Seeschiffes möglich. Die Güter werden einzeln, schalenweise, mit oder ohne Fördermittel oder auf transportabler Schale auf ⅒ kg gewogen. Die Wägeergebnisse werden in Gewichtslisten (Wiegenoten) festgehalten.

▲ ***Bemustern.*** Während der Wägung oder unabhängig davon werden Muster gezogen, Proben entnommen und sonstige Behandlungen der Ware vorgenommen, soweit es der Auftraggeber vorgeschrieben hat.

▲ ***Schadenfeststellung.*** Wird beim Empfang ein Schaden festgestellt, muss der Importspediteur sofort den Schiffsvertreter und den Kaibetrieb für den entstandenen Schaden schriftlich verantwortlich machen, denn nur dadurch kann er die Ansprüche des Geschädigten (des Eigentümers oder der Versicherung) der Reederei und dem Kaibetrieb gegenüber wahren. Versäumt der Spediteur die schriftliche Benachrichtigung, läuft er Gefahr, für den entstandenen Schaden haften zu müssen. Äußerlich nicht erkennbare Mängel können noch drei Tage nach der Abnahme angezeigt werden. Zweckmäßigerweise meldet der Spediteur den Schaden dem Transportversicherer (gemäß Police) und holt – falls erforderlich – dessen Weisungen ein. Schäden an der Verpackung werden vom Spediteur behoben, damit der Schaden an der Ware durch den Abtransport nicht vergrößert wird. Die endgültige Schadenregulierung erfolgt an dem Ort, an dem die Versicherung endet. Ist das der Seehafen, holt sich der Spediteur die Weisung seines Kunden ein; er kann dann mit der Schadenregulierung – unter Umständen unter Hinzuziehung eines Sachverständigen – beauftragt werden (vgl. Kapitel 15).

Nach erfolgter Verladung der Güter schickt der Spediteur seinem Auftraggeber die **Versand- bzw. Einlagerungsanzeige**, der die **Rechnung** beigefügt wird, es sei denn, ein anderer Rechnungsempfänger ist vorgeschrieben.

ZUSAMMENFASSUNG

Die Abwicklung einer See-Importsendung:

- ✘ Auftragseingang und Kontrolle auf Vollständigkeit der Angaben und der Anlagen
- ✘ Datenerfassung (EDV, Akte, Position, Speditionsbuch)
- ✘ Schiffsankunft ermitteln und evtl. Umschlagsform klären (direkt, indirekt, wasserseitig)
- ✘ Auftragsbestätigung
- ✘ B/L beim Linienagenten freistellen lassen, evtl. Kosten begleichen (oder andere Freistellung bewirken)
- ✘ Abtransport vorbereiten (Bahn, Lkw, Binnenschiff) und die erforderlichen Beförderungspapiere vorbereiten
- ✘ Kaipapiere für den Empfang ausstellen, Abnahme beim Kaibetrieb anmelden
- ✘ Zollpapiere erstellen (abhängig vom erforderlichen Zollverfahren)
- ✘ evtl. Sonderleistungen durchführen (Wiegen, Bemustern usw.)
- ✘ Sendung am Kaibetrieb abnehmen, Schnittstellenkontrolle durch Fahrer
- ✘ evtl. Schadenfeststellung und Regulierung
- ✘ gewünschte Zollabfertigung durchführen, Einfuhrabgaben regeln
- ✘ Versandanzeige, Abrechnung und Ablage

17.4.3 Die Abrechnung des Importspediteurs

Der Importspediteur rechnet ab nach Weisungen seines Auftraggebers, die sich aus dem Speditionsvertrag ergeben. Rechnungsempfänger ist in der Regel der Auftraggeber.

Die Speditionsleistungen können nach dem so genannten **SST-Import** (Seehafen-Speditionstarif) kalkuliert werden, der in ähnlicher Weise wie der SST für die Exportspedition (vgl. Abschnitt 17.3.3) aufgebaut ist. Die am Kai anfallenden Kosten ergeben sich aus dem „Kaitarif"[1], die Nachlaufkosten aus den Tarifen und Preislisten der Verkehrsträger.

[1] Empfehlung für Kaileistungen im Hafen Hamburg (früher Kaitarif).

Eine **Speditionsrechnung über eine Importsendung** könnte folgende Positionen enthalten:

- Seefracht lt. Auslage, Containerkosten
- Kaiumschlagsentgelt lt. Kaileistungen (zuzüglich 1,5 % Hafenfonds)
- Besondere Leistungen: Verwiegen, Bemustern, Besichtigen, Markieren, Reparieren, Kontrolle, Standgeld usw.
- Provision für die Zollbehandlung
- Zoll und sonstige Einfuhrabgaben lt. Auslage
- oder Ausstellen und Besorgen des Zollgutversandscheines einschließlich Leisten der Sicherheit
- Provision für Empfangnahme, Besorgung und Spedition
- Fracht ab Seehafen bis ...
- Vorlageprovision auf Seefracht und Einfuhrabgaben, Fracht ab Seehafen usw.
- Ausstellen und Besorgen des Frachtbriefes, Porti, Papiere, kleine Kosten etc.
- Prämie für die Speditionsversicherung

AUFGABEN

1 Der Güterumschlag in den Seehäfen wird in der Regel durch ortsansässige Seehafenspediteure organisiert und abgewickelt.

a) Begründen Sie, warum auch Inlandspediteure für die Abwicklung in den Seehäfen ortsansässige Seehafenspediteure einschalten!
Unterscheiden Sie hierbei
- Exportsendungen,
- Importsendungen!

b) Mit welchen Behörden und Unternehmen muss ein Seehafenspediteur zusammenarbeiten?

c) Beschreiben Sie die Abwicklung einer See-Exportsendung für
- einen FCL-Container,
- eine LCL-Sendung,
- einen Spediteur-Sammelcontainer!

d) Beschreiben Sie die Abwicklung einer LCL-Importsendung, die seewärts eintrifft!

e) Welche Kosten (Abrechnungspositionen) sollten Sie einer Offerte (Angebot) zugrunde legen
- für eine See-Exportsendung,
- für eine See-Importsendung?

2 Unterscheiden Sie das echte und das unechte FOB-Geschäft!

3 Erklären Sie die Abwicklung des Exportsammelverkehrs mit dem Seeschiff!

4 Welche Vorteile sind mit dem direkten Umschlag im Seehafen verbunden, und in welchen Fällen kann nur indirekt umgeschlagen werden?

5 Wovon hängt die Höhe der Spediteurprovision nach dem SST-Export ab?

6 Welche Positionen kann eine Speditionsrechnung nach FOB Incoterms und eine Rechnung nach CIF Incoterms enthalten?

7 Beschreiben Sie die Aufgaben des Importspediteurs im Seehafen!

8 Wann kann sich der Spediteur als Empfänger aus dem Konnossement legitimieren?

9 Welche Bedeutung hat der Notify-Vermerk?

10 Erklären Sie einem Kunden, warum das Namens- bzw. Rektakonnossement nicht besonders zur Zahlungs- und Lieferungssicherung geeignet ist!

11 Welche Hafenpapiere benötigt der Importspediteur?

12 Welche Positionen kann eine Speditionsrechnung über eine Importsendung enthalten?

18 Der Güterversand mit dem Flugzeug

EINSTIEG

Die Firma Meyer & Co., Nürnberg, möchte regelmäßig Luftfrachtsendungen in die USA versenden. Es handelt sich hierbei um elektronische Ersatzteile für Autos. Der Empfänger der Güter hat seinen Firmensitz in der Nähe von Denver, etwa 100 km von der Stadt entfernt.

ARBEITSAUFTRÄGE

1. Erstellen Sie ein umfangreiches Angebot, in dem Sie auch Probleme der Verpackung und des Nachlaufes berücksichtigen!
2. Grenzen Sie den Verkehrsträger Luftfahrt gegenüber den anderen Verkehrsträgern ab!
3. Diskutieren Sie mit Ihrem Nachbarn/Kollegen, die Vor- und Nachteile des Verkehrsträgers Luftfahrt!
4. Welche Gründe könnte es für einen Seehafenspediteur geben, sich auch im Luftfrachtgeschäft zu engagieren?

18.1 Der Luftfrachtverkehr

Der Gütertransport mit dem Flugzeug hat sich nach 1945 aus kleinen Anfängen entwickelt. Die im Militärflugzeugbau gewonnenen Erfahrungen haben im Zuge weltweiten Wirtschaftswachstums zu leistungsfähigen **Passagiermaschinen** mit Kolbenantrieb geführt, denen Ende der 50er Jahre Düsenflugzeuge mit steigender Kapazität folgten. **Luftfrachtsendungen** wurden zur Kapazitätsauslastung des Flugzeuges **mitgenommen**. Mit der Flugzeuggröße ist nicht nur die Passagierzahl, sondern auch die Frachtkapazität je Flugzeug gewachsen. So können z. B. in den Laderäumen eines Großraumflugzeuges Boeing 747 M unter bzw. hinter dem Passagierdeck Güter bis zu 36 t bzw. 175 cbm befördert werden.

Nur-Frachtflugzeuge unterschiedlichen Typs und unterschiedlicher Größe werden auf Strecken eingesetzt, auf denen die Rentabilität durch entsprechende Rückladung gesichert ist. Rollensysteme im Inneren und entsprechende Umschlaggeräte auf dem Flugfeld garantieren das sichere Be- und Entladen. Der Jumbo-Jet Boeing 747-200 F als Nur-Frachtflugzeug verfügt über eine Gewichtskapazität von 102 t und eine Raumkapazität von 600 cbm. Seine Reisegeschwindigkeit beträgt etwa 900 km/h und seine Reichweite je nach Streckenführung rund 6 000 km; dadurch ermöglicht er wirtschaftliche Liniendienste im Nordatlantik- und im Asien/Pazifik-Verkehr. Eine DC 8-73 F bietet eine Gewichtskapazität von 50 t und eine Raumkapazität von 270 cbm.

Neben NUR-Frachtflugzeugen und Passagiermaschinen werden auch Flugzeuge eingesetzt, die in kürzester Zeit umgebaut werden können. So wird aus einem Passagierflugzeug eine Frachtmaschine. Auf diese Weise kann eine Fluggesellschaft auf besondere Situationen schnell reagieren.

B-747F

34 Pallets, 14 Containers 38 ~ Pallets, 2 Containers

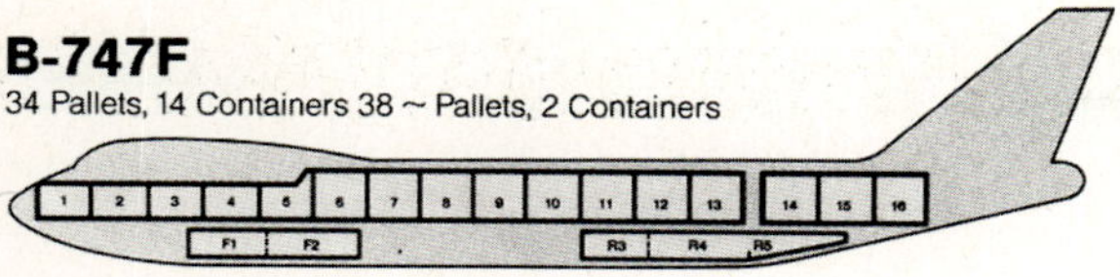

Main Deck

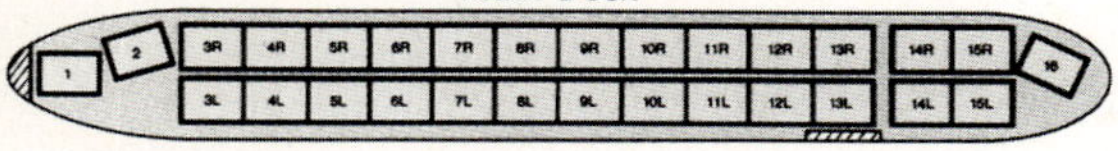

Lower Deck

B-747LR

4 Pallets, 18 Containers (excluding passenger baggage)

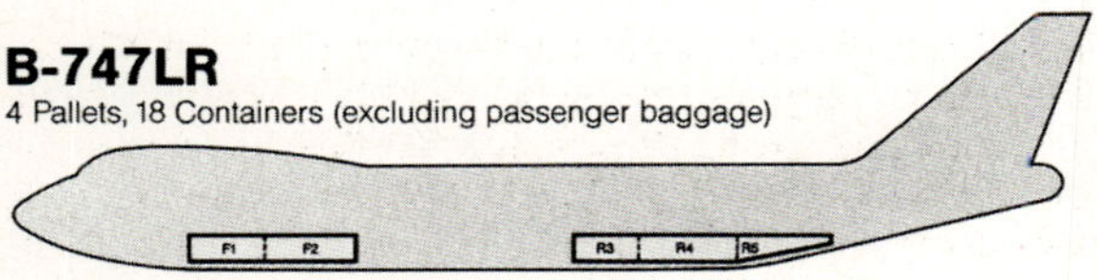

DC-10

4 Pallets, 14 Containers
(excluding passenger baggage)

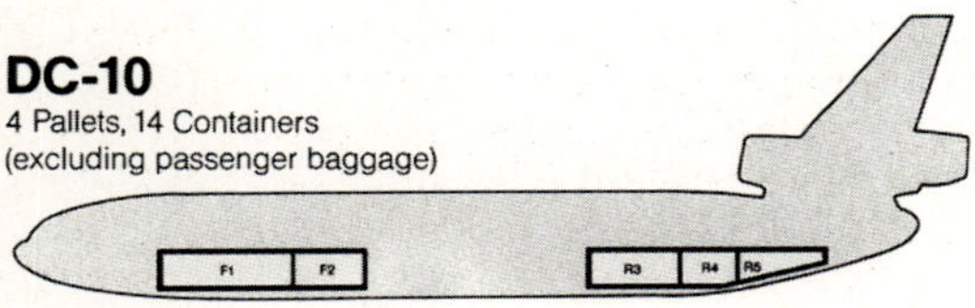

B-767-300

30 Containers (excluding passenger baggage)

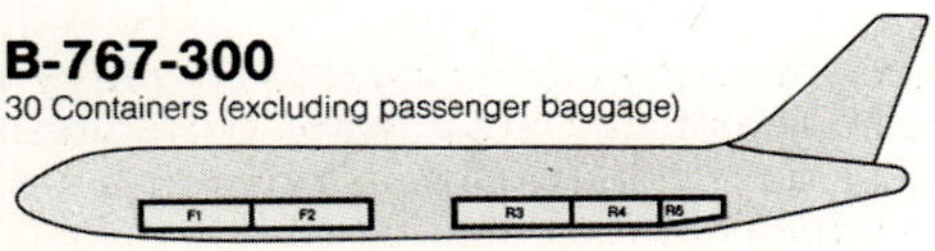

Paletten und Container	Technische Daten	Volumen
Pkw-Transport-Palette Die Pkw-Transport-Palette besitzt besondere Zurrschienen für Befestigung von Pkw-Transportgestellen und Verzurrgurten.	**96x196″-Palette**	–
LD 3-Container Der Container besteht aus einem kastenförmigen Aufbau aus Leichtmetall. Die Form entspricht durch die abgeschrägte Seite der Kontur der unteren Laderäume. Dadurch passen zwei LD 3-Container nebeneinander in den Frachtraum. Die Ladeöffnung	des Containers wird durch eine Falttür geschlossen. In die Tür eingelassene Streben verhindern, dass die Containerladung die Tür nach außen drücken kann. Oberflächentransport ist möglich. Container für den Kleidertransport sind verfügbar.	4,0 m^3
LD 3-Kühl-Container Der Kühl-Container ist eine in sich geschlossene, isolierte und kühlbare Transporteinheit. Die Wände bestehen aus glasfaserverstärktem Kunststoff. Kühlmittel ist Trockeneis. Während des Transportes bleibt die	Temperatur konstant auf der eingestellten Höhe: etwa + 3 °C im normalen Kühlbereich, – 18 °C und darunter im Tiefkühlbereich. Oberflächentransport und Verladung mit Gabelstaplern sind möglich.	Kühlfracht 2,7 m^3 Normalfracht 3,2 m^3
LD 7-Container Der Iglu-Aufbau ist mit der Palette fest verbunden. Die Ladeöffnung ist mit einer Plane und einem Netz verschlossen. Oberflächentransport ist möglich. Vorrichtungen für den Kleidertransport sind eingebaut.		9,6 m^3

Das Angebot von Spezialpaletten und Containern reicht von der Pkw-Transportpalette bis zu Kühl-Containern, die Tiefkühlgut während des gesamten Transportes auf der vorgeschriebenen Temperatur halten. Durch die Anlieferung in Kühlwagen, die Lagerung in Tiefkühlräumen in den Lufthansa-Terminals, z.B. dem LCC (Lufthansa Cargo Center) in Frankfurt, den Transport in LD 3- oder LD 7-Kühl-Containern und die entsprechende Übergabe an den Empfänger ist gewährleistet, dass die notwendige Kühlkette nicht unterbrochen wird. Diese Abstimmung auf die Anforderungen des Marktes zeigt sich auch bei anderen Produkten.

Eigengewicht	Max. Zuladung	Verladbar in	Nutzbare Innenfläche/Innenmaße
400 kg (ohne Gestell)	8 900 kg	B 747 D/M/F	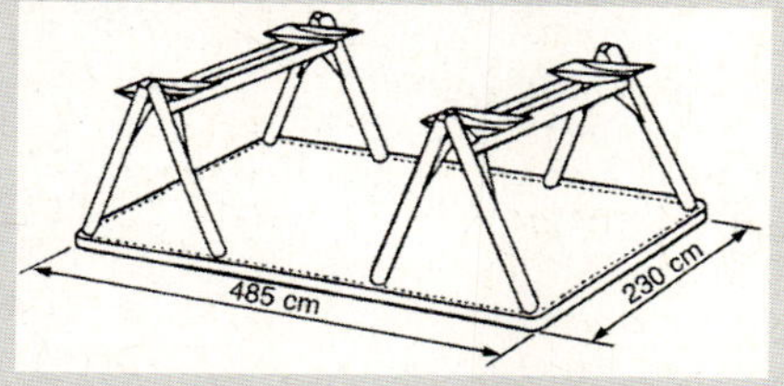
80 kg	1 508 kg	B 737 F A 310 A 300 DC 10 B 747	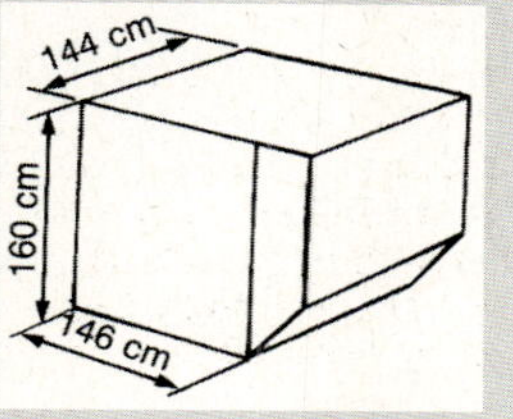
300 kg	1 288 kg	B 737 F A 310 A 300 DC 10 B 747	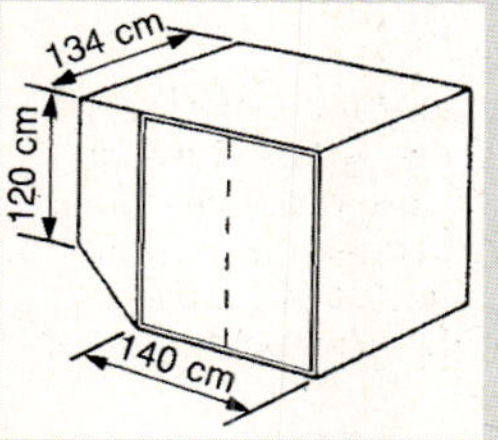
225 kg	5 808 kg	B 737 F A 310 A 300 DC 8 F DC 10 B 747	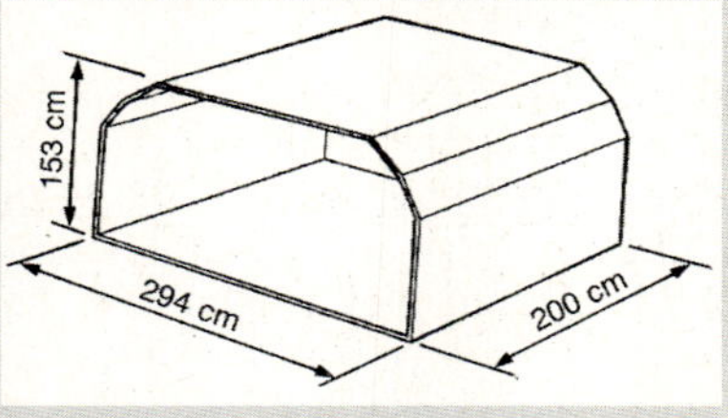

Alle Containertypen sind mit einer Vorrichtung für den Kleidertransport verfügbar, und bei den meisten Containern ist Zollverschluss möglich. Trotz eines sehr günstigen Verhältnisses zwischen Eigengewicht und maximaler Zuladung sind die Container ausgesprochen robust. Der Leichtmetallaufbau schützt vor Beschädigungen von außen, vor Feuchtigkeit und Hitze und ist zudem nach jedem Transport leicht zu reinigen.

Alle Paletten und Container sind rundum mit Verzurrschienen versehen, die eine feste Verankerung im Frachtraum garantieren.

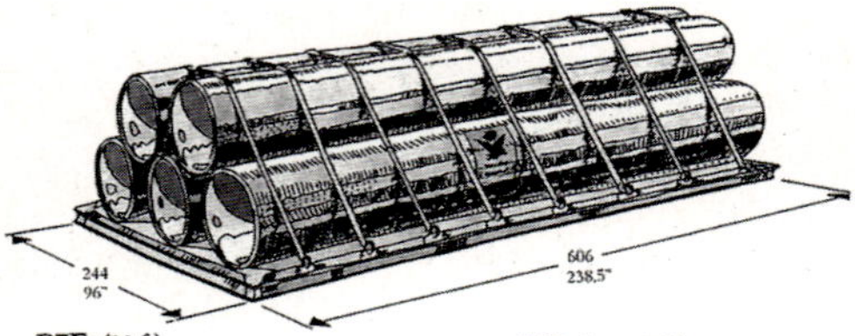

P7E (20 ft)
Dimensions 244 x 606 cm
Useful dimensions (L x W x H)
601 x 239 x 240 (295) cm
Tare 381 kg, 9001-9018
395 kg, from, 9019
Total weight fully loaded 11,377 kg
Useful volume 35.9 (45.4) m^3
This pallet is only used on B 747F

P1P (88 x 125")
Dimensions 224 x 318 cm
Useful dimensions (L x W x H)
313 x 219 x 239 (260) cm
Tare 114 kg
Total weight fully loaded
4,626 kg B 747 luggage hold
5,601 kg B 747 upper deck
and DC 8F

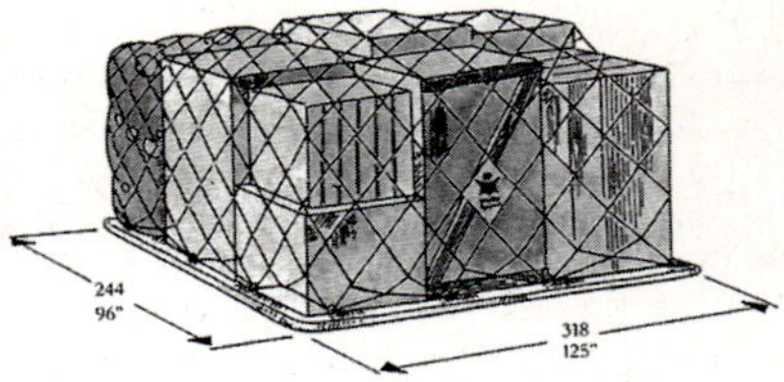

P6P (10 ft)
Dimensions 244 x 318 cm
Useful dimensions (L x W x H)
313 x 239 x 239 (295) cm
Tare 116 kg
Total weight fully loaded
6,802 kg B 747 upper deck
5,035 kg B 747 luggage hold
Useful space 18.8 (23.8) m^3

P4P (automobiles)
Dimensions 223 x 356 cm
Useful dimensions (L x W x H)
228 x 351 x 240 (295) cm
Tare 209 kg
Total weight fully loaded 4,536 kg.
This pallet is used for automobile
transport on B 747 and DC 8F.

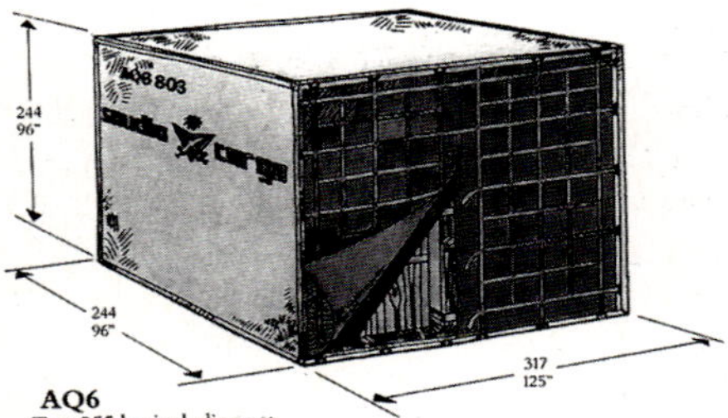

AQ6
Tare 255 kg, including net
Total weight (including tare) 6,803 kg
Interior space 16.2 m^3

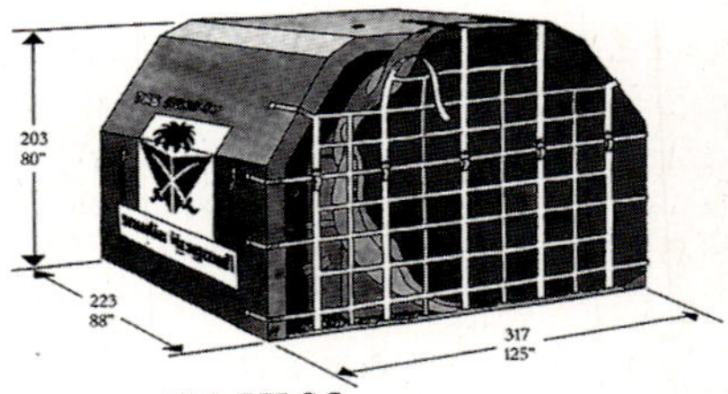

TAB/IGLOO
Tare 317 kg, including net
Total weight (including tare) 5,601 kg
Useful height 198 cm
Interior space 9.6 m^3

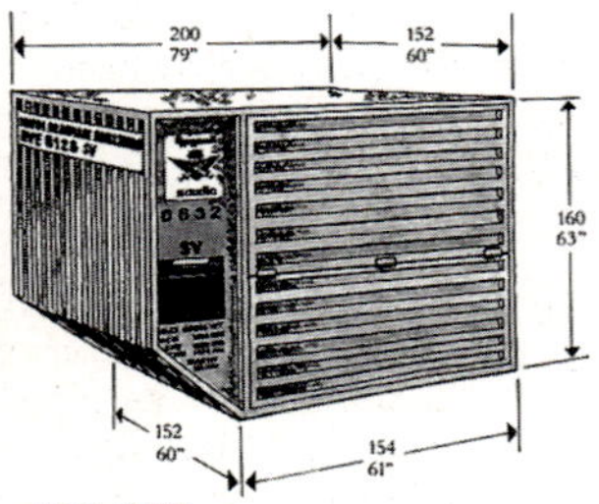

LD3/AVE
Tare 72 kg
Total weight (including tare)
1,474 kg TriStar
1,588 kg B 747 & A300/600
Interior space 3.8 m^3

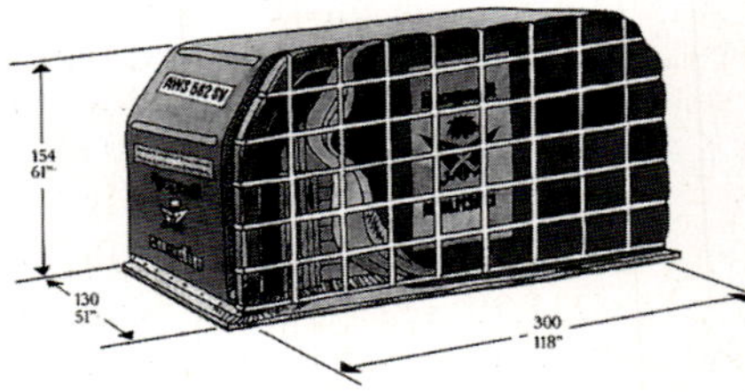

LD11/AWS
Tare 182 kg
Total weight (including tare) 3,175 kg
Interior space 6 m^3

Jüngster Verkehrsträger ist der Luftfrachtverkehr. Die hohen Zuwachsraten der letzten Jahre kennzeichnen seine steigende Bedeutung. Der zunehmende Anteil wertvoller Güter am Welthandel und die natürlichen Vorteile des Flugzeuges als Transportmittel führen weiterhin zu wachsenden Transportmengen.

Die deutsche Lufthansa führt im internationalen Luftfrachtgeschäft vor der Air France. Das Engagement der Lufthansa wird in ihrem Flottenbestand an **Nur-Frachtflugzeugen**[1] deutlich:

9 B 747 F (davon 4 B 747 SF)
5 DC 8-73 F
2 B 737 F
7 B 737 Quick Change.

[1] Im Güterverkehr mit dem Flugzeug werden die Güter **und** das Entgelt mit dem Namen „Fracht" bezeichnet – im Gegensatz zu den deutschen gesetzlichen Vorschriften.

▲ *LCAG (Lufthansa Cargo AG).* Zum 1. Januar 1995 wurde das Frachtgeschäft der Lufthansa ausgegliedert. Über die Gründung der Lufthansa Cargo AG hofft man, durch die Eigenverantwortung ein noch besseres Ergebnis zu erzielen.

Das Flugzeug konkurriert auf den weiten Strecken des Überseeverkehrs mit dem Seeschiff. Der mengenmäßige Anteil der Luftfracht liegt nur unter 1 % des gesamten Verkehrsaufkommens[1]; es sind jedoch überwiegend **hochwertige sowie eilbedürftige Güter**, die hoch tarifiert werden.

Die natürlichen **Vorteile** des Flugzeuges als Transportmittel liegen

- ✘ in der **hohen Geschwindigkeit**,
- ✘ in der **großen Sicherheit und in der Zuverlässigkeit**,
- ✘ in der **sorgfältigen Behandlung der Güter**,
- ✘ in dem **weltweiten und dichten Streckennetz.**

Die **Nachteile** des Flugzeuges als Transportmittel sind zu sehen

- ✘ in den **Gewichts- und Volumengrenzen** des einzelnen Flugzeugtyps und
- ✘ in den **relativ hohen Beförderungskosten** (Energieaufwand, Personalaufwand, Wartung, Abschreibung u. a.), die allerdings oft durch die Vorteile gemildert oder aufgehoben werden.

18.2 Der Flughafen

▲ *Flughafennetz.* Mit der Entwicklung des Luftverkehrs wachsen die Anforderungen an einen Flughafen. Die internationalen Verkehrsflughäfen in Deutschland sind mit modernen Einrichtungen des Passagier- und Luftfrachtverkehrs und des Nachrichtenverkehrs ausgestattet. Verkehrsgünstig gelegen sind sie an das Straßen- und Bahnverkehrsnetz des Inlandes angeschlossen. In einem dichten Flugnetz der Linien- und Charterfluggesellschaften sind sie mit Flughäfen in aller Welt verbunden. Über verschiedene Regionalflughäfen bestehen Anschlussmöglichkeiten.

▲ *Flughafengesellschaften.* Die deutschen Verkehrsflughäfen, an denen Bund, Länder und Gemeinden beteiligt sind, werden von Flughafengesellschaften in der Rechtsform einer GmbH oder einer AG betrieben. Die Gesellschaft verwaltet den Flughafen und seine Anlagen, u. a. auch die vermieteten Büros, Geschäfte und Restaurants; sie sorgt für die Abfertigung der Passagiere und Luftfracht, organisiert den Flugbetrieb und zieht von den Carriern die Start- und Landegebühren sowie die sonstigen Gebühren und Mieten ein. Diese Einnahmen reichen nicht zur Finanzierung der erforderlichen Investitionen; dazu werden Steuergelder der öffentlichen Hand eingesetzt.

▲ *ADV.* Die deutschen Verkehrsflughäfen sind in der **„Arbeitsgemeinschaft Deutscher Verkehrsflughäfen“** – ADV – zusammengeschlossen. Aufgaben dieser ADV sind u. a.:

- ✘ Verbesserung der Sicherheitseinrichtungen auf den Flughäfen,
- ✘ Beratung der Bundes- und Landesbehörden im Hinblick auf Gesetze und Verordnungen, die die Bodenabfertigung betreffen,
- ✘ Sammlung und Auswertung aller für Flughäfen interessanten technischen Entwicklungen und Erfindungen
- ✘ Erfahrungsaustausch der einzelnen Flughafengesellschaften – national und international,
- ✘ Information der Öffentlichkeit über Luftverkehrsentwicklungen.

[1] vgl. Abschnitt 1.2 ff.

Luftfracht auf deutschen Flughäfen: Januar bis Dezember 1997 (in t – im Vergleich zu 1996)

Flughafen	Lokalaufkommen						Gesamtverkehr (inkl. Transit)		Gesamte Fracht (inkl. Trucking)	
	Gesamt									
	An + Ab	%	Ausladung An	%	Einladung Ab	%		%		%
Berlin gesamt	33 780	6,0	17 229	– 2,8	16 551	17,2	37 441	10,8	43 430	9,4
Bremen	2 648	0,6	1 919	2,2	729	– 3,6	2 650	0,3	29 277	8,9
Dresden	1 349	– 8,1	834	–19,7	515	19,8	1 367	– 7,4	3 832	–11,4
Düsseldorf	69 225	20,9	32 826	12,2	36 399	30,0	70 867	20,7	112 648	3,3
Frankfurt	1 373 209	2,6	631 710	2,9	741 499	2,3	1 400 977	2,5		
Hamburg	34 872	– 4,1	20 174	– 6,7	14 698	– 0,2	35 005	– 4,0	65 485	0,4
Hannover	10 612	– 5,6	4 820	–20,4	5 792	11,6	10 693	– 6,8		
Köln/Bonn	374 335	18,6	182 585	15,2	191 750	22,0	382 091	18,5	401 818	12,8
Leipzig/Halle	2 004	–15,5	1 318	–21,0	686	– 2,4	2 236	–27,1	3 390	–24,7
München	95 560	25,9	45 515	19,5	50 045	32,3	103 572	24,9	176 752	17,6
Münster/Osnabrück	794	12,8	672	24,0	122	–24,7	794	12,8	12 975	– 1,6
Nürnberg	47 642	24,1	23 039	29,4	24 603	19,5	54 191	19,5	88 886	17,3
Saarbrücken	320	–56,8	146	–53,8	174	–59,0	323	–56,4	1 038	–57,1
Stuttgart	18 128	– 1,6	10 716	– 5,3	7 412	4,3	19 318	1,7	74 383	2,6
Gesamt	**2 064 478**	**6,9**	**973 503**	**5,9**	**1 090 975**	**7,8**	**2 121 525**	**6,9**		

18.3 Die Luftfrachtgüter

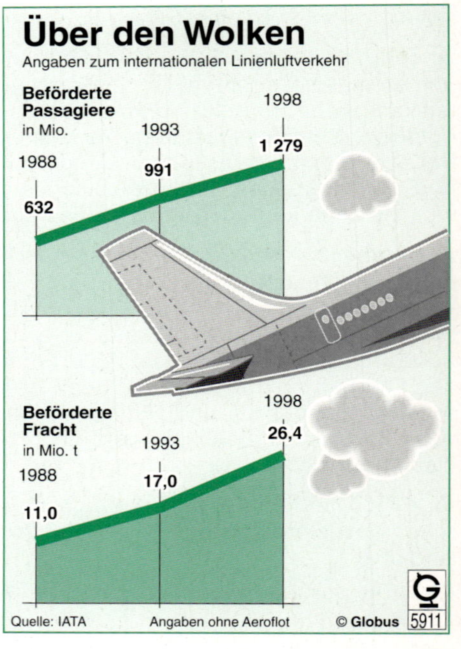

Rasentes Wachstum
Über den Wolken wird der Verkehr immer dichter. Nach Erhebungen der IATA, der Internationalen Lufttransport-Organisation, hat sich die Zahl der beförderten Passagiere im internationalen Linienflugverkehr seit 1988 mehr als verdoppelt. Zählten die Linienfluggesellschaften damals erst 632 Millionen Passagiere, so waren es zehn Jahre später 1 279 Millionen. Noch schneller wuchs das Frachtaufkommen, das im selben Zeitraum um 140 Prozent auf über 26 Millionen Tonnen kletterte. – Die deutsche Lufthansa mischt im internationalen Luftverkehr an vorderster Stelle mit. Mit einem Passagieraufkommen von fast 25 Millionen rangierte die Fluggesellschaft an zweiter Stelle hinter British Airways. Auch im internationalen Frachtverkehr rangiert die Lufthansa auf Platz zwei hinter Federal Express.

18.3.1 Gründe für den Lufttransport

Die Entscheidung, Güter auf dem Luftwege zu befördern, ergibt sich aus den **natürlichen Vorteilen des Flugzeugs als Transportmittel**. Die Beförderung mit dem Flugzeug ist in vielen Fällen sinnvoll, manchmal zwingend notwendig:

- Sie **macht viele Güter** über große Entfernungen überhaupt erst **transportfähig**, z. B. Fische, Obst, Gemüse, Schnittblumen usw.; Kosten für Kühlungen entfallen, Verluste durch Verderb werden verringert.

- ✗ Sie verbessert und **erleichtert die Transportdurchführung**, z. B. für Pferde, Zootiere, Eintagsküken.
- ✗ Sie **erweitert die Absatzbereiche** und Käuferkreise, z.B. für Zeitungen, Zeitschriften, Pressefotos, Filmmaterial für das Fernsehen; hierbei handelt es sich um Güter, die nur solange verkaufsfähig bleiben, wie sie aktuell sind.
- ✗ Sie **ermöglicht den Transport sehr wertvoller Güte**r, wie Gold, Platin, Geld, Wertpapiere, Kunstwerke, weil die Ladung leicht überwacht und gegen Beraubung geschützt werden kann.
- ✗ Sie **ermöglicht eine kleinere Lagerhaltung**, da die Waren sehr schnell herangeschafft werden können; so werden Lagerkosten, Zinsen und andere Kosten gespart.
- ✗ Sie **spart Verpackungs- und Transportversicherungskosten**, da aufgrund einer sorgfältigen Warenbehandlung die Transportrisiken geringer sind.
- ✗ Sie wirkt **kostensenkend**, wenn Ersatzteile für Fertigungsanlagen und Schiffsmotoren innerhalb von Stunden zur Verfügung stehen und somit hohe Betriebsstillstandskosten vermieden werden.
- ✗ Sie **ermöglicht den Transport hoch empfindlicher Gegenstände**, z. B. Messinstrumente und optische Geräte, weil die Beförderung selbst und auch der Umschlag weitgehend stoß- und erschütterungsfrei erfolgen.
- ✗ Sie ermöglicht einen sehr **schnellen Kapitalumschlag**.
- ✗ Sie erspart **Vor- und Nachlaufkosten**, wenn der Flughafen im Binnenland nahe großer Wirtschaftszentren liegt.

18.3.2 Gefährliche Güter im Luftfrachtverkehr

Die Vorschriften für solche Güter, die durch ihre Eigenschaft das Flugzeug und seine Besatzung sowie Passagiere und andere Sendungen gefährden, werden streng angewandt. Derartige Güter sind entweder nur unter bestimmten Bedingungen zur Beförderung zugelassen oder aber ganz vom Transport ausgeschlossen.

▲ *Rechtsgrundlagen.* Für die Beförderung gefährlicher Güter gelten die **„IATA Dangerous Goods Regulations (DGR)"**. Sie werden von den Mitgliedsgesellschaften der IATA vorgeschrieben und gelten dadurch nahezu weltweit. Sie entsprechen inhaltlich den „ICAO Technical Instructions for the Safe Transport of Dangerous Goods by Air" (ICAO-TI), die von der Luftfahrtorganisation der Staaten herausgegeben sind und auf die sich die Staaten bei der Regelung ihres nationalen Rechts beziehen.

▲ *Gefährliche Güter.* Hierbei handelt es sich entweder um giftige, ätzende, explosionsgefährliche oder selbstentzündliche Güter. Sie sind in Klassen[1] eingeteilt und mit UN-Nummern versehen. Wichtig ist, dass Stoffe mit solchen gefährlichen Eigenschaften auch in Instrumenten und Apparaten enthalten sein können – etwa Treibgas in Sprühdosen, Messinstrumente mit Quecksilberfüllungen, Maschinenteile, die giftige Dichtungs- oder Lösungsmittel enthalten usw.

▲ *Verantwortung.* Die Verantwortung für die Einhaltung dieser Bestimmungen liegt beim Absender, beim Eigentümer der Sendung und bei allen an der Beförderung Beteiligten. Sie sind dafür verantwortlich, dass keine Güter zur Beförderung angeboten werden, die nach diesen Bestimmungen nicht befördert werden dürfen. Bei den bedingt zugelassenen Gütern sind sie dafür verantwortlich, dass alle Vorschriften im

[1] Benennung und Nummerierung der Gefahrklassen sind national und international vereinheitlicht. Die Vorschriften der verschiedenen Gefahrgutverordnungen für das einzelne Gut sind unterschiedlich (vgl. GGVSee).

Hinblick auf Verpackung, Markierung, höchstzulässige Menge pro Sendung, richtige Deklaration in den Versandpapieren usw. streng beachtet werden. Der Absender einer solchen Sendung ist verpflichtet, ein **„Shipper's Declaration for Dangerous Goods"**[1] auszustellen, in dem das gefährliche Gut benannt und bestätigt wird, dass alle Bestimmungen eingehalten wurden. Bei Nichtbeachtung haften Absender, Eigentümer der Güter und andere für alle daraus entstehenden Schäden, Verluste und Verzögerungen. Der Carrier hat grundsätzlich das Recht, den Inhalt aller Gütersendungen zu prüfen; er wird nach den ICAO-Richtlinien noch stärker als bisher verpflichtet, die Packstücke mit gefährlichen Gütern zu kontrollieren. In jedem Flughafenbüro des IATA-Agenten müssen zwei Mitarbeiter eine DGR-Schulung für die Abfertigung von gefährlichen Luftfrachtgütern absolviert haben, so genannte Gefahrgutbeauftragte (vgl. Abschnitt 5.2.4). Diese Schulung muss im zweijährigen Rhythmus wiederholt werden.

18.4 Die Betriebsformen des Luftverkehrs

Im Güterverkehr mit dem Flugzeug unterscheidet man, ebenso wie in der Seeschifffahrt, den Linienverkehr und den Charter-, Bedarfs- oder Gelegenheitsverkehr.

▲ *Linienverkehr.* Er ist dadurch gekennzeichnet, dass eine bestimmte Flugstrecke nach einem vorher festgelegten Zeitplan regelmäßig und häufig beflogen wird. Da solche Linienverkehre an ihren Zwischen- und Endflughäfen durch die Linienverkehre anderer Luftfahrtgesellschaften ergänzt werden, entsteht ein Liniennetz. Dies erfordert jedoch eine große Zahl von leistungsfähigen Flugzeugen und eine entsprechende Organisation am Boden – mithin viel Kapital. Da der Aufbau leistungsfähiger Liniennetze die reibungslose Zusammenarbeit vieler Fluggesellschaften erfordert, besteht eine Tendenz zu internationalen Absprachen und zur Gründung internationaler Organisationen.

▲ *Charter-, Bedarfs- oder Gelegenheitsverkehr.* Hier werden Flugzeuge den Wünschen der Versender entsprechend eingesetzt. Manche Absender chartern den gesamten Raum eines Flugzeuges, andere benötigen nur einen Teil. So gibt es auch hier unterschiedliche Charterverträge. Ein Luftfrachtcharterverkehr kann von einem Unternehmer schon mit einem Flugzeug durchgeführt werden (vgl. Abschnitt 18.12).

18.5 Internationale Organisationen im Luftverkehr

18.5.1 International Civil Aviation Organization (ICAO)

▲ *Internationale Beförderung.* Das Flugzeug ist von seiner Konzeption her ein Transportmittel, das über weite Räume eingesetzt wird. Die einzelnen Staatsgrenzen liegen aber – besonders in Europa – dicht beieinander. So erreicht ein Flugzeug sehr schnell die eigenen Heimatgrenzen und fliegt in fremdes Hoheitsgebiet ein. Hierdurch und durch Landungen auf fremden Staatsgebieten wird die Fluggesellschaft mit fremden Hoheits- und Rechtsbereichen konfrontiert. Sie muss andersartige Gesetze, Verordnungen, Bestimmungen und Usancen beachten. So ergibt sich zwangsläufig die Notwendigkeit, alle Bereiche des Luftverkehrs international zu regeln. Anfänge internationaler Regelungen gab es bereits 1910.

▲ *ICAO.* 1944 – noch vor dem Ende des Zweiten Weltkrieges – kamen Vertreter aus 54 Staaten in Chicago zusammen, um eine neue internationale Luftfahrtorganisation zu gründen. Diese Abgesandten kamen aus Staaten, die mit den USA verbündet waren bzw. sich im Zweiten Weltkrieg neutral verhielten. Als Ergebnis dieser

[1] bzw. „Shipper's Certification for radioactive materials

Chicagoer Konferenz wurde ein **„Abkommen über die internationale Zivilluftfahrt"**, das so genannte **ICAO-Abkommen**, geschlossen. Nachdem die Parlamente der Mitgliedstaaten dieses Abkommen ratifiziert hatten, nahm die ICAO als öffentlich-rechtliche Institution Gestalt an und wurde 1947 als Sonderorganisation der UNO angegliedert.

▲ *Mitglieder.* **Jeder Staat**, der internationalen Luftverkehr betreibt und der UNO angehört bzw. von ihr als Mitglied zugelassen ist, kann auch Mitglied der ICAO werden. Fast alle Staaten dieser Erde sind Mitglieder der ICAO. Vertreten werden sie durch die Abgesandten ihrer jeweiligen Regierungen. Als Anhang zum **ICAO-Abkommen** wurden u. a. folgende zwei Vereinbarungen getroffen:

- die „Vereinbarung über den Durchflug im internationalen Fluglinienverkehr" – die so genannte **Transit-Vereinbarung** – und
- die „Vereinbarung über die internationale Luftbeförderung" – die so genannte **Transport-Vereinbarung.**

MERKE

Freiheiten der Luft:

Die Transit- und die Transportvereinbarung werden als die Freiheiten der Luft bezeichnet.

Sie bestehen in den folgenden Regeln:

- das Recht zum **gegenseitigen Überfliegen** der Hoheitsgebiete von Vertragsstaaten,
- das Recht zu **nicht kommerziellen Landungen** (z. B. zum Auftanken, Durchführen von Reparaturen),
- das Recht, **aus dem Heimatstaat des Flugzeuges kommende Passagiere, Post und Fracht** auf dem Territorium anderer Vertragsstaaten **abzusetzen**,
- das Recht, **nach dem Heimatstaat des Flugzeuges fliegende Passagiere, Post und Fracht** auf dem Territorium eines Vertragsstaates aufzunehmen (Nachbarschaftsverkehr),
- das Recht, **kommerziellen Luftverkehr** mit Passagieren, Post und Fracht **zwischen zwei fremden Vertragsstaaten zu betreiben**.

Die Transit-Vereinbarung besteht aus der ersten und der zweiten Freiheit, die Transport-Vereinbarung aus der dritten, vierten und fünften Freiheit. Ergänzt werden diese Rechte durch das Kabotagerecht. Das **Kabotagerecht** berechtigt die Fluggesellschaften, Passagiere, Post und Fracht zwischen verschiedenen Flughäfen in einem fremden Staat zu befördern.

▲ *Aufgaben.* Die Arbeit der ICAO umfasst die gesamte Zivil-Luftfahrt. Ausgeschlossen bleibt der Bereich Militärflugverkehr. Die ICAO ist bemüht, internationale einheitliche Regelungen und Ordnungen in den Bereichen Technik, Wirtschaft und Recht zu schaffen, z. B. im Hinblick auf Flugsicherheit, Luftverkehrsregeln, Gebühren, Formularwesen, Luft- und Vertragsrecht.

▲ *Organe.* Der große Rahmen der ICAO-Politik wird von der **Vollversammlung** festgelegt, die damit eine Art legislative Funktion ausübt. Diese Vollversammlung tritt in der Regel einmal im Jahr zusammen. Jedes Mitglied der ICAO hat in dieser Vollversammlung gleiches Stimmgewicht.

Neben der Festlegung der Mitgliedsbeiträge und der Budgetgenehmigung ist es Aufgabe der Vollversammlung, den **ICAO-Rat** zu wählen. Dieser ICAO-Rat hat exekutivähnliche Funktionen. Ihm unterstehen mehrere Ausschüsse – z. B. der Luftverkehrsausschuss, der Rechtsausschuss, der Finanzausschuss, der Ausschuss für Flugnavigation. Der ICAO-Rat und seine Ausschüsse haben die Aufgaben,

- die von der Vollversammlung beschlossenen Maßnahmen durchzuführen,
- die Einhaltung der ICAO-Vorschriften weltweit zu kontrollieren,
- bei Meinungsverschiedenheiten zwischen ICAO-Mitgliedern Schiedsrichterfunktionen auszuüben,
- Jahresberichte auszuarbeiten und auf den einberufenen Vollversammlungen vorzulegen,

Neben der Vollversammlung und dem ICAO-Rat wurde ein **Sekretariat** geschaffen, das die Aufgabe hat, alle Verwaltungsarbeiten zu erledigen. An der Spitze dieses ICAO-Sekretariats steht ein Generalsekretär. Das Sekretariat verfügt über ein Hauptbüro in Montreal sowie über Zweigbüros in mehreren Städten der Welt.

18.5.2 International Air Transport Association (IATA)

▲ *IATA von 1919.* Als Ergänzung zur ICAO, in der die Regierungen ihre staatlichen Luftverkehrsinteressen wahrnehmen, ist im Jahre 1919 die IATA als „International Air Traffic Association" gegründet worden; sechs europäische Luftverkehrsgesellschaften hatten sich zusammengeschlossen, um durch internationale Zusammenarbeit ihre wirtschaftlichen Interessen zu fördern. Flugpläne und gemeinsame Beförderungsbedingungen sind erarbeitet, technische Standards entwickelt worden usw. Als Folge des Weltkriegs wurde sie im Jahr 1941 aufgelöst.

▲ *IATA von 1945.* Auf Anregung der ICAO wurde im Jahr 1945 in Havanna eine neue **IATA als „International Air Transport Association"** gegründet. Sie ist eine internationale Körperschaft mit Sitz in Montreal und in Genf.

▲ *Mitglieder.* Mitglieder sind Fluggesellschaften des internationalen Linienverkehrs. Der Heimatstaat, der sie als Carrier zugelassen hat, muss Mitglied der ICAO und der UNO sein bzw. sein können.

▲ *Aufgaben.* Die allgemeine Aufgabe der IATA liegt in der Förderung der wirtschaftlichen Zusammenarbeit ihrer Mitglieder in der Passagier-, Fracht- und Postbeförderung.

MERKE

Aufgaben der IATA:

- Förderung der Zusammenarbeit der Fluggesellschaften durch Sammlung und Austausch von Erfahrungen und Informationen,
- Förderung der Zusammenarbeit mit internationalen Organisationen, z. B. der ICAO,
- Schaffung vereinheitlichter Tarife und Beförderungsbedingungen,
- Zulassung von IATA-Frachtagenten und IATA-Reisebüros,
- Einrichtung des IATA-Clearing-House zum Kontenausgleich zwischen den Mitgliedern im Abrechnungsverkehr.

▲ *Organe.* Oberstes Organ der IATA ist die **Haupt- oder Generalversammlung**. Sie tritt jährlich einmal zusammen. Jedes Mitglied der IATA hat in dieser Generalversammlung, unabhängig von seiner Größe, nur eine Stimme. Ihre Beschlüsse werden als Resolutionen bekanntgegeben. Die Generalversammlung ist das Organ, das den großen Rahmen der IATA-Politik festlegt; von ihr werden der IATA-Präsident und die

Mitglieder des Exekutiv-Komitees gewählt; sie nimmt Rechenschaftsberichte der vielen Unterorgane entgegen, beschließt über das IATA-Budget usw. In der Zeit zwischen den jährlich stattfindenden Generalversammlungen übernimmt das **Exekutiv-Komitee** die Führungsfunktionen der IATA. Es setzt sich aus leitenden Mitarbeitern der einzelnen Mitgliedsgesellschaften zusammen. Aufgabe dieses Exekutiv-Komitees ist es, die Verwirklichung der von der Hauptversammlung festgelegten Politik zu kontrollieren und die Organisation der IATA zu überwachen. Unterstützung findet dieses Exekutiv-Komitee durch ihm unterstehende Ausschüsse für Finanzen, Technik, Recht, Medizin und Verkehr.

Die von der Hauptversammlung gefassten Beschlüsse und die ergänzenden Anordnungen des Exekutiv-Komitees werden vom **IATA-Hauptbüro** verwirklicht. An der Spitze dieses Hauptbüros steht der von der Hauptversammlung gewählte IATA-Generaldirektor.

▲ ***IATA-Clearing-House (ICH).*** Da viele Transporte von mehreren Carriern durchgeführt werden – üblicherweise aber der erste Luftfrachtführer das Beförderungsentgelt vom Absender für die gesamte Strecke erhält – ergeben sich Forderungen der anderen an diesem Transport beteiligten Carrier an den ersten Luftfrachtführer. Aufgabe des ICH ist es, den Abrechnungsverkehr zwischen den einzelnen IATA-Carriern zu erleichtern. Zu diesem Zweck wird beim ICH für jedes Mitglied ein Konto geführt, auf dem durch Soll- und Habenbuchungen alle Forderungen und Verbindlichkeiten dieses Carriers gegenüber allen anderen Mitglieds-Carriern erfasst werden. Diese umfangreichen Soll- und Habenbuchungen werden saldiert und die Ausgleichszahlungen von den Carriern vorgenommen. Die Mitgliedschaft im ICH ist freiwillig und auf IATA-Luftfrachtführer beschränkt.

▲ ***Verkehrskonferenzen (Traffic Conferences).*** Von den Organen der IATA weitgehend unabhängig arbeiten die Verkehrskonferenzen. Sie wurden gegründet, um

- regional begrenzt operierenden Fluggesellschaften die Möglichkeit zu geben, ihre Interessen zu vertreten,
- aber auch, um auf die besonderen Gegebenheiten der verschiedenen Weltregionen besser eingehen zu können.

An ihnen nehmen führende Vertreter der einzelnen IATA-Carrier teil, die hier versuchen, die Luftverkehrspolitik ihrer eigenen Gesellschaft möglichst weitgehend durchzusetzen. Den Verkehrskonferenzen obliegt es,

- Tarife und Raten festzulegen,
- die Flugpläne der einzelnen Carrier aufeinander abzustimmen,
- Entscheidungen über Agentenangelegenheiten zu treffen,
- die Beförderungsbedingungen festzulegen,
- Wettbewerbsfragen zu regeln usw.

Auch auf Verkehrskonferenzen hat jeder Carrier, unabhängig von seiner Größe, nur eine Stimme. Da die öffentliche Hand in vielen Staaten an ihren Luftverkehrsgesellschaften beteiligt ist, in manchen Fällen sogar als alleinige Eigentümerin auftritt, und da jede Regierung ganz allgemein Einfluss auf die Entwicklung des Luftverkehrs nehmen möchte, bedürfen die Entscheidungen der Verkehrskonferenzen der Zustimmung aller Regierungen. Erteilt eine Regierung diese Zustimmung nicht, so gilt der Grundsatz „Landesrecht bricht IATA-Recht", d. h., für den betreffenden Carrier sind die von der Verkehrskonferenz gefassten Beschlüsse nicht bindend. Haben die Regierungen aber zugestimmt, so sind diese Beschlüsse für die IATA und ihre Mitglieder endgültig und verbindlich.,

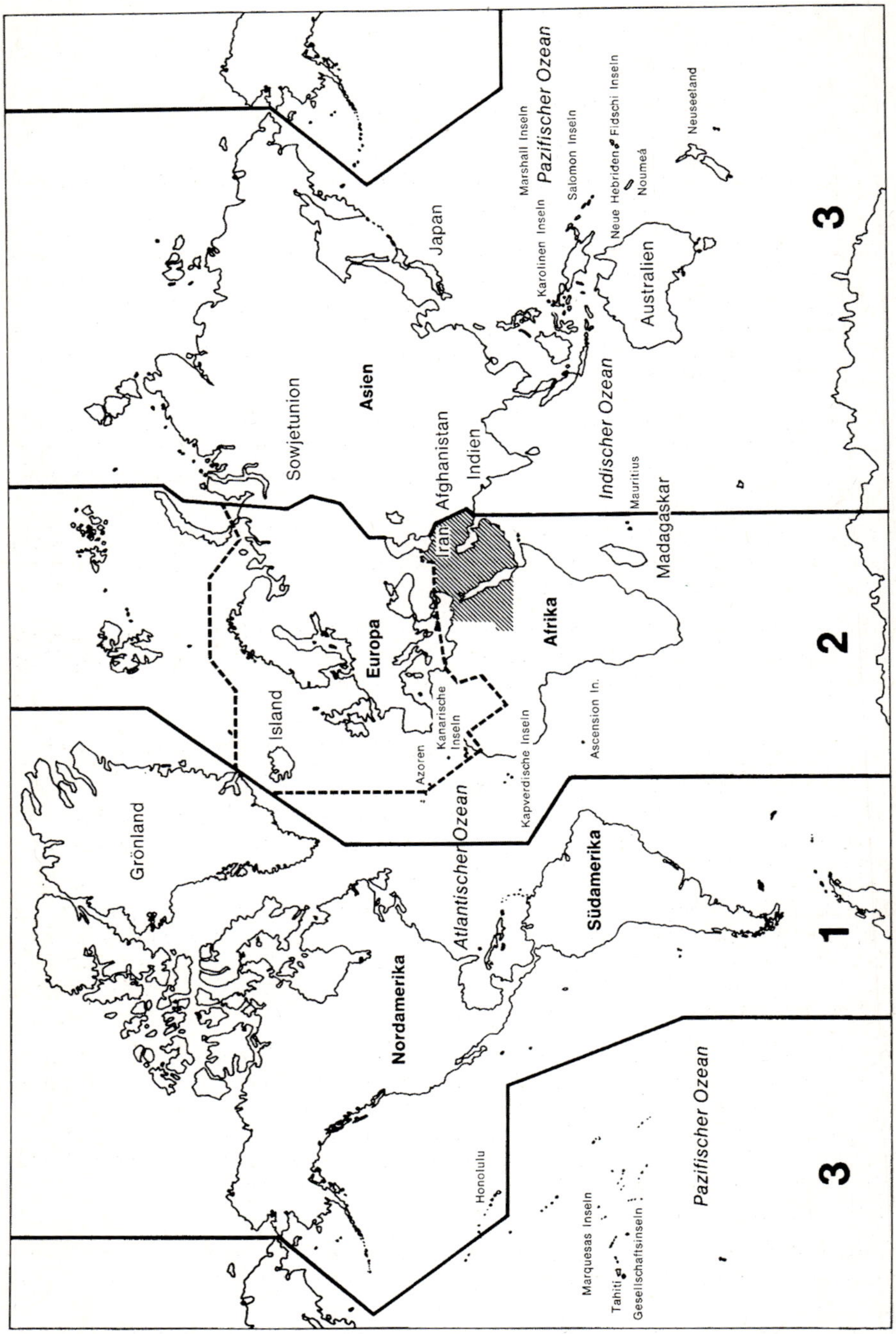

Europa - - - - - - - - Mittlerer Osten

IATA-Tarif-Konferenzgebiete

▲ ***Konferenzgebiete (Traffic Conference Areas).*** Zur Arbeitserleichterung ist die Welt in drei Konferenzgebiete eingeteilt worden:

- TC 1: Nord-, Mittel-, Südamerika mit den anliegenden Inseln, Grönland und USA-Territorien im Pazifik,
- TC 2: Europa, Afrika, Mittlerer Osten bis einschließlich Iran,
- TC 3: Asien, Australien, Inseln im Pazifik.

Um Mitglied einer Konferenz zu werden, muss der Carrier von, nach oder innerhalb dieses Gebietes seine Dienste anbieten.

Einer der Schwerpunkte der Verkehrskonferenzen lag in der Vereinbarung über einheitliche Tarife (s.o.). Hierbei kam es immer wieder zu Konflikten, deren Lösungen dann zu Preisen führten, die weder bei Verladern noch bei Carriern volle Zustimmung fanden. Um diesen Dauerkonflikt zu entschärfen, änderte die IATA ihre Satzung und Organisation und teilte die Konferenzen in zwei Gruppen: „Trade Association“ und „Tariff Coordination“.

Die Mitgliedschaft in der „Trade Association“ und die Beachtung der Beschlüsse sind für alle IATA-Mitglieder bindend. Eine Mitarbeit in der Gruppe „Tariff Coordination“ ist freiwillig. Bei einer Mitgliedschaft sind die vereinbarten Tarife dann allerdings einzuhalten.

▲ ***Beiträge.*** Die Vielzahl der Aufgaben, die die IATA zu erfüllen hat, verursachen einen großen Sach- und Personalaufwand. Er wird durch Beiträge und Gebühren der Mitglieder, IATA-Agenten u.a. abgedeckt.

▲ ***IACA (International Air Cargo Association).*** Die IACA vertritt weltweit die Interessen ihrer Mitglieder, die sich aus Fluggesellschaften, Spediteuren, Verladern, Flughafenverwaltungen und Geräteherstellern zusammensetzen.

18.6 Die rechtlichen Grundlagen der Güterbeförderung mit dem Flugzeug

Die rechtlichen Grundlagen für den Luftverkehr sind das Warschauer Abkommen (WAK) mit der Zusatzvereinbarung Haager Protokoll und, bei fehlenden Vorschriften, das BGB und das HGB §§ 407 ff. (vgl. Kapitel 3).

▲ ***LVG.*** Das **Luftverkehrsgesetz** wurde 1922 erlassen und mehrfach ergänzt und geändert. Es erstreckt sich auf das Gebiet der Bundesrepublik Deutschland. Der Inhalt geht von Bestimmungen der Nutzung des Luftraumes, Erteilung der Erlaubnis der Führung von Flugzeugen über die Genehmigungsvorschriften für die Anlage und den Betrieb von Flughafen und Gründung von Luftverkehrsunternehmen.[1]

▲ ***WAK.*** Da der Luftverkehr aber internationalen Charakter hat, entstand 1929 in Warschau das „Abkommen zur Vereinfachung von Regeln über die Beförderung im internationalen Luftverkehr“, kurz **„Warschauer Abkommen“**. Nach dem Zweiten Weltkrieg wurde das Warschauer Abkommen durch das „Protokoll zur Änderung des Abkommens zur Vereinheitlichung der Regeln über die Beförderung im internationalen Luftverkehr“, das **Haager Protokoll** von 1955, den neuen Verhältnissen angepasst. Seine Rechtsgültigkeit erhielt es erst 1963.

Das Warschauer Abkommen mit allen Änderungen wird in den nächsten Jahren durch das „Abkommen zur Vereinheitlichung von Regeln über die Beförderung im

[1] Für innerdeutsche Luftfrachtbeförderungen gelten seit 1. Juli 1998 anstelle des LVG die neuen Bestimmungen des HGB.

internationalen Luftverkehr", kurz **„Montrealer Abkommen 1999"**, ersetzt. Die wichtigsten Änderungen werden im Haftungsbereich liegen. Bis 2002 soll das neue Abkommen in Kraft treten.

▲ *IATA-Bedingungen.* Das Warschauer Abkommen enthält internationales Recht und bildet gleichzeitig die Grundlage für die Beförderungsbedingungen der IATA.

Während die meisten der am internationalen Luftverkehr beteiligten Länder das Warschauer Abkommen unterzeichnet haben, gilt dies für das **Haager Protokoll** nicht. In diesen Fällen ist die Vertragsgrundlage das Warschauer Abkommen. Ist dieses ebenfalls nicht unterzeichnet, kommt das nationale Luftverkehrsrecht zur Anwendung.

Die Grundlage für das Luftfrachtgeschäft sind die **IATA-Bedingungen**, die auch für die Beförderung der Fluggäste und das Gepäck gelten. Sie entspringen dem Warschauer Abkommen, wurden 1949 in Montreal erarbeitet und 1953 überarbeitet.

▲ *Beförderungsbedingungen der Carrier (conditions of carriage).* Die Beförderungsbedingungen der einzelnen Carrier sind zum Teil wörtlich aus den IATA-Bedingungen entnommen.

▲ *IATA-Vertragsbedingungen (conditions of contract).* Die IATA-Vertragsbedingungen sind im Gegensatz zu den conditions of carriage zwingend und von allen Regierungen anerkannt. Um sie allen am Lufttransport Beteiligten zugänglich zu machen, sind sie auf der Rückseite der Luftfrachtbrief-Originale zu finden.

Im Folgenden soll an zwei Beispielen dargestellt werden, in welcher Reihenfolge die Anwendung luftfrachtrechtlicher Bestimmungen zu prüfen ist:

✘ **Luftfrachtverkehr innerhalb der Bundesrepublik Deutschland:**
   - Für den Beförderungsvertrag einschließlich Haftung gelten die Vorschriften der §§ 407 ff. des HGB.
   - Dort nicht geregelte Fragen sind nach den Bestimmungen des LVG zu regeln.
   - Dann werden die IATA-Bedingungen angewendet.
   - Parteivereinbarungen klären noch offene Fragen.
   - Noch ungeklärte Fragen sind nach §§ 631 und 675 BGB zu lösen.

✘ **Internationaler Luftfrachtverkehr** zwischen Staaten, von denen
   - der Staat des Abflughafens kein Vertragsstaat des WAK ist, der Staat des Bestimmungsflughafens aber das WAK ratifiziert hat oder
   - der Staat des Abflughafens das WAK ratifiziert hat, der Staat des Bestimmungsflughafens aber kein Vertragsstaat des WAK ist oder
   - keiner Vertragsstaat des WAK ist:
     - In allen drei Fällen kommen die Bestimmungen des WAK nicht zur Anwendung,
     - es muss vielmehr zunächst das zwingende nationale Luftfrachtrecht, das im Staat des Bestimmungsflughafens gilt, herangezogen werden,
     - danach bestehende Unklarheiten sind nach den Beförderungsbedingungen – insbesondere den IATA-Bedingungen – zu lösen,
     - dort nicht geklärte Fragen regeln sich nach Parteivereinbarungen,
     - schaffen auch die Parteivereinbarungen keine Klarheit, so ist das im Staat des Bestimmungsflughafens geltende nationale Recht – vergleichbar HGB, BGB – heranzuziehen.

18.7 Der Luftfrachtvertrag

▲ *Werkvertrag.* Der zwischen **Absender** (Shipper) und **Luftfrachtführer** (Carrier) abgeschlossene Luftfrachtvertrag ist seiner Rechtsnatur nach ein **Werkvertrag**, für den die §§ 631 ff. BGB gelten. Unter der „Herstellung des versprochenen Werkes" versteht man die Durchführung des Transportes sowie die Übergabe der Sendung an den rechtmäßigen Empfänger (Consignee). Der Luftfrachtvertrag ist aber darüber hinaus auch auf eine Geschäftsbesorgung gerichtet und unterliegt somit den Vorschriften des § 675 BGB. Der Luftfrachtvertrag ist ein reiner **Konsensualvertrag**. Für sein Zustandekommen bedarf es also lediglich zweier übereinstimmender Willenserklärungen – der Einigung zwischen Absender und Carrier über die Transportdurchführung.

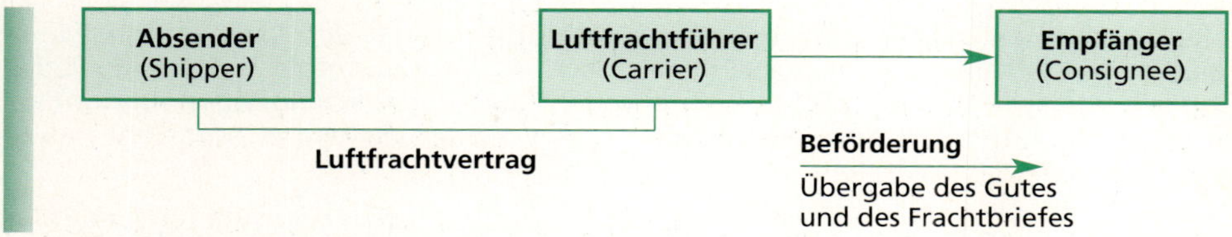

▲ *Rechte der Beteiligten.* Da der Luftfrachtvertrag zwischen Absender und Carrier geschlossen wird, ist der Empfänger an einem solchen Vertrag nicht direkt beteiligt. Sinn dieses Beförderungsvertrages ist jedoch, eine erfolgreiche Transportdurchführung zugunsten des Empfängers zu erreichen; deshalb wird auch der Luftfrachtvertrag als ein **„Vertrag zugunsten eines Dritten"** (des Empfängers) bezeichnet. Der Empfänger hat – obgleich er kein Vertragspartner ist – nach Erfüllung seiner Verpflichtungen dem Luftfrachtführer gegenüber einen **Anspruch auf Herausgabe der Sendung und des Luftfrachtbriefes**. Darüber hinaus kann er als Verfügungsberechtigter Ersatzansprüche gegen den Carrier stellen. Andererseits kann aber der Empfänger durch den zwischen Carrier und Absender geschlossenen Luftfrachtvertrag nicht zu einer bestimmten Leistung verpflichtet werden. So kann er z. B. durch den Beförderungsvertrag nicht zur Frachtzahlung gezwungen werden. Eine solche Frachtzahlungsverpflichtung ergibt sich für den Empfänger üblicherweise aus dem zwischen ihm und dem Absender geschlossenen Kaufvertrag. Mit Annahme der Sendung übernimmt er die Zahlung der auf der Sendung gemäß Luftfrachtbrief ruhenden Kosten.

Der Luftfrachtführer unterliegt keiner Beförderungspflicht. Im WAK ist ausdrücklich erwähnt, dass der Carrier das Recht hat, den Abschluss eines Beförderungsvertrages zu verweigern.

18.8 Der Luftfrachtbrief (Airway Bill = AWB)

Das LVG enthält keine Angaben zum Luftfrachtbrief. Im Gegensatz dazu regeln sowohl die IATA-Bedingungen als auch das WAK sehr genau den Komplex Luftfrachtbrief.

▲ *Ausfertigungen.* Nach Artikel 6 des WAK muss ein Luftfrachtbrief **(Airway Bill/AWB)** aus mindestens drei Ausfertigungen bestehen, die als Originale bezeichnet werden:

1. Ausfertigung (grün): für den **Luftfrachtführer**

2. Ausfertigung (rot): für den **Empfänger**

3. Ausfertigung (blau): für den **Absender**

Die erste Ausfertigung muss vom Absender unterzeichnet werden. Die zweite Ausfertigung begleitet die Sendung und ist vom Absender und vom Luftfrachtführer zu unterzeichnen. Die dritte Ausfertigung wird vom Carrier sofort nach Annahme des Gutes unterzeichnet. Sie gilt als Beweis der Übergabe und für den Abschluss des Beförderungsvertrages.

Üblicherweise besteht aber ein Luftfrachtbrief aus wesentlich mehr Exemplaren als den im WAK vorgeschriebenen drei Ausfertigungen. Diese zusätzlichen „Kopien" werden für weitere Carrier, für Spediteure, für den Zoll usw. benötigt.

Nach Artikel 3 der IATA-Bedingungen muss der Absender den Luftfrachtbrief ausfüllen oder in seinem Namen ausfüllen lassen. Er hat dann dem Carrier den Luftfrachtbrief zusammen mit der zu befördernden Sendung auszuhändigen. In der Praxis lässt der Absender den Luftfrachtbrief vom IATA-Agenten, in manchen Fällen auch vom Carrier ausstellen.

Jeder Luftfrachtbrief ist mit der Seriennummer und mit dem dreistelligen Code der Luftfrachtgesellschaft, die ihn ausgegeben hat, gekennzeichnet. Während früher der AWB von den Carriern an die IATA-Agenten übergeben wurde, werden bei Einsatz der EDV an die IATA-Agenten AWB-Nummernkreise vergeben, mit denen der Endlos-Frachtbrief markiert wird.

▲ ***Haftung für Angaben.*** Der Absender ist dem Carrier und jedem Dritten gegenüber für die Richtigkeit und Vollständigkeit aller Angaben des Luftfrachtbriefes verantwortlich. Der Absender haftet für alle Schäden, die dem Luftfrachtführer oder Dritten aus der Ungenauigkeit oder Unvollständigkeit der gemachten Angaben erwachsen. Der Absender hat jedoch in einem Schadensfall – der durch falsche oder unvollständige Angaben im Luftfrachtbrief entstanden ist – das Recht zu beweisen, dass ihn hieran kein Verschulden trifft. So etwa deswegen nicht, weil der von ihm beauftragte Aussteller sich nicht an die vorgegebenen Daten gehalten und andere als die vereinbarten Daten eingetragen hat. Der Luftfrachtführer ist nach den IATA-Bedingungen nicht verpflichtet, Luftfrachtbriefe anzunehmen, deren Eintragungen abgeändert oder radiert sind. Wenn eine Luftfrachtsendung in einem schlechten Zustand aufgeliefert wird, so hat der Absender hierüber im Luftfrachtbrief einen Vermerk zu machen. Kommt er dieser Verpflichtung nicht oder nur unzureichend nach, so kann der Carrier selbst diesen Vermerk vornehmen.

MERKE

Der Luftfrachtbrief hat folgende Aufgaben:

- Beweisurkunde über den Abschluss des Frachtvertrages und Anerkennung der Beförderungsbedingungen,
- Nachweis über den Empfang des Gutes,
- Nachweis über den Abschluss einer Transportversicherung,
- Begleitpapier der Sendung mit Instruktionen, die für die Transportdurchführung wichtig sind,
- Unterlage für die Zollabfertigung,
- Nachweis für den Absender über sein Verfügungsrecht.

Muster eines Luftfrachtbriefes

①

nicht begebbar

Shipper's Name and Address	Shipper's account Number ②	Not Negotiable **Air Waybill** Issued by **KLM Royal Dutch Airlines** P.O. Box 7700, 1117 ZL Schiphol Airport, The Netherlands TRADE REGISTER AMSTERDAM NO. 14286 **KLM CARGO** MEMBER OF IATA
320911 02 Gustav Meyer & Co. Lange Str. 13 70182 Stuttgart		Copies 1, 2 and 3 of this Air Waybill are originals and have the same validity.
Consignee's Name and Address	Consignee's account Number ②	It is agreed that the goods described herein are accepted in apparent good order and condition (except as noted) for carriage SUBJECT TO THE CONDITIONS OF CONTRACT ON THE REVERSE HEREOF. THE SHIPPER'S ATTENTION IS DRAWN TO THE NOTICE CONCERNING CARRIERS' LIMITATION OF LIABILITY. Shipper may increase such limitation of liability by declaring a higher value for carriage and paying a supplemental charge if required.
320911 04 Bells Trading Corporation 147, Shin Shin Building CN 200002 Shanghai/P.R. China		
Issuing Carrier's Agent Name and City Speditionsgesellschaft Hamburg Brook 10 20457 Hamburg		Accounting Information Free of charge delivery no.: ADD 27/TX "Impothandling by China Transport Company"
Agent's IATA Code ③ 25 6 8042/3011	Account No. 6244HAM	
Airport of Departure (Addr. of first Carrier) and requested Routing Frankfurt		

Bezahlung Absender ? Empfänger

to	By first Carrier (Routing and Destination)	to	by	to	by	Currency	CHGS Code ④	WT/VAL PPD ⑤	WT/VAL COLL	Other PPD	Other COLL	Declared Value for Carriage	Declared Value for Customs ⑦
SHA	KLM					DEM		P		P		NVD ⑥	

Zollwert (nicht erforderlich)

Airport of Destination	Flight/Date	For Carrier Use only	Flight/Date	Amount of Insurance	INSURANCE – If Carrier offers Insurance and such Insurance is requested in accordance with conditions on reverse hereof, indicate amount to be insured in figures in box marked amount of insurance.
Shanghai				NIL	

Handling Information
6 Kll. marked with "B.T.C., Shanghai/P.R. China"
Dos attached to AWB

No. of Pieces RCP	Gross Weight	kg lb	Rate Class	Commodity Item No. ⑧	Chargeable Weight	Rate / Charge	Total	Nature and Quantity of Goods (incl. Dimensions or Volume)
6	290,00	K	Q	300,00	7,24		2 172,00	Spare parts for Telecommunication
								1,675 cbm
6	290,00	K					2 172,00	ECD VAE

Prepaid	Weight Charge	Collect	Other Charges
2 172,00			
	Valuation Charge		
	Tax		
	Total other Charges Due Agent		Shipper certifies that the particulars on the face hereof are correct and that insofar as any part of the consignment contains dangerous goods, such part is properly described by name and is in proper condition for carriage by air according to the applicable Dangerous Goods Regulations.
	Total other Charges Due Carrier		Speditionsgesellschaft Hamburg Schulze Signature of Shipper or his Agent
Total prepaid 2172,00		Total collect	
Currency Conversion Rates		cc charges in Dest. Currency	22rd March . . (Date) Executed on · Hamburg (Place) at · Schulze · Signature of Issuing Carrier or its Agent
For Carrier's Use only at Destination		Charges at Destination	Total collect Charges

Einige Erklärungen zum Luftfrachtbrief (Air Waybill):

① Airport of Departure	Drei-Buchstaben-Code des Abflughafens (FRA = Frankfurt, HAM = Hamburg)
② Shipper's/Consignee's account Number	Kontonummer des Absenders/Empfängers bei der Fluggesellschaft für Abrechnungszwecke
③ Agent's IATA-Code	Siebenstellige Zulassungsnummer der IATA-Agentur, die gleichzeitig die Kommissionsberechtigung darstellt
④ CHGS-Code	Kostencode, der im elektronischen Datenaustausch benutzt wird, z. B. CA bei FOB-Sendungen, CC bei EXW
⑤ WT/VAL Other PPD COLL	WT = Frachtkosten VAL = Wertzuschlaggebühren Other = Nebenkosten im Abgangsland Durch Ankreuzen gibt der Absender an, welche Kosten von ihm bezahlt werden, welche der Empfänger bezahlt.
⑥ Declared Value for Carriage	Erklärter Transportwert Mindestangabe: NVD = No Value Declared
⑦ Declared Value for Customs	Erklärter Zollwert Mindestangabe: NCV = No Commercial Value (kein Handelswert)
⑧ Rate class	Art der verwendeten Rate M Mindestfrachtbetrag N Normalrate (= Unter-45 kg-Rate) Q Mengenrabattraten (Quantity rates) C Specific Commodity Rates Spezialraten R Warenklassenrate mit Abschlag (reduction) S Warenklassenrate mit Zuschlag (surcharge) X Verwendung eines Containers U Grundgewicht und -kosten im ULD-Programm E Überschreitung von Grundgewicht und -kosten im ULD-Programm

▲ ***Bedeutung der Angaben.*** Nach Artikel 11 des WAK sind folgende Angaben im Luftfrachtbrief bis zum Beweis des Gegenteils als richtig anzusehen:

- ✘ das Gewicht der Luftfrachtpartie,
- ✘ die Maße der Luftfrachtpartie,
- ✘ die Art der Verpackung – nicht deren Beschaffenheit,
- ✘ die Anzahl der Frachtstücke.

Die Formulierung „bis zum Beweis des Gegenteils" bedeutet, dass diese Angaben des Luftfrachtbriefes solange als richtig angesehen werden, bis sie durch einen meist schwierig zu erbringenden Gegenbeweis des Carriers als falsch erkannt werden.

▲ ***Rechtscharakter des AWB.*** Der Luftfrachtbrief ist kein begebbares Wertpapier. Er kann nicht „an Order" ausgestellt werden. Er ist nicht handelbar. Der Luftfrachtbrief ist mit dem Bahn- oder Lkw-Frachtbrief vergleichbar. Er ist ein **Sperrpapier**.

▲ ***Interline Agreements.*** Es kommt häufig vor, dass ein internationaler Carrier nur einen oder wenige Plätze in einem fremden Land anfliegt; dann wird der Weitertransport oftmals von einem heimischen Carrier vorgenommen. In solchen Fällen ist es zweckmäßig, dass der zweite Luftfrachtführer den Luftfrachtbrief des ersten Carriers übernimmt und mit ihm eine Frachtverrechnung vornimmt. Zu diesem Zweck wurden so genannte „Interline Agreements" geschlossen, Vereinbarungen zwischen einzelnen Luftverkehrsgesellschaften, in einigen wenigen Fällen sogar zwischen Luftverkehrsgesellschaften und Reedereien. Solche Vereinbarungen über die Verrechnung und Aufteilung aller Beförderungskosten und -erlöse werden von den Carriern jährlich auf so genannte „Prorate-Sitzungen" getroffen.

18.9 Die Abwicklung des Luftfrachtgeschäftes

18.9.1 Die Auflieferung von Luftfrachtsendungen

▲ ***Transportvoraussetzungen (Art. 5 der IATA-Bedingungen).*** Der Absender muss dafür sorgen, dass die Güter für den Lufttransport geeignet und entsprechend verpackt sind (z. B. gefährliche Güter). Außerdem sind die Begleitdokumente für die Sendung zu erstellen.

▲ ***Verpackung.*** Nach den IATA-Bedingungen müssen Luftfrachtgüter so verpackt werden, dass eine sichere Beförderung bei üblicher Behandlung gewährleistet ist. Würde an einer mangelhaft verpackten Sendung ein Schaden entstehen, so haftet der Carrier nicht. Würde infolge einer mangelhaft verpackten Partie eine Person verletzt oder eine andere Sendung beschädigt, so wäre der Absender zum Schadenersatz verpflichtet.

Weitere Einzelheiten zur Auflieferung von Luftfrachtsendungen sind im Abschnitt über die Luftfrachtspedition enthalten.

18.9.2 Beförderungsbeschränkungen

Die IATA-Bedingungen räumen dem Luftfrachtführer das Recht ein

- ✘ ohne Ankündigung einen Flug zu streichen,
- ✘ den Anspruch auf Weiterbeförderung zu streichen, zu verändern oder zu verschieben,
- ✘ einen Flug ohne oder nur mit einem Teil der Güter durchzuführen, falls ein solches Verhalten aus einem der folgenden Gründe ratsam erscheint:
  - wenn eine Situation gegeben ist, die der Carrier nicht beeinflussen kann, z. B. Wetterbedingungen, Naturereignisse, Streiks, Embargos, Kriege usw. Wichtig ist in diesem Zusammenhang, dass das Ereignis nicht wirklich eingetreten sein muss; es reicht auch aus, wenn es einzutreten droht oder angekündigt ist,
  - wenn eine Regierung unerwartet Vorschriften oder Auflagen erteilt, die den Luftverkehr direkt oder indirekt berühren,
  - wenn beim Luftfrachtführer Mangel an Arbeitskräften, Betriebsstoff oder Einrichtungen herrscht oder wenn Arbeitsschwierigkeiten auftreten.

Der Luftfrachtführer hat auch dann das Recht, die Beförderung einer Sendung zu streichen, wenn sich der Absender trotz Aufforderung weigert, die fälligen Gebühren zu zahlen.

18.9.3 Die Verfügungsrechte des Absenders

Das LVG enthält keine Bestimmungen, die dem Absender ein Recht auf nachträgliche Verfügungen einräumen.

▲ *Voraussetzungen.* Im Artikel 12 des WAK werden dem Absender nachträgliche Verfügungsrechte ausdrücklich eingeräumt – vorausgesetzt, dass

- der Absender zunächst alle Verpflichtungen aus dem Luftfrachtvertrag erfüllt hat,
- infolge einer solchen nachträglichen Verfügung der Carrier oder andere Absender nicht geschädigt werden,
- der Absender alle Kosten trägt, die durch Ausführung der nachträglichen Verfügung entstanden sind.

Die IATA-Bedingungen führen im Artikel 7 die gleichen Voraussetzungen auf wie das WAK, gehen aber noch darüber hinaus, indem sie zusätzlich bestimmen, dass

- sich jede nachträgliche Verfügung auf die gesamte im Luftfrachtbrief verzeichnete Partie beziehen muss,
- das nachträgliche Verfügungsrecht nur dann ausgeübt werden kann, wenn der Absender dem Carrier **die dritte Ausfertigung des Luftfrachtbriefes** vorlegt,
- **nachträgliche Verfügungen schriftlich** in der vom Carrier vorgeschriebenen Form erteilt werden müssen,
- der Absender dem Carrier jeden Verlust oder Schaden ersetzen muss, den der Luftfrachtführer bei Ausübung der nachträglichen Verfügung erleidet.

Der Absender hat auch nur dann das Recht, die Ausführung einer nachträglichen Verfügung zu verlangen, wenn sie vom Carrier objektiv durchführbar ist. Ist eine nachträgliche Verfügung nicht durchführbar, so muss der Carrier den Absender umgehend benachrichtigen.

Der Absender muss dem Carrier das dritte Original und die Kopien des Luftfrachtbriefes vorlegen, da die nachträgliche Verfügung dort eingetragen wird und der Carrier prüfen muss, ob der Absender überhaupt noch nachträglich verfügen darf. So könnte ein Dritter – z. B. eine Bank – gegen Übernahme des dritten Originals des Luftfrachtbriefes den Kaufpreis der Luftfrachtpartie bevorschusst haben. Unterlässt es nun der Carrier, sich vom Absender das dritte Original des Luftfrachtbriefes vorlegen zu lassen, was dieser ja auch gar nicht mehr kann, da er es der Bank gegeben hat, so haftet der Carrier der Bank gegenüber für den Schaden, der ihr aus der Ausführung der nachträglichen Verfügung entstanden ist.

▲ *Arten.* Nach den IATA-Bedingungen und dem WAK ist der Absender berechtigt, über eine Luftfrachtsendung wie folgt zu verfügen:

- er kann sich die Partie am Abgangs- oder Bestimmungsflughafen zurückgeben lassen,
- er kann die Sendung unterwegs während einer Landung aufhalten lassen,
- er kann die Partie am Bestimmungsort oder unterwegs an eine andere Person als den im Luftfrachtbrief bezeichneten Empfänger ausliefern lassen,
- er kann sich die Sendung zum Abgangsflughafen zurückbringen lassen.

▲ *Erlöschen.* Das nachträgliche Verfügungsrecht erlischt bei Ankunft des Gutes gemäß IATA-Bedingungen und WAK, wenn der Empfänger wie folgt reagiert:

- Er verlangt vom Carrier die Aushändigung des Luftfrachtbriefes oder
- er verlangt vom Carrier die Aushändigung der Sendung oder
- er nimmt die Sendung sofort in Besitz oder
- er gibt anderweitig zu erkennen, dass er die Partie annehmen will.

Verweigert der Empfänger die Annahme des Gutes oder des Luftfrachtbriefes oder ist er nicht zu erreichen, so bleibt das Verfügungsrecht des Absenders erhalten.

18.9.4 Die Auslieferung von Luftfrachtsendungen

▲ ***Benachrichtigung.*** Nach dem WAK hat der Luftfrachtführer, wenn nichts anderes vereinbart wurde, dem Empfänger die Ankunft des Gutes unverzüglich anzuzeigen.

▲ ***Auslieferung.*** Der Empfänger ist unter folgenden Voraussetzungen berechtigt, vom Luftfrachtführer Aushändigung des Gutes und des Luftfrachtbriefes zu verlangen:

- Die Luftfrachtpartie muss am Bestimmungsort angekommen sein,
- der Empfänger muss die von ihm geschuldeten Beträge, Fracht und sonstige Kosten, bezahlt haben,
- der Empfänger muss die im Luftfrachtbrief angegebenen Beförderungsbedingungen erfüllt haben,
- bei Ankunft des Gutes am Bestimmungsort liegt keine gültige nachträgliche Verfügung des Absenders vor.

Enthält ein Luftfrachtbrief keine entgegenstehenden Weisungen, so ist die Sendung an den im Luftfrachtbrief genannten Empfänger gegen Empfangsquittung auszuliefern. Die Auslieferung an den Empfänger gilt als vollzogen, wenn

- der Luftfrachtführer den Empfänger von der Ankunft der Partie unterrichtet hat,
- die Sendung entsprechend den Gesetzen und Zollvorschriften an eine Zollbehörde oder andere Regierungsbehörde ausgeliefert worden ist oder
- der Carrier dem Empfänger eine Ermächtigung übergeben hat, mit deren Hilfe der Empfänger die Freigabe der Luftfrachtpartie erwirken kann.

Grundsätzlich muss der Empfänger die Sendung am Bestimmungsflughafen abnehmen, es sei denn, zwischen Absender und Carrier oder zwischen Empfänger und Carrier wurde eine Zustellung an die Adresse des Empfängers vereinbart.

▲ ***Annahmeverweigerung.*** Da der Luftfrachtvertrag ein Vertrag zugunsten eines Dritten ist, kann der Empfänger als Dritter nicht zur Annahme der Sendung gezwungen werden. Die Verpflichtung zur Abnahme der Luftfrachtpartie ergibt sich aus dem Kaufvertrag, der zwischen Verkäufer und Käufer geschlossen wurde. Verweigert der Empfänger die Annahme der Luftfrachtsendung, so wird der Carrier bemüht sein, im Luftfrachtbrief enthaltene diesbezügliche Weisungen des Absenders zu befolgen. Sind solche Weisungen nicht erteilt oder nicht ausführbar, so hat der Carrier – nachdem er den Absender von der erfolglosen Andienung informiert hat – das Recht, wie folgt zu handeln:

- Er kann die Partie selbst oder mit einer anderen Fluggesellschaft zum Abflughafen zurückschicken, um dort Weisungen des Absenders abzuwarten.
- Er kann aber auch die Partie nach mindestens 30-tägiger Lagerung durch öffentlichen oder privaten Verkauf insgesamt oder in mehreren Teilen veräußern.

Sowohl der Absender – häufig ein IATA-Frachtagent – als auch der Eigentümer der Partie – z. B. der Exporteur – haften als Gesamtschuldner für alle Kosten, die infolge der Annahmeverweigerung entstehen. Hierzu gehören auch die Kosten für den Rücktransport der Sendung.

Wird nun eine nicht abgenommene Partie zum Abgangsflughafen zurückgebracht und weigern sich Absender und Eigentümer, die entstandenen Kosten innerhalb von

14 Tagen nach Rückführung zu bezahlen, so kann auch in diesem Fall der Carrier durch öffentlichen oder privaten Verkauf über die Partie verfügen. Aber auch hier muss der Luftfrachtführer den Absender von der Verkaufsabsicht informieren, und zwar wenigstens zehn Tage vorher. Wird nun eine solche nicht abgenommene Partie am Bestimmungs- oder Abgangsflughafen verkauft, so zieht der Carrier seine Kosten vom Verkaufserlös ab.

Ein Erlösüberschuss steht dem Absender zur Verfügung. Reicht der Verkaufserlös zur Kostendeckung nicht aus, so haften Absender und Eigentümer für die Fehlbeträge.

Weigert sich der Empfänger leicht verderbliche Güter abzunehmen, so ist der Carrier berechtigt, sofort die Maßnahmen zu ergreifen, die er zum eigenen Schutz und zum Schutz der Interessen Dritter für notwendig hält, z. B.:

- Vernichtung oder Preisgabe der gesamten Partie oder eines Teiles davon,
- Anforderung von Absenderanweisungen durch Ferngespräche usw.,
- Durchführung eines öffentlichen oder privaten Verkaufs ohne Benachrichtigung des Absenders,
- Lagerung der Sendung auf Rechnung und Gefahr des Absenders in Kühl- oder Gefrierhäusern.

Diese Maßnahmen darf der Carrier nicht nur bei Annahmeverweigerung ergreifen, sondern auch dann, wenn sich eine solche leicht verderbliche Sendung verspätet oder ihr aus anderen Gründen Verderb droht.

Luftfrachtsendungen, deren Warenwert beim Empfänger nachgenommen wird, gibt es praktisch nicht mehr. Die IATA hat den Carriern empfohlen, solche c.o.d.-Sendungen (cash on delivery) nicht mehr anzunehmen.

▲ ***Time definite Services.*** Um den immer höheren Anforderungen der Kundschaft an Schnelligkeit und Qualität gerecht werden zu können, hat die Lufthansa Cargo neue Dienstleistungen entwickelt. Unter dem Oberbegriff **„time definite Services“** bietet sie seit dem 1. April 1998 verschiedene Möglichkeiten an: td.Pro, td.X und td.Flash. Time definite Services garantieren dem Kunden eine genaue Verfügbarkeitszeit am Zielort. Außerdem erhält jede Sendung nur noch eine Nummer, **time frame ID.**

Neben dieser Zeit-Garantie können alle Sendungen mithilfe des **Barcodes** verfolgt werden **(Tracking)**. Eine hohe Arbeitsqualität (Quality Assurance), die garantierte Annahme von Sendungen **(Capacity Guarantee)** und die Erstattung der Frachtkosten bei Nichteinhaltung der Verfügbarkeitszeit **(Performance Guarantee)** ergänzen die Palette.

Die Unterschiede zwischen td.Pro, td.X und td.Flash liegen in der Schnelligkeit und in den zusätzlichen Garantien. Der td.Flash ist der schnellste Service mit einer Capacity Guarantee bis zu 100 kg bei einer Anmeldezeit von sechs Stunden. Die Verfügbarkeit am Zielort am 2. bzw. 3. Arbeitstag (je nach Herkunftsland und Zielort) wird beim td.X garantiert, ergänzt durch die Capacity Guarantee für Sendungen bis 1 t bzw. 2 t bei einer Anmeldezeit von 24 Stunden. Eine Sendung, die mit dem td.Pro-Service aufgeliefert wurde, kommt am 3. bzw. 4. Arbeitstag zur Auslieferung.

Alle „Time definite Services“ ermöglichen es dem Kunden, seine Logistikkonzepte genau planen zu können.

	td.Pro	td.X	td.Flash
Time definite	✔	✔	✔
Tracking	✔	✔	✔
Quality Assurance	✔	✔	✔
Capacity Guarantee	–	✔	✔
Performance Guarantee	–	✔	✔
time frame Beispiel von Asien nach Zentraleuropa airport-to-airport (außer SameDay)	LAT: 18:00 Uhr TOA: 8:00 Uhr (+3/4)	LAT: 20:00 Uhr TOA: 8:00 Uhr (+2)	LAT: 20:00 Uhr TOA: 15:00 Uhr (+1)

✔ = im Service enthalten
LAT = latest acceptance time (letztmögliche Anlieferzeit)
TOA = time of availability (Verfügbarkeitszeit)

Verbesserungen durch zusätzliche Angebote

Qualitätserhöhung im Vergleich zu den bisherigen Angeboten

18.10 Luftfrachttarif und Luftfrachtraten

18.10.1 The Air Cargo Tariff (TACT)

▲ *Inhalt.* Im **TACT (The Air Cargo Tariff)** sind alle Angaben enthalten, die zur Ermittlung der Luftfracht als Beförderungsentgelt erforderlich sind. Die Beförderungsentgelte werden als Luftfrachtraten je kg oder als Luftfracht je Sendung in Landeswährung (Mindestfracht, Behälter oder Palettenfracht, Pauschalpreise) angeboten. Abgedeckt ist die Beförderung von Flughafen zu Flughafen; Nebenkosten werden nach dem LNGV (Luftfracht-Nebengebührenverzeichnis; vgl. Abschnitt 19.4) abgerechnet.

Der TACT besteht aus drei Bänden: TACT Rules, TACT rates North America und TACT rules worldwide (except North America).

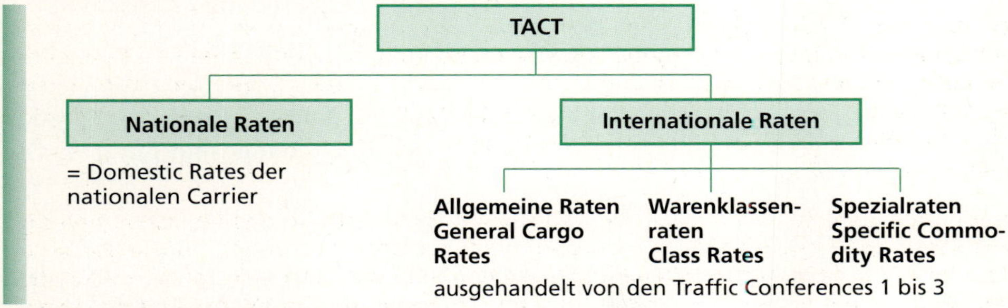

Der Tarif enthält folgende Raten:[1]

▲ ***Allgemeine Frachtraten (General Cargo Rates)***

Die Allgemeinen Frachtraten werden angewandt, wenn weder eine Spezialrate noch eine Warenklassenrate angeboten wird.

Hierbei wird unterschieden in Normalraten (Normal Rates), die bis 45 kg bzw. 100 kg gelten, und in Mengenrabatt-Raten (Quantitiy Discount Rates), die ab 45 kg bzw. 100 kg benutzt werden.

[1] Die Frachtraten erscheinen jeweils in der Währung des Abgangslandes im Frachtbrief. Erfolgt eine Frachtkostennachnahme, so muss diese in der Währung des Bestimmungslandes gezahlt werden. Als Umrechnungskurs wird der IATA-Umrechnungskurs zugrunde gelegt. Der Bankkurs kommt nur dann zur Anwendung, wenn er günstiger als der IATA-Kurs ist.

▲ ***Warenklassenraten (Class Rates)***

Diese Raten gelten für folgende Sendungen:

- Zeitungen, Zeitschriften, Bücher, Magazine, Kataloge und Blindenschriftausrüstungen,
- unbegleitetes Reisegepäck,
- lebende Tiere,
- sterbliche Überreste,
- Wertfracht (alle Güter mit deklariertem Beförderungswert von mindestens 1 000 US-$ je kg, Goldbarren, Platin, Edelmetalle, Banknoten, Reiseschecks, Wertpapiere, Aktien, -coupons, Brief-/Wertmarken, Diamanten, Schmuck usw.).

▲ ***Spezialraten (Specific Commodity Rates)***

Diese Raten sind stark ermäßigt und dürfen nur für bestimmte Waren und Warengruppen auf bestimmten Strecken benutzt werden. Mindestgewichte sind Voraussetzung.

▲ ***Mindestfrachtbeträge (Minimum Charges).***

▲ ***Frachtberechnung.*** Für die Ermittlung der Fracht wird das Brutto- oder das Volumengewicht herangezogen. Das Bruttogewicht ist dann das zu berechnende Gewicht (chargeable weight), wenn keine Sperrigkeit vorliegt, d. h., ein Kilogramm darf keinen größeren Rauminhalt als 6 000 ccm haben.

Das Volumengewicht wird dann zur Berechnung der Fracht herangezogen, wenn die Sendung 6 x messend überschreitet. Die Berechnung des Volumengewichts wird mithilfe folgender Formel durchgeführt:

$$\frac{\text{Länge x Breite x Höhe (in cm)}}{6\,000}$$

Die Aufrundung erfolgt wie beim Bruttogewicht auf halbe bzw. volle Kilogramm.

Die Volumenberechnung hat in der Luftfracht eine größere Bedeutung als in der Seefracht.

Setzt sich eine Sendung aus mehreren Packstücken zusammen, so wird das einzelne Volumen aller Packstücke ermittelt, addiert, durch 6 000 geteilt und mit dem Gesamtgewicht verglichen.

18.10.2 Wertzuschläge

Die Luftverkehrsgesellschaften haften nach den IATA-Bedingungen bis zu **53,50 DM je kg brutto**. Da aber gerade im Luftfrachtverkehr häufig sehr wertvolle Güter transportiert werden, besteht ein großes Bedürfnis nach einer höheren Haftung des Carriers. Die Luftfrachtgesellschaften erhöhen unter den folgenden Voraussetzungen ihren Haftungsumfang:

✗ der Kunde muss den entsprechend höheren Beförderungswert im Luftfrachtbrief ausdrücklich deklarieren, und

✗ der Kunde muss hierfür einen Wertzuschlag (valuation charge) zahlen.

Hat der Kunde diese Voraussetzungen erfüllt, so leistet der Carrier Ersatz über den normalen Haftungsbetrag bis zur Höhe des angegebenen Lieferwertes.

Der Wertzuschlag beträgt zur Zeit 0,5 %. Er wird von dem Wert erhoben, der 53,50 DM je kg brutto übersteigt.

18.10.3 Container- und Paletten-Raten (Unit Load-Devices = ULD-Raten)

Ein großer Teil der Luftfrachtgüter wird in den Unterflurräumen der Passagiermaschinen befördert. Die Folge ist, dass nur verhältnismäßig kleine Container und Paletten benutzt werden können. Auf der Nordatlantikroute, nach Fernost und einigen Handelsplätzen Südamerikas wird ein Teil des Luftfrachtaufkommens von Nurfrachtflugzeugen und Großraumflugzeugen befördert. Dadurch können auf diesen Routen größere Container eingesetzt werden (vgl. Abschnitt 18.1).

Die im Luftfrachtverkehr benutzten Container und Paletten sind sehr vielfältig und in ihren Abmessungen, Gewichten und Frachtberechnungen häufigen Änderungen unterworfen. Zwei Anforderungen an diese beiden Ladehilfsmittel bleiben jedoch stets von großer Bedeutung: Container und Paletten müssen im Luftfrachtverkehr zum einen möglichst leicht sein und sich zum anderen möglichst weitgehend den Formen der Flugzeugrümpfe anpassen, um den vorhandenen knappen Raum optimal zu nutzen.

Angeboten werden Container und Paletten mit einer Kapazität von 0,5 bis 36 cbm. Neben den Standardcontainern werden von vielen Carriern Spezial-Container für den Transport besonderer Güter zur Verfügung gestellt. So gibt es solche für

- lebende Tiere,
- flüssige Güter,
- Kühlgut und Thermosgut,
- Textilien – z. B. Container mit Hängevorrichtungen für Oberbekleidungen.

Um zu verhindern, dass die Kunden carriereigene Container und Paletten über eine längere Zeit behalten, darf der Carrier sie dem Kunden nur kurze Zeit zur Verfügung stellen – meist sind es 48 Stunden. Nach Ablauf dieser Frist hat der Carrier eine Tagesgebühr zu berechnen.

Wichtig ist, dass Container und Paletten richtig, d.h. die Grundfläche gleichmäßig belastend, beladen werden müssen. Schwere Einzelstücke von mehr als 150 kg sind einzeln zu verzurren, damit die anderen Packstücke nicht beschädigt werden. Nur so erfüllt der Absender seine in der IATA-Resolution festgelegte Pflicht, Container und Paletten **versandfertig** am Flughafen anzuliefern.

Der **Vorteil der Paletten- und Containerverladungen** liegt in den günstigen Raten, die im ULD-Programm (= Unit Load Device Program) festgelegt sind. Bei diesen Raten ist nur das Gewicht die Berechnungsgrundlage. Gefährliche Güter und Waren, die nach den Warenklassenraten abgerechnet werden, sind ausgenommen.

18.11 Die Haftungsregelungen im Luftfrachtverkehr

Die Haftung des Carriers im Luftfrachtverkehr ist im HGB, im WAK und in den IATA-Bedingungen zum Teil unterschiedlich geregelt. Im Gegensatz zum HGB und WAK enthalten die IATA-Bedingungen keine Bestimmungen über eine positive Haftung des Luftfrachtführers. In den IATA-Bedingungen wird lediglich gesagt, unter welchen Voraussetzungen der Carrier nicht haftet.[1]

▲ ***Beginn und Ende der Haftung.*** Einheitlich beginnt die Haftung in dem Augenblick, in dem der Carrier die Luftfrachtgüter auf dem Abflughafen in Gewahrsam nimmt. Sie endet dann, wenn er die Güter auf dem Bestimmungsflughafen aus seinem Gewahrsam entlässt.

[1] Vgl. Kapitel 3; gültig für Beförderungen im Inland

▲ ***Verschuldenshaftung mit Entlastungsmöglichkeit des Carriers.*** Ist ein Schaden entstanden, so wird nach dem WAK zunächst ein Verschulden des Luftfrachtführers unterstellt. Im Gegensatz hierzu wird nach den IATA-Bedingungen von der Unschuld des Carriers ausgegangen. Will der Luftfrachtführer nicht haften, so muss er nach WAK seine Unschuld beweisen. Will der Ersatzfordernde den Schaden ersetzt haben, so muss er nach den IATA-Bedingungen die Schuld des Carriers beweisen. Die Beweislast, die nach dem WAK beim Carrier liegt, ist nach den IATA-Bedingungen auf den Ersatzfordernden abgewälzt worden. Nach dem WAK haftet der Luftfrachtführer nicht für Schäden, die als Folge einer fehlerhaften Lenkung, Führung oder Navigation des Flugzeugs entstanden sind.[1]

▲ ***Haftungshöhe.*** Der Carrier haftet bei Verlust oder Beschädigung einer Sendung nach dem HGB bis zu 8,33 Sonderziehungsrechte je kg, nach dem WAK und nach den IATA-Bedingungen bis zu 53,50 DM je kg Bruttogewicht der Sendung. Diese wertmäßige Haftungsbeschränkung des Carriers gilt in zwei Fällen nicht:

- ✘ wenn der Absender einen höheren Lieferwert angibt und den Wertzuschlag hierfür zahlt, dann haftet der Carrier über den normalen Haftungsbetrag bis zur Höhe dieses Lieferwertes,
- ✘ wenn der Carrier oder seine Leute einen Schaden grob fahrlässig oder gar vorsätzlich verursacht haben, dann haftet der Carrier bis zur Höhe dieses Schadens (unbegrenzt).

▲ ***Haftung bei Verspätungsschäden.*** Eine Verspätung liegt dann vor, wenn im Linienverkehr die flugplanmäßigen Beförderungszeiten und im Charterverkehr die übliche Beförderungsdauer überschritten wird. Hat der Carrier eine Verspätung verschuldet, so haftet er nach allen drei Luftfrachtregelungen für daraus entstandene Schäden bis zum jeweiligen Höchsthaftungsbetrag bzw. bis zum deklarierten Lieferwert. Nach dem WAK muss der Carrier beweisen, dass ihn und seine Leute kein Verschulden an der Verspätung trifft. Nach den IATA-Bedingungen muss der Ersatzfordernde Verschulden des Carriers beweisen.

▲ ***Haftungsbeschränkungen und Haftungsausschlüsse.*** Die Haftung des Luftfrachtführers ist bei folgenden Schäden eingeschränkt bzw. ausgeschlossen:

- ✘ Schäden, die durch die Befolgung von Gesetzen und Verordnungen oder durch andere unbeeinflussbare Ereignisse verursacht wurden,
- ✘ Schäden, die durch die Sendung selbst, durch darin enthaltene Gegenstände verursacht wurden – so genannte Beschaffenheitsschäden,
- ✘ Schäden, die durch Klima-, Temperatur- und Höhenwechsel an den Sendungen entstanden sind,
- ✘ Schäden, die durch ein Mitverschulden des Absenders oder Empfängers entstanden sind. In diesen Fällen ist es meistens sehr schwer, den Schuldanteil des Absenders oder Empfängers wertmäßig festzustellen,
- ✘ Schäden, die nur einen Teil der Sendung betreffen. Hier beschränkt sich die Haftung des Carriers oftmals nur auf den verlorenen oder beschädigten Teil.

▲ ***Reklamationsfristen.*** Ein Güterschaden (Beschädigung oder Verlust) ist dem Carrier unverzüglich nach Kenntnisnahme, jedoch spätestens sieben Tage nach Annahme des Gutes zu melden, ein Verspätungsschaden spätestens 14 Tage nach Zurverfügungstellung (gemäß WAK und IATA-Bedingungen).

[1] Gemäß HGB (nationales Recht) unterliegt der Carrier der **Gefährdungshaftung.**

18.12 Der Gelegenheits- oder Charterverkehr

▲ *Luftfrachtführer im Charterverkehr.* Man findet im Charterverkehr unterschiedliche Betriebsgrößen. So gibt es sehr viele Einzelunternehmer, die oftmals nur ein Flugzeug, meist älterer Bauart, einsetzen. Aber auch Kapitalgesellschaften mit einer Flotte moderner Flugzeuge sind im Charterverkehr tätig.

▲ *Frachten im Charterverkehr.* Für den Gelegenheitsverkehr gibt es keine verbindlichen Raten und Tarife. Die Fracht wird üblicherweise ausgehandelt. Hierbei sind folgende Daten ausschlaggebend:

- Type und Größe des Flugzeuges,
- Reiseentfernung und Flugdauer,
- Schwierigkeiten der Strecke,
- Zwischenlandemöglichkeiten, um Treibstoff aufzunehmen, da davon die Nutzlast des Flugzeuges abhängt,
- geographische, meteorologische und jahreszeitliche Verhältnisse auf der zu befliegenden Strecke,
- Art der zu befördernden Ware,
- Möglichkeiten im Empfangsort, Rückladung zu erhalten (Der Strom hochwertiger Luftfrachtgüter fließt selten gleich stark in beide Richtungen, weshalb Rückladungen oftmals schwer zu bekommen sind.).

▲ *Luftfrachtmakler und Luftfrachtbörsen.* Großen Chartergesellschaften – besonders denen, die Töchter von Liniengesellschaften sind – steht in der Regel ein Netz von Agenten zur Ladungsakquisition zur Verfügung. Die anderen Chartergesellschaften – insbesondere die kleinen – können sich diesen Aufwand nicht leisten. Sie unterhalten günstigenfalls an einigen wichtigen Knotenpunkten des Luftfracht-Charterverkehrs eine Vertretung.

Aus dieser Situation heraus hat sich der selbstständige **Luftfrachtmakler** entwickelt, der Ladung akquiriert, den geeigneten Carrier heraussucht, die Charterabschlüsse vermittelt und die Interessen der Carrier auf den Flughäfen wahrnimmt

▲ *Luftfracht-Chartervertrag.* Zwischen dem Luftfrachtführer und dem Charterer wird ein Chartervertrag abgeschlossen – ähnlich dem in der Seeschifffahrt. Nach diesem Chartervertrag verpflichtet sich der Carrier

- den vereinbarten Flugzeugtyp,
- am vereinbarten Ort,
- zur vereinbarten Zeit,
- mit einer entsprechenden Besatzung versehen,
- voll ausgerüstet im einwandfreien Zustand zur Verfügung zu stellen.

Man unterscheidet auch im Luftfracht-Charterverkehr die Reisecharter – einfache Reise, Hin- und Rückreise, Rundreise – und die Zeitcharter. Der Beförderungspreis wird im Chartervertrag entweder je kg, je Tonne, je cbm oder aber für die gesamte Sendung als Pauschalfracht angegeben. Dieser Beförderungspreis enthält üblicherweise nicht die Kosten des Vor- und Nachtransports.

Weitere Möglichkeiten sind

- eine Mietung der Gesamtkapazität (= Vollcharter)
- oder eine Teilmietung der Gesamtkapazität (= Splitcharter).

Bei beiden Möglichkeiten wird der Preis frei verhandelt.

Neben diesem Chartervertrag, der alle Einzelheiten im Hinblick auf Haftung, Rechte und Pflichten der Beteiligten enthält, wird in der Regel zusätzlich vom Carrier ein Luftfrachtbrief ausgestellt.

18.13 Die Luftfrachtversicherung

Wie im Abschnitt „Haftungsregelungen im Luftfrachtverkehr“ dargelegt, trägt der Carrier eine Reihe von Transportgefahren selbst. Aber die Beförderungsrisiken, die über die Haftung des Carriers hinausgehen, sind noch so zahlreich, dass üblicherweise eine Transportversicherung abgeschlossen wird. Dies erfolgt häufig durch Eintragung eines „Versicherungswertes“ im Luftfrachtbrief.

MERKE

Versicherungsumfang:

Die Transportversicherungen leisten im Luftfrachtverkehr üblicherweise Ersatz, wenn Verluste und Beschädigungen der Luftfrachtgüter entstanden sind durch:

- höhere Gewalt und Elementarereignisse, wie Erdbeben, Blitzschlag, Feuer, Regen, Hagel, Schnee, Hochwasser,
- Einwirkung von Dritten, wie Diebstahl, räuberische Erpressung, Aufruhr, Plünderung, Streik, Sabotage, Ratten- und Mäusefraß, Falschauslieferung, fehlerhafte Stauung,
- Reaktionen der Ware selbst, wie Rost, Oxydation, Korrosion, Leckage usw.

Die Transportversicherungen haften üblicherweise nicht für Gefahren aus:

- Krieg, kriegsähnlichen Ereignissen, Bürgerkrieg,
- Beschlagnahme oder ähnlichen Eingriffen von staatlichen Organen,
- innerem Verderb der Güter,
- gewöhnlichen, durch den Lufttransport bedingten Temperatur- und Luftfeuchtigkeitsschwankungen,
- Mängel der Verpackung usw.

Einige dieser Risiken können jedoch durch Abschluss einer Zusatzversicherung ebenfalls auf die Versicherungsgesellschaft abgewälzt werden.

Der Versicherungsschutz entsteht – meistens nach Vereinbarung – schon bei Beginn des Vortransportes. Alle Zwischenlagerungen sind bis zu 30 Tage mitversichert. Durch eine Zusatzprämie kann diese Lagerzeit verlängert werden. Der Versicherungsschutz endet bei Ablieferung der Sendung, schließt also üblicherweise den Nachtransport vom Bestimmungsflughafen zum Lager des Empfängers mit ein.

AUFGABEN

1. Stellen Sie die Vor- und Nachteile des Verkehrsmittels Flugzeug denen der anderen Verkehrsmittel Schiff und Lkw gegenüber!
2. Welche Informationen benötigen Sie, um einen Kunden bei der Wahl der Verpackung richtig beraten zu können, und welche Containerarten können Sie anbieten?
3. Welche unterschiedlichen Aufgaben haben IATA und ICAO?
4. Was ist unter dem Begriff „IATA-Clearing-House“ zu verstehen?
   Nennen Sie ein Beispiel für seine Arbeit!

5 Welche Aufgaben werden von den Verkehrskonferenzen im Rahmen der IATA wahrgenommen?

6 Nennen Sie je drei Länder für die verschiedenen Konferenzgebiete!

7 Erklären Sie die Begriffe „WAK“ und „LVG“, und zeigen Sie ihre Anwendung auf!

8 Nennen Sie die am Luftfrachtvertrag Beteiligten, und stellen Sie deren vertragliche Beziehung dar!

9 Aus welchen Teilen besteht der Luftfrachtbrief und wozu dient er?

10 Nennen Sie Beispiele für eine Beförderungsbeschränkung!

11 Unter welchen Voraussetzungen kann der Absender nachträgliche Verfügungen erteilen?

12 Welche Voraussetzungen müssen erfüllt sein, damit der Empfänger die Auslieferung seines Gutes durch die Fluggesellschaft verlangen kann?

13 Erklären Sie den Begriff „TACT“ und nennen Sie anhand Ihres Arbeitsalltages Beispiele für seinen Einsatz!

14 Nennen Sie Beispiele für Haftungsbeschränkungen und Haftungsausschlüsse!

19 Die Luftfrachtspedition

EINSTIEG

Zwei Blechbehälter mit optischen Geräten, 84 kg, sollen als Luftfracht abgefertigt werden.
Exporteur: G. Müller & Co., Mannheim;
Importeur: TAI SHENG Ltd., Peking/VR China

ARBEITSAUFTRÄGE

1. Beschreiben Sie den Weg vom Exporteur zum nächsten internationalen Flughafen!
2. Was müssen Sie zur versandfertigen Auflieferung wissen?
3. Welche Dokumente sind zu beschaffen?
4. Welche Rate können Sie anbieten? Zeigen Sie den Lösungsweg auf!
5. Der Kunde möchte seine Ware speziell versichern. Welche Möglichkeiten gibt es?

19.1 Der IATA-Frachtagent

Der Spediteur, der ständig Luftfrachtgeschäfte mit IATA-Carriern betreiben will, muss von der IATA zum **IATA-Frachtagenten ernannt worden** sein.

Folgende Voraussetzungen müssen erfüllt sein, um als **IATA-Agent (IATA Cargo Agent) zugelassen** zu werden:

- Nachweis von Aktivitäten im Luftfrachtverkauf und Nachweis eines öffentlich zugänglichen Büros,
- Aufzeigen eines potenziellen Güteraufkommens,
- Erbringen wirtschaftlicher Sicherheit und Kreditwürdigkeit,
- Stellen von mindestens zwei geschulten Mitarbeitern, die besonders in der Behandlung von gefährlichen Gütern qualifiziert sein müssen.

Die Schaffung des gemeinsamen EU-Binnenmarktes 1993 zwang die IATA, ihre Frachtagenturbestimmungen für Europa zu ändern. So tragen nach der neuen Resolution 805 Carrier und Agenten gemeinsam die Verantwortung für das Frachtagentur-Programm durch Bildung eines **Europe-Council**. Die Verwaltung des Europa-Programms übernimmt das IATA-Sekretariat.

Streitfälle, wie Antragsablehnung, werden durch einen **Cargo Commissioner**, einen unabhängigen Schlichter, gelöst. Laut Resolution gibt es außerdem ein **nationales Schiedsgerichtsverfahren**.

Alle bisherigen IATA-Frachtagenten werden ohne weitere Prüfungen dem neuen Agentur-Programm unterstellt.

Der **Frachtagentenvertrag** regelt die Tätigkeit des IATA-Frachtagenten für ein bestimmtes Land, gegebenenfalls auch für Flughäfen benachbarter Länder. Der Luftfrachtagent hat das Recht, frei zu entscheiden, an welchen Plätzen innerhalb des Landes er Niederlassungen errichten will. Auch im Hinblick auf Sammelladungstätigkeiten unterliegt er keinen Beschränkungen. Die IATA-Agency-Administrator trägt alle Namen und Anschriften der offiziell ernannten IATA-Frachtagenten in eine Frachtagenturliste ein.

▲ *Gebühren.* Nach den Bestimmungen der IATA-Resolution 811 hat der Frachtagent Antragsgebühren, Registrierungsgebühren und Jahresagenturgebühren zu zahlen.

Die Höhe dieser Gebühren wird durch die Verkehrskonferenz nach Abstimmung mit der IATA festgelegt.

19.2 Die Arbeiten beim Versand

▲ *Begleitpapiere und erforderliche Angaben.* Nach dem Warschauer Abkommen sind Absender und Frachtagent verpflichtet, alle für die Erfüllung von Zoll-, Steuer- und Polizeivorschriften erforderlichen Angaben zu machen sowie die dazu notwendigen Begleitpapiere dem Luftfrachtbrief beizufügen. Sollten aus dem Fehlen, der Unzulänglichkeit oder Unrichtigkeit der Auskünfte und Papiere Schäden entstehen, so haften Absender und Frachtagent dafür, es sei denn, der Luftfrachtführer oder seine Leute hätten schuldhaft gehandelt. Zu einer Nachprüfung der Richtigkeit und Vollständigkeit der Auskünfte und Papiere ist der Carrier nicht verpflichtet.

Die IATA-Bedingungen regeln diese Frage im Grundsatz genauso. Sie entbinden aber zusätzlich den Carrier von jeder Haftung, wenn er in gutem Glauben die Beförderung einer Partie verweigert, weil die nach seiner Auffassung maßgebenden Rechtsvorschriften den Transport dieser Sendung nicht erlauben.

▲ *Versandfertige Auflieferung.* Im Rahmen des Versandes ist der IATA-Frachtagent weiterhin verpflichtet, alle Luftfrachtpartien abflugfertig beim Carrier aufzuliefern, d.h. so anzuliefern, dass keine weiteren Bearbeitungen durch den Carrier notwendig sind **(ready for carriage)**.

Im Allgemeinen werden Luftfrachtsendungen als versandfertig angesehen, wenn der Frachtagent folgende Arbeiten ausgeführt hat:

- ✘ Er muss für jede einzelne Sendung einen **Luftfrachtbrief** vollständig und richtig ausfüllen, die Tarifierung vornehmen sowie die Warenbezeichnung, die Maß- und Gewichtsangaben überprüfen.
- ✘ Er hat alle **Papiere und Dokumente** auszufertigen oder zu beschaffen, die im Rahmen der Export-, Import- oder Transitabwicklung für den Zoll sowie für andere Behörden und Institutionen erforderlich sind; hierzu zählen z. B. Ausfuhranmeldung, Handelsrechnung, Konsulatsfaktura, Ursprungszeugnis, Importlizenz.
- ✘ Er hat dafür zu sorgen, dass jedes Packstück leserlich und dauerhaft mit dem Namen und der vollen Anschrift des Absenders und Empfängers **markiert** wird.
- ✘ Er hat darauf zu achten, dass jedes Packstück objektiv ausreichend verpackt aufgeliefert wird, dass also eine **Verpackung** gewählt wird, die die Eigenarten der Ware und des Lufttransportes berücksichtigt. In diesem Zusammenhang hat er auch die Vorschriften für eine Verpackung gefährlicher Güter zu beachten.
- ✘ Er hat dafür zu sorgen, dass auf jedem Packstück die **Nummer des Luftfrachtbriefes**, der Bestimmungsflughafen und die Gesamtzahl der Packstücke dieser Sendung verzeichnet wird; falls vom Carrier gefordert, sind diese Angaben zu ergänzen durch die Einzelgewichte der Packstücke, das Gesamtgewicht der Partie und die Transferpunkte.
- ✘ Er muss, wenn gefordert, alle Packstücke **etikettieren** und gegebenenfalls bei besonderen Sendungen Spezialetiketten anbringen lassen.
- ✘ Er hat alle Packstücke, die **gefährliche Güter** enthalten, den Vorschriften entsprechend etikettieren und markieren zu lassen.

- Er muss bei Auflieferung gefährlicher Güter eine den IATA-Vorschriften entsprechende Bescheinigung vorlegen – eine so genannte **„Verantwortliche Erklärung"**, die vom Versender unterschrieben sein muss.
- Er hat dafür zu sorgen, dass bei wiederholt benutzten Verpackungen die **alten Markierungen** und Etiketten **entfernt** oder unkenntlich gemacht werden.
- Bei elektronischer Sendungsverfolgung müssen die Güter mit einem **Barcode-Label** versehen werden, sofern die Airline mit EDV-Systemen arbeitet. Die Einführung des **Barcodings** ist Voraussetzung für so genannte **Tracking & Tracing-Systeme** (vgl. Abschnitt 9.4.3.3). Mithilfe dieses Systems ist eine lückenlose Sendungsverfolgung möglich.

Durch eine derartige versandfertige Auflieferung von Luftfrachtpartien soll eine klare Funktionsteilung zwischen Frachtagent und Carrier erreicht werden. Der Frachtagent soll die gesamte Abfertigung übernehmen, der Carrier dann den Transport. Hierdurch soll der Luftfrachtverkehr möglichst rationell abgewickelt werden.

19.3 Die Arbeiten beim Empfang

Der Carrier händigt dem Frachtagenten **die einkommende Sendung und den Luftfrachtbrief gegen Quittung** aus. Dann wird dem Empfänger die Sendung angedient und seine Weisung eingeholt. Alle Waren, die Nichtgemeinschaftswaren sind, werden am Grenzzollamt des Flughafens **in den freien Verkehr** überführt oder **zu einem besonderen Zollverfahren** zollamtlich abgefertigt. Zoll und andere Einfuhrabgaben werden vom Frachtagenten häufig vorgelegt. In manchen Fällen hat der Frachtagent besondere Leistungen zu erbringen: Pflanzenbeschau, Veterinäruntersuchung, Bemusterung, Neuverpackung, Neutralisierung usw. Wünscht der Empfänger, dass ihm der Frachtagent eine einkommende Luftfrachtsendung zurollt, so muss er dies ausdrücklich verlangen.

▲ *ALFA.* In der Bundesrepublik Deutschland besteht an den Flughäfen das EDV-Zollabfertigungsverfahren für Importsendung **ALFA (Automatisiertes Luftfrachtabfertigungsverfahren)**. Die Carrier geben – teilweise vor Landung der Maschinen – die Sendungsdaten in das Computersystem ein, sodass die angeschlossenen Spediteure dem Flughafenzollamt ihre Zollanträge umgehend übermitteln können.

19.4 Frachtzahlung, Kommission, Luftfrachtnebengebühren

▲ *Frachtzahlung.* Die Luftfracht kann am Abgangs- oder am Bestimmungsflughafen gezahlt werden. Entsprechend ist im AWB **„prepaid" (pp)** oder **„collect" (cc)** vermerkt.

In einigen im TACT aufgeführten Ländern kann eine Frachtkostennachnahme nicht erfolgen.

1991 wurde das Frachtabrechnungssystem zwischen Frachtagenten und Carriern in der Bundesrepublik Deutschland vereinfacht und das Abrechnungssystem **CASS** (= Cargo Agency Settlement System) eingeführt. Dieses System arbeitet ähnlich wie das IATA-Clearing House. Es werden die Salden aus den Luftfrachtbriefen aller Agenturen mit allen am System beteiligten Fluggesellschaften errechnet, die dann in Form von Abrechnungen an die Teilnehmer gehen.

Der gesamte Zahlungsverkehr geht über CASS, das damit drei wichtige Aufgaben für Agenten und Fluggesellschaften erfüllt:

- Abrechnungsstelle,
- Bank und
- Inkassostelle.

▲ ***Kommission.*** Der registrierte und vom Carrier ernannte IATA-Frachtagent hat bei internationalen Luftfrachtbeförderungen einen Anspruch auf Kommission in Höhe von zur Zeit 5 bis 6 %. Eine Änderung dieses Kommissionssatzes liegt im Aufgabenbereich der IATA-Verkehrskonferenzen.

Die Kommission wird vom reinen Luftfrachtbetrag berechnet; das ist der Betrag, der dem Carrier für den Luftfrachttransport zu zahlen ist. Dieser der Kommissionsberechnung zugrunde zu legende Frachtbetrag kann um solche Luftfrachtbeträge erhöht werden, die von Anschlusscarriern – IATA-Luftfrachtführern und anderen – erhoben werden.

Den Anspruch auf Zahlung der Kommission hat der registrierte und vom Carrier ernannte IATA-Frachtagent dann, wenn er

- die Güter beim Verlader abgenommen bzw. für die Abnahme gesorgt hat,
- die Luftfrachtsendung beim IATA-Carrier im versandfertigen Zustand angeliefert hat,
- im Falle von Frachtvorauszahlungen die Beträge eingezogen hat.

Nach den IATA-Bedingungen hat ein Frachtagent das Recht, einen Teil oder seine gesamte Kommission an einen anderen IATA-Frachtagenten oder an andere Personen weiterzugeben, jedoch nicht an Absender oder Empfänger.

▲ ***Luftfrachtnebengebühren.*** Für seine vielfältigen Arbeiten im Zusammenhang mit der Abfertigung von Luftfrachtsendungen hat der IATA-Frachtagent die Möglichkeit, Gebühren nach dem Luftfracht-Nebengebührenverzeichnis (LNGV) zu berechnen. Dieses Gebührenverzeichnis enthält – gegliedert in ausgehenden und einkommenden Verkehr – Gebühren für

- die Abfertigung der Sendungen,
- das Ausstellen des Luftfrachtbriefes,
- zollamtliche Abfertigungen,
- das Vorlegen von Zoll und Frachten – so genannte Vorlageprovisionen,
- das Besorgen von Konsulatsfakturen, Ursprungszeugnissen,
- das Rollen ausgehender und einkommender Luftfrachtsendungen,
- das Lagern von Luftfrachtsendungen.

Diese Gebühren, die keinen verbindlichen Rechtscharakter haben, können frei vereinbart werden. So bietet die Lufthansa Cargo ein eigenes Nebengebührenverzeichnis an.

19.5 Der Luftfrachtsammelverkehr

Das Luftfrachtratengefüge ist gekennzeichnet durch

- Mindestfrachten für ganz kleine Sendungen,
- Frachtermäßigungen von etwa 25 % für Sendungen über 45 kg und
- weitere Ratenstaffelungen für Gewichte von 100, 300, 500 kg usw.,
- Kontraktraten.

Infolge dieser Ratenkonstruktionen wird es lohnen, mehrere Sendungen eines Abgangsflughafens zum gleichen Bestimmungsflughafen zu einer Sammelsendung zusammenzufassen. Solche Sammelverkehre (Consolidation) werden von vielen deutschen Flughäfen, insbesondere vom Frankfurter Flughafen, nach vielen Flughäfen ins Ausland durchgeführt.

Die IATA hat den Sammelverkehr offiziell anerkannt und entsprechende Bestimmungen hierzu herausgegeben. Der Sammelspediteur **(Consolidator)** stellt die Sendungen nach Bestimmungsorten zusammen und fertigt für jede Sendung einen **Hausluftfrachtbrief (House AWB)** aus. Die gesamte Partie wird mit einem **AWB (Main AWB)** der entsprechenden Fluggesellschaft übergeben.

19.6 Kombinierte Luftfrachtverkehre

Auf Wunsch bieten Spediteure die Beförderung von Luftfrachtsendungen im **Haus-Haus-Verkehr** zu unterschiedlichen Bedingungen an („c + d Luftfrachtsystem GmbH" u. a.). Sie organisieren den Lufttransport und den Vor- und Nachlauf durch Kombination mit anderen Verkehrsmitteln.

Die Luftfrachtsendung wird vom Spediteur „Ab Lager/Werk" abgeholt, am Flughafen zum Luftfrachtversand abflugfertig aufgeliefert, am Bestimmungsflughafen empfangen und nach Zollabfertigung dem Empfänger mit dem Lkw zugestellt **(Just-in-Time)**. Über die gesamte Strecke wird ein Dokument (**FIATA-FBL** o. a.) ausgestellt. Die **Abrechnung und die Haftung** werden **durchgehend** angeboten oder ausgehandelt. Bei entsprechendem Aufkommen entwickelt sich ein logistisches System des integrierten Güter- und Informationsflusses.

Umfangreiche und beständige Güterströme haben sich zwischen den Welthandelszentren entwickelt, insbesondere zwischen Fernost, USA und Europa. Sie bieten die Voraussetzungen zur Organisation integrierter Güterfließsysteme. Versand- und Kaufhäuser importieren erhebliche Gütermengen, u. a. Textilien, indem sie logistische Dienstleistungen der Spedition einkaufen.

▲ *Sea/Air-Verkehre* haben sich so als eine Form des **kombinierten Verkehrs** entwickelt. Der relativ preisgünstige, aber langsame Seetransport wird mit dem schnellen, aber relativ teuren Lufttransport kombiniert. Güter (Elektronikartikel, Textilien, Kunstblumen u. a.), die für Europa oder die USA bestimmt sind, werden aus Korea, Japan, Indien und anderen Staaten mit dem Seeschiff nach einem Seehafen befördert, der durch einen internationalen Flugplatz an das weltweite Luftverkehrsnetz angeschlossen ist; von dort werden die Güter in Tagesfristen nach einem europäischen oder amerikanischen Flughafen befördert und nach Zollabfertigung dem Importeur übergeben.

Hohe Zuverlässigkeit, Sicherheit und ein verbessertes Verhältnis von Schnelligkeit zu Transportpreis wird durch die **Sea/Air-Spediteure** garantiert. Sie treten als Combined Transport Operators (CTO) auf, stellen über den ganzen Transport ein **FBL der FIATA** aus, rechnen alle Kosten nach einem **Übernahmesatz** ab und übernehmen eine **Frachtführerhaftung** für alle am Transport Beteiligten, die über die übliche Spediteurhaftung, aber auch teilweise über die Frachtführerhaftung hinausgeht.

Die wichtigsten Einsatzgebiete der Sea-Air-Verkehre sind dort zu finden,

- ✗ wo die Flugkapazitäten zu gering sind, z. B. in Entwicklungsländern;
- ✗ und bei großen Partien, die für einen **nur**-Flugtransport zu teuer sind, und für die ein **nur**-Seetransport zu langsam ist.

19.7 Das FIATA-Luftfrachtinstitut

Die FIATA (Fédération Internationale des Associations de Transporteurs et Assimilés) – Internationale Föderation der Spediteurorganisationen – ist mit ihrem Luftfrachtinstitut AFI der Gesprächspartner der IATA sowie aller anderen internationalen Organisationen, die sich mit Luftfracht befassen. Die Aufgabe dieses Instituts liegt in der Wahrnehmung der Interessen der Luftfrachtspedition.

Um die Aufgabe erfüllen zu können, nehmen Vertreter des FIATA-Luftfrachtinstituts an IATA-Frachtkonferenzen teil und bemühen sich um Einflussnahme auf die Entscheidungen aller IATA-Organisationen, die sich mit Fragen des Luftfrachtverkehrs beschäftigen.

Das FIATA-Luftfrachtinstitut informiert seine Mitglieder in Veröffentlichungen über die geleistete Arbeit.

19.8 Elektronischer Datenaustausch

Das wichtigste Hilfsmittel bei der Bearbeitung von Luftfrachtaufträgen ist die elektronische Datenverarbeitung. Durch den elektronischen Datenaustausch **EDI-Electronic Data Interchange** – zwischen den am Transport Beteiligten kann die Bearbeitungszeit vor dem Start und nach der Landung erheblich verkürzt werden. Alle die Sendung betreffenden Informationen werden vor der Verladung eingegeben. Die Eingabe erfolgt für den gesamten Transport, sodass Fehler durch eine erneute Eingabe vermieden werden; es kommt zu einer Reduzierung des zeitlichen und personellen Einsatzes. Außerdem kann jederzeit festgestellt werden, wo sich die Sendung befindet. Bei Störungen kann so sofort eingegriffen werden.

Durch die Entwicklung von internationalen Standards zur Angleichung von Datenaustauschprogrammen ist es möglich, dass verschiedene EDV-Systeme weltweit genutzt werden können. So wurde der elektronische Datenaustausch EDI um **EDI Fact** erweitert. Für den Luftfrachtbereich entwickelte die IATA **IATA Cargo Imp** (Cargo Interchange Message Procedures) und das **IATA Cargo Fact**.

Ein kommerzielles Informationssystem für den Luftfrachtbereich, das sich den elektronischen Datenaustausch zunutze macht, ist **TRAXON**. Unter diesem Begriff ist ein weltweit operierendes Kommunikations- und Informationssystem zu verstehen. Nutzer dieses Systems sind die meisten Luftfrachtcarrier, (Lufthansa Cargo, KLM Cargo, British Airways, Cargolux, Air Canada, Air France, Northwest u. a.), Speditionen, Import- und Exportunternehmen, Handling-Agenten, Trucker und Zollbehörden. So waren z. B. im Januar 1998 2 300 Speditionen mit über 5 300 Niederlassungen in 107 Ländern an TRAXON angeschlossen.

Das TRAXON-System ist durch TRAXON EUROPE in verschiedenen Ländern wie Deutschland, Frankreich, Luxemburg, Malta, Indien und Südafrika vertreten. Gemeinsam mit dem Partner **SNS** ermöglicht TRAXON in Italien und Österreich den Zugang zu seinem Dienstleistungsangebot. Durch Kooperationsabkommen können auch andere europäische Länder daran teilhaben.

Das Dienstleistungsangebot von TRAXON ist sehr umfangreich:

- Buchung und Korrekturen von Sendungen bei den Airlines,
- Erfragen der verschiedenen Flugpläne,
- Übermittlung der AWB-Daten,
- Erfragen von aktuellen Sendungsdaten,
- Austausch sämtlicher Daten zwischen den Teilnehmern.

Um den immer neuen Anforderungen gerecht zu werden, wird auch das **Internet** genutzt.

19.9 Fachbegriffe aus der Luftfrachtspedition in englischer Sprache

Deutsch	Englisch
Abgangsflughafen	airport of departure
Absender	shipper
Ankunftsflughafen	airport of arrival
Annahmeverweigerung	refusal to take delivery
Auflieferung	handling in for transport
- versandfertige Auflieferung	– ready for carriage
Auslieferung	delivery
Ausschuss	committee, panel, commission
Bedarfsverkehr	occasional transport
Beförderung	carriage
Beförderungsbedingungen	conditions of carriage
Beförderungsentgelt	transport charges/rate
Beförderungskosten	carriage charges
Beförderungsvertrag	contract of carriage
Begleitpapiere	accompanying papers
Benachrichtigung	advice
Bestimmungsflughafen	airport of destination
Chartergesellschaft	charter carrier
Eigengewicht	tare weight
Eigentümer	owner
Empfänger	consignee
Empfangsbescheinigung	receipt
Ermächtigung	authorisation
Flugfeld	airfield
Flughafen	airport
Flugzeug	airplane
Freigabe	release
Fracht	freight
– bezahlt	– prepaid
– einzuziehen	– collect
Frachtagent	freight agent
Frachtermäßigung	freight reduction
Frachtflugzeug	cargo/freight plane
Frachtkosten	costs of carriage
Frachtvertrag	contract of carriage
Gebühr	charges, fees, dues
Gelegenheitsverkehr	occasional services
Gepäck	luggage
Gesamtgewicht	total weight
Gewicht, zu berechnendes	chargeable weight
Gewichtsgrenzen	weight limit
Güter	goods
– gefährliche	– dangerous goods
– hochwertige	– goods of high value
– leicht entzündbare	– inflammable goods
– sperrige	– bulky goods
– zerbrechliche	– fragile goods

Deutsch	Englisch
Haftung	liability, responsibility
Hauptversammlung	general meeting of sharholders/stockholders
Hoheitsgebiet	sovereign/national territory
IATA-Vertragsbedingungen	conditions of IATA contract
Kreditwürdigkeit	creditworthiness, credit standing
Kühlcontainer	refrigerator container
Landeswährung	national currency
Liniendienst	scheduled operations/service
Linienfluggesellschaft	scheduled air carrier
Lieferwert	delivery value
Luftfrachtbrief	Airway Bill (AWB)
Luftfrachtführer	carrier
Luftfrachtsendung	air cargo shipment
Luftfrachtversicherung	air cargo insurance
Mindestfracht	minimum freight
Mitglied	member
Nachnahme	cash on delivery
Nebengebühren	additional fees, accessory charges
Rate	rates (schedule rates)
– Allgemeine Raten	– General Cargo Rates
– Nationale Rate	– Domestic Rates
– Spezialraten	– Specific Commodities Rates
– Warenklassenraten	– Class Rates
Reklamationsfrist	time limit of claims
Schadensfall	case of damage
Schiedsgericht	court of arbitration
Sicherheit	security
Spediteur	freight forwarder
Sperrgebiet	restricted area
Streckennetz	network, route system
Tara	tare
Übernahmesatz	lumpsum, inclusive rate
Umrechnungskurs	rate of exchange
Unterschrift	signature
Verantwortliche Absendererklärung	Shipper's Certification for restricted articles
Verfügungsrecht	right of disposal
Verkehrskonferenzen	Traffic Conferences
Verpackung	packing
– mangelhafte	– defective packing
Versandfertig	ready for carriage
Verschuldenshaftung	liability because of negligence
Vollversammlung	general meeting
Volumengrenze	volume limit
Vorschrift	prescription, instruction
Weiterbeförderung	reforwarding
Werkvertrag	contract of manufacture
Wertpapier	security, bond
Willenserklärung	declaration

Deutsch	Englisch
Zoll	customs
Zollabfertigung	customs clearance
Zollamt	custom-house
zollamtlich abgefertigt	cleared through the customs
Zolldokumente	customs documents
Zollvorschriften	customs regulations
Zuverlässigkeit	reliability

AUFGABEN

1 Welche Anforderungen werden an den Spediteur gestellt, der IATA-Frachtagent werden möchte?

2 Was versteht man unter einer „versandfertigen" Luftfrachtsendung?

3 Wie heißt das Verzeichnis, nach dem der Luftfrachtspediteur seine Leistungen abrechnet, und welchen Preischarakter hat es?

4 Beschreiben Sie die Spediteurleistungen, die nach diesem Verzeichnis abgerechnet werden, und nennen Sie Beispiele!

5 Welche Auswirkungen können Spezialraten auf den Sammelverkehr und auf den Paletten- und Containerverkehr haben?

6 Stellen Sie die Arbeitsschritte bei der Abfertigung einer Exportsendung von der Anfrage bis zur Abrechnung dar!

7 Was müssen Sie bei der Abfertigung einer Importsendung berücksichtigen?

8 „Zwei Kolli elektronische Geräte, 500 kg brutto" sollen von Stuttgart nach Tokio mit dem Flugzeug befördert werden. Welche Argumente sprechen trotz der hohen Luftfrachtkosten für einen Lufttransport?

9 Der Transport mit dem Flugzeug gewinnt für bestimmte Güter an Bedeutung. Weshalb sind z. B. Presseartikel, Schnittblumen, lebende Tiere und Ersatzteile typische Luftfrachtgüter?

10 Versuchen Sie einem englischen Kunden in englischer Sprache die Abwicklung einer Exportsendung zu erklären!

PRODUKTION LOGISTISCHER DIENSTLEISTUNGEN

20 Logistik[1]

EINSTIEG

Die „Textil & Mode GmbH" in Frankfurt/Main importiert aus vielen Staaten Stoffe und Oberbekleidung. Die Hersteller befinden sich vorwiegend in Taiwan, VR China (einschließlich Hongkong), Thailand und Indien. In Deutschland, Österreich und in Skandinavien beliefert die „Textil & Mode GmbH" Textil-Sportfachgeschäfte und Boutiquen in Städten ab 50 000 Einwohner.

Der Textilhersteller will die gesamte Beschaffung aus Ost- und Südasien und den Vertrieb in Europa an bewährte Logistikunternehmen vergeben. Von den Logistikdienstleistern erwartet die „Textil & Mode GmbH" bestimmte Leistungen. Dazu zählen u. a.:

- ✘ Zulieferung der Kleiderständer und -bügel sowie Etiketten und Accessoires in die Fabriken in Taiwan, VR China und Thailand,
- ✘ Kontrolle der Verpackung der Bekleidung beim Hersteller,
- ✘ Verpackung muss die Kleidung vor Staub, Schwitzwassser schützen,
- ✘ Verladung der Güter in Container, Container für „hängende Bekleidung" (hanging garment),
- ✘ ständige Informationen über den aktuellen Status der Sendungen,
- ✘ Kontrolle an allen Schnittstellen,
- ✘ Importabwicklung in Hamburg und Bremen/Bremerhaven,
- ✘ Übernahme in das Distributionslager jeweils in Hamburg und München,
- ✘ Verteilung in der Fläche in 24 bzw. 48 Stunden, und zwar termingerecht und „ready for sale",
- ✘ für eilige Modekleidung ist die Güterbeförderung per Flugzeug via Frankfurt/Main erforderlich.

ARBEITSAUFTRÄGE

Für Sie als Spediteur, der bislang für einen Nahrungsmittelhersteller logistische Dienstleistungen anbietet, ist die Ausschreibung von großem Interesse.

1. Überlegen Sie, welche weiteren Daten Sie benötigen, um ein komplettes Angebot abzugeben!
2. Beschreiben Sie die sich hier ergebende Transportkette, d.h. den Güterfluss vom Hersteller zum Verbraucher!
3. Welcher Informationsfluss (Papiere, Dokumente, computergestützter Datenfluss) eilt voraus und begleitet die Transportkette?
4. Entwickeln Sie aus der Transportkette eine Logistikkette!
5. Erklären Sie die Begriffe „Beschaffungs-" und „Distributionslogistik"!

[1] vgl. Abschnitt 2.3.2

20.1 Logistik als Begriff

20.1.1 Herleitung des Wortes Logistik

Der **Begriff der Logistik** geht zurück auf den Sprachgebrauch im Militärwesen. Er leitet sich her sowohl aus dem griechischen Wortstamm **logos** (Verstand, Rechenkunst) als auch aus dem germanisch-französischen Wortstamm **loger** (versorgen, unterstützen). Der Schweizer General Jomini (1779 bis 1869) in französischen Diensten führte die Bezeichnung Logistik für die Versorgung und räumliche Verteilung von Streitkräften auf den Wortstamm „maréchal de logis" (loger) zurück.

Das Gedankengut von Jomini fand seine Anwendung in den US-Streitkräften. Insbesondere die Nachschubprobleme der amerikanischen Armee während des Zweiten Weltkrieges führten zur verstärkten Hinwendung zu mathematischen Lösungen für Transport-, Umschlags- und Lagerungsprozesse. In den 50er Jahren wurden die dabei gewonnenen mathematischen Planungsmodelle für Transport- und Tourenplanung auf den zivilen Bereich übertragen.

So hat der Begriff Logistik als materielle Versorgung und Unterstützung von Beschaffungs-, Produktions-, Absatz- und Transportprozessen Eingang in Wirtschaftswissenschaften und Wirtschaftspraxis gefunden.[1]

20.1.2 Logistik als betriebswirtschaftliche Grundfunktion

Logistik umfasst die Erforschung und die wirtschaftliche Gestaltung und Steuerung von Güterflusssystemen. Es werden gesamtwirtschaftliche Logistiksysteme und einzelwirtschaftliche (Unternehmenslogistik) unterschieden.

Im Mittelpunkt der Unternehmenslogistik steht die optimale Beherrschung aller unternehmensbezogenen Material- und Güterströme

- aus den Beschaffungsmärkten **(Beschaffungslogistik)**,
- durch die Unternehmen hindurch **(Produktionslogistik)**,
- in die Absatzmärkte hinein **(Distributionslogistik)**,
- einschließlich der Entsorgung und Rückführung von Produkten und Abfällen **(Entsorgungslogistik)**.

Diese Sichtweise begründet die Logistik als Querschnittsfunktion in den Unternehmen. Die Logistik wirkt wie Personal, Finanzen u. a. in die betriebswirtschaftlichen Grundfunktionen hinein:

Betriebswirtschaftliche Grundfunktionen	Forschung und Entwicklung (F & E)	Beschaffung	Produktion	Absatz
Querschnittsfunktionen:				
Personal	→ ○	→ △	→ ◇	→ □
Finanzen	→ ○	→ △	→ ◇	→ □
Information/DV	→ ○	→ △	→ ◇	→ □
Logistik	→ ●	→ ▲	→ ◆	→ ■
Marketing	→ ○	→ △	→ ◇	→ □
Controlling	→ ○	→ △	→ ◇	→ □
Ökologie	→ ○	→ △	→ ◇	→ □

[1] Bloech, J., Ihde, B., Hrsg. Vahlens Großes Logistiklexikon, München 1997, S. 549

MERKE

Logistik bezeichnet ein ganzheitliches Fließsystem, in dem durch Planung, Steuerung und Kontrolle der Material- und Warenfluss innerhalb und außerhalb eines Unternehmens optimiert wird. Nach einem Gesamtkonzept werden alle Bereiche und Leistungen der Güterbewegung von der Beschaffung über die Produktion bis zum Absatz (Empfänger) erfasst. Gesteuert wird das integrierte Fließsystem (Netzwerk) durch Datenkommunikationssysteme (siehe Abb.).

Schematische Darstellung der Bereiche und der Aufgaben der Unternehmenslogistik[1]

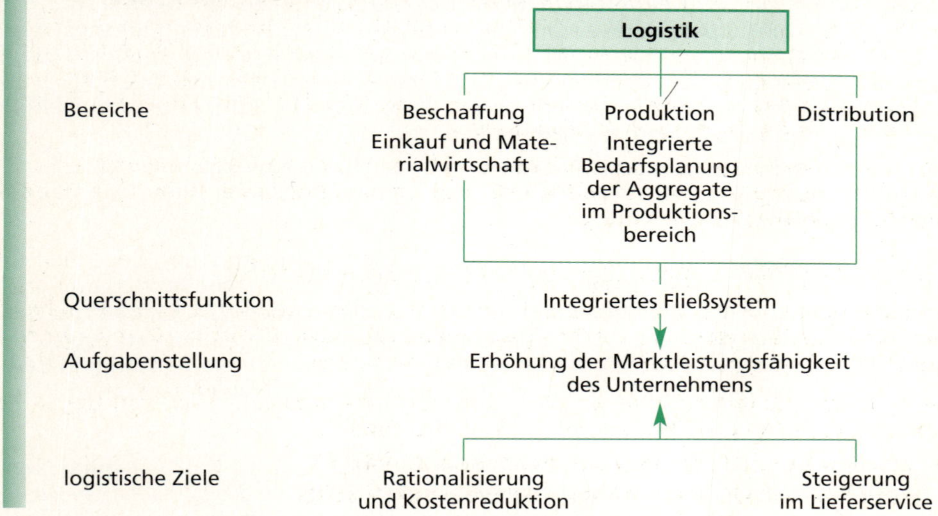

20.1.3 Betrachtungs- und Denkweisen in der Logistik

Seit etwa 1960 wurde in den USA unter dem Begriff Logistik im zivilen Bereich zunächst die Planung und Durchführung von „physical distribution", also der Warenverteilung vom Produzenten an die Verbraucher verstanden. In den 70er Jahren stand die optimale Auslastung der teuren Produktionskapazitäten in der Industrie an erster Stelle. Hier setzte sich im Laufe der 70er und 80er Jahre immer mehr die Erkenntnis durch, dass mit einer ganzheitlichen Optimierung von Beschaffung, Produktion, Lagerung und Distribution wesentliche Kostenvorteile zu erreichen sind.[2] In den 80er und 90er Jahren kamen weitere logistikfördernde Bedingungen hinzu, wie

- Wandel des Marktes vom Verkäufer- zum Käufermarkt, d. h. insbesondere mehr Flexibilität,
- Kundenservice und kurze Lieferzeiten,
- Verringerung der Sendungsgewichte und Zunahme der Sendungsanzahl,
- dadurch Ansteigen der Transportkosten pro Sendung (Kosten pro Losgröße),
- verstärkte Globalisierung der Märkte und wachsende internationale Arbeitsteilung,

[1] Hanspeter Stabenau, Verkehrsbetriebslehre, 2. Auflage, S. 18
[2] Krampe, H., Lucke, H.-J., Hrsg. Grundlagen der Logistik, München 1993, S. 12 f.

- Wiedervereinigung Deutschlands,
- Erweiterung der Europäischen Union,
- Deregulierung/Liberalisierung der Transportmärkte,
- Öffnung der osteuropäischen Märkte.

Die Anforderungen von der Nachfragerseite des Marktes zwingen die Unternehmen, ihre Organisationsabläufe zu überdenken und neu zu organisieren **(reengineering)**. Es werden neue Organisationskonzepte erprobt und umgesetzt. Diese sind geprägt von veränderten Betrachtungs- und Denkweisen, die für jeden Logistikdienstleister eine wichtige Grundlage für sein Handeln bilden.

▲ ***Wert- und nutzenorientiertes Denken.*** Das wirtschaftliche Handeln ist auf das Schöpfen der Werteigenschaften von Gütern ausgerichtet, also jenen Eigenschaften, die Nutzen stiften. Beispielsweise ist durch Werbung bekannt (= Informationsnutzen), dass eine bestimmte Jeansart von einem bestimmten Hersteller aus A-Land (= Nutzen durch Bereitstellung) in einer bestimmte Farbe in dieser Saison (= Zeitnutzen) in jeder Jeans-Boutique (Ortsnutzen) zu kaufen ist.

Der Orts- und Zeitnutzen sowie teilweise auch der Informationsnutzen (durch die dem Güterfluss vorauseilenden Informationen der Auftragsabwicklung) werden im Logistiksystem erzeugt.[1]

Durch die Wertschöpfungsprozesse entlang der Wertschöpfungs- und Logistikkette (vgl. Abschnitt 20.2) erhalten die Güter Werteigenschaften, die eine Befriedigung der Bedürfnisse (= Lösung der Probleme) beim Kunden bewirken. Ein Gut hat für den Kunden erst dann Gebrauchswert, wenn es sich nicht nur für die Lösung eines Problems eignet, sondern auch an dem entsprechenden Ort zu einem bestimmten Zeitpunkt verfügbar ist. Hier setzen die wertschöpfenden und Nutzen stiftenden Möglichkeiten und Aktivitäten von Logistikdienstleistern an.

▲ ***Systemdenken.*** Grundlegend für die Logistikkonzeption ist das Systemdenken, das seinen Ursprung in der Biologie hat. Es wurde von dort in die Wirtschaftswissenschaften übernommen. Man versteht allgemein unter einem System eine Menge von miteinander in Beziehung stehenden Elementen.

Kennzeichnend für das Systemdenken ist die ganzheitliche Betrachtungsweise sowie die Erkenntnis, dass für die Erklärung der Ganzheit die Erklärung der einzelnen Elemente nicht ausreicht, sondern dass zusätzlich die Erklärung der Beziehungen zwischen den Elementen erforderlich ist. Bei der Anwendung des Systemdenkens in logistischen Abläufen tritt das Fließprinzip hinzu; die logistischen Prozesse sind eingebunden in den Fluss der Warenströme.

Für die Beschreibung von Güterflüssen bietet das Systemdenken den Vorteil, dass Auftragsabwicklung, Lagerung, Transport usw. nicht isoliert beschrieben werden, sondern dass ihr Zusammenwirken und ihre Abhängigkeiten im Güterfluss aufgezeigt werden.

Jede Tätigkeit in der Wertschöpfungs- und Logistikkette (= Waren- und Güterstrom) wird unter dem Blickwinkel betrachtet, was die einzelne Tätigkeit für das gesamte System leistet. Beispielsweise kann eine isolierte Entscheidung bezüglich des Wechsels von einem Transportmittel zu einem anderen mit abweichenden technischen Eigenschaften oder Transportgeschwindigkeiten nicht vorhergesehene Veränderungen für die Verpackung oder eine Erhöhung der Lagerbestände zur Folge haben. Dieses tritt beispielsweise ein, wenn Güter statt mit dem Flugzeug mit dem Seeschiff befördert werden und das in seemäßiger Verpackung im normalen Container.

[1] Pfohl, H.-Ch., Logistiksysteme, Berlin 1995, 5, Auflage

Das Systemdenken deckt diese Zusammenhänge auf; denn es zwingt dazu, die Wirkungen einer Veränderung in einem logistischen Teilsystem auf die anderen logistischen Teilsysteme zu erfassen.

Beziehungen in logistischen Abläufen – im System –

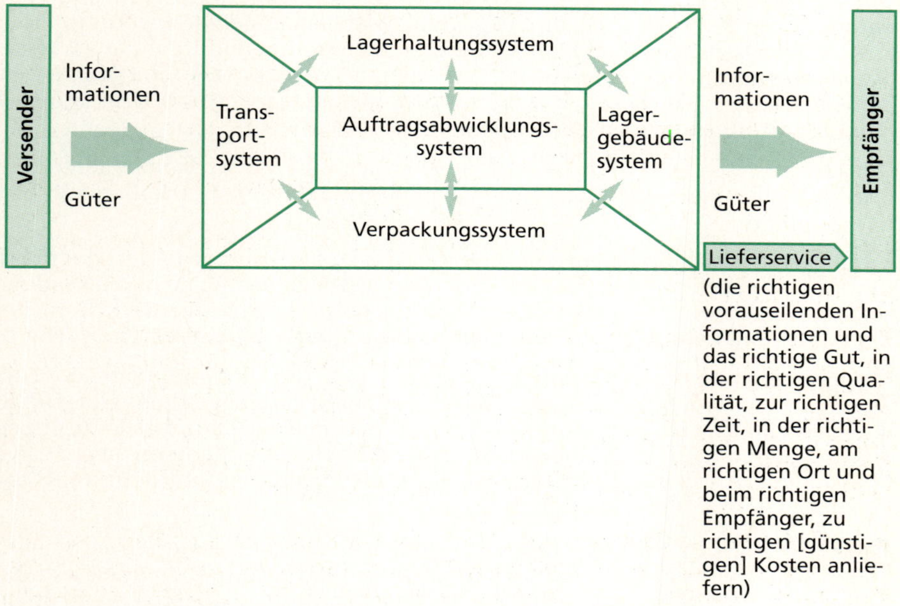

▲ ***Gesamt- oder Totalkostendenken.*** Eng mit dem Systemdenken verbunden ist das Gesamtkosten- oder Totalkostendenken. Die Senkung der Kosten in einem logistischen Teilsystem kann zu einem Ansteigen der Kosten in einem anderen Teilsystem führen. So kann eine Transportkostensenkung evtl. eine Kostensteigerung bei der Verpackung oder der Lagerhaltung bewirken und insgesamt zu einem Anstieg der Auslieferungskosten führen. Außerdem kann sich die Transportkostensenkung negativ auf den Lieferservice auswirken und zu Produktionsunterbrechungen führen.

MERKE

Kostensenkungen in einzelnen Bereichen ⟶	können ⟶	Kostensteigerungen in anderen Bereichen bewirken
⇓		⇓
⇐ geringe Transporthäufigkeit	⟷	steigende Lagerbestände ⇒
⇐ mangelhafte Verpackung	⟷	zunehmende Transportschäden ⇒
⇐ Abbau der Lagerhaltung	⟷	Mängel im Produktionsablauf ⇒
⇐ günstiger Mengeneinkauf	⟷	steigende Lagerbestände ⇒
⇐ Einsparungen in der Auftragsabwicklung	⟷	fehlerhafte Transportabwicklung ⇒

▲ *Servicedenken.* Logistische Leistungen sind Dienstleistungen, die im Zusammenhang mit der Versorgung eines Unternehmens mit Material (Versorgungsservice) bzw. mit der Auslieferung von Waren an Kunden (Lieferservice) stehen. Der Lieferservice des Lieferanten hat den Serviceanforderungen des Kunden hinsichtlich der Versorgung zu entsprechen. Deshalb genügt es, das Servicedenken am Beispiel des Lieferservice zu erläutern.

Der Lieferservice ist eine der Dienstleistungen, die von Herstellern und Handelsunternehmen mit dem Verkauf von Waren zusätzlich angeboten werden. Zur Erfüllung dieser Dienstleistungen kann zwischen Lieferanten und Käufer auch ein Logistikunternehmen eingeschaltet werden. Aufgabe des Logistikunternehmens ist es, dem Lieferanten (Versender) den erforderlichen Lieferservice bzw. dem Käufer (Empfänger) den erforderlichen Versorgungsservice anzubieten.

Der Lieferservice setzt sich im Wesentlichen aus vier Servicekomponenten zusammen, das sind **Lieferzeit, Lieferzuverlässigkeit, Lieferungsbeschaffenheit** und **Lieferflexibilität**.

Unter **Lieferzeit** ist die Zeitspanne zwischen der Ausstellung des Auftrages durch den Käufer bis zum Erhalt der Ware zu verstehen. Dazu zählt z. B. nicht die Produktionszeit. Die Lieferzeit ist für den Käufer von Bedeutung, weil kürzere Lieferzeiten bei ihm niedrigere Lagerbestände und eine kurzfristigere Disposition ermöglichen.

Mit **Lieferzuverlässigkeit** ist auch Liefertreue bzw. Termintreue gemeint. Hierunter versteht man die Zuverlässigkeit, mit der die Lieferzeit eingehalten wird. Die Lieferzuverlässigkeit ist für den Käufer wichtig, weil sie niedrige Lagerbestände ermöglicht und Störungen im Betriebsablauf vermeiden hilft. Sie ist abhängig von der Zuverlässigkeit des Arbeitsablaufes (Organisation in der Spedition und beim Frachtführer) und der Lieferbereitschaft des Zulieferers.

Die **Lieferungsbeschaffenheit** gibt an, inwieweit die Lieferung selbst dem Käufer Grund für Beanstandungen gibt. Hierbei spielen die Liefergenauigkeit und der Zustand der Lieferung hinein. Durch die Liefergenauigkeit wird angegeben, ob die bestellten Produkte in gewünschter Art und Menge ausgeliefert werden. Der Zustand der Lieferung wird im Wesentlichen bestimmt durch die Qualität der Verpackung.

Die **Lieferflexibilität** betrachtet, wie anpassungsfähig sich das Auslieferungssystem an die besonderen Bedürfnisse des Kunden verhält. Eine hohe Flexiblität bezogen auf die Lieferwünsche des Käufers erfordert ein hohes Niveau im Lieferservice, das der Lieferant bieten muss. Damit sind zwangsläufig zusätzliche Logistikkosten verbunden.

▲ *Effizienzdenken.* Dieses Denken verlangt bei der Lösung logistischer Fragestellungen, dass nach einem Kompromiss zwischen dem Ziel der Kostenminimierung und dem Ziel der Servicemaximierung gesucht wird.

Das Effizienzziel entspricht zunächst dem bekannten Produktivitätsziel, das durch Verhältnis Ausbringungsmenge (Output) zu Einbringungsmenge (Input), z.B. Anzahl der umgeschlagenen Paletten im Verhältnis zur Arbeitsstunde, gemessen wird. Für das Effizienzdenken spielen technische Überlegungen eine wichtige Rolle, nämlich der technische Fortschritt im Verpackungs-, Transport- und Lagerbereich. Außerdem müssen die wirtschaftlichen Überlegungen hinzukommen; denn die neuesten Verpackungs- und Lagergeräte, Transportmittel sowie Datenkommunikationseinrichtungen müssen auf ihre Kosten hin überprüft werden.

Letztlich sind die technische Leistungsfähigkeit der Geräte und die Gerätekosten in ihren Auswirkungen auf den Lieferservice zu untersuchen.

ZUSAMMENFASSUNG

Beziehungen im Logistiksystem

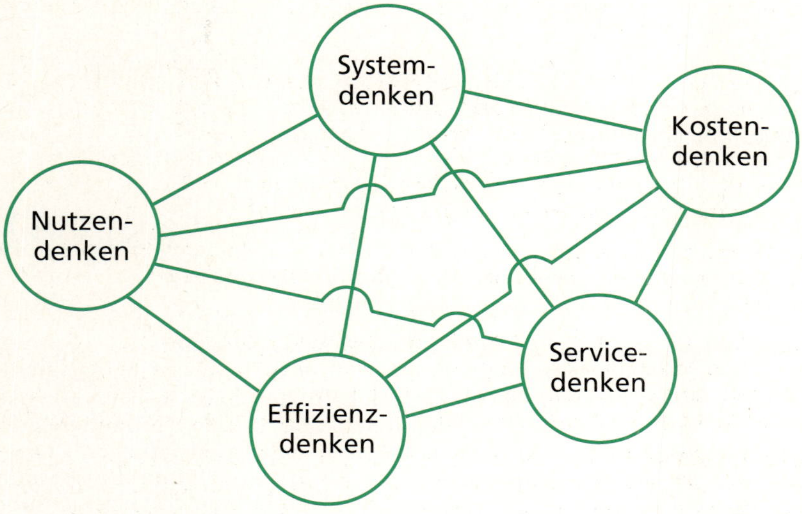

20.2 Wertschöpfungskette und Logistikkette

Für jedes Produkt (z. B. eine Hose), das auf den Markt kommt, werden Entwürfe für die neueste Kollektion entwickelt, Marketingaktivitäten werden geplant und durchgeführt. Das Produkt durchläuft von der Baumwollernte über die Baumwollfasergewinnung, Baumwollstoffherstellung, Zuschneiden der Hosenbestandteile, Herstellung bis zum Vertrieb viele Stufen der Umwandlung, Veränderung und Ergänzung.

Die einzelnen Stufen werden auch unternehmensinterne Leistungsstellen genannt. Die Gesamtheit dieser Stufen stellte eine Wertschöpfungskette dar, und die einzelnen Stufen werden als Kettenglieder in der Wertschöpfungskette bezeichnet.

Jede einzelne Stufe in der Wertschöpfungskette muss zu einem bestimmten Zeitpunkt mit den entsprechenden Produkten und Informationen versorgt werden. Letztlich ist es der externe Kunde, der Verbraucher (siehe Käufermarkt), der den Zeitpunkt, den Preis und den Service vorgibt.

Die **Logistikkette im Unternehmen** steuert die

- Versorgung der Materiallager (Beschaffungslogistik),
- Zulieferung in die Produktion,
- Zwischenlagerung von Halbfertigprodukten (Produktionslogistik),
- Lagerung der Fertigteile und
- Auslieferung einschließlich des Auslieferungslagers (Distributionslogistik).

Logistikdienstleister erbringen ihre Leistungen in der Regel in **unternehmensübergreifenden Logistikketten (Supply Chain Management (SCM)** (vgl. Abschnitt 20.4.3.4).

ZUSAMMENFASSUNG

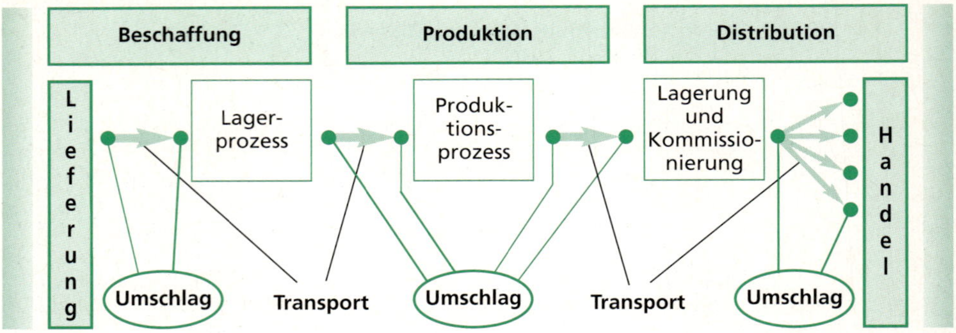

20.3 Vom Spediteur zum Logistikdienstleister

Werden dem Spediteur mit der Güterbeförderung auch Kaufvertragsaufgaben und andere Aufgaben seines Auftraggebers übertragen, dann leistet der Spediteur logistische Dienste. Er agiert dann als Logistikdienstleister, denn sein Tätigkeitsbereich geht weit über die Transportorganisation hinaus. Für seinen Auftraggeber, der Verkäufer (Hersteller oder Händler) ist, wirkt er nach dessen ganzheitlichem Logistikkonzept mit bei der Beschaffung und dem Absatz von Gütern. Er übernimmt die Ware am innerbetrieblichen Produktionsort des Lieferanten, versieht sie mit der geeigneten Transportverpackung und Barcode-Label. Anschließend werden die Güter in ein Beschaffungslager übernommen, dort werden evtl. noch Montagearbeiten durchgeführt. Anschließend werden die Güter zwischengelagert. Letztlich führt der Logistikdienstleister dem Hersteller die Güter zeitgerecht („Just-in-Time") an die Fertigungslinie zu (siehe Beschaffungslogistik).

Der Logistikdienstleister leitet die Fertigprodukte nach festem Teilkonzept seines Auftraggebers an den Verbraucher weiter. Vereinbarungsgemäß übernimmt er Verkaufsfunktionen und Kundendienstleistungen (siehe Absatzlogistik). Der Güterfluss wird durch Einsatz von EDV-Anlagen und von anderen Kommunikationsmitteln, die einen schnellen und direkten Datenaustausch zwischen allen Beteiligten ermöglichen, gesteuert (siehe Sendungsverfolgssystem).

Die einzelnen Aufgaben werden dem Logistikdienstleister in einem Dauervertragsverhältnis, das alle Pflichten und Rechte festlegt, übertragen. Die Aufgaben übernimmt der Logistikdienstleister als Einzelleistung oder als Logistik- bzw. Servicepaket, in dem mehrere Leistungen gebündelt sind.

▲ ***Logistik- und Systemdienstleister/Spediteure.*** Die Durchführung von logistischen Einzelleistungen, wie Nah- und Ferntransporte, Güterumschlag, Warenzustellung oder Lagerhaltung durch qualifizierte Logistikdienstleister ist seit langem üblich. Weitaus weniger verbreitet ist die Vergabe komplexer Logistikleistungen, wie der Betrieb kompletter Zuliefer- oder Distributionssysteme an einen externen Systemdienstleister.

Die Logistikdienstleister/Spediteure lassen sich einteilen in

- Einzeldienstleister,
- Spezialdienstleister,
- Verbunddienstleister und
- Systemdienstleister.

Logistik-dienstleister	Leistungsmerkmale	Leistungsangebot
Einzel-dienstleister	universelle logistische Einzelleistungen großer, oft anonymer Kundenkreis sehr unterschiedliche Dauer der Geschäftsbeziehungen	Straßen-, Schienen-, Schiffs- oder Lufttransporte Lagern, Abholen, Zustellen Umschlag, Kommissionieren, Verpacken u. a. Informationsleistungen, Verzollungen u. a.
Spezial-dienstleister	auf das Transportgut spezialisierte logistische Einzelleistungen begrenzter Kundenkreis relativ stabile Geschäftsbeziehungen	Wert-, Gefahr-, Kühl- oder Schwerguttransporte, Umzugs-, Möbel- oder Teppichtransporte Flüssigkeits-, Gas- und Chemikalientransporte Kühl-, Flüssigkeits-, Gas- oder Chemikalienlagerung
Verbund-dienstleister	Aufbau und Betrieb offener Verbundsysteme für bestimmten Leistungs- oder Servicebedarf großer, meist anonymer Kundenkreis Kunden unterschiedlicher Größe stark schwankende Mengenanforderungen kurzfristige und häufig wechselnde Geschäftsbeziehungen	Kurier-, Express- u. Paketdienste kombinierte Straßen/Bahn-/Schiffs-/Lufttransporte einschließlich Umschlag Ver- und Entsorgungsdienste für Paletten/Container/Behälter/Transportmittel/Verpackungen Retourenabwicklung Entsorgungsdienste für Abfall/Produktionsrückstände (Recycling)
System-dienstleister	Aufbau und Betrieb geschlossener Systeme ausgerichtet auf den Bedarf einzelner Kunden wenige Großkunden relativ konstante Strukturen und Mengen langfristig kalkulierbare Geschäftsbeziehungen	Versorgungssysteme Bereitstellungssysteme Distributionssysteme Logistikzentren Unternehmenslogistik

Viele Logistikdienstleister, wie die großen international tätigen Speditionskonzerne, treten am Markt in mehrfacher Funktion auf. So kann ein Verbunddienstleister auch als Einzeldienstleister tätig sein, ein Einzeldienstleister aber kann kaum mit einem Spezialdienstleister konkurrieren. Ein Verbunddienstleister ist ohne zusätzliche Qualifikation noch kein Systemdienstleister. Der Systemdienstleister ist von anderen Logistikdienstleistern durch bestimmte Eigenschaften abzugrenzen:

- Er bietet ein integriertes Logistiksystem, das den von einem bestimmten Auftraggeber benötigten logistischen Leistungsumfang ganz besonders rationell, zuverlässig und mit hoher Qualität erbringt.
- Für einen exakt beschriebenen Aufgabenbereich des Auftraggebers übernimmt der Systemdienstleister die volle Leistungs-, Qualitäts- und Kostenverantwortung.
- Die Anbieter von logistischen Einzel- und Verbunddienstleistungen, die ebenfalls schwierig und komplex sein können, führen meist wechselnde Einzelaufträge unterschiedlicher, oft anonymer Kunden auf der Grundlage kurzfristiger Vereinbarungen aus. Dagegen erbringt der Systemdienstleister für einen bestimmten Auftraggeber auf der Grundlage eines langfristigen Vertrages einen fest vereinbarten Leistungsumfang.

20.4 Teilsysteme der Logistik: Beschaffungs-, Produktions- und Absatzlogistik

Eine Abgrenzung logistischer Teilsysteme ergibt sich durch den Güterfluss vom Beschaffungsmarkt durch ein Industrieunternehmen hin zum Absatzmarkt.

- Die erste Phase des Güterflusses geht vom Lieferanten am Beschaffungsmarkt bis zum Beschaffungs- oder Eingangslager eines Industrieunternehmens. Zwischen dem Beschaffungslager des Produzenten und dem Beschaffungslager kann noch ein Zulieferungslager liegen, das z. B. Aufgaben des Sammelns oder des Sortierens wahrzunehmen hat. Außerdem ist auch ein Güterfluss direkt vom Beschaffungsmarkt („Just-inTime") in den Produktionsprozess möglich. Ebenso finden Beschaffungsprozesse statt, wenn Güter in das Lager eines Handelsbetriebes geliefert werden. Das Logistiksystem, das sich mit der ersten Phase des Güterflusses befasst, nennt man **Beschaffungslogistik**.
- In der zweiten Phase fließen Roh-, Hilfs- und Betriebsstoffe sowie Zulieferteile (z. B. Sitze in der Automobilherstellung) und Waren vom Beschaffungslager taktgenau in den Produktionsprozess (an das Fließband). In dem Produktionsprozess können Halbfertigfabrikate zwischengelagert werden. Aus der Produktion fließen Fertigfabrikate und auch Halbfertigfabrikate sowie für den Kunden bestimmte Ersatzteile zum Absatzlager. Dieses logistische Teilsystem heisst **Produktionslogistik**.
- In der dritten Phase besteht der Güterfluss aus Fertigfabrikaten, Halbfertigfabrikaten, die dann als Handelswaren und Ersatzteile verkauft werden. Der Güterfluss geht vom Absatzlager des Herstellers über regionale Auslieferungslager an die Kunden im Absatzmarkt. Eine direkte Belieferung der Kunden vom Absatzlager ist möglich. Die Logistik in dieser dritten Phasen des Güterflusses bezeichnet man als **Absatzlogistik**.[1]

20.4.1 Beschaffungslogistik

Der verstärkte internationale Wettbewerb zwingt alle Hersteller zu ständigen Produktinnovationen. Damit einher geht eine zunehmende Material- und Produktevielfalt, die in Industriebetrieben zu einem ständig neu entstehenden Bedarf an Roh-, Hilfs- und Betriebsstoffen, fremdbezogenen Halb- und Fertigfabrikaten (Zulieferteile), Waren und Werkzeugen in großer Vielfalt, führt. Die Zahl der bewirtschafteten Materialpositionen liegt oft über 5 000 und teilweise sogar über 100 000.[2] Außerdem muss im Rahmen eines hohen Lieferservices und einer hohen Lieferbereitschaft garantiert sein, dass

- die richtigen Informationen,
- die richtigen Materialpositionen / Produkte,
- zur richtigen Zeit,
- am richtigen Ort,
- bei dem richtigen Empfänger,
- in der richtigen Menge,
- in der richtigen Qualität und
- zu günstigen (richtigen) Kosten

für den Produktionsprozess zur Verfügung stehen.

Damit stellt die Produktionsseite des Unternehmens an die Beschaffungslogistik hohe Anforderungen, die beim Logistikdienstleister zu ständigen Kostensteigerungen führen.

[1] Pfohl, H.-Ch., Logistiksysteme, a.a.O., S. 17
[2] Vahlens Großes Logistiklexikon, a.a.O., S. 70

Die Industrieunternehmen konzentrieren sich deshalb auf die Herstellung von Kernprodukten **(„lean production")**. Gleichzeitig wird die Zahl der Zulieferer verkleinert, und die Lagerkapazitäten werden weitgehend abgebaut.

Besonders praktische Bedeutung hat die Ausgliederung **(Outsourcing)** von Servicetätigkeiten; denn die Konzentration auf die Kernkompetenzen (z. B. Autoproduktion) eines Unternehmens macht es unmöglich, auf nicht unternehmenstypischen Tätigkeitsgebieten (z. B. Organisation und Durchführung von nationalen und internationalen Transporten) innovativ zu sein. Demzufolge werden Servicetätigkeiten zunehmend auf Dienstleistungsspezialisten übertragen, die auch zur Weiterentwicklung ihres Aufgabenfeldes verpflichtet werden. Zu den Aufgabenbereichen, die auf Dienstleister übertragen werden, zählen u. a. der Einsatz der Transportsysteme, Materialanlieferung, Kommissionierung, Versandverpackung bis hin zur kompletten Beschaffungs- und Absatzlogistik.

20.4.1.1 Logistikdienstleister in der Beschaffungslogistik

Übernimmt der Logistikdienstleister die Beschaffungslogistik für einen Produzenten, so muss er eine Vielzahl von Teilaufgaben erfüllen. Der Umfang des Aufgabenkataloges ist abhängig von der Ausgestaltung des Logistikkonzeptes und -vertrages.

Mit der Erfüllung der Teilaufgaben im Rahmen der Beschaffungslogistik wird der störungsfreie Produktionsprozess gewährleistet. Zu den Teilaufgaben der Beschaffungslogistik zählen die Bedarfsermittlung, die Liefereinteilung, die Lieferantenauswahl, die Bestellpunktermittlung, die Materialdisposition, die Transporte zum Betrieb, die Warenannahme, die Warenprüfung, die Behälterhandhabung, die Einlagerung, die Lagerhaltung, die Auslagerung, die Sortierung, die Kommissionierung, die Markierung, der innerbetriebliche Transport und die Materialbereitstellung für die Produktion.

Ein Spezialist im Rahmen der Beschaffungslogistik ist der Gebietsspediteur.

20.4.1.2 Der Gebietsspediteur als Logistikdienstleister

MERKE

Gebietsspediteur bezeichnet keinen gesetzlich geregelten Begriff, sondern betrifft ein Konzept, das die Einbindung von Speditionen (Logistikunternehmen) im Rahmen der Beschaffungslogistik für Industrie und Handel betrachtet. Als Vorreiter des Gebietsspediteurskonzept ist die Automobilindustrie zu nennen.

Gründe für die Entstehung dieses Konzeptes:

- Bei der üblichen Lieferkondition „frei Werk" sind die Zulieferer für die Organisation der Warenanlieferung verantwortlich. Dies führt zu unkoordiniertem Anlieferungsverhalten, mit häufig nicht ausgelasteten Lademitteln (z. B. Lkw-Ladung).
- Neue Erkenntnisse über ganzheitliche Unternehmenskonzepte wie **„lean production"** und **Gesamtkostenmanagement** zeigen auf, dass die Unternehmensbereiche als Ganzes zusammenwirken **(Systembetrachtung)**.
- In der Abstimmung von Beschaffung und Produktion werden Möglichkeiten der Kostensenkung gesehen. Man verfolgt die bedarfsgesteuerte Beschaffung. Damit verbunden ist der Abbau der Lagerhaltung.
- Die steigende Variantenvielfalt der Produkte lässt eine übliche Vorrats-Lagerhaltung unwirtschaftlich werden.
- Diese Erkenntnisse bewirken Just-in-Time-Zulieferungen mit kleinen Liefermengen und erhöhten Lieferhäufigkeiten.
- Damit ist für die Autohersteller die Logistik zu einem strategischen Erfolgsfaktor geworden; insbesondere mit der Ausrichtung auf die Senkung der Logistikkosten.

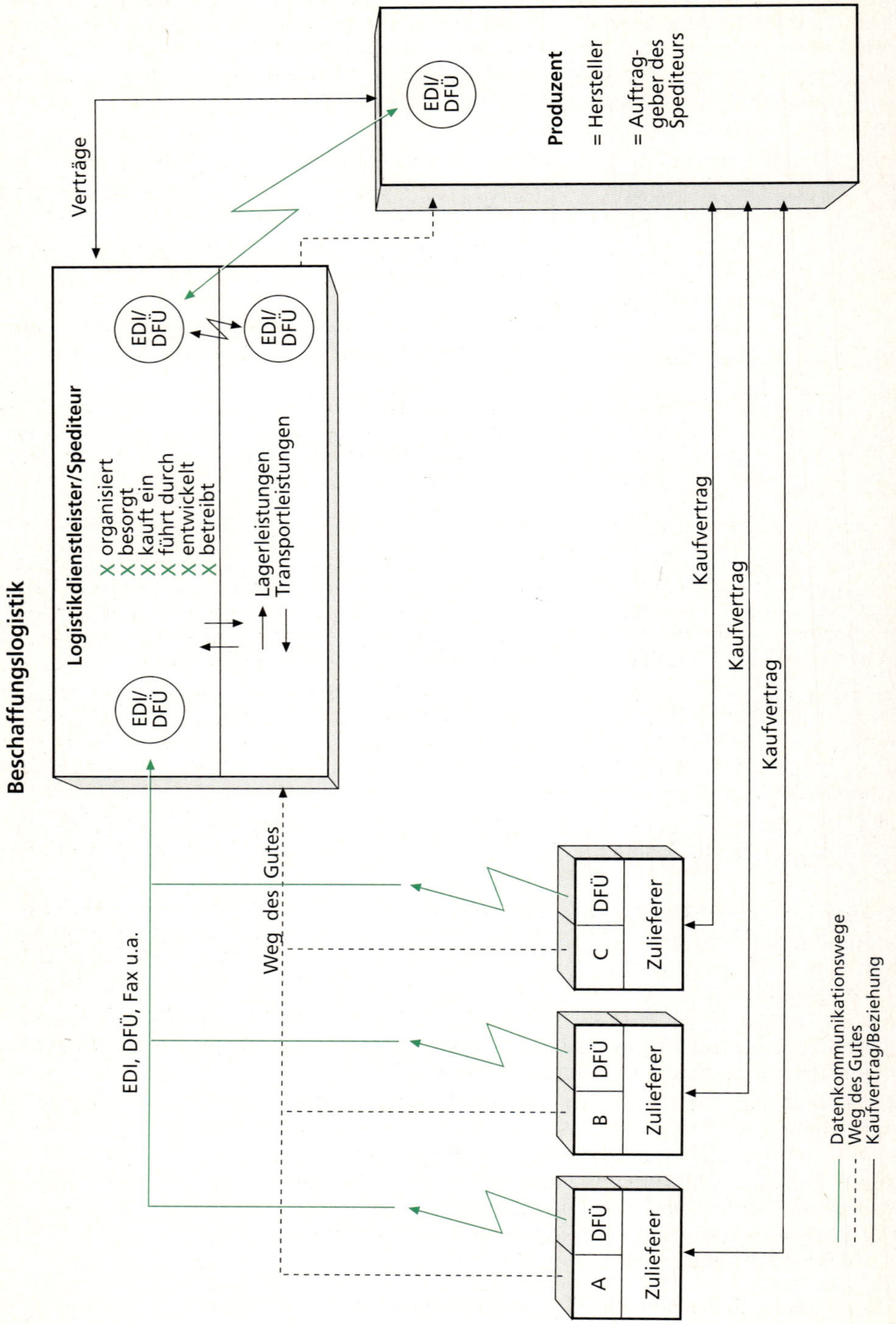
Beschaffungslogistik
Logistikdienstleister/Spediteur
X organisiert
X besorgt
X kauft ein
X führt durch
X entwickelt
X betreibt
Lagerleistungen
Transportleistungen
EDI/ DFÜ
EDI/ DFÜ
EDI/ DFÜ
Verträge
Produzent
= Hersteller
= Auftraggeber des Spediteurs
EDI/ DFÜ
Kaufvertrag
Kaufvertrag
Kaufvertrag
EDI, DFÜ, Fax u.a.
Weg des Gutes
A DFÜ Zulieferer
B DFÜ Zulieferer
C DFÜ Zulieferer
Datenkommunikationswege
Weg des Gutes
Kaufvertrag/Beziehung

Der Gebietsspediteur (= Logistikdienstleister) organisiert den Zulauf der Zulieferteile von Zulieferern in das beschaffende Unternehmen (z. B. Automobilhersteller). Dabei fasst der Gebietsspediteur die Sendungen mehrerer Zulieferer zusammen (Sammelgutverkehr) und sorgt für eine wirtschaftliche und zentral gesteuerte Produktionsversorgung mit optimal ausgelasteten Transportmitteln.[1]

Voraussetzungen für den Gebietsspediteur:

Er muss ein hochwertiges Informations- und Kommunikationssystem vorhalten.

- ✘ Die Datenkommunikation muss einen abgestimmten, systematischen Datenfluss zwischen allen Beteiligten gewährleisten; denn der Gebietsspediteur ist in das Lieferabrufsystem des beschaffenden Unternehmens eingebunden.
- ✘ Der elektronische Datenaustausch läuft nach genormten Regeln (EDIFACT, vgl. Abschnitt 9.4.3.2) für Übertragungsinhalte, Datenformate und Netzwerke.
- ✘ Der Gebietsspediteur muss eine auf die Beschaffungslogistik ausgerichtete innerbetriebliche Organisation aufweisen, in der entsprechend qualifizierte Mitarbeiter tätig sind.

Die Gebietsspediteure können in unterschiedliche Zulieferkonzepte (Just-in-Time-Konzepte) eingebunden sein. Von daher ist es für das Anforderungsprofil und das Tätigkeitsfeld des Logistikdienstleisters von Bedeutung, im Rahmen welcher Just-in-Time-Philosophie er tätig ist.

20.4.1.3 Just-in-Time-Prinzip (JIT)

▲ *Erfordernisse*. (1) Bei einem Autohersteller sind Sitze mit Bezügen in aktuellen Modefarben für einen Produktionszeitraum von drei Monaten eingelagert. Diese Sitze werden in der Fertigung jedoch erst sechs Monate nach Anlieferung benötigt. Zu diesem Zeitpunkt ist die Hälfte der Sitze aufgrund veränderter Modefarben so nicht verwendbar. Sie liegen vorerst auf Lager und verursachen Kosten.

(2) Ein Spediteur beauftragt einen Fuhrunternehmer, eine Komplettladung bei einem Zulieferer um 14:00 Uhr direkt aus der Produktion zu übernehmen. Da der Lkw-Unternehmer eine längere Anfahrt über stark frequentierte Straßen hat, startet er bereits am frühen Morgen. Wider Erwarten kann er zügig die Strecke bewältigen und ist bereits um 12:00 Uhr beim Kunden.

Zu diesem Zeitpunkt steht die Ware noch nicht zur Verfügung. Der Lkw-Unternehmer muss warten und verstellt für längere Zeit den knappen Parkraum auf dem Betriebsgelände.

Diese Beispiele zeigen, wenn es Industrie, Handel und Dienstleistungsgewerbe gelingt, die Material- und Warenströme so zu planen, zu steuern und zu überwachen, dass nur die wirklich benötigten Produkte und Dienstleistungen gerade noch rechtzeitig („Just-in-Time") produziert und bereitgestellt werden, dann sind hohe Einsparungen an Zeit, Material, Personal und Energie möglich.

▲ *Vorteile.* Mit der Einführung von Just-in-Time-Lösungen werden in der Regel für den Auftraggeber folgende Vorteile erwartet:

- ✘ eine drastische Bestandsreduzierung bei Zulieferteilen, Halbfertigteilen und/oder Fertigwaren,
- ✘ eine höhere Flexibilität bei niedriger Kapitalbindung,
- ✘ eine verkürzte Auftragsdurchlaufzeit in der Fertigung,
- ✘ eine geringere Flächenbindung im Produktionsbetrieb,
- ✘ ein höheres Qualitätsbewusstsein bei den Mitarbeitern,
- ✘ transparente und vereinfachte Abläufe.

[1] R. Fuhrmann, in: Vahlens großes Logistiklexikon, a.a.O., S. 328 ff.

Logistische Partnerschaft bei der Just-in-Time-Belieferung

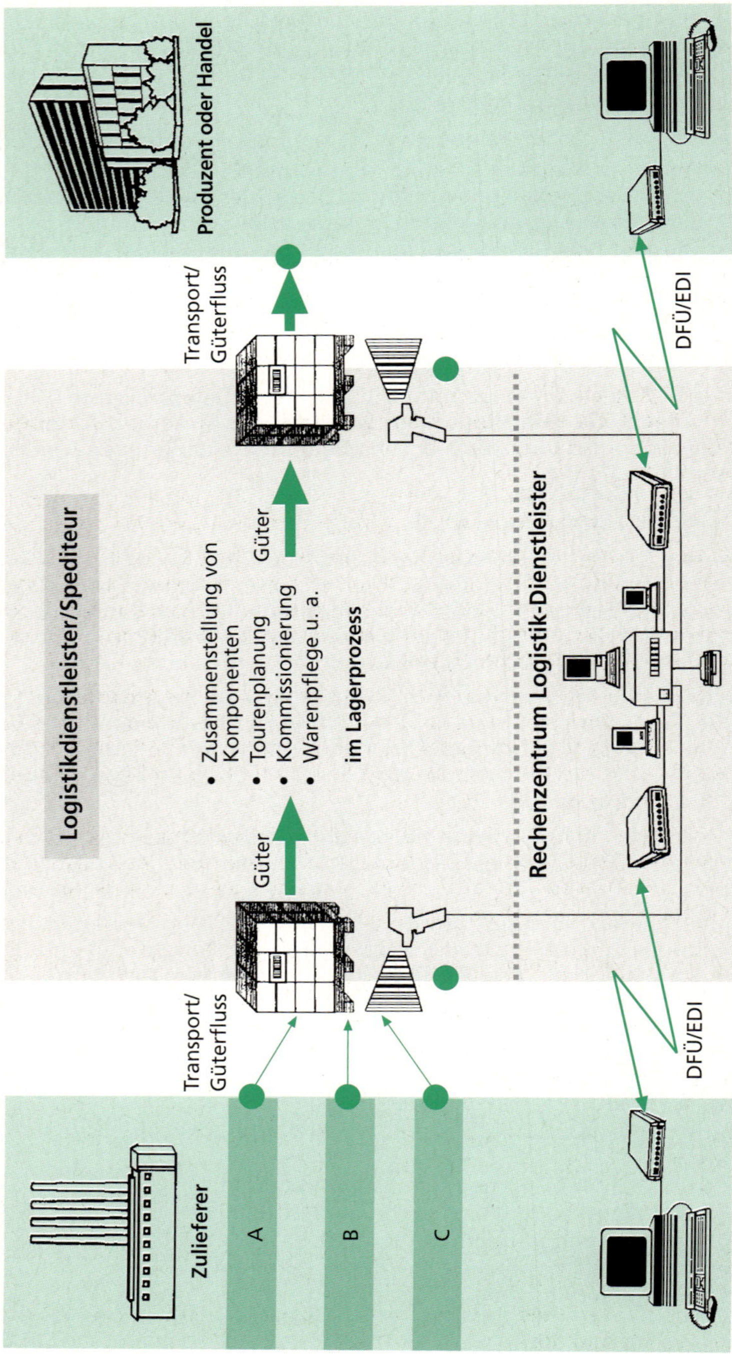

Die **Scannung** findet mit Unterstützung von EDI und Barcode (vgl. Abschnitt 9.4.3.3) an jeder Schnittstelle (= Schnittstellenkontrolle) statt. Über die Scannung werden die Sendungsdaten in das Sendungsverfolgungssystem eingegeben.

▲ *Grundprinzipien.* Die Umsetzung von Just-in-Time-Konzepten (JIT) erfordert eine Reihe von **Grundprinzipien**. Dazu zählen u. a.:

- In Unternehmen, Abteilungen mit JIT-Konzepten sollen Teile, Komponenten erst gefertigt, transportiert, bereitgestellt oder montiert werden, wenn die nachfragenden Abteilungen diese benötigen,
- die Abteilung, die liefern soll, „drückt" die gefertigten Teile nicht in die nachfolgende Stufe der Logistikkette (Push-Prinzip), sondern es erfolgt eine „Abholung" nach Hol-(Pull-)Prinzip,
- Flächen für Lagerhaltung können beim Hersteller abgebaut werden,
- die hier erforderliche enge Partnerschaft, auch für die Logistikdienstleister, setzt eine vertrauensvolle und zuverlässige Zusammenarbeit voraus,
- in durchgängig rationalisierten Wertschöpfungs- und Logistikketten ist die Qualifikation und Motivation der Mitarbeiter eine wesentliche Erfolgsgrundlage,
- alle Beteiligten in der Logistikkette sind in ein durchgängiges Datenkommunikationssystem eingebunden,
- in einigen Just-in-Time-Konzepten ist eine kapitalmäßige Verflechtung festzustellen.

▲ *Varianten von JIT-Konzepten.* Logistische Dienstleister können im Rahmen von JIT-Konzepten unterschiedlich komplexe Aufgabenstellungen übernehmen:

- Übernahme der Lieferungen eines Zulieferers im Direktverkehr Zulieferer – Produzent. Diese einfache Variante kann aufgrund von Kommunikationsschwierigkeiten zwischen den Beteiligten und unkalkulierbaren Transportzeiten durch Verkehrsbelastungen zu erheblichen Störungen im Logistikkanal führen. Deshalb erhalten andere Varianten den Vorzug.
- Die zweite Variante: Nur Zulieferer, die in der Nähe des Abnehmers produzieren, liefern direkt an das Fertigungsband. Von abnehmerfernen Zulieferern übernimmt der Logistikdienstleister (Gebietsspediteur) die Produkte in ein externes Beschaffungslager und führt die Zulieferteile in genormten Behältern in eine Vorzone nahe der Fertigung.
- Die dritte Variante: Logistikdienstleister unterhalten auch in eigener Regie ein Beschaffungslager (Zwischenlager in der Nähe des Herstellers). In diesem Lager stellt der Logistikdienstleister (Gebietsspediteur) die Produkte produktionssynchron zusammen und liefert sie an die Montagebänder.

▲ *Risiken.* Mit der Einführung von JIT-Konzepten sind eine Reihe von **Risiken** verbunden, die teilweise sogar als Rückschritte angesehen werden.

- Der Verzicht auf nennenswerte Sicherheitsbestände im Lager bedeutet im Fall von Streiks, höherer Gewalt oder bei Krisen ein hohes wirtschaftliches, unter Umständen sogar politisches Risiko.
- Mit JIT ist eine starke Abhängigkeit der Partner verbunden. Dadurch besteht die Gefahr schwer lösbarer Bindungen, die den Wettbewerb außer Kraft setzen und zu einseitigen Preisdiktaten oder Kostenvorteilen führen können.
- Entstehen bei abnehmenden Herstellern starke Produktionsschwankungen, so wirken diese nachteilig auf den Zulieferer und den Logistikdienstleister; denn diese müssen die Nachfrageschwankungen unter Umständen mit Überstunden oder eigenen Sicherheitsbeständen ausgleichen.
- Für den Logistikdienstleister ist ein taktgenaues Zuliefermodell mit erheblichen Terminrisiken verbunden.

- Die Einrichtung eines herstellernahen Beschaffungslagers durch den Logistikdienstleister ist unter Umständen mit erheblichen Investitions- und Finanzierungsrisiken verbunden.
- Sinkende Losgrößen führen zu höherem Transportaufkommen, zu steigenden Transportkosten und erhöhter Umweltbelastung.

20.4.2 Produktionslogistik

Für den Logistikdienstleister hat dieser Bereich bislang keinen hohen Stellenwert. Jedoch im Zusammenhang mit veränderten Betrachtungsweisen wie System- und Gesamtkostendenken in den Organisations- und Produktionsabläufen gewinnt die Produktionslogistik für den Logistikdienstleister an Bedeutung. So muss der Logistikdienstleister im Fall einer Just-in-Time-Belieferung (siehe oben) direkt an das Fließ- oder Montageband z. B. den genauen Zeitpunkt, die exakte Menge und evtl. bestimmte Teile der Produktionsabläufe kennen.

Die folgenden Ausführungen orientieren sich an der Sicht des Herstellers. Für ihn hat die Produktionslogistik zentrale Schnittstellen zur vorgelagerten Beschaffungslogistik und nachgelagerten Distributionslogistik.

MERKE

Die Produktionslogistik umfasst alle Aktivitäten, die im Zusammenhang mit der Versorgung der Produktionsvorgänge stehen. Betrachtet wird der Materialfluss von Roh-, Hilfs- und Betriebsstoffen sowie von Halbfertigerzeugnissen und Zulieferteilen aus dem Beschaffungslager oder/und Pufferlager in die Fertigung. Ferner gehört zur Produktionslogistik die Zuführung der Halb- und Fertigfabrikate in das Absatzlager.

Die Materialsteuerung in die Produktion kann grundsätzlich nach zwei Verfahren durchgeführt werden:

- Im Rahmen der **bedarfsgesteuerten Materialbereitstellung** werden gemäß der Kundenaufträge die Produktionspläne und die Material-Stücklisten erstellt, die im Beschaffungslager zu einer Materialauslieferung führen. Das Material für die Fertigungsaufträge wird kommissioniert und an die Produktionsstellen geleitet.
- Ein zweites Verfahren ist der **verbrauchsgesteuerte Materialfluss**. Hierbei wird die Materialzuführung durch einen Verbrauch am Ort der Produktion ausgelöst, und zwar unabhängig von einem bestimmten Kundenauftrag. Der Impuls für den Materialfluss kann durch einen leeren Behälter, der von der Produktion in das Beschaffungslager zurücktransportiert wird, ausgelöst werden, oder durch einen Beleg, der die Behälter begleitet (Kanban-Konzept).[1]

Das **Kanban-Konzept** (Kanban = Karte oder Schild (japanisch)) wurde Anfang der 60er Jahre von dem Automobilhersteller Toyota entwickelt. **Kanban** ist eine Methode der Produktionssteuerung nach dem Hol-(Pull-)Prinzip, es ist verbrauchsorientiert ausgerichtet. Dieses Konzept wird mit möglichst einfachen organisatorischen Mittel verwirklicht. Deshalb wird ein Kanban (eine Karte) gewählt. Solche Karten enthalten folgende Stammdaten: Artikel- oder Teilenummer, Skizze, Name des Artikels oder Bauteils, Behälterart, Anzahl der Teile je Behälter u.a.

Sobald an einer Produktionsstelle ein Materialbestand aufgebraucht ist, wird durch die Rückgabe einer Karte ein Nachfüllen veranlasst. Das Kanban-Prinzip ist Teil

[1] Martin Voth, Logistik in der Speditionsfachkunde in VLS-Report, Schwerte, April/Mai 1995, S. 16 ff.

selbstgesteuerter Regelkreise. Die Materialflusssteuerung über Karten kann bis in die Beschaffung und damit in die Beschaffungslogistik und in die Produktionsabläufe bei den Zulieferern ausgedehnt werden.

Die wichtigsten **Merkmale des Kanban-Konzepts** sind:

- Schaffung selbststeuernder Regelkreise zwischen Beschaffung und Produktion,
- Einführung des Hol-(Pull-)Prinzips für die jeweils nachfolgende Verbrauchsstufe,
- flexibler Personal- und Betriebsmitteleinsatz,
- die Verantwortung für die kurzfristige Materialsteuerung wird auf die Mitarbeiter übertragen mithilfe
- eines speziellen Informationsträgers (Kanban).[1]

20.4.3 Distributionslogistik

Die Distributionslogistik dient der Belieferung von Kunden (Endverbraucher, Handelsunternehmen, Hersteller) mit der **richtigen Ware**, in der **richtigen Menge**, zum **richtigen Zeitpunkt**, am **richtigen Ort**, in der **erforderlichen Qualität** und zu **optimalen Kosten**. Die Belieferung kann dabei

- direkt aus dem Produktionsprozess oder
- von einem Absatzlager, das bei der Produktionsstätte liegt und/oder
- gegebenenfalls über weitere regionale Auslieferungslager (Distributionslager), die von Logistikdienstleistern betrieben werden, erfolgen.

20.4.3.1 Anforderungen an den Logistikdienstleister

Vor dem Hintergrund eines zunehmenden Wettbewerbs müssen die Unternehmen ihre Märkte immer schneller, flexibler und kostengünstiger bedienen. Der Faktor Zeit spielt eine immer größere Rolle. Deshalb werden an die Logistik – hier: Distributionslogistik – bestimmte **Anforderungen**[2] gestellt:

▲ *Verfügbarkeit der Waren.* Die Auftraggeber der Logistikdienstleister möchten ihr komplettes Warenangebot jederzeit lückenlos und überall da anbieten können, wo sie Kunden haben. Das Anbieten eines vollen Sortiments erfordert von der Logistik Termintreue, Liefergenauigkeit und einwandfreien Lieferzustand sowie die Fähigkeit, auch kleine Mengen kostengünstig zu liefern. Hinzu kommen Ausbildung und Erfahrung in der Transportorganisation.

Die geographische Verfügbarkeit der Waren muss durch die Logistik gewährleistet werden. Dies erfordert über eine regionale und nationale flächendeckende Versorgung hinaus immer mehr die Bedienung internationaler Märkte. So verlangt z. B. die Verteilung von Textilien aus Ostasien in Deutschland und Europa überregionale, teils globale und vernetzte Beschaffungs- und Distributionssysteme.

▲ *Lieferzuverlässigkeit/Lieferservice.* Mit Einführung der Just-in-Time-Produktion und dem Abbau der Lagerhaltung hat der Lieferservice erheblich an Bedeutung gewonnen; denn diese Veränderungen führen zu wesentlich höheren Lieferfrequenzen. Dazu wird vom Logistikdienstleister gefordert, dass er Ausbildung und Erfahrung im Umgang mit den Waren, wie auch entsprechende Organisation und Anlagen bietet. Beispielsweise müssen gekühlte Produkte durch entsprechende Sicherheitseinrichtungen geschützt werden. Allerdings erhöht beispielsweise eine verkürzte Lieferzeit nicht schon an sich den Lieferservice, wenn der Kunde hierauf nicht besteht bzw. eine

[1] H. Wildemann, in Vahlens Großes Logistiklexikon, a.a.O., S. 416 f.
[2] Danzas-Lotse 1997, Schwalbach 1996, S. 327 ff.

vorzeitige Anlieferung der Güter sogar unerwünscht ist. Eine Kennzahl im Rahmen des Lieferservice ist der Grad der Lieferbereitschaft. Dieses ist eine Spitzenkennzahl eines Logistikkennzahlensystems. Der Lieferbereitschaftsgrad bezeichnet in allgemeiner Form das Verhältnis der Anzahl termingerecht ausgelieferter Bedarfsanforderungen zu der Gesamtzahl der Bedarfsanforderungen in einem bestimmten Zeitraum.[1]

$$\textbf{Lieferbereitschaftsgrad} = \frac{\text{Anzahl termingemäß ausgelieferter Bedarfsanforderungen}}{\text{Gesamtzahl der Bedarfsanforderungen}} \times 100$$

Das Streben nach einem hohen Lieferbereitschaftsgrad zur bestmöglichen Erfüllung der Kundenwünsche muss vereinbart werden mit gleichzeitigem Streben nach möglichst geringen Logistikkosten.

Zum Ausgleich dieses Zielkonfliktes versucht man einen optimalen Lieferbereitschaftsgrad, der in der Regel unter 100 % liegt, zu verwirklichen.

Die Lieferbereitschaft kann anhand unterschiedlicher Kennzahlen untersucht werden. Dazu einige Beispiele:[2]

- **Lieferbereitschaft aufgrund der Anzahl der Bestellungen**

$$\text{Lieferbereitschaftsgrad (1) in \%} = \frac{\text{erfüllte Bestellungen x 100}}{\text{eingegangene Bestellungen}}$$

$$\text{Lieferbereitschaftsgrad (2) in \%} = \frac{\text{ab Lager erfüllte Bestellungen x 100}}{\text{eingegangene Bestellungen}}$$

Maß für Lieferbereitschaft = verlorene + zurückgestellte Bestellungen pro Zeitperiode

- **Lieferbereitschaft aufgrund von Lieferverspätungen**

$$\text{Maß für Lieferbereitschaft (1)} = \frac{\text{Anzahl der Tage mit Lieferverspätung}}{\text{erfüllte Bestellungen}}$$

$$\text{Maß für Lieferbereitschaft (2)} = \frac{\Sigma \text{ Verspätungstage x bestellte Mengen}}{\text{gelieferte Menge}}$$

Immer häufiger fordern Auftraggeber von Logistikunternehmen, ihre Qualität durch eine Zertifizierung nach ISO 9000 zu dokumentieren.

▲ ***Durchlaufzeiten der Aufträge***. Schnellere Lieferfähigkeit und niedrige Bestände erfordern von der Logistikorganisation verkürzte Durchlaufzeiten der Aufträge. Dies verlangt eine effiziente Gestaltung der Informationsflüsse und Organisation, ferner müssen die Lager- und Umschlagsstufen im Güterfluss reduziert werden.

▲ ***Flexibilität.*** Die Logistikdienstleister müssen flexibel reagieren, z. B. auf

- schwankende Abnahme- oder Absatzmengen, die von der Planung abweichen,
- häufige Produktwechsel, die zu unterschiedlichen Auftrags- und Sendungszusammensetzungen sowie Verpackungsanforderungen führen,
- Saisonwaren, die nicht sofort mit dem Absatz parallel laufen und somit „gepuffert" werden müssen.

[1] Palloks, M., Lieferbereitschaftsgrad, in: Vahlens Großes Logistiklexikon, a.a.O., S. 535 f.
[2] Pfohl, H.-Ch., a.a.O., S. 38

▲ ***Datenkommunikation.*** Wegen der gegenseitigen Abhängigkeiten der vernetzten Prozesse werden hohe Ansprüche an die Informationsbereitschaft sowie an die Verlässlichkeit und Qualität der Informationen gestellt. Wenn Aufgaben wie Lagerung, Kommissionierung und Auslieferung an Logistikdienstleister vergeben werden, dann muss zu diesen eine Datenfernübertragung bestehen. Das daraus notwendige Zusammenfassen von unterschiedlichen Datenkommunikationssystemen und Programmen erfordert Schnittstellenanpassung.

Der Logistikdienstleister muss über ein Rechenzentrum verfügen, über das er den Datenaustausch nicht nur mit seinem Auftraggeber, sondern mit seinen Standorten im Verteilnetz abwickelt, um Sendungsverfolgung und Bestandsinformationen zu gewährleisten.

Der Leitgedanke, der in dem Konzept von ECR (Efficient Customer Response) (vgl. Abschnitt 20.4.3.4) steckt, wird weiterreichende Vernetzungen der in der Logistikkette tätigen Unternehmen erfordern.

▲ ***Kostensenkung.*** Die Auslieferkosten werden gesenkt, wenn Sendungen eines Kunden mit denen anderer Kunden so kombiniert werden, dass sie am gleichen Tag an gleiche Lieferadressen gehen. Je spezialisierter ein Logistikdienstleister ist, d.h., je mehr Kunden er mit ähnlichen Warensortimenten hat, umso mehr können über Tourenoptimierung die **Auslieferkosten** gesenkt werden.

Weitere Kostensenkungen erwarten die Auftraggeber aus der **Senkung von Lagerbeständen**. Viele dezentrale vollsortimentierte Lagerbestände erhöhen die Bestandskosten. Eine Zusammenfassung von Lagerbeständen in Zentrallägern kann Bestandskosten minimieren und die Warenverfügbarkeit optimieren. In der Regel erhöhen sich dann aber die Transportkosten. Hier ist deshalb eine Optimierung in der gesamten Logistikkette erforderlich.

Schließlich versuchen Auftraggeber, ihre **Fixkosten zu senken**, indem sie die nicht zum Kerngeschäft gehörenden Unternehmensteile wie Lagerung und Fuhrpark, aber auch hoch bezahlte Logistik-Spezialisten auslagern (Outsourcing).

▲ ***Beziehungs-Management.*** Wenn ein Auftraggeber wichtige Teile seiner Logistik an Dienstleister vergibt, müssen zwischen beiden Unternehmen gute Beziehungen auf allen Ebenen gewährleistet sein. Logistische Dienstleistungen, wie die in der Distributionslogistik, die bis in die Regalpflege reichen, gehen ganz nah an den Verbraucher und sind damit für den Hersteller von herausragender und existenzieller Bedeutung. Von daher stellen die Auftraggeber bestimmte **Anforderungen an die zwischenbetriebliche Kommunikation und persönlichen Beziehungen:**

- Beratung und Expertise bei der Entwicklung effizienter logistischer Konzepte,
- Ansprechpartner für die Behandlung von Unregelmäßigkeiten und Abweichungen von den Absprachen,
- Kundensachbearbeiter für die alltägliche Auftrags- und Reklamationsbearbeitung,
- Teilnahme an gemeinsamen Projekten,
- Dokumentation der logistischen Abläufe und ihrer qualitativen Bewertung,
- Offenlegung der Kalkulation vor allem bei komplizierten und umfangreichen Aufgaben,
- Niederlegung der Absprachen in Vertragswerken und Handbüchern.

20.4.3.2 Aufgaben des Logistik- und Systemdienstleisters

Abhängig vom Bedarf und von der Aufgabenstellung des Vertragspartners muss der Systemdienstleister in der Lage sein, ein breites Spektrum logistischer Leistungen zu erbringen oder zu beschaffen. Er muss über ausreichende Kapazitäten für außer- und innerbetriebliche Logistikleistungen sowie für Distributions- und Informationsleistungen verfügen.

Außerbetriebliche Logistikleistungen sind:

- Abholung und Sammelguttransporte,
- Ferntransporte von Komplettladungen (per Lkw, Bahn, Binnenschiff, Seeschiff, Flugzeug),
- Umschlagleistungen,
- Verteiltransporte und Zustellfahrten.

Diese Leistungen können vom Systemdienstleister mit eigenen oder fremden Transportmitteln, Umschlageinrichtungen und Mitarbeitern erbracht werden.

Innerbetriebliche Logistikleistungen (national und international) können sein:

- Warenannahme mit Entladen, Eingangskontrolle, Eingangspuffer, Aus- und Umpacken,
- Bearbeiten mit Warenauszeichnung, Qualitätsprüfung,
- Partiezusammenstellung und Wechsel der Ladehilfsmittel zur Einlagerung,
- Lagern, also Puffern zur Kurzzeitlagerung, Aufbewahren zur Langzeitlagerung, Ansammeln zur Terminauslieferung und Präsenzlagerung für die Kommissionierung,
- Kommissionieren (vgl. Abschnitt 12.2.3) und Etikettieren von Ausliefer- oder Bereitstellungsaufträgen,
- Verpacken, eventuell mit vorangehender Montage,
- Versand mit Auftragszusammenführung, Verdichten und Bilden von Ladeeinheiten,
- Ausgangskontrolle, Sendungsbereitstellung und Verladen,
- Innerbetriebliche Transporte,
- Regalpflege beim Empfänger (Auspacken, Etikettieren, Preisauszeichnung, Regalfüllen),
- Montagearbeiten beim Empfänger,
- Bereithalten, Rückführung und Reinigung von Leergut und Ladehilfsmitteln,
- Retourenabwicklung und -transport,
- Entsorgung von Verpackungen und Wertstoffaufbereitung.

Die innerbetrieblichen Logistikleistungen können im Betrieb des Auftraggebers, des Systemdienstleisters oder der Warenempfänger, aber auch in Umschlagpunkten oder in hierfür speziell errichteten Logistik- oder Warenverteilzentren durchgeführt werden.

Dispositions- und Informationsleistungen umfassen:

- Transportdisposition,
- Bestandsführung,
- Auftragsbearbeitung,
- Sendungsverfolgung,
- Kommunikation,
- Kontrolle,
- Leistungsabrechnung.

20.4.3.3 Lager in der Distributionslogistik[1]

In einem Verteil- oder Distributionslager werden Waren aufgenommen, zwischengelagert, nach Bedarf bearbeitet, evtl. verpackt, zu kleinen Einzelpartien zusammengestellt und an die Empfänger ausgeliefert.

Waren im Distributionslager. Aufgenommen werden Waren jeder Art, vornehmlich industrielle Fertigerzeugnisse, die über den Einzelhandel an den Verbraucher verkauft werden. Es sind überwiegend Nahrungsmittel, Textilien, elektronische Artikel, Maschinen- und Fahrzeugteile u. a.

Die **technischen Einrichtungen** des Logistiklagers ergeben sich aus

- der **Eigenart** der zu lagernden Ware,
- der **Größe**,
- dem **Gewicht**,
- der **Anzahl** der Lagereinheiten und
- aus der erforderlichen **Durchlaufgeschwindigkeit** des Lagergutes.

Zur Grundausstattung gehören einfache Regale und Hochregale unterschiedlicher Abmessungen und Tragfähigkeit, Gabelstapler mit oder ohne Teleskopausleger sowie andere Flurförderfahrzeuge. Soll eine Vielzahl kleiner, sehr unterschiedlicher Artikel verteilt werden, so sind

- automatische Lager- und Fördersysteme,
- Palettenverlademaschinen,
- elektronisch gesteuerte Hochleistungsverteilwagen,
- Kommissionierungsanlagen,
- automatische Identifikationsstationen – je nach Bedarf – oder
- mobile Barcodeterminals mit Bündelfunkkommunikation

erforderlich, die einen schnellen und sicheren Zugriff auf die Lagereinheiten ermöglichen. Werden klimaempfindliche Waren gelagert, müssen entsprechende Klimaräume (Kälte, Feuchtigkeit) geschaffen werden. Bei Lagerung von Gefahrgut sind besondere bauliche Sicherheitsvorkehrungen notwendig (vgl. Abschnitt 12.7).

20.4.3.4 Logistik, ECR und Supply Chain Management

ECR (Efficient Consumer Response) ist die „effiziente Reaktion auf die Verbrauchernachfrage." Der Kunde schätzt den fehlerfrei ausgeführten Auftrag, der einen hervorragenden Lieferservice sowie perfekte Produktqualität und Beratung umfasst. Nur wenn Handel, Hersteller und logistischer Dienstleister abgestimmt in einer Logistikkette zusammenarbeiten, kann beim Kunden ein maximaler Nutzen erzielt werden.

ECR hat zum Ziel, den Warenfluss vom Lieferanten zum Verbraucher kostengünstiger zu organisieren. Deshalb erfordert die neue Logistikstrategie im Rahmen von ECR-Kooperationen, dass aktuelle Verkaufsdaten, die an der Kasse im Einzelhandelsgeschäft (Point of Sale / POS) entstehen, erfasst und zu Bestands- und Warenausgangsdaten verdichtet werden. Erleichtert wird die schnelle Datenerfassung durch die Kennzeichnung der Waren mit EAN-Code.[2] Diese verdichteten Daten fließen aus

[1] vgl. Kapitel 12

[2] EAN (Europäische Artikelnummer) ist ein Identifizierungssystem für Waren, die über Warenwirtschaftssysteme verkauft werden. Die EAN wird meist direkt vom Hersteller auf die Ware oder Verpackung gedruckt. Die EAN ist in DIN 66236 genormt. Mittlerweile wird EAN in 40 Staaten (inkl. USA, Russland und Japan) anerkannt. Die normale 13-stellige Nummer setzt sich zusammen aus der 2-stelligen Artikelnummer, 5-stelligen Antragstellernummer, einer 5-stelligen Artikelnummer des Antragstellers und der 1-stelligen Prüfziffer. Die Vergabestelle der Nummern in Deutschland ist die Zentrale für Koorganisation in Köln.

ECR-Kooperationen in der Distributionskette

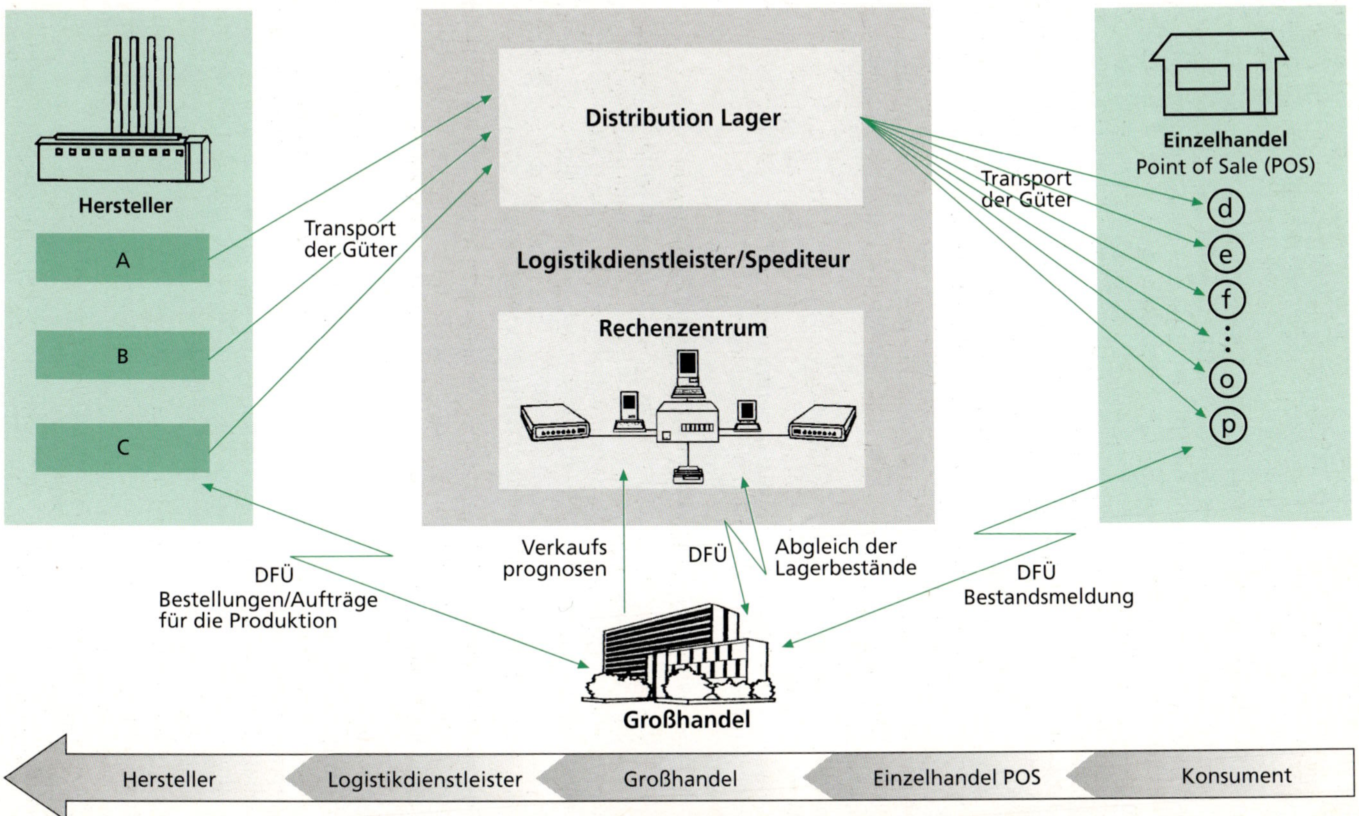

Anforderungen
In dieser Darstellung wird die Wertschöpfungskette unternehmensübergreifend betrachtet.
In jedem Unternehmen wird ganzheitlich und prozessorientiert gedacht und gehandelt.

dem **Warenwirtschaftssystem des Einzelhandels** in den **Zentralrechner des Großhandels**. Der Großhandel nimmt zunächst einen Bestandsabgleich mit dem **Logistikdienstleister** vor. Anschließend übermittelt er die Bestell- bzw. Auftragsdaten an die **Hersteller**. Beim Hersteller lösen dann die nachgefragten Bestellmengen die Produktionsvorgänge aus. Zukünftig werden Bestellungen direkt vom Konsumenten im Rahmen des **e-Commerce** die Logistikkette in Bewegung setzen.

Damit die mit diesem Konzept erzielten verringerten Lagerbestände im Handel nicht zu erhöhten Transport- und Handlingkosten führen, muss ein abgestimmter Informationsfluss in der gesamten Wertschöpfungs- und Logistikkette installiert werden. So ist es sinnvoll, dem Hersteller und Logistikdienstleister neben den aktuellen Bestands- und Bewegungsdaten auch Verkaufsprognosen für die folgenden Wochen zu übermitteln, sodass diese ihre Produktions- bzw. Dispositions-, Transport- und Lagerkapazitäten planen können. Der Logistikdienstleister kann so seine Aufträge für einen bestimmten Zeitraum bündeln, um Transportmittel, Behälter und Lager optimal auszulasten.

Voraussetzung für die erfolgreiche Umsetzung von ECR-Kooperationen – **des Supply Chain Managements für Konsumgüter** – sind abgestimmte Datenkommunikationssysteme, damit die Daten innerhalb der Distributionskette standardisiert (EDI-Lösungen), schnell und sicher ausgetauscht werden können.

Supply Chain Management (SCM) ermöglicht eine Verknüpfung der beteiligten Unternehmen über die gesamte Logistikkette der Fertigungs- und Distributionsprozesse bis zum Verkauf des Endproduktes an den Konsumenten. SCM stellt die zeitliche Abhängigkeit aller ablaufenden Vorgänge zwischen und in den Betrieben dar. Damit wird ein genaue Planung sowie Steuerung der Fertigung oder Dienstleistung und des Materials bis zu Auslieferung des Endproduktes ermöglicht.

20.5 Leistungen und Kosten für Logistikservice

Zur **Kalkulation einer Preisvorstellung** für den Kunden muss der Logistikdienstleister/Spediteur genau den Umfang der zu erbringenden Transport-, Lager- und Servicedienstleistungen für ein Logistikkonzept analysieren, um dadurch ein mindestens die Selbstkosten deckendes Angebot, einschließlich eines angemessenen Gewinns, unterbreiten zu können. Damit sichert er langfristig die finanzielle Stabilität des Unternehmens.

Zu dem Anforderungs- und Leistungsumfang zählen nach einer Grobeinteilung folgende Aufgaben/Anforderungen:

Kaufmännische Leistungen:
- ✘ Finanzierung,
- ✘ Controlling,
- ✘ Marketing,
- ✘ Vertragsanbahnung, -abschluss und -durchführung,
- ✘ Personalführung u. a.,
- ✘ Disposition,

Transportleistungen:
- ✘ Abholung,
- ✘ Hauptlauf,
- ✘ Zustellung,
- ✘ Dokumente erstellen,
- ✘ Sendungsverfolgungssystem einsetzen,

Lagerleistungen:
- ✘ Warenannahme und Wareneingangsprüfung,
- ✘ Einlagerung,
- ✘ Kommissionierung,
- ✘ Auslagerung und Bereitstellen zur Auslieferung,
- ✘ Führen der Artikel- und Lagerplatzdatei,
- ✘ Abstimmen der Lagerbestände hinsichtlich Umschlagshäufigkeit,
- ✘ Durchführen der Inventur,

- Lagerverwaltung einschließlich EDV/Datenfernübertragung,
- Einbau und Wartung z. B. von Sicherheitssystemen,
- Entsorgung von Verpackungsmaterial, Altbeständen (Verfalldatum erreicht) u. a.

Dieser grobe Leistungskatalog muss in viele kleine Schritte bzw. Teilleistungen gegliedert werden, damit die Kostenschwachstellen und Kostenentwicklungen im Detail beobachtet und verändert werden können **(Controlling)**.

Die genannten Leistungen und Anforderungen im Bereich Transport- und Lagerung einschließlich Logistikservice verursachen u.a. folgende **Kosten**:

- kalkulatorische Abschreibungen auf Grundstücke und Gebäude,
- kalkulatorische Abschreibungen auf Lastkraft- und Personenkraftwagen, auf Regale, Sortieranlagen und andere Anlagen sowie Hubwagen, Gabelstapler, Verpackungsmaschinen und andere Geräte,
- kalkulatorische Zinsen,
- kalkulatorische Wagnisse für nicht versicherte Risiken wie Lagerschwund, Transportschäden,
- Personalkosten (Verwaltung, Disposition, Fuhrpark, Lager, Logistikservice),
- Kosten für Information und Kommunikation (EDV, DFÜ, Fax, Telefon, Telex u. a.),
- Energiekosten und Reparaturkosten,
- Reinigungs- und Wartungskosten,
- Kosten zur Sicherung der Lagergebäude,
- Kosten für Büromaschinen (= geringwertige Wirtschaftsgüter) und Büromaterial,
- Miete für Fremdhallen und Geräte sowie andere Räume, z. B. Büros,
- Kosten für Entsorgungsleistungen,
- Steuern im Logistikbereich wie Kraftfahrzeugsteuer, Mineralölsteuer,
- anteilige allgemeine Verwaltungskosten.

Um zu einer angemessenen Vergütung für Logistikleistungen zu gelangen, müssen diese Kostenarten bestimmten Kostenstellen und Kostenträgern zugeordnet werden. Dann kann der Logistikdienstleister dem Kunden

- einen „Preis pro Packstück bzw. Kollo" oder
- einen „Preis pro Palette" oder
- einen „Preis pro 100 kg" oder
- einen Preis für ein Servicepaket

offerieren unter Einschluss eines angemessenen Gewinns.

▲ ***Probleme bei der Pauschalvergütung.*** Aufgrund der Vielzahl der Aufgaben und Funktionen – wie Transport, Lagerung, Auftragsabwicklung, Kommissionierung, Konfektionierung und Verteilung – werden klassische Vergütungsvereinbarungen zwischen den Partner den Anforderungen häufig nicht gerecht. Pauschale Regelungen zwischen Auftraggebern und Logistikdienstleistern führen bei einer Veränderung der logistischen Strukturen und der Aufgabenumfänge zu veränderten Kosten und damit zu möglichen Nachverhandlungen. Dazu folgendes Beispiel:

BEISPIEL Für die Sendungseingangsbehandlung in einem Logistikzentrum, welche die Prüfung der angelieferten Kartonsendungen und die Palettierung beinhaltet, erhält ein Logistikdienstleister einen festen Preis pro Palette. Bei einer Veränderung der Sendungsstruktur zu größeren Kartons bei gleich bleibendem Durchsatzvolumen wird der Aufwand zum Packen der Palette deutlich verringert. Bleibt der Preis pro Palette gleich, dann erzielt der Logistikdienstleister einen Vorteil. Verändert sich die Sendungsstruktur hingegen zu kleineren Kartons, so muss der Dienstleister versuchen im Rahmen von aufwendigen Nachverhandlungen seinen gestiegenen Aufwand geltend zu machen.

20.6 Outsourcing

MERKE

Outsourcing umfasst das Auslagern von Teilaufgaben bis hin zu ganzen Betriebsteilen von einem (dem auslagernden) Unternehmen auf ein fremdes Unternehmen. Das auslagernde Unternehmen will sich auf seine Hauptaufgaben (Kernkompetenzen) konzentrieren.

Das Outsourcing von Betriebsteilen bietet sich für viele Unternehmen über alle Branchen hinweg an. Zu den Bereichen in Unternehmen, die möglicherweise ausgelagert werden können zählen:

- Buchhaltung,
- Zentrale Dienste wie Sicherheit, Boten,
- Technische Dienste wie Reparaturwerkstatt, Hausmeister,
- Forschung und Entwicklung,
- Datenverarbeitung,
- Transport und Fuhrpark,
- Beschaffungs- und/oder Absatzlogistik.

Mit den Bereichen Transport, Fuhrpark und Lagerhaltung sowie Beschaffungs- und Absatzlogistik sind die Kompetenzen der Spediteure und Logistikdienstleister gefragt. Denn viele Leistungen kann der Spediteur oder Logistikdienstleister (je nach Aufgabenumfang) günstiger erbringen als der Verlader, da der Spediteur oder Logistikdienstleister sich ausschließlich mit der Organisation des Güter- und Informationsstromes im Logistikkanal befasst. Von daher gibt es wichtige **Gründe**, die den Auftraggeber veranlassen, logistische Leistungen auszulagern:

- Verringerung oder Fortfall der Lagerhaltung durch Just-in-Time-Konzepte,
- Variabilisierung von Fixkosten, z. B. im Lagerbereich,
- besserer Lieferservice durch Beschleunigung der Transportabwicklung,
- flächendeckende Zustellung, auch weltweit, aufgrund der Globalisierung der Märkte,
- Übernahme von kompletten Servicepaketen durch einen einzigen Vertrags- und Ansprechpartner, der als fachkundiger und neutraler Logistikdienstleister auftritt,
- Vermeidung von Liefer- und Transportrisiken, die auf den Spediteur übertragen werden,
- Abbau zu hoher Personalkosten in allen Bereichen der Distributionskette, insbesondere durch günstigere Kostenstrukturen im Speditionsbereich aufgrund niedrigerer Gehaltstarife,
- Vermeidung hoher Lagerkosten aufgrund veralteter Lager- und Kommissioniertechniken.

Ziel einer Logistikpartnerschaft zwischen einem Auftraggeber (z. B. Hersteller) und einem Spediteur als Logistikdienstleister ist die Verwirklichung von Kosten- und Servicevorteilen, um damit die Marktposition zu verbessern. Je nach Aufgabengebiet kann der Outsourcer, z. B. der Hersteller eines Produktes, bis zu 20 % Kostenvorteile erzielen. Allerdings müssen neben den Chancen auch die Risiken für die Beteiligten in eine Gesamtbetrachtung einbezogen werden:

	Chancen	Risiken
für Outsourcer	Personalkosten senken, weil weniger Personal im Branchen-Gehaltstarif, Umwandlung von Fixkosten in variable Kosten, Servicequalität verbessern, Flexibilität steigern und dadurch Wettbewerbsfähigkeit erhöhen, Entlastung des Managements durch Konzentration auf die Kernaufgaben des Unternehmens.	fehlender direkter Kontakt zu einzelnen Kunden, dadurch evtl. sinkende Motivation der Arbeitnehmer, weil der Aufgabenbereich kleiner geworden ist, langfristig vertragliche Bindung, dadurch Einschränkung der Flexibilität, Risiko, wenn Logistikdienstleister Qualitätsmängel aufweist.
für Logistikdienstleister/ Spediteur	bessere Kapazitätsauslastung durch Synergien, durch Kosten senken, bedeutende Stellung in der Logistikkette → relevanter Geschäftspartner, evtl. Ertragssituation verbessern durch spezielle Logistikangebote.	finanzielle Risiken, wenn Vertragsverhandlungen nicht sorgfältig geführt wurden, langfristige vertragliche Bindungen bei steigenden Kosten und gleich bleibenden Erlösen, übernommene Arbeitnehmer (BGB § 613) fühlen sich diskriminiert.
für Volkswirtschaft	Transportkapazitäten werden besser ausgelastet, damit Schonung der Umwelt, gesamte Logistikkosten werden gesenkt, damit höhere volkswirtschaftliche Produktivität und Wettbewerbsfähigkeit; Folgen können sein: mehr Arbeitsplätze bei Logistikdienstleistern/Spediteuren, weniger Ressourcenverschwendung	tendenziell sinkendes Lohn- und Gehaltsniveau in der Volkswirtschaft, evtl. Zunahme der Scheinselbstständigkeit, geringere Steuereinnahmen und sinkende Einnahmen für die Sozialversicherungsträger, weniger Arbeitsplätze bei Outsourcern und insgesamt weniger Arbeitsplätze.

Eine erfolgreiche **Logistikpartnerschaft** kann nur erreicht werden, wenn beide Unternehmen zueinander passen. Ob die Partner zueinander finden, sollte in bestimmten **Schritten** bestimmt werden:

- Gemeinsam listen sie ihren Servicebedarf und ihre Servicemöglichkeiten auf,
- diese werden kostenmäßig bewertet,
- die Partner wählen gemeinsame Leistungen aus, die beiden Seiten nützen,
- der Dienstleister sollte vor Ort beim Hersteller sein neues Aufgabengebiet studieren,
- Ziel für beide muss sein, den Endkunden zufrieden zu stellen,
- evtl. mit kleinen, unkomplizierten Leistungen beginnen, damit baut der Dienstleister Vertrauen beim Verlader auf,
- beide Partner erstellen ein gemeinsames Leistungsverzeichnis (Pflichtenheft), dieses wird in einem Vertrag festgehalten,
- eine gründliche Vertragsgestaltung (siehe unten) ist erforderlich.

ZUSAMMENFASSUNG

Im Rahmen des Outsourcing lagert ein Unternehmen Teile seines Betriebes an ein fremdes Unternehmen aus. Das auslagernde Unternehmen konzentriert sich auf seine Kernkompetenzen. Die beteiligten Unternehmen wollen durch das Outsourcing Kosten- und Servicevorteile erzielen. Bevor die beteiligten Unternehmen eine Logistikpartnerschaft eingehen, müssen sie in mehreren Schritten ihre Risiken und Chancen klären. Abschließend werden die Pflichten und Rechte beider Seiten in einem Logistikvertrag aufgeführt.

20.7 Vertragsgestaltung von logistischen Dienstleistungen und Haftung

Bei logistischen Dienstleistungen, die nicht im Zusammenhang mit speditionellen Tätigkeiten stehen, kann der Logistikdienstleister Gefahr laufen, wie ein Werkunternehmer zu haften. Das ist vermutlich dann der Fall, wenn ein Logistikdienstleister/Spediteur in Fernsehgeräte aus Taiwan Decoder einbaut. Hierbei könnte es sich um einen „reinen" Werkvertrag handeln, für den die Bestimmungen der §§ 631 ff. BGB Anwendung finden. In diesem Fall gerät er in die Situation, für die vertragsgemäße Erstellung eines Werkes einstehen zu müssen, einschließlich der Pflicht, Nachbesserungen vorzunehmen. Hierdurch gelangt der Logistikdienstleister in die haftungsrechtliche Position wie ein Elektrogerätehersteller. Dabei ist auch eine Inanspruchnahme nach dem Produkthaftungsgesetz nicht auszuschließen.

Logistikkonzepte sind in der Regel sehr komplex und unterliegen oft individuellen Vereinbarungen. Von daher muss auf eine einwandfreie **Vertragsgestaltung** geachtet werden. Die Risiken müssen zwischen den Beteiligten wirtschaftlich vernünftig verteilt werden, insbesondere auf der **Haftungs- und Versicherungsebene**. Deshalb sollte der Logistikdienstleister vor Eintritt in die Verhandlungen einen Katalog bzw. eine Checkliste des Leistungsumfanges und der Risiken aufstellen:

MERKE

Checkliste zu Logistikverträgen[1]

Verhandlungsphasen:

- Vorverhandlungsphase: Ausschreibungen erstellen und prüfen, Auskünfte einholen, u. a.
- Verhandlungsphase: „letter of intent" erstellen mit Geheimnisschutz, Vorvertrag, evtl. mit Regelungen zu Investitionen und Risikoverteilung u. a.,
- Vertragsabschluss: Vertretungsbefugnis (Vollmachten) beachten u. a.,

Angaben über Vertragsinhalte:

- Vertragspartner,
- Präambel mit grundlegender beiderseitiger Zielsetzung und „salvatorischer Klausel" (= Wenn irgendetwas nicht sein sollte, dann wird es durch das ersetzt, was das Gesetz vorsieht),
- evtl. den Vertrag als Rahmenvertrag kennzeichnen mit noch folgenden Einzelverträgen,
- Einzelleistungen in einem Pflichtenheft beschreiben,
- Pläne, z. B. über Lager, Fahrzeugbeschreibungen, angeben,
- Vereinbarte allgemeine Geschäftsbedingungen wie ADSp mit Versicherung wie SLVS und evtl. Zusatzdeckungen,
- bestimmte Lagerbedingungen für Lagerdienstleistungen,
- notwendige Begriffsbestimmungen, fachspezifische Begriffe, gegebenenfalls unter Anwendung der jeweiligen DIN,
- klare Regelungen hinsichtlich des Faktors Zeit, gerade im Hinblick auf die Einbindung in Just-in-Time-Konzepte (relative Fixgeschäfte i. S. § 376 HGB, § 361 BGB), gemäß der Rechtsprechung übliche Fixklauseln benennen (z.B. „Anlieferung zwei Tage nach Auftragseingang bis 13:00 Uhr an der Anlieferstelle" unter Erwähnung „Fixklausel"),
- speziell zum **Lager:** Art des Lagers, Geschäftsbedingungen (HGB und ADSp oder Lagerbedingungen), Beschaffenheit, Technik, Belastungsfähigkeit der Regaltypen, Zugangsrechte, Schnittstellenorganisation, Hochwasser- und Brandschutz, Inventuren und Differenzen, Kommissionierzonen, Gefahrgutlager, Zoll,

[1] RA Gimmler, Gestaltung von Logistikverträgen, Seminar Deutsche Logistik Akademie (DLA); Bremen, 1996

- speziell zum **Transport:** Garantierouten/Garantiezeiten, Zusammenladeverbote, Fahrzeugzustand, Wechselbrückentypen, Lademitteltausch, Fahrermitwirkung bei Verladetätigkeiten (Eigenschaft als Erfüllungsgehilfe), Lkw-Flottenkommunikation, Transportverfolgungssystem,
- speziell zur **Kommissionierung**: Leistungsumfang exakt beschreiben, Risiken und Haftung darstellen,
- Veränderung an Waren,
- Bestandsmanagement,
- Etikettieren bzw. Preisauszeichnung, Verpackung,
- Fakturieren, Inkasso, Factoring,
- EDV-Leistungen mit Regelungen zu beiderseitigen Hard- und Softwareanforderungen,
- Regelungen zu Leistungsschwankungen, Mindestauslastung garantieren,
- speziell zu **Vergütungsregelungen**: Preisregelungen (Pauschalpreise, Preis je Palette für Ein- und Auslagerung u.a.), Preisregelung für Abrechnungszeiträume, Zahlungsziel vereinbaren; Regelungen zur Vergütungsanpassung, jedoch automatische Preisanpassungsklauseln sind nicht zulässig,
- Regelungen in der **Haftungsfrage**, wenn an Gütern weitgehende Veränderungen vorgenommen werden, evtl. hin bis zur Produkthaftung,
- Regelungen zu Leistungsstörungen und Versicherungen,
- Regelungen zu evtl. Investitionen, hierbei auch unter Umständen Aufwendungsersatz bei vorzeitiger Beendigung,
- Vertragsdauer,
- Rücktrittsregelungen,
- Angaben zu Kündigungen:
- ordentliche Kündigung, außerordentliche Kündigung, z. B. bei einer Fehlerquote von mehr als 2 % über drei Monate,
- Geheimhaltung, Wettbewerbsverbot, dazu GWB-Regelungen beachten,
- besondere Überlegungen sind im Rahmen des § 613 BGB beim „Übergang von Betriebsteilen" anzustellen,
- Schlussbestimmungen: Projektausschuss, die bei auftretenden Problemen zusammenkommen, Änderungen, Erfüllungsort, Gerichtsstand, salvatorische Klausel.

20.8 Entsorgungslogistik

Im Zusammenhang mit der Warenherstellung und mit dem Warenverbrauch fallen zwangsläufig Rückstände (Abfälle) an, die entsorgt werden müssen. Unter Entsorgung sind sämtliche Maßnahmen zu verstehen, die der erneuten Nutzung des Stoffes (Verwertung) oder einer umweltverträglichen Ablagerung (Beseitigung), z. B. in Deponien, dienen.

Die Verwertung von Abfallprodukten (Wertstoffen) ist vielfach technisch lösbar. Das gilt für Metalle, Glas und Papier schon längere Zeit. Für bestimmte Abfallprodukte aus Kunststoff wird das Verwerten der Reststoffe ebenfalls schon praktisch durchgeführt. Doch die Möglichkeiten der Kreislaufführung von Kunststoffen ist längst noch nicht ausgeschöpft. Problematisch ist beispielsweise der Elektroschrott, in dem sich mehrere hundert Kunststoffsorten und Metalltypen befinden. Damit diese Abfälle verwertbar werden, ist die umweltgerechte Konstruktion und Produktion dieser Produkte erforderlich. Dadurch wird das Rückführen, Demontieren und sortenreine Trennen von Stoffen und Produkten erst ökonomisch und ökologisch sinnvoll.

MERKE

Die **Entsorgungslogistik** beschäftigt sich mit der Planung, Steuerung und Ausführung von Rückstandsströmen (= **Kreislaufwirtschaft**). Dafür sind vielfältige Umschlags-, Transport- und Lagerungsvorgänge notwendig, die von Datenkommunikationssystemen gestützt werden.

Das Verständnis der Abfallwirtschaft hat sich von der Beseitigung hin zur Verwertung der Rückstände und damit zu einer Kreislaufführung stofflicher Güter umgewandelt **(Recycling)**. Die Weiterentwicklung zu einer Kreislaufwirtschaft wird als entscheidender Schritt zum nachhaltigen Umweltschutz gesehen.

Die noch junge Kreislaufwirtschaft experimentiert zurzeit mit verschiedenen Rückführ-Logistiksystemen. In der Kopplung von Distributions- mit Redistributionssystemen und in der Verbindung von City-Logistik mit Verteilzentren sieht man gute Chancen, Mengenströme kostengünstig und energiesparend zu bündeln.

20.9 City-Logistik

EINSTIEG

Die Transportunternehmen stellen fest, dass ihre Lkw in den Zufahrtsstraßen zu lange im Stau stehen und häufig Wartezeiten bei der Entladung in Kauf nehmen müssen. Deshalb können immer weniger Empfänger pro Tag beliefert werden und die Lkw sind nicht optimal ausgelastet. Im Hamburger Stadtgebiet entstehen nach einer Schätzung von Verkehrsexperten infolge von Zeitverlusten durch Verkehrsstauungen Kosten in Höhe von ca. 23 Mio. DM und aufgrund von Wartezeiten an Rampen ca. 88 Mio. DM pro Jahr.[1]

ARBEITSAUFTRÄGE

1. Analysieren Sie die Ursachen der Verkehrsstaus in den Innenstädten!
2. Welche Maßnahmen bieten sich zur Beseitigung der Probleme an?

20.9.1 Begriff

Wenn es um die Bewältigung innerstädtischer Verkehrsprobleme geht, wird die City-Logistik als Lösungsmöglichkeit gesehen. Der für Handels- und Handwerksbetriebe zwingend notwendige Zuliefer- und Entsorgungsverkehr in die Innenstädte bzw. aus den Innenstädten wird häufig als Störfaktor gesehen. Dabei wird übersehen, dass der Wirtschaftsverkehr zentrale Ver- und Entsorgungsfunktionen übernimmt. **Spediteure, Logistikdienstleister und Transportunternehmen**, die die Waren- bzw. Güterzustellungen organisieren und durchführen, werden durch stets zunehmenden Innenstadtverkehr (Personen- und Güterverkehr) und verwaltungstechnische Vorgaben eingeschränkt. Von daher sollen bestimmte Maßnahmen, die im Rahmen von City-Logistikkonzepten entworfen werden, einen besseren Warenfluss für die Beteiligten gewährleisten.

MERKE

City-Logistik umfasst die Bündelung von Warenströmen von Herstellern und Lieferanten (von außerhalb der Stadt) zu den Empfängern (innerhalb der Stadt) durch kooperierende Sammelgut-Spediteure, Logistikdienstleister und KEP-Unternehmen. Der Entsorgungsstrom in die Gegenrichtung wird entsprechend organisiert.

[1] Maennig, Wolfgang u .a., Verkehrsstaus im urbanen Raum – Kosten und Lösungskonzepte am Beispiel Hamburgs, Internationales Verkehrswesen, Heft 11/97, S. 561 ff.

20.9.2 Verkehrsformen

Das Verkehrsaufkommen der Innenstadt wird durch folgende Verkehrsformen geprägt:

- **Autoverkehr (Pkw, Lkw):** Berufs-, Durchgangs-, Einkaufs-, Liefer- und Entsorgungsverkehr,
- **Ruhender Verkehr**: Parkraum, Dauerparker, Anwohnerparken, Parksuchverkehr, P+R-Verkehr,
- **ÖPNV:** Busverkehr, Straßenbahnen,
- **Fußgänger/Radfahrer:** Fußgängerzonen, Radwege, Abstellflächen.

Diese Übersicht zeigt vielfältige Verkehrsvorgänge, die auf die Verkehrsströme in der City Einfluss ausüben. Damit wird auch deutlich, dass der Güterverkehr lediglich eine von vielen Einflussgrößen darstellt, die den Innenstadtraum beeinträchtigen.

Zu den **Belastungen** die durch das zunehmende Verkehrsaufkommen entstehen, zählen:

- Umweltprobleme durch Lärm, Schadstoffe, Erschütterungen und Flächeninanspruchnahme,
- Sicherheitsprobleme durch Gefährdungen, Verkehrsunfälle und den wachsenden Anteil an Gefahrguttransporten,
- Städtebauliche Probleme durch Zufahrten, Stellflächengestaltung, Einordnung von Ladezonen und Terminals,
- Kostenprobleme durch Substanzerhaltung (Gebäude, Parks), wachsende Instandhaltung (Straßen u. a.), Vorhaltungen (freie Flächen) und Vorsorgemaßnahmen.

Außerdem werden die Zulieferer durch folgende **Beschränkungen bei der Belieferung** beeinträchtigt:

- Einschränkung der Lieferzeit (= Zeitfenster für die Anlieferung) (42 %),
- Beschränkung der Lkw-Größe/zulässiges Gesamtgewicht (23 %),
- schmale Zufahrtswege und verkehrsberuhigte Zonen (18 %),
- Anlieferzonen werden durch ruhenden Verkehr behindert (17 %).[1]

20.9.3 Partner und Bündelung

▲ ***Bündelung.*** Zum Abbau der Belastungen werden unterschiedliche Maßnahmen ergriffen. Eine zentrale Aufgabe ist das Zusammenfassen von Sendungen. Dieses ist eine traditionelle und grundlegende Organisationsaufgabe der Sammelgut-Spediteure, die deshalb auch als ein wesentlicher Ansprechpartner gelten. Im Bereich des Spediteur-Sammelgutes laufen ca. 60 % der Handels- bzw. Kaufmannswaren auf die Städte zu.

▲ ***Partner.*** Weitere Partner, die die Innenstädte beliefern, sind Werkverkehre und Paketdienste. Für eine effiziente Gestaltung der City-Logistik müssen diese Partner kooperieren. Dieses ist eine schwierige Aufgabe, aber wesentliche Voraussetzung, die in einigen Städten (Kassel, Bremen, Freiburg im Breigau u. a.) erfolgreich umgesetzt wird.

Für diese Partner ist die Kenntnis über die Sendungsmenge, die überhaupt bündelungsfähig ist, für ihre Kostenüberlegungen von hoher Bedeutung. Einer Dornier-Studie[2] in fünf ausgewählten Großstädten ergibt folgendes Bild:

[1] Krampe, Horst, Neue Bündelungsszenarien zur ökonomischen und ökologischen Optimierung von Wirtschaftsverkehren, in Internationales Verkehrswesen, Heft 4/97, S. 164 ff.
[2] Krampe, Horst, a.a.O.

Andienungsarten

sonstige Handelsware/Verbrauchsgüter	46 %	bündelungsfähig
Sonderverkehre	24 %	
Systemverkehre	11 %	nur bedingt
Dienstleistungen/Kundenanlieferungen	11 %	bündelungsfähig
Frischdienste	8 %	

Dieses Ergebnis der Studie zeigt, dass nur knapp die Hälfte der Güter bündelungsfähig ist. Damit stellt sich die Frage nach der Wirtschaftlichkeit; denn diese ist auch abhängig von der Menge der einbezogenen Güter. Ferner ist die Schnelligkeit der Zustellung für die Spediteure und Lkw-Unternehmer von Bedeutung.

Langfristig werden Konzepte der City-Logistik aus der Sicht der Spediteure und des Handels vermutlich nur erfolgreich bestehen können, wenn der Nutzen größer ist als die zusätzlichen Kosten für Kommunikation, Organisation und Equipment (spezielle Umschlaglager, umweltfreundliche Lkw u. a.).

▲ ***Varianten der Belieferung.*** Es gibt viele Möglichkeiten, Sendungen an die Empfänger in die Stadt zuverlässig zuzustellen, statt sich in der Schlange vieler Fahrzeuge vor der Rampe oder Eingangstür in der Fußgängerzone gegenseitig zu behindern.

Fall 1: Ein Komplett-Lkw einer Sammelgutspedition fährt vom Empfangsschuppen zur Filiale des Handels.

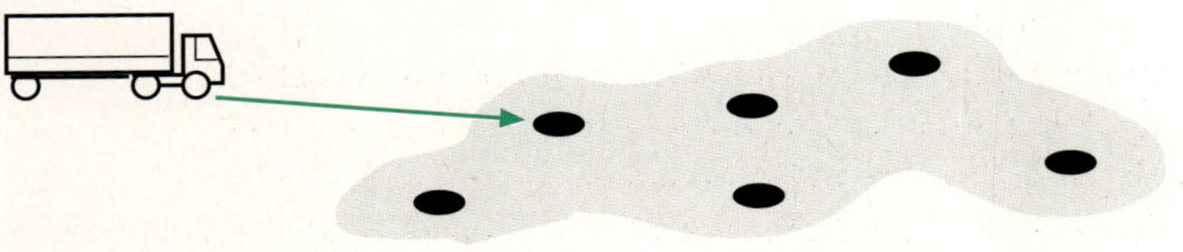

Falls 2: In einem Güterverkehrszentrum (vgl. Abschnitt 6.5) am Stadtrand werden Sendungen von unterschiedlichen Zulieferern zusammengefasst und mit einem Komplett-Lkw erfolgt die Belieferung der Empfänger in der City.

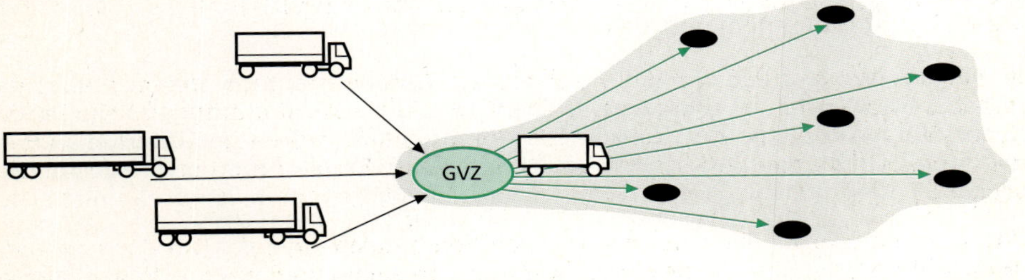

Fall 3: Von einem Güterverkehrszentrum werden noch City-Verteilzentren beliefert und von dort erst die Empfänger (z.B. Einzelhandelsgeschäfte). Diese City-Verteilzentren dienen als Pufferstationen. Von hier aus kann mit hoher Häufigkeit in einem Just-in-Time-Konzept mit speziellen Fahrzeugen zugestellt werden.

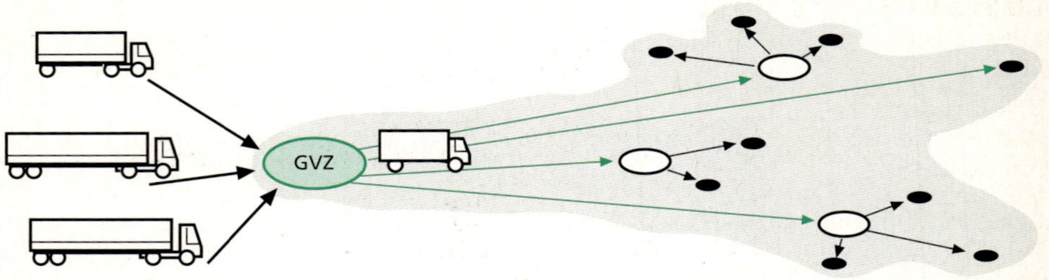

Bei jedem Konzept der City-Logistik sind die lokalen Besonderheiten zu berücksichtigen und in einem **gemeinsamen Verfahren** von den Beteiligten umzusetzen:

- Vertreter der Gemeinde/Stadt und Industrie- und Handelskammer geben nach Rücksprache mit beteiligten Interessengruppen ihre Vorstellungen bekannt,
- die betroffenen Spediteure und Logistikdienstleister suchen nach Gemeinsamkeiten für ein Kooperationsabkommen, in dem der Interessen-/Kundenschutz von Bedeutung ist,
- Gründung einer gemeinsamen Betreibergesellschaft (z. B. GmbH),
- Maßnahmen zur konkreten Umsetzung: Datenkommunikationssystem installieren, zu dem alle Zugang haben, Öko-Entlaster[1] werden eingesetzt, evtl. Anliefer-Zeitfenster verändert u.a.

Erfolgreiche Konzepte der City-Logistik in Kassel, Frankfurt/Main und Bremen zeigen folgende Vorteile:

- weniger Lkw befahren die Innenstadt,
- damit weniger Fahrkilometer mit positiven Folgen für die Umwelt,
- Lkw sind besser ausgelastet und bedienen mehr Entladestellen.

Nach einigen Jahren Erfahrung sind die hochgesteckten Erwartungen noch nicht an allen Orten in Erfüllung gegangen. So ist der Zeitverlust durch das Umladen der Güter zu groß. Des Weiteren können nicht beliebige Güter wie Chemikalien und empfindliche Lebensmittel in jeder Menge gleichzeitig transportiert werden. Die rund 150 Projekte zur City-Logistik haben den Verkehr in den Innenstädten nur um etwa 2,5 Prozent reduziert. Schätzungsweise sind dadurch bundesweit noch nicht einmal 50 Lkw pro Jahr eingespart worden.[2] Die mittlerweile meistens von Speditionen ausgehenden Initiativen zur Entlastung der Innenstädte benötigen für einen nachhaltigen Erfolg eine grundlegende Unterstützung von Verbänden, Kommunen (Gesetze, Verordnungen) und allen betroffenen Unternehmen.[3]

Neue Auswirkungen auf den Güterverkehr in den Innenstädten wird vermutlich der allmähliche Wandel im Einkaufsverhalten der Bevölkerung bringen. Durch das **Home-Shopping,** wenn der Konsument von zu Hause Waren per **Internet** bestellt **(Electronic Commerce),** werden sich die Güterströme in den Städten verändern. Dieses kann vermutlich zu einer Entlastung der Innenstädte führen; wahrscheinlich wird dieser Sachverhalt unterstützt durch das Einkaufen auf der „grünen Wiese" vor der Stadt.

[1] Öko-Entlaster sind Lkw (z. B. 7,5 t Gesamtgewicht) mit sehr geringem Schadstoffausstoß. Als Kraftstoffe werden Erdgas und regenerierbare Stoffe, wie Rapsöl verwendet. Gebietsweise, wie in Nürnberg, kommen auch Elektromobile zum Einsatz.

[2] Wirtschaftswoche Nr. 37, 3. September 1998, S. 95 f.

[3] Korthals, Helmut; Oexler, Petra: Regensburger City-Logistik, in Internationales Verkehrswesen, Heft 7 und 8/98, S. 342 ff.

ZUSAMMENFASSUNG

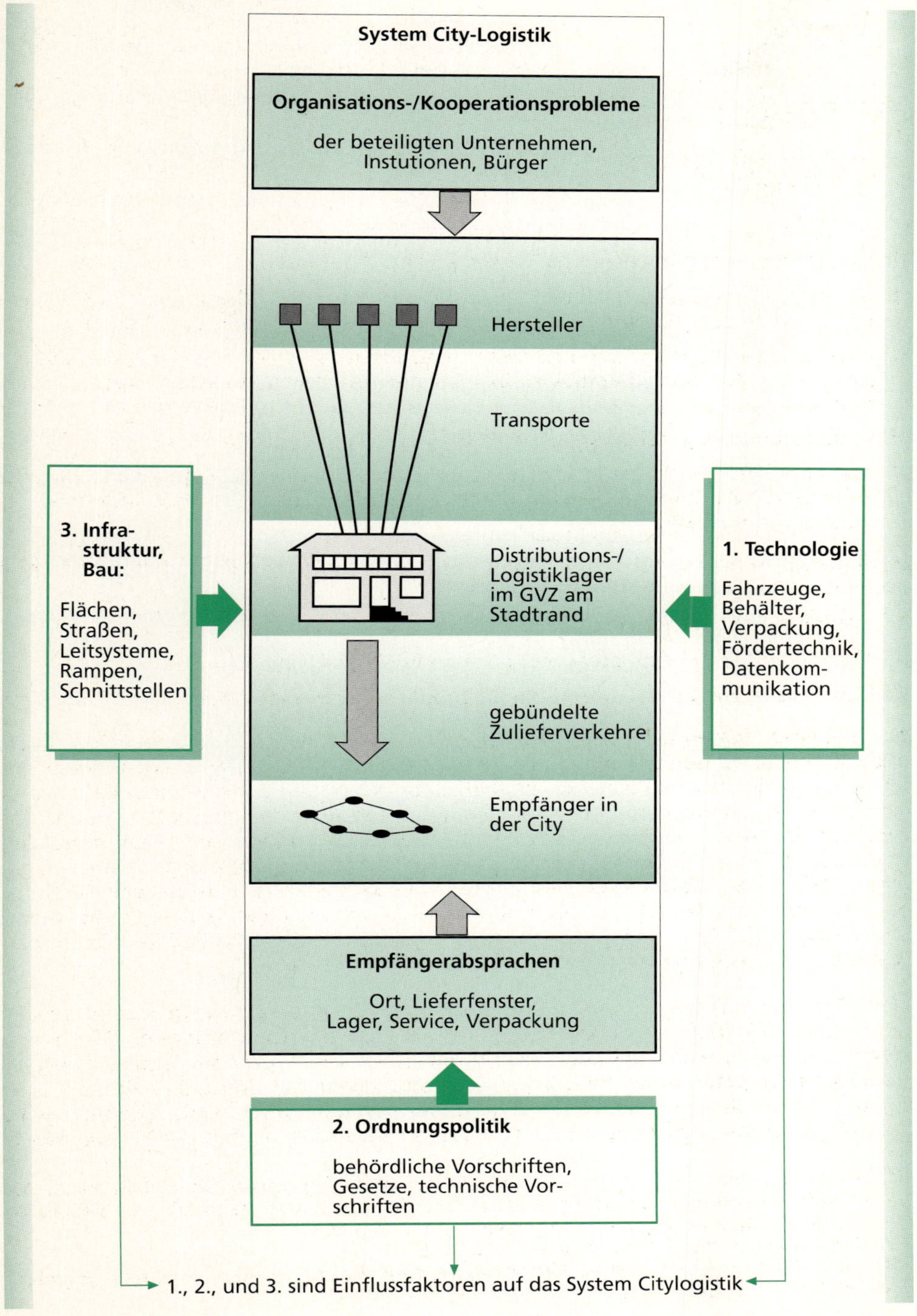

AUFGABEN

1 Stellen Sie im Rahmen der Absatz- bzw. Distributionslogistik den Güter- und Kommunikationsfluss sowie die vertraglichen Beziehungen zwischen Auftraggeber, Spediteur, Transportunternehmer, Lagerhalter und Empfänger grafisch da!

2 Versuchen Sie das Systemdenken an einem Beispiel im Rahmen der Beschaffungs- oder Absatzlogistik zu erklären!

3 Welche Anforderungen stellt das Just-in-Time-Prinzip an den Spediteur bzw. Logistikdienstleister?

4 Inwieweit ermöglichen computer- und funkgestützte Logistikkonzepte einen umweltschonenderen, flexibleren und wirtschaftlicheren Gütertransport?

5 ECR-Kooperationen gewinnen stets größere Bedeutung.

a) Erklären Sie den Begriff „ECR"!

b) Welche Rolle spielt der Logistikdienstleister in einer ECR-Kooperation?

6 Welche Vorteile erwarten die Unternehmen, wenn sie Betriebsteile auslagern (= Outsourcing)?

7 Bearbeiten Sie die Übersicht **„Chancen und Risiken durch Outsourcing"**! Stellen Sie anhand Ihrer erarbeiteten Merkmale eine Checkliste für einen Logistikvertrag zusammen!

8 Erkundigen Sie sich nach Konzepten der City-Logistik in Ihrer Stadt unter folgenden Fragestellungen:

- Welche Verkehrsprobleme mussten bzw. müssen in Ihrer Innenstadt gelöst werden?
- Welche verkehrspolitischen Ziele werden verfolgt?
- Wer sind die Planer und Organisatoren?
- Welche Kosten entstehen durch die City-Logistik für die beteiligten Unternehmen?
- Ist das bestehende Konzept erfolgreich?

9 Welche Rolle spielen die Speditionsunternehmen und Logistikdienstleister im Rahmen eines City-Logistik-Konzeptes?

10 Wie werden die Zustellaufträge in der City-Logistik abgewickelt?

11 Welche Aufgaben übernimmt ein Güterverkehrszentrum (GVZ) im Rahmen der City-Logistik?

12 Erkunden Sie die Auswirkungen auf die Attraktivität der Innenstädte durch e-Commerce, Home Banking und Einkaufen auf der „grünen Wiese"!

21 Über die Preisbildung im Güterverkehr und in der Spedition

▲ *Preisbildung in den Anfängen der Bundesrepublik Deutschland.* In den Anfangsjahren der Bundesrepublik Deutschland hat der Bundestag den Güterverkehr bundeseinheitlich durch ein straffes **Marktordnungssystem**, das Marktzulassungsbedingungen und verbindliche Tarife vorschrieb, geregelt. Die Tarife enthielten die **Beförderungsbedingungen** (EVO, KVO, „Bedingungen für den organisierten Bahnsammelverkehr") und die **Entgelte** (Frachten, Frachtsätze, Nebengebühren) mit allen Angaben, die zu ihrer Ermittlung erforderlich sind (Gütereinteilung, Entfernungszeiger, Frachtberechnungsvorschriften usw.). Die Entgelte wurden vom Bundesverkehrsminister im Einvernehmen mit dem Bundeswirtschaftsminister durch **Preisverordnung** für alle Beteiligten verbindlich festgesetzt; es bestand **Tarifzwang**.

Das Entgelt wurde überwiegend als Festentgelt, in geringerem Umfang als Mindest-Höchstentgelt (Margenentgelt), als Mindestentgelt oder als Höchstentgelt festgesetzt. Später kamen Empfehlungsentgelte (Referenzentgelte) hinzu.

▲ *Tarifautonomie*. Im Zuge der liberalen Wirtschaftspolitik wurde auch der Güterverkehr zunehmend liberalisiert. Die Verkehrsträger und die Verkehrsnutzer erhielten im Jahre 1961 die Tarifautonomie im Güterverkehr. Die Entgelte wurden frei von staatlichem Einfluss in den **Tarifkommissionen** der Bahn, des Güterkraftverkehrs und in den **Frachtenausschüssen** der Binnenschifffahrt festgesetzt; in **Verladerausschüssen** wirkten die Verkehrsnutzer mit oder gaben ihre Stellungnahme ab. Der Bundesverkehrsminister genehmigte diese Tarife (ebenso den der Luftfahrt, konnte jedoch seine Genehmigung nur unter bestimmten Bedingungen verweigern. Die Tarife enthielten überwiegend Höchst-/Mindestpreise.

▲ *Tarifaufhebungsgesetz.* Mit Wirksamwerden des EU-Rechtes sind die Tarifbindungen in der Europäischen Union beseitigt worden; in der Bundesrepublik Deutschland gilt das Tarifaufhebungsgesetz, in Kraft seit dem 1. Januar 1994.

Der Preis als Entgelt wird bei Vertragsabschluss mit dem Vertragspartner vereinbart. Damit wird er als Bestandteil des Beförderungs- und Speditionsvertrages rechtswirksam.

Um zum richtigen, marktgerechten Preis zu kommen, müssen die Spediteure und die Transportunternehmer die **Selbstkosten** ihrer Leistungen ermitteln und diese um einen angemessenen Gewinnzuschlag erhöhen. Eine überbetriebliche **Preisempfehlung** auf Bundes- oder Landesebene (als unverbindlicher Tarif) kann bei der Preisbildung hilfreich sein, wenn sie als Empfehlungs- bzw. Referenztarif beim Bundeskartellamt angemeldet bzw. genehmigt worden ist.

Ein exakt funktionierendes **Rechnungswesen** ist unbedingte Voraussetzung für die Ermittlung des richtigen Preises und damit für die Existenz des Betriebes im hart umkämpften Güterverkehrsmarkt.

Durch das **betriebliche Rechnungswesen** sollen alle Daten des Betriebsgeschehens erfasst, aufgearbeitet und ausgewertet werden. Es ist gegliedert in

- **Buchführung,**
- **Kosten- und Leistungsrechnung,**
- **Statistik,**
- **Planung und Controlling.**

Alle Bereiche sind eng miteinander verbunden.

▲ *Grundbegriffe aus der Kosten- und Leistungsrechnung.* Voraussetzung einer erfolgreichen betrieblichen Speditionstätigkeit ist die Kenntnisse und Beherrschung bestimmter Grundbegriffe der Kostenrechnung.

- **Ausgaben** sind Verminderungen der liquiden Mittel (Kassenbestand, Bankguthaben).
- **Einnahmen** sind Vermehrungen der liquiden Mittel (Zuflüsse).
- **Aufwendungen** sind verbrauchte Dienstleistungen und Güter (Verzehr von Werten) eines Unternehmens. (Aufwendungen führen zur Eigenkapitalverminderung.) Der Aufwand kann den Ausgaben entsprechen, muss es aber nicht.
- **Erträge** sind die erzeugten und verkauften Dienstleistungen oder Güter eines Unternehmens. (Sie führen zur Eigenkapitalvermehrung.)
- **Gewinn** ergibt sich, wenn die Erträge größer als die Aufwendungen sind. Der Gewinn vermehrt das Eigenkapital.
- **Verlust** ergibt sich, wenn die Erträge kleiner als die Aufwendungen sind. Der Verlust vermindert das Eigenkapital.
- **Kosten** sind betriebsbedingte, regelmäßig anfallende **Aufwendungen**. Nach dem Kontenrahmen des Speditionsgewerbes von 1990 werden Betriebskosten (Kontenklasse 4) und **Speditionskosten** (Kontenklasse 7) unterschieden. Von den Kosten werden die **neutralen Aufwendungen** abgegrenzt. Sie werden als Abgrenzungskonten in der Kontenklasse 2 geführt. Hier werden alle **neutralen Aufwendungen** und **Erträge** erfasst, die sich nicht im Betriebsergebnis (wohl aber im Gesamtergebnis des Unternehmens) auswirken. Die betriebliche Leistung wird ohne diese Erfolge erzielt; deswegen werden sie als **neutrale Erfolge** bezeichnet. Die neutralen Aufwendungen werden nicht kalkuliert, also nicht mit dem Speditionsentgelt dem Kunden berechnet.
  - **Betriebskosten** der Klasse 4 sind **Gemeinkosten**. Sie werden nicht ausschließlich durch eine Speditionstätigkeit, sondern durch verschiedene Tätigkeiten – gemeinsam – verursacht; sie sind nicht auftragsgebunden. Sie werden nach **Kostenarten** geordnet und bilden die Grundlage der Kostenrechnung.
  - **Speditionskosten** (Kontenklasse 7) sind auftragsgebundene Kosten, die unmittelbar durch die Abwicklung des einzelnen Auftrags entstehen. Es sind die **Auslagen** des Spediteurs, die er in Erfüllung seines Auftrages machen muss (Frachten, Umschlagsgebühren, Einfuhrabgaben usw.). Sie zählen zu den **Einzelkosten**, die er je Auftrag an seinen Kunden weiterrechnet.

    Die Speditionskosten werden durch **externe Belege** (Frachtbrief, Eingangsrechnung, Zollquittung usw.) nachgewiesen oder durch **interne Belege** nach bestimmten Leistungsmerkmalen (z.B. anteilige Containerfracht nach Gewicht) dem Auftrag zugerechnet. Die Speditionskosten werden abteilungsweise gebucht (z.B. Speditionskosten Export-See, Sammelverkehr-Ausgang). Für jede Erwerbsabteilung wird eine **Kostenstelle (Hauptkostenstelle)** eingerichtet.

- **Kalkulatorische Kosten** sind rechnerische Kosten, die nicht aufwandsgleich sind. Sie sind **Anderskosten** und **Zusatzkosten**, die sich aus der Verrechnung mit anderen Werten ergeben. Sie werden in der Kontenklasse 4 als Gemeinkosten verbucht und berichtigen die Grundlagenzahlen der Kostenrechnung. Erfasst werden kalkulatorische Abschreibungen auf Anlagen, auf Forderungen, kalkulatorische Zinsen, Miete, Unternehmerlohn usw.

  Die Gemeinkosten werden in der Buchhaltung nach handels- und steuerrechtlichen Vorschriften erfasst. Im Vordergrund stehen finanzpolitische Gesichtspunkte, nicht aber – wie bei der Selbstkostenermittlung erforderlich – Kosten- und Leistungsaspekte. Durch die kalkulatorischen Kosten werden die Zahlen der Buchhaltung berichtigt und so mit größerer Genauigkeit in die Kostenrechnung übernommen.
- **Grundkosten** sind **aufwandsgleiche Kosten**. Sie decken sich mit den entsprechenden Aufwendungen in der Geschäftsbuchführung und werden unverändert in die Kostenrechnung übernommen (Löhne, Gehälter, Miete).
- **Anderskosten** sind **aufwandsungleiche Kosten**. Sie werden in der Geschäftsbuchführung erfasst, aber mit einem „anderen Wert" in die Kostenrechnung übernommen (kalkulatorische Abschreibungen, Miete).
- **Zusatzkosten** sind **aufwandslose Kosten**. In der Geschäftsbuchführung werden sie nicht erfasst, da ihnen keine Ausgaben gegenüberstehen. In der Kostenrechnung müssen sie „zusätzlich" erfasst werden, weil sie einen leistungsbedingten Werteverzehr darstellen (z.B. kalkulatorischer Unternehmerlohn, kalkulatorische Zinsen).
- **Variable Kosten** sind vom Umfang der erbrachten Leistung abhängig (je Auftrag, je 100 kg usw.) . Sie steigen mit steigenden Leistungen.
- **Fixe Kosten** fallen unabhängig von der erbrachten Leistung an. Sie bleiben auch bei sinkenden Leistungen konstant.

▲ *Kostenrechnung.* Durch sie sollen die Zahlen ermittelt werden, die zur Bestimmung der Selbstkosten bzw. des Angebotspreises dienen. Grundlage der Kostenrechnung bieten die Zahlen der Buchhaltung, die den Konten der Klasse 4 entnommen werden.

✘ In der **Kostenartenrechnung** werden diese Zahlen durch die kalkulatorischen Kosten ergänzt bzw. umgerechnet.

✘ In der **Kostenstellenrechnung** werden die ermittelten Werte auf die Kostenstellen umgelegt. Sind Gemeinkosten einer Abteilung direkt zurechenbar (z.B. Personalkosten), werden sie als **Kostenstelleneinzelkosten** der Kostenstelle direkt zugeschlagen. Alle anderen Gemeinkosten werden nach einem betriebsinternen Verteilungsschlüssel auf alle Kostenstellen als **Kostenstellengemeinkosten** verteilt.

✘ In der **Kostenträgerrechnung** werden die Zahlen der Kostenstellerechnung je Auftrag, je 100 kg u.a. umgerechnet. Diese so ermittelten Selbstkosten bilden die Grundlage für die kostendeckende und marktgerechte Preispolitik des Unternehmens.

✘ In der **Kostenträgererfolgsrechnung** werden die Erlöse den Kosten zur Ergebniskontrolle gegenübergestellt.

Unterschieden werden Haupt- und Hilfskostenstellen.

✘ **Hauptkostenstellen** werden für die Erwerbsabteilungen gebildet (z.B. Sammelverkehr, Luftfracht, Seehafenspedition). Jeder Hauptkostenstelle steht ein entsprechendes Speditionserlöskonto (Kontenklasse 8) gegenüber.

- **Allgemeine Kostenstellen** werden für die Verwaltung des Betriebes, die für alle Abteilungen tätig wird, eingerichtet (z. B. Geschäftsleitung, Personalabteilung, Buchhaltung).
- Besondere **Hilfskostenstellen** werden für die betrieblichen Bereiche eingerichtet, die nur für einige Hauptkostenstellen tätig sind (z. B. Werkstatt), Außendienst Hafen, Zoll, Lager). Die Kosten werden verursachungsgerecht zugerechnet.

Die Gliederung aller Kostenstellen erfolgt nach dem betrieblichen Organisationsplan.

In einem **BAB (Betriebsabrechnungsbogen)** werden die Kosten verursachungsgemäß schrittweise auf die Kostenstellen verteilt, um auf den Hauptkostenstellen den Erlösen gegenübergestellt zu werden. Seine Zahlen bilden die Grundlage der Kostenträgerrechnung:

- Die in der Kostenartenrechnung ermittelten, berichtigten und ergänzten Zahlen werden auf die Haupt- und Hilfskostenstellen verteilt.
- Die Beträge der allgemeinen Kostenstellen werden auf die anderen Haupt- und Hilfskostenstellen nach dem betriebsinternen festgelegten Verteilungsschlüssel umgelegt.
- Die sich jetzt auf den Hilfskostenstellen ergebenden Summen werden auf die Hauptkostenstellen verteilt.
- Das Abteilungsergebnis wird als Differenz zwischen Bruttospeditionsgewinn und Betriebskosten je Erwerbsabteilung ermittelt.

Bei einer **Vollkostenrechnung** im BAB werden die Kostenarten in vollem Umfang auf die Kostenstellen verteilt. Dann werden die innerbetrieblichen Leistungen der allgemeinen Hauptkostenstellen und der Hilfskostenstellen auf die Hauptkostenstellen des Erwerbs verteilt. Die Kosten fließen **in vollem Umfang in die Kostenrechnung** ein.

Bei einer **Deckungsbeitragsrechnung** im BAB werden nur die variablen Anteile der Kostenarten auf die Kostenstellen verteilt. Werden die variablen Kosten einer Abteilung von den Erlösen dieser Abteilung abgezogen, ergibt sich der Betrag, mit dem diese Abteilung zur Deckung der Fixkosten beiträgt **(Deckungsbeitrag = Erlös – variable Kosten)**. Übersteigt der Deckungsbeitrag die fixen Kosten, ergibt sich ein Gewinn, im anderen Falle ein Verlust. Der Deckungsbeitrag kann auch auftrags- oder kundenweise ermittelt werden. Voraussetzung ist eine genaue Analyse, welche Kosten oder Teile davon zu den variablen oder zu den fixen Kosten gerechnet werden.

Die Deckungsbeitragsrechnung liefert Daten zur Entscheidung über Annahme oder Ablehnung nicht gewinnbringender Aufträge.

▲ *Angebotspreis.* Bei der Kalkulation eines Angebotspreises bilden die variablen Kosten die Preisuntergrenze. Sie setzen sich zusammen aus

- den **Sondereinzelkosten** (Speditionskosten je Auftrag),
- den **errechneten Einzelkosten** (z. B. Entladen/Verteilen, anteilige Fracht im Sammelgutverkehr) und
- den **variablen Abteilungsgemeinkosten**.

Diese Preisuntergrenze wird je nach Marktlage um einen **Plandeckungsbeitrag** erhöht, der die fixen Kosten und einen angemessenen Gewinn enthalten sollte.

Anhang: Einführung des Euro

1. Europäische Währungsunion

Eine **Währungsunion** entsteht, wenn mehrere Staaten vereinbaren, dass neben ihren Währungen oder statt ihrer Währungen eine einheitliche Währung gesetzliches Zahlungsmittel wird.

Die Mitgliedstaaten der EU haben 1992 im **Maastrichter Vertrag** vereinbart, eine Europäische Währungsunion zu schaffen, in der eine einheitliche Währung alleiniges Zahlungsmittel sein wird. Sie wird **Euro** heißen. Münzen im Wert unter 1 Euro werden **Cent** heißen.

Eine Währungsunion hat nichts mit einer Währungsreform zu tun!

Am **1. Januar 1999** werden die Umrechnungskurse der Währungen, die an der Währungsunion teilnehmen, untereinander und zum Euro unwiderruflich festgesetzt. Der Euro wird eine eigenständige Währung, aber noch nicht gesetzliches Zahlungsmittel. Bargeldlose Zahlungen in Euro sind möglich. Verträge oder Preise können auf Euro lauten.

Die Europäische Zentralbank übernimmt (im Rahmen des Europäischen Zentralbanksystems) die Verantwortung für die einheitliche Geldpolitik aller Staaten, die an der Währungsunion teilnehmen (vgl. Abschnitt 2.6).

Am **2. Januar 2002** werden spätestens die Euro-Banknoten und Euro-/Cent-Münzen ausgegeben. Der Euro wird dann gesetzliches Zahlungsmittel; die nationalen Währungen werden nach und nach eingezogen. Spätestens ab 1. Juli 2002 verlieren die nationalen Währungen der Teilnehmer-Staaten ihre Gültigkeit.

Die **Umrechnungskurse** der einzelnen Währungen in den Euro werden am 1. Januar 1999 festgelegt. Dieses geschieht nicht willkürlich, sondern die Währungen aller Mitgliedstaaten der EU haben seit 1979 einen Kurs zum ECU; das ist eine Rechengröße, die eingeführt wurde, um eine feste Bezugsgröße für die Wechselkurse der Währungen untereinander zu haben. Seit 1979 wird der Kurs der Währungen aller EU-Staaten täglich an den Devisenbörsen notiert. Am 29. Mai 1998 beispielsweise lag der Tageskurs der D-Mark zum ECU bei 1,9696 (Brief). Die Umstellung der D-Mark auf den Euro entspricht dem Tageskurs der D-Mark zum ECU am Ende des Jahres 1998; das Gleiche gilt entsprechend für die anderen Teilnehmerwährungen.

Die elf von 15 EU-Staaten, die am 1. Januar 1999 den Euro einführen, werden von **Eurostat**, dem Statistischen Amt der Europäischen Gemeinschaft, **„EUR 11"** genannt. Zu diesen elf Staaten zählen: Belgien, Deutschland, Finnland, Frankreich, Irland, Italien, Luxemburg, Niederlande, Österreich, Portugal und Spanien.

2. Bedeutung für den Außenhandel

Die EUR 11 erwirtschafteten 1997 ein Bruttoinlandsprodukt (BIP) von 5,5 Billionen ECU (11 Billionen DM), womit sie zwischen den USA und Japan einzuordnen sind.

Die EUR 11 verzeichneten 1997 einen Anteil am **Weltexport** von 20 %, die USA 16 % und Japan 10 %. Größter **Weltimporteur** waren die USA mit 19 %, gefolgt von EUR 11 mit 16 % und Japan mit 7 %. Die Handelsbilanz der EUR 11 ergab einen Überschuss von fast 90 Milliarden ECU (180 Milliarden DM), demgegenüber verzeichneten die USA ein Defizit von 183 Milliarden DM.

Seit Jahrzehnten wächst der Welthandel, weil u. a. der Transport von großen Gütermengen technisch immer einfacher wird und die Kommunikation über weite Entfernungen problemlos ist. Eine einzelne Währung in der EU kann im weltweiten Rahmen nicht mit dem US-Dollar konkurrieren. – Es gibt dem Wert nach allein als Bargeld zweieinhalbmal so viel US-Dollar auf der Welt wie D-Mark. – In kommenden Jahrzehnten kann nur die einheitliche europäische Währung Euro eine ähnliche Bedeutung auf den Weltmärkten erlangen, wie sie heute allein der US-Dollar als wichtige Handels- und Reservewährung der Welt hat. Drei Viertel aller Import- und Exportgeschäfte in der Welt werden heute in US-Dollar abgerechnet. Große deutsche Unternehmen schließen Verträge mit Kunden außerhalb Europas auf US-Dollarbasis ab. Die Zentralbanken aller Staaten der Welt halten den US-Dollar als Währungsreserve. Das bringt der Wirtschaft und der Politik der USA Vorteile. Für europäische Unternehmen dagegen birgt diese Abhängigkeit vom US-Dollar große Risiken; denn schwankt der US-Dollarkurs, dann schwanken auch die kalkulierten Gewinne.

3. Auswirkungen auf die Bilanz

Mit der Einführung des Euros am 1. Januar 1999 können die Unternehmen während einer Übergangsphase von drei Jahren wählen, ob sie ihre Jahresabschlüsse bzw. Konzernabschlüsse in DM oder Euro aufstellen wollen. Dieses Wahlrecht soll den Unternehmen größtmöglichen Spielraum geben, die für sie vorteilhafte Form der Bilanzierung in der Übergangsphase vorzunehmen. Erst nach Ablauf der Übergangsphase, also für im Jahr 2002 endende Geschäftsjahre, hat die Aufstellung des Jahresabschlusses zwingend in Euro zu erfolgen. Die Aufstellung des Jahresabschlusses in Euro beinhaltet im Grundsatz einen simplen Rechenschritt: die Division der DM-Hauptbuchsalden durch den fixierten Umrechnungskurs von DM / Euro.

Die dabei entstehenden **Rechnungsdifferenzen** können zu einem Ungleichgewicht der Aktiv- und Passivseite führen, ein erforderlicher **Bilanzausgleichsposten** ist jedoch erfolgswirksam **über die GuV aufzulösen**, sodass die Aufstellung einer stimmigen Bilanz erreicht wird.

Die Aufstellung des Jahresabschlusses in Euro bringt keine Neubewertung von Vermögensgegenständen und Schulden mit sich.

▲ *Buchhaltungssysteme.* Die Umstellung des Jahresabschlusses auf den Euro kann unabhängig von der Umstellung der „Währung" der Buchführung geschehen. Ein Unternehmen kann sich durch die frühzeitige Präsentation des Jahresabschlusses in Euro **Imagevorteile** versprechen, ohne dass es die frühzeitige Umstellung der einzelnen Buchhaltungssysteme als vorteilhaft ansieht. Als vorteilhaft kann auch gelten, nicht hinter Mitbewerbern zurückzustehen. Die Umstellung der einzelnen Buchhaltungssysteme muss bis zum 31. Dezember 2001 abgeschlossen sein.

▲ *Aktivierungspflicht.* Werden im Zusammenhang mit der Euroumstellung Vermögensgegenstände angeschafft, wie Anwendungssoftware, Registrierkassen, Frankiermaschinen, dann besteht Aktivierungspflicht, d. h., eine Verteilung der Anschaffungskosten auf den Zeitraum der Nutzung wird vorgenommen. Schafft das Unternehmen selbst immaterielle Vermögensgegenstände (normalerweise besteht Aktivierungsverbot), z. B. Software, dann wird hier eine Ausnahmeregelung zugelassen. Deutsche Unternehmen sollen bei der Verteilung des Aufwandes im europäischen Vergleich nicht benachteiligt werden. Diese Regelung ist nur handelsrechtlich von Bedeutung, sodass steuerrechtlich die Aufwendungen im Jahr des Anfalls in voller Höhe als Betriebsausgaben zu berücksichtigen sind.

▲ *Kosten der Umstellung.* Die Jahresabschlüsse der kommenden Jahre werden erhebliche Kosten verursachen.

4. Bedeutung für Güterverkehr, Spedition und Logistik

Das Denken und Rechnen in fremden Währungen ist im international tätigen Spediteur, der See- und Luftfrachttransporte besorgt sowie internationale Lkw-Transport durchführt und besorgt, bekannt. Für interkontinentale Transportabläufe bleiben Fremdwährungsgeschäft, insbesondere auf US-Dollarbasis, bestehen.

Die Währungsumstellung der EUR 11 auf den Euro findet bei den Transportdienstleistern überwiegend Zustimmung. Die gemeinsame Währung ist der wichtigste Schritt in Richtung des Binnenmarktes. Die Transport-, Speditions- und Logistikunternehmen erwarten bestimmte **Chancen:**

✘ **betriebswirtschaftliche Chancen:**
- insbesondere bei Projektgeschäften Wegfall der Wechselkursrisiken und damit verbundener Absicherungskosten,
- Wechselkursschwankungen im Binnenmarkt entfallen,
- Preise werden transparenter und Preisvergleiche sind leichter durchzuführen,
- Wettbewerbsvorteile für Unternehmen, da Angebote ab 1. Januar 1999 bereits in Euro abgeben,
- bessere Planbarkeit von europaweiten Investitionen und Finanzierungen,

✘ **volkswirtschaftliche Chancen:**
- Anstöße für höheres Wachstum und mehr Beschäftigung mit Auswirkung auf die Transportwirtschaft,
- beschleunigte politische Integration, dadurch evtl. besser abgestimmte Verkehrspolitik,
- Stärkung Europas gegenüber USA mit Nafta-Raum und Japan mit Asean-Raum.

Durch die Umstellung auf den Euro werden folgende **Risiken** erwartet:

✘ **betriebswirtschaftliche Risiken:**
- Umstellung der Buchhaltungssysteme und der Jahresabschlüsse,
- Kosten für Abgabe von Angeboten in DM und Euro ab 1. Januar 1999,
- Kosten für Softwarekauf und -erstellung,
- Mehraufwand für Informationsprogramme für Angestellte,
- Broschüren und Formulare müssen überarbeitet und neu gedruckt werden,
- Gesetze (zusätzlich zum Transportrechtsreformgesetz) müssen angepasst werden,
- Verträge müssen geprüft und angepasst werden,
- eine neue europaweite Preisgestaltung in Euro ist notwendig,
- überseeische Kunden werden anfangs iritiert sein, bei interkontinentalen Geschäftsbeziehungen wird sich der Euro nur mit zeitlicher Verzögerung durchsetzen, zumal der US-Dollar hier die Leitwährung darstellt,

✘ **volkswirtschaftliche Risiken:**
- Bundesbank hat nicht mehr alleinige Kompetenz für Geldpolitik in Deutschland, Abstimmung mit den Partnerländern über die Europäische Zentralbank ist erforderlich,
- Stabilität der Währung evtl. nicht gegeben, da politische Rücksicht auf bestimmte Staaten mit anderer Finanz- und Währungspolitik genommen wird,

- Standards der Sozialsysteme in Deutschland sinken in der Qualität, dadurch Auswirkungen auf die Motivation der Arbeitnehmer,
- Inflationsgefahr steigt, wenn Stabilitätspolitik nicht in allen elf Staaten streng eingehalten wird,
- Spaltung des EU-Binnenmarktes, da nicht alle EU-Staaten teilnehmen,
- Preissteigerungen durch Aufrundungseffekte.

5. Die Europäische Zentralbank (EZB)

Die Deutsche Bundesbank wird am Jahresende 1998 nicht abgeschafft. Sie bleibt in ihrem Gebäude in Frankfurt/Main und wird die deutsche Filiale der EZB. Damit wird sie Teil des Europäischen Zentralbanksystems. Dieses System ist dem heutigen deutschen Vorbild nachgebildet. Die Europäische Zentralbank (EZB) hat ihren Sitz in Frankfurt/Main. Die EZB ist ab 1999 für die Währungspolitik der EUR 11 verantwortlich. In dem Maastrichter Vertrag sind die Bestimmungen zur Preisstabilität und zur Unabhängigkeit der Europäischen Zentralbank festgelegt. Der Maastrichter Vertrag geht in seinen Forderungen nach Sicherung der Preisstabilität über das hinaus, was das Bundesbankgesetz verlangt:

- „Das vorrangige Ziel des ESZB (des Europäischen Zentralbanksystems) ist es, die Preisstabilität zu sichern ...
- Soweit dies ohne Beeinträchtigung des Zieles der Preisstabilität möglich ist, unterstützt das ESZB die allgemeine Wirtschaftspolitik in der Gemeinschaft ...
- Bei der Wahrnehmung der ihnen durch diesen Vertrag und die Satzung des ESZB übertragenen Befugnisse, Aufgaben und Pflichten darf weder die EZB (die Europäische Zentralbank) noch eine nationale Zentralbank noch ein Mitglied ihrer Beschlussorgane Weisungen von Organisationen oder Einrichtungen oder Gemeinschaft, Regierungen der Mitgliedstaaten oder anderen Stellen einholen oder entgegennehmen."

Literaturhinweise

Becker, Heinrich: Der praktische Zollhelfer, Band I und II (Loseblattsamlung), Deutsche Wirtschaftsdienst, Köln.

Bloech, Jürgen / Ihde, Gösta B (Hrsg.).: Großes Logistik Lexikon, Verlage Beck und Vahlen, München 1997.

Danzas-Lotse 1997, Verkehrs-Verlag J. Fischer, Düsseldorf 1996.

Berufsbildungswerk der Spedition in Hessen e.V., Fachwissen für die Ausbildung zum Speditionskaufmann (Unterrichtshefte), neueste Ausgaben.

Gimmler, Karl-Heinz: Gestaltung von Logistikverträgen, DLA, Bremen 1996.

Handelsgesetzbuch: Beck-Texte im dtv. 32. Auflage, München 1998.

Hein/Eichhoff/Pukall/Krien: Güterkraftverkehrsrecht, 1.-3. Band (Loseblattsammlung), Erich Schmidt Verlag, Berlin.

Informationen zu KEP-Diensten, Deutscher Verkehrs-Verlag, Hamburg und Unternehmensberatung „MRU Hamburg", 1998.

Internationale Handelskammer (ICC): Incoterms, ICC, Köln, Ausgabe 2000.

Jahrbuch der Logistik 1996, 1997 und 1998, Handelsblatt GmbH, Düsseldorf

Kühn/Schlick: Spezielle Wirtschaftslehre Groß- und Außenhandel, Dr. Max Gehlen, Bad Homburg v. d. Höhe, 1996.

Krampe/Lucke (Hrsg.): Grundlagen der Logistik, München 1993.

Krien, Erich: Speditions- und Lagerrecht (Loseblattsammlung), Erich Schmidt Verlag, Berlin.

Lorenz, Wilhelm: Leitfaden für die Berufsausbildung des Spediteurs, Teil 1, 16. Auflage 1997, Teil 2, 12. Auflage 1998, Deutscher Verkehrs-Verlag, Hamburg.

Malchow, Günther: Schiffahrtsbetriebslehre in Frage und Antwort, 8. Auflage, Gabler, Wiesbaden 1992.

Malchow/Schulze: Güterverkehr über See, 3. Auflage 1993, Stern-Verlag, Lüneburg.

Oelfke, Wolfgang: Speditionsbetriebslehre und Logistik, 16. Auflage, Gabler, Wiesbaden 1999.

Pfohl, H.-Ch.: Logistiksysteme, Betriebswirtschaftliche Grundlagen, Springer-Verlag, Berlin, Heidelberg 1999.

Schimpf, Karl-Heinz: Haftung und Versicherung im Verkehrsgewerbe, Schwerte 1992 (Selbstverlag).

Stabenau, Hanspeter: Verkehrsbetriebslehre, Verkehrs-Verlag J. Fischer, 2. Auflage, Düsseldorf 1990.

Verein Hamburger Spediteure e. V. (Hrsg.): 100 Jahre 1884–1984, Deutscher Verkehrs-Verlag 1984.

Valder, Hubert: Folgen des Transportrechtsreformgesetzes (TRG) für das Speditions- und Lagerrecht (Aufsatz), Bonn 1998.

Valder, Hubert: Auswirkungen der Transportrechtsreform auf die ADSp (Aufsatz), Bonn '98.

Voth, Martin: Speditionsbetriebslehre, 3. und 4. Auflage, Heiden 1996 und 1998.

Mehrere Veröffentlichungen des Deutschen Verkehrs-Verlages, Hamburg.

Mehrere Veröffentlichungen des Handelsblatt-Verlages, Düsseldorf.

Mehrere Veröffentlichungen aus: Internationales Verkehrswesen, Deutscher Verkehrs-Verlag, Hamburg, Hrsg. Prof. Aberle, Universität Gießen.

Außerdem die sich aus dem Buch ergebenden Texte der Gesetze, Verordnungen und Tarife (teilweise als Loseblattsammlungen) in den Ausbildungsbetrieben einzusehen.

Sachwortverzeichnis

Erläuterungen:

Die Buchstaben vor den Seitenzahlen weisen auf die verschiedenen Verkehrsgebiete hin.

B	= Binnenschiffahrt	Log	= Logistik
E	= Eisenbahngüterverkehr	Lu	= Luftfrachtverkehr
F	= allgemeines Frachtrecht	M	= Möbeltransport
K	= Güterkraftverkehr	S	= Seeschiffsverkehr
Kep	= Kurier-, Express-, Paketdienste	Sa	= Sammelgutverkehr
La	= Lagerei	Sp	= Spedition
		Z	= Zoll